U0142934

研究&方法

論文統計分析實務：
JASP的運用

2022、2023年入選全球前2%頂尖科學家榜 ┃ 陳寬裕　著

五南圖書出版公司 印行

「因為行過你的路，知影你的苦！」幾年前的一個夜裡，有位正在念EMBA班的縣府主管，透過朋友介紹來請教我「有關碩論之統計分析」問題，我根據其碩論中欲進行的統計方法，試跑了他所蒐集的問卷資料。結果我沉重的告訴他：「你的原始資料再怎麼跑，也得不到你所要的結果。」當場，這位大學是念「中文系」、已58歲的縣府主管眼眶泛紅，不自主的留下淚來。看了真是令人心酸呀！可見碩論確實給他帶來了莫大的壓力。我接著問他，你年齡都那麼大、身分地位都那麼高了，幹嘛拿「磚頭砸自己的腳」去念EMBA，還寫量化的碩論呢？他回答我：「我比較晚婚，小孩現在念高一，我攻讀EMBA就是要讓小孩子看，只要努力，沒有什麼不可能的！」有點感動啦！這個小故事也激發了我寫一本簡單易用、易懂的統計分析書籍的初衷，於是這本書就這麼誕生了。

目前學術界常使用的統計軟體，如SPSS、SAS……等，或許對某些未具統計學基礎的讀者而言，其學習的門檻稍高，且軟體費用又是不可承受之重。近年，JASP軟體的崛起，似乎就是衝著這些專業統計軟體而來的。JASP是一套開源、免費且跨平台的統計分析軟體，它的目標是提供一個易於使用且功能強大的平台，供使用者進行統計分析。經作者實測，JASP確實簡單易用，適合任一層級的學習者，且其所具有的統計分析功能甚至已超越SPSS。例如：它提供了驗證性因素分析、結構方程模型分析、貝葉斯統計方法（Bayesian statistics）等高階統計功能。此外，JASP的報表本身就屬學術界通用的APA格式，對於製作專題、論文的使用者可謂是一大福音。作者是多年經驗的SPSS、Amos的使用者，近年來，不管在教學或研究上，都已轉用JASP軟體，而學生們也對這套軟體的簡單易用與強大功能，留下深刻的體驗印象。

本書特別適用於教學單位，在進階統計學或應用統計學等課程授課時使用。另外，亦非常適合於須進行學術論文寫作或製作畢業專題之學子。其內容涵蓋了一般論文或專題寫作時，所需用到的各種統計方法，諸如：次數分配、現況分析、項目分析、無反應偏差、信度分析、共同方法變異、卡方檢定、t 檢定、變異數分析、二因子變異數分析、迴歸分析、PROCESS模組的中介效果與干擾效果檢定、相關分析、探索性因素分析、信度檢驗、收斂效度檢驗、區別效度檢驗與結構模型路徑分析等。

而且書中幾乎所有的範例都是實際碩士論文的原始資料與分析結果，期盼讓讀者能身歷其境，融入研究之情境中。

本書於內容編排的特點是對於每一個統計分析方法先簡略闡述其基本概念，然後介紹該方法的功能與應用，再介紹該方法能做什麼；接著再運用範例介紹怎樣去做和如何解讀分析結果。此外，本書在每一章後皆附有習題，方便授課教師驗收學生的學習效果。另外本書的編排方式尚有一大特色，即對於每一範例的操作過程與報表解說或內文中需額外講解的部分，皆附有教學影音檔。藉由教學影音檔當可促進讀者的學習效率，亦可減輕授課教師於課堂上的負擔。

本書的特色應該較屬於統計工具書，其目的是希望讀者能透過本書的引導，而能自力完成論文或專題的統計分析部分。因此，本書特別著重於統計方法的實務應用與操作。書中很多統計理論或方法都是整理博、碩士論文中常用的解說與分析方式，以及參考國內知名作家如：林震岩教授、吳明隆教授、吳統雄教授、邱皓政教授、黃芳銘教授、胡昌亞教授與榮泰生教授的著作而來。書中或有誤謬、未附引註、文獻遺漏等缺失。在此先向諸位先進與讀者致上十二萬分的歉意，並盼各方賢達能以正面思考之方式，提供後學補遺、改進之契機。

本書得以順利出版，首先感謝五南圖書出版公司的鼎力支持與協助，還有對我容忍有加的家人以及默默協助我的同事、學生。由於編寫時間倉促、後學水準亦有限，錯誤之處，在所難免，敬請批評指正，後學不勝感激！

陳寬裕

謹致於　屏東科技大學休閒運動健康系

pf.kuan.yu.chen@gmail.com

2024年3月

目　錄

第7章 相關分析 159

第8章 基本統計分析 183

第9章 統計方法的選擇 215

第10章 交叉表與卡方檢定 221

第11章　平均數的差異性比較——t檢定　　245

第12章　單因子變異數分析　　293

第13章　二因子變異數分析　　331

第14章　迴歸分析　　403

第15章　中介、干擾效果的檢驗　　455

第 **1** 章

JASP簡介與建立資料檔

　　本章所將介紹的內容是學習如何使用JASP軟體的第一步。其內容主要偏重於介紹JASP軟體的基本視窗介面、操作技巧與資料檔的建立過程，期使讀者能對JASP軟體所具備的功能，先有個基本認識。因此，本章的目的在於「使讀者於學習使用JASP軟體進行統計分析前，能夠對它有一個初步的認識，並為往後的進階課程打下基礎」。

　　本章內容包括：

1. 本書閱讀須知
2. 下載JASP軟體、安裝與啟動
3. JASP簡介
4. JASP的視窗、選單的簡介和功能介紹
5. 如何建立JASP資料檔
6. 如何在JASP中對資料檔進行編輯
7. 專題或論文的寫作指引

◆ 1-1　閱讀本書須知 ◆

　　本書可應用在兩個方面，一則可作為大專院校「統計學」、「應用統計學」或「進階統計學」等課程的教科書；另一則可作為大專生或研究生製作專題、碩士、博士論文時的參考書。使用本書時，建議讀者先行閱讀下列說明：

一、範例檔與習題檔的使用

　　本書中所有的範例與習題皆附有相關的資料檔案，所有的資料檔案將壓縮成ZIP格式的壓縮檔（檔名：統計JASP很簡單.zip）。讀者於下列網址下載該壓縮檔後，只要使用任一種解壓縮程式，解壓縮「統計JASP很簡單.zip」後即可使用。「統計JASP很簡單.zip」的下載網址如下：

範例檔與習題檔的網址：https://lihi3.cc/xCDGH

　　下載完成並解壓縮「統計JASP很簡單.zip」後，即可產生一個名為「統計JASP很簡單」的資料夾（本書中，將該資料夾簡稱為範例資料夾）。讀者當可發現「統計JASP很簡單」資料夾中將包含兩個子資料夾，其名稱分別為「example」子資料夾（內含課文範例的資料檔）與「exercise」子資料夾（內含練習題的資料檔）。「example」與「exercise」子資料夾中，將依各章節之流水編號存放資料檔案，「課文範例的資料檔」的編號以「ex」為頭文字，而「練習題的資料檔」則以「hw」為頭文字。欲使用檔案時，可依下列方式，找到檔案：

1. 若欲開啟「第11章」之「範例11-2」所使用的JASP資料檔時，其檔案路徑即為：

路徑：「..\統計JASP很簡單\ example\chap11\ex11-2.jasp」

2. 若欲開啟「第10章」之「練習10-3」所使用的JASP資料檔時，其檔案路徑即為：

路徑：「..\統計JASP很簡單\ exercise \chap10\hw10-3.jasp」

二、教學影音檔的使用

　　以本書作為「統計學」、「應用統計學」或「進階統計學」等課程之教材時，課程進度可依本書的目錄內容編排循序漸進。在每周3小時的課程中，若能配合教學影音檔的使用，當可完成全部章節的課堂教學。而課程若為每周2小時的話，則建議授

課教師能以課程目標為考量，選取部分章節於課堂教學，另以家庭作業方式與配合影音教材使用，鼓勵學生自行學習、研究其餘章節。

　　本書的教學影音檔已使用「不公開」的方式發布於「YouTube」影音平台。讀者可使用電腦或智慧型手機來觀看教學影音檔。

　　使用電腦觀看時，讀者可於瀏覽器（例如：Chrome）的網址例，直接輸入教學影音檔的網址，即可找到所需的範例之教學影音檔。本書之教學影音檔網址如下：

本書的教學影音檔網址：https://lihi3.cc/OEE8R

　　而使用智慧型手機或平板電腦觀看時，讀者只要直接掃描附於各「範例」題目旁的QR Code，即可觀看各範例的教學影音檔並自我學習，如圖1-1。

▶ **範例11-1**　開啟範例ex11-1.sav，該檔案為論文〈品牌形象、知覺價值對品牌忠誠度關係之研究〉之原始問卷的資料檔，試檢定受訪者對個案公司之「品牌形象」的整體認知程度是否良好（平均值大於4）？

掃描此QR Code，即可
觀看該範例的教學影片

圖1-1　掃描QR Code，觀看教學影音檔

1-2　JASP簡介

　　JASP（Jeffrey's Amazing Statistics Program）是一個開源（open source）的統計分析軟體，它提供了一個直觀且易於使用的介面，旨在幫助研究人員進行統計分析和數據的視覺化。JASP的使命是試圖將統計分析變得更容易理解與操作，並提供準確和可靠的結果。以下是JASP的一些主要特點：

➢ 開源和免費：JASP是一個開源專案，任何人都可以永久免費的使用它。這使得研究人員和學生可以輕鬆的獲得一個功能強大的統計軟體，而無需支付高昂的許可費用。

➢ 跨平臺：JASP可以在不同的作業系統上執行，包括Windows、MacOS和Linux等作業系統。

➢ 直觀的使用者介面：JASP提供了一個直觀且易於操作的使用者介面，使得統計分析變得更加可靠和易於理解。使用者可以輕易地將數據導入軟體中，進而透過

拖、拉、點、選的方式，選擇適當的統計方法而進行分析。

➢ 多種統計方法：JASP支援了廣泛的統計方法，包括傳統的參數統計方法（例如：t 檢定、變異數分析、迴歸分析等）、第二代統計分析技術（例如：結構方程模型分析）與貝葉斯統計方法（Bayesian statistics，例如：貝葉斯因子、貝葉斯迴歸等）。這使得研究人員可以根據自己的需求選擇最適合的統計方法。

➢ 數據可視覺化：JASP提供了豐富的數據可視覺化工具，使研究人員能夠直觀的理解和呈現數據。它支援常見的圖表（如直方圖、散點圖、盒形圖……等）和高級的可視覺化技術（例如：貝葉斯網絡圖）。此外，最讓學術圈驚艷的是，它的統計分析報表皆符合一般學術論文所要求的APA格式規範（American Psychological Association Style Format）。

➢ 學術界支持：JASP的開發和維護是由統計學家和計算機科學家所組成的團隊所完成。它受到學術界的廣泛支持，並經過不斷改進和更新，以確保用戶獲得準確和可靠的結果。

總結來說，JASP是一個開源的、跨平台、且易於使用的統計分析軟體，提供廣泛的統計方法和數據可視覺化工具。它的直觀使用者介面使得統計分析變得更加容易操作和理解，無論是對於熟練的統計學家，或者是新手都非常友善。同時，JASP的開源性質意味著任何人都可以參與其開發和改進，從而促進了統計學研究的廣泛性發展。

1-3　下載JASP軟體、安裝與啟動

JASP是一個免費且開源的統計軟體，可在Windows、MacOS和Linux等作業系統上安裝並執行。下載JASP的步驟如下：

1. 前往JASP的官方網站：https://jasp-stats.org/。
2. 在網站的首頁上，您可以看到「Download JASP」的按鈕。點擊這個按鈕，進入下載頁面後，您會看到針對不同作業系統的下載選項。此時，請選擇適合您的作業系統之JASP版本。點擊選擇的版本後，即可開始下載JASP的安裝程式。
3. 下載完成後，就可以根據您的作業系統，開始進行安裝。
    ➢ Windows：於下載回來的安裝檔（.exe）上快按兩下，按照安裝精靈的指示進行安裝。
    ➢ MacOS：於下載回來的安裝檔（.dmg）上快按兩下，然後將JASP拖曳到「應用程式」資料夾中。

➤ Linux：請參考官方網站上的指示，因為安裝步驟可能因不同的Linux發行版本而略有不同。

4. 下載JASP軟體與安裝過程（以Windows作業系統為例），請讀者掃描圖1-2的QR Code後，自行參閱教學影音檔。

圖1-2　JASP軟體下載與安裝（ch1-1.mp4）

當安裝好JASP軟體後，即可透過桌面左下角的「開始」功能，找到「JASP 0.18.2」而啟動JASP軟體。JASP後面的數字「0.18.2」代表目前JASP的版本。或者，也可以利用安裝好JASP軟體後，於桌面上所產生的「JASP」捷徑上，「快按兩下」來啟動JASP軟體。啟動後首先會看到JASP的歡迎視窗，如圖1-3所示。

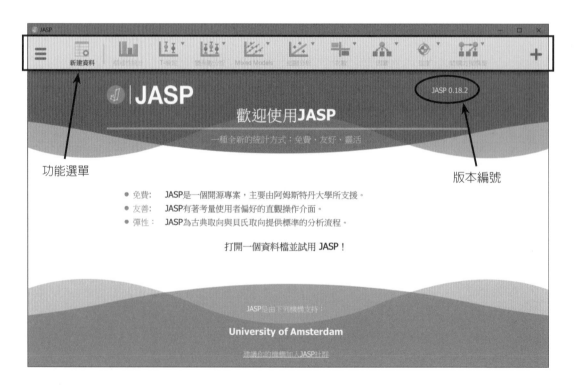

圖1-3　JASP的歡迎視窗

JASP歡迎視窗的頂端有數個圖示，每個圖示代表著某系列的統計分析功能，這些圖示的集合列就稱爲「功能選單」。此外，目前JASP的介面爲中文，其實JASP之使用者介面的語言系統是可以由使用者自行設定的。方法是，點選「功能選單」最左端的圖示 ☰，點選後就可顯示出JASP的主選單。此時，選擇「設定偏好」（Preferences）就可進行使用者個人偏好的設定。爲減少本書篇幅，相關的設定方式與解說，請掃描圖1-4的QR Code後，請讀者自行參閱教學影音檔。

圖1-4　設定偏好的教學影音檔（ch1-2.mp4）

1-4　開啟資料檔

如果要對一個資料檔進行編輯或統計分析，那麼就必須先開啟它。JASP除了可自建資料檔外，也可從外部檔案匯入而讀取資料。在JASP中，較常被匯入使用的資料檔格式有：

1. CSV檔案（逗號分隔值檔案）：CSV是一種純文字格式的檔案，常用於將數據以表格形式儲存。儲存時，每個數據之間用逗號分隔。

2. SPSS檔案（*.sav）：SPSS是一個廣泛使用的專業統計軟體，JASP可以開啟和讀取SPSS檔案，使得SPSS使用者可以直接在JASP中進行統計分析。

3. JASP檔案（*.jasp）：副檔名爲「*.jasp」的檔案是JASP軟體的專有檔案格式。這種檔案格式用於儲存在JASP中，所進行統計分析工作。當您在JASP中進行數據計算、統計分析、結果呈現等操作時，JASP會將這些訊息全部都儲存在一個名爲「*.jasp」的檔案中。「*.jasp」檔案包含了您在JASP中進行的統計分析之所有相關資訊，包括數據、變數設定、統計模型、分析結果、圖表、報告等。它是一個整合型的檔案格式，可以儲存和共享完整的統計分析工作。此外，「*.jasp」也可以與他人共享，讓其他使用者可以查看您的分析過程、結果和圖表，從而進行進

一步的討論和合作。值得注意的是，「*.jasp」檔案是JASP軟體特有的檔案格式，其他統計軟體可能無法直接開啟或讀取這種檔案。如果您需要與其他統計軟體交換資料，可以將數據以常見的格式（例如：CSV格式）匯出或轉換爲其他軟體支援的檔案格式。

比較值得臺灣人注意的是，當CSV檔案中包含中文數據資料，於匯入到JASP中時，由於編碼系統的不一致，因此會產生亂碼。此時，就必須使用特殊的設定來解決這個問題。這個特殊的設定方法已在教學影音檔「ch1-2.mp4」中有所說明與示範操作。

▶ **範例1-1**

圖1-5是一張範例問卷，其內容包含有5題關於品牌忠誠度的問項，這些問項皆屬李克特七點量表，另外還包含4題有關受訪者之基本資料的問項。「ex1-1.csv」爲該問卷之回收樣本的原始資料檔，試將該CSV檔案讀入到JASP中，完成後請另存新檔爲「ex1-1.jasp」。

第一部份：品牌忠誠度

※請針對您的服務經驗，回答下列相關問項，請於□中打「✓」，謝謝！

	極不同意	很不同意	不同意	普通	同意	很同意	極為同意
1. 購買85度C的產品對我來說是最好的選擇。	□	□	□	□	□	□	□
2. 我是85度C的忠實顧客。	□	□	□	□	□	□	□
3. 當我有需求時，我會優先選擇85度C。	□	□	□	□	□	□	□
4. 我願意繼續購買85度C的產品。	□	□	□	□	□	□	□
5. 我會向親朋好友推薦85度C的產品。	□	□	□	□	□	□	□

第二部份：基本資料，請於□中打「✓」。

1. 性　別：　□ 男　　　□ 女

2. 年　齡：　□ 19 歲以下　□ 20~39 歲　　□ 40~59 歲　　□ 60 歲以上

3. 學　歷：　□ 國中及以下　□ 高中(職)　　□ 大學　　　□ 研究所(含)以上

4. 職　業：　□ 學生　　　□ 軍公教　　　□ 勞工　　　□ 自由業

圖1-5　範例問卷

操作步驟

詳細操作過程，請讀者自行參閱教學影音檔「ex1-1.mp4」。

1-5　編輯資料

　　在舊版本的JASP系統中是不能「直接」對資料內容進行編修的，而是必須「間接」的透過外部軟體（例如：Excel、SPSS）來進行編輯作業。但是，目前的JASP版本（0.18版之後）已可以在JASP中對資料內容直接進行編輯作業了。此外，對於變數的測量尺度或類別變數之水準值的標籤也都可以「直接」在JASP內進行編修了。另外，除匯入資料檔所獲得的原始變數外，使用者也可以根據研究需求，由原始變數經計算後產生新的變數。

　　一般而言，統計學上會將變數的測量尺度，分成下列幾個類型：

➤ 區間尺度（Interval Scale）

　　區間尺度是種具有已知間隔的測量值，且也可以用來表示類別之間的相對順序和具體差異大小。區間尺度上的數據可以進行的算術運算，只有加、減等兩項而已。且它沒有絕對零點。舉個例子來說，假設我們有一個氣溫的測量讀數，以攝氏溫度為單位。如果我們使用區間尺度來測量這個讀數，則每個溫度值之間的間隔是已知的，並且可以表示相對溫度的順序和差異。例如：我們測量了三個城市的氣溫，分別為：

　　城市A：25°C　　城市B：30°C　　城市C：35°C

　　在區間尺度下，我們可以說城市C的氣溫比城市B高出5°C，而城市B的氣溫比城市A高出5°C。我們可以根據這些數值之間的差異進行比較和排序。

　　然而，區間尺度並沒有絕對零點，意味著沒有一個氣溫值代表完全沒有熱度或冷度。例如：如果我們以攝氏溫度為單位，那麼0°C並不意味著絕對沒有溫度，而只是一個任意選定的參考點。因此，在區間尺度上，我們可以進行相對的比較和計算，但不能進行絕對的比較或計算。

➤ 比例尺度（Ratio Scale）

　　比例尺度是種具有已知間隔且具有絕對零點的測量值。在比例尺度上，可以進行「加、減、乘、除」等四項的算術運算。此外，比例尺度還允許比較測量值的比例關係。

舉個例子來說，假設我們有一個身高的測量讀數，以厘米為單位。如果我們使用比例尺度來測量這個讀數，則每個身高值之間的間隔是已知的，並且有絕對零點。假設我們測量了三個人的身高，分別為：

A：160厘米　　B：170厘米　　C：180厘米

在比例尺度下，我們可以說C的身高是A的身高的1.125倍（180/160），而B的身高是A的身高的1.0625倍（170/160）。我們可以根據這些數值之間的比例關係進行比較和計算。

此外，在比例尺度上，存在絕對零點，意味著有一個值表示完全沒有該屬性。在身高的例子中，零厘米表示完全沒有身高。這使得我們可以進行零點的測量，比如計算兩個數值之間的比率或百分比。因此，比例尺度允許進行相對和絕對的比較，並且可以進行各種算術運算，包括比率、百分比和乘除運算。在JASP中，會將區間尺度與比例尺度合稱為「連續」尺度。

➤ 名目尺度（**Nominal Scale**）

名目尺度是最基本的測量尺度，用於分類和標記物件。在名目尺度上，數字或符號僅代表不同的類別或群組，沒有大小或順序之間的差異。

舉個例子來說，假設我們調查了一個班級的學生，並記錄了他們的眼睛顏色。在名目尺度下，我們可以將眼睛顏色分為不同的類別，如以下的示例：

學生A：藍色眼睛　　學生B：綠色眼睛　　學生C：棕色眼睛　　學生D：黑色眼睛

在名目尺度上，這些眼睛顏色之間沒有順序或大小的差異，只是用於區分不同的類別。我們無法說藍色眼睛比綠色眼睛大或小，或者黑色眼睛比棕色眼睛更多或更少。

名目尺度通常用於記錄和分類無序的類別或群組。在統計分析中，我們可以使用名目尺度進行計數、次數表分析、交叉表分析等描述性統計分析，以了解不同類別之間的分布和關聯性。然而，名目尺度並不支援計算平均數或進行數值計算，因為它沒有數值上的意義。在JASP中，會將名目尺度稱為「名義」尺度。

➤ 順序尺度（**Ordinal Scale**）

順序尺度不僅可以區分類別，還可以指示類別之間的相對順序。然而，在順序尺度上，無法確定類別之間的具體差異大小。舉個例子來說，假設我們調查了一個餐廳

的食物評價，並將其分為以下幾個等級：

等級1：差　等級2：普通　等級3：良好　等級4：優秀

在順序尺度下，我們可以將這些等級分為不同的類別，並且可以明確地指出它們之間的相對順序。例如：我們可以說「差」的評價比「良好」的評價低，或者「優秀」的評價比「普通」的評價高。

然而，在順序尺度上，並無法去確定每個等級之間的具體差異大小。也就是說，我們並不知道「差」和「普通」之間的差異大小到底是多少。這只是一個相對的順序，而非數值上的具體量度。順序尺度通常用於對事物進行等級或評價，但不涉及數值上的計量。在統計分析中，我們可以使用順序尺度來進行排序、順序統計、次數表分析、交叉表分析等描述性統計分析，以了解類別之間的順序關係和分布情況。然而，因為無法確定數值差異，所以順序尺度也不支援計算平均數或進行數值計算。在JASP中會將順序尺度稱為「次序」尺度。

總而言之，在進行統計分析時，了解變數的測量尺度非常重要，因為不同的測量尺度將決定可應用的統計方法。JASP會根據測量尺度的不同，而提供了相應的統計方法和分析選項，以確保使用者能夠選擇適當的方法進行統計分析。

▶ 範例1-2

承範例1-1，請開啟「ex1-1.jasp」，然後依據表1-1的「變數編碼格式表」，編輯各變數的測量尺度與設定類別變數之各水準的標籤值，完成後請逕行存檔。

表1-1　變數編碼格式表

構面名稱	欄位編號	變數名稱	變數標註	數值	數值標註	遺漏值
品牌忠誠度	1～5	q1～q5	第N題問項	1～7	—	9
基本資料	6	性別	—	1	男	9
				2	女	
	7	年齡	—	1	19歲以下	9
				2	20～39歲	
				3	40～59歲	
				4	60歲或以上	

表1-1　變數編碼格式表（續）

構面名稱	欄位編號	變數名稱	變數標註	數值	數值標註	遺漏值
	8	學歷	一	1	國中及以下	9
				2	高中職	
				3	大學	
				4	研究所以上	
	9	職業	一	1	學生	9
				2	軍公教	
				3	勞工	
				4	自由業	

操作 步驟

詳細操作過程，請讀者自行參閱教學影音檔「ex1-2.mp4」。

1-6　專題或論文寫作的指引

　　若讀者以本書為製作專題或完成論文的參考書時，建議讀者能考量專題／論文的統計需求，善用表1-2與表1-3所規畫的程序。就一般專題／論文的製作過程而言，常依問卷的發展過程而分成「預試階段」與「正式施測階段」，以下將就各階段的資料屬性，提供統計方法應用上的指引。在運用時，這些統計方法有其「順序性」與「選擇性」，只要依照本書所建議的程序，再配合影音教材的使用，當可輕鬆完成專題／論文的統計分析任務。

1-6-1　預試階段

　　在專題或論文的預試階段中，主要將進行如表1-2所詳列的各種統計分析工作。讀者只要能遵循其「順序性」與配合書中章節內容、範例、影音教材，循序漸進，當可順利完成預試階段的統計分析任務。

表1-2　預試階段統計方法指引

順序	統計方法	選擇性	參考指引
1	建立預試資料檔	必選	第1、2章內容 範例1-1、1-2、2-1、2-2
2	反向題重新計分	可選	第3-2節內容 範例3-1
3	資料檔的基本編輯	可選	第3-1、3-3、3-4、3-5、3-6、3-7節內容 範例3-2至3-7
4	離群值評估與常態性檢驗	可選	第3-8、3-9節內容 範例3-8、3-9
5	項目分析（刪除冗題）	必選	第5-1、5-2、5-3節、第6-6節內容 範例5-1、6-1
6	信度分析	必選	第5-1、5-3、5-4節內容 範例5-2
7	因素（效度）分析	可選	第6章所有內容、第7-4節內容 範例6-2、6-3、6-4、7-3

1-6-2　正式施測階段

在正式施測階段中，所需進行的統計分析工作較為繁雜，但只要讀者能遵循表1-3所詳列的統計方法，再配合書中各章節內容、影音教材指引，當可輕鬆完成專題／論文的統計分析工作。在表1-3中，順序1到11，是每篇以問卷調查為基礎的論文，所必須做的基礎分析。而順序12則列出了論文的主要統計方法。這些統計分析的選擇，讀者可參考本書第9章，然後配合論文的主題或類型而決定。

表1-3　正式施測階段統計方法指引

順序	統計方法	選擇性	參考指引
1	建立正式施測資料檔	必選	第1、2章內容 範例1-1、1-2、2-1、2-2
2	反向題重新計分	可選	第3-2節內容 範例3-1
3	資料檔的基本編輯	可選	第3-1、3-3、3-4、3-5、3-6、3-7節內容 範例3-2至3-7

表1-3　正式施測階段統計方法指引（續）

順序	統計方法		選擇性	參考指引
4	項目分析（刪除冗題）		必選	第5-1、5-2、5-3節、第6-6節內容 範例5-1、6-1
5	信度分析		必選	第5-1、5-3、5-4節內容 範例5-2
6	因素（效度）分析		必選	第6章所有內容、第7-4節內容 範例6-2、6-3、6-4、7-3
7	共同方法變異檢測		可選	第6-10節內容 範例6-5
8	離群值評估與常態性檢驗		可選	第3-8、3-9節內容 範例3-8、3-9
9	個案基本資料分析		必選	第8-1節內容 範例8-1
10	研究變數的現況分析		必選	第8-2節內容 範例8-2
11	研究變數的差異性分析		必選	第11、12章內容 第11、12章所有範例
12	主題性統計方法			
	(1)	差異性檢定	可選	第11、12、13章內容與所有範例
	(2)	配適、同質、一致性檢定	可選	第10章內容與所有範例
	(3)	實驗設計研究	可選	第11、12、13章內容與所有範例
	(4)	迴歸、相關性研究 （觀察變數）	可選	第7、14、15章內容與所有範例
	(5)	中介與干擾效果 （觀察變數）	可選	第7、14、15章內容與所有範例
	(6)	因果關係研究 （潛在變數）	可選	第16章內容與所有範例
	(7)	中介與干擾效果 （潛在變數）	可選	第16章內容與所有範例

習　題

練習1-1

JASP是哪些英文單字的縮寫，這套軟體可以幫您完成哪些工作？

練習1-2

統計分析軟體除了JASP之外，就您所知還有哪些軟體也可拿來輔助進行統計分析工作，它們的功能如何？JASP的優勢爲何？

練習1-3

於JASP中，建立一個資料檔時，需考慮哪些事項與進行哪些工作？

練習1-4

試依表1-4中的資料，建立一個JASP資料檔，並存檔爲「兒童.jasp」（需爲「性別」與「母親教育」等變數設定「水準值」的標籤）。資料中，「性別」變數有兩個水準值（取值），分別爲男生、女生。而「母親教育」變數則有四個取值，分別爲小學、國中、高中與大學。

表1-4　某地4筆新生兒童體檢資料

編號	兒童姓名	性別	母親教育	出生日期	出生體重	出生身高
1	陳東彬	男	小學	1987.06.30	2.8	40.0
2	王冠傑	男	大學	1982.12.15	1.9	44.0
3	林曉娟	女	高中	1993.04.21	3.0	46.21
4	周志豪	男	國中	1991.11.07	3.35	47.12

練習1-5

請將下列的Excel檔案（hw1-5.xlsx），轉換成JASP的「*.jasp」檔。

1	職工代碼	姓名	單位	職等	起聘日期	基本薪資	職務加給	加班費	房屋津貼	健保費	預支費	所得稅
2	A1001	蔡偉容	會計處	1	1-Aug-89	35000	10000	600	1000	449	0	1480
3	A1002	王傳恩	人事室	2	1-Jan-93	30000	5000	0	500	212	2000	1230
4	A1003	林安鴻	生管部	4	6-Feb-88	21000	0	1500	0	449	0	1450
5	A1004	王啟文	會計處	2	5-Mar-80	28000	1500	500	500	840	0	1200
6	A1005	施偉育	包裝部	5	1-Jan-95	19800	0	2500	0	1240	2400	890
7	A1006	程家德	生管部	3	1-May-90	24000	0	2000	400	449	0	990
8	A1007	吳仁德	行銷部	3	15-Jun-89	25000	2500	800	400	212	5000	1100
9	A1008	席家祥	公關組	2	15-Jul-89	30000	2000	0	500	320	0	1250
10	A1009	魏傳芳	包裝部	2	5-Apr-88	21000	1000	400	500	449	4000	1450
11	A1010	蔡揚予	行銷部	2	1-Jun-91	38000	2500	1200	500	320	15000	2000
12	A1011	戴學瑋	行銷部	3	20-Jul-75	32000	1000	0	400	519	0	1980
13	A1012	洪啟光	人事室	2	1-Dec-93	33000	2000	0	500	600	0	2300
14	A1013	吳玉月	經理室	1	6-Mar-92	56000	10000	0	1000	320	4000	3000
15	A1014	林愛珠	資訊室	1	1-Sep-75	45000	7000	3000	1000	1100	0	2800
16	A1015	孔凡任	資訊室	2	1-Sep-76	40000	5000	3000	500	449	3000	2350
17	A1016	薛麗利	生管部	4	20-Aug-85	28000	0	1200	0	512	5000	1350

圖1-6　興隆企業股份有限公司薪資表

第 **2** 章
問卷資料檔的建立

　　回收後的問卷資料，經適當的編碼，並於Excel輸入完成並轉為CSV格式的資料檔後，才能依研究者的研究需求，利用JASP所提供的各種統計功能，進行統計分析。在本章中，將說明如何將回收的問卷資料，在JASP中建立、輸入成可用以分析的資料檔。

　　本章內容包括：

1. 李克特量表簡介
2. 範例問卷的結構
3. 製作問卷的編碼格式表
4. 將Excel資料檔匯入至JASP
5. 利用Google表單蒐集資料

2-1　李克特量表簡介

　　李克特量表（Likert scale，如圖2-1的第一部分）是由Rensis Likert於1932年所發展出的「一種能反應受訪者（研究對象）心理狀態的量表」。它常被使用於問卷中，而且是目前調查研究（survey research）領域中使用最廣泛的量表。當受訪者於回答李克特量表之題項時，即可具體的反應出受訪者對該題項所陳述之內容的認同程度。

第一部份：品牌忠誠度 ※請針對您的服務經驗，回答下列相關問項，請於□中打「✓」，謝謝！	極不同意	很不同意	不同意	普通	同意	很同意	極為同意
1. 購買 85 度 C 的產品對我來說是最好的選擇。	□	□	□	□	□	□	□
2. 我是 85 度 C 的忠實顧客。	□	□	□	□	□	□	□
3. 當我有需求時，我會優先選擇 85 度 C。	□	□	□	□	□	□	□
4. 我願意繼續購買 85 度 C 的產品。	□	□	□	□	□	□	□
5. 我會向親朋好友推薦 85 度 C 的產品。	□	□	□	□	□	□	□

第二部份：基本資料，請於□中打「✓」。

1. 性　別：　□ 男　　　□ 女

2. 年　齡：　□ 19 歲以下　□ 20~39 歲　□ 40~59 歲　□ 60 歲以上

3. 學　歷：　□ 國中及以下　□ 高中（職）　□ 大學　　□ 研究所（含）以上

4. 職　業：　□ 學生　　□ 軍公教　　□ 勞工　　□ 自由業

圖2-1　李克特量表範例

　　本質上，李克特量表屬於評分加總式量表（summated rating scales）的一種。設計時，需對特定變數（又稱構面，construct）內的每一個子構面（sub construct）皆設計數個題項（item），以評量每位受訪者的心理或判斷反應（如：認同程度）。分析時，題項中的每一個回答選項皆需給予一個數值（如表2-1，這是屬於李克特七點量表的計分方式），以代表受訪者對該題項的認同程度（或稱為：對該題項的認知），將每位受訪者在同一個構面的所有題項之得分加總，即是受訪者對該構面的整體認知程度或評量態度。上述中，每一個回答選項所指定的數值，其變數類型本質上

應屬於區間尺度（interval scale），但實務上多將其視爲比率尺度，並加以計算、運用。

表2-1　李克特七點量表正向題與反向題給分方法

	極不同意	很不同意	不同意	普通	同意	很同意	極為同意
正向題	1	2	3	4	5	6	7
反向題	7	6	5	4	3	2	1

　　李克特量表之題項的回答選項數量常介於3～11個之間，通常以使用5個選項最多（李克特五點量表），7個選項次之（李克特七點量表），9個選項再次之。當量表所設計之回答選項的數量不同時，後續所呈現的統計數值所代表的意義亦會有所不同。其原因在於，回答選項的數量將在誤差與成本之間進行權衡（trade-off）。當所設計之回答選項的數量越多時，雖受訪者可以越精確的選擇其所相對應的心理感受程度，致使感受程度與評量數值之間的誤差降低；然回答選項數量越多時，回答問題時所考慮的時間即會增加，因此受訪者容易產生疲勞現象，導致在相同的時間內，降低了可作答的題項，且問卷施測的品質、效率亦有可能隨之而降低。此外，在李克特量表中，每一個回答選項所代表的數值，通常也不會揭露在問卷中，以免干擾受訪者回答時的情境，造成閱讀負擔與產生測量誤差。圖2-1的第一部分即屬李克特七點量表，而其中每個題項之回答選項的計分方式，則如表2-1。

2-1-1　建立李克特量表的步驟

　　一般而言，建立李克特量表的步驟，大略如下：

1. 首先，根據研究議題之需要，確認研究議題中所包含的主要構面（態度或心理認知）的種類與數量。接著針對各主要構面，分別建立有關該特定構面之題庫，題庫中應包含大量且可測量主構面意涵之題項，這些題項的來源最好有所本（即引用過往文獻），然後隨機的排列這些題項。題項必須包含正向題與反向題。若以七點量表而言，同意程度大致上可分爲七個等級：1.極不同意、2.很不同意、3.不同意、4.普通、5.同意、6.很同意、7.極爲同意（如表2-1）。

2. 邀請一組專家（建議由產、官、學界等三方面專業人士組成），請各專家對各構面態度之題庫中的各題項表達看法。以作爲後續題項之遣詞用句斧正、評估適用性之參考，以符合學術性文章對於內容效度或專家效度之要求。

3. 進行問卷預試，有效問卷約50～110份。

4. 進行項目分析（item analysis）（如範例5-1或範例6-1），以評估各題項的適切性。題項的適切與否將依據其是否具有鑑別力和區別力（power of discrimination）判定。鑑別力和區別力較差的項目將予以刪除。

5. 進行信度分析（reliability analysis）以確認量表中各題項的內部一致性。在此過程中，會建議將導致整體量表信度下降之題項予以刪除，以提高整體量表信度。

6. 進行正式問卷施測。一份符合學術嚴謹性要求的研究，其樣本的數量大小常讓研究者困擾。一般而言，可根據抽樣理論來決定樣本數的大小。根據抽樣理論中的中央極限定理和大數法則，樣本數大小（N）可以根據下列的公式計算出來：

$$N = P(1-P)(\frac{Z_{\alpha/2}}{e})^2 \qquad\qquad （式2\text{-}1）$$

式2-1中，N代表樣本數、P為各選項受訪者填答的百分比、$Z_{\alpha/2}$為標準常態機率值、α為顯著水準、e為可容許的抽樣誤差。一般而言，研究者決定樣本數時，通常會假設研究中所要求的信賴水準（$1 - \alpha$）是0.95（95%），採用大樣本時，二項分配或樣本比例之分配近似常態的概念（即大數法則），則在95%的信賴水準（$\alpha = 0.05$）時，其所對應的臨界值為1.96（$Z_{\alpha/2}$）。

式2-1原本是運用於樣本比例的估計中，P即為樣本比例，而$P(1 - P)$所代表的意義即是母體之異質程度（variability）。運用於問卷調查之統計時，因各選項之填答狀況非常難以預估，因此在評估樣本異質性時，可採$P = 0.5$，這是個最保守的策略，因為變異數最大的情況會發生在$P = 0.5$時。此外，在考量問卷施測時之拒簽率、廢卷率以及其他不可抗拒等因素所導致的誤差，採可容許之抽樣誤差不大於5%（如，$e = 0.05$），在上述的各條件下，根據式2-1所計算出來的有效問卷調查份數為384份。所以「384」個有效樣本數，即成為一般問卷調查時，決定樣本數的一個基準。

另外，樣本數的決定方式，也可依據過往文獻。例如：可依據Roscoe（1975）的研究成果。Roscoe（1975）指出：(1)適合進行研究的樣本數，以30～500個樣本數較為恰當；(2)當從事多變量的研究時，樣本數至少需大於所有研究變數之題項總和的10倍或10倍以上為最佳。

2-1-2 問卷與量表的差異

問卷與量表都可被研究者用來協助其蒐集樣本資料。就本質而言，問卷與量表也都是一種測量個體之認知和態度的技術。因此，它們的主要功能都在於測量，特別是針對某些主要變數的測量。雖是如此，但兩者基本上還是有一些差異存在的（王俊明，2004）。

（一）量表需要理論的依據，問卷則只要符合研究主題即可

通常量表的編製需根據過往學者所提的理論來決定其編製的架構。例如：若要編製「品牌形象」量表時，可根據Aaker（1996）的相關理論或研究成果來編製。在Aaker（1996）的研究中，將「品牌形象」（主構面）分為「品牌特質」、「品牌價值」與「企業聯想」等三個子構面。因此，量表編製者可依照這三個子構面編成一份具有三個分量表的「品牌形象」量表（如附錄七問卷初稿的第一部分）。然而在編製問卷時較簡單，研究者只要先將所研究的主要議題釐清，並將所要了解的問題逐一臚列出來，即可依序編排出問卷。

（二）量表的各分量表都要有明確的定義，問卷則無此要求

在編製量表前，研究者也必須為該量表中所欲測量的各變數定義操作型定義（operational definition）。根據變數的操作型定義，研究者即可設計出能測量出該變數之意涵的題項。也就是說，研究者可針對研究變數的操作型定義之意涵，提出一種可以測量、量化、具體、可重複測驗的基本解釋或說明，以便可將抽象的變數概念予以具體化，並據此可製作出量表中所欲測量之變數的所屬題項。若所編製的量表包含有若干個分量表時，則各個分量表亦需將其操作型定義界定清楚。根據操作型定義，一方面讓研究者在編題時能切合各個分量表的內涵，另一方面是讓閱讀者能了解此量表的各個分量表具有何種意義。

對於操作型定義的實質意涵，或許讀者仍有些模糊，在此舉一個例子來加以說明。在普羅大眾的觀念中，男人的「帥」，通常都是以濃眉、大眼、身高來加以定義。而在某研究中，為了研究議題的需要，研究者將男人的「帥」定義成心寬、善良與愛心。因此，在研究中，心寬、善良與愛心就是「帥」的實質意涵。因此在設計「帥」的量表時，就必須根據心寬、善良與愛心的意涵而去設計出諸多題項，最終形成量表。因此，明顯的，濃眉、大眼、身高只是一般性的「帥」的解釋與說明而已，

而心寬、善良與愛心就是研究中「帥」的定義，而這定義就是所謂的操作型定義。

（三）量表以各分量表為單位來計分，問卷則是以各題為單位來計次

若量表具有若干個分量表，其計分的方式是以各個分量表為單位。由於量表中各題項中的每一個回答選項通常都屬區間尺度，因此，研究者只要將分量表中每一題的分數相加即可。問卷則和量表不同，它是以單題為計算單位，亦即是以每一題的各個選項得分來計算其次數。

（四）量表的計算單位是分數，而問卷的計算單位通常是次數

量表可將各題項的分數相加而得到一個分數，故所得的分數為連續變數。而問卷則以各題項的選項計次，其結果是各個選項的次數分配，此乃屬於間斷變數。

雖然，前述內容可以輔助釐清量表與問卷在本質上的差異。但是在日常生活中，縱使研究者也明瞭其間的差異性，然在口語上，不少研究者仍會使用「問卷」這個總稱，來代表學術上的量表或問卷。

2-2　範例問卷的結構

本書中，最常被使用的範例資料檔，是一份碩士論文的真實資料，該份論文主要在研究「旅遊動機、體驗價值與重遊意願之關係」（後續將稱本論文為範例論文），完整問卷內容如附錄一。原始問卷包含三個量表，共包含四個主要部分，分別為旅遊動機量表（主構面）、體驗價值量表（主構面）、重遊意願量表（主構面）與基本資料，分別描述如下：

2-2-1　範例問卷的結構

樹狀結構（tree structure）是一種能將特定事務之階層式構造特質，以圖形方式呈現出來的一種方法，其名稱源自於以樹的外觀象徵來表現出特定事務架構之間的層級關係。在圖形的呈現上，它是一個上、下顛倒的樹，其根部在上方，是資料的開頭，而下方的資料則稱為葉子。

問卷的架構若能以樹狀結構圖呈現，將有助於理解問卷設計的邏輯與各主構面（二階）、子構面（一階）與題項間的階層關係。本書中，範例問卷包含四個主要部

分，分別爲「旅遊動機」主構面、「體驗價值」主構面、「重遊意願」主構面與基本資料，如圖2-2。其中，「旅遊動機」主構面又分爲兩個子構面，分別爲「推動機」子構面（10個題項）、「拉動機」子構面（7個題項）；而「體驗價值」主構面則包含：「投資報酬率」子構面（3個題項）、「服務優越性」子構面（3個題項）、「美感」子構面（3個題項）及「趣味性」子構面（4個題項）等四個子構面。重遊意願主構面，以單構面之題項衡量（沒有子構面），共包含3題問項。基本資料部分，主要的調查內容有性別、婚姻、年齡、職業、教育程度、月收入、交通工具與旅遊偏好。

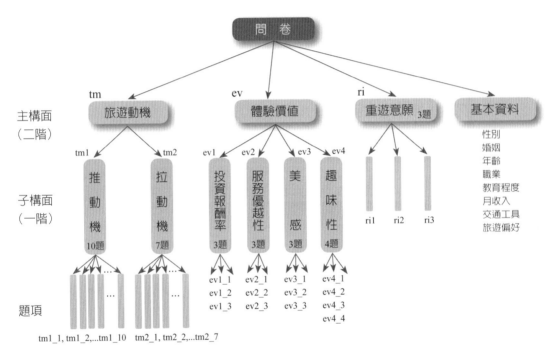

圖2-2　範例問卷的樹狀結構圖

▌2-2-2　範例問卷的第一部分：旅遊動機

本研究採用多數學者對旅遊動機的觀點，參考Dann（1977）所提出之推－拉（Push-Pull）的動機架構理論，將旅遊動機分爲推動機與拉動機兩個子構面，其操作型定義分別爲：

1. 推動機：與遊客的欲望相關的內部動機，包含：紓解壓力、知識／教育、放鬆、家庭聚會、社交、分享、逃離、回憶、安全／有趣、離開家等面向。

2. 拉動機：與旅遊目的地屬性相關的外部動機有關，包含：多樣化生態環境、自然
資源、知識學習、體驗、好奇心、追求刺激、嘗試新事物等面向。

於量表編製上，主要將參考吳忠宏、黃文雄、李介祿、李雅鳳（2007）對旅遊
動機之測量題項，再參酌研究議題之實質內涵，進而對諸多題項之遣辭用句進行小幅
度修改，最後形成本研究之旅遊動機的測量題項。旅遊動機量表包含兩個子構面，分
別為推動機與拉動機，其中推動機有10題問項，拉動機則有7題問項。所有題項皆以
李克特七點量表來衡量遊客的旅遊動機，分別以「極不同意」、「很不同意」、「不
同意」、「普通」、「同意」、「很同意」與「極為同意」區分為七個等級，並給予
1、2、3、4、5、6、7的分數，如表2-2所示。

表2-2 「旅遊動機」構面之操作型定義與衡量題項

構面	操作型定義	衡量題項（變數名稱）
推動機 （tm1）	與遊客的欲望相關的內部動機	1. 參與此遊程，可讓我放鬆心情。（tm1_1） 2. 參與此遊程，可幫助我紓解壓力。（tm1_2） 3. 參與此遊程，能讓我遠離擁擠的人群。（tm1_3） 4. 參與此遊程，可增進親子情感。（tm1_4） 5. 參與此遊程，可幫助我認識新朋友。（tm1_5） 6. 參與此遊程，可增加我與朋友相聚的時間。（tm1_6） 7. 我很喜歡參與此遊程。（tm1_7） 8. 我很喜歡與他人分享此遊程的經驗。（tm1_8） 9. 參與此遊程，可獲得美好回憶。（tm1_9） 10.我常回憶過去參與此遊程的經驗。（tm1_10）
拉動機 （tm2）	與旅遊目的地屬性相關的外部動機有關	11.我喜歡觀賞溼地多樣化的生態環境。（tm2_1） 12.我喜歡接近大自然。（tm2_2） 13.我熱衷學習有關溼地的新知識。（tm2_3） 14.我熱衷於體驗生態旅遊行程。（tm2_4） 15.參與此遊程，可滿足我的好奇心。（tm2_5） 16.我喜歡嘗試不同的新事物。（tm2_6） 17.我喜歡追求刺激。（tm2_7）

2-2-3 範例問卷的第二部分：體驗價值

參考Mathwick et al.（2001）的研究，本研究定義體驗價值的操作型定義為：遊
客對溼地生態旅遊的體驗、偏好與感知，在比較「得到」與「付出」的差異後，所
產生的整體性評價。衡量時，主要將參考Mathwick et al.（2001）的研究，並以投資

報酬率、服務優越性、美感、趣味性等四個面向來衡量體驗價值。而於題項的編製上，將參考黃映瑀（2005）、林淑卿（2007）之衡量題項，再參酌研究議題之實質內涵，進而對諸多題項之遣辭用句進行小幅度修改，最後形成本研究之體驗價值的測量題項。因此，本研究中有關體驗價值主構面的衡量，將包含四個子構面，分別為投資報酬率（3題）、服務優越性（3題）、美感（3題）、趣味性（4題）。所有題項皆以李克特七點量表來衡量遊客所感知的體驗價值，分別以「極不同意」、「很不同意」、「不同意」、「普通」、「同意」、「很同意」與「極為同意」區分為七個等級，並給予1、2、3、4、5、6、7的分數。而問卷中若有反向題時，尚必須將上列七個尺度衡量依次給予反向7、6、5、4、3、2、1的分數，分數越高表示遊客對該子構面的認知同意程度越高。觀察表2-3，明顯的，衡量問項中，「趣味性」子構面的4個題項皆屬反向題，將來進行統計分析前，資料需先進行反向重新計分，如表2-3所示。

表2-3　體驗價值構面之操作型定義與衡量題項

構面	操作型定義	衡量題項（變數名稱）
投資報酬率（ev1）	遊客在體驗溼地生態旅遊行程中所產生的價值感。	1. 此遊程相當有效率。（ev1_1） 2. 整體而言，在交通安排上是方便的。（ev1_2） 3. 整體而言，所提供之服務讓我覺得物超所值。（ev1_3）
服務優越性（ev2）	旅遊行程中所提供的專業、優質服務，超越遊客本身的期許。	4. 提供良好的解說服務品質。（ev2_1） 5. 提供的解說服務是專業的。（ev2_2） 6. 解說人員親切有禮且充滿熱情。（ev2_3）
美感（ev3）	遊客直接對溼地生態的視覺、聽覺、味覺、實體感覺、美感特色的體驗及感受的價值。	7. 溼地的整體環境景觀很優美。（ev3_1） 8. 溼地生態環境可以滿足我的好奇感。（ev3_2） 9. 溼地生態環境對我很有吸引力。（ev3_3）
趣味性（ev4）	遊客在旅遊行程中，所感受到的快樂、興奮、娛樂與逃避現實感受等價值，反應遊客內在的快樂。	10. 參與此遊程，並無法讓我暫時忘記煩惱。（ev4_1） 11. 參與此遊程，並無法讓我遠離現實生活。（ev4_2） 12. 參與此遊程，並無法讓我感到快樂。（ev4_3） 13. 我不認為參與此遊程是有趣的。（ev4_4）

⏹ 2-2-4　範例問卷的第三部分：重遊意願

參考Selnes（1993）的研究，本研究定義重遊意願的操作型定義爲：遊客對溼地生態旅遊行程所提供的服務感到滿意，進而對該行程產生忠誠度，並願意推薦他人參與，甚至再度光臨。衡量時，主要參考Selnes（1993）衡量遊客忠誠度的方式，作爲重遊意願的衡量指標。在本研究中，將以單構面之題項衡量遊客的重遊意願。共包含3個題項，所有題項皆以李克特七點量表來衡量遊客對各題項的認知程度，分別以「極不同意」、「很不同意」、「不同意」、「普通」、「同意」、「很同意」與「極爲同意」區分爲七個等級，並給予1、2、3、4、5、6、7的分數，如表2-4所示。

表2-4　重遊意願構面之操作型定義與衡量題項

構面	操作型定義	衡量題項（變數名稱）
重遊意願 （ri）	遊客對溼地生態旅遊行程所提供的服務感到滿意，進而對該行程產生忠誠度，並願意推薦他人參與，甚至再度光臨。	1. 我未來願意再次重遊。（ri1） 2. 我會向親友推薦本遊程。（ri2） 3. 我會傳遞本行程之正向訊息給其他人。（ri3）

⏹ 2-2-5　範例問卷的第四部分：基本資料

此部分主要將針對個案的基本資料與旅遊特性進行調查，主要的調查內容有性別、婚姻狀況、年齡、目前職業、教育程度、平均月收入、交通工具（複選題）與旅遊偏好（排序題）。所有題項的衡量尺度皆屬名目尺度。

◆ 2-3　製作問卷的編碼格式表 ◆

當問卷經調查、蒐集後，必須整理爲特定的格式，並進行登錄以供JASP分析之用。此過程大致可分爲四個步驟：

1. 決定格式：由於各種統計分析套裝軟體對於資料格式的要求不盡相同，因此，研究者在整理資料時，需根據所選定的統計分析套裝軟體之資料格式要求，進行編碼與登錄輸入的動作。一般而言，其原則是每個受訪者對各題項的回答應按照順序編碼，且每個受訪者的資料有相同的欄位數（題項數），每一題項皆有相對應的欄位（變數），同一題項應登錄在相同的欄位上。

2. 編碼（coding）：將問卷中每個題項設定一個變數名稱以及將每個題項之每一個答

案選項給予一個對等的代表數字，就稱之為編碼。通常這項工作在製作問卷的內容時，大部分編碼的動作就已經確定了。編碼的過程也常與題項的陳述方法、格式，及問卷整體格式等有關。一般而言，研究者會根據圖2-2的樹狀結構圖，來為諸多變數（題項）進行邏輯性、系統性的編碼。例如：旅遊動機主構面的變數名稱可編碼為「tm」；則其第一個子構面「推動機」，就可編碼為「tm1」，第二個子構面「拉動機」，則編碼為「tm2」；順著這個系統性邏輯，「推動機」子構面的第一個題項，於是就可編碼為「tm1_1」等，依序類推。

3. 資料登錄輸入：將資料於Excel套裝軟體中，進行登錄與輸入。

4. 資料檢核：進行統計分析之前，進行檔案的檢查工作，以確保其準確、完整及一致性。

為順利完成回收問卷之登錄作業，通常研究者會先參考附錄一中的原始問卷內容與圖2-2的樹狀結構圖，而為問卷擬定「編碼格式表」，並據以進行欄位（變數）格式之設定與欄位（變數）值的指定，以確保後續之資料登錄輸入作業能具有準確、完整及一致性。通常一份問卷會有一份專屬的編碼格式表（如表2-5，空白表格在範例資料夾中的ex2-1.docx中）。表2-5即為範例問卷的編碼格式表。編碼格式表一般會有7個欄位，分別為主構面名稱、子構面名稱、欄位編號、欄位（變數）名稱、測量、變數值、值標籤。

編碼格式表如同資料登錄時的作戰計畫，非常有助於資料檔的建立。希望讀者於各式統計分析軟體中，建立問卷資料檔前，都能養成好習慣，先建立如表2-5的編碼格式表，然後再依各欄位（變數）的編碼格式，於各式統計分析軟體中，逐個欄位定義、輸入資料，如此作法亦將能增進建檔的效率與正確性。此外，讀者尚需注意的是，若問卷中包含複選題（例如：範例問卷基本資料部分的第7題）與排序題（第8題）時，則需為每一個選項設定一個變數，如表2-5中編號40至50的變數。

表2-5　範例問卷之編碼格式表

主構面名稱	子構面名稱	欄位編號	欄位（變數）名稱	測量	變數值	值標籤
旅遊動機	推動機	1～10	tm1_1～tm1_10	連續	1～7	無
	拉動機	11～17	Tm2_1～tm2_7	連續		
體驗價值	投資報酬率	18～20	ev1_1～ev1_3	連續	1～7	無
	服務優越性	21～23	ev2_1～ev2_3	連續		
	美感	24～26	ev3_1～ev3_3	連續		
	趣味性	27～30	ev4_1～ev4_4	連續		

表2-5　範例問卷之編碼格式表（續）

主構面名稱	子構面名稱	欄位編號	欄位（變數）名稱	測量	變數值	值標籤
重遊意願	—	31～33	ri1～ri3	連續	1～7	無
基本資料	性別	34	性別	名義	1	女
					2	男
	婚姻	35	婚姻	名義	1	未婚
					2	已婚
	年齡	36	年齡	名義	1	20歲以下
					2	21～30歲
					3	31～40歲
					4	41～50歲
					5	51～60歲
					6	61歲以上
	職業	37	職業	名義	1	軍公教
					2	服務業
					3	製造業
					4	買賣業
					5	自由業
					6	家庭主婦
					7	學生
					8	其他
	教育	38	教育	名義	1	國小（含）以下
					2	國中
					3	高中（職）
					4	專科
					5	大學
					6	研究所（含）以上
	月收入	39	月收入	名義	1	15,000元以下
					2	15,001～30,000元
					3	30,001～45,000元
					4	45,001～60,000元

表2-5　範例問卷之編碼格式表（續）

主構面名稱	子構面名稱	欄位編號	欄位（變數）名稱	測量	變數值	值標籤
					5	60,001～75,000元
					6	75,001～90,000元
					7	90,001～120,000元
					8	120,001元以上
	可選用之交通工具	40	自行開車	名義	0或1	0：未勾選
		41	遊覽車			
		42	機車			1：勾選
		43	公共路網			
	旅遊型態偏好	44	文化	次序	0～3	0：不喜好
		45	自然生態			
		46	節慶祭典			1：最喜好
		47	美食			2：次喜好
		48	山岳			
		49	水域活動			3：第3喜好
		50	自行車			

2-4　將Excel資料檔匯入至JASP

　　編碼格式表就像是建立資料檔時的作戰策略，它有助於資料檔的建立，增進建檔的效率與正確性。在範例2-1中，範例問卷的編碼格式表已製作完成（如表2-5），接著就可於套裝軟體中，為已蒐集回來的問卷資料進行建檔工作。Excel試算表軟體是一套優秀的數值處理軟體，對於需大量的輸入數值時，使用Excel軟體操作起來相當簡便，故建議使用者對於問卷資料的輸入，最好使用Excel試算表軟體來進行建檔工作。

▶ 範例2-1

參考附錄一，論文〈旅遊動機、體驗價值與重遊意願關係之研究〉的原始問卷與編碼格式表（表2-5）。「ex2-1.xlsx」為該問卷之回收樣本的原始資料檔，試將該Excel檔案讀入JASP中，完成後請另存新檔為「ex2-1.jasp」。

　　由於需要大量的輸入數值資料時，使用Excel軟體操作起來會較為簡單與便捷。因此，研究者於蒐集大量的樣本資料後，對於這些原始問卷資料的處理，大部分的研究者都會直接在Excel試算表軟體內做輸入。輸入完成後，再將該Excel資料檔轉為「CSV」格式的檔案後，就可匯入到JASP中，然後便可依研究者的各種統計需求進行統計分析。

　　依題意，回收樣本之原始資料已輸入「ex2-1.xlsx」中，如圖2-3所示。在「ex2-1.xlsx」中可明顯看到，於Excel中建檔時，只要依據表2-5中的第四欄「欄位（變數）名稱」，於Excel工作表的第一列依序（由左至右）輸入變數名稱後，再於各變數名稱欄位下，輸入各題項的填答結果，即可建檔完成。至於表2-5中的其他欄位之內容（如測量、值標籤），待匯入JASP後，再進行設定即可。

AC	AD	AE	AF	AG	AH	AI	AJ	AK	AL	AM	AN	AO	AP	AQ	AR	AS
ev4_3	ev4_4	ri1	ri2	ri3	性別	婚姻	年齡	職業	教育	月收入	自行開車	遊覽車	機車	公共路網	文化	自然生態
2	3	6	5	5	1	2	3	4	5	5	0	0	1	1	0	2
3	4	4	2	3	2	2	2	1	5	3	1	1	1	1	1	3
1	1	3	3	2	2	2	3	3	5	4	0	1	0	1	0	0
2	2	5	5	5	1	2	4	4	3	2	0	1	0	1	0	0
3	3	4	3	4	2	2	5	4	4	4	1	1	0	1	0	3
1	2	7	7	7	2	1	3	3	5	2	0	0	1	1	0	0
2	1	4	4	5	1	2	2	1	1	6	0	0	1	1	0	3
6	5	7	7	6	2	1	3	1	5	5	1	1	1	1	0	0
1	2	4	5	4	2	2	1	3	3	3	1	1	1	1	0	0
6	4	5	5	6	2	2	2	7	5	1	0	0	1	1	0	3
2	1	3	2	3	2	2	4	3	5	2	1	0	1	1	0	0
1	1	1	1	1	2	2	1	5	4	3	1	0	1	1	2	3
1	1	3	3	2	2	2	3	6	5	1	0	0	1	1	3	2

圖2-3　範例問卷之原始資料檔（ex2-1.xlsx）

操作 步驟

　　本範例中，雖然已將問卷回收資料輸入Excel資料檔了，但讀者務必要學會自己建立Excel資料檔。建立Excel資料檔的方法，如下：

1. 先將每份問卷予以編號，並用紅色簽字筆寫在問卷第一頁的最頂端。

2. 把問卷中，每一個題項的填答結果，寫在題項編號前。例如：第13題，受訪者勾選「很同意」（七點量表），那麼就在題號「13」旁用紅色簽字筆寫上「6」。此外，若遇到遺漏值（受訪者沒填答案）時，則依照編碼格式表的設定，用紅色簽字筆寫上「9」，代表遺漏值。

3. 根據編碼格式表的第四個欄位之各變數名稱，然後在Excel資料檔的第一列，由左至右，依序輸入各變數的名稱。以表2-5範例問卷之編碼格式表為例，就需在Excel

資料檔的第一列建立50個變數名稱。

4. 開始依照問卷編號輸入資料，一份問卷就是一列、就是一個受訪者，由左至右輸入每一題項的填答結果。輸入時最好兩人合作，一個念「填答結果」，另一個進行輸入。輸入完請存檔。

在已將問卷回收資料輸入Excel資料檔後，我們只需將Excel資料檔讀入JASP，然後再依照編碼格式表，對各變數進行細部設定，這樣就能完成問卷回收資料的建檔工作了。

由於JASP只能讀取SPSS的「.sav」檔案與「.csv」檔案。因此，Excel資料檔必須先轉換成「.csv」檔案後，才能匯入到JASP中。但是，值得注意的是，當CSV格式的資料檔中，其變數名稱或變數值具有中文時，往往匯入到JASP時，會產生亂碼。這是因為Excel的編碼系統和JASP不同所引起的。

然而，當資料檔為SPSS的檔案格式（.sav）時，縱使變數名稱或變數值有中文，匯入到JASP時也不會有亂碼，且使用SPSS的檔案格式還具有一個優勢，那就是於SPSS的檔案中，各類別變數所設定的「值標籤」也都能一起匯入到JASP中，相當方便與有效率。不像讀取CSV檔後，還需要使用者於JASP中，根據如表2-5的編碼格式表，一個一個的去針對類別變數（如基本資料項）的「值標籤」進行輸入與設定。所以對想從SPSS轉換到JASP的使用者來說，不用再將資料檔轉換成CSV檔，可直接由JASP來讀取就好，既有效率也不會有亂碼的問題。

將「ex2-1.xlsx」轉換為「ex2-1.csv」後，由於「ex2-1.csv」中也包含了中文變數名稱，若不處理而直接匯入到JASP時，中文將全部變為亂碼。故「.csv」檔案中若包含中文的話，需先進行處理，處理的方法，在本範例的教學影音檔中，將會進行詳細的說明。

另外，由於JASP仍是成長中的軟體，其操作介面或許仍會改變，因此對於各範例的操作程序與畫面，本書將不以圖形或文字於書中呈現。所有的JASP設定、操作、執行、報表解說的過程，都會於教學影音檔中進行動態講解。讀者想看教學影音檔時，只需掃描範例題目旁的QR Code即可。

本範例詳細的操作過程，請讀者自行參閱教學影音檔「ex2-1.mp4」。

◆ 2-5 利用Google表單問卷蒐集資料 ◆

　　紙本問卷的製作需要耗費大量的時間與心力，後續在回收問卷時更需要毅力與耐心。現今處於網路數據時代，網路使用人口激增，幾乎已達普及化的境界。因此，若能妥善運用網路的特性，將問卷發放於各種網路平台（這種問卷通稱為電子問卷），相信必能更快速、低成本的取得研究所需的樣本資料。

　　然而，電子問卷的使用上也不是毫無限制的。於學術研究上，對於樣本資料的取得方式與過程的要求較為嚴謹。使用電子問卷的研究論文，最常被口試委員或論文審核者（reviewer）質疑的問題是：「針對您的研究議題，於網路平台蒐集樣本資料，適合嗎？」這個問題的重點在於，當我們使用電子問卷蒐集樣本資料時，無疑的就是已將「不會使用」或「不常使用」網路的潛在受訪者排除於我們的研究之外了。這樣，所蒐集的樣本資料會具有代表性嗎？這就是想透過電子問卷而於網路平台蒐集樣本資料的研究者，必須謹慎考量與自我回應的問題。

　　當然，問卷要能在各種網路平台上散播、發放，就必須先將紙本問卷轉化為電子問卷。一般而言，製作電子問卷的工具很多，例如：Google表單工具、SurveyCake、my3Q。在本小節的課程中，將示範如何運用Google表單工具來協助我們更快速的製作電子問卷。學會本課程後，問卷調查工作將從此再也不是件麻煩事了！

▶ 範例2-2

參考附錄一，論文〈旅遊動機、體驗價值與重遊意願關係之研究〉的原始問卷，這份問卷的紙本問卷檔案為「ex2-2.docx」（放在範例資料夾\chap02中）。試運用Google表單工具為該紙本問卷建立電子問卷。

　　Google表單介面相當直覺且操作簡單，只要先準備好紙本問卷或構想好問卷的題項內容之後，甚至可以在15分鐘內就製作好電子問卷。利用Google表單工具製作電子問卷時，大致上可分為四個基本步驟：

步驟1. 建立表單
步驟2. 編輯表單
步驟3. 發送表單
步驟4. 分析回覆

　　對於利用Google表單工具製作電子問卷、回收問卷、將資料匯入到JASP的完整過程，本書將以教學影音檔的方式進行示範與說明，以期讓讀者能身臨其境，邊看、邊學、邊做，增進學習效率。詳細的操作過程，請讀者自行參閱教學影音檔「ex2-2.mp4」。

習 題

 **練習2-1**

　　附錄二爲論文〈遊客體驗、旅遊意象與重遊意願關係之研究〉的原始問卷，請開啟hw2-1.docx，爲這份問卷建立編碼格式表。此外，資料檔「hw2-1.xlsx」爲問卷經回收後，根據編碼格式表與所輸入的填答資料製作而成，請將資料檔「hw2-1.xlsx」讀入至JASP中。讀入後，對於基本資料與遊客特性中的各變數，請依各題項的選項值（即水準值），設定值標籤屬性。完成後，請存檔爲「遊客體驗_原始資料.jasp」。

第 3 章
資料的編輯和轉換

　　基本上，資料輸入完成後，即可依研究者的需求，利用JASP所提供的各種統計功能，進行統計分析了。但有些時候，研究者為了達成特定目的之研究需求，往往「需先」利用既有的資料，進行重新分類、計算、反向題重新計分等處理，然後再進行統計分析。

　　因此，本章內容將包括：

1. 橫向計算
2. 反向題重新計分
3. 標準化值
4. 主構面與子構面的得分
5. 資料平減化
6. 資料分組
7. 計算分組平均數
8. 離群值檢測
9. 資料常態性的檢測

3-1　橫向計算

　　在資料分析的過程中，為了達成特定的研究目的，研究者往往需利用既有的原始變數（或資料）來產生新的變數（或資料）。這時就需對原始變數（或資料）進行轉換或計算的工作了。所謂變數（或資料）的轉換或計算，就是利用已輸入完成的原始資料，透過某種轉換或計算公式來產生新的變數（或資料），以便能為特定的統計分析目的提供格式完備的研究資料。

　　在很多情況下，研究者是無法直接利用原始資料進行分析的；而需對原始資料進行進一步的整理。這時就需要用到JASP資料轉換或計算的一些方法了。熟練掌握並應用這些方法，可以在資料處理過程中達到事半功倍的效果，尤其是可以省去大量手工計算的時間與精力。

　　在JASP中，所有的分析與計算，其預設的計算方式都是縱向計算的（如圖3-1）。換言之，JASP預設的計算功能（如求算平均數、標準差等），都是針對特定變數在所有的個案中進行計算的。比如說，在圖3-1的資料檔中，利用「描述統計」功能，要求算「ev1_1」這個變數的平均數。此時，JASP它是針對檔案中的所有個案，於「1. 此遊程相當有效率。（ev1_1）」這個題項的答題得分進行平均而計算的。所以，計算結果應為$(3 + 4 + 5 + 7 + 4)/5 = 4.60$。明顯的，它的計算方式是縱向的（直行的計算）。因此，縱向計算的特徵就是針對特定變數，於所有個案間進行計算。從JASP的資料視窗來看，他的計算方向是屬於「縱向」進行的。這個縱向的計算方向，也是JASP所有的計算功能（如求算平均數、標準差、峰度、偏態……等）所預設的方向。

　　然而，這種縱向的計算方向，有時並不符合研究者實際的計算需求。例如：在圖3-1中，假設「體驗價值」只包含3個題項，分別為ev1_1、ev1_2與ev1_3。現在研究者想比較5個個案，其體驗價值的差異。此時，就會產生一個問題，由於「體驗價值」共包含3個題項，故若針對這3個題項逐題比較的話，不僅費時而且繁雜。試想，若能將每個受訪者（個案）的這3個題項得分先予平均（代表每一個個案之「體驗價值」的得分）後再比較，那麼分析工作將變得很簡單。也就是，先求得圖3-1的最後一欄（個案平均得分，即體驗價值得分），再來比較，將簡單化比較的過程。而這求取每一個個案之「體驗價值」的得分（ev1_1、ev1_2與ev1_3等3個變數的平均）之過程，從JASP的資料視窗來看，它的計算方向即是屬於橫向進行的（如圖3-1）。

因此，橫向計算的特徵就是針對某特定個案，於諸多變數間進行計算。而這橫向計算的方式，在JASP中必須透過「計算變數」（Create computed column）功能且由使用者自行定義計算公式來達成。

縱向計算：針對特定變數，於個案間進行計算

個案編號	ev1_1	ev1_2	ev1_3	個案平均得分	
1	3	2	5	3.33	◄橫向計算：
2	4	5	4	4.33	針對特定個
3	5	6	7	6.00	案，於變數
4	7	3	3	4.33	間進行計算
5	4	5	2	3.67	
變數平均得分	4.60	4.20	4.20		

圖3-1　縱向計算與橫向計算示意圖

依照作者經驗，針對原始資料檔需進行的「計算變數」工作大致上有下列6項，若研究者於樣本資料蒐集完成後，先學會這6項計算工作，那麼往後的分析過程將會較為順利：

1. 反向題重新計分。
2. 量表總分。
3. 計算標準化分數。
4. 主構面、子構面得分。
5. 資料平減。
6. 資料重新分組。

3-2　反向題重新計分

一般而言，研究者所設計出的問卷中，通常都會包含正向題與反向題。正向題是指正面敘述的句子，如「我認為參與休閒活動有助於健康」；而反向題則是指帶有否定敘述意味的句子，例如：「我不認為參與休閒活動有助於健康」。反向題為問卷設計時的常用技術，其目的是為了偵測「受訪者於填寫問卷時是否草率作答」。一般研究者常會在所設計的問卷中安插幾題反向題，藉以偵測受訪者是否符合專心作答的狀態。例如：範例論文〈旅遊動機、體驗價值與重遊意願關係之研究〉的原始問卷中，

第二部分「體驗價值」構面的第10至13題，即已被設計成反向題。如下：

10.參與此遊程，並無法讓我暫時忘記煩惱。（ev4_1）。
11.參與此遊程，並無法讓我遠離現實生活。（ev4_2）。
12.參與此遊程，並無法讓我感到快樂。（ev4_3）。
13.我不認為參與此遊程是有趣的。（ev4_4）。

　　研究進行過程中，在量表、問卷設計階段，對於衡量尺度，很多研究者經常會使用李克特七點量表。李克特量表具有任意原點的特質，主要可用來衡量受訪者對某特定議題的「認知程度」，舉凡同意度、偏好度、滿意度、理想度、重要性、意向等「程度」上的問題，大多可以使用李克特量表呈現之。此外，根據李克特七點量表所設計的量表，編製上較容易，並且也能兼顧良好的信度與效度。在李克特七點量表中，會假設每個選項上皆具有同等量值，但不同受訪者對同一選項的反應則有程度上的差異。在量表計分時，每個題項的選項由「極不同意」到「極為同意」分為七個等級，正向題分別給予1、2、3、4、5、6、7分（可視為區間尺度），而反向題的題項計分時，便要給予7、6、5、4、3、2、1分，如表2-1所示。

　　研究者進行統計分析前，必須要注意的是，要將所有題項的計分方式化為一致（同方向）。因此，以正向題為基準的話，需將反向題反轉重新計分，否則其與正向題的分數會互相抵消。但若量表中沒有反向題時，則此操作可予以省略。

　　在範例論文〈旅遊動機、體驗價值與重遊意願關係之研究〉的原始問卷中，第二部分「體驗價值」構面使用了13個題項加以衡量，其中有9題正向題、4題反向題（第10至13題）。對正向題而言，受訪者對題項答題的分數越高，表示受訪者對該題項的認同程度也就越高。然而，對於反向題而言，如果受訪者勾選「極不同意」（原始計分編碼數值為1，分數得分最低）時，則將代表著其所知覺的認同度應該越高（分數得分最高，應為7分）。顯而易見，正、反向題對於認同度的計分方式正好相反。在這樣的情形下，為達計分方向的一致性，研究者通常需將反向題的分數予以反轉，也就是需要將原本得分為1分者轉為7分、原本得分為2分者轉為6分、原本得分為3分者轉為5分、原本得分為5分者轉為3分、原本得分為6分者轉為2分、原本得分為7分者轉為1分後，再正式進行統計分析。

在JASP中利用「計算變數」功能，將上述題項反向題重新計分後，會使用一個新的變數來儲存轉換後的結果。但由於我們不想讓原始檔案的規模，因爲要儲存反向題重新計分後的結果而增加一個新變數，因此作者建議，若有「計算變數」（橫向計算）需求時，利用Excel來計算，會比較方便與自由自在。

▶ 範例3-1

資料檔ex3-1.csv爲附錄一論文〈旅遊動機、體驗價值與重遊意願關係之研究〉之問卷的原始資料檔，問卷第二部分「體驗價值」構面的第10、11、12與13題爲反向題，試予以反向重新計分，並計算量表總分。計算完成後，請存檔爲「ex3-1.jasp」。

在本範例中，由於附錄一論文〈旅遊動機、體驗價值與重遊意願關係之研究〉之原始問卷的第二部分「體驗價值」構面的第10、11、12與13題（ev4_1、ev4_2、ev4_3與ev4_4）爲反向題，爲求計分的一致性，因此需予以反向重新計分，以利後續研究分析工作之進行。此外，爲避免資料檔的複雜化，當資料進行重新計分後，所產生的新值，我們希望它仍能儲存在原來所屬的變數中。這樣於計算完成後，就可發現原始資料檔中，ev4_1、ev4_2、ev4_3與ev4_4等變數值反轉了，如圖3-2。

此外，反向題重新計分後，將計算「量表總分」，此變數即代表旅遊動機（17題）、體驗價值（13題）與重遊意願（3題）等主構面之各題項（共33題）的得分加總。

(操)(作) 步驟

以李克特七點量表而言，反向題重新計分的公式爲：「8－原始得分」。運用此公式，即可順利的進行反向題重新計分。詳細的操作過程，請讀者自行參閱教學影音檔「ex3-1.mp4」。

▶ 執行結果

執行反向題重新計分後，結果如圖3-2所示。

ev4_1	ev4_2	ev4_3	ev4_4
6	6	6	5
5	5	5	4
7	6	7	7
5	6	6	6
6	6	5	5
5	7	7	6
6	7	6	7
3	4	2	3
6	7	7	6
3	3	2	4
6	7	6	7
6	5	7	7

反向重新計分 →

ev4_1	ev4_2	ev4_3	ev4_4
2	2	2	3
3	3	3	4
1	2	1	1
3	2	2	2
2	2	3	3
3	1	1	2
2	1	2	1
5	4	6	5
2	1	1	2
5	5	6	4
2	1	2	1
2	3	1	1

圖3-2　反向題重新計分之執行結果

3-3　標準化值

　　對於具有不同水準或不同單位的資料，在進行統計分析之前，往往需要進行預先處理，以使資料能在更一致的條件下進行分析。對於這類資料的預處理工作，最常使用的方法就是將資料予以標準化（standardization）。例如：小明的統計學期中考成績為71分，全班的平均是62分，標準差3分；另其期末考成績為80分，班上的平均是70分，標準差5分，試問小明的成績在班上名次是進步或退步呢？

　　雖然從小明的期中、期末考成績來看，明顯的是分數有增加，名次進步的機率應較大。但是若考慮到兩次考試的難易度、鑑別力、情境……等因素或有差異，故名次的變化應要有更嚴謹的評估標準。也就是說，單純的從分數來判斷小明成績進步或退步，將失之偏頗。故於名次的評估上，除應考量全班的平均數外，也應該將標準差的概念考慮進來。由於名次具有「位置」的概念，如果能了解兩次考試，小明的成績於班上所佔的位置於何處，就可得知小明在班上名次是進步或退步了。在此考量下，必須找出一個基準點，然後測量期中、期末成績離這個基準點有多少「距離」，且這個評估「距離」的單位也要一致才行。據此，最簡單的方法就是將平均數訂為基準點，且以標準差為「距離」的單位，這樣就可解決這種具比較性的問題了。

在此情形下，若能回答出下列兩個問題，名次問題就可輕易獲得解決：

(1) 小明的統計學期中考成績距全班期中平均有多少個標準差的距離？

(2) 小明的統計學期末考成績距全班期末平均又是有多少個標準差的距離？

不難理解問題(1)的答案就是(71 − 62)/3 = 3，也就是期中考成績距全班期中平均有3個標準差；而問題(2)的答案為(80 − 70)/5 = 2，也就是期末考成績距全班期末平均只有2個標準差。明顯的，小明的成績在班上名次是退步了。

上述解題過程中，該「距離」的值，就是統計學中所稱的標準化值（standardized value）。所謂標準化就是將樣本中的某個觀察值減去樣本平均數後再除以樣本標準差的過程，這個過程中所得的值就稱為標準化值。因此，所謂的標準化值的真正意義為，不管樣本資料的水準或單位，某觀察值與平均數的距離有幾個標準差之意。標準化值是我們經常用來衡量資料之相對位置的指標資料，標準化值也稱為Z分數（z-score），標準化值的計算公式如下：

$$Z_i = \frac{x_i - \bar{x}}{s} \tag{式3-1}$$

其中，x_i為樣本資料的第 i 個觀察值，$\bar{x}$ 為樣本資料的平均數，s為標準差。

從式3-1的計算公式中不難明瞭，Z分數所代表的意義為資料x_i在整體資料中所在的相對位置。例如：如果在您所任職的公司中，您的「所得」的標準化值（Z分數）為2，這表示您的「所得」是在「全體員工平均所得」以上的2個標準差之位置，所以若從近似鐘形分配資料或常態分配的經驗法則來看的話，您是一個高所得者（前2.5%）。因為根據常態分配的特性，約有95%的觀察值會落在正、負2個標準差的範圍內。

此外，利用標準化值也可以判斷離群值。如果研究者已能確認某變數資料符合常態分配的話，那麼最常見的檢測離群值方法，非「標準化值」莫屬。根據常態分配的性質，約有99%資料的Z分數會落在平均數的正負3個標準差之內，因此過往文獻上，會將Z分數大於3或小於-3的資料視為離群值（例如：Shiffler, 1988; Stevens, 1990）。

▶ 範例3-2

資料檔ex3-1.jasp，為附錄一論文〈旅遊動機、體驗價值與重遊意願關係之研究〉的原始資料檔。請開啟ex3-1.jasp，試計算「量表總分」的標準化值（Z分數），完成後請直接存檔。

論文〈旅遊動機、體驗價值與重遊意願關係之研究〉的原始問卷中，扣除掉「第四部分：基本資料」的題項後，剩餘題項爲可用以衡量「旅遊動機」（17題）、「體驗價值」（13題）與「重遊意願」（3題）等三個構面的題項，共33題。現針對每個遊客所填答的這33個題項的得分進行加總，加總後所得的值即所謂的「量表總分」。此加總過程，已計算完成，並已儲存在ex3-1.jasp中了。

現在，我們將計算變數「量表總分」的標準化值。藉由標準化值也可拿來偵測是否有離群值的存在，並據以刪除具離群值的個案資料。

操作 步驟

詳細的操作過程，讀者亦可自行參閱教學影音檔「ex3-2.mp4」。

3-4 主構面與子構面的得分

在統計分析的過程中，變數大致上可分爲兩類：一爲觀察變數（observed variable），另一爲潛在變數（latent variable）。

觀察變數，是指可以直接觀察或測量的變數。這些變數是研究中直接可見或可測量的因素，可以以數值或類別的形式表示。觀察變數是研究者根據研究目的所選擇的、具體可量化的指標。舉例來說，假設某個研究欲探討學生的學術成績與其參與課堂討論的頻率之間的關係。在這個研究中，學術成績和參與討論的頻率都是觀察變數，因爲它們是可以直接觀察到或測量到的。此外，在以問卷爲基礎所發展的研究中，這些觀察變數通常就是指問卷中的每一個題項，一個題項就是一個觀察變數。這種觀察變數，在統計模型圖中，一般會以長方形來表示。

然而，很多社會科學研究中所涉及的變數（例如：滿意度、忠誠度）都是不能被準確、直接的測量，這種變數即稱爲潛在變數。雖然潛在變數不能直接測得，但是由於它是一種抽象的客觀事實，所以潛在變數是可以被研究的。方法是透過測量與潛在變數相關的觀察變數（如問卷題項）作爲其指標變數，而對其間接的加以評價。例如：在第2-2節所介紹的範例論文中，旅遊動機、體驗價值與重遊意願等這些變數都是潛在變數，這些潛在變數都可透過問卷的題項而加以測量。旅遊動機由17個題項來測量、體驗價值以13個題項來測量，而重遊意願則以3個題項測量。這些題項又稱爲指標（indicator）。這種潛在變數，在統計模型圖中，一般則會以橢圓形來表示。

　　傳統的統計方法（例如：相關分析、迴歸分析、路徑分析）只能處理觀察變數，而無法有效處理這種含潛在變數的問題。到目前爲止，只有結構方程模型才能處理有關潛在變數的相關問題。但是，學習結構方程模型分析的門檻較高，導致不少研究者會另尋他法。而最常被採用的替代方案就是「將潛在變數轉換爲觀察變數」，然後利用傳統的統計方法來進行分析。

　　而所謂「將潛在變數轉換爲觀察變數」，其作法爲：將各構面所屬的衡量題項得分之平均數作爲該構面的得分。例如：旅遊動機構面這個潛在變數，它是由17個題項來測量的。因此，將17個題項的得分平均後，所得到的值就是旅遊動機構面的得分了，而旅遊動機構面有了實際的得分後，就可以把它視爲觀察變數，而運用於相關分析、迴歸分析、路徑分析等傳統的統計方法中。

　　雖然，這樣的替代方案仍有些爭議，但在大學生專題、碩士論文或較低等級的期刊論文中卻也頗爲常見。爲減少這個爭議，如果能先對各潛在變數的信度、建構效度先行驗證，使各構面的信度、收斂效度及區別效度均可達一般學術研究可接受之水準值的話，那麼將「潛在變數轉換爲觀察變數」應是可行的。因爲，當一個構面具有高信度、良好的收斂效度和區別效度時，這意味著它的各個題項在測量該構面時都提供了相似的資訊，並且能夠區分出其他構面。在這種情況下，使用各構面所屬的衡量題項得分之平均數作爲該構面的得分，然後再以這些構面的得分來進行迴歸建模或觀察變數的路徑分析，就會比較合理。

　　讀者應有的認知是「潛在變數轉換爲觀察變數」這個方法，只是個替代方案而已。本書的第15（含）章之前，所使用的各種統計方法中，所涉及到的變數幾乎都是由潛在變數轉換而來的觀察變數。無非就是想讓不熟悉結構方程模型分析的讀者，也能熟悉各種傳統的統計分析技術。但是，若讀者學習了JASP的結構方程模型功能之後（第16章），應很容易就可發現，對JASP來說，結構方程模型分析根本就是「小菜一碟」，不再有學習門檻。

　　具備上述認知後，當樣本資料透過問卷回收並建檔完成後，除先進行反向題重新計分外，另一個重要的工作即是「將潛在變數轉換爲觀察變數」。也就是，求取問卷中各主構面與子構面的得分，以利後續的統計分析工作。

▶ 範例3-3

在附錄一，論文〈旅遊動機、體驗價值與重遊意願關係之研究〉的問卷中，「旅遊動機」主構面又分為兩個子構面，分別為「推動機」子構面（10個題項）、「拉動機」子構面（7個題項）；而「體驗價值」主構面則包含：「投資報酬率」子構面（3個題項）、「服務優越性」子構面（3個題項）、「美感」子構面（3個題項）及「趣味性」子構面（4個題項）等四個子構面。重遊意願主構面，以單構面之題項衡量，共包含3題問項。請開啟ex3-1.jasp，試計算問卷中，各主構面與子構面的得分。計算完成後，請直接存檔。

依題意，我們將計算出每一個個案（受訪者）於「推動機」（tm1）、「拉動機」（tm2）與「旅遊動機」（tm）、「投資報酬率」（ev1）、「服務優越性」（ev2）、「美感」（ev3）、「趣味性」（ev4）、「體驗價值」（ev）與重遊意願（ri）的得分。

操作步驟

詳細的操作過程，請讀者自行參閱教學影音檔「ex3-3.mp4」。

3-5　資料平減化

資料平減化（Mean centering）是一種資料預處理技術，它通常應用於資料的標準化或正規化過程中。它的目的是將資料集的平均數調整為0，並使資料分布能圍繞著0，而進行對稱分布。

也就是說，資料平減化的效果會將資料集的平均數調整為0，使得資料集的中心能位於座標系的原點。同時，資料平減化也可以消除資料集的整體偏移，使得資料分布更對稱，更容易進行比較和分析。此外，資料平減化的另一個優點是它不會改變資料的變異性。換句話說，資料的變異程度不受資料平減化的影響，因為只是對每個資料點進行平移操作，並沒有改變資料之間的相對差異。

資料平減化在多個領域中都有應用，包括統計分析中的干擾效果檢定、機器學習、資料可視化等。它是資料預處理的一個常見步驟，可以幫助改善資料的可解釋性、減少偏差、降低共線性等。

▶ 範例3-4

資料檔ex3-1.jasp，為附錄一論文〈旅遊動機、體驗價值與重遊意願關係之研究〉的原始資料檔。請開啟ex3-1.jasp，試針對「旅遊動機」（tm）、「體驗價值」（ev）與重遊意願（ri）等三個主構面進行資料平減化，完成後請直接存檔。

操作 步驟

對於一個資料集，資料平減化的步驟如下：

1. 計算資料集的平均數。對於任一變數，只要將所有個案的數值相加，然後再除以樣本數，就可以得到平均數。

2. 從每個個案的該變數值減去平均數後，即可得到平減化後的結果。

詳細的操作過程，請讀者自行參閱教學影音檔「ex3-4.mp4」。

◆ 3-6 資料分組 ◆

研究過程中當研究者發現，現有的原始資料之變數值格式並不符合其研究需求，但若將該變數值格式進行轉換後，或許就可達成研究目的。此時，在原始資料轉換為新資料格式的過程中，若研究者想保持原始資料之完整性，就可以思考運用將轉換結果儲存在另一個新變數中的技術了。這樣除了可保留原有的變數資料型態外，又可以產生另一個新變數來存放轉換後的結果。

在本節中，將透過兩個範例來說明，對原始資料重新編碼後，而將重新編碼的結果存入不同變數的計算方法，這個計算方法在未來進行統計分析的過程中常常會被使用到，希望讀者能多加練習。

▶ 範例3-5

資料檔ex3-1.jasp為附錄一論文〈旅遊動機、體驗價值與重遊意願關係之研究〉之問卷的原始資料檔。由於研究的需求，有必要將受訪者的年齡重新分組。因此，需將「年齡」變數依下列規則，重新編碼成新變數「年齡層」，以針對受訪者能依「年齡層」而重新分組。

30歲以下：改稱為「青年」，其數值代碼為「1」。

31～50歲：改稱為「壯年」，其數值代碼為「2」。

51歲以上：改稱為「老年」，其數值代碼為「3」。

試依題意對原始資料檔，進行重新分組工作，轉換完成後，請直接存檔。

　　論文〈旅遊動機、體驗價值與重遊意願關係之研究〉的原始問卷中，有關年齡的問項如下：

| 3. 年齡： | ☐ 20歲以下 | ☐ 21～30歲 | ☐ 31～40歲 | ☐ 41～50歲 |
| | ☐ 51～60歲 | ☐ 61歲以上 | | |

　　由「年齡」題項之選項中，不難理解，受訪者將被「年齡」變數分成6組。且受訪者於填答問卷的過程中，若勾選20歲以下時，則研究者編碼時將編碼為「1」，歸類為第1組；若勾選21～30歲時，則研究者編碼時將編碼為「2」，歸類為第2組；依序類推。

　　如題意，由於研究的需要，研究者打算將受訪者的年齡層次改分為三個層次（3組）即可，以避免後續的檢定分析太過於複雜（組別太多）。因此，研究者訂定了將受訪者的年齡層次重新分組的規則。這些規則如範例3-5之內容，當受訪者的年齡在「30歲以下」時，這些受訪者將被重新定義成「青年」組，這個規則的意義即是，原本答題為「1」或「2」的受訪者（年齡變數的值為1或2），將被重新編碼為「1」，並儲存在新變數「年齡層」中，且將被歸類為「青年」組。原本答題為「3」或「4」的受訪者（年齡變數的值為3或4），將被重新編碼為「2」，並儲存在新變數「年齡層」中，且將被歸類為「壯年」組。原本答題為「5」或「6」的受訪者（年齡變數的值為5或6），將被重新編碼為「3」，並儲存在新變數「年齡層」中，且將被歸類為「老年」組（如圖3-3）。這些舊值與新值的轉換，將利用到Excel的「if」函數，或也可在JASP中直接利用「ifElse」函數來達成。

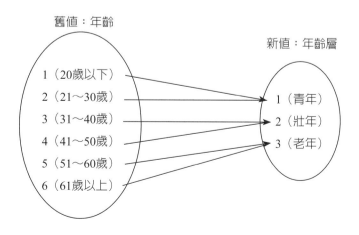

圖3-3　資料重新編碼示意圖

操作步驟

詳細的操作過程，請讀者自行參閱教學影音檔「ex3-5.mp4」。

▶ 範例3-6

資料檔ex3-1.jasp為附錄一論文〈旅遊動機、體驗價值與重遊意願關係之研究〉之問卷的原始資料檔。試依據每個個案之「量表總分」，並依下列規則，建立一個新變數「組別」。

量表總分小於第25百分位數者：改稱為「低分組」，其數值代碼為「1」。

量表總分大於第75百分位數者：改稱為「高分組」，其數值代碼為「2」。

轉換完成後，請直接存檔。

　　論文〈旅遊動機、體驗價值與重遊意願關係之研究〉的原始問卷中，扣除掉「第四部分：基本資料」的題項後，剩餘題項為「旅遊動機」（17題）、「體驗價值」（13題）與「重遊意願」（3題）等三個構面的題項，共33題。現針對每個個案所填答的這33個題項之得分進行加總，加總後的結果即為「量表總分」。此加總過程，已計算完成，並已儲存在ex3-1.jasp中了（量表總分欄位）。

　　依題意，我們需要根據變數「量表總分」的第25百分位數與第75百分位數，將所有個案依題目所設定的規則而分組。亦即將變數「量表總分」重新編碼成不同的變數，新變數名稱為「組別」。最後，再於JASP中設定「組別」變數的「值標籤」為「低分組」與「高分組」即可。

操作步驟

詳細的操作過程，請讀者自行參閱教學影音檔「ex3-6.mp4」。

3-7 計算分組平均數

　　在JASP中，欲計算分組平均數時，最常使用的功能為「描述統計」功能。「描述統計」除了一般描述性統計量的運算外，也可以用來計算指定變數的分組統計量。其中，分組變數可以是一個，也可以有多個。如果是多個的話，則將在所有水準（分組變數的取值）間進行交叉組合計算。

▶ 範例3-7

資料檔ex3-1.jasp為附錄一論文〈旅遊動機、體驗價值與重遊意願關係之研究〉之問卷的原始資料檔。試依範例3-5中「年齡層」的分組方式，計算各分組中旅遊動機構面（tm）、體驗價值（ev）與重遊意願（ri）之整體認知狀況（即得分）的平均數與標準差，並填製表3-1（空白表格已儲存在檔案ex3-7.docx中）。此外，也可直接採用JASP所產生的APA格式的報表，如表3-2。

表3-1　青、壯、老年於各主構面之平均數與標準差

	旅遊動機（17題）		體驗價值（13題）		重遊意願（3題）	
	平均數	標準差	平均數	標準差	平均數	標準差
青年	5.322	0.926	4.714	0.838	5.070	1.546
壯年	5.312	0.776	4.693	0.773	5.022	1.484
老年	5.141	0.875	4.864	0.753	4.596	1.421

表3-2　青、壯、老年於各主構面之平均數與標準差（APA格式）

	tm			ev			ri		
	青年	壯年	老年	青年	壯年	老年	青年	壯年	老年
平均數	5.322	5.312	5.141	4.714	4.693	4.864	5.070	5.022	4.596
標準差	0.926	0.776	0.875	0.838	0.773	0.753	1.546	1.483	1.421

註：tm為旅遊動機；ev為體驗價值；ri為重遊意願。

操作步驟

詳細的操作過程，請讀者自行參閱教學影音檔「ex3-7.mp4」。

▶ 報表解說

表3-1中列出了各年齡層的受訪者對旅遊動機、體驗價值與重遊意願之整體認知狀況，所謂構面之整體認知狀況就是指各主構面得分。從表3-1中可發現：旅遊動機的整體認知中，年齡層為「青年」的受訪者的旅遊動機最高；在體驗價值的整體認知方面，則以「老年」的受訪者所體驗的價值最高；而於重遊意願的整體認知方面，則是以「青年」的受訪者之重遊意願最高。

雖然，從表3-1的分析資料中，可大略看出各分組於各構面的認知有所差異。然研究者不能因表面的數據差異，而據以認定該差異是確實存在的。畢竟抽樣往往是具

有誤差的，這些差異或許是因誤差引起的也說不定。如果要確認各分組是否真的有差異時，最好還是從科學的角度加以檢驗較為保險，此科學技術即是日後我們將學習的「假設檢定」。

3-8 離群值檢測

離群值的英文為outlier，跟臺語的「奧梨Ｙ」，音、義都蠻接近的，都具有偏離常態的意味。離群值包含偏離值與極端值等兩種類型，一般是指某一個觀察值與其他觀察值呈現很大的差異。也就是說，離群值會遠大於或遠小於同一筆數據中的其他觀察值。故研究者常因此而會懷疑該觀察值與其他觀察值並不是經由同一機制（或母體）所產生的（Stevens, 1990），這代表著該觀察值的可信度有待驗證。離群值的存在，將會嚴重影響到很多統計分析的估計值。例如：從基本的母體特徵、平均數估計到兩個變數之間的線性相關，甚至統計模型的參數估計值等，都有可能因離群值的存在而產生偏差。如果這些離群值沒有在資料分析的初始階段或過程中被檢驗出來，則後續的分析結果之詮釋將易產生偏誤（譚克平，2008）。

過往文獻中已提出多種判斷離群值的方法，在此將只介紹兩種較容易執行且較為常見的方法，即標準化值法（standardized value）與箱形圖法（Box-Whisker Plot，又稱盒形圖）。

（一）標準化值法

如果已能確認某變數資料符合常態分配的話，那麼最常用來檢測離群值的方法就是「標準化值」了。求算標準化值的方法為：先算出每個資料值和平均數間的距離（該距離又稱為離差，deviation），此離差再除以該變數的標準差後，所得的數值即為標準化值（又稱Z分數，z-score）。根據常態分配的性質，約有99%的資料點會落在平均數的正負3個標準差之內（亦即，Z分數絕對值小於等於3），因此有一些文獻會將Z分數大於3或小於-3的數據視為離群值（例如：Shiffler, 1988; Stevens, 1990）。在範例3-2中，我們已經學會了求算量表總分之標準化值了，只要是量表總分之標準化值大於3或小於-3的個案，都可視為具離群值的個案，建議可從資料檔內刪除之。

（二）箱形圖法

　　箱形圖是資料的一種圖形展示方法，從視覺上即可有效的找出資料的五種統計量，這五種統計量分別是最小值、第一個四分位數（Q1）、中位數、第三個四分位數（Q3）和最大值。因此，箱形圖又稱「五指標摘要圖」（five-number summary plot），如圖3-4。

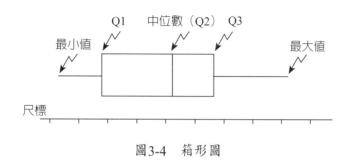

圖3-4　箱形圖

　　Q1：第一「四分位數」或稱爲第25百分位數。
　　Q2：第二「四分位數」或稱爲中位數。
　　Q3：第三「四分位數」或稱爲第75百分位數。

　　利用箱形圖辨認離群值是一種相當簡便的方法。爲了方便說明，假設箱形圖是以垂直的方式呈現，如圖3-5所示。箱形圖中盒子內的水平線，代表變數資料的中位數，盒子上下兩端的水平線分別稱爲上樞紐（upper hinge）及下樞紐（lower hinge），上樞紐代表該變數的第75百分位數（Q3），下樞紐則爲第25百分位數（Q1）。上、下樞紐之間的距離稱爲四分位距（interquartile range, IR），它代表箱形圖中盒子的高度。此外，內側欄（inner fence）是指離開上及下樞紐以外1.5個四分位距的距離（記爲$1.5 \times (Q3 - Q1)$或$1.5 \times IR$），外側欄（outer fence）是指離開上及下樞紐以外3個四分位距的距離（記爲$3 \times (Q3 - Q1)$或$3 \times IR$）。偵測離群值時，方法如下：

1. 偏離值：落於內、外側欄之間的觀察值（$1.5 \times IR$至$3 \times IR$之間），即稱爲偏離值。它屬於離群值的一種類型。

2. 極端值：落於外側欄外的觀察值（大於$3 \times IR$），即稱爲極端值。它亦屬於離群值的一種類型。

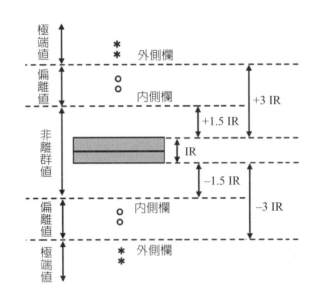

圖3-5　運用箱形圖辨認離群值

這些離群值，在JASP的箱形圖中，都會標示出其個案編號。

▶ 範例3-8

> 資料檔「ex3-1.jasp」為附錄一論文〈旅遊動機、體驗價值與重遊意願關係之研究〉之問卷的原始資料檔，試探討該筆資料是否具有偏離值或極端值，若有，請刪除之。

範例論文主要在探討「旅遊動機」、「體驗價值」與「重遊意願」等三個主構面的關係，故未來進行描述性統計或推論統計等高階統計分析時，主要亦是針對此三個主構面。因此，判斷問卷資料檔內是否具有離群值時，將針對受訪者對「旅遊動機」、「體驗價值」與「重遊意願」等三個主構面之題項的得分狀況而評定。

基於此，研究者需先求算出每一個受訪者對於這三個主構面之各題項的回應總得分（常被稱為「量表總分」），以應用此「量表總分」來代表每位受訪者之綜合性答題狀況，進而只要檢測此「量表總分」的標準化值或箱形圖，即可綜合研判樣本資料是否具有離群值了。計算量表總分時，要特別注意題項中是否包含反向題，若存在反向題則需先予以反向題重新計分後，才能求算量表總分。在此，變數的「量表總分」已計算完成，並已存入「ex3-1.jasp」中。

操作步驟

　　詳細的操作過程，請讀者自行參閱教學影音檔「ex3-8.mp4」。

▶ 報表解說

　　圖3-6即爲變數「量表總分」的箱形圖。觀察「量表總分」的資料值分布，共有2個偏離值（以「●」標示），其個案編號分別爲編號第12號與第100號。對於這些偏離值（編號爲第12號與第100號的個案），建議研究者可以考慮從資料檔中予以刪除，以避免日後分析上產生偏誤。

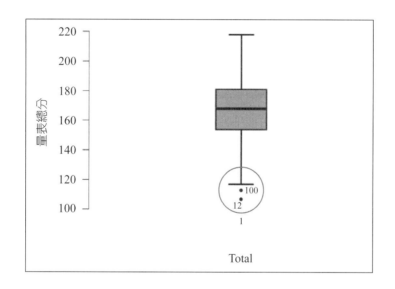

圖3-6　變數「量表總分」的箱形圖

◆ 3-9 資料常態性的檢測 ◆

　　很多進階統計方法的前提假設（assumption）是，所處理的變數（資料）必須要符合常態分配（normal distribution）的特質。故在進行統計分析前，研究者應先檢測樣本資料是否可以符合此前提假設。如果不符合，則不可以使用該統計方法，而應先對該資料進行資料轉換（transformation），使能符合常態分配的特質後，再進行後續的統計分析。

　　大多數人應該都聽過或了解「常態分配」的意義。例如：學生考試的結果一般都

是中等成績的學生佔多數，而考的很差或很優異的學生則佔少數。這種普遍現象，若將各成績的次數分布畫出來，其分布曲線就類似圖3-7。這是個多麼漂亮的曲線啊！這個曲線就稱為是常態分配曲線。然而在數學上，這曲線背後的函數表示方式卻是有點複雜，如式3-2。此外，「常態分配」的現象或概念似乎也常存在於我們的自然環境及人類社會中，對於這種現象，每個人或多或少都能意識到它的存在，但卻也都具有不同的感受。

$$f(x) = \frac{1}{\sigma\sqrt{2\pi}} e^{-\frac{1}{2}(\frac{x-\mu}{\sigma})^2}$$
（式3-2）

π：圓周率（3.1416）　　　e：自然對數底（2.7183）

μ：分配平均數　　　　　　σ：分配標準差

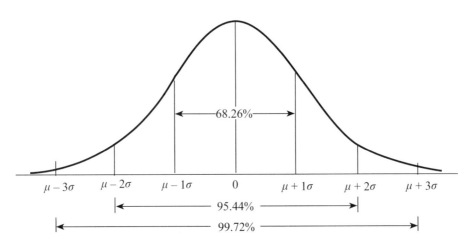

圖3-7　常態分配圖

資料來源：本圖形修改自方世榮（2005）。

3-9-1　常態資料的分配特性

統計學中，所謂分配（distribution）是指某變數其所有取值之出現次數（或頻率）的分布狀況。在平面座標中，常以橫軸為變數之各取值，縱軸為次數（或頻率）來呈現分配狀況。常態分配又稱為高斯分配（Gaussian distribution），它是一種以平均數（mean, μ）為中心，標準差（standard deviation, σ）為橫軸座標之基本單位、次數頻率為縱軸座標，所繪製出的資料分配圖，其形狀為覆鐘形的對稱圖形（如圖

3-7）。常態分配中，資料分布的概況，具有以下的特性：

➤ 橫軸座標介於$\mu \pm 1\sigma$的區間內，將含有全樣本之68.26%的個體。

➤ 橫軸座標介於$\mu \pm 2\sigma$的區間內，將含有全樣本之95.44%的個體。

➤ 橫軸座標介於$\mu \pm 3\sigma$的區間內，將含有全樣本之99.72%的個體。

➤ 95%的個體會落在橫軸座標$\mu \pm 1.96\sigma$的區間內。

➤ 99%的個體會落在橫軸座標$\mu \pm 2.58\sigma$的區間內。

3-9-2 常態圖的外觀特徵

常態分配除具有第3-9-1節中所描述的分配特性外，在圖形的外觀上，亦具有下列的基本特徵：

1. 常態分配圖形具有單一主峰（single peak），且左、右對稱。其平均數位置在圖形的正中央。越接近平均數的變數值其出現的頻率越高，越遠離平均數的變數值其出現的頻率越低。且平均數、中位數（median）、眾數（mode）之數值、圖形位置均相同。

2. 當左偏（skew to left）時：圖形尾部拖向左側延伸，其主峰會偏向右邊，此時，眾數 > 中位數 > 平均數。

3. 當右偏（skew to right）時：圖形尾部拖向右側延伸，其主峰會偏向左邊，此時，眾數 < 中位數 < 平均數。

3-9-3 變數之常態性檢測

常態性（normality），是指樣本觀察值（變數值）的分配結構要符合常態分配的特性。有很多進階的統計方法（例如：t 檢定、相關分析、迴歸分析等），都需要符合常態性的前提條件，才能獲得可靠、有效的分析結果。在本小節中，我們將介紹變數之常態性的檢測方法。檢測變數的分配是否具有常態性的方法，大致上有三種，分別為：

1. 用圖形來觀察變數的常態性。

2. 利用假設檢定來判斷變數的常態性。

3. 運用變數分配的偏態（skewness）和峰度（kurtosis）等統計量。

這三種檢測方法都可使用「描述統計」功能，來進行分析。「描述統計」的功能相當強大。它可對變數進行更為深入、詳盡的特徵分析。主要的應用時機為：欲對

資料的基本性質、量化指標、分配特徵進行初步研究時。在JASP中，研究者只要執行「描述統計」功能即可對變數進行初步的檢視。也就是說，「描述統計」功能可在一般描述性統計指標的基礎上，增加能描述資料其他特徵的文字與圖形，使輸出顯得更加細緻與全面化，而這將有助於研究者思考對資料進行進一步分析的方案。具體而言，該功能可以求算變數的集中趨勢統計量、分散程度統計量、分配型態統計量、檢查資料是否有錯誤、考察樣本分配特徵，以及對樣本分配之規律性作初步的考察。

　　樣本分配特徵對統計分析而言，相當重要。許多進階的分析方法對資料的分配都有一定的前提要求。因此，研究者總希望能簡單的透過對樣本資料的初步觀察，就能確認其常態性。此外，在一般情況下，過大或過小的資料可能是異常值或是錯誤資料，對這樣的資料要找出來並加以剔除。因為異常值和錯誤資料往往對分析結果影響很大，導致不能真實掌握資料的母體特徵。

　　此外，「描述統計」功能尚能提供在分組或不分組的情況下，常用的統計量與圖形。例如：會以圖形的方式將異常值、非正常值、遺漏值以及資料本身的特點表示出來。「描述統計」功能也可以用於找出、確認異常值、遺漏值和進行常態性的假設檢定。本節將討論如何利用「描述統計」功能，透過各種圖形以及基本統計量等，對資料的常態性進行初步的檢測。

▶ 範例3-9

資料檔「ex3-1.jasp」為附錄一論文〈旅遊動機、體驗價值與重遊意願關係之研究〉之問卷的原始資料檔，試探討該筆資料是否具有常態性。

　　在本範例中，如同範例3-8，主要的研究變數是「量表總分」。在問卷資料檔「ex3-1.jasp」中，「量表總分」已計算完成。「量表總分」可代表整份問卷，受訪者的答題狀況，因此探索「量表總分」是否具有常態性，就可以初步的掌握整份樣本資料的穩定性，而能為將來較為高階的統計分析奠定基礎。探索「量表總分」是否具有常態性時，可使用JASP的「描述統計」功能。

操作 步驟

　　詳細的操作過程，請讀者自行參閱教學影音檔「ex3-9.mp4」。

▶ **報表解說**

（一）用圖形來觀察資料的常態性

　　一般來說，可以透過繪製資料的直方圖，來直觀地判斷「樣本資料的分配是否符合常態性」。圖3-8就是「量表總分」的直方圖。

　　從圖3-8中可以看到，原始問卷資料的直方圖具有近似於常態分配的特性（單峰、中間多、兩側少），這說明了「量表總分」應具有不錯的常態性（但有點左偏）。由於用以產生圖3-8的資料之樣本數較大（248筆），所以圖形看起來是個還算不錯的單峰圖形。但是如果樣本數不夠大時，那麼直方圖看起來就會比較不像常態分配了，因而也就很難利用這種直方圖來直觀的評價資料的常態性了。

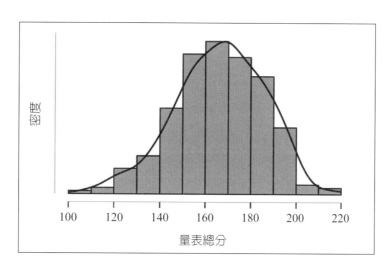

圖3-8　「量表總分」的直方圖

　　因此，除了直方圖之外，還有一種圖形也可以用來判斷資料的常態性，那就是常態Q-Q圖（在JASP的設定面板中稱為分位圖）。常態Q-Q圖在樣本數較小時，比一般的直方圖更容易判斷。使用相同的資料，可以繪製如圖3-9的常態Q-Q圖。

　　圖3-9為常態Q-Q圖，如果資料呈常態分配的話，那麼常態Q-Q圖中的資料點應大部分會和代表標準常態分配的對角線重合或於對角線附近上、下分布。由圖3-9可見，雖然「量表總分」分布狀況較為隨機，但資料基本上大都還是在對角線附近上、下分布的，只是有幾個資料較為偏離而已（在圖3-9中被圈起來的部分）。但整體而言，資料並未出現明顯違反常態分配的情況。

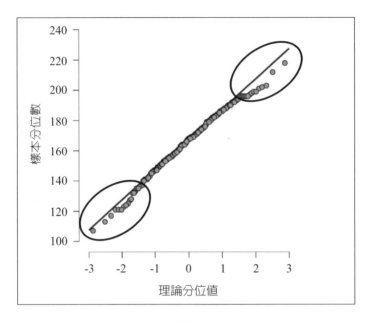

圖3-9　常態QQ圖

在一些較爲複雜的統計方法中，資料的常態性假設往往是最基本的要求。因此，資料的常態性在統計分析過程中佔有舉足輕重的地位。雖然從圖形可以直觀的判斷資料是否符合常態分配，但是爲求論文的嚴謹性，對於資料常態性的認定，還是透過較具科學性的「Shapiro-Wilk檢定」或「Kolmogorov-Smirnov檢定」來檢驗會比較安當。

（二）利用假設檢定來判斷資料的常態性

利用圖形雖然可直觀的協助我們判斷常態性，但是絕對無法取代以精確的數學計算和推理爲基礎所發展出來的假設檢定技術。在JASP中，也可以進行資料的常態性檢定，例如：使用「Shapiro-Wilk檢定」或「Kolmogorov-Smirnov檢定」（簡稱K-S檢定）。這些檢定的虛無假設都是：樣本資料具有常態性。如果檢定結果中的顯著性大於0.05，那麼就「不能拒絕」虛無假設，而有理由認爲樣本資料的分配是具有常態性的。

使用檢定方法時，過往文獻建議，當樣本數小於等於50可使用Shapiro-Wilk檢定（Shapiro & Wilk, 1965）；而若樣本數大於50時，則應該採用Kolmogorov-Smirnov檢定（Razali & Wah, 2011）。雖是如此，但在JASP的「描述統計」功能中卻只提供Shapiro-Wilk檢定。雖然Shapiro-Wilk檢定的檢定力高於Kolmogorov-Smirnov檢定（Razali & Wah, 2011），但對於樣本數較大時，Shapiro-Wilk檢定的使用也有其侷限性。

當然，使用Shapiro-Wilk檢定與Kolmogorov-Smirnov檢定來檢定資料的常態性是合理且嚴謹的作法。但是，實務上卻也常發現樣本資料根本無法通過這兩種常態性檢定。然而，在大樣本的情形下（例如：樣本數大於200），直接假定資料呈常態分布，通常也是相當合理的。因為中央極限定理確實傾向於確保許多現實世界的資料是呈現常態分配的。因此，當樣本資料無法通過常態性檢定時，使用「分位圖」（即常態Q-Q圖），或許也能為大樣本資料提供符合常態性的佐證。

從表3-3的描述性統計量表中可以看到Shapiro-Wilk檢定的顯著性是0.152大於0.05，所以不能拒絕虛無假設，亦即沒有足夠的證據顯示可以否定「量表總分」的分配是具有常態性的。因此，可以認定原始問卷的樣本資料是具有常態性的。

表3-3　描述性統計量表

	平均數	標準差	偏度	偏度標準誤	峰度	峰度標準誤	Shapiro-Wilk	Shapiro-Wilk檢定之p值
量表總分	166.254	19.634	-0.308	0.155	-0.046	0.308	0.991	0.152

此外，JASP的外加功能模組中，有一個「Distributions」模組，更是偵測樣本資料之分配特徵的利器，從這個模組中，就可同時使用Shapiro-Wilk檢定與Kolmogorov-Smirnov檢定來檢定資料的常態性，如表3-4。由表3-4顯見，Kolmogorov-Smirnov檢定之顯著性為0.697，大於0.05。所以也不能拒絕虛無假設，亦即接受「量表總分」具有常態性的假設。「Distributions」模組的使用方法，請參見教學影音檔「ex3-9.mp4」。

表3-4　Distributions模組的Fit Statistics表

Test	Statistic	p
Kolmogorov-Smirnov	0.045	0.697
Shapiro-Wilk	0.991	0.152

（三）利用偏態、峰度假設檢定來判斷資料的常態性

依據Bollen and Long（1993）的研究成果顯示，當變數的偏態與峰度之絕對值皆小於2時，則可認定變數具常態性（Bollen and Long, 1993）。由表3-3可見，「量表總分」的偏態值為-0.308，而峰度值為-0.046，因此，偏態與峰度之絕對值確實皆小於2，由此亦可判定原始問卷的樣本資料確實是具有常態性的。

習 題

練習3-1

附錄二為論文〈遊客體驗、旅遊意象與重遊意願關係之研究〉的原始問卷，該問卷的原始資料檔為「hw3-1.jasp」，試求算下列問題：

(1) 試算出每位受訪者於遊客體驗構面的平均得分與感官體驗、情感體驗、思考體驗、行動體驗及關聯體驗等五個子構面的平均得分，新變數的名稱請依序分別設定為「exp_avg」、「exp1_avg」、「exp2-avg」、「exp3_avg」、「exp4_avg」與「exp5_avg」。

(2) 試算出每位受訪者於旅遊意象構面的平均得分與產品意象、品質意象、服務意象及價格意象等四個子構面的平均得分，新變數的名稱請依序分別設定為「im_avg」、「im1_avg」、「im 2_avg」、「im 3_avg」與「im 4_avg」。

(3) 試算出每位受訪者於重遊意願構面的平均得分，新變數的名稱請設定為「rv_avg」。

(4) 計算完成後，請另存新檔為「hw3-1-ans.jasp」。

練習3-2

參考附錄二中，論文〈遊客體驗、旅遊意象與重遊意願關係之研究〉的原始問卷，並開啟「hw3-2.jasp」，由於研究的需要，需將「年齡」欄位依下列規則，重新編碼成新變數「年齡層」。計算完成後，請另存新檔為「hw3-2-ans.jasp」，並計算各年齡層的受訪者，其於遊客體驗、旅遊意象與重遊意願等三構面的平均數與標準差，並完成表3-5。

30歲以下：改稱為青年，其數值代碼為1。

31～50歲：改稱為壯年，其數值代碼為2。

51歲以上：改稱為老年，其數值代碼為3。

表3-5　各年齡層的受訪者對遊客體驗、旅遊意象與重遊意願之整體認知狀況

	遊客體驗（21題）		旅遊意象（15題）		重遊意願（5題）	
	平均數	標準差	平均數	標準差	平均數	標準差
青年						
壯年						
老年						

練習3-3

參考附錄二中，論文〈遊客體驗、旅遊意象與重遊意願關係之研究〉的原始問卷，並開啟「hw3-3.jasp」，請依照每位受訪者的量表總分（共41題），進行分組。新分組名稱為「組別」，其分組的原則如下：

量表總分小於第25百分位者：改稱為低分組，其數值代碼為1。

量表總分介於第25與第75百分位之間者：改稱為中分組，其數值代碼為2。

量表總分大於第75百分位者：改稱為高分組，其數值代碼為3。

計算完成後，請另存新檔為「hw3-3-ans.jasp」。並計算各分組的受訪者，其於遊客體驗、旅遊意象與重遊意願等三構面的平均數與標準差，並完成表3-6。

表3-6　高、低分組的受訪者對遊客體驗、旅遊意象與重遊意願之整體認知狀況

	遊客體驗（21題）		旅遊意象（15題）		重遊意願（5題）	
	平均數	標準差	平均數	標準差	平均數	標準差
低分組						
中分組						
高分組						

練習3-4

參考附錄二中，論文〈遊客體驗、旅遊意象與重遊意願關係之研究〉的原始問卷，並開啟「hw3-4.jasp」，請比較「遊客體驗」之平均得分大於4（高體驗組）與低於4（低體驗組）的受訪者在重遊意願構面的平均數與標準差，並完成表3-7。

表3-7　各分組的受訪者對重遊意願之整體認知狀況

	重遊意願（5題）	
	平均數	標準差
高體驗組		
低體驗組		

第 4 章
複選題與排序題

複選題（multiple responses）與排序題（ranking responses）是問卷設計上的常見特殊題型。它們的資料處理方式不同於一般常見的李克特量表。不管於資料的輸入或統計分析方法的選用，皆具有其特殊性與限制性。造成這些現象的主要原因在於：由複選題或排序題所獲得的資料，其資料型態通常屬於名目尺度（nominal scale）（JASP中稱為「名義」尺度）或順序尺度（ordinal scale）（JASP中稱為「次序」尺度），而非「區間」尺度（JASP中稱為「連續」尺度），導致限制了可選用的統計分析方法。

在本章中將介紹下列的內容：

1. 複選題與排序題的簡介
2. 複選題與排序題的建檔
3. 複選題與排序題的次數分配表
4. 複選題與排序題的交叉表

◆ 4-1　複選題與排序題的簡介 ◆

　　有時為因應研究的特定目的，在問卷設計上，某些題項將允許受訪者於同一個題項，選答數個選項，這種題項一般就稱為是複選題。例如：

問題：您認為導致大學倒閉的原因為何？（可複選）
□ 少子化　　□ 師資不良　　□ 設備不佳　　□ 學用落差

　　雖然複選題經常出現在許多問卷中，但是部分學者、專家並不十分支持，且對其分析結果仍持保留的態度。因為，對於這些複選題的填答結果，於資料輸入時，通常都是以名義尺度（nominal scale）的「0」或「1」來呈現特定選項是否被勾選。但是使用名義尺度，將會限制這些複選題可使用的統計分析方法。一般而言，以名義尺度編碼的數據所能做的統計分析，大概就只有次數分配與交叉分析表等描述性統計方法而已，並無法「直接」進行任何的統計檢定。但是，若根據所完成的次數分配表與交叉分析表，而再另行製作成新的JASP資料檔後，也是可以「間接」的使用卡方檢定來進行檢定工作的。

　　因此，若研究者欲進行的研究屬於較實務型的非學術研究，或只想了解各選項的次數分配時，那麼使用複選題也無妨。但是，如果所進行的研究屬學術研究的話，那麼則建議盡量不要使用複選題。然而，若非用不可的話，或許也可考慮使用複選題的變形。例如：可將上述問題改為如下的李克特七點量表：

	極不同意	很不同意	不同意	普通	同意	很同意	極為同意
1.「少子化」是導致大學倒閉的原因之一。	□	□	□	□	□	□	□
2.「師資不良」是導致大學倒閉的原因之一。	□	□	□	□	□	□	□
3.「設備不佳」是導致大學倒閉的原因之一。	□	□	□	□	□	□	□
4.「學用落差」是導致大學倒閉的原因之一。	□	□	□	□	□	□	□

　　此外，除了複選題之外，還有一種常用的特殊題型，即排序題。排序題常使用在調查受訪者的某種特質偏好。例如：自一系列的休閒遊憩活動中，要求受訪者從中挑選出較喜好的幾種活動，並予以排序。從這個簡單例子中不難發現，排序題除了擁有複選題的特質外，另外被選取的選項間還具有順序關係。因此，排序題的分析似乎比複選題的分析還要複雜。

　　然而事實上，排序題與複選題最大的不同，只在於變數的取值上。在複選題的各選項上，每個選項都只有被勾選與不被勾選兩種可能。因此，編碼上通常都是以名義尺度的「0」或「1」來呈現特定選項是否被勾選，故對於複選題的每個選項變數而言，它是一個二元變數（binary variable）。

　　但如果是排序題時，那麼就複雜多了。因為每一個選項的取值狀況，不只是有沒有被勾選而已；如果被勾選了，還要記錄下它的排序值。所以，對於排序題的每個選項變數而言，它是一個順序尺度（ordinal scale）的變數。例如：排序題中的某一個選項，其未被選取時，則取值為「0」；當被選取時，那麼其取值就有可能是「1」、「2」或「3」……等順序資料了。

◆ 4-2　複選題的建檔 ◆

　　在這一小節中，我們將學習如何把複選題的填答結果輸入至JASP中。對於性質屬複選題的題項，建檔時較為麻煩，因為我們必須為複選題中的每一個選項設定一個專屬的變數，且該變數的衡量尺度必須為名義尺度。於資料輸入時，通常都是以代碼「0」或「1」來呈現某特定選項是否被勾選。

▶ 範例4-1

> 資料檔「ex4-1.csv」為附錄一論文〈旅遊動機、體驗價值與重遊意願關係之研究〉之問卷的原始資料檔。原始問卷中，第四部分基本資料的第7題「欲參與本行程，您認為可以使用哪種交通工具？」為複選題。請開啟「ex4-1.csv」進行此複選題的建檔工作，完成後請存檔為「ex4-1.jasp」。

　　複選題建檔時，必須將題目中的每一個選項，設定成名義尺度的變數，這些變數又被稱為選項變數。根據論文〈旅遊動機、體驗價值與重遊意願關係之研究〉的原始問卷，「欲參與本行程，您認為可以使用哪種交通工具？」這個複選題共有四個選項，分別為「自行開車」、「遊覽車」、「機車」與「公共路網」。因此將來建檔

時，必須有四個變數來儲存每個選項被回應的情形。此外，對於複選題的填答結果，於資料輸入時，也將以名義尺度的「0」（代表未勾選）或「1」（代表勾選）來呈現特定選項是否被選取。建檔完成後，結果如圖4-1。

(操)(作) 步驟

　　詳細的操作過程，請讀者自行參閱教學影音檔「ex4-1.mp4」。

▶ 執行結果

四個選項變數

自行開車	遊覽車	機車	公共路網
未勾選	未勾選	勾選	勾選
勾選	未勾選	勾選	勾選
未勾選	勾選	未勾選	勾選
未勾選	勾選	未勾選	勾選
勾選	勾選	未勾選	勾選
未勾選	勾選	勾選	勾選
未勾選	未勾選	勾選	勾選
勾選	未勾選	勾選	勾選
勾選	勾選	勾選	勾選
未勾選	未勾選	勾選	勾選
勾選	未勾選	未勾選	勾選

圖4-1　複選題資料輸入完成

4-3　複選題的次數分配表

　　延續4-2節，複選題建檔完成後，接下來我們就可針對複選題進行統計分析了。由於複選題大都是使用名義尺度編碼，因此所能做的統計分析就只有次數分配與交叉分析等描述性統計而已，並無法「直接」進行任何的統計檢定。在本小節中，我們將學習製作複選題的次數分配表。

▶ 範例4-2

資料檔「ex4-1.jasp」為附錄一論文〈旅遊動機、體驗價值與重遊意願關係之研究〉之問卷的原始資料檔。原始問卷中，第四部分基本資料的第7題「欲參與本行程，您認為可以使用哪種交通工具？」為複選題。請開啟「ex4-1.jasp」，並分析遊客認為可使用的各種交通工具之分布狀況？

依本題題意，欲分析「各種交通工具之分布狀況」，那麼只要針對第7題「欲參與本行程，您認為可以使用哪種交通工具？」的各選項變數（共四個）進行次數分配表分析即可。由於有四個變數就會產生四個獨立的次數分配表，因此，尚需彙整這四個次數分配表，才能整體的呈現出「可使用的交通工具之分布狀況」。

操作步驟

詳細的操作過程，請讀者自行參閱教學影音檔「ex4-2.mp4」。

▶ 報表解說

在JASP中，執行「描述統計」功能後，所產生的次數分配表，如表4-1、表4-2、表4-3、表4-4。因為這些報表分屬四種交通工具，所以為了展現「可使用的交通工具之分布狀況」，因此必須將這四個表格整合成如表4-5的表格，這樣的次數分配表，才能真正呈現出受訪者答題的狀況與「可使用的交通工具之分布狀況」。

表4-1　「自行開車」的次數分配表

自行開車	次數	百分比	有效百分比	累積百分比
末勾選	94	37.903	37.903	37.903
勾選	154	62.097	62.097	100.000
遺漏	0	0.000		
總和	248	100.000		

表4-2　「遊覽車」的次數分配表

遊覽車	次數	百分比	有效百分比	累積百分比
末勾選	112	45.161	45.161	45.161
勾選	136	54.839	54.839	100.000
遺漏	0	0.000		
總和	248	100.000		

表4-3　「機車」的次數分配表

機車	次數	百分比	有效百分比	累積百分比
未勾選	70	28.226	28.226	28.226
勾選	178	71.774	71.774	100.000
遺漏	0	0.000		
總和	248	100.000		

表4-4　「公共路網」的次數分配表

公共路網	次數	百分比	有效百分比	累積百分比
未勾選	24	9.677	9.677	9.677
勾選	224	90.323	90.323	100.000
遺漏	0	0.000		
總和	248	100.000		

表4-5　使用之交通工具的次數分配表（複選題的次數分配表）

		反應值		觀察值
		個數	百分比	百分比
交通工具	自行開車	154	22.3%	62.1%
	遊覽車	136	19.7%	54.8%
	機車	178	25.7%	71.8%
	公共路網	224	32.4%	90.3%
總數		692		

　　表4-5為模仿SPSS的次數分配表格式，所彙整而成的表格。表4-5中，應查看最右邊的「觀察值百分比」欄之結果來進行分析。該欄係以有效樣本248為基礎而計算出來的。例如：「自行開車」的百分比為62.1%是以154/248所計算出來的，所以其意義為：總樣本數248人中，有154人認為可選擇「自行開車」為主要的交通工具。其中，「個數」代表特定選項被勾選的次數。而「反應值百分比」欄則是以總反應數（總勾選數）692為基礎而計算出來的比例。例如：「自行開車」的「反應值百分比」為154/692 = 22.3%。其意義則為：樣本數248人總共勾選了692次，而在這692次勾選中，總共有154次認為可選擇「自行開車」為主要的交通工具。

由此結果可以看出：遊客認為可使用之各種交通工具中，「公共路網」的比例最高，達90.3%；其次依序為「機車」（71.8%）、「自行開車」（62.1%），最低為「遊覽車」（54.8%）。

由於是複選題的關係，「觀察值百分比」欄之加總數字為279.0%（692/248），已超過100%，表示於複選題中，每個遊客平均勾選了2.79個選項。由此，也可看出遊客填答的意願頗高。

◆ 4-4　複選題的交叉表 ◆

通常製作交叉表（cross tabulation，又名列聯表，contingency table）時，我們所關心的是變數間的關聯（association）或交互作用。使用交叉表的好處是，可以簡潔的使用表格方式，來呈現數個變數間的交互作用或關聯性。雖然也可以用比較複雜的統計方法如羅吉斯迴歸（logistic regression）或對數線性模式（log-linear models）來解析數個名義變數間的關聯分析，但交叉表使用起來比較簡單，也比較容易了解。

雖然，我們也可以製作多個變數間的交叉表分析，但超過三個變數時，這種維度太多的交叉表，反而不容易呈現變數間的交互作用或關聯性。因為交叉表中的儲存格數目若變多，將有其他多種的限制需要考量，例如：多維度交叉表中的空白儲存格可能會變多，這將導致統計分析方法的應用性受到限制。所以在此，將只示範兩個變數的交叉表製作過程。

範例4-2

資料檔「ex4-1.jasp」為附錄一論文〈旅遊動機、體驗價值與重遊意願關係之研究〉之問卷的原始資料檔。原始問卷中，第四部分基本資料的第7題「欲參與本行程，您認為可以使用哪種交通工具？」為複選題。請開啟「ex4-1.jasp」，試探討「不同性別的遊客」對「所認為可使用的交通工具」之看法的關聯性？

依本題題意，欲探討「不同性別的遊客」對「所認為可使用的交通工具」之看法的關聯性，這個分析將涉及兩個變數，即「性別」與「可使用的交通工具」。由於「性別」與「可使用的交通工具」都屬於名義變數。由過往文獻可理解，欲探討兩個名義變數的關聯性時，交叉表分析大概是最常使用的方法了。

(操)(作) 步驟

　　詳細的操作過程，請讀者自行參閱教學影音檔「ex4-3.mp4」。

▶ 報表解說

　　在JASP中，執行「次數／列聯表」功能後，所產生的交叉表，分別如表4-6、表4-7、表4-8、表4-9。因為這些報表分屬四種交通工具，所以為了展現可使用的交通工具之整體分布狀況與性別間的關係，因此必須將這四個表格整合成如表4-10的交叉表，這樣的交叉表，才能真正呈現出受訪者性別與整體的交通工具之選用狀況的關聯性。

表4-6　「自行開車×性別」的交叉表

自行開車		性別		Total
		女	男	
未勾選	Count	29.000	65.000	94.000
	% within row	30.851%	69.149%	100.000%
	% within column	33.333%	40.373%	37.903%
	% of total	11.694%	26.210%	37.903%
勾選	Count	58.000	96.000	154.000
	% within row	37.662%	62.338%	100.000%
	% within column	66.667%	59.627%	62.097%
	% of total	23.387%	38.710%	62.097%
Total	Count	87.000	161.000	248.000
	% within row	35.081%	64.919%	100.000%
	% within column	100.000%	100.000%	100.000%
	% of total	35.081%	64.919%	100.000%

表4-7　「遊覽車×性別」的交叉表

遊覽車		性別		
		女	男	Total
末勾選	Count	44.000	68.000	112.000
	% within row	39.286%	60.714%	100.000%
	% within column	50.575%	42.236%	45.161%
	% of total	17.742%	27.419%	45.161%
勾選	Count	43.000	93.000	136.000
	% within row	31.618%	68.382%	100.000%
	% within column	49.425%	57.764%	54.839%
	% of total	17.339%	37.500%	54.839%
Total	Count	87.000	161.000	248.000
	% within row	35.081%	64.919%	100.000%
	% within column	100.000%	100.000%	100.000%
	% of total	35.081%	64.919%	100.000%

表4-8　「機車×性別」的交叉表

機車		性別		
		女	男	Total
末勾選	Count	23.000	47.000	70.000
	% within row	32.857%	67.143%	100.000%
	% within column	26.437%	29.193%	28.226%
	% of total	9.274%	18.952%	28.226%
勾選	Count	64.000	114.000	178.000
	% within row	35.955%	64.045%	100.000%
	% within column	73.563%	70.807%	71.774%
	% of total	25.806%	45.968%	71.774%
Total	Count	87.000	161.000	248.000
	% within row	35.081%	64.919%	100.000%
	% within column	100.000%	100.000	100.000%
	% of total	35.081%	64.919%	100.000%

表4-9   「公共路網×性別」的交叉表

公共路網		性別 女	男	Total
未勾選	Count	5.000	19.000	24.000
	% within row	20.833%	79.167%	100.000%
	% within column	5.747%	11.801%	9.677%
	% of total	2.016%	7.661%	9.677%
勾選	Count	82.000	142.000	224.000
	% within row	36.607%	63.393%	100.000%
	% within column	94.253%	88.199%	90.323%
	% of total	33.065%	57.258%	90.323%
Total	Count	87.000	161.000	248.000
	% within row	35.081%	64.919%	100.000%
	% within column	100.000%	100.000%	100.000%
	% of total	35.081%	64.919%	100.000%

表4-10   「交通工具×性別」的交叉表

交通工具			性別 女	男	總數
交通工具	自行開車	個數	58	96	154
		交通工具中的%	37.662%	62.338%	
		性別中的%	66.667%	59.627%	
		總數的%	23.387%	38.710%	62.097%
	遊覽車	個數	43	93	136
		交通工具中的%	31.618%	68.382%	
		性別中的%	49.425%	57.764%	
		總數的%	17.339%	37.500%	54.839%
	機車	個數	64	114	178
		交通工具中的%	35.955%	64.045%	
		性別中的%	73.563%	70.807%	
		總數的%	25.806%	45.968%	71.774%

表4-10 「交通工具×性別」的交叉表（續）

		性別		總數
		女	男	
公共路網	個數	82	142	224
	交通工具中的%	36.607%	63.393%	
	性別中的%	94.253%	88.199%	
	總數的%	33.065%	57.258%	90.323%
總數	個數	87	161	248
	總數的%	35.1%	64.9%	

　　表4-10亦為模仿SPSS的交叉表格式，所彙整而成的表格。表4-10呈現出不同性別的遊客在「交通工具」的四個選項中之應答狀況的交叉分析表。由於性別（直欄）有兩個水準（女、男），「交通工具」（列）有四個選項，因此可構成一個4×2的交叉表，其內共有8個儲存格。而每個儲存格中會有四列數值：

　　第一列為「個數」：代表遊客對「交通工具」各選項所勾選的次數。以「自行開車」列為例，女性勾選此選項者有58人、男性有96人，總勾選人數有154人。另外，從交叉表最後一列（總數的個數列）可得知，原始資料中有248個遊客，其中女性87人、男性161人。

　　第二列為「交通工具中的%」：此百分比又稱為橫列百分比（從橫向來看報表之意）。代表有勾選某特定選項的遊客中，遊客之各種性別所佔的百分比。以「自行開車」列為例，橫列的總計為「154」，所以女性佔比為37.662%（58/154）、男性佔比則為62.338%（96/154）。

　　第三列為「性別中的%」：此百分比又稱為直欄百分比（從直向來看報表之意）。代表遊客的某特定性別中，有勾選「交通工具」之某特定選項的百分比。以「女性」行為例，「自行開車」為66.667%（58/87）、「遊覽車」為49.425%（43/87）、「機車」為73.563%（64/87）、「公共路網」為94.253%（82/87）。「87」為「女」這一直欄的總計。

　　第四列為「總數的%」：代表儲存格中的個數佔個案總數（248人）的百分比。以「自行開車」列為例，女性為23.387%（58/248）、男性為38.710%（96/248）。

　　由表4-10的交叉分析表，可看出：女性遊客中，最推薦的交通工具為「公共路網」，佔94.253%，比例最高；而「遊覽車」（49.4%）最低。男性遊客最推薦的交

通工具亦爲「公共路網」，但比例（88.199%）上略低於女性。由此可推測，參與本
溼地生態旅遊行程，遊客最推薦的交通工具應爲使用「公共路網」。而且男、女性對
選擇的交通工具，看法相當一致。以選擇「公共路網」最多、「機車」次之、「自行
開車」再次之，而以搭乘「遊覽車」最少。

4-5 排序題的建檔

　　在這一小節中，我們將學習如何將排序題的填答結果輸入至JASP中。對於性質
屬排序題的題項，建檔時還頗爲麻煩。但基本上和複選題一樣，我們必須爲排序題中
的每一個選項設定一個專屬的變數（選項變數），且該選項變數的衡量尺度必須爲順
序尺度（在JASP中稱爲次序）。而和複選題不同的是，於資料輸入時，當排序題中
的某一個選項未被選取時，則應設定該選項變數的取值爲「0」；而當被選取時，那
麼其取值就有可能是「1」、「2」或「3」……等順序了。

▶ 範例4-4

> 資料檔「ex4-1.jasp」為附錄一論文〈旅遊動機、體驗價值與重遊意願關係之
> 研究〉之問卷的原始資料檔。原始問卷中，第四部分基本資料的第8題「請
> 嘗試描述您的旅遊偏好？並在下列選項中，選出三個喜好度較高的選項，且
> 請依喜好度高低，依序標出1、2、3的順序（1為最喜好）。」為排序題，請
> 開啟「ex4-1.jasp」，進行此排序題的建檔工作，完成後請直接存檔。

　　排序題建檔時，必須將每一個選項，設定爲一個順序尺度的變數。根據論文
〈旅遊動機、體驗價值與重遊意願關係之研究〉的原始問卷，第四部分基本資料的第
8題如下：

8. 請嘗試描述您的旅遊偏好？並在下列選項中，選出三個喜好度較高的選項，且請依喜好度高低，
　　依序標出1、2、3的順序（1為最喜好）。
　　□ 文化旅遊　　　　　□ 自然生態旅遊　　　□ 節慶祭典旅遊　　　□ 美食旅遊
　　□ 山岳旅遊　　　　　□ 水域活動旅遊　　　□ 自行車旅遊

　　顯見上述題項爲排序題，由於這個排序題共有七個選項，分別爲「文化旅
遊」、「自然生態旅遊」、「節慶祭典旅遊」、「美食旅遊」、「山岳旅遊」、「水

域活動旅遊」與「自行車旅遊」。因此將來建檔時，必須用七個選項變數來儲存每個選項被回應的狀況。此外，對於排序題的填答結果，於資料輸入時，若某一個選項未被選取時，則需設定該選項變數的取值為「0」；當被選取時，那麼其取值就有可能是「1」、「2」或「3」……等順序。建檔完成後，結果如圖4-2。

操 作 步驟

詳細的操作過程，請讀者自行參閱教學影音檔「ex4-4.mp3」。

▶執行結果

七個次序型選項變數

文化	自然生態	節慶祭典	美食	山岳	水域活動	自行車
不喜好	次喜好	最喜好	不喜好	不喜好	第3喜好	不喜好
最喜好	第3喜好	次喜好	不喜好	不喜好	不喜好	不喜好
不喜好	不喜好	最喜好	次喜好	第3喜好	不喜好	不喜好
不喜好	不喜好	最喜好	不喜好	不喜好	次喜好	第3喜好
不喜好	第3喜好	最喜好	不喜好	不喜好	次喜好	不喜好
不喜好	次喜好	最喜好	第3喜好	不喜好	不喜好	不喜好
不喜好	第3喜好	最喜好	不喜好	不喜好	次喜好	不喜好
次喜好	不喜好	不喜好	不喜好	最喜好	不喜好	第3喜好
不喜好	不喜好	不喜好	不喜好	第3喜好	次喜好	最喜好
次喜好	第3喜好	最喜好	不喜好	不喜好	不喜好	不喜好
不喜好	不喜好	最喜好	次喜好	第3喜好	不喜好	不喜好
次喜好	第3喜好	最喜好	不喜好	不喜好	不喜好	不喜好

圖4-2 排序題資料輸入完成

4-6 排序題的次數分配表

延續第4-5節，接下來我們將進行有關排序題的統計分析。由於排序題大都使用順序尺度編碼，因此，所能做的統計分析，就只有次數分配與交叉表等描述性統計而已，並無法「直接」進行任何的統計檢定。在本小節中，我們將學習製作排序題的次數分配表。

資料檔「ex4-1.jasp」為附錄一論文〈旅遊動機、體驗價值與重遊意願關係之研究〉之問卷的原始資料檔。原始問卷中，第四部分基本資料的第8題「請嘗試描述您的旅遊偏好？」為排序題，請開啟「ex4-1.jasp」，並請分析遊客對各種旅遊型態的偏好狀況。

為排序題製作次數分配表時，與複選題的最大差異在於，在排序題中進行報表整合時，是依據各選項變數的「順位值」而進行整合。依題意，我們關注的順位是「1」、「2」、「3」名。因此，本範例中，將來會整合出三個有關順位的次數分配表。也就是說，在排序題中，不管有幾個選項變數，整合報表時，需依照其順位，每一個順位就必須有一張次數分配表。

操 作 步驟

詳細的操作過程，請讀者自行參閱教學影音檔「ex4-5.mp4」。

▶ 報表解說

在JASP中，執行「描述統計」功能後，由於有七個選項變數，所以將會產生七張次數分配表。因為這些報表分屬七種不同型態的旅遊偏好，所以為了展現遊客對各種旅遊型態的偏好程度，因此必須將這七個表格整合成如表4-11、表4-12、表4-13的表格，這樣的次數分配表，才能真正呈現出遊客對各種旅遊型態之偏好程度的分布狀況。

表4-11　第一順位（最喜好之旅遊型態）的次數分配表

		反應值		觀察值百分比
		個數	百分比	
旅遊型態	文化	45	18.1%	18.1%
	自然生態	46	18.5%	18.5%
	節慶祭典	110	44.4%	44.4%
	美食	13	5.2%	5.2%
	山岳	16	6.5%	6.5%
	水域活動	9	3.6%	3.6%
	自行車	9	3.6%	3.6%
總數		248	100.0%	100.0%

表4-12　第二順位（次喜好之旅遊型態）的次數分配表

		反應值		觀察值百分比
		個數	百分比	
旅遊型態	文化	68	27.4%	27.4%
	自然生態	76	30.6%	30.6%
	節慶祭典	25	10.1%	10.1%
	美食	34	13.7%	13.7%
	山岳	18	7.3%	7.3%
	水域活動	15	6.0%	6.0%
	自行車	12	4.8%	4.8%
總數		248	100.0%	100.0%

表4-13　第三順位（第三喜好之旅遊型態）的次數分配表

		反應值		觀察值百分比
		個數	百分比	
旅遊型態	文化	39	15.7%	15.7%
	自然生態	74	29.8%	29.8%
	節慶祭典	39	15.7%	15.7%
	美食	22	8.9%	8.9%
	山岳	21	8.5%	8.5%
	水域活動	28	11.3%	11.3%
	自行車	25	10.1%	10.1%
總數		248	100.0%	100.0%

　　首先觀察第一順位的次數分配表，如表4-11所示。從表4-11最右邊的「觀察值百分比」欄之結果，即可進行分析。該欄係以有效樣本248為基礎而計算出來的。例如：在「文化旅遊」的百分比為18.1%，即是以45/248計算出來的，它代表有18.1%的受訪者，將「文化旅遊」勾選為最喜好（第一順位）的旅遊型態；由於在「第一偏好的次數分配表」中，只顯示順位為「1」的資料，因此有填「1」的人（反應值）也應是248（因為每個受訪者一定只填1個第一名），所以第一順位集合變數表中的「觀察值百分比」和「反應值百分比」，其值相等。

由表4-11、4-12與4-13的結果可以看出：第一順位以「節慶祭典旅遊」所佔的比例最高，達44.4%；第二順位以「自然生態旅遊」所佔的比例最高，達30.6%；第三順位也是以「自然生態旅遊」所佔的比例最高，達29.8%，「文化旅遊」、「節慶祭典旅遊」居次，皆佔15.7%。綜合而言，參與本次溼地生態旅遊的遊客中，其最偏好的旅遊型態為「節慶祭典旅遊」，其次是「自然生態旅遊」，再其次是「文化旅遊」。

◆◆ 4-7 排序題的交叉表 ◆◆

使用交叉表可以簡單的以表格的方式，來呈現數個變數間的交互作用或關聯性。在JASP中雖然可以製作多個變數間之交叉表分析，但超過三個變數時，此種分析的結果反而不容易呈現變數間的交互作用或關聯性。因此，在本小節中，我們將只關注兩個變數間的交叉分析表。

▶ 範例4-6

資料檔「ex4-1.jasp」為附錄一論文〈旅遊動機、體驗價值與重遊意願關係之研究〉之問卷的原始資料檔。原始問卷中，第四部分基本資料的第8題「請嘗試描述您的旅遊偏好？」為排序題。請開啟「ex4-1.jasp」，試探討不同性別的受訪者中最偏好哪種旅遊型態？並請描述其次數及百分比的狀況？

依本題題意，欲分析「不同性別的受訪者中最偏好哪種旅遊型態？並請描述其次數及百分比的狀況」，這牽涉到兩個變數間的關聯性，即「性別」與「第一偏好的旅遊型態」。由於「性別」為名義尺度、「第一偏好的旅遊型態」為順序尺度，因此，於探索名義變數、順序變數間的關聯性時，亦可使用交叉表來進行分析。

操作 步驟

詳細的操作過程，請讀者自行參閱教學影音檔「ex4-6.mp4」。

▶ 報表解說

在JASP中，執行「次數／列聯表」功能後，所產生的交叉表，分屬遊客對七種旅遊型態的偏好（共有七個表格），所以為了展現旅遊型態之偏好與性別間的關係，因此必須將這七個表格，依順位整合成三個表格，這樣才能真正呈現出受訪者性別與各順位偏好之旅遊型態的關聯性。然因，本範例主要想探討「不同性別的受訪者中『最偏好』哪種旅遊型態？」因此，只要針對第一偏好之旅遊型態來和性別進行交叉分析即可，如表4-14。

表4-14為不同性別的受訪者對最偏好（第一偏好）的旅遊型態之分布狀況。由於性別（行）有兩個水準（女、男），「第一順位」有七種旅遊型態（列），因此可構成一個7×2的交叉表，其內共有14個儲存格。每個儲存格中會有四列數值：

第一列為「個數」：代表七種旅遊型態中，不同性別的受訪者所認定為最偏好的旅遊型態之次數。以「文化旅遊」列為例，女性認為「文化旅遊」是他們最偏好的旅遊型態之人數有15人，男性則有30人，總人數有45人。此外，從交叉表最後一列（總數的個數列）可得知，原始樣本有248個個案，其中女性87人、男性161人。

第二列為「第1順位中的%」：此百分比又稱為橫列百分比（從橫向來看報表之意），代表最偏好的旅遊型態中，各種性別的受訪者所佔的百分比。以「文化旅遊」列為例，認為「文化旅遊」為最偏好的旅遊型態之受訪者中，女性佔33.3%（15/45）、男性為66.7%（30/45）。「45」為「文化旅遊」橫列的總計。

第三列為「性別中的%」：此百分比又稱為直欄百分比（從直向來看報表之意），代表受訪者的特定性別中，有勾選某選項為最偏好的旅遊型態之百分比。以「女性」行（欄）為例，所有「女性」中，認為「文化旅遊」為其最偏好之旅遊型態的比例有17.2%（15/87）、「自然生態旅遊」為27.6%（24/87）、「節慶祭典旅遊」為36.8%（32/87）……等。「87」為「女」直欄的總計。

第四列為「總數的%」：儲存格中的個數佔個案總數的百分比。以「文化旅遊」列為例，女性為6.0%（15/248）、男性為12.1%（30/248）。

由表4-14的交叉分析表，可看出：女性遊客中，最偏好的旅遊型態為「節慶祭典旅遊」佔36.8%；而男性最偏好的旅遊型態亦為「節慶祭典旅遊」佔48.4%。

表4-14 「第一偏好×性別」的交叉表

			性別		總數
			女	男	
旅遊型態	文化	個數	15	30	45
		第1順位中的%	33.3%	66.7%	
		性別中的%	17.2%	18.6%	
		總數的%	6.0%	12.1%	18.1%
	自然生態	個數	24	22	46
		第1順位中的%	52.2%	47.8%	
		性別中的%	27.6%	13.7%	
		總數的%	9.7%	8.9%	18.5%
	節慶祭典	個數	32	78	110
		第1順位中的%	29.1%	70.9%	
		性別中的%	36.8%	48.4%	
		總數的%	12.9%	31.5%	44.4%
	美食	個數	5	8	13
		第1順位中的%	38.5%	61.5%	
		性別中的%	5.7%	5.0%	
		總數的%	2.0%	3.2%	5.2%
	山岳	個數	5	11	16
		第1順位中的%	31.3%	68.8%	
		性別中的%	5.7%	6.8%	
		總數的%	2.0%	4.4%	6.5%
	水域活動	個數	4	5	9
		第1順位中的%	44.4%	55.6%	
		性別中的%	4.6%	3.1%	
		總數的%	1.6%	2.0%	3.6%
	自行車	個數	2	7	9
		第1順位中的%	22.2%	77.8%	
		性別中的%	2.3%	4.3%	
		總數的%	0.8%	2.8%	3.6%
總數		個數	87	161	248
		總數的%	35.1%	64.9%	100.0%

習 題

 **練習4-1**

參考附錄二中，論文〈遊客體驗、旅遊意象與重遊意願關係之研究〉的原始問卷，第四部分基本資料的第7題「請問您認爲西拉雅風景區有哪些特色？（可複選）」爲複選題，請開啟hw4-1.jasp，進行此複選題全體樣本的次數分配表分析，並請針對次數分配表所呈現的數據加以評論。

練習4-2

參考附錄二中，論文〈遊客體驗、旅遊意象與重遊意願關係之研究〉的原始問卷，第四部分基本資料的第7題「請問您認爲西拉雅風景區有哪些特色？（可複選）」爲複選題，請開啟hw4-1.jasp，試探討不同性別的樣本在複選題中，各選項勾選的次數及百分比爲何？並請針對交叉表所呈現的數據加以評論。

練習4-3

參考附錄二中，論文〈遊客體驗、旅遊意象與重遊意願關係之研究〉的原始問卷，第四部分基本資料的第8題「請在下列的國家風景區中，指出三個您最常去的風景區？並請依到訪頻率的高低，標示出1、2、3的次序（1爲最常去）。」爲排序題，請開啟hw4-1.jasp，並製作各順位集合變數的次數分配表，並請針對次數分配表所呈現的數據加以評論。

練習4-4

參考附錄二中，論文〈遊客體驗、旅遊意象與重遊意願關係之研究〉的原始問卷，第四部分基本資料的第8題「請在下列的國家風景區中，指出三個您最常去的風景區？並請依到訪頻率的高低，標示出1、2、3的次序（1爲最常去）。」爲排序題，請開啟hw4-1.jasp，試探討不同性別的受訪者在第一順位上的勾選次數及百分比爲何？並請針對交叉表所呈現的數據加以評論。

第 **5** 章
信度分析

　　在測量過程中，對任意（相同或不同）的對象、使用相同的測量工具（例如：量表／問卷），重複進行多次測量後，研究者就可評估每一次測量結果間的「相似程度」。而這種「相似程度」的統計學描述方式，一般即稱為信度（reliability）。因而，信度具有兩種主要的意涵，即穩定性（stability）或一致性（consistency）。

　　穩定性意指在「不同」的時間點或在「不同」的情境下，對於同一項測量工具，所得到的結果是否一致。如果測量工具具有較高的穩定性時，那麼在「不同」時間或「不同」情境下進行重複測量時，所得到的結果應該是相似或接近的。穩定性主要關注的是測量工具的可靠性，即重複使用時能否得到一致的結果。

　　一致性則是指在「同一」時間點或在「相同」情境下，使用「不同」的測量工具或「不同」的測量者進行測量時，所得到的結果是否一致。如果測量工具具有較高的一致性時，那麼使用「不同」的測量工具或「不同」的測量者對「同一」測量目標物進行測量時，所得到的結果應該是相似或接近的。一致性主要關注的是測量工具的準確性，即「不同」的測量方式是否得到相似的結果。

　　簡而言之，穩定性關注的是同一測量工具在不同時間或情境下的結果一致性，而一致性關注的是不同測量工具或測量者在同一時間或情境下的結果一致性。

　　在實際的信度分析中，通常會同時考慮穩定性和一致性。透過計算各種信度指標（例如：Cronbach's α等），就可以評估測量工具的信度，以確定其在重複使用或不同測量方式下的可靠性和準確性。這些指標可以幫助研究人員評估測量工具的品質，並決定是否可以信任所得到的測量結果。

　　在本章中，將包含以下的內容：
1. 信度簡介
2. 運用信度分析以刪除問卷中的冗題
3. 求取問卷中各構面的信度係數

◆ 5-1　信度簡介 ◆

　　信度的主要意義是指，當研究者針對某一群固定的受測者，利用同一種特定的測量工具（例如：量表／問卷），在重複進行多次測量後，所得到的各種結果間的相似程度。因此，信度除了具有重複測量時所需具備的「穩定性」特質外，尚具有「一致性」的涵意。穩定性關注的是同一測量工具在不同時間或情境下的結果一致性（即，可靠度），而一致性關注的是不同測量工具或測量者在同一時間或情境下的結果一致性（即，準確性）。所以，信度應包括測量的穩定性以及一致性等兩種意義（黃俊英，1999）。此外，學者（Kerlinger & Lee）（1999）也認為信度可以評估出工具的可靠度、一致性與穩定性。

　　在一般社會科學的研究調查中，所使用的測量工具通常都是量表或問卷。量表或問卷的信度越高，則表示該量表／問卷之測驗結果的可信程度越高。但是，說實在的，我們也很難去期待兩次或多次之測驗結果是完全一致的。因為信度除受量表／問卷中各題項的品質所影響外，亦受很多其他受測者因素的影響。故應該沒有一份量表／問卷之測驗結果是完全可靠的。信度只是一種衡量量表／問卷之可靠程度大小的指標而已。而所謂可靠程度較高的量表／問卷，便是指同一群人在不同的時、空背景下，接受性質相同、題型相同、目的相同的各種量表／問卷施測後，在各測量結果間可顯示出強烈的正相關且差異性也很小的狀況而已。

　　假設一個測量工具所測得的值為x_0（通常以平均數代表），則x_0可分解為：

$$x_0 = x_t + x_e \qquad\qquad （式5-1）$$

x_0：觀察值

x_t：真實值

x_e：誤差值

可將式5-1轉換為變異數型態。假設測量所得的變異量為V_0，則V_0可分解為：

$$V_0 = V_t + V_e \qquad\qquad （式5-2）$$

V_0：觀察值變異量

V_t：真實值變異量

V_e：誤差值變異量

根據信度的基本意涵，式5-2中的眞實值變異量與觀察值變異量之比，即爲信度（吳統雄，1985）。因此：

$$信度 = V_t / V_0$$
$$= (V_0 - V_e) / V_0 = 1 - V_e / V_0 \qquad (式5-3)$$

由式5-3，不難理解，信度之最基本的評估方法爲：1減去「誤差變異量與觀察值變異量之比」（吳統雄，1985）。由此可見，測量誤差越小則信度越高。那麼測量過程中爲何會產生誤差？根據不少學者的研究，測量時容易產生誤差的來源，主要可以歸納爲下列幾個方向（吳統雄，1985）：

➤ 受訪者的變異性

一般而言，在其他條件相同的情況下，母體（population）內各樣本（sample）特徵的分布範圍越廣，則量表／問卷的信度係數會越高。受訪者（樣本）可能會因內在心理特質（例如：個性、情緒、動機、專注力、反應力、知識背景、作答態度）、外在生理因素（例如：年齡、性別、社會地位）而影響塡答的穩定性。

➤ 量表／問卷之內容

量表／問卷的設計方式、一致性、題項數量、遣詞用句、格式，以及受訪者對題項內容的敏感度等，也都是導致誤差產生的原因之一。

➤ 量表／問卷的長度

在適當的限度內，且合乎同質性的要求時，量表／問卷的題項數越多時，則其誤差越小，信度越高。

➤ 測量情境

調查時的環境也會影響誤差大小，如通風、溫度、溼度、光線、聲音、桌面、空間等因素。

➤ 施測間隔時間的長短

以再測法或複本法評估信度時，兩次測量之間隔時間越短，其誤差越小，信度越高。

➤ 研究者本身

訪員是否專業、盡責，訪前規劃是否妥善。

➢ 疏忽

如：聽錯、記錯、轉錄錯誤……等。

由上述說明應可理解，產生誤差的原因是多面向的，研究者必須面面俱到，才能提高量表／問卷信度。基本上，學術文獻上，也有一些提高量表／問卷信度的建議方向，諸如：

➢ 針對主要的研究變數或構面（construct，又稱構念），明確定義其操作型定義。

➢ 測量特定變數或構面時，建議使用多重指標（每個變數或構面皆包含2個題項以上），如此比較有機會可以獲得變數或構面的真正內涵。

➢ 施測時必須依據抽樣計畫確實執行，未達預定目標，必須重複執行施測。

◆ 5-2　Cronbach's α係數 ◆

Cronbach's α係數是一種用於衡量量表內部一致性的統計指標。它是由心理學家Lee Cronbach在1951年提出的，常被用於評估測量工具（例如：問卷調查）的信度。Cronbach's α係數主要用於評估一組測量題項在一個量表中的內部一致性（coefficient of internal consistency）。Cronbach認為，在同一個量表中的測量題項間應該是相關聯的，並且能一起評估、反映或測量同一個概念、特質或特徵。近年來Cronbach's α係數已發展成目前社會科學研究領域中，最常使用的信度指標。也是在李克特量表中，最常用以評估信度的方法。其計算公式如下：

$$\alpha_k = \frac{k}{k-1}\left[1 - \frac{\sum S_i^2}{S_T^2}\right]$$（式5-4）

k：量表的題項數

S_i^2：每一題項得分的變異量

S_T^2：量表總分的變異量

明顯的，Cronbach's α係數的計算是基於各測量題項之間的相關性，以及整體量表的變異性。Cronbach's α係數的取值範圍會落在0到1之間，並且通常可被解釋為一個量表的信度。如果α接近1，則表示量表的內部一致性較高，即各測量題項間彼此相關性較強；如果α接近0，則表示量表的內部一致性較低，即各測量題項間彼此相

關性較弱。

通常，當Cronbach's α係數大於0.7時，會被認為測量題項間已具良好的一致性，而當Cronbach's α係數大於0.8時，則會被認為測量題項間具有很高的一致性。然而，這些門檻值並不是絕對的，評估一致性時，應該考量實際的研究領域和研究目的。總之，Cronbach's α係數是一種衡量量表內部一致性的統計指標，用於確定一組測量題項彼此之間的相關性和整體量表的可靠度水準。它在心理學、教育研究和其他社會科學領域中，已受到廣泛的應用。

此外，在以問卷資料為基礎所發展的論文中，於預試階段，如果問卷中某構面所屬的衡量題項都能反應出該構面所應具有的特質，則各題項之間應具有真實的相關性存在。若某一題項和其所屬之構面的其他題項之間並無明顯的相關性存在，則表示該題項不應屬於該構面之測量題項，而應將之剔除。所以，只要有做問卷就可以做信度分析，以提供各項客觀的指標，作為問卷題項良窳程度的具體證據。實務上進行信度分析時，若某題項之得分與量表總分間的相關係數太低，就可將該題項視為冗題（不適切之題項），而可考慮優先刪除。此外，若刪除冗題後，問卷的Cronbach's α係數如果提高了，則表示刪除該冗題，確實有助於提高問卷的信度。表5-1為問卷之可信度高低與Cronbach's α係數之對照表（吳統雄，1984），讀者可參考之。

表5-1　可信度高低與Cronbach's α係數之對照表

可信度	Cronbach's α係數
不可信	Cronbach's α係數 < 0.3
勉強可信	$0.3 \leq$ Cronbach's α係數 < 0.4
可信	$0.4 \leq$ Cronbach's α係數 < 0.5
很可信（最常見的標準）	$0.5 \leq$ Cronbach's α係數 < 0.7
很可信（學術論文的標準）	$0.7 \leq$ Cronbach's α係數 < 0.9
十分可信	$0.9 \leq$ Cronbach's α係數

資料來源：吳統雄（1984）。

◆ 5-3　運用信度分析刪除冗題 ◆

　　雖然測量信度的方法、公式較為複雜，然而利用JASP軟體求算信度係數，卻是相當輕而易舉的。以下，將透過兩個範例帶領讀者了解信度分析之過程。

▶ 範例5-1

參考附錄四，〈電信業服務品質問卷〉的初稿，請讀者開啟「ex5-1.csv」。檔案「ex5-1.csv」，為研究的預試階段，透過「電信業服務品質問卷」的初稿所蒐集的樣本資料，試運用信度分析以評估該初稿問卷中各題項的適切性，藉以刪除品質不佳的題項（冗題）而形成正式問卷，並提高問卷的信度。

　　「電信業服務品質問卷」的初稿主要是參考Parasuraman、Zeithaml及Berry（簡稱PZB）三人於1988年提出的「SERVQUAL」量表，再依台灣電信業的特質修改而成，共30個題項。原始的「SERVQUAL」量表應包含五個構面，分別為可靠性（reliability）、回應性（responsiveness）、保證性（assurance）、同理心（empathy）與有形性（tangibles）（Parasuraman, Zeithaml, & Berry, 1988）。然而，「電信業服務品質」問卷其調查主題、情境與對象均迥異於原始「SERVQUAL」量表。在此情形下，研究者想透過信度分析探索目前的問卷初稿中，是否包含不適切的題項，以便能予以刪除，並提升問卷的整體信度。

　　一般而言，研究者在設計好問卷後，進行問卷的正式施測前，為評估問卷初稿的可行性，都會先進行問卷的預試。在預試階段中，當預試問卷資料回收完成後，研究者即可開始使用「項目分析」技術評估問卷中各題項的適切性，以刪除不適切的題項（在本書中稱之為冗題），並提升該份問卷的品質。「項目分析」技術包含許多方法，這些方法於本書中只會介紹兩種最常用的方法，即信度分析法與因素分析法（將於第6章範例6-1中介紹）。信度分析法又稱為「題項－總分相關法」。在預試階段，研究者所蒐集的樣本資料通常較少（小於150個樣本），故較不適用因素分析法。因此，一般而言，在預試階段，有效樣本較少的情形下，「題項－總分相關法」是評估題項之適切性最常用的方法，也是最有效率的方法。

　　「題項－總分相關法」將藉由信度分析而達成刪除冗題的目的。在信度分析過程中，可產生「頻率派個別題項信度統計數」表（如表5-3），研究者可以從該報表中看到「此題項-所有其他題項之相關」（Item-rest correlation）的欄位資料，藉此欄位

資料即可找出與量表總分之相關係數較低的題項（學術論文中，常用的標準為相關係數小於0.3）。亦即，當「此題項-所有其他題項之相關」欄位值小於0.3時，就代表著該題項與問卷中其他題項間的相關性較低，故該題項實不應被包含在正式問卷中，因此可以視為冗題而刪除掉（此即「題項－總分相關法」的目的）。此外，研究者亦可從該報表之「若此題刪除」（if item dropped）的欄位資料得知，若真的刪除該冗題後，所重新計算後的新Cronbach's α係數。當然，若刪除該冗題後，新Cronbach's α係數比原始的Cronbach's α係數高，那就代表著刪除該冗題的動作，確實有助於問卷整體信度的提升。此外，透過信度分析，我們也可藉所求出的Cronbach's α係數，來評估預試問卷的可靠度、一致性與穩定性。

操 作 步驟

執行信度分析的過程，請讀者自行參閱教學影音檔「ex5-1.mp4」。

▶ 報表解說

執行信度分析後，共可產生兩張報表，即「頻率派量表信度統計數」表（表5-2）與「頻率派個別題項信度統計數」表（表5-3）。當然若讀者執行信度分析的主要目的為刪除冗題時，那麼也可直接看表5-3的「頻率派個別題項信度統計數」表。這兩張報表的解說，分述如下：

（一）「頻率派量表信度統計數」表

一般而言，問卷的整體信度可以直接使用Cronbach's α係數來加以評估。表5-2的「頻率派量表信度統計數」表中，顯示了整份問卷的信度係數，這份問卷中總共包含30個題項，其整體信度係數的點估計值（即Cronbach's α係數）為0.964，已達高信度的標準。此外，該Cronbach's α係數也可以使用標準化的Cronbach's α係數來顯示，標準化的Cronbach's α係數的實質意涵為，在信度分析的計算過程中，已校正因各題項變異量不相等所造成的偏誤，而所得到的信度係數。

表5-2　頻率派量表信度統計數

估計	Cronbach's α
點估計	0.964

（二）「頻率派個別題項信度統計數」表

表5-3即為「頻率派個別題項信度統計數」表。在表5-3的「此題項-所有其他題項之相關」欄位中，值較小的題項（小於0.3），將考慮列入刪除之可能題項。由於q1、q2、q4、q5、q29與q30等題項與問卷中其他題項之量表總分間的相關係數都小於0.3，因此可考慮刪除這6個題項。此外亦可從「若此題刪除」欄位，輔助判斷欲刪除的題項。

表5-3　頻率派個別題項信度統計數

題項	若此題刪除	
	Cronbach's α	此題項-所有其他題項之相關
q1	0.966	0.205
q2	0.966	0.254
q3	0.963	0.701
q4	0.966	0.231
q5	0.966	0.192
q6	0.962	0.836
q7	0.963	0.690
q8	0.962	0.771
q9	0.961	0.898
q10	0.962	0.836
q11	0.963	0.627
q12	0.962	0.772
q13	0.961	0.875
q14	0.961	0.860
q15	0.961	0.917
q16	0.961	0.893
q17	0.962	0.744
q18	0.963	0.647
q19	0.963	0.643
q20	0.961	0.889
q21	0.961	0.856

表5-3　頻率派個別題項信度統計數（續）

題項	若此題刪除	
	Cronbach's α	此題項-所有其他題項之相關
q22	0.962	0.724
q23	0.962	0.798
q24	0.961	0.861
q25	0.963	0.708
q26	0.961	0.861
q27	0.962	0.754
q28	0.962	0.730
q29	0.966	0.271
q30	0.966	0.265

　　「若此題刪除」欄位的意義為剔除某題項後，剩餘題項的整體Cronbach's α係數。因此輔助判斷刪除題項與否的邏輯為：將各題項「若此題刪除」欄位內的值和原始量表的Cronbach's α係數比較（原始量表Cronbach's α係數在表5-2中，Cronbach's α係數 = 0.964）。若該欄位值大於原始量表的Cronbach's α係數（0.964），則代表刪除該題項後量表的信度提高了，因此何樂不為，就刪除該題吧！而若該欄位值小於原始量表信度，則代表刪除該題項後，量表的信度降低了，在此情況下何必多此一舉呢！

　　觀察表5-3的「若此題刪除」欄位，q1、q2、q4、q5、q29與q30等題項的欄位值都大於原始量表信度（Cronbach's α係數 = 0.964），代表刪除這些題項後有助於量表信度的提升，例如：刪除q1後，量表信度將提升為0.966（原本為0.964）。其實，讀者也不難發現，利用「若此題刪除」欄位的分析結果與使用「此題項-所有其他題項之相關」欄位值的判斷結果是一致的。

　　最後，讀者必須注意的是，雖然根據「題項－總分相關法」，共有q1、q2、q4、q5、q29與q30等6個題項建議刪除，但是請讀者千萬不要一次就把6題全刪了。正確的作法是先刪6題中，「此題項-所有其他題項之相關」欄位值最小的（例如：q5）。從原始資料檔刪除q5後，再跑一次信度分析，再觀察還有沒有題項的「此題項-所有其他題項之相關」欄位值是小於0.3的，有的話，再找出「此題項-所有其他題項之相關」欄位值最小的來刪除，重複此步驟，直到沒有可刪的冗題為止。這樣才是利用「題項－總分相關法」以刪除冗題的最正確作法。

　　由以上的信度分析過程可以理解，信度分析除了可以幫助研究者於問卷的預試階段篩選出不適當的題項外，也可幫助研究者評估並提升問卷的信度。在本範例中，讀者亦可自行測試看看，當把q1、q2、q4、q5、q29與q30等題項「逐題」刪除後，再執行一次信度分析，應可觀察出，量表的信度將有所提高（刪完6題後，Cronbach's α 係數變更為0.973）。可見項目分析的「題項－總分相關法」確實是個能有效提升問卷品質的方法。

◆ 5-4　評估構面的信度 ◆

▶ 範例5-2

參考附錄一中，論文〈旅遊動機、體驗價值與重遊意願關係之研究〉的原始問卷，並開啟ex5-2.jasp與ex5-2.docx，試評估體驗價值構面的信度，並完成表5-4。

表5-4　體驗價值構面之信度分析表

構面名稱	題項內容	Cronbach's α
投資報酬率	1. 此遊程相當有效率。	0.936
	2. 整體而言，在交通安排上是方便的。	
	3. 整體而言，所提供之服務讓我覺得物超所值。	
服務優越性	4. 提供良好的解說服務品質。	0.932
	5. 提供的解說服務是專業的。	
	6. 解說人員親切有禮且充滿熱情。	
美感	7. 此遊程中，可感受到喜悅、興奮的感覺。	0.942
	8. 此遊程中，可感受到滿意的感覺。	
	9. 此遊程中，可感受到享受、有趣的感覺。	
趣味性	10.此遊程中，我常感受到沮喪、鬱卒的感覺。	0.956
	11.此遊程中，我常感受到不愉快的感覺。	
	12.此遊程中，我常感受到生氣與充滿敵意的感覺。	
	13.此遊程中，我常感受到擔心、焦躁的感覺。	
整體信度：0.920		

　　「旅遊動機、體驗價值與重遊意願關係之研究」的原始問卷中，「體驗價值」構面中包含四個子構面，共13個衡量題項。現在，我們將對「體驗價值」構面來評估其信度。表5-4是一般期刊論文或碩、博士論文中，對信度分析之結果的表現方式。要完成表5-4需配合Microsoft Word套裝軟體的使用。表5-4的空白表格，作者已貼心的準備好，讀者可自行自範例資料夾中開啟，其檔名為「ex5-2.docx」。

　　欲填製表5-4中，各子構面與主構面的Cronbach's α係數，我們總共要進行五次信度分析，分別為：對「投資報酬率」子構面的三個題項（ev1_1～ev1_3）進行信度分析、對「服務優越性」子構面的三個題項（ev2_1～ev2_3）進行信度分析、對「美感」子構面的三個題項（ev3_1～ev3_3）進行信度分析、對「趣味性」子構面的四個題項（ev4_1～ev4_4，雖全為反向題，但已反向計分完成）進行信度分析與對「體驗價值」構面的13個題項（ev1_1～ev4_4）進行信度分析。待求出各子構面的Cronbach's α係數與主構面的Cronbach's α係數後，再一一填入表5-4中，即可完成本範例之信度分析工作。

操作步驟

　　詳細操作過程，請讀者自行參閱教學影音檔「ex5-2.mp4」。

▶ 報表解說

　　表5-5、5-6、5-7、5-8與5-9中，分別顯示了「投資報酬率」、「服務優越性」、「美感」、「趣味性」等四個子構面與整體「體驗價值」主構面的Cronbach's α係數。再將所得到的這些Cronbach's α係數填入「ex5-2.docx」的表5-4中，即可完成「體驗價值」構面的信度分析了。另外，各表中亦列出McDonald's ω值，該值即是未來第6章所將介紹的組合信度（composite reliability，CR值）。

表5-5　投資報酬率子構面的Cronbach's α係數

估計	McDonald's ω	Cronbach's α
點估計	0.936	0.936

表5-6　服務優越性子構面的Cronbach's α係數

估計	McDonald's ω	Cronbach's α
點估計	0.932	0.932

表5-7 美感子構面的Cronbach's α係數

估計	McDonald's ω	Cronbach's α
點估計	0.942	0.942

表5-8 趣味性子構面的Cronbach's α係數

估計	McDonald's ω	Cronbach's α
點估計	0.957	0.956

表5-9 體驗價值主構面的Cronbach's α係數

估計	McDonald's ω	Cronbach's α
點估計	0.898	0.920

　　將表5-5、5-6、5-7、5-8與5-9中的Cronbach's α係數彙整至表5-4後，由表5-4的信度分析結果可知，「體驗價值」構面的各子構面的Cronbach's α係數介於0.932～0.956間，皆大於0.7，且「體驗價值」主構面的整體Cronbach's α係數為0.920，亦大於0.7，皆屬高信度水準，代表衡量「體驗價值」構面的各題項，其可靠度、一致性與穩定性皆已達一般學術性的要求。後續，待再評估該構面的效度（第6章）後，即可進行更高階的統計分析了。

習 題

 練習5-1

hw5-1.jasp為某量表預試階段的資料檔，該量表中包含24題問項（q1～q24），試對此量表進行信度分析，以確認哪些不適宜的題項（冗題）該被刪除，並請問刪除冗題後的量表應該包含哪些題項，其整體Cronbach's α為何？

練習5-2

參考附錄二中，論文〈遊客體驗、旅遊意象與重遊意願關係之研究〉的原始問卷，並開啟hw5-2.jasp和hw5-2.docx，試對遊客體驗、旅遊意象與重遊意願等構面進行信度分析，並完成表5-10、表5-11與表5-12，並針對信度分析結果，提出您的看法。

表5-10　遊客體驗量表之信度分析

量表問項	Cronbach's α
感官體驗（exp1）	
1. 秀麗的山水風景，非常吸引我。（exp1_1）	
2. 豐富的歷史文物，非常吸引我。（exp1_2）	
3. 我覺得這次旅遊，非常富有趣味。（exp1_3）	
4. 我覺得這次旅遊，行程豐富精彩。（exp1_4）	
情感體驗（exp2）	
5. 看到美麗的景緻，令我心情放鬆。（exp2_1）	
6. 看到豐富的文物，能激發我思古之情。（exp2_2）	
7. 看到美麗的景緻，讓我感到歡樂愉快。（exp2_3）	
8. 當地的景色，令我感動。（exp2_4）	
9. 當地歷史文物，令我感動。（exp2_5）	
思考體驗（exp3）	
10.透過這次旅遊，頗發人省思，令我有所思考。（exp3_1）	
11.透過這次旅遊，引發我的好奇心。（exp3_2）	
12.透過這次旅遊，引發我一些聯想或靈感的啟發。（exp3_3）	
13.透過這次旅遊，能激發我創意思考。（exp3_4）	

表5-10　遊客體驗量表之信度分析（續）

量表問項	Cronbach's α
行動體驗（exp4）	
14.看到美景，我很想分享觀賞的心得。（exp4_1）	
15.看到歷史文物，我很想分享觀賞的心得。（exp4_2）	
16.看到美景，我很想拍照、錄影留念。（exp4_3）	
17.看到歷史建物，我很想拍照、錄影留念。（exp4_4）	
關聯體驗（exp5）	
18.我會想購買與當地相關的紀念品。（exp5_1）	
19.透過這次旅遊，讓我產生環境維護的認同感。（exp5_2）	
20.會因美麗的景緻，而聯想到西拉雅國家風景區。（exp5_3）	
21.透過這次旅遊，西拉雅會成為我平常談論的話題。（exp5_4）	
量表整體信度：	

表5-11　旅遊意象量表之信度分析

量表問項	Cronbach's α
產品意象（im1）	
1. 自然風景優美。（im1_1）	
2. 平埔族文化保存良好。（im1_2）	
3. 知名度高。（im1_3）	
品質意象（im2）	
4. 開車環湖賞景令人愉悅。（im2_1）	
5. 整體氣氛令人心情放鬆。（im2_2）	
6. 通往本風景區交通便利。（im2_3）	
7. 遊憩安全設施良好。（im2_4）	
8. 地方公共服務設施完善。（im2_5）	
服務意象（im3）	
9. 整體旅遊環境乾淨。（im3_1）	
10.旅遊資訊充足。（im3_2）	
11.相關服務人員能提供遊客迅速且即時的服務。（im3_3）	
12.區內相關服務人員的服務態度良好。（im3_4）	
13.旅遊活動的各項安排均能提供遊客便利。（im3_5）	

表5-11　旅遊意象量表之信度分析（續）

量表問項	Cronbach's α
價格意象（im4）	
14.個人平均旅遊花費價格合理。（im4_1）	
15.收費合理。（im4_2）	
量表整體信度：	

表5-12　重遊意願量表之信度分析

量表問項	Cronbach's α
1. 到西拉雅風景區旅遊，對我來說是最好的選擇。（ri1）	
2. 我將會是西拉雅風景區的忠實遊客。（ri2）	
3. 當我有旅遊需求時，我會優先選擇西拉雅風景區。（ri3）	
4. 我願意繼續到西拉雅風景區旅遊。（ri4）	
5. 我會向親朋好友推薦到西拉雅風景區。（ri5）	
量表整體信度：	

第 6 章

因素分析與效度

在社會科學領域的研究中，研究者經常會蒐集實證性的量化資料來驗證某些理論或假設。為了要維持驗證過程之嚴謹性，首要條件是：所蒐集的量化資料必須是可靠且有效（即量化資料能被良好測量之意）。欲評估資料的可靠性與有效性時，則必須依靠測量或調查工具的信度（reliability）與效度（validity）來加以評估（楊國樞等，2002）。

因此，為達成「良好測量」的目標，必須有以下兩個步驟：第一個步驟是針對量表的題項進行項目分析，以維持各題項的品質；第二個步驟則是評估量表的信度與效度。量表的項目分析，在第5章中已介紹過最簡潔、最有效率的「題項－總分相關法」。此外，量表的信度分析也已經於第5章有所說明。因此，在本章中，主要將探討如何利用因素分析（factor analysis, FA）來評估量表的效度。

實務上常見的因素分析技術有主成份分析（principal component analysis, PCA）、探索性因素分析（exploratory factor analysis, EFA）和驗證性因素分析（confirmatory factor analysis, CFA）三種。它們在目的、資料分析方法和應用等方面，卻也存在著一些差異性。總體而言，主成份分析是一種資料降維的方法，探索性因素分析則用於發現潛在變數的因素結構，而驗證性因素分析則是驗證研究者提出的因素結構模型與資料的擬合度。基本上，這些方法在資料處理和結果的解釋上應該會有所差異。因此，研究者可以根據具體研究目的而選擇合適的方法進行分析。故本章中，將包含下列內容：

1. 效度簡介
2. 因素分析的意義、概念與執行
3. 如何以主成份分析法進行項目分析
4. 探索性因素分析
5. 驗證性因素分析
6. 評估信度、效度與區別效度
7. 共同方法變異

◆ 6-1　效度的基本概念 ◆

　　一份好的量表應該要能夠將欲研究的主題構面（construct，又稱構念，它是心理學上的一種理論構想或特質，無法直接觀測得到）清楚且正確的呈現出來，而且還需具有「效度」（即能真正衡量到我們所欲量測的特性）。此外，量表還需有「信度」，即該量表所衡量的結果應具有一致性、穩定性。信度和效度的關係，可用Duane Davis（2004）的經典圖形來加以描述，如圖6-1。

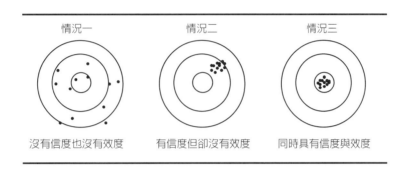

圖6-1　信度和效度的關係

資料來源：Duane Davis（2004）。

　　在圖6-1中，可以將靶心想像成「欲測量之構面（變數）的實際內涵」，而人所拿的槍，即是欲將子彈打到靶心的工具（即測量工具），利用圖6-1可具體說明信度和效度的關係。

情況一：彈痕分散於靶內各處，且靶中心的彈著點稀少，顯見，彈著點並無一致性也無準確性可言，以測量的術語來說，即是該測量工具（槍）無信度且也無效度。

情況二：雖然彈著點很集中，具有一致性，但是並沒有聚集在靶中心。以測量的觀點來看，則是該測量工具（槍）有信度但無效度。

情況三：彈著點很集中（具一致性）且聚焦靶心（能準確測得所欲測量的內涵），這才是好的測量，即該測量工具（槍）同時具有信度及效度。

◆ 6-2　效度的意義與種類 ◆

　　效度代表測量工具（量表／問卷）之測量結果的正確性和準確性程度，也就是測量工具確實能測出其所欲測量之目標的特質、特徵或功能的程度。因此，評估效度時，首重測量工具（量表／問卷）能否達到原先研究所設定的評量目標、效果和效益。此外，若測量工具的效度良好時，根據該測量工具所得的分析結果，也可以視為未來進行推論時的價值性、適當性和意義性之指標。

　　具體而言，在學術研究中，效度說明了構面之概念定義（conceptual definition）與操作型定義（operational definition）間契合的程度。因此，當我們描述，某個構面的諸多觀察指標（題項）具有效度時，我們是在特定目的及定義的情況下（操作型之概念）做此判斷的。同樣的，觀察指標在不同的研究目的下，則可能有不同的效度。在測量過程中，效度將比信度更難達成，因為構面是抽象的，而觀察指標（即構面所屬的題項）則是實際可獲得的觀察值。我們對於一個測量是否有效度並無絕對的信心，但至少可以藉統計工具判斷出某一測量方式是否比另一種測量方式更具有有效性。以問卷為基礎所發展的研究中，常見的效度有三種類型：

▌6-2-1　表面效度（face validity）

　　「表面效度」是指測量工具經由受測者或研究者，主觀覺得其諸多題項與研究主題相關的程度。也就是說，當受測者或研究者一看到某測量工具的諸多題項後，就可理解這個測量工具到底想測量什麼，此時，就可稱這個測量工具具有表面效度。當然，這樣的判斷過程是相當主觀的。所以表面效度是最容易達成及最基本的效度，但也是最沒有說服力的一種效度。此類效度通常會在研究過程中，聘請有經驗的研究者來直觀判斷，某研究中所設計的測量工具之觀察指標（題項）是否真的能測量到所欲測量之構面的意涵與特質。

▌6-2-2　內容效度（content validity）

　　「內容效度」是指某測量工具之題項內容是否周延、具代表性與適切性，並確實已能包含所欲測量之構面的內涵。也就是說，從測量工具的內容來檢驗，看看是否符合測量目標所預期的內容。因此，內容效度只是一種特殊的表面效度而已。內容效度

的達成有三個步驟：

1. 能夠充分說明構面定義的內容。

2. 能擷取構面定義所包含的領域或部分領域之意涵、特徵。

3. 能發展觀察指標（題項）以連結該構面之「操作型定義」的內容。

　　此外，常見的專家效度（expert validity），亦屬於內容效度的一種，檢驗專家效度時，將聘請專家（對於測量的主題相當熟稔，可協助判斷題項內容是否符合內容效度之要求的產、官、學界人士）協助檢查問卷的內容與格式，評斷是否恰當。若測量內容涵蓋所有研究構面所要探討的架構及內容，那麼就可說是具有優良的內容效度了。在一般論文中，並沒有辦法使用統計方法來驗證或評估內容效度，只能使用如下的敘述方式來檢驗或說明內容效度：

> 本研究之問卷係以理論為基礎，參考多數學者的問卷內容及衡量項目，並針對研究對象的特性加以修改，且經由相關專業人員與學者對其內容審慎檢視，繼而進行預試及修正，因此本研究所使用之衡量工具應能符合內容效度的要求。

> 本研究之各研究變數皆經先前學者之實證，衡量工具內容均能足夠的涵蓋欲探討的研究主題。另外，本研究於正式施測前，亦針對問卷之各題項與相關領域的學者、專家進行題項內容之適切度討論，因此，研究採用之衡量工具應已具內容效度。

▋ 6-2-3　建構效度（construct validity）

　　所謂「建構效度」係指測量工具的內容（即各題項內容）是否能夠測量到理論上的構面意涵或特質的程度。建構效度是由收斂效度（convergent validity）與區別效度（discriminant validity）所架構而成。

　　收斂效度主要測試以一個變數（構面）所發展出的多題題項，其意涵最後是否仍會收斂於同一個因素中。因此，實務上評估收斂效度時，將評估測量題項之間的相關性，以確定它們是否共同衡量了同一概念或特徵。透過計算測量工具中各個測量題項與總體概念的相關性，以確定它們是否具有高度一致的測量結果。如果測量工具中的不同題項與總體概念的相關性較高，那麼就可以認為它們在衡量同一概念或特徵時是一致的，因而具有較高的收斂效度（亦即，同一構面不同題項間的相關性要高）。

　　而區別效度則為判定某一題項與其他構面之題項間之差異程度的指標，藉此指標可以確認它們是否能夠區分出不同的概念或特徵。因此，在區別效度的評估中，關

注的是測量工具中不同構面之不同題項間的差異性。如果測量工具中，不同構面之不同題項間具有較低的相關性，即它們測量的是不同的概念或特徵，那麼可以認爲它們具有良好的區別效度（亦即，不同構面、不同題項間的相關性要低）。區別效度的評估對於確保測量工具的有效性和獨特性至關重要。通過確認不同測量題項之間的差異性，可以確保測量工具能夠準確地區分不同的概念或特徵，避免測量題項之間的混淆。

進行量表之建構效度評估時，雖理應同時檢視收斂效度與區別效度，然審視國內之碩、博士論文或一些期刊論文都可發現，大部分都以主成份分析法（SPSS的因素分析法）進行收斂效度之評估，並僅以收斂效度說明量表的建構效度，而對於區別效度方面則大都略過不談。其主要原因在於區別效度通常需使用結構方程模型（structural equation modeling, SEM）中的驗證性因素分析（confirmatory factor analysis, CFA）才能加以檢驗；而結構方程模型屬較進階的統計方法，學習門檻較高。

過往，利用主成份分析法進行量表之初步建構效度（只含收斂效度）評估時，大都根據Kaiser（1958）所提出的收斂效度評估標準，若能符合下列原則，即可表示量表具有收斂效度：

1. 所萃取出之因素的特徵值（eigenvalue）需大於1。
2. 各構面或子構面的衡量題項皆可收斂於同一個共同因素之下。
3. 各因素中所屬之各題項的因素負荷量皆大於0.5。
4. 總累積解釋變異（cumulative explained variance）需達50%以上時。

近年來，較具嚴謹性的論文，一般都會使用屬於結構方程模型領域的驗證性因素分析，以進行構面之因素結構的配適度檢定，並以標準化因素負荷量、組合信度（composite reliability）與平均變異抽取量（average variance extracted）等統計量，來驗證各構面是否具有足夠的收斂效度與區別效度。因此，建議讀者，若有必要檢驗量表的收斂效度與區別效度時，方法的使用上，宜盡量使用本章第6-9節所將介紹的驗證性因素分析技術。

6-3 因素分析的意義

因素分析屬於多變量統計分析技術的一種，其最原始的主要目的在於濃縮、簡化資料。假設有一原始資料集，它包含了數個變數，且變數間的關係錯綜複雜，導致研

究者很難直觀的看出原始資料集所代表的意涵。此時，就可以利用因素分析技術來解析這些變數間的內部相關性，終而能探索並釐清諸多變數間的資料結構與脈絡。為了能呈現並解釋這些資料結構與脈絡，也可將這些資料結構與脈絡只濃縮成少數幾個虛擬變數。透過這些虛擬變數，我們期望能表達出原始諸多變數所代表的主要資訊，並解釋這些變數間的相互依存關係。在此，通常我們會把這些虛擬變數稱之為共同因素（common factors，簡稱因素）。因此，因素分析的目的，就是在研究如何以最少的資訊遺失，而能把諸多變數濃縮成為少數幾個具代表性的因素，並藉以確認構面之因素結構的統計技術，如圖6-2所示。

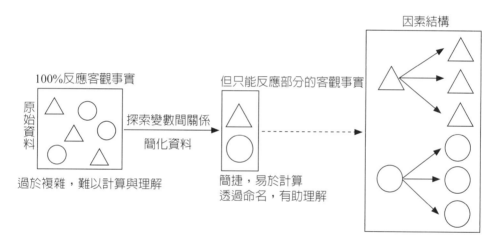

圖6-2　因素分析示意圖

一般在對實際問題做研究時，研究者往往希望盡可能的多多蒐集與研究主題相關的變數，以期能針對問題，而有比較全面性的、完整性的掌握和認識。雖然蒐集這些變數資料需投入許多的人力、物力與時間成本，然而也因此能夠較為完整而精確的描述研究主題。但將這些變數資料實際運用在分析、建立模型時，卻未必能真正發揮研究者所預期的作用。也就是說，研究者的「投入」和「產出」並非呈合理的正比，相反的，這樣的蒐集資料行為，反而會給研究者於統計分析時帶來許多問題，例如：計算量的問題、變數間相關性之複雜度等問題。

6-4　因素分析中的統計量與其概念

　　因素分析過程中，蘊藏著幾個重要的統計量，搞懂這些統計量不僅有助於因素分析之意義的理解，更有利於明瞭因素與原始變數間的關係、因素的重要程度，以及輔助評估因素分析的效果。爲了進一步了解因素分析所蘊含的意義，以下將介紹因素分析中常見的幾個統計量及其相關概念。

6-4-1　因素負荷量

　　因素負荷量（factor loading）簡稱因素負荷，可說是因素分析中最重要的一個統計量，它連接了原始變數和因素。當因素之間完全不相關（正交）時，我們可以很容易的證明出，因素負荷量其實就是原始變數和因素之間的相關係數。在大部分的情況下，我們通常會假設因素之間是彼此正交的（orthogonal），也就是說假設因素之間完全不相關。因此，因素負荷量不僅說明了原始變數是如何由各因素線性組合而成（以主成份分析而言），而且也反映了因素和原始變數之間的相關程度，因素負荷量的絕對值越大，就代表著原始變數與因素間的關係越緊密。

6-4-2　共同性

　　所謂共同性（communality，又稱共通性）是指原始變數的總變異中，能由因素所解釋的部分所佔的比例。當因素之間彼此正交時，共同性等於和該變數有關的因素負荷量之平方和。

　　表6-1是個因素負荷量表，描述著原始變數（X_1、X_2、X_3、X_4與X_5，共5個）和因素（f_1、f_2，共2個）間的關係。灰色網底的數字即爲各原始變數和各因素間的因素負荷量。由共同性的定義，應可很輕鬆的算出每個原始變數的共同性。例如：第一個原始變數（X_1）的共同性即爲$0.95^2 + 0.21^2 = 0.9466$。對於共同性的計算也可使用更輕鬆的方式來輔助記憶，共同性通常是以h_i^2來代表，爲何要使用「h」這個字母呢？因爲橫向這個字的英文爲「horizontal」，引申到因素負荷矩陣中的話，即代表「列」的意思，故第 i 個變數的共同性即爲因素負荷矩陣中，第 i 列中所有因素負荷量的平方和。

表6-1　因素負荷量表

原始變數 ＼ 因素	f_1	f_2	共同性（h_i^2）	獨特性（u_i^2）
X_1	0.95	0.21	0.9466	0.0534
X_2	0.88	0.30	0.8644	0.1356
X_3	0.16	0.87	0.7825	0.2175
X_4	0.56	0.75	0.8761	0.1239
X_5	0.88	0.36	0.9040	0.0960
特徵值（V_k）	2.7905	1.5831		
$V_k / 5$	0.5581	0.3166		

　　因素分析中，原始變數都屬於標準化變數，因此其變異數等於1。由因素分析的數學原理可得知，標準化的原始變數之變異數可以表示成 $1 = h_i^2 + u_i^2$，也就是說原始變數的變異數可由兩個部分來加以解釋：

　　第一部分為共同性，它代表著原始變數之變異數能被因素所解釋的比例，亦即共同性代表著所有因素對原始變數的解釋能力。共同性越大，代表變數能被因素解釋的程度也越高。共同性越接近1，代表因素解釋了原始變數的大部分變異。也就是說，表6-1中，如果我們使用因素（f_1、f_2）來描述第一個原始變數（X_1）時，由於共同性為94.66%，故所有因素（2個，即f_1、f_2）可解釋第一個原始變數（X_1）的94.66%變異，而只有遺失5.34%的資訊而已。而這遺失的5.34%資訊量，就是所謂的殘差。

　　第二部分則為殘差，在因素分析中殘差又稱為獨特性（u^2）。它反映了原始變數之變異數中，不能由所有因素解釋的部分。獨特性越小，則說明原始變數的資訊遺失量越少。

　　總之，共同性描述了所有因素對原始變數所蘊含之資訊的解釋程度，是評價原始變數資訊遺失量的重要指標。如果大部分之原始變數的共同性均較高（例如：高於0.95），則代表所萃取出的因素確實能夠反映原始變數的大部分（95%以上）的資訊，而僅有較少的資訊遺失（即獨特性在5%以下）。因此，就可據以判斷因素分析的效果較好。

🔖 6-4-3 特徵值與解釋變異量

因素分析中，特徵值代表著某一因素在所有變數上的因素負荷量之平方和。它反映了因素和變數之間的相關程度，故因素負荷量的平方具有類似迴歸分析中判定係數（coefficient of determination, R^2）的含意，判定係數R^2是相關係數的平方，代表某自變數的解釋能力。在相同的概念下，因素負荷量即具有因素對原始變數之解釋能力的意涵，進而特徵值即具有該因素對所有變數之總解釋能力的意義。因此，特徵值又稱爲該因素的貢獻度（contributions），記爲V_k，k爲因素個數。第k個因素的特徵值（V_k）等於第k個因素在所有變數上的因素負荷量之平方和。

對於特徵值的算法，也可用較輕鬆的方式來記憶，因素特徵值（貢獻度）以V_k來代表，爲何要使用「V」這個字母，因爲縱向這個字的英文爲「vertical」，引申到如表6-1之因素負荷表的話，即代表一直行，故第k個因素的特徵值即爲表6-1中，第k行中所有因素負荷量的平方和。例如：表6-1中，第一個因素（f_1）的特徵值即是因素負荷表中，第1行中所有因素負荷量的平方和，故$V_1 = 0.95^2 + 0.88^2 + 0.16^2 + 0.56^2 + 0.88^2 = 2.7905$。

加總各個因素的貢獻度（即，特徵值）就可得到所有因素的總貢獻度。然而在實際的研究中，更常用的相對性指標是「每個因素所能解釋的變異佔所有變數總變異的比例」。可見，這個相對性指標衡量了每個因素的相對重要性。假設p是表示原始變數之數量，由於每個原始變數的變異量是1，故總變異量爲p。因此，V_k/p即代表第k個因素所解釋的變異佔總變異的比例，而$(V_1 + V_2 ... + V_k)/p$則表示所有因素能解釋的總變異比例，它可以用來作爲因素分析結束的判斷指標，並可當作收斂效度的指標。

如表6-1中：

f_1的特徵值（因素貢獻度）爲2.7905、$V_1/5 = 0.5581$（5是代表原始變數有5個）。

f_2的特徵值（因素貢獻度）爲1.5831、$V_2/5 = 0.3166$。

這代表第一個因素解釋了所有變數之總變異的55.81%，第二個因素則解釋了總變異的31.66%，兩個因素一共解釋了總變異的87.47%。因此，以2個因素來取代5個原始變數，不只簡化了原始資料，資訊也只漏失了12.53%而已。

顯見，因素分析的過程中，V_k/p的值越高，代表相對應因素f_k的重要性越高。藉由此例，希望讀者能理解，特徵值（因素貢獻度）和總變異貢獻率（所有因素能解釋原始總變異的比例）是衡量因素分析成效的重要關鍵性指標。

最後，反問讀者一個問題：「因素的特徵值要多大，才值得研究者將它萃取出來，而當成因素分析的結論呢？」要回答這個問題，首先讀者必須理解，在因素分析

中，每個原始變數都是標準化變數，其變異數為1，當某因素的特徵值大於1時，即代表著這個因素可以解釋一個變數以上的變異。既然此因素能解釋一個變數以上，那不就代表著此因素真的達到了濃縮、簡化資料的功能了嗎？而可用少數的因素來代表多數的原始變數，這正好是因素分析的初衷啊！因此，未來在進行因素分析的過程中，研究者通常會設定，特徵值大於1的因素，才會被萃取出來。特徵值小於1的因素，就成為遺珠之憾，而被歸類為資訊漏失了。

◆ 6-5　因素分析的基本步驟 ◆

進行因素分析時，通常會包括以下三個關鍵性步驟，即檢測因素分析的前提條件、因素萃取與因素命名。各步驟之說明如下：

6-5-1　檢測因素分析的前提條件

由於因素分析的主要目的是簡化資料或者是找出資料的基本因素結構，也就是說，因素分析會將原始變數中的資訊重疊（相關）部分萃取出來並整合成因素，進而最終實現減少變數個數與萃取出因素的目的。因此，若要能夠進行因素分析，則必須要求原始變數之間應存在較強的相關性。否則，如果原始變數間是相互獨立、而不存在資訊重疊時，那麼也就無法將其整合和縮簡了，也就無需進行因素分析了。所以本步驟的主要目的就是希望能透過各種方法，以檢測原始變數間是否存在較強的相關性，是否適合進行因素分析。一般而言，JASP的因素分析過程中，會產生以下三種指標，以輔助研究者判斷目前的樣本資料是否可符合進行因素分析的前提條件：

➢ 採樣適切性量數：反映像相關矩陣（anti-image correlation matrix）之對角線上的元素，一般稱之為變數的「採樣適切性量數」（measure of sample adequacy, MSA）。反映像相關矩陣中，各元素的值會等於負的偏相關係數。如果反映像相關矩陣中，除主對角元素外，其他大多數元素的絕對值均較小，而對角線上元素的值（MSA）較接近1時，則說明了這些變數的相關性較強，故觀測資料適合進行因素分析。反之，如果反映像相關矩陣中大部分元素的值都較大的話，而對角線上元素的值（MSA）較接近0時，則該觀測資料可能不適合進行因素分析。

➢ KMO值：KMO（Kaiser-Meyer-Olkin）值是種用於比較變數間簡單相關係數和偏相關係數的指標。KMO統計量的值會介於0和1之間。當所有變數間的偏相關係數平

方和遠遠小於簡單相關係數平方和時，KMO值接近1。KMO值越接近於1，意味著變數間的相關性越強。因此，原始變數越適合進行因素分析；當所有變數間的簡單相關係數平方和接近0時，則KMO值會接近0。KMO值越接近於0，意味著變數間的相關性越弱，那麼原始變數就越不適合進行因素分析。Kaiser訂出了KMO值之衡量標準：0.9以上表示非常適合進行因素分析；0.8表示適合；0.7表示普通；0.6表示不太適合；0.5以下表示極不適合。在JASP中，執行完因素分析後，所產生的「Kaiser-Meyer-Olkin Test」表中，會顯示出「整體MSA」統計量，此即KMO值。

➤ Bartlett球形檢定：Bartlett球形檢定（Bartltett's Sphericity Test）將以原始變數的相關係數矩陣為基礎進行檢定，以判斷相關係數矩陣是否為單位矩陣。所謂單位矩陣意指主對角元素為1，而非對角元素均為0的矩陣。因為如果相關係數矩陣為單位矩陣的話，代表各變數間沒有相關，因此觀測資料也就不適合做因素分析了，故Bartlett球形檢定的虛無假設（H_0）為相關係數矩陣是單位矩陣。因此，當Bartlett球形檢定的顯著性小於預設的顯著水準α（一般設$\alpha = 0.05$）時，則應拒絕虛無假設，亦即可認為相關係數矩陣並非單位矩陣，所以原始變數適合進行因素分析；反之，如果顯著性大於預設的顯著水準（0.05）時，則不能拒絕虛無假設，因此可以認為相關係數矩陣為單位矩陣，在此情形下，原始變數就不適合進行因素分析了。

除了上述三點的前提條件外，樣本大小也是需考量的重點。在此，將執行因素分析時，所必備的前提條件整理如下：

1. 根據Gorsuch（1983），要進行探索性因素分析時，樣本大小的決定可遵照下列兩個原則：

   (1) 題項數與受訪者的比例最好在1：5以上，即樣本數應為題項數的5倍以上。

   (2) 受訪者的總數不得少於100人，即樣本數不得少於100個。

2. MSA值越接近1，越適合進行因素分析。

3. KMO值（整體MSA）在0.8以上。

4. Bartlett球形檢定之結果，必須顯著〔即，顯著性（p值）< 0.05〕。

6-5-2 因素萃取

在因素分析的過程中，只要能求解出初始的因素負荷矩陣，就能確認到底需萃取出幾個因素。根據所依據的準則不同，有很多種求解初始因素負荷矩陣的方法，主

要可以分為兩類：一類是基於主成份分析模型的主成份分析法（principal components factoring），另一類是以共同因素模型為基礎的共同因素分析法，包括主軸因素法（principal axis factoring）、最大概似法（maximum likelihood factoring）、最小平方法（least squares factoring）、Alpha法（Alpha factoring）、映像分析法（image analysis factoring）等。這些方法中，以主成份分析法較為常見，而它也是著名的SPSS統計軟體中主要的因素分析方法。

在因素分析過程中，特徵值一直扮演著確認因素個數的角色。特徵值即代表著因素的貢獻度，貢獻度高的因素才會被萃取出來。依據統計理論，原則上，有p個變數最多就應該有p個因素，但是因素分析的目的是為了簡化資料，所以我們不會自找麻煩萃取出全部的p個因素，而只會萃取出前幾個特徵值較高的共同因素為目標（因為它們已能涵蓋原始資料的大部分資訊）。然而，到底需要幾個因素才能代表原來資料中的主要資訊部分呢？雖然到目前為止，學術上還沒有精確的定量方法可以用來輔助決定因素個數，但在實務應用上，還是有一些準則可以幫我們決定因素的個數，常用的準則有以下三個：

（一）特徵值準則

所謂特徵值準則就是只萃取出特徵值大於1的共同因素，而放棄特徵值小於1的共同因素。因為每個變數的變異數為1，該準則認為每個被萃取出來的因素至少應該能解釋一個變數以上的變異，否則就達不到精簡的目的。因此，當共同因素的特徵值大於1時，就意味著這個共同因素至少能解釋一個變數以上的變異。所以，這個共同因素是有效率的、是值得萃取出來的。由此，不難理解，特徵值準則是實務應用中最常被用來確定因素個數的方法。

（二）陡坡圖準則

在陡坡圖準則中，將按照因素被萃取出的順序（即依特徵值大小排序），畫出因素的特徵值隨因素個數變化的散布圖，這種圖形就稱為陡坡圖（scree plot）。根據陡坡圖的形狀可以協助判斷該萃取出多少個因素個數（如圖6-3）。陡坡圖的形狀像一個山坡，從第一個因素開始，曲線迅速下降，然後下降趨勢變得較為平緩，最後變成近似一條水平直線。一般而言，曲線開始變平緩的前一個點可被認為是萃取的最大因素個數。因為後面的這些散布點就好像是山腳下的「碎石」，捨去這些「碎石」，也不會損失太多的資訊，因此該準則又常被稱作為「碎石圖」。

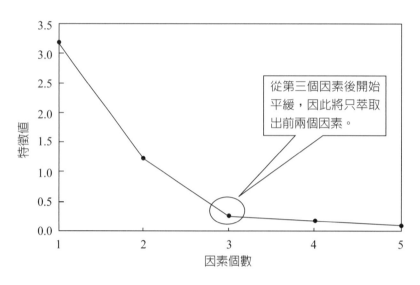

圖6-3　因素分析的陡坡圖

（三）因素的累積總解釋變異量（%）

　　表6-2為某組資料經因素分析後的結果，該表列出了所有候選因素（即等於原始變數的數量，共5個）的特徵值、總解釋變異量（%）及累積總解釋變異量（%）。根據特徵值準則（特徵值大於1），對於表6-2的資料，應該只萃取出兩個因素，從陡坡圖（圖6-3）來看也應該選取兩個因素，這兩個因素累計解釋了原始資料中總變異量的89.4%。因素累積總解釋變異量（%），也是確定因素個數時可以參考的指標，一般選取的因素數量應要求使累積的總解釋變異量（%）能達到50%以上。而這累積的總解釋變異量（%）在50%以上，也正是評估收斂效度時的準則。

表6-2　各因素的特徵值及累積總解釋變異量（%）

因素	特徵值	總解釋變異量（%）	累積總解釋變異量（%）
1	3.20	64.00%	64.00%
2	1.27	25.40%	89.40%
3	0.25	5.00%	94.40%
4	0.18	3.60%	98.00%
5	0.10	2.00%	100.00%

（四）有關因素萃取之小結

除了上述3個決定因素個數的準則外，也有一些其他方法常被運用於專題或論文中，茲綜合整理如下：

1. 因素之特徵值需大於1。

2. 運用陡坡圖。

3. 累積總解釋變異量（%）不得小於0.5。

4. 共同性（communality）需大於0.5。

5. 當某原始變數同時橫跨兩因素時，在決定該變數到底隸屬於哪個因素時，可視該原始變數在兩因素上的負荷量大小而決定，若兩因素負荷量的差大於0.3時，則排除較小者。其他情形，可依文獻、理論或研究者之經驗、主觀而決定。

6. 以最大變異法（varimax）旋轉以後，在決定哪些題項該隸屬於哪個因素時，取該因素所包含之題項的因素負荷量絕對值大於0.5者。

▌6-5-3　因素的命名

因素的命名或解釋是因素分析的另一個重要課題。在實際分析工作中，研究者總是希望對因素的實際含義有比較清楚的認識。為解決這個問題，可透過因素旋轉的方式使一個變數只在盡可能少的因素上有比較高的負荷。最理想狀態是，使某些變數在某個因素f_j上的負荷趨近於1，而在其他因素上的負荷趨近於0。這樣，一個因素f_j就能夠成為某些變數的典型代表，於是因素的實際含義也就能夠清楚表達了。

因素旋轉的目的就是想透過改變座標軸的位置，重新分配各個因素所解釋的變異之比例，使因素結構更為簡單，更易於解釋。因素旋轉不會改變模型對資料的擬合程度，也不會改變每個變數的共同性h^2，但卻會改變其對原始變數的貢獻度V_k（即特徵值）。而所謂「更簡單的因素結構」是指每個變數在盡可能少的因素上，都有比較高的負荷。

例如：以因素為軸，因素負荷為座標而做圖，則每個變數是該空間中的一個點，該圖稱為因素負荷圖，如圖6-4和圖6-5所示。

圖6-4是以兩個因素f_1、f_2為座標軸的因素負荷圖。可以看到，圖中的10個原始變數（10個點）在因素f_1、f_2上均有一定的負荷，但卻都和f_1、f_2座標軸有段距離，實很難看出各變數應歸屬於f_1、f_2的狀況。因此，因素f_1、f_2所應具有的涵義就很難去定義清楚。

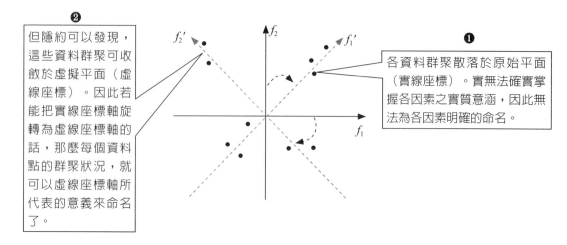

❷ 但隱約可以發現，這些資料群聚可收斂於虛擬平面（虛線座標）。因此若能把實線座標軸旋轉為虛線座標軸的話，那麼每個資料點的群聚狀況，就可以虛線座標軸所代表的意義來命名了。

❶ 各資料群聚散落於原始平面（實線座標）。實無法確實掌握各因素之實質意涵，因此無法為各因素明確的命名。

圖6-4　座標軸旋轉前的因素負荷圖

資料來源：本圖修改自楊孝榮（1991）。

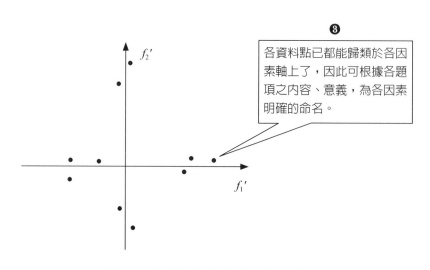

❸ 各資料點已都能歸類於各因素軸上了，因此可根據各題項之內容、意義，為各因素明確的命名。

圖6-5　座標軸旋轉後的因素負荷圖

資料來源：本圖修改自楊孝榮（1991）。

　　而在圖6-5中，座標軸旋轉後，在新的座標軸中可發現，10個變數中有6個變數在新因素f_1'上有較高的負荷，而這6個變數在新因素f_2'上的負荷幾乎為0。此外，其餘的4個變數在因素f_2'上有較高的負荷，在因素f_1'的負荷幾乎為0。此時，因素f_1'、f_2'的含義就很清楚了，f_1'、f_2'它們分別是對原有6個變數和其他4個變數的整合與縮減。在此情形下，就可根據該6個原始變數（題項）的共同意義，由研究者主觀的為f_1'來取個合適且有意義的名稱了。舉一反三，當然f_2'的名稱，亦可由其所包含的4個原始變數

之共同意義來命名。因此，座標旋轉後應盡可能使原始變數點出現在某個座標軸的附近，並同時遠離其他座標軸。在某個座標軸附近的變數只在該因素上有較高負荷，而在其他因素上只有很低的負荷。

因素旋轉的方式有兩種：一種為正交旋轉，另一種為斜交旋轉。正交旋轉是指座標軸在旋轉過程中始終保持互相垂直，於是新產生的因素仍可保持不相關性。而斜交旋轉意指座標軸中的夾角可以是任意角度的，因此新產生的因素之間無法保證不具相關性。在使因素能被容易命名與解釋方面，斜交旋轉通常會優於正交旋轉，但卻也犧牲了一些代價，即無法保持因素的不相關性。因此，實務應用上一般會選用正交旋轉方式。正交旋轉方式有四次方最大值轉軸法（quartimax）、最大變異法（varimax）和Equamax轉軸法……等。這些旋轉方法的目標是一致的，只是策略不同而已，其中又以最大變異法最為常用。

6-6 以主成份分析法進行項目分析

實務上，研究者若預期未來的研究過程中會使用到因素分析時，那麼在抽樣的設計上，應注意到樣本大小的問題。根據Gorsuch（1983），要進行因素分析時，樣本大小的決定可遵照下列兩個原則：

(1) 題項數與受訪者的比例最好在1：5以上，即樣本數應為題項數的5倍以上。

(2) 受訪者的總數不得少於100人，即樣本數不得少於100個。

有了適當的樣本規劃後，再來進行因素分析當可比較順利。在本節範例6-1中，雖然研究尚處於預試階段，但由於樣本資料達338個，故在此將可利用因素分析技術來評估問卷諸題項的適切性。同時，也建議讀者，比較一下範例5-1中運用信度分析法刪除冗題後的結果與範例6-1運用因素分析技術之結果，有何差異性。

▶ 範例6-1

附錄四為「電信業服務品質問卷」之初稿，共30個題項。試運用主成份分析法（又稱因素分析法）進行項目分析，以刪除不適切題項。雖然該問卷之題項中包含了反向題，但所有反向題皆已重新計分完成，資料檔之檔名為「ex6-1.jasp」。

利用因素分析法（主成份分析法）以刪除不適切題項時，主要是藉由因素負荷量的絕對值大小，來輔助判斷個別題項與共同因素間之關係的強弱，進而刪除因素負

荷量絕對值較低的題項。在此目的下進行因素分析時，將使用主成份分析之單一因素的原始負荷量來輔助判斷。也就是說，將來執行主成份分析時，將強迫性的只萃取出「1」個因素，如此就可獲得每個題項的因素負荷量。據此，即可篩選出因素負荷量絕對值較低的題項而刪除之。

當把所萃取的因素個數強迫設定為「1」時，從因素分析的數學模型來看，其模型即類似於第5章所提及的「題項－總分相關法」。而此時所產生的因素負荷量，其角色則類似於「題項－總分相關法」中的相關係數之角色。因此，當欲運用因素分析法刪除不適切的題項時，常用的判斷原則有兩個，即是：

1. 因素負荷量小於「0.5」的題項，將被刪除。
2. 除此外，由於當只萃取出一個因素時，共同性為因素負荷的平方，所以另一個標準是共同性小於0.3的題項（因為0.3的平方根，大約等於因素負荷量的0.5），亦將被刪除（邱皓政，2006）。在學術性研究中，此共同性準則較為常用。此外，由於獨特性等於1減共同性。因此，共同性準則也可轉換為以獨特性來輔助篩選可刪除的題項。即，獨特性大於0.7的題項，就可列為優先考慮刪除的題項。

操作 步驟

詳細操作過程，請讀者自行參閱教學影音檔「ex6-1.mp4」。

▶ 報表解說

當以主成份分析法為基礎，執行只萃取出1個因素的因素分析後，將可產生「成分負荷表」（如表6-3）。由於我們只是想藉由因素分析的結果來進行項目分析，所以在此將只以共同性小於0.3（獨特性大於0.7）的題項為刪除目標。

表6-3 成分負荷表

	PC1	殘差／獨特性
q1	0.213	0.955
q2	0.272	0.926
q3	0.713	0.492
q4	0.216	0.954
q5	0.181	0.967
q6	0.870	0.243
q7	0.702	0.507

表6-3　成分負荷表（續）

	PC1	殘差／獨特性
q8	0.802	0.356
q9	0.907	0.177
q10	0.871	0.242
q11	0.647	0.582
q12	0.803	0.355
q13	0.893	0.203
q14	0.881	0.224
q15	0.933	0.129
q16	0.912	0.169
q17	0.778	0.395
q18	0.672	0.549
q19	0.684	0.532
q20	0.909	0.174
q21	0.885	0.217
q22	0.755	0.430
q23	0.820	0.328
q24	0.875	0.234
q25	0.725	0.474
q26	0.876	0.233
q27	0.781	0.390
q28	0.761	0.421
q29	0.272	0.926
q30	0.261	0.932

　　觀察表6-3的「成分負荷表」，其中問卷的q1、q2、q4、q5、q29與q30等六題，其獨特性都大於0.7（共同性都小於0.3），代表這些題項與因素間的關係較弱，因此可列為優先考慮刪除的題項。

　　至此，我們已學習過兩種項目分析的方法，即「題項－總分相關法」（範例5-1）與「因素分析」法。這兩種方法是一般論文中進行項目分析時，最常使用的方法。由於這兩種方法都是基於題項間的相關性而發展出來的，故「題項－總分相關

法」與「因素分析」法的項目分析結果，亦相當一致。儘管如此，建議讀者未來進行項目分析時，若樣本數量許可，還是以選用「因素分析」法爲原則。因爲若選用「因素分析」法時，在進行項目分析的過程後，也可順便檢視資料的因素結構是否如預期？即根據文獻所設計的問卷，其各因素構面中所應包含的題項是否有跑掉？

此外，雖然上述分析結果中，q1、q2、q4、q5、q29與q30等六題是建議刪除的題項，但是要注意以下三點：

1. 請避免大刀一砍，一次刪六題。正確的作法是一次只刪一題，然後遞迴的、逐次的進行「因素分析」法，直到沒有「獨特性大於0.7」（共同性小於0.3）的題項爲止。

2. 有時也請手下留情。是否「獨特性大於0.7的題項」眞的一定要砍？要記得學術論文中，量表／問卷中所包含的構面、題項大都是參考過去文獻中的原始題項，再依研究主題、對象稍加修改遣詞用句而來，所以，其因素結構基本上是已知的、固定的（白話講就是哪個構面應包含哪些題項是已知的、固定的）。如果，研究者進行項目分析的過程中，刪掉某個題項後，結果卻發現量表／問卷中原本應具有的因素結構改變了，甚至某個構面消失了或構面中的題項數少於2題。此時，建議最好不要刪除題項，理由可以這樣寫：「雖第x題其共同性小於0.3應予刪除，然考量不影響原始問卷的因素結構，故在本研究中仍予保留。」

3. 從第2點的說明中，讀者或許也發現了，實務中以「因素分析」法進行項目分析時，正確的作法應該是先執行「強迫性」萃取1個因素個數的因素分析，刪題後，再執行「特徵值大於1」的因素分析（不預先限定萃取的因素個數），以檢視因素結構是否改變？如此不斷地遞迴的、逐次的進行「因素分析」法，直到沒有可刪題項爲止。

6-7　以主成份分析法探索因素結構

在本小節中，將進行主成份分析法，以確認「電信業服務品質」的因素結構，並爲各因素命名。此外，命名完成後，由於新產生的因素結構已與原始「SERVQUAL」量表所包含的五個構面之因素結構有所不同，在此情形下，爲驗證新因素結構的收斂效度與區別效度（即，建構效度），將以交叉驗證的方式執行檢驗。因此，後續將以新因素結構爲假設模型，且額外再蒐集另一組樣本，並運用結構方程模型中的驗證性因素分析，來評估「電信業服務品質」之新因素結構的建構效

度。而這交叉驗證的過程，將在本章的第6-9節再來進行。

在JASP中，若僅執行「主成份分析」或「探索性因素分析」並無法同時檢驗收斂效度與區別效度，而僅能使用因素分析過程中所產生的因素負荷量來進行收斂效度的評估而已。所以，一般在學術上，若只利用「主成份分析」或「探索性因素分析」來進行效度評估時，這種效度評估通常就稱為「初步的建構效度評估」。

▶ 範例6-2

附錄四為「電信業服務品質問卷」之初稿，經進行完整的項目分析，刪掉不適當的題項後，正式問卷中僅存21個題項（題項編號已重排，如附錄五）。經實際施測完成後，所得的原始資料如資料檔「ex6-2.jasp」，試進行因素分析（主成份分析），以確認「電信業服務品質」的因素結構，並為各因素命名。此外，請開啟「ex6-2.docx」製作如表6-4的因素分析表，以評估「電信業服務品質」問卷的信度，並掌握其初步的建構效度。

表6-4　電信業服務品質因素分析表

因素名稱	因素構面內容	因素負荷	轉軸後平方負荷量		Cronbach's α 係數
			特徵值	解釋變異量%	
專業性服務	12.客戶資料保密性	0.853	7.942	37.8	0.969
	15.話費維持合理價位	0.848			
	10.人員的專業知識	0.842			
	09.協助客戶解決問題能力	0.836			
	17.繳納電費方便性	0.833			
	18.即時處理客戶抱怨	0.829			
	11.計費交易正確性	0.749			
	13.準時寄發繳費通知	0.719			
	05.營業時間符合需求	0.691			
	01.有專人引導服務	0.503			
服務等候	08.完成服務所花時間	0.862	5.347	25.5	0.971
	04.未服務前的等候時間	0.861			
	06.完成異動作業時間	0.786			
	02.總修復時間	0.782			
	16.臨櫃排隊等候	0.780			
	21.申請業務手續簡便	0.760			

表6-4　電信業服務品質因素分析表（續）

因素名稱	因素構面內容	因素負荷	轉軸後平方負荷量		Cronbach's α 係數
			特徵值	解釋變異量%	
營業設施	07.備有電子佈告欄	0.881	4.362	20.8	0.920
	14.備有報紙雜誌	0.807			
	20.櫃檯清楚標示服務項目	0.636			
	19.備有舒適及足夠座椅	0.636			
	03.備有免費申訴或諮詢電話	0.631			
總解釋變異量：84.100%					
整體Cronbach's α係數：0.976					

　　假設經嚴謹且完整的項目分析後，定稿後的正式問卷（如附錄五），總共將只包含21道題項（題項編號已重排）。再經正式施測後，所蒐集回來的資料共有338筆有效問卷（ex6-2.jasp）。「電信業服務品質問卷」主要是參考Parasuraman、Zeithaml及Berry（簡稱PZB）三人於1988年提出的「SERVQUAL」量表，再依台灣電信業的特質修改而成。原始的「SERVQUAL」量表應包含五個構面，分別為可靠性（reliability）、回應性（responsiveness）、保證性（assurance）、同理心（empathy）與有形性（tangibles）（Parasuraman, Zeithaml, & Berry, 1988）。然而，「電信業服務品質問卷」其調查主題與對象均迥異於原始「SERVQUAL」量表。在此，研究者想透過因素分析探索「電信業服務品質」的因素結構、評估其信度，並掌握其初步的建構效度（只評估收斂效度）。

　　論文中，利用表6-4的因素分析表，就可確認「電信業服務品質」的因素結構、評估問卷的信度，並掌握初步的建構效度。表6-4是個通用的格式，常用於論文中，作者也因此將此表製作於「ex6-2.docx」中，以方便讀者日後修改使用。而本範例的目標就是將執行因素分析與信度分析後，所得的因素負荷量、特徵值、解釋變異量（%）與Cronbach's α值填入表6-4中，以期能初步檢驗「電信業服務品質」量表的信、效度。

　　在進行分析之前，研究者最好能先擬定因素分析（主成份分析）的執行與分析策略，包含：

1. 執行策略

(1) 確認樣本數是否已達問卷題項的5倍以上，且樣本數的總數不少於100個。

(2) 分析方法：主成份分析法。

(3) 只萃取出特徵值大於1的因素。

(4) 轉軸法：最大變異法（varimax）。

(5) 因素負荷要遞減排序。

(6) 設定大於0.5的因素負荷才於報表中顯示出其數值，如此報表較簡潔外，也能符合收斂效度的原則。但若因這個設定而導致影響因素結構（即某因素該包含哪些題項）之判斷時，亦可放寬至0.3。

2. 分析策略

(1) KMO值需達0.8以上且Bartlett球形檢定之結果，必須顯著（即$p < 0.05$）。

(2) 決定萃取出的因素個數時，應綜合運用下列原則：

   a. 特徵值大於1。

   b. 陡坡圖判定準則。

   c. 累積解釋總變異量（%）不得小於50%。

   d. 共同性（communality）需大於0.5。

(3) 決定因素結構時，應遵循下列原則：

   a. 若題項橫跨兩個因素以上，且因素負荷量絕對值皆大於0.5，並有差異時，排除較小者。

   b. 以最大變異法（varimax）旋轉以後，取該因素所包含之題項的因素負荷量絕對值大於0.5者。

   c. 若題項橫跨兩個因素以上，且其因素負荷量相當時，則表示該題項的區別效度可能較差。此時，將導致難以判斷該題項到底應歸屬哪個因素，這時可回頭參酌所引用之原始問卷／量表的因素結構而定奪該題項應歸入哪個因素。

3. 信度要求

   Cronbach's α值大於 0.7。

4. 初步建構效度要求

(1) 所萃取出之因素的特徵值需大於1。

(2) 各構面的衡量題項皆可收斂於同一個因素之下。

(3) 各因素構面中各變數之因素負荷量大於0.5。

(4) 累積總解釋變異量需達50%以上。

操作步驟

詳細操作過程，請讀者自行參閱教學影音檔「ex6-2.mp4」。

▶ 報表解說

在JASP中，執行「主成份分析」後，即可跑出因素分析之相關報表，報表相當多，限於篇幅，在此僅解釋必要之報表。

（一）檢定樣本資料是否適合進行因素分析

首先，我們將檢定原始變數間，是否存在特定的相關性、是否適合採用因素分析來萃取出因素。在此，可借助Bartlett球形檢定（虛無假設：相關係數矩陣為單位矩陣）和KMO值進行分析。如表6-5、表6-6所示。

由表6-5可知，Bartlett球形檢定之卡方統計量的觀測值為14403.141，其對應的顯著性（p值）小於0.001。就檢定概念而言，顯著水準為0.05時，由於顯著性小於0.05，故應拒絕虛無假設，而認為相關係數矩陣與單位矩陣有顯著差異，也就是說相關係數矩陣不為單位矩陣，故原始樣本資料適合進行因素分析。此外，由表6-6的「Kaiser-Meyer-Olkin Test」表得知KMO值（整體MSA）為0.824（大於0.8），依據Kaiser（1958）對KMO之衡量標準可知，原始樣本資料確實是適合進行因素分析的。

表6-5　Bartlett's Test表

X^2	自由度	p值
14403.141	210.000	<.001

表6-6　Kaiser-Meyer-Olkin Test表

	MSA
整體MSA	0.824
q1	0.968
q2	0.670
q3	0.956
q4	0.648
q5	0.961

註：限於篇幅，本表q6以下之內容已進行裁切。

（二）萃取因素

　　根據原始變數的相關係數矩陣，我們將應用「主成份分析法」並以「特徵值大於1」為篩選條件來萃取出因素，分析結果如表6-7、表6-8與圖6-6所示。

表6-7　成分負荷量表

	PC1	PC2	PC3	殘差／獨特性
q12	0.853			0.073
q15	0.848			0.081
q10	0.842			0.128
q9	0.836			0.102
q17	0.833			0.238
q18	0.829			0.204
q11	0.749			0.102
q13	0.719			0.326
q5	0.691		0.562	0.112
q19	0.587		0.636	0.142
q20	0.584		0.636	0.143
q6	0.528	0.786		0.079
q2	0.528	0.782		0.084
q1	0.503			0.446
q8		0.862		0.074
q4		0.861		0.076
q16		0.780		0.092
q21		0.760		0.187
q7			0.881	0.131
q14			0.807	0.166
q3			0.631	0.361

註：轉軸法為varimax。

　　表6-7為執行因素分析後，且經使用「varimax」轉軸後，所產生的成分負荷量表。「殘差／獨特性」欄位是依所設定的萃取條件（在此為特徵值大於1）來萃取因素後，所剩餘的殘差（獨特性）。可以清楚的看出，q2、q4～q12、q14～q16、 q19～q21等變數的資訊遺失量較少（小於20%），絕大部分資訊（大於80%）都可被所萃取出的因素所解釋。但只有q1、q3等兩個變數的資訊遺失較為嚴重（近40%）。整體而言，本次因素萃取的效果大致上可以接受。

其次，表6-7亦顯示出，21個變數共可萃取出3個因素（PC1、PC2與PC3）。然q5、q19、q20、q6與q2皆橫跨兩個因素，這些題項的處理狀況如下：

q5：橫跨PC1與PC3，然於PC1的因素負荷量大於PC3，故最終歸類於PC1。

q19：橫跨PC1與PC3，然於PC1的因素負荷量小於PC3，故最終歸類於PC3。

q20：橫跨PC1與PC3，然於PC1的因素負荷量小於PC3，故最終歸類於PC3。

q6：橫跨PC1與PC2，然於PC1的因素負荷量小於PC2，故最終歸類於PC2。

q2：橫跨PC1與PC2，然於PC1的因素負荷量小於PC2，故最終歸類於PC2。

因此，最終各因素所包含的題項如下：

第一個因素（PC1）：包含 q1、q5、q9、q10、q11、q12、q13、q15、q17與q18，共10個變數（題項）。

第二個因素（PC2）：包含q2、q4、q6、q8、q16與q21，共6個變數（題項）。

第三個因素（PC3）：包含q3、q7、q14、q19與q20，共5個變數（題項）。

接著，表6-8因素特徵表，描述著因素對原始變數之可解釋變異量的情況。從該表可以很清楚的理解，轉軸前、後各因素之特徵值、可解釋變異量之百分比與總累積可解釋變異量之百分比的變化。雖然轉軸前、後各因素之特徵值、可解釋變異量之百分比會有所差異，但最後的總累積可解釋變異量之百分比是固定不變的。也就是說，使用「varimax」（最大變異）轉軸法並不會去改變到原始變數的共同性（原始變數能被所有因素共同解釋的部分）。但卻重新分配了各個因素可解釋原始變數的變異量，即改變了各因素的貢獻度（即特徵值）。當然這種轉軸的目的都是為了使所萃取出的因素，能更易於解釋與命名。

轉軸後，三個因素的特徵值（因素負荷量平均數總和）分別為7.942、5.347與4.362。而可解釋變異量之百分比分別為0.378（7.942÷21）、0.255（5.347÷21）與0.208（4.362÷21）。因此，三個因素的總累積可解釋變異量之百分比為0.841（84.1%）。也就是說，這三個因素共可解釋了原始21個變數之總變異的84.1%。整體而言，原始變數的資訊遺失量並不多（只有15.9%）。因此，本次的因素分析效果可謂理想。

表6-8　因素特徵表

	未轉軸解			轉軸解		
	特徵值	可解釋變異量之百分比	累積	因素負荷量平均數總和	可解釋變異量之百分比	累積
Component 1	14.427	0.687	0.687	7.942	0.378	0.378
Component 2	1.844	0.088	0.775	5.347	0.255	0.633
Component 3	1.381	0.066	(0.841)	4.362	0.208	(0.841)

　　最後，從圖6-6的陡坡圖來看，橫座標為「成分」，縱座標為「特徵值」。可以很清楚看到，第一個因素的特徵值很高，對解釋原始變數的貢獻最大；第四個以後的因素，其特徵值都較小，陡坡圖較為平坦，對解釋原始變數的貢獻度變的很小，已經成為可被忽略的「碎石頭」。因此，再次說明了只萃取出三個因素是合適的。

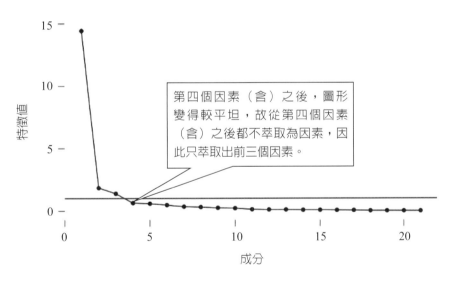

第四個因素（含）之後，圖形變得較平坦，故從第四個因素（含）之後都不萃取為因素，因此只萃取出前三個因素。

圖6-6　因素的陡坡圖

（三）因素的命名與解釋

　　為使因素具有命名解釋性，本範例採用最大變異法對成分矩陣實施正交旋轉。同時也設定了依照因素負荷降冪輸出的轉軸後因素負荷，且因素負荷量小於0.5將不顯示，以符收斂效度原則。轉軸後的因素涵義（因素所包含的題項）較為清晰、較具可命名性。由表6-7可知，可萃取出3個因素，這3個因素的說明如下：

➤ 第一個因素：專業性服務

　　由表6-7可發現，q1、q5、q9、q10、q11、q12、q13、q15、q17與q18等10個題項變數，在第一個因素上有較高的負荷。也就是說，第一個因素主要解釋了這10個題項變數的意涵。觀察這10個題項變數之原始題項內容。可發覺，這些題項都是代表著電信業者經營管理的專業性服務，因此第一個因素可命名為「專業性服務」。

➤ 第二個因素：服務等候

　　其次，q2、q4、q6、q8、q16與q21等6個題項變數，在第二個因素上有較高的負荷。故第二個因素主要解釋了這6個題項變數，而這6個題項變數的原始題項內容，都反映著服務等候的特質，因此第二個因素將命名為「服務等候」。

➤ 第三個因素：營業設施

　　最後，q3、q7、q14、q19與q20等5個題項變數，在第三個因素上有較高的負荷，故第三個因素主要解釋了這5個題項變數，而這5個題項變數的原始題項內容，都反映著電信業者之營業設備與服務設施，所以第三個因素將命名為「營業設施」。

（四）因素分析最終結果的呈現

　　於JASP中，執行完因素分析（主成份分析）後，所輸出的報表有點複雜，經由上述系統性的針對因素分析報表進行解說後，相信讀者已可掌握因素分析之精華了。然而在您的報告、專題或論文中，以前述的分析過程來解釋因素分析的結果並不恰當，故建議可將所產生的報表略為整理一下，如此較具可讀性。

　　一般研究者會將因素分析的結果，整理成如表6-9的因素分析表，此表可顯示出各因素所包含的題項與其貢獻度，亦可顯示出量表的信度，完整的呈現出因素分析之結果且顯示出量表的信、效度。

表6-9 電信業服務品質因素分析表

因素名稱	因素構面內容	因素負荷	轉軸後		Cronbach's α 係數
			特徵值	可解釋變異量%	
專業性服務	12.客戶資料保密性	0.853	7.942	37.8	0.969
	15.話費維持合理價位	0.848			
	10.人員的專業知識	0.842			
	09.協助客戶解決問題能力	0.836			
	17.繳納電費方便性	0.833			
	18.即時處理客戶抱怨	0.829			
	11.計費交易正確性	0.749			
	13.準時寄發繳費通知	0.719			
	05.營業時間符合需求	0.691			
	01.有專人引導服務	0.503			
服務等候	08.完成服務所花時間	0.862	5.347	25.5	0.971
	04.未服務前的等候時間	0.861			
	06.完成異動作業時間	0.786			
	02.總修復時間	0.782			
	16.臨櫃排隊等候	0.780			
	21.申請業務手續簡便	0.760			
營業設施	07.備有電子佈告欄	0.881	4.362	20.8	0.920
	14.備有報紙雜誌	0.807			
	20.櫃檯清楚標示服務項目	0.636			
	19.備有舒適及足夠座椅	0.636			
	03.備有免費申訴或諮詢電話	0.631			
總累積可解釋變異量：84.100%					
整體Cronbach's α係數：0.976					

　　觀察表6-9，各因素（又可稱之為電信業服務品質的子構面）的Cronbach's α係數分別為0.969、0.971、0.920，皆大於0.7，而整體量表Cronbach's α係數更高達0.976。代表其所呈現的Cronbach's α係數高於一般水準，可知電信業服務品質問卷之信度相當高。而在各題項之因素負荷量方面，則全部都大於0.5，且總累積的可解釋變異量亦達84.100%，此正可說明本量表亦具有相當不錯的收斂效度，符合初步建構效度的

要求。至於區別效度，仍需使用更進階的方式（例如：組合信度、平均變異抽取量）來加以檢驗。對於區別效度的評估，在後續章節中，我們再來予以說明。

◆ 6-8　探索性因素分析 ◆

　　在前一小節的範例6-2中，使用「主成份分析」法來進行因素分析，這種因素分析在JASP中就直接稱為「主成份分析」。執行「主成份分析」後產生的結果，會跟SPSS執行「分析／維度縮減／因子」後的結果一模一樣。因為它們都是以「主成份分析」法來進行因素分析的。其主要目的都是在於資料縮減（MacCallum, 1999）。雖然，範例6-2中亦使用了「主成份分析」來確認因素結構，但是當研究領域中缺乏對目前研究概念之因素結構或理論框架的認知時，使用探索性因素分析來發現潛在的因素結構，應較為合理。

　　Kim與Mueller（1994）曾認為因素分析的目的在於以較少數的「假設性變數」（hypothetical variables）來代表一組原先較多的變數，而這「假設性變數」是一種綜合性的概念（黃財尉，2003）；其可能代表一種原始觀察變數所線性組合出來的變量（variate），也可能是種可以解釋原始觀察變數的潛在構念（construct，或稱為構面、因素）（Hair, Anderson, Tathan, & Black, 1998）；前者（變量）代表一種「成份」（component），因其為可觀察變數的線性組合，其性質並不會因變數的線性轉換而有所改變，且成份之間相互獨立，沒有關聯性。此與後者（構念）的意涵截然不同。構念係指一種理論假設的不可直接測量、觀察的變數（潛在變數），是組成原始觀察變數的元素，其與觀察變數的關係迥異於前者與觀察變數的關係（黃財尉，2003）。由此，不難理解，構念（因素）與成份是不同的兩種概念，而這個差異性也促成因素分析狹義但精確的目的定義。前者的這種因素分析就稱為「主成份分析」，而後者則稱為「探索性因素分析」。

　　也就是說，「主成份分析」以「成份」的概念為基礎，其重點在於解釋資料的變異量，而「探索性因素分析」則以「構念（因素）」概念為基礎，其重點則在於解釋「構念（因素）」和原始變數間的相關性（及探討構念之因素結構）（黃財尉，2003）。在這概念下，導致了「主成份分析」和「探索性因素分析」的目的差異。由於，「主成份分析」強調於所萃取出來之「成份」（component）能解釋整體變數之總變異量的比例，因此其目的就是在進行變數之數量上的減縮，期能以最少的成份而解釋大多數的總變異量（MacCallum, 1999）。而「探索性因素分析」由於關

注在變數之間的相關性，因此其目的即在於所萃取出的「構念（因素）」能解釋變數間的關係，甚至是能識別出無法直接測量之變數的特徵、性質與意義（黃財尉，2003）。

　　顯然的，「主成份分析」中，「成份」僅是觀察變數間的線性組合，稱不上是潛在的因素或構念（構面）。「主成份分析」所定義的「成份」也只是為了盡可能的保留原始觀察變數的資訊，而使誤差項的最小化，以有助於解釋最大的變異量，亦即主成份分析非常適合用於資料縮減的用途（黃財尉，2003）。事實上，有些學者甚至主張「主成份分析」根本不是一種因素分析模式（Fabrigar, Wegener, MacCallum, & Stranhan, 1999），而僅是一種重複的資料縮減系統（Steiger, 1990）。而「探索性因素分析」的共同因素則是由觀察變數間的共變（或相關）結構所界定出的潛在構念，也因此「探索性因素分析」的主要目的在於探索隱含於觀察變數間的相關結構，這與以資料縮減為目的的「主成份分析」法顯然不同。

▶ 範例6-3

附錄四為「電信業服務品質問卷」之初稿，經進行完整的項目分析，刪掉不適當的題項後，正式問卷中僅存21個題項（題項編號已重排，如附錄五）。經實際施測完成後，所得的原始資料如資料檔「ex6-2.jasp」，試進行探索性因素分析，以確認「電信業服務品質」的因素結構，並為各因素命名。此外，請開啟「ex6-3.docx」製作如表6-10的因素分析表，以評估「電信業服務品質問卷」的信度，並掌握其初步的建構效度。

表6-10　電信業服務品質因素分析表

因素名稱	因素構面內容	因素負荷	轉軸後平方負荷量		Cronbach's α 係數
			特徵值	解釋變異量%	
專業性服務	12.客戶資料保密性	0.939	8.161	40.8	0.973
	17.繳納電費方便性	0.937			
	15.話費維持合理價位	0.932			
	09.協助客戶解決問題能力	0.927			
	10.人員的專業知識	0.922			
	18.即時處理客戶抱怨	0.915			
	13.準時寄發繳費通知	0.722			
	11.計費交易正確性	0.720			
	05.營業時間符合需求	0.625			

表6-10　電信業服務品質因素分析表（續）

| 因素名稱 | 因素構面內容 | 因素負荷 | 轉軸後平方負荷量 | | Cronbach's α係數 |
			特徵值	解釋變異量%	
服務等候	08.完成服務所花時間	0.899	4.874	24.4	0.971
	04.未服務前的等候時間	0.898			
	06.完成異動作業時間	0.811			
	16.臨櫃排隊等候	0.804			
	02.總修復時間	0.804			
	21.申請業務手續簡便	0.748			
營業設施	07.備有電子佈告欄	0.966	3.524	17.6	0.920
	14.備有報紙雜誌	0.860			
	20.櫃檯清楚標示服務項目	0.558			
	19.備有舒適及足夠座椅	0.558			
	03.備有免費申訴或諮詢電話	0.503			
總解釋變異量：82.800%					
整體Cronbach's α係數：0.976					

　　主成份分析的目標是透過線性變換將原始變數轉換為一組較少數量、且無相關的主要成份（一般也可稱為因素），以解釋資料的變異和降低資料的維度。而探索性因素分析的目標則是在於探索資料中潛在的因素結構，識別並解釋觀察到的變數之間的共同維度或因素。顯見，主成份分析主要關注資料降維和變異解釋，而探索性因素分析則著重於發現潛在因素結構和解釋變數之間的共同性。

　　事實上，當研究的目的在於探索新的研究構面時，研究者就會致力於發展該構面的測量題項，這類的研究就是所謂的量表發展（scale development）研究。當然量表發展研究就是一個從無到有的探索過程，無論是採用歸納（inductive）或演繹（deductive）的取向發展量表，研究者均可透過探索性因素分析，從題項池（item pool）中，找出潛在構面，以及確認這些構面的因素結構（即，描述構面與其衡量題項的關係）（胡昌亞等，2022）。實作上「探索性因素分析」與「主成份分析」最大的不同在於，進行探索性因素分析時，宜選擇基於「共同因素模式」（common factor）的因素萃取技術，例如：主軸因素法、最小平方法、最大概似法以及Alpha因素法；而較不適合使用「成份」取向的主成份分析法（胡昌亞等，2022）。因此，

不難理解，探索性因素分析的目的在於從眾多觀察變數（題項）中找共同因素，其優勢為估算過程的誤差較小，且因素負荷量的精確度較高。

　　從以上的說明不難理解，範例6-2中，使用「主成份分析」法來確認構面的因素結構，在方法的使用上，確有可議之處。故在本小節中，將使用「探索性因素分析」來再一次探索「電信業服務品質」的潛在因素結構。

操作步驟

　　詳細操作過程，請讀者自行參閱教學影音檔「ex6-3.mp4」。

▶ 報表解說

　　在本範例中，執行「探索性因素分析」時，將以「加權最小平方法」（weighted least-squares method, WLS）來萃取因素，並採用斜交轉軸（oblique rotation）的「promax」法（最優斜交轉軸法）以旋轉萃取到的因素，並使所得因素能更易於解釋和理解。而對於因素個數的決定，則不再使用特徵值法，而採用以「共同因素模式」為基礎的「平行分析法」以能自動萃取出必要的因素個數。

　　執行「探索性因素分析」後，即可跑出因素分析之相關報表，報表相當多，限於篇幅，在此亦僅解釋必要之報表。

（一）檢定樣本資料是否適合進行因素分析

　　首先，我們將檢定原始變數間，是否存在特定的相關性、是否適合採用因素分析來萃取出因素。在此，可借助Bartlett球形檢定（虛無假設：相關係數矩陣為單位矩陣）和KMO值進行分析。如表6-11、表6-12所示。

　　由表6-11可知，Bartlett球形檢定之卡方統計量的觀測值為14135.008，其對應的顯著性（p值）小於0.001。就檢定概念而言，顯著水準為0.05時，由於顯著性小於0.05，故應拒絕虛無假設，而認為相關係數矩陣不為單位矩陣，故原始樣本資料適合進行因素分析。此外，由表6-12的「Kaiser-Meyer-Olkin Test」表得知KMO值（整體MSA）為 0.815（大於0.8），依據Kaiser（1958）對KMO值之衡量標準可知，原始樣本資料確實是適合進行因素分析的。

表6-11　Bartlett's Test表

X^2	自由度	p值
14135.008	190.000	<.001

表6-12　Kaiser-Meyer-Olkin Test表

	MSA
整體MSA	0.815
q2	0.663
q4	0.642
q5	0.955
q6	0.666
q7	0.862

註：限於篇幅，本表q8以下之內容已進行裁切。

（二）萃取因素

根據原始變數的相關係數矩陣，我們將應用「加權最小平方法」，並以「共同因素」為基礎的平行分析法來萃取出因素，分析結果如表6-13、表6-14與圖6-7所示。

表6-13　因素負荷量表

	因素1	因素2	因素3	殘差／獨特性
q12	0.939			0.064
q17	0.937			0.304
q15	0.932			0.073
q9	0.927			0.090
q10	0.922			0.140
q18	0.915			0.240
q13	0.722			0.366
q11	0.720			0.100
q5	0.625			0.126
q8		0.899		0.123
q4		0.898		0.125

表6-13　因素負荷量表（續）

	因素1	因素2	因素3	殘差／獨特性
q6		0.811		0.094
q16		0.804		0.084
q2		0.804		0.102
q21		0.748		0.221
q7			0.966	0.211
q14			0.860	0.228
q20			0.558	0.144
q19			0.558	0.144
q3			0.503	(0.460)

註：轉軸法為promax。

表6-13為執行探索性因素分析後，且經使用「promax」斜交轉軸後，所產生的因素負荷量表。「殘差／獨特性」欄位是依所設定的萃取條件（在此為基於共同因素的平行分析法）來萃取因素後，所剩餘的殘差（獨特性）。可以清楚的看出，大部分的變數之資訊遺失量較少（小於25%），絕大部分資訊（大於75%）都可被所萃取出的因素所解釋。但只有q3、q13、q17等三個變數的資訊遺失較為嚴重（30%以上）。整體而言，本次因素萃取的效果大致上可以接受。

其次，表6-13亦顯示出，21個變數除q1因素負荷量較小，而被移除外，其餘20個變數共可萃取出三個因素（因素1、因素2與因素3）。且並無橫跨兩個因素的變數，最終各因素所包含的題項如下：

第一個因素：包含q5、q9、q10、q11、q12、q13、q15、q17與q18，共9個變數（題項）。

第二個因素：包含q2、q4、q6、q8、q16與q21，共6個變數（題項）。

第三個因素：包含q3、q7、q14、q19與q20，共5個變數（題項）。

接著，表6-14因素特徵表，描述著因素對原始變數之可解釋變異量的情況。從該表可以很清楚的理解，轉軸前、後各因素之特徵值、可解釋變異量之百分比與總累積可解釋變異量之百分比的變化。由於採用斜交（oblique）的「promax」斜交轉軸法，除轉軸前、後各因素之特徵值、可解釋變異量之百分比會有所差異外，最後的總累積可解釋變異量之百分比亦存在些微的差異。也就是說，使用「promax」轉軸法並不太會去改變到原始變數的共同性（原始變數能被所有因素共同解釋的部分）。但

卻重新分配了各個因素可解釋原始變數的變異量，即改變了各因素的貢獻度（即特徵值）。當然這種轉軸的目的都是爲了使所萃取出的因素能更易於解釋與命名。

轉軸後，三個因素的特徵值（因素負荷量平均數總和）分別爲8.161、4.874與3.524。而可解釋變異量之百分比分別爲0.408（8.161÷20）、0.244（4.874÷20）與0.176（3.524÷20）。因此，三個因素的總累積可解釋變異量之百分比爲0.828（82.8%）。也就是說，這三個因素共可解釋了原始20個變數之總變異的82.8%。整體而言，原始變數的資訊遺失量並不多（只有17.2%）。因此，本次的因素分析效果可謂理想。

表6-14 因素特徵表

		未轉軸解			轉軸解		
	Eigenvalues	因素負荷量平均數總和	可解釋變異量之百分比	累積	因素負荷量平均數總和	可解釋變異量之百分比	累積
Factor 1	13.935	13.779	0.689	0.689	8.161	0.408	0.408
Factor 2	1.843	1.668	0.083	0.772	4.874	0.244	0.652
Factor 3	1.352	1.170	0.059	(0.831)	3.524	0.176	(0.828)

最後，從圖6-7的陡坡圖來看，橫座標爲「因子」，縱座標爲「特徵值」。可以很清楚看到，第一個因素的特徵值很高，對解釋原始變數的貢獻最大；第四個以後的因素，其特徵值都較小，陡坡圖較爲平坦，對解釋原始變數的貢獻度變得很小，已經成爲可被忽略的「碎石頭」。因此，再次說明了只萃取出三個因素是合適的。

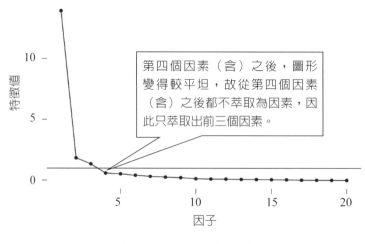

第四個因素（含）之後，圖形變得較平坦，故從第四個因素（含）之後都不萃取爲因素，因此只萃取出前三個因素。

圖6-7 因素的陡坡圖

（三）因素的命名與解釋

為使因素具有命名解釋性，本範例採用「promax」轉軸法對成分矩陣實施斜交旋轉。同時也設定了依照因素負荷降冪輸出的轉軸後因素負荷，且因素負荷量小於0.5將不顯示，以符收斂效度原則。轉軸後的因素涵義（因素所包含的題項）較為清晰、較具可命名性。由表6-13可知，可萃取出三個因素，這三個因素的說明如下：

➤ 第一個因素：專業性服務

由表6-13可發現，q5、q9、q10、q11、q12、q13、q15、q17與q18等9個題項變數，在第一個因素上有較高的負荷。也就是說，第一個因素主要解釋了這9個題項變數的意涵。觀察這9個題項變數之原始題項內容，可發覺，這些題項都是代表著電信業者經營管理的專業性服務，因此第一個因素可命名為「專業性服務」。

➤ 第二個因素：服務等候

其次，q2、q4、q6、q8、q16與q21等6個題項變數，在第二個因素上有較高的負荷。故第二個因素主要解釋了這6個題項變數，而這6個題項變數的原始題項內容，都反映著服務等候的特質，因此第二個因素將命名為「服務等候」。

➤ 第三個因素：營業設施

最後，q3、q7、q14、q19與q20等5個題項變數，在第三個因素上有較高的負荷，故第三個因素主要解釋了這5個題項變數，而這5個題項變數的原始題項內容，都反映著電信業者之營業設備與服務設施，所以第三個因素將命名為「營業設施」。

（四）因素分析最終結果的呈現

於JASP中，執行完探索性因素分析後，所輸出的報表有點複雜，但經由上述系統性的針對因素分析報表進行解說後，相信讀者已可掌握因素分析的精華了。然而在您的報告、專題或論文中，以前述的分析過程來解釋因素分析的結果並不恰當，故建議可將所產生的報表略為整理一下，如此較具可讀性。

一般研究者會將因素分析的結果，整理成如表6-15的因素分析表，此表可顯示出各因素所包含的題項與其貢獻度，亦可顯示出量表的信度，完整的呈現出因素分析之結果且顯示出量表的信、效度。

論文統計分析實務：JASP的運用

表6-15　電信業服務品質因素分析表

因素名稱	因素構面內容	因素負荷	轉軸後平方負荷量		Cronbach's α係數
			特徵值	解釋變異量%	
專業性服務	12.客戶資料保密性	0.939	8.161	40.8	0.973
	17.繳納電費方便性	0.937			
	15.話費維持合理價位	0.932			
	09.協助客戶解決問題能力	0.927			
	10.人員的專業知識	0.922			
	18.即時處理客戶抱怨	0.915			
	13.準時寄發繳費通知	0.722			
	11.計費交易正確性	0.720			
	05.營業時間符合需求	0.625			
服務等候	08.完成服務所花時間	0.899	4.874	24.4	0.971
	04.未服務前的等候時間	0.898			
	06.完成異動作業時間	0.811			
	16.臨櫃排隊等候	0.804			
	02.總修復時間	0.804			
	21.申請業務手續簡便	0.748			
營業設施	07.備有電子佈告欄	0.966	3.524	17.6	0.920
	14.備有報紙雜誌	0.860			
	20.櫃檯清楚標示服務項目	0.558			
	19.備有舒適及足夠座椅	0.558			
	03.備有免費申訴或諮詢電話	0.503			
總解釋變異量：82.800%					
整體Cronbach's α係數：0.976					

　　觀察表6-15，各因素（又可稱之為電信業服務品質的子構面）的Cronbach's α係數分別為0.973、0.971、0.920，皆大於0.7，而整體量表Cronbach's α係數更高達0.976。代表其所呈現的Cronbach's α係數高於一般水準，可知電信業服務品質問卷之信度相當高。而在各題項之因素負荷量方面，則全部都大於0.5，且總累積的可解釋變異量亦達82.800%，此正可說明本量表亦具有相當不錯的收斂效度，符合初步建構效度的要求。至於區別效度，仍需使用更進階的方式（例如：組合信度、平均變異抽

136

取量）來加以檢驗。在後續章節中，我們再來予以說明。

6-9　驗證性因素分析

　　一般研究者於實證時所設計的問卷，大都是根據理論或文獻的原始量表而來的（具有內容效度）。然而，我們卻常常發現，研究者進行主成份分析或探索性因素分析後所得到的因素結構，往往相異於原始量表的因素結構。例如：對於服務品質構面，若研究者是根據SERVQUAL量表而設計問卷的話，那麼因素分析完，應該會有五個子構面，即有形性、可靠性、反應性、確實性與關懷性。然而在範例6-2和範例6-3中可發現，研究者的因素分析結果卻只有三個子構面（因素）而已，這樣代誌就有點大條了，因為自打嘴巴了！

　　然而上述情形，在研究過程中卻是很常見的。很多研究者會將導致此現象的原因，歸因於時空背景、產業因素或抽樣情境的不同。這樣的解釋是不會有什麼大問題，只是比較八股罷了。其實，這都是因為資料的隨機性所引起的。既然因素分析是屬於探索性的技術，因此對於因素分析結果的解讀、因素命名等，研究者都擁有主觀發言權，發揮您的想像空間，就看您怎麼根據過去的文獻、經驗去解釋、怎麼去自圓其說罷了。

　　如上述，當然您的指導教授、口試委員與論文審核者不會太難「剃頭」的話，或許解釋、自圓其說等說法就可過關。但是，做研究應該不要賭運氣吧！在已違反原始量表之因素結構的情形下，除了解釋、自圓其說外，研究者該如何脫困呢？或許基於交叉驗證（cross validation）的概念，研究者可使用相同題項的另一組資料，並以探索性因素分析所萃取之因素結構為基礎，然後運用結構方程模型的驗證性因素分析技術來證明自己所發展出來的因素結構是具有信度、收斂效度與區別效度的。如此，就是一個解決問題的正確方向，只是比較麻煩，要再去蒐集一份樣本資料罷了。基於此，接下來將先介紹結構方程模型與驗證性因素分析的基本概念。

6-9-1　結構方程模型簡介

　　結構方程模型是一種運用統計學中的假設檢定概念，對有關變數的內在因素結構與變數間的因果關係進行驗證、分析的一種統計方法。由於社會科學領域中，一般研究者所關注之議題的相關研究中所涉及的變數，大都是屬於不能準確、直接測量的潛

在變數。對於這些潛在變數的處理，傳統的統計方法如迴歸分析、因素分析與路徑分析都無法妥善處理。此時，就需運用到能同時處理潛在變數與觀察指標的結構方程模型了。

基本上，結構方程模型中包含了兩類變數：觀察變數（observed variables）與潛在變數（latent variables）。觀察變數是指可以直接觀測或測量的變數。這些觀察變數通常是指問卷中的每一個題項，一個題項就是一個觀察變數。而潛在變數意指不能被準確、直接測量的變數（如：滿意度、忠誠度……等）。雖然潛在變數不能直接測得，但是由於它是一種抽象的客觀事實，所以潛在變數是可以研究的。方法是透過測量與潛在變數相關的觀察變數作爲其指標變數，而對其間接的加以評價。傳統上，屬第一代統計技術的統計分析方法（例如：迴歸分析、路徑分析、探索性因素分析），並不能有效的處理這種含潛在變數的問題，而結構方程模型則能同時處理潛在變數及其題項間的測量問題。

一般而言，結構方程模型可以分爲測量模型（measurement model）和結構模型（structural model）兩部分。測量模型用以描述潛在變數與題項變數（即觀察變數）之間的關係，因此又名爲驗證性因素分析模型（邱皓政，2004）。而結構模型則是用以描述潛在變數之間的因果關係。實務上，進行結構方程模型分析時，要先驗證測量模型具有信度、收斂效度與區別效度後，才能驗證結構模型。也就是說，唯有潛在變數的測量是可信的、有效的情形下，驗證潛在變數間的因果關係才有實質意義（邱皓政，2004）。

6-9-2　驗證性因素分析簡介

對於隱藏於變數背後、凝聚變數特質的共同因素之探索，一般會使用因素分析技術。一般而言，因素分析技術可分爲探索性因素分析（EFA）和驗證性因素分析（CFA）兩種。若研究者在進行因素分析前，對於資料的因素結構並未有任何假設，僅想藉由統計數據與因素分析技術來探索、發現與確定因素的結構時，此種因素分析策略通常帶有濃厚的嘗試錯誤與主觀意識之意味。因此，即稱之爲探索性因素分析。而當研究人員先根據某些理論或者其他的先驗知識對因素的可能個數或者因素結構作出假設，然後利用因素分析技術與實際的樣本資料來檢驗這個假設是否成立的辨證過程，就稱爲是驗證性因素分析了。

　　一般來說，如果研究者沒有堅實的理論基礎支持，有關觀察變數內部結構的探索，一般會先用EFA。待產生一個關於內部結構的理論後，再於此基礎上使用CFA，這樣的作法是比較科學的，但這必須要用到兩組全然不同的樣本資料來做才行。

　　如果研究者直接把EFA所得的因素結構，直接使用同一組樣本資料，而運用CFA來檢驗，這樣就失去交叉驗證的效果了。在這種情況下，研究者所進行CFA就僅僅是擬合資料的作用而已，而不是檢驗理論結構。此外，如果樣本數量夠大的話，也可以將資料樣本隨機的分成兩半，合理的作法就是先用一半資料做EFA，然後把分析取得的因素結構，再用「剩下的另一半資料」以CFA來檢驗該因素結構。

　　例如：範例6-2的電信業服務品質問卷，其初稿是根據SERVQUAL量表設計而成的。原始的SERVQUAL量表應具有五個子構面，即有形性、可靠性、反應性、確實性與關懷性。然而在範例6-2和範例6-3中可發現，研究者的因素分析結果卻只有三個子構面（因素），顯然與SERVQUAL量表之因素結構差異甚大！在此情形下，研究者若要證明電信業服務品質問卷確實只包含三個子構面的話，那就需以該三個子構面的因素結構為假設，然後，再蒐集另一筆樣本資料，從而利用CFA來證明該含有三個子構面之電信業服務品質問卷是具有信度、收斂效度與區別效度的。這樣就能完美的解決問題了。

6-9-3　組合信度

　　組合信度（composite reliability，簡稱CR）與平均變異抽取量（average variance extracted, AVE）這兩個統計量是在結構方程模型中，進行驗證性因素分析時才會產生的統計量。通常CR值與AVE值被應用來評估構面的收斂效度與區別效度。

　　組合信度又稱為建構信度（construct reliability）。組合信度為構面（因素）的信度指標，可用來衡量構面之所屬題項的內部一致性，CR值越高表示這些題項間的內部一致性越高。一般學者建議構面的CR值宜大於0.7（Bagozzi and Yi, 1988）。

　　組合信度的計算公式如下：

$$CR = \frac{(\Sigma\lambda)^2}{[(\Sigma\lambda)^2 + \Sigma(\theta)]}$$
（式6-1）

CR：組合信度

λ：題項的標準化因素負荷量

θ：題項的測量誤差，$\theta = 1 - \lambda^2$

基本上，由式6-1的公式應可理解，組合信度在計算上也算是蠻複雜的，也或許有些讀者根本更不知如何計算起。不過不用擔心，在JASP中，執行驗證性因素分析後，報表會自動計算出「McDonald's ω」係數值，此值即是CR值。

6-9-4　平均變異抽取量

構面的平均變異抽取量為該構面之所屬各題項對該構面的平均變異解釋力。AVE值的意義代表構面的總變異量有多少是來自於各題項的變異量，其計算公式如下：

$$AVE = \frac{\sum \lambda^2}{[\sum \lambda^2 + \sum(\theta)]}$$ 　　　　　　（式6-2）

AVE：平均變異抽取量

λ：題項在所屬構面上的標準化因素負荷量

θ：題項的測量誤差，$\theta = 1 - \lambda^2$

基本上，平均變異抽取量的計算公式也相當複雜。在JASP中，執行驗證性因素分析後，報表也會自動的計算出AVE值。

6-9-5　驗證性因素分析的範例

▶ 範例6-4

附錄五為「電信業服務品質問卷」之正式問卷，該問卷主要是參考SERVQUAL量表建構而成。然經進行探索性因素分析後，卻發現所得之因素結構迥異於SERVQUAL量表。今為驗證該因素結構確實具有信度、收斂效度與區別效度，乃重新再蒐集樣本資料一份（樣本數278個），其檔名為「ex6-4.jasp」，試進行驗證性因素分析，以確認「電信業服務品質」的因素結構，並填製表6-16，以輔助評估信度、收斂效度與區別效度。

表6-16　評估信、效度之指標表

二階構面	一階構面	題項代碼	因素負荷量	Cronbach's α	CR值	AVE值
電信業服務品質	專業性服務	pro_q12	0.979*	0.954	0.958	0.700
		pro_q17	0.806*			
		pro_q15	0.836*			
		pro_q9	0.812*			
		pro_q10	0.815*			
		pro_q18	0.825*			
		pro_q13	0.815*			
		pro_q11	0.830*			
		pro_q5	0.816*			
	服務等候	ser_q8	0.844*	0.929	0.929	0.685
		ser_q4	0.816*			
		ser_q6	0.819*			
		ser_q16	0.811*			
		ser_q2	0.846*			
		ser_q21	0.828*			
	營業設施	bus_q7	0.801*	0.912	0.913	0.676
		bus_q14	0.829*			
		bus_q20	0.825*			
		bus_q19	0.801*			
		bus_q3	0.851*			
整體Cronbach's α係數：0.961						

操作步驟

　　經範例6-3的「探索性因素分析」後，初步確認「電信業服務品質」的因素結構如表6-15所示。明顯的，「電信業服務品質」將包含3個子構面（分別為專業性服務、服務等候與營業設施），共20個題項。為達交叉驗證之效果，研究者乃重新再蒐集樣本資料一份（樣本數278個），並對各題項代碼（題項變數名稱）重新編碼，屬專業性服務之題項於原始題項代碼前加上「pro_」、屬服務等候之題項於原始題項代碼前加上「ser_」、屬營業設施之題項於原始題項代碼前加上「bus_」，從而建立

新的資料檔「ex6-4.jasp」。為能嚴謹的評估該因素結構的信度、收斂效度與區別效度，研究者將針對該資料檔進行「驗證性因素分析」，詳細操作過程，請讀者自行參閱教學影音檔「ex6-4.mp4」。

▶ **報表解說**

在JASP中，執行「驗證性因素分析」的相關操作大約只需3到5分鐘即可完成。同樣的驗證性因素分析模型，若在著名的結構方程分析軟體Amos中建模並執行的話，保守估計需要30至60分鐘，才能得到結果。但最令人訝異的是，兩者的執行結果除卡方值的估算略有差異外（Amos執行的卡方值為210.465，而JASP為211.225），對於因素負荷量的估計，竟完全相同。顯見JASP功能與計算能力之強大。在JASP中，執行「驗證性因素分析」後，即可跑出驗證性因素分析之相關報表，報表相當多，限於篇幅，在此亦僅解釋必要之報表。

（一）測量模型配適度指標檢核

測量模型（即，驗證性因素分析模型）必須由所蒐集的資料驗證其配適度。評鑑模型優劣與否，是驗證性因素分析的重要內容。配適度衡量有許多指標，Hair et al.（1998）將其分為三種類型：絕對配適指標、增量配適指標及精簡配適指標等。在JASP中，執行驗證性因素分析後，將所產生「卡方檢驗」表、「配適指標」表與「其他配適指標」表彙整至表6-17，以便能檢驗樣本資料與測量模型的配適度。唯有測量模型的配適度佳，後續的各種參數估計結果才有意義。

由表6-17可知，測量模型之配適度的卡方值為211.225，機率p值為0.012，小於0.05，表示研究者所提的測量模型和實際資料的配適情形不佳。但由於卡方檢定本身易受樣本數大小的影響，因此Bagozzi & Yi（1988）認為不可只參考卡方值，而應同時考量樣本的大小，故建議使用卡方值與自由度之比值（即Normed Chi-Square）來取代卡方值以檢定模型的配適度。在本範例中，卡方值與自由度之比值為1.265（小於3），表示模型與資料的配適度佳（Bagozzi & Yi, 1988）。再從絕對配適檢定指標、增量配適檢定指標及精簡配適檢定指標等來看，各指標皆能符合良好配適度的標準（Hu & Bentler, 1999）。因此，研判測量模型之配適品質應已符合一般學術研究的要求。在模型良好的配適情形下，亦可稱該模型的外在品質頗佳。

表6-17　測量模型配適度指標檢核表

統計檢定量		標準值	模型配適度	檢定結果
絕對配適指標	χ^2	越小越好	211.225（df = 167, p=0.012）	不符標準值
	χ^2/df	小於3	1.265	符合標準值
	GFI	大於0.9	0.973	符合標準值
	SRMR	小於0.08	0.030	符合標準值
	RMSEA	小於0.08	小於0.043	符合標準值
增量配適指標	NFI	大於0.9	0.958	符合標準值
	NNFI	大於0.9	0.990	符合標準值
	CFI	大於0.9	0.991	符合標準值
	RFI	大於0.9	0.952	符合標準值
	IFI	大於0.9	0.991	符合標準值
精簡配適指標	PNFI	大於0.5	0.842	符合標準值
	CN	大於200	261.797	符合標準值

（二）檢驗殘差變異數

變異數的基本意義為樣本中所有資料之「離差平方和」的平均。故由此定義，應不難理解為何變異數不能是負數，而驗證性因素分析中的殘差之變異數也應如此。觀察表6-18殘差變異數表的第2欄「估計」，該欄位值即為殘差變異數的估計值，明顯的所有變數的殘差變異數都是正的，且所有的殘差變異數估計值皆顯著，故模型對各變數之因素負荷量的估計值應屬合理。後續即可利用這些因素負荷量，求算出CR值與AVE值，藉以評估因素結構的信度、收斂效度與區別效度。

表6-18　殘差變異數表

指標	估計	標準誤	z值	p值	95%信賴區間 Lower	Upper	標準化解（all）
pro_q12	0.048	0.010	5.003	<.001	0.029	0.066	0.042
pro_q17	0.427	0.038	11.224	<.001	0.353	0.502	0.350
pro_q15	0.402	0.036	11.089	<.001	0.331	0.473	0.301
pro_q9	0.464	0.041	11.212	<.001	0.383	0.545	0.341
pro_q10	0.450	0.040	11.182	<.001	0.371	0.529	0.336
pro_q18	0.401	0.036	11.162	<.001	0.331	0.472	0.319
pro_q13	0.408	0.036	11.196	<.001	0.336	0.479	0.336

表6-18　殘差變異數表（續）

指標	估計	標準誤	z值	p值	95%信賴區間		標準化解（all）
					Lower	Upper	
pro_q11	0.388	0.035	11.108	<.001	0.320	0.457	0.311
pro_q5	0.451	0.040	11.152	<.001	0.372	0.530	0.334
pro_q8	0.404	0.042	9.680	<.001	0.322	0.486	0.288
pro_q4	0.447	0.044	10.087	<.001	0.360	0.534	0.335
pro_q6	0.426	0.042	10.047	<.001	0.343	0.509	0.330
pro_q16	0.459	0.045	10.152	<.001	0.370	0.547	0.342
pro_q2	0.401	0.042	9.647	<.001	0.319	0.482	0.285
pro_q21	0.432	0.044	9.923	<.001	0.346	0.517	0.314
pro_q7	0.508	0.051	9.984	<.001	0.408	0.607	0.359
pro_q14	0.422	0.044	9.591	<.001	0.336	0.508	0.313
pro_q20	0.430	0.045	9.652	<.001	0.342	0.517	0.319
pro_q19	0.529	0.053	10.006	<.001	0.426	0.633	0.359
pro_q3	0.431	0.047	9.161	<.001	0.339	0.523	0.275

（三）評估信度

評估前，需將JASP中，驗證性因素分析的「因素負荷量」表、「Average variance extracted」表與「Reliability」表，彙整至表6-16的評估信、效度之指標表中。彙整好後，即可依據表6-19的準則內容而評估信度。

表6-19　評估信、效度的準則依據

項目	準則	依據
信度	➢ Cronbach's α係數	Hee (2014)
收斂效度	➢ 標準化因素負荷量大於0.5，且顯著	Hair et al. (1998); Hulland (1999)
	➢ CR值大於0.6	Fornell & Larcker (1981); Bagozzi & Yi (1988)
	➢ AVE值大於0.50	Fornell & Larcker (1981)
區別效度（Fornell-Larcker準則）	➢ 每一個構面的AVE平方根應大於該構面與其他構面間的相關係數。	Hair et al. (2010)

由表6-16可知，三個一階潛在構面（因素）的Cronbach's α係數分別為0.954、0.929與0.912，皆大於0.7，且量表整體之Cronbach's α係數為0.961，亦大於0.7（Hee, 2014），顯見電信業服務品質及其三個一階子構面的衡量皆具內部一致性，信度相當高。

（四）評估收斂效度

收斂效度與區別效度合稱為建構效度，它們是衡量模型內在品質的重要指標。收斂效度主要測試以一個變數發展出的多題問項，最後是否仍會收斂於一個因素（構面）中。評估收斂效度時，必須同時滿足下列的準則（參考表6-19）：

➤ 題項變數的標準化因素負荷量必須大於0.5，且顯著（Hair et al., 1998; Hulland, 1999）。

➤ 組合信度必須大於0.6（Fornell and Larcker, 1981; Bagozzi and Yi, 1988）。

➤ 每個子構面或主構面的平均變異抽取量必須大於0.5（Fornell and Larcker, 1981）。

評估前，需將JASP中，驗證性因素分析的「因素負荷量」表、「Average variance extracted」表與「Reliability」表，彙整至表6-16的評估信、效度之指標表中。彙整好後，即可根據上述三項準則，評估收斂效度。由表6-16可知：

➤ 20個題項變數的標準化因素負荷量，介於0.801～0.979之間，故皆大於0.5，且於 t 檢定時顯著（Hair et al., 1998; Hulland, 1999）。

➤ 三個一階潛在構面（因素）的組合信度分別為0.958、0.929與0.913，皆大於0.6（Fornell and Larcker, 1981; Bagozzi and Yi, 1988）。

➤ 三個一階潛在構面（因素）的平均變異抽取量分別為0.700、0.685與0.676，皆大於0.5（Fornell and Larcker, 1981）。

經由收斂效度的三項準則檢測後，各參數值皆符合收斂效度的準則，因此，可推論三個一階潛在構面（因素）應已具有收斂效度。測量模型之內在品質佳。

（五）評估區別效度

區別效度的概念是不同構面間的題項，其相關程度應該要低。亦即，區別效度是指對兩個以上之不同構面間進行測量，若兩兩構面經相關分析後，其相關程度很低，則表示此兩個構面間具有區別效度（Churchill, 1979; Anderson and Gerbing, 1988）。在區別效度檢定方面，Hair et al.（2010）等學者建議的判斷準則為所有構面的AVE平方根應大於該構面與其他構面間的相關係數。基於此，我們可以將各構面間的相關係

數與AVE平方根彙整於一個表中（此即Fornell-Larcker準則表），以方便評鑑區別效度。然由於相關分析於本書的第7章才會予以介紹，因此，對於區別效度的評估，將留待第7章再來討論。

6-10 共同方法變異

　　共同方法變異（common method variance, CMV），又稱共同方法偏差，意指因為同樣的資料來源或受訪者、同樣的測量環境、量表語意以及量表本身特徵，所造成的自變數與依變數間的人為共變關係（周浩、龍立榮，2004）。這種人為的共變關係對研究結果將產生嚴重的混淆，並對結論有潛在的誤導，是一種系統性誤差。共同方法變異在心理學、行為科學、管理學等研究中，特別是採用問卷調查法的研究中廣泛存在。因此，引起了越來越多研究者的注意。

　　在一般的管理科學領域中，研究者為了了解消費者對品牌的反應等種種現象，例如：品牌個性、真實自我、理想自我之一致性與購買意願間的因果關係，或組織內、外部種種現象等議題時，研究者往往會根據研究主題，經由文獻探討、整理與分析後，針對研究議題所需的變數而設計自陳式（self-report）問卷。透過這些自陳式問卷對受訪者施測，從而可以蒐集到能據以分析的資料。如果這些資料中，同時包含了研究架構中的自變數和依變數，而且是以同一份問卷的形式，向同一群受訪者蒐集而得，那麼這個抽樣過程就很可能已經出現了所謂的「共同方法變異」問題了（彭台光、高月慈、林鉦棽，2006）。因為，研究中同一批受訪者同時填寫了有關自變數與依變數的問卷，所以測量到的自變數與依變數之得分可能會受到來自受訪者本身的某些因素影響，而產生「共同方法偏差」（common method biases，又稱同源偏差），導致自變數與依變數之間的相關性無謂的膨脹（即產生偏誤）了，這就是共同方法變異的現象。

6-10-1　Harman單因素檢驗法

　　避免共同方法變異的方式可分為程序控制和統計控制等兩類（周浩、龍立榮，2004）。程序控制指的是研究者在研究設計與測量過程中就積極採取控制措施，以避免可能產生共同方法變異的情況。例如：從不同來源分別測量自變數與依變數、對測量進行時間上、空間上、心理上或方法上的隔離、保護受訪者的匿名性、減小

對測量目的的猜疑與預期，以及改變量表題項順序等（彭台光、高月慈、林鉦棽，2006）。由於程序控制是直接針對共同方法變異之來源的事前預防控制方法，因此研究者在抽樣計畫上，應該優先考慮採用這種程序控制的方法，以嘗試杜絕共同方法變異的問題產生。

　　但是，在某些研究情境中，由於受某些條件的限制，上述的程序控制方法並無法確實落實，或者無法完全消除共同方法變異之疑慮，這個時候就應該考慮在資料分析時採用統計的方法來對共同方法變異進行事後偵測了。例如：使用Harman單因素檢驗法、第三因素測試法、潛在CMV變數測試法、偏相關法、量表題項修整法、多特質多方法模式（multi-trait multi-method，即MTMM法）等（彭台光、高月慈、林鉦棽，2006）。

　　Harman單因素檢驗法是種常用以檢驗共同方法變異是否存在的方法。這種技術的基本假設是，如果共同方法變異大量存在的話，那麼進行因素分析時，可能會出現兩種現象：一為只萃取出單獨一個因素；另一為某個共同因素解釋了大部分的變異量。因此，欲以Harman單因素檢驗法檢驗共同方法變異是否存在時，傳統的作法是把量表中所有的變數（題項）放到一個以主成份分析為主要分析方法的因素分析中，然後檢驗未旋轉的因素分析結果。如果所萃取出的單一因素的解釋力特別大時，即可判定存在嚴重的共同方法變異。一般的評判標準為：若單一因素對所有的變數能解釋50%以上之變異量的話，那麼就會被認為有嚴重的共同方法變異（Podsakoff, MacKenzie & Lee, 2003）。

　　Harman單因素檢驗法的最大優點是簡單易用，但切記它僅僅是一種評估共同方法變異之嚴重程度的診斷技術而已，且並沒有任何控制共同方法變異的效果存在（Podsakoff et al., 2003）。

6-10-2　檢驗共同方法變異之範例

▶ 範例6-5

參考附錄三，論文〈景觀咖啡廳意象、知覺價值與忠誠度：轉換成本的干擾效果〉之原始問卷，ex6-5.jasp是透過該問卷所蒐集回來之樣本資料的電子檔，試檢驗該樣本資料是否存在「共同方法變異」的問題？

論文〈景觀咖啡廳意象、知覺價值與忠誠度：轉換成本的干擾效果〉的概念性模型、各變數的因果關係、各變數的操作型定義、測量與原始問卷，在附錄三中皆有詳細的說明，請讀者自行參閱。

由於原始問卷屬自陳式（self-report）問卷，且每位受訪者皆同時填寫了自變數與依變數之量表，故很有可能會造成同源性偏差而引發共同方法變異的問題。在此，將示範如何運用Harman單因素檢驗法以偵測共同方法變異是否真的存在。

操作步驟

詳細操作過程，請讀者自行參閱教學影音檔「ex6-5.mp4」。

▶ 報表解說

執行完「主成份分析」後，即可跑出因素分析之相關報表。但因為我們的主要目的，只在於利用Harman單因素檢驗法檢驗樣本資料是否存在共同方法變異的問題。因此，我們只要針對「因素特徵」表進行分析即可。

表6-20即為「因素特徵」表，該表顯示了未經轉軸的因素分析結果。若未轉軸的因素分析結果中，單一因素對所有的變數能解釋50%以上之變異量的話，那麼就會被認為有嚴重的共同方法變異（Podsakoff et al., 2003）。據此，觀察表6-20的「可解釋變異量之百分比」欄位，該欄位代表因素的可解釋變異量，由於只萃取出一個因素，所以該因素的可解釋變異量會與總累積可解釋變異量相等。由表6-20顯見，所萃取出的單一因素的可解釋變異量之百分比為25.4%，小於50%。因此，根據Podsakoff et al.（2003），由於單一因素並無法解釋所有變數之大部分變異（只有25.4%，小於50%），所以我們認為在本研究中，共同方法變異的問題並不明顯。

表6-20　因素特徵表

	特徵值	可解釋變異量之百分比	累積
Component 1	8.381	0.254	0.254

6-11　有關因素分析的忠告

終於結束了這冗長的一章，在JASP中，因素分析有三種方法，分別為主成份分析、探索性因素分析與驗證性因素分析，相信讀者一定很迷惑，到底在什麼情況下，該使用哪一種因素分析？在此，作者以多年的研究經驗提供一些建議。

1. 當您的目的只在於刪除問卷中的冗題時，建議使用主成份分析法。
2. 當您想要探索、確認某變數的因素結構時，建議使用探索性因素分析。
3. 當您想要評估某因素結構的信度、收斂效度與區別效度時，建議使用驗證性因素分析，而且執行探索性因素分析與驗證性因素分析時，所使用的樣本資料，不能是同一份樣本資料。

因素分析的過程其實還算簡單，在範例6-2中，我們很順利的只進行一次主成份分析，即完成縮減資料的任務，而在範例6-3中，也只進行一次探索性因素分析就可確認因素結構，其信、效度也很漂亮。然而沒有天天過年的事，一般研究者在進行因素分析時，不僅是體力上的付出，而且也是心智上的煎熬。但無論如何，進行因素分析時，有一些實務應用上的概念，仍應該要釐清。

（一）因素分析是個遞迴過程

在進行因素分析時，很少一次就能完成整個工作的。因為分析時我們往往會發現，雖然是已進行過項目分析，已淘汰一些品質不良的題項。但是，畢竟抽樣是具有隨機性的。因此，當正式施測後，所得到的正式樣本資料，於進行因素分析時，仍難免會有一些現存的題項，其共同性太低（低於0.3）、獨特性太高（大於0.7）、因素負荷量太低（低於0.5）或無法被任何因素所解釋（也就是說，無法歸類於所萃取出來的某一因素之中）。在這種情形之下，研究者有必要將此類題項排除於量表之外，排除後再一次的進行因素分析，如此操作，不斷的遞迴，直到所有題項皆能被所萃取出來的因素解釋後，才算完成整個因素分析的任務。這種現象很常見，但研究者仍得枯燥的、有耐心的去完成它。

（二）研究者擁有發言權

一般研究者於實證時所設計的問卷，大都是根據理論或文獻的原始量表而來的（具有內容效度）。然而，我們卻常常發現，研究者進行因素分析後所得到的因素結構，往往相異於原始量表的因素結構。例如：對於服務品質構面，若研究者是根

據SERVQUAL量表而設計問卷的話，那麼因素分析完應該會有五個子構面，即有形性、可靠性、反應性、確實性與關懷性。然而若研究者的因素分析結果卻只有三個子構面，這樣麻煩就大了。但是這情形卻是很常見的，很多研究者會將導致此現象的原因，歸因於時空背景、產業因素或抽樣狀態的不同。這樣的解釋是不會有什麼大問題，只是比較八股罷了。其實，這都是因為資料的隨機性所引起的。既然因素分析是屬於探索性的技術，因此對於因素分析結果的解讀、因素命名等，研究者都擁有主觀發言權，發揮您的想像空間，就看您怎麼根據過去的文獻、經驗去解釋、怎麼去自圓其說而已。

（三）探索性與驗證性因素分析同時使用

如上述，當然您的指導教授、口試委員與論文審核者不會太難「剃頭」的話，或許解釋、自圓其說等說法就可過關。但是，做研究應該不要賭運氣吧！在已違反原始量表之因素結構的情形下，除了解釋、自圓其說外，研究者該如何脫困呢？或許研究者可使用相同題項的另一組資料，並以探索性因素分析所萃取之因素結構為基礎，然後運用結構方程模型的驗證性因素分析技術來證明自己所發展出來的因素結構是具有信度、收斂效度與區別效度的。如此，或許是一個解決問題的方向，只是比較麻煩，要再去蒐集一份樣本資料罷了。

（四）程序正確

資料的隨機性，往往令我們很困擾，但我們也必須面對它、解決問題。如前所述，因素分析是個遞迴過程，在這個遞迴過程中，應該要包含這些程序（如圖6-8所示）：

1. 先以直接指定「只萃取出1個因素」的方式來進行因素分析（主成份分析），然後從「成分負荷量」表中刪除獨特性大於0.7（即共同性小於0.3）的題項。若不刪除，也可以將該題項移出「變數」框之外，即該變數不納入進行因素分析之意。刪除或移出題項後，再重複進行「只萃取出1個因素」的因素分析，直到所有題項的獨特性小於0.7（即共同性大於0.3）為止。

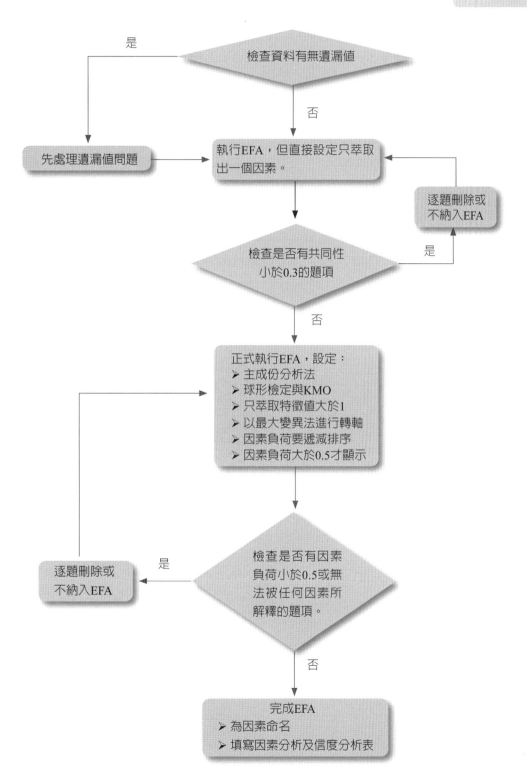

圖6-8　因素分析的程序

2. 確定將納入因素分析的所有變數之獨特性全都小於0.7（即共同性大於0.3）後，就可以執行正式的因素分析了。所謂正式的因素分析是指執行因素分析時，設定了以下這些項目：
   ➢ 進行球形檢定與KMO檢定。
   ➢ 設定只萃取出特徵值大於1的因素。
   ➢ 使用最大變異法進行轉軸。
   ➢ 因素負荷要遞減排序。
   ➢ 設定大於0.5的因素負荷，才顯示出來。

3. 執行正式的因素分析後，「成分負荷量」表中，若有因素負荷量小於0.5或無法被任何因素所解釋（也就是說，無法歸類於所萃取出來的某一因素之下）的題項時，則刪除之。若不刪除，也可以將該題項移出「變數」框之外，不納入進行因素分析。刪除或移出題項後，再重複進行「正式的因素分析」，直到所有題項都可歸類於因素之下，且因素負荷都已大於0.5為止。

4. 觀察每個因素中所包含的題項之內容與意義，適當的為因素命名，並製作如表6-4的因素分析表，以說明因素結構、信度與收斂效度。

習 題

練習6-1

　　「hw6-1.jasp」為一包含27個題項的量表，試進行主成份分析。完成後，並請製作如表6-4的因素分析表，以說明因素結構、信度與收斂效度。

練習6-2

　　參考附錄二中，論文〈遊客體驗、旅遊意象與重遊意願關係之研究〉的原始問卷，並開啟hw6-2.jasp與hw6-2.docx，試對遊客體驗與旅遊意象兩構面進行因素分析，完成表6-21與表6-22，並加以評論，以初步掌握問卷的建構效度。

表6-21　遊客體驗構面因素分析表

因素名稱	因素構面內容	因素負荷	轉軸後平方負荷量		Cronbach's α
			特徵值	解釋變異量%	
感官體驗	1. 秀麗的山水風景，非常吸引我。				
	2. 豐富的歷史文物，非常吸引我。				
	3. 我覺得這次旅遊，非常富有趣味。				
	4. 我覺得這次旅遊，行程豐富精彩。				
情感體驗	5. 看到美麗的景緻，令我心情放鬆。				
	6. 看到豐富的文物，能激發我思古之情。				
	7. 看到美麗的景緻，讓我感到歡樂愉快。				
	8. 當地的景色，令我感動。				
	9. 當地歷史文物，令我感動。				
思考體驗	10.透過這次旅遊，頗發人省思，令我有所思考。				
	11.透過這次旅遊，引發我的好奇心。				
	12.透過這次旅遊，引發我去做一些聯想或靈感的啟發。				
	13.透過這次旅遊，能激發我創意思考。				

表6-21　遊客體驗構面因素分析表（續）

因素名稱	因素構面內容	因素負荷	轉軸後平方負荷量		Cronbach's α
			特徵值	解釋變異量%	
行動體驗	14.看到美景，我很想分享觀賞的心得。				
	15.看到歷史文物，我很想分享觀賞的心得。				
	16.看到美景，我很想拍照、錄影留念。				
	17.看到歷史建物，我很想拍照、錄影留念。				
關聯體驗	18.我會想購買與當地相關的紀念品。				
	19.透過這次旅遊，讓我產生環境維護的認同感。				
	20.會因美麗的景緻，而聯想到西拉雅國家風景區。				
	21.透過這次旅遊，西拉雅會成為我平常談論的話題。				
累積總解釋變異量：					
量表整體信度：					

資料來源：本研究整理。

表6-22　旅遊意象構面因素分析表

因素名稱	因素構面內容	因素負荷	轉軸後平方負荷量		Cronbach's α
			特徵值	解釋變異量%	
產品	1. 自然風景優美。				
	2. 平埔族文化保存良好。				
	3. 知名度高。				
品質	4. 開車環湖賞景令人愉悅。				
	5. 整體氣氛令人心情放鬆。				
	6. 通往本風景區交通便利。				
	7. 遊憩安全設施良好。				
	8. 地方公共服務設施完善。				

表6-22　旅遊意象構面因素分析表（續）

因素名稱	因素構面內容	因素負荷	轉軸後平方負荷量		Cronbach's α
			特徵值	解釋變異量%	
服務	9. 整體旅遊環境乾淨。				
	10.旅遊資訊充足。				
	11.相關服務人員能提供遊客迅速且即時的服務。				
	12.區內相關服務人員的服務態度良好。				
	13.旅遊活動的各項安排均能提供遊客便利。				
價格	14.個人平均旅遊花費價格合理。				
	15.收費合理。				
累積總解釋變異量：					
量表整體信度：					

資料來源：本研究整理。

練習6-3

　　參考附錄七中，論文〈品牌形象、知覺價值對品牌忠誠度關係之研究〉的問卷初稿，資料檔「hw6-3.jasp」為範例論文的初稿資料檔（已反向計分），試以因素分析法刪除冗題，以建立正式問卷（解答應如附錄八中之正式問卷的題項），並確認正式問卷各主構面的因素結構（解答如表6-23）。最後驗證性因素分析完成後，請另存新檔為「hw6-3_正式.jasp」，並製作如表6-24的評估信、效度之指標表（空白表格如hw6-3.docx）。

表6-23　正式問卷資料的因素結構

構面名稱	子構面名稱	題項內容	變數名稱	備註
品牌形象	品牌價值 bi1	1. 85度C的產品風味很特殊。	bi1_1	
		2. 85度C的產品很多樣化。	bi1_2	
		3. 85度C和別的品牌有明顯不同。	bi1_3	

表6-23　正式問卷資料的因素結構（續）

構面名稱	子構面名稱	題項內容	變數名稱	備註
品牌形象	品牌特質 bi2	4. 85度C很有特色。	bi2_1	
		5. 85度C很受歡迎。	bi2_2	
		6. 我對85度C有清楚的印象。	bi2_3	
	企業聯想 bi3	7. 85度C的經營者正派經營。	bi3_1	
		8. 85度C形象清新。	bi3_2	
		9. 85度C讓人聯想到品牌值得信任。	bi3_3	
知覺價值	品質價值 pv1	1. 我認為85度C的產品，其品質是可以接受的。	pv1_1	
		2. 我不會對85度C之產品的品質，感到懷疑。	pv1_2	
		3. 85度C之產品的品質，常讓我感到物超所值。	pv1_3	原pv1_4
	情感交流價值pv2	4. 我會想使用85度C的產品。	pv2_1	
		5. 使用85度C的產品後，會讓我感覺很好。	pv2_2	原pv2_3
		6. 使用85度C的產品後，能讓其他人對我有好印象。	pv2_3	原pv4_2
		7. 我的好友們，和我一樣，都喜歡購買85度C的產品。	pv2_4	原pv4_3
	價格價值 pv3	8. 我認為85度C的產品價格不甚合理。	pv3_1	
		9. 我認為以此價格購買85度C的產品是不值得的。	pv3_2	
		10.我認為85度C的產品，CP值很高。	pv3_3	
		11.相較於其他價位相近產品，我會選擇購買85度C的產品。	pv3_4	
品牌忠誠度		1. 購買個案公司的產品對我來說是最好的選擇。（ly1）	ly1	
		2. 我是個案公司的忠實顧客。（ly2）	ly2	
		3. 當我有需求時，我會優先選擇個案公司的產品。（ly3）	ly3	
		4. 我願意繼續購買個案公司的產品。（ly4）	ly4	
		5. 我會向親朋好友推薦個案公司的產品。（ly5）	ly5	

表6-24 評估信、效度之指標表

二階構面	一階構面	指標	因素負荷量	Cronbach's α	CR值	AVE值
品牌形象						
	品牌價值	bi1_1				
		bi1_2				
		bi1_3				
	品牌特質	bi2_1				
		bi2_2				
		bi2_3				
	企業聯想	bi3_1				
		bi3_2				
		bi3_3				
知覺價值						
	品質價值	pv1_1				
		pv1_2				
		pv1_3				
	情感交流價值	pv2_1				
		pv2_2				
		pv2_3				
		pv2_4				
	價格價值	pv3_1				
		pv3_2				
		pv3_3				
		pv3_4				
	品牌忠誠度	ly1				
		ly2				
		ly3				
		ly4				
		ly5				
整體信度						

第 **7** 章
相關分析

　　相關分析的主要目的在探討兩變數之間關係的緊密程度，以及根據樣本資料推斷母體資料是否也具有相關性。而能反映變數間關係緊密程度的指標，主要就是相關係數，相關係數的取值在-1和+1之間，當其數值越接近-1或+1時，則表示兩變數關係越緊密；而越接近於0時，則說明兩變數關係越不緊密。但是相關係數常常是根據樣本的資料，計算而得到的，因此若想要確定母體中兩個變數是否具相關性時，則應該也要考慮到樣本規模的影響力，因為樣本太小，推論至母體時可能會出現較大的誤差。因此在相關分析中還有一個很重要的任務，那就是如何根據樣本的相關係數來推斷母體的相關狀況。

　　在本章將包含以下的內容：

1. 相關分析的基本概念
2. 連續型變數的相關分析
3. 次序型變數的相關分析
4. 建構效度的檢驗
5. 偏相關分析

7-1　相關分析的前提假設

　　雖然，衡量兩變數間關係緊密程度的方法有二，即相關分析（correlation analysis）與迴歸分析（regression analysis），但兩者在本質上仍存在一些差異性。於簡單迴歸模型中，所涉及的兩個變數，一個必須是自變數（independent variable，又稱解釋變數）；而另一個必須是依變數（dependent variable，又稱結果變數）。假設X為自變數，Y為依變數，那麼自變數X將可以被預先確定或自由操控，因此自變數X是一個非隨機變數，而依變數Y會隨X而變，並不用去事先決定，所以依變數Y是一個隨機變數。而在相關模型中，所涉及的兩個變數則都是屬於隨機變數，而且沒有哪個是自變數或哪個是依變數之分。從而不難理解，如果變數間無法區分出所謂的自變數與依變數時，則應使用相關模型來探討變數間的關係緊密程度；而如果變數是可以區分為自變數或依變數的話，則可使用迴歸模型來探討變數間的線性關係之緊密程度。

　　因此，在相關模型的假設下，由於變數沒有依變數與自變數之分，如果硬要去擬合迴歸直線，那麼就會有兩條迴歸線被擬合出來。例如：若是透過X去估計Y，則應用最小平方法建立迴歸模型時，應使Y的各點到迴歸線的距離最短；若是透過Y去估計X，則應使X的各點到迴歸線的距離最短。雖然，在一般情況下，這兩條迴歸線是不會一樣的，但是若從相關的角度來看的話，兩者關係的緊密程度則會是一致的。

　　當樣本相關分析的結果要推論到母體時，除了上述兩個變數都是隨機變數的假設之外，還必須滿足以下的條件：

➢ 當X取任意值時，Y的條件分配為一常態分配。
➢ 當Y取任意值時，X的條件分配為一常態分配。
➢ X與Y的聯合分配是一個二維的常態分配。

7-2　相關係數的計算

　　統計學中，將衡量兩隨機變數間之關係緊密程度的方法稱為相關分析；而將用以反映兩變數間關係緊密程度的大小與方向的統計量，就稱為相關係數（correlation coefficient）。樣本的相關係數一般用「γ」來表示，而母體的相關係數一般則用「ρ」表示。

計算相關係數時，有幾種不同的方法可以選用，而這完全視資料之類型而定。其中，常見的Pearson相關係數（Pearson correlation coefficient）只適用於區間尺度資料（連續型的數值型資料），而Spearman等級相關係數（Spearman's rank correlation coefficient）和Kendall等級相關係數（Kendall tau rank correlation coefficient）則都適合於次序型資料。

7-2-1　Pearson相關係數

相關係數的算法最早是由Pearson所提出，所以又稱爲Pearson相關係數，它可以直接根據樣本觀察值計算而得，其計算公式如式7-1。在式7-1的分子部分爲兩個變數之第一動差（first moment，即離差）的相乘積，此即爲兩變數的共變異數（covariance），共變異數的意義在於描述兩個隨機變數間的線性共變關係。也就是說，透過共變異數的數值可以協助理解，當一個變數變動時，另一變數將呈同方向或相反方向變動。共變異數的數值會介於$-\infty$到∞之間，當兩變數的共變異數大於零，表示兩變數同方向變動；小於零時，則表示兩變數將反方向變動；而等於零時，則表示兩變數間沒有線性共變關係，但這並不表示兩者之間沒有其他關係存在。

也由於式7-1的分子部分爲兩個變數之第一動差的相乘積，所以Pearson相關係數又稱爲乘積動差相關係數（product-moment correlation coefficient），簡稱爲積差相關係數。Pearson相關係數的計算公式爲：

$$r_{XY} = \frac{\Sigma (X_i - \overline{X})(Y_i - \overline{Y})}{\sqrt{(\Sigma (X_i - \overline{X})^2) \times (\Sigma (Y_i - \overline{Y})^2)}} \qquad (式7\text{-}1)$$

由式7-1，可反映出下列有關相關係數r_{XY}的特性：

(1) $r_{XY} = 0$表示兩隨機變數X與Y，沒有相關性。

(2) $r_{XY} > 0$表示兩隨機變數X與Y間有正向的相關性，X與Y會同方向變動。

(3) $r_{XY} = 1$表示兩隨機變數X與Y完全正相關。

(4) $r_{XY} < 0$表示兩隨機變數X與Y間有負向的相關性，X與Y會反方向變動。

(5) $r_{XY} = -1$表示兩隨機變數X與Y完全負相關。

統計學上，爲了能在分析前就能初步的確認兩變數間的關係，也常使用散布圖（scatter plot）來加以判斷。利用散布圖於座標平面中標示出兩變數之數值（一個爲X；另一個爲Y）所共同決定出的點後，若各分散的點呈左下至右上的直線分布時，

代表X軸的變數遞增時，Y軸的變數亦遞增，此時即稱兩變數完全正相關（$r_{XY} = 1$，如圖7-1c）。若各分散的點呈左上至右下的直線分布，代表X軸的變數遞增時，Y軸的變數卻遞減，此時即稱兩變數完全負相關（$r_{XY} = -1$，如圖7-1d）。散布圖若像圖7-1a、7-1b呈現隨機分布時，代表兩變數零相關，即兩變數沒關聯之意。不過大多數情形，兩變數的關係經常不會呈現完美的線性關係，而是像圖7-1e、7-1f的情形，圖7-1e中「大致」呈現左下至右上的分布，即稱為正相關（$r_{XY} > 0$）；反之，圖7-1f則「大致」呈現左上至右下的分布，則稱為負相關（$r_{XY} < 0$）。需請讀者理解的是，關係的強弱與斜率並無直接關係，而是與散布圖是否近似一條直線有關。當散布圖越近似一條直線時，兩變數的關係就會越接近完全正相關或完全負相關。

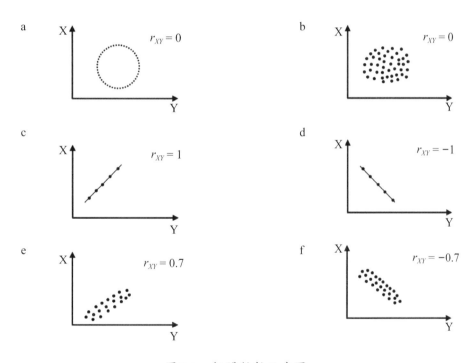

圖7-1　相關係數示意圖

此外，學術上亦常根據相關係數的大小，而評定關係緊密程度的強弱，如表7-1所示。另亦有學者認為當相關係數大於0.7時，即可稱為是高度相關；介於0.4至0.7之間為中度相關；小於0.4則為低度相關（吳明隆，2008）。

表7-1　兩變數之關聯程度的評定

相關係數	關聯程度
1	完全相關
0.7～0.99	高度相關
0.4～0.69	中度相關
0.1～0.39	低度相關
0.1以下	微弱或無相關

　　除相關係數之數值大小的討論外，讀者需注意的是，在推論統計中，兩個變數間的關係是否顯著，並不能單從相關係數之數值（絕對值）的大小來決定，而必須從相關係數之檢定過程中所得來的機率p值（又稱顯著性）來輔助判定。在虛無假設為「兩變數不相關」的情形下，當機率p值大於0.05（預設的顯著水準）時，虛無假設不能被拒絕。也就是說，縱使相關係數的數值很大，但我們仍得認定「兩變數的相關性未達顯著」，即兩變數間沒有顯著的正相關或負相關之意。反之，若機率p值小於0.05時，那就需拒絕虛無假設，即代表「兩變數的相關性達顯著」。此時，兩變數間呈現顯著的正相關或負相關。也就是說，兩變數間的關係要顯著時，相關係數之數值（絕對值）的大小才有意義，也才可據以評估兩變數間的關係緊密程度。

7-2-2　Spearman等級相關係數

　　Spearman等級相關係數（Spearman's rank correlation coefficient），可用來衡量兩組經過「等級排序」後之變數資料間的相關程度。在以等級順序為基礎（次序型資料）的所有統計量中，Spearman等級相關係數是發展最早，並且到目前為止，也許是最著名的。Spearman等級相關係數的原理是，假設將N個目標事件依照某兩個變數的意涵來排序。例如：我們可以將學生的成績，按入學考試成績和第一學期的學期成績來排列等級。如果將入學考試成績的等級排序結果記為X_1、X_2、……X_N，而學期成績的等級排序結果記為Y_1、Y_2、……Y_N。此時，我們就可以用Spearman等級相關係數來探討入學考試成績（X）和第一學期的學期成績（Y）之間的相關性。

　　Spearman等級相關係數的數學式為：

$$r = \frac{\Sigma(X_i - \overline{X})(Y_i - \overline{Y})}{\sqrt{(\Sigma(X_i - \overline{X})^2) \times (\Sigma(Y_i - \overline{Y})^2)}}$$

（式7-2）

7-2-3 Kendall等級相關係數

Kendall等級相關係數（Kendall tau rank correlation coefficient）就比較難以解釋了。因此，我們將以一個實際的範例來說明Kendall等級相關係數的計算過程。如果兩位鑑定家各自以畫作的吸引力大小為基準，將7幅抽象派畫作評定了等級。在此情況下，若我們想要去了解這兩位鑑定家的等級評定資料間的相符程度時，那麼就可運用Kendall等級相關係數來加以分析了。表7-2顯示出了7幅畫作的等級評定資料。

表7-2　畫作的等級評定表

畫號	二	六	五	一	四	三	七
鑑定家1	1	2	3	4	5	6	7
鑑定家2	2	3	1	4	6	5	7

首先我們將「鑑定家1」所評定的等級由第一名排到第七名（先予以固定，遞增排序），此時畫作的編號也會跟著異動，如表7-2的第一列與第二列。接著，根據目前畫作編號的排列順序（第一列資料），依序填入「鑑定家2」所評定的等級，如表7-2的第三列。最後，由於「鑑定家1」所評定的等級已依遞增順序排好，所以我們將重點聚焦於表7-2的第三列（即「鑑定家2」所評定的等級）。由畫號二開始，依次取出各畫作被評定出的等級，然後算出每一幅畫作之右邊欄位中，在等級上比自己小的個數，並將這些個數加起來，且將此數指定為Q。例如：從表中第三列第二欄開始，「鑑定家2」對畫號二所評定的等級為2，其個數則為1（因為在其右邊的欄位中，等級比2小的，只有畫號五，1個畫作而已），繼續算出其餘六個畫作之個數依次為1，0，0，1，0和0，因此個數的總和為Q = 3。而Kendall等級相關係數則為：

$$\tau = 1 - \frac{4Q}{n \times (n-1)} = 1 - \frac{12}{42} = 0.714 \qquad （式7-3）$$

上述計算式中，n為畫作的個數，τ即代表Kendall等級相關係數。Kendall等級相關係數的值會介於–1和+1之間，其計算顯得麻煩一些，但是其在原假設上的機率分配較為簡單，而且也可被推廣而應用在研究偏相關的問題上。

◆ 7-3　相關分析的範例 ◆

在相關分析中，變數可以是區間尺度（連續型）或是順序尺度的變數（次序型）。因此，計算相關係數時，可以選擇的方法有Pearson相關係數、Spearman等級相關係數和Kendall等級相關係數。除了相關係數的計算外，也可針對相關係數的顯著性進行檢定，而其所檢定的虛無假設則為：兩變數的相關係數等於0（即無相關）。當然檢定的過程中，也可選擇使用單尾檢定或是雙尾檢定。故而本節將先講解兩個範例，分別對應於求解連續型變數和次序型變數的相關係數。

▌ 7-3-1　連續型變數的Pearson相關分析

▶ 範例7-1

參考附錄八中，論文〈品牌形象、知覺價值對品牌忠誠度關係之研究〉的正式問卷，正式問卷各主構面的因素結構（如表6-23）。請開啟範例論文之正式問卷的資料檔「ex7-1.jasp」，試檢驗「品牌形象」與「知覺價值」間的相關性。該兩主構面間的相關模型，如圖7-2。

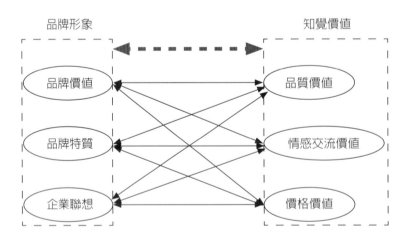

圖7-2　「品牌形象」與「知覺價值」的相關模型

依題意，我們將建立假設為（論文中，需寫對立假設）：

H$_1$：品牌形象與知覺價值間具有顯著的相關性（粗虛線）。

H$_{1-1-1}$：品牌價值與品質價值間具有顯著的相關性。

H$_{1-1-2}$：品牌價值與情感交流價值間具有顯著的相關性。

H$_{1-1-3}$：品牌價值與價格價值間具有顯著的相關性。

H$_{1-2-1}$：品牌特質與品質價值間具有顯著的相關性。

H$_{1-2-2}$：品牌特質與情感交流價值間具有顯著的相關性。

H$_{1-2-3}$：品牌特質與價格價值間具有顯著的相關性。

H$_{1-3-1}$：企業聯想與品質價值間具有顯著的相關性。

H$_{1-3-2}$：企業聯想與情感交流價值間具有顯著的相關性。

H$_{1-3-3}$：企業聯想與價格價值間具有顯著的相關性。

　　在博、碩士論文或大學專題題目中，檢驗兩構面之相關性的文章相當多。但是大部分研究者的作法是相當可議的。基本上，「品牌形象」與「知覺價值」都屬於所謂的潛在變數（latent variabe），潛在變數是種不可直接測量的變數，但可以透過問卷的題項（觀察變數）而間接測量。例如：在本研究中，「品牌形象」包含三個子構面，「品牌價值」、「品牌特質」與「企業聯想」，這些主構面和子構面都屬於潛在變數，故範例論文中使用了9個題項來加以測量。但是，根據這9個題項，我們要來求取，「品牌形象」、「品牌價值」、「品牌特質」與「企業聯想」等構面（潛在變數）的得分時，往往很多研究者，都是直接將各構面所屬的題項加總後平均而求得構面得分。這樣的作法，容易引起論文審核者的質疑。所以，較嚴謹的作法應該是要先證明這些衡量題項是具有信度，且測量出來的構面是具有收斂與區別效度後，才能進行所屬題項的加總後平均而求得構面得分。這點請讀者務必留意。

　　如圖7-2，一般而言，模型圖中會以雙箭頭線來描述兩變數間的相關性。此外，本模型要檢驗「品牌形象」與「知覺價值」這兩個主構面的相關性時，若能先從子構面的觀點了解其間的相關性，更能深入探索主構面間之相關性的內涵。基於此，我們將先求各子構面間的相關，然後再來求算兩主構面間的相關性。進行相關分析前，必須先將「品牌形象」、「品牌價值」、「品牌特質」與「企業聯想」，及「知覺價值」、「品質價值」、「情感交流價值」與「價格價值」等八個主構面或子構面的得分求算出來，假設我們已檢驗過信、效度，且檢驗結果皆能符合學術性要求，所以我們將可直接運用所屬題項加總後平均的方法來求得各構面的得分。求得各構面的得分後，就可進行相關分析了。

計算各主構面與子構面之得分的過程，在第3章已有所示範，讀者可自行溫故知新。因此，在本範例中，爲減少操作的複雜度，這些計算得分之工作已計算完成，並已存入資料檔「ex7-1.jasp」中了。

(操)(作) 步驟

詳細操作過程，請讀者自行參閱教學影音檔「ex7-1.mp4」。

▶ 報表解說

在JASP中，執行「相關分析」後，當可跑出相關分析報表，如表7-3所示。以第9行bi（品牌形象）和第9列pv（知覺價值）的相關性爲例，可發現bi（品牌形象）和pv（知覺價值）的相關係數爲0.552，顯著性小於0.001，故達顯著，因此在數字「0.552」的右上方會自動加上，代表顯著的星星（***）符號。因此可研判，品牌形象和知覺價值間具有顯著的相關性，且其相關係數達0.552，故假設H_1獲得支持。依此原則，其餘假設之驗證，請讀者自行解析。

表7-3　皮爾森相關係數表

Variable		bi1	bi2	bi3	pv1	pv2	pv3	bi	pv
1. bi1	皮爾森r	—							
2. bi2	皮爾森r	0.522***	—						
3. bi3	皮爾森r	0.392***	0.473***	—					
4. pv1	皮爾森r	0.436***	0.331***	0.284***	—				
5. pv2	皮爾森r	0.234***	0.214***	0.219***	0.208***	—			
6. pv3	皮爾森r	0.375***	0.399***	0.419***	0.306***	0.303***	—		
7. bi	皮爾森r	0.782***	0.825***	0.795***	0.434***	0.278***	0.498***	—	
8. pv	皮爾森r	0.473***	0.431***	0.425***	0.650***	0.743***	0.754***	0.552***	—

*p < .05, **p < .01, ***p < .001

▶ 結論

「品牌形象」與「知覺價值」兩主構面與六個子構面之相關分析結果如表7-3，觀察表7-3可發現，「品牌形象」的三個子構面與「知覺價值」的三個子構面間的相

關係數皆顯著（表7-3中框線部分），故所有假設皆成立（H$_{1-1-1}$、H$_{1-1-2}$、H$_{1-1-3}$、H$_{1-2-1}$、H$_{1-2-2}$、H$_{1-2-3}$、H$_{1-3-1}$、H$_{1-3-2}$、H$_{1-3-3}$）。其中以「品牌價值」（bi1）與「品質價值」（pv1）間的相關係數最大，達0.436（顯著），而以「品牌特質」（bi2）與「情感交流價值」（pv2）間的相關係數最小，只有0.214（顯著）。

最後，觀察「品牌形象」（bi）與「知覺價值」（pv）兩主構面間的關係，可發現其間相關係數為正向的，達0.552且顯著，故假設H$_1$成立。顯見「品牌形象」與「知覺價值」的關係甚為緊密，且受訪者對85度C的「品牌形象」認同程度越高時，其所知覺的價值感也越高。從「品牌形象」的結構來看，造成這種現象的原因，很可能是受訪者對85度C這個品牌的價值感（品牌價值）所引起的。顯見，85度C的經營者未來若能持續加強品牌於消費者心目中的價值感的話，則將有助提升產品的品質價值感，進而更有效率的提升消費者所知覺的消費價值感。

7-3-2 次序型變數的Spearman等級相關分析

▶ 範例7-2

本範例的內容與資料，皆引自Siegel的著作《無母數統計》。基於世代變遷，某些研究者想了解在目前多元化的社會情境中，新世代的年輕人對於「權威主義」和「地位慾」的看法。於是研究者使用了著名的權威主義量表和地位慾量表，調查12位大學生對「權威主義」與「地位慾」的等級評定。調查後，該「權威主義」和「地位慾」之評定等級結果，如表7-4所示，試分析在大學生看法中，「權威主義」和「地位慾」的相關程度（資料檔案為ex7-2.jasp）。

透過權威主義量表和地位慾量表的施測結果，我們希望理解大學生對「權威主義」的評等和對「地位慾」的評等之間相關程度的資訊，以便能找出某些論點，並標識、闡明個人的地位慾。這些論點諸如：「人們不應該和社會地位比自己低的人結婚」；「對於約會這件事來說，去看馬戲團表演比去看棒球比賽好」；「追溯您的家譜是一件值得做的事情」等等。在表7-4中已列出了這12位學生評分的等級。我們將根據這些評等結果，來分析此兩種評定等級的相關程度。

表7-4　權威主義和地位慾等級評定之結果

學生	A	B	C	D	E	F	G	H	I	J	K	L
權威主義	2	6	5	1	10	9	8	3	4	12	7	11
地位慾	3	4	2	1	8	11	10	6	7	12	5	9

從表7-4中，顯然可以看出權威主義個性最強的學生（J生），其地位慾也最強，因為他在兩個變數中的評定等級都是12。但權威主義和地位慾之評定等級是不是真的有緊密關係，還須以相關分析的統計方法來檢驗較具科學性。此外，由於權威主義和地位慾都是次序型尺度資料，因此使用Pearson相關係數並不適合。故為因應次序型尺度資料，可選用的方法有Spearman等級相關係數和Kendall等級相關係數。

操作 步驟

詳細操作過程，請讀者自行參閱教學影音檔「ex7-2.mp4」。

▶ 報表解說

經執行「相關」分析後，次序型變數的相關係數資料，如表7-5所示。

表7-5　次序型變數的相關係數表

Variable		權威主義	地位慾
1. 權威主義	Spearman等級相關係數	—	
	p值	—	
	Kendall's Tau B	—	
	p值	—	
2. 地位慾	Spearman等級相關係數	0.818**	—
	p值	0.002	—
	Kendall's Tau B	0.667**	—
	p值	0.002	—

*p < .05, **p < .01, ***p < .001

從表7-5中可以看出，權威主義和地位慾的Spearman等級相關係數為0.818，顯著性為0.002，小於0.01，故顯著（虛無假設為：權威主義與地位慾不相關），應拒

絕虛無假設。亦即，權威主義和地位慾間具有顯著的正向相關性，且其相關係數達0.818。這表示權威主義越高的人，其地位慾也越高；或者地位慾越高的人，其權威主義也越高。

其次，再觀察Kendall等級相關係數。從表7-5中可以看出，權威主義和地位慾的Kendall等級相關係數爲0.667，這表示權威主義越高的人，地位慾也越高。權威主義與地位慾不相關的虛無假設之顯著性爲0.002（小於0.01，達顯著），故否定虛無假設，即認爲權威主義與地位慾是顯著相關的，且其Kendall等級相關係數爲0.667。讀者應不難發現，Kendall等級相關分析所得到的結果類似於Spearman等級相關分析。

7-4　區別效度的評估

效度代表測量工具（量表／問卷）之正確性和準確性的程度，也就是測量工具確實能測出其所欲測量之構面的特質、特徵或意涵的程度。因此，評估效度時，首重測量工具（量表／問卷）能否達到原先研究所設定的評量目標、效果和效益。常見的效度有四種類型：表面效度（face validity）、內容效度（content validity）、校標效度（criterion validity）與建構效度（construct validity）。

一般論文研究中，最常見的效度檢驗，即是「建構效度」的檢驗。建構效度係指測量工具的內容（即各題項內容）是否能夠測量到理論上的構念或特質的程度。建構效度包含收斂效度（convergent validity）與區別效度（discriminant validity）。收斂效度主要在檢驗以一個變數（構念）發展出的多題題項，最後是否仍會收斂於一個因素中（同一構念不同題項間的相關性要高）；而區別效度則爲判定某一題項可以與其他構念之題項區別的程度（不同構念、不同題項間的相關性要低）。

在學術論文中，於預試階段蒐集資料完成後，必須進行項目分析，以刪除冗題並確認各主構面的因素結構（即確認每個主構面該包含幾個子構面，每個子構面又該包含哪些題項），這樣才能形成正式問卷。待正式問卷再次的蒐集資料完成後，因爲資料是具有隨機性的，故可能還是會出現冗題。這時再次的使用項目分析（建議使用因素分析法）來刪除冗題與確認各主構面的因素結構或許也是必要的。當研究者進行完上述的步驟後，基本上資料檔內剩餘的變數才是我們進行後續進階統計分析的正式資料。對於這筆正式資料要分析之前，一定要再評估它的信度、收斂效度與區別效度。信、效度都沒問題之後，也才能進行敘述統計、t 檢定、ANOVA、相關分析、迴歸分析、結構方程模型等進階的統計分析。希望讀者於獨立進行研究時，能謹記上述的

統計分析程序。

因此，評估量表／問卷的信度、收斂效度與區別效度在學術論文之統計分析部分佔有舉足輕重的地位。它是一切進階統計分析的基礎。由於信度、收斂效度在前一章之範例6-4已評估完成，故在本小節中，我們將沿用前一章範例6-4的驗證性因素分析結果，並再應用本章所介紹的相關分析，來接續評估區別效度。評估時，需要用到許多的統計量或準則，這些統計量或準則彙整如表7-6。

表7-6　評估信、效度的準則依據

項目	準則	依據
信度	➤ Cronbach's α係數	Hee (2014)
收斂效度	➤ 標準化因素負荷量大於0.5，且顯著	Hair et al. (1998); Hulland (1999)
	➤ CR值大於0.6	Fornell & Larcker (1981); Bagozzi & Yi (1988)
	➤ AVE值大於0.50	Fornell & Larcker (1981)
區別效度（Fornell-Larcker準則）	➤ 每一個構面的AVE平方根應大於該構面與其他構面間的相關係數。	Hair et al. (2010)

▶ 範例7-3

附錄五中的「電信業服務品質問卷」之正式問卷，經範例6-3的探索性因素分析後，可確認其初步的因素結構（詳見表6-15），該因素結構共包含三個子構面（因素），共20個題項。為嚴謹評估該因素結構的信度、效度，在範例6-4中，研究者再重新蒐集另一份樣本資料（樣本數278個，檔名ex6-4.jasp），並進行驗證性因素分析後，結果顯示該因素結構已具信度與收斂效度。試請讀者沿用範例6-4中的「ex6-4.jasp」與所製作完成的「表7-7評估信、效度之指標表」（即表6-16），製作「表7-8區別效度檢定表」，最後依據「表7-6評估信、效度的準則依據」，繼續評估該因素結構的區別效度。

表7-7　評估信、效度之指標表

二階構面	一階構面	題項代碼	因素負荷量	Cronbach's α	CR值	AVE值
電信業服務品質	專業性服務	pro_q12	0.979*	0.954	0.958	0.700
		pro_q17	0.806*			
		pro_q15	0.836*			
		pro_q9	0.812*			
		pro_q10	0.815*			
		pro_q18	0.825*			
		pro_q13	0.815*			
		pro_q11	0.830*			
		pro_q5	0.816*			
	服務等候	ser_q8	0.844*	0.929	0.929	0.685
		ser_q4	0.816*			
		ser_q6	0.819*			
		ser_q16	0.811*			
		ser_q2	0.846*			
		ser_q21	0.828*			
	營業設施	bus_q7	0.801*	0.912	0.913	0.676
		bus_q14	0.829*			
		bus_q20	0.825*			
		bus_q19	0.801*			
		bus_q3	0.851*			
整體Cronbach's α係數：0.961						

表7-8　區別效度檢定表

構面	題項數	相關係數		
		A	B	C
A. 專業性服務（pro）[1]	9	**0.837**[2]		
B. 服務等候（ser）	6	0.641	**0.828**	
C. 營業設施（bus）	5	0.709	0.644	**0.822**

註1：取變數之平均數為量表中，各構面之所有題項的加總平均值。

註2：對角線之值為各子構面之AVE值的平方根，該值應大於非對角線之值。

操作 步驟

　　基本上，一定要先完成「表7-7評估信、效度之指標表」與「表7-8區別效度檢定表」的製作，這樣才能順利的進行信、效度的評估。要完成上述的兩個表，請讀者務必遵守以下的程序：

1. 先利用信度分析，求出各主構面、子構面的Cronbach's α值。
2. 進行驗證性因素分析，求出各題項的標準化因素負荷量。
3. 從驗證性因素分析的報表中，找出各主／子構面的CR與AVE值。
4. 求出各主／子構面的平均得分。
5. 進行相關分析，求得各子構面兩兩的相關係數。

　　上述的1、2、3與4點已於範例6-4中完成，接下來於本範例中，只要完成第5點就可完成表7-8的製作了。在此須特別注意的是，只需要求取各一階子構面間的相關係數即可。詳細操作過程，請讀者自行參閱教學影音檔「ex7-3.mp4」。

▶ 報表解說

　　經執行「相關分析」後，即可確認各一階子構面間的相關係數，如表7-9。

表7-9　皮爾森相關表

Variable		專業性服務	服務等候	營業設施
1. 專業性服務	皮爾森r	—		
	p值	—		
2. 服務等候	皮爾森r	0.641	—	
	p值	<.001	—	
3. 營業設施	皮爾森r	0.709	0.644	—
	p值	<.001	<.001	—

　　由表7-9的皮爾森相關表得知，「專業性服務」子構面和「服務等候」子構面、「營業設施」子構面的相關係數分別為0.641、0.709；而「服務等候」子構面與「營業設施」子構面的相關係數則為0.644。將這些相關係數依序填入表7-8的相對儲存格。最後再將各子構面之AVE值的平方根填入表7-8之對角線儲存格，即可完成表7-8的資料彙整工作。

▶ 總結

社會科學領域的研究者，經常會蒐集實證性的量化資料來驗證某些理論或假設。為了要維持驗證過程之嚴謹性，首要條件必先去確認測量工具的信度與效度（楊國樞等，2002）。因此，在應用進階統計分析方法之前，本研究將先分別評估因素結構的信度（內部一致性）、構面的收斂效度與構面間的區別效度。

首先，在問卷的內部一致性方面，觀察表7-7，「電信業服務品質」之因素結構中各子構面的Cronbach's α值分別為0.954、0.929與0.912，全部都大於0.7，整體量表的Cronbach's α值亦達0.961，明顯超過0.7，表示「電信業服務品質」量表具有高信度（Hee, 2014）。

接著，再來檢驗範例論文中各構面的收斂效度。收斂效度主要在評估一個構面所屬的多題題項，其變異解釋能力是否能充分的解釋構面的變異。由表7-7可見，三個一階潛在構面（因素）的CR值分別為0.958、0.929與0.913，皆大於0.6（Fornell and Larcker, 1981; Bagozzi and Yi, 1988）。接著，20個題項變數的標準化因素負荷量，則介於0.801～0.979之間，故皆大於0.5，且於 t 檢定時顯著（Hair et al., 1998; Hulland, 1999）。最後，三個一階潛在構面（因素）的平均變異抽取量則分別為0.700、0.685與0.676，皆大於0.5（Fornell and Larcker, 1981）。故經由收斂效度的三項準則檢測後，各參數值皆符合收斂效度的準則，因此，可推論三個一階潛在構面（因素）應已具有收斂效度。測量模型之內在品質佳。

最後，再來評估構面間的區別效度。本研究將依據Fornell-Larcker準則評估構面間的區別效度。雖然「電信業服務品質」屬二階因素結構，但依據Fornell-Larcker準則評鑑區別效度時，並不要求二階構面與其所屬的各一階構面間須具區別效度（Hair et al., 2014）。也就是說，並不用去檢核二階構面（電信業服務品質）的AVE平方根是否都大於其與各一階構面間的相關係數。因此，對於Fornell-Larcker準則的運用，將只針對一階子構面（三個）來進行評鑑即可。

觀察表7-8的區別效度檢定表可發現，三個一階子構面之AVE值平方根全部都大於該值下方的相關係數，因此，符合Fornell and Larcker（1981）對區別效度檢驗所訂定的規則。故本研究認為所有的子構面間皆已具有區別效度。

經過上述的信、效度檢驗後，本研究對於「電信業服務品質」的測量工具（即正式問卷）已證實是具有信度的。此外，「電信業服務品質」中的各子構面除具有收斂效度外，構面間亦具有區別效度，其因素結構如圖7-3或如表7-10。整體而言，測量工具與其測量結果之品質頗佳，已適合進行後續進階的統計分析工作了。

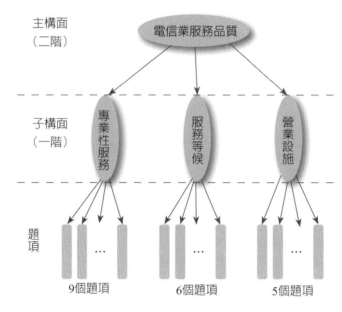

9個題項   6個題項   5個題項

圖7-3　電信業服務品質的因素結構圖

表7-10　電信業服務品質的因素結構表

二階構面	一階構面	題項代碼	題項內容
電信業服務品質	專業性服務	pro_q12	12.客戶資料保密性
		pro_q17	17.繳納電費方便性
		pro_q15	15.話費維持合理價位
		pro_q9	09.協助客戶解決問題能力
		pro_q10	10.人員的專業知識
		pro_q18	18.即時處理客戶抱怨
		pro_q13	13.準時寄發繳費通知
		pro_q11	11.計費交易正確性
		pro_q5	05.營業時間符合需求
	服務等候	ser_q8	08.完成服務所花時間
		ser_q4	04.未服務前的等候時間
		ser_q6	06.完成異動作業時間
		ser_q16	16.臨櫃排隊等候
		ser_q2	02.總修復時間
		ser_q21	21.申請業務手續簡便

表7-10　電信業服務品質的因素結構表（續）

二階構面	一階構面	題項代碼	題項內容
電信業服務品質	營業設施	bus_q7	07. 備有電子佈告欄
		bus_q14	14. 備有報紙雜誌
		bus_q20	20. 櫃檯清楚標示服務項目
		bus_q19	19. 備有舒適及足夠座椅
		bus_q3	03. 備有免費申訴或諮詢電話

7-5　偏相關分析

　　有時候，影響一個問題的因素很多。在這種情形下，為了純化、聚焦於所關注的影響因素，我們常假設其中某些因素是固定不變化（即控制該因素之意），而去考量其他一些因素（即所關注的因素）對該問題的影響，從而達到簡化研究的目的。偏相關分析正是源於此一概念而產生的。

7-5-1　偏相關分析的基本概念

　　相關分析可計算兩個變數之間的關係緊密程度。但是，在這過程中，往往會因為第三個變數的作用，而使得所計算出來的相關係數不能真實的反映該兩變數間的關係緊密程度。因此，第三個變數的作用會決定兩變數相關分析的精確性，故有必要加以控制，然後才能確實釐清兩特定變數間的相關性。

　　例如：身高、體重與肺活量之間的關係。如果使用Pearson相關方法來計算兩兩之間的相關係數時，應該可以得出肺活量、身高和體重間，兩兩均存在著較強的相關性。但實際上呢？對體重相同的人而言，是否身高值越大，其肺活量也越大呢？答案可能是否定的喔！這正是因為身高與體重間有著線性關係，肺活量與體重間亦有著線性關係，因此得出了身高與肺活量之間存在較強的線性關係的錯誤（或許）結論。也就是說，若不把體重的影響因素排除的話，那麼研究身高與肺活量的關係，將會產生極大的誤判。而偏相關分析就是「在研究兩個變數之間的線性相關關係時，控制可能對其間關係產生影響的變數」之相關分析方法。

　　偏相關係數可衡量任何兩個變數之間的關係。但其過程中，會先控制住與這兩個變數有關聯的其他變數。也就是說，讓這些「其他變數」都能保持不變。例如：我們想研究銷售額與人口數、銷售額與個人年收入之間的關係，人口數量的多寡會影響銷售額，年收入的大小亦會影響銷售額。由於人口數量會變化，年收入的多寡也會經常性變化，在這種錯綜複雜的情況下，應用簡單相關係數往往不能說明這些現象之間的相關程度。這時，就必須先控制其他變數的影響後，再來研究兩特定變數之間的相互關係，這種相關分析即稱為偏相關分析（partial correlations analysis），這種相關係數就稱為偏相關係數（partial correlation coefficient）。例如：在研究銷售額和年收入的相互關係時，須在已控制人口數量不變的場合下進行；而在研究銷售額與人口數的相互關係時，則須在已控制年收入不變的場合下進行。

　　再例如：變數X、Y、Z之間彼此存在著關係，為了衡量X和Y之間的關係，就必須假定Z保持不變，再來計算X和Y的偏相關係數，我們用$r_{xy/z}$表示。$r_{xy/z}$稱為Z保持不變時，X和Y的偏相關係數。待控制Z後，偏相關係數也可以由簡單相關係數來求出。

　　但是，偏相關係數的數值和簡單相關係數的數值常常是不同的，在計算簡單的兩兩變數間的相關係數時，所有其他變數的影響力將不予考慮；但在計算偏相關係數時，要考慮其他變數對所關注的主要變數的影響，這時就須把其他變數當作常數來處理，也就是須先控制住其他變數的影響。

7-5-2　偏相關分析的功能與應用

　　透過以上對偏相關分析之基本概念介紹，我們對它的基本功能應有一定程度的了解。應用JASP相關分析功能即可對變數進行偏相關分析。在偏相關分析中，JASP將可按使用者的要求，對兩相關變數之外的某一或某些會影響相關性的其他變數進行控制，以輸出控制其他變數影響後的偏相關係數。偏相關分析的主要用途如下：

　　根據觀測資料，應用偏相關分析可以計算偏相關係數，也可以據以判斷哪些變數對特定變數的影響較大，進而當成是選擇重要變數的基準。至於那些對特定變數影響較小的變數，則可以捨去不顧。這樣的觀念，非常適合應用在多元迴歸分析建模過程的自變數篩選上。透過偏相關分析，只保留具有主要作用的自變數，就可以用較少的自變數去描述依變數的平均變動量，以符合建模之精簡性原則。

7-5-3　偏相關分析應用範例

　　在本小節中，我們將介紹一個有關偏相關分析的簡單範例，期能使讀者對偏相關分析有一些基本認識。

範例7-4　論文〈旅遊動機、體驗價值與重遊意願關係之研究〉之研究架構如圖7-4，其正式問卷如附錄一。經實際施測完成後，所得的原始資料如資料檔「ex7-4.jasp」。試驗證旅遊動機與重遊意願、旅遊動機與體驗價值、體驗價值與重遊意願之相關性。

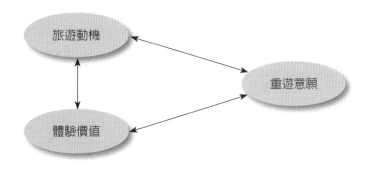

圖7-4　範例論文的研究架構

　　由過去的文獻顯示，旅遊動機、體驗價值與重遊意願間，可能存在複雜的相關關係。尤其，旅遊動機、體驗價值皆是影響重遊意願的重要因素。然在此，研究者將只探討兩兩變數間的關係，故必須先控制住第三個變數的影響效果，才能真正求出兩特定變數間的關係。故明顯的，研究者必須進行偏相關分析。

　　由於將求取旅遊動機與重遊意願、旅遊動機與體驗價值、體驗價值與重遊意願的偏相關係數，故須先將各構面（旅遊動機、體驗價值與重遊意願）的平均得分求算出來，並儲存為變數。在此，我們將計算出每一個個案（受訪者）於「旅遊動機（tm）」、「體驗價值（ev）」與「重遊意願（ri）」等三個主構面的平均得分，並將這些計算出來的新資料，以新的變數來儲存。為節省時間，「旅遊動機（tm）」、「體驗價值（ev）」與「重遊意願（ri）」等三個主構面的平均得分已計算完成，並已存入資料檔「ex7-4.jasp」中了。

(操)(作) 步驟

詳細操作過程，請讀者自行參閱教學影音檔「ex7-4.mp4」。

▶ 報表解說

首先，不進行任何變數的控制，先進行簡單的雙變數相關分析，以觀察兩兩主構面間的相關性，如表7-11所示。

表7-11　兩兩主構面間的皮爾森相關係數表

Variable		tm	ev	ri
1. tm	皮爾森r	—		
	p值	—		
2. ev	皮爾森r	0.331***	—	
	p值	<.001	—	
3. ri	皮爾森r	0.468***	0.597***	—
	p值	<.001	<.001	—

*p < .05, **p < .01, ***p < .001

從表7-11兩兩主構面間的皮爾森相關係數表來看，旅遊動機（tm）與體驗價值（ev）的相關係數為0.331，且顯著；旅遊動機（tm）與重遊意願（ri）的相關係數為0.468，且顯著；體驗價值（ev）與重遊意願（ri）的相關係數為0.597，亦顯著。

接下來，我們將進行偏相關分析。經偏相關分析後，輸出報表如表7-12、表7-13與表7-14。

表7-12　旅遊動機（tm）與重遊意願（ri）的偏相關係數〔控制變數：體驗價值（ev）〕

			皮爾森r	p值
tm	-	ri	0.356***	<.001

*p < .05, **p < .01, ***p < .001
附註：基於變數：ev。

表7-13　旅遊動機（tm）與體驗價值（ev）的偏相關係數〔控制變數：重遊意願（ri）〕

			皮爾森r	p值
tm	-	ev	0.074	0.247

*p < .05, **p < .01, ***p < .001
附註：基於變數：ri。

表7-14　體驗價值（ev）與重遊意願（ri）的偏相關係數〔控制變數：旅遊動機（tm）〕

			皮爾森r	p值
ev	-	ri	0.530***	<.001

*p < .05, **p < .01, ***p < .001
附註：基於變數：tm。

　　由表7-12、表7-13、表7-14可知，在控制體驗價值（ev）的情形下，旅遊動機（tm）與重遊意願（ri）的偏相關係數為0.356，且達顯著。且該偏相關係數（0.356）小於雙變數相關係數（0.468），顯然體驗價值（ev）確實會助長旅遊動機（tm）與重遊意願（ri）的相關性；而在控制重遊意願（ri）的情形下，旅遊動機（tm）與體驗價值（ev）的偏相關係數為0.074，不顯著。但雙變數相關係數（0.331）卻是顯著的，顯見旅遊動機（tm）與體驗價值（ev）間並無相關性。這說明了影響體驗價值（ev）的關鍵因素，或許並非是「旅遊動機（tm）」，其他因素的影響力可能更為重要（例如：重遊意願）；最後，在控制了旅遊動機（tm）的情形下，體驗價值（ev）與重遊意願（ri）的偏相關係數為0.530，達顯著。且該偏相關係數（0.530）小於雙變數相關係數（0.597），這現象也說明著旅遊動機（tm）亦會助長體驗價值（ev）與重遊意願（ri）間的相關性。

習 題

 **練習7-1**

　　參考附錄八中，論文〈品牌形象、知覺價值對品牌忠誠度關係之研究〉的正式問卷。經實際施測完成後，所得的原始資料如資料檔「hw7-1.jasp」，試進行驗證性因素分析與相關分析，以製作如表7-7的「評估信、效度之指標表」與表7-8的「區別效度檢定表」，並參考「表7-6評估信、效度的準則依據」，以評估該正式問卷的信度、收斂效度與區別效度。

練習7-2

　　參考附錄二中，論文〈遊客體驗、旅遊意象與重遊意願關係之研究〉的原始問卷，並開啟hw7-2.jasp，試以相關分析，分析遊客體驗的各子構面與旅遊意象的各子構面之間是否存在相關性。

第 8 章

基本統計分析

　　至前一章止，我們已學會了資料處理、編輯以及如何去評估問卷的信度、收斂效度與區別效度。接下來，就可以進入到實質的統計分析部分了。首先，將針對資料集進行基本的統計分析。在JASP中，所謂的「基本統計分析」指的是「描述統計」（descriptive statistics）功能，這項功能是JASP統計分析的重要功能，也是一般進行統計工作的起始點。

　　透過「描述統計」功能，研究者可以得到許多統計學上常使用的基本統計量，如平均數、中位數、百分位數、變異數、標準差、標準誤差、最大值、最小值、全距、偏態和峰度等。進而也可理解單變數資料的特徵和多變數資料間的相互關係。此外，還可以依照使用者所設定的格式來輸出報表或圖形。

　　在本章中將包含以下的內容：

1.製作受訪者基本資料分析表
2.描述性統計量簡介
3.主要變數的現況分析
4.統計圖形繪製

◆ 8-1 製作受訪者基本資料分析表 ◆

受訪者基本資料分析表（如表8-1），幾乎是所有的專題、碩博士論文於統計分析時第一個產出的報表。其主要的目的在於描述受訪者之各項社經背景資料的分布狀況，這將有助於研究者檢視經由抽樣調查所得到的樣本是否符合研究議題的設定（如母體代表性）。基本上，表8-1的受訪者基本資料分析表其本質應是種次數分配表而已。

一般而言，最基本的統計分析往往都是從次數分配表開始的。透過次數分配表能夠清楚了解變數之取值狀況，對掌握資料的特徵是非常有用的。例如：對問卷資料的統計分析過程中，通常會先去分析本次調查之受訪者的基本資料，如受訪者的總人數、年齡區間、職業、性別、婚姻狀況……等基本資料。透過這些分析，便能夠輔助研究者了解樣本是否具有母體代表性，或者抽樣是否存在系統偏差等，並以此確認未來進階問題分析的穩定性和可信度。

次數分配表是描述性統計中最常被使用的方法之一，在JASP的「描述統計」中就包含製作「次數分配表」的功能。它不僅可以產生詳細的次數分配表，還可以依照研究需求顯示出常用的長條圖、圓形圖等統計圖。在「描述統計」中也可以方便地對資料按組別進行歸類整理，形成各變數的不同水準的次數分配表和圖形，以便對各變數的資料特徵和觀察值分配狀況能先有一個概括性的認識。次數分配表是描述性統計中最常用的方法之一，它還可對資料的分配趨勢進行初步分析。

▶ 範例8-1

> 參考附錄一中，論文〈旅遊動機、體驗價值與重遊意願關係之研究〉的原始問卷，並開啟ex8-1.jasp和ex8-1.docx（表8-1的空白表格），試對受訪者的各項基本資料製作「次數分配表」，完成後並將資料彙整如表8-1。

表8-1為一般論文中常見的受訪者基本資料分析表，這個表中描述著受訪者之基本社經背景資料的分布狀況。例如：受訪者的總人數、性別、年齡、職業、婚姻狀況……等基本資料。透過這些分析，可讓我們了解受測樣本的基本構造，進而輔助研究者研判樣本是否具有母體代表性，或者抽樣是否存在系統偏差等，並據以確認未來進階統計分析之結果的穩定性和可信度。

基本上，表8-1只是次數分配表的基本應用與彙整而已。在JASP中的操作很簡單，只是填這個表有點麻煩。但是，若能善用Microsoft Excel套裝軟體，那麼將可達

事半功倍之效。表8-1的空白表格已製作完成，並存放在範例資料夾「…\ example\ chap08」中，其檔名為「ex8-1.docx」。請讀者自行開啟並應用。

表8-1　受訪者基本資料分析表（樣本數：248）

受訪者屬性		個數	比例%	受訪者屬性		個數	比例%
性別	女	87	35.08	教育程度	國小（含）以下	3	1.21
	男	161	64.92		國中	8	3.23
婚姻	未婚	69	27.82		高中（職）	49	19.76
	已婚	179	72.18		專科	62	25.00
年齡	20歲以下	29	11.69		大學	113	45.56
	21～30歲	47	18.95		研究所（含）以上	13	5.24
	31～40歲	94	37.90	平均月收入	15,000元以下	32	12.90
	41～50歲	40	16.13		15,001～30,000元	69	27.82
	51～60歲	27	10.89		30,001～45,000元	80	32.26
	61歲以上	11	4.44		45,001～60,000元	40	16.13
職業	軍公教	39	15.73		60,001～75,000元	13	5.24
	服務業	41	16.53		75,001～90,000元	11	4.44
	製造業	77	31.05		90,001～120,000元	1	0.40
	買賣業	45	18.15		120,001元以上	2	0.81
	自由業	9	3.63				
	家庭主婦	16	6.45				
	學生	17	6.85				
	其他	4	1.61				

操作步驟

詳細的操作過程，請讀者自行參閱教學影音檔「ex8-1.mp4」。

▶ 報表解說

本研究主要針對參與溼地生態旅遊行程之遊客進行問卷調查，經實際發放360份問卷後，實際回收298份問卷，扣除填答不完整、亂填等回收問卷後，本研究實際回收248份有效問卷。

　　本研究之受訪者基本社經背景變數，包括「性別」、「婚姻」、「年齡」、「職業」、「教育程度」與「平均月收入」等六項。受訪者基本資料分析結果如表8-1所示。受訪者樣本中，男性佔64.92%，女性佔35.08%，男性佔多數；從婚姻狀況來看，已婚者佔多數（72.18%）；在教育程度方面，以大學或專科學歷（70.56%）佔多數；在年齡的分布中以31～40歲（37.90%）佔多數，其次是21～30歲（18.95%）；在職業方面以製造業（31.05%）佔多數，其次是買賣業（18.15%）；在平均月收入方面以30,001～45,000（32.26%）佔最多，其次是15,001～30,000（27.82%）。由各項基本資料的分布狀況觀之，相當符合過往參與生態旅遊行程之遊客特徵，因此，本次回收的樣本資料相當具有母體代表性。

　　經由受訪者基本資料分析得知，參與溼地生態旅遊行程之遊客中，有相當高的比率屬青、壯年齡層、高等教育程度與中等所得；而職業則以製造業、買賣業、服務業與軍公教人員居多，男、女遊客之分布狀況則以男性居多。

8-2　描述性統計量

　　問卷資料分析的過程中，利用次數分配表初步掌握受訪者基本屬性之分布狀況後，通常還需要更精確的掌握區間尺度型態（JASP中稱為連續型）資料的分配特徵（例如：研究變數的現況分析），這時就需要精確計算各變數的基本描述性統計量了。例如：對於論文〈旅遊動機、體驗價值與重遊意願關係之研究〉的問卷資料，通常研究者會去分析各個構面的現況，這時就須去計算這些構面變數的平均數、標準差、偏態、峰度……等描述性統計量，以便能更進一步準確的掌握資料的集中趨勢、分散趨勢與分布狀況等特徵。

　　在JASP中，「描述統計」功能是對連續型資料之統計分析中，應用最多的一個功能，它可對變數進行描述性統計分析，以計算並列出一系列相關的統計指標，包括平均數、標準差、最大值、最小值、變異數、全距、準誤差、峰度和偏態……等。

8-2-1　描述資料集中趨勢的統計量

　　常見的描述性統計量大致可以分為三大類。第一，描述集中趨勢的統計量；第二，描述分散程度的統計量；第三，描述分配型態的統計量。一般而言，只要能掌握這三類統計量就能夠精確和清晰的把握資料的分配特徵。

集中趨勢是指一組資料向某一中心點靠攏的傾向。因此，計算集中趨勢統計量的目的，正是要尋找到一個能夠反映資料之水平的「代表值」或「中心值」。常見的集中趨勢統計量包含平均數、中位數與眾數。這些集中趨勢統計量中，平均數（mean）是一個最常用的「代表值」或「中心值」，又稱「算術平均數」。在統計學中，平均數佔有重要的地位，它反映了某變數所有取值的集中趨勢或平均水準。

平均數的數學定義為：$\bar{x} = \dfrac{1}{n} \sum\limits_{i=1}^{n} x_i$　　　　　　　　　　　　　（式8-1）

其中，n代表樣本數，x_i為各樣本觀察值。從平均數（$\bar{x}$）的數學定義可以清楚的看出，平均數具有以下的特點：

1. 平均數的計算使用了所有樣本的資料值。

2. 平均數代表了資料的一般水準。

3. 但平均數的大小易受到資料中極端值的影響。

此外，還有其他一些描述資料集中趨勢的統計量，如中位數（median，即一組資料由小排到大後，位於中間位置上的資料值）、眾數（mode，即一組資料中出現次數最多的資料值）等。這些集中趨勢統計量都具有各自的特性。在實際應用中，應根據這些統計量的不同特性和實際問題，選擇合適的統計量。例如：在評價全國人民的所得水準時，一般會使用中位數；鞋廠在制定各種型號的鞋子的生產計畫時，應該會運用眾數等。

8-2-2　描述資料分散程度的統計量

分散程度是指一組資料中的各觀察值遠離其「中心值」的程度。描述資料的分配狀況時，若僅簡單的使用平均數等「中心值」來描述，並不能得到盡善盡美的結果，應該還須再考察資料分配的分散程度，即考察所有資料相對於「中心值」的分散程度。如果各觀察值都能緊密地集中在「中心值」的附近，那麼可推斷資料的分散程度較小，而這現象正可說明這個「中心值」確實是全部觀察值的「代表」。因此我們可以說，「中心值」對全部觀察值而言，它的代表性良好；相反的，如果各觀察值僅是鬆散的分散在「中心值」的附近，那麼可推斷資料的分散程度應較大，這時「中心值」則較不具有代表性。因此，同時考量「中心值」和相對於「中心值」的分散程度的交互作用，才能對資料特徵進行比較完整的描述。

可用以描述資料分散程度的統計量如下：

➤ 樣本標準差（standard deviation: Std Dev）

樣本標準差（s）描述了各觀察值和平均數間的平均離散程度。樣本標準差的數學定義為：

$$s = \sqrt{\frac{1}{n-1} \sum_{i=1}^{n} (x_i - \bar{x})^2}$$（式8-2）

上式中x_i為各樣本觀察值、$\bar{x}$為平均數、「$x_i - \bar{x}$」亦稱為離差，不難理解，樣本標準差的實質意義為離差平方和之平均數的平方根。故可明顯看出，樣本標準差描述了各觀察值相對於平均數的平均離散程度（平均距離）；樣本標準差越大，即說明各觀察值之間的差異程度越大，距平均數這個「中心值」的分散趨勢也越大。樣本標準差具有計量單位（例如：公尺、公斤等）。

➤ 樣本變異數（variance）

樣本變異數也是一種可用以描述各觀察值間離散程度的統計量。樣本變異數的數學定義為：

$$\sigma^2 = \frac{1}{n-1} (x_i - \bar{x})^2$$（式8-3）

明顯的，樣本變異數就是樣本標準差（s）的平方；樣本變異數值越大，各觀察值之間的差異程度也越大，距平均數這個「中心值」的分散趨勢也越大。基本上，樣本變異數是沒有計量單位的。

➤ 全距（range）

全距這個在統計學中常用的統計量，它的意義為所有觀察值中的最大值（maximum）與最小值（minimum）之差的絕對值。全距也是一種可用來描述各觀察值間分散程度的統計量。在相同樣本大小之情況下的兩組資料，全距大的資料比全距小的資料分散。全距若非常小，這就意味著各觀察值基本上大都是集中在一起的。

另外，JASP還能夠計算樣本平均數的標準誤差，簡稱為標準誤（standard error of mean）。眾所周知，樣本資料是來自母體的，樣本的描述性統計量可以反映出母體資料的特徵。但由於抽樣誤差的存在，使得樣本資料不一定能夠完全準確地反映母體，它與母體的真實值之間存在著一定的差異。也就是說，樣本平均數與母體平均數之間或多或少將存在著一些差異。

　　若我們抽樣很多次，那麼我們將會得到若干個不同的樣本平均數。當抽樣的樣本數夠大時，這些樣本平均數會服從常態分配，即$\bar{X}{\sim}N(\mu,\sigma^2/n)$。其中，$\mu$為母體平均數，$\sigma^2$為母體變異數，$n$為樣本數。可見，樣本平均數與母體平均數的平均差異（離散）程度（即變異數），即為σ^2/n，因此，樣本平均數的標準誤差（標準誤）的數學定義為：

$$標準誤 = \frac{\sigma}{\sqrt{n}}$$
（式8-4）

　　由此可見，標準誤是描述樣本平均數與母體平均數之間平均差異程度的統計量。它反映了樣本平均數的離散程度。標準誤越小，即表示樣本平均數與母體平均數會越接近。

8-2-3　描述分配型態的統計量

　　集中趨勢統計量和分散統計量是表達資料分配狀況的兩個重要特徵。為能更清楚、更廣泛的了解資料分配的特性，還應掌握資料的分配型態。所謂資料的分配型態，主要是指資料的分配是否對稱、偏斜程度、陡峭程度等指標。

　　描述分配型態的統計量主要有兩種，如下：

➤ 峰度（kurtosis）

　　峰度是描述變數分配型態陡峭程度的統計量。峰度係以具有相同變異情況的常態分配為基礎而進行比較的，它可用以了解一個對稱性的樣本分配的峰點是否處於相對比較扁平或高聳的狀況。當資料分配的峰度較高時，表示該分配在接近平均數附近時，是比較高聳的，坡度因此也較陡；而當資料分配的峰度較低時，則表示該分配在接近平均數附近，是比較扁平的。

　　峰度的數學定義為：

$$Kurtosis = \frac{1}{n-1}\sum_{i=1}^{n}\frac{(x_i - \bar{x})^4}{s^4} - 3$$
（式8-5）

　　式8-5中說明了，當資料分配狀況與標準常態分配的陡峭程度相同時，峰度值會等於0；峰度大於0表示資料的分配狀況比標準常態分配更陡峭，而當峰度小於0表示資料的分配狀況比標準常態分配更扁平。

> 偏態（**skewness**）

　　偏態是種描述觀察值分配型態之對稱性的統計量。當一個分配的尾巴向右一直延伸，那麼，我們稱它為「正偏態（positively skewed）」或右偏。同樣的，當一個分配的尾巴向左一直延伸，那麼，我們稱它為「負偏態（negatively skewed）」或左偏。所以，偏態的範圍可以從負的無限大到正的無限大。

　　偏態的數學定義為：

$$Skewness = \frac{1}{n-1}\sum_{i=1}^{n}\frac{(x_i-\bar{x})^4}{s^4}$$

（式8-6）

　　式8-6中說明了，當資料分配為對稱分配時，正、負總偏差相等，偏態值等於0；當分配為不對稱分配時，正負總偏差不相等，偏態值將大於0或小於0。偏態值大於0時，表示正偏差值大，為正偏態或稱右偏，這時直方圖中似有一條長尾會拖往右邊；偏態值小於0時，表示負偏差數值較大，為負偏態或稱左偏，這時直方圖中有一條長尾拖往左邊。偏態絕對值越大，表示資料分配型態的偏斜程度越大、越不對稱。

▶ 範例8-2

參閱附錄一，論文〈旅遊動機、體驗價值與重遊意願關係之研究〉的原始問卷，並開啟ex8-1.jasp和ex8-2.docx，試對「體驗價值」構面進行現況分析，並完成表8-2。

　　論文〈旅遊動機、體驗價值與重遊意願關係之研究〉的原始問卷中，「體驗價值」構面共有四個子構面，分別為「投資報酬率」、「服務優越性」、「美感」與「趣味性」。其中「投資報酬率」有3題問項（ev1_1～ev1_3），「服務優越性」有3題問項（ev2_1～ev2_3），「美感」亦有3題問項（ev3_1～ev3_3），而「趣味性」則有4題問項（ev4_1～ev4_4），4題問項雖都是反向題，但已全部反向計分完成。故「體驗價值」構面共包含13題問項。依題意，我們須對「體驗價值」構面進行描述統計，並完成表8-2的製作，以了解遊客對「體驗價值」構面之認知現況。

表8-2 「體驗價值」構面現況分析表

題號	構面	問項	平均數	標準差	偏態	峰度	構面排序	總排序	構面平均
1	投資報酬率	1. 此遊程相當有效率。	4.940	1.443	-0.415	-0.419	1	1	4.874
2		2. 整體而言，在交通安排上是方便的。	4.819	1.531	-0.449	-0.531	3	4	
3		3. 整體而言，所提供之服務讓我覺得物超所值。	4.863	1.461	-0.388	-0.483	2	2	
4	服務優越性	4. 提供良好的解說服務品質。	4.685	1.596	-0.341	-0.772	3	9	4.758
5		5. 提供的解說服務是專業的。	4.851	1.599	-0.443	-0.516	1	3	
6		6. 解說人員親切有禮且充滿熱情。	4.738	1.437	-0.332	-0.559	2	5	
7	美感	7. 溼地的整體環境景觀很優美。	4.734	1.423	-0.201	-0.529	1	6	4.695
8		8. 溼地生態環境可以滿足我的好奇感。	4.661	1.500	-0.336	-0.644	3	10	
9		9. 溼地生態環境對我很有吸引力。	4.690	1.464	-0.285	-0.707	2	8	
10	趣味性	10.參與此遊程，並無法讓我暫時忘記煩惱。	4.577	1.672	-0.315	-0.835	3	12	4.613
11		11.參與此遊程，並無法讓我遠離現實生活。	4.605	1.702	-0.405	-0.775	2	11	
12		12.參與此遊程，並無法讓我感到快樂。	4.694	1.598	-0.395	-0.767	1	7	
13		13.我不認為參與此遊程是有趣的。	4.577	1.706	-0.337	-0.868	3	12	

操作 步驟

詳細的操作過程，請讀者自行參閱教學影音檔「ex8-2.mp4」。

▶ 報表解說

經由執行「描述統計」後，可輕易輸出目標變數的各種基本統計量。這些統計量若能經適當的表格化處理後，可供研究者研判各主要變數於受訪者心中的認知程度，並進行初步的比較與對各變數的現況進行分析。表8-2的現況分析結果，在專題或論文中可做以下的分析結論。

　　「體驗價值」構面的現況分析結果，如表8-2所示。於本研究中「體驗價值」構面共包含四個子構面，分別為「投資報酬率」、「服務優越性」、「美感」與「趣味性」，共有13個衡量題項。表8-2即是針對這13個題項的現況分析。

　　一般而言，偏態與峰度係數，如果介於±2之間（絕對值小於2），則可研判資料符合常態分配（Mardia, 1985）。從偏態與峰度係數來看，其值分別介於-0.449～-0.201、-0.868～-0.419間。明顯的，所有題項之偏態與峰度的絕對值皆小於2。因此，可認為「體驗價值」構面的資料分配狀況大致上是可服從常態分配的。

　　再從平均得分觀之，遊客對整體「體驗價值」構面的認知程度中，以「投資報酬率」子構面的平均數最高，達4.874，其次為「服務優越性」子構面（4.758）、最低則為「趣味性」子構面（4.613）。

　　在「投資報酬率」子構面中，以「1. 此遊程相當有效率。」題項的得分最高（4.940），其次為「3. 整體而言，所提供之服務讓我覺得物超所值。」（4.863），最低則為「2. 整體而言，在交通安排上是方便的。」（4.819）。然各題項之得分差異並不大。

　　在「服務優越性」子構面中，以「5. 提供的解說服務是專業的。」題項的得分最高（4.851），其次為「6. 解說人員親切有禮且充滿熱情。」（4.738），最低則為「4. 提供良好的解說服務品質。」（4.685）。

　　在「美感」子構面中，以「7. 溼地的整體環境景觀很優美。」題項的得分最高（4.734），其次為「9. 溼地生態環境對我很有吸引力。」（4.690），最低則為「8. 溼地生態環境可以滿足我的好奇感。」（4.661）。

　　在「趣味性」子構面中，以「12. 參與此遊程，並無法讓我感到快樂。」題項的得分最高（已反向計分，4.694），其次為「11. 參與此遊程，並無法讓我遠離現實生活。」（已反向計分，4.605），最低則為「10. 參與此遊程，並無法讓我暫時忘記煩惱。」與「13. 我不認為參與此遊程是有趣的。」（已反向計分，4.577）。

　　而就「體驗價值」構面的各衡量題項而言，「投資報酬率」子構面中的「1. 此遊程相當有效率。」的認同度最高，其次亦為「投資報酬率」子構面中的「3. 整體而言，所提供之服務讓我覺得物超所值。」再其次為「服務優越性」子構面的「5. 提供的解說服務是專業的。」而認同度較低的後三名則全部皆為「趣味性」子構面的題項，分別為「11. 參與此遊程，並無法讓我遠離現實生活。」、「10. 參與此遊程，並無法讓我暫時忘記煩惱。」與「13. 我不認為參與此遊程是有趣的。」

綜合而言，四個「體驗價值」構面之子構面中，認同度最強之構面為「投資報酬率」子構面，其次為「服務優越性」子構面；最差者為「趣味性」子構面。但是其間的差異並不大，其得分約屬中上程度。由此可知，一般遊客對於溼地生態旅遊行程的「投資報酬率」、環境的「服務優越性」尚能認同。雖是如此，一般遊客仍對溼地生態旅遊行程的「趣味性」，則普遍認為尚有改進空間。

◆ 8-3　統計圖形 ◆

使用量化的統計量來進行描述性統計分析，雖然可以幫助我們總結數據，進而能以比較有效的方式來理解和解釋數據的特徵。但在不求精確的數字呈現分析結果的情況下，使用統計圖形來進行描述性統計，將可以使數據的內涵、特徵更具視覺效果、易於理解和傳達，同時也可以幫助我們發現模式和趨勢，進一步深入探索數據的特點。

JASP是一個開源的統計分析軟體，它提供了多種統計圖形。每種圖形都有其特定的功能和應用場景，研究者若能根據數據的特性和分析目的，而選擇合適的圖形，相信一定能夠以更好的方式，來呈現數據並獲得洞察。因此，在介紹這些統計圖形時，本書將以變數的數量與變數的測量尺度為區分，來介紹JASP所提供的諸多統計圖形。

▌8-3-1　單一數值型變數的統計圖

當研究者所關注的變數只有一個，且是屬於數值型變數時，在JASP中可繪製的統計圖形，大致有直方圖（histogram）、區間圖（interval plots）、分位圖（Q-Q plots）、點圖（dot plots）、莖葉圖（stem and leaf plots）、密度圖（density plots）、箱形圖（box plots）與小提琴圖（violin plots）等。這些圖形的外觀、功能或使用時機在本書的後續章節內容中，將會一一介紹。至於這些統計圖形的繪製方法、過程，則將以影音教材的方式進行詳細的說明，請讀者掃描圖8-1的QR Code即可觀賞影音教材，並學習各種圖形的繪製方法了。

圖8-1　繪製單一數值型變數的統計圖（ch8-1.mp4）

（一）直方圖

　　直方圖是一種統計圖形，它可以視覺化連續型數值數據的分布狀況。它將數據分成多個等寬的區間，然後計算每個區間內數據的頻率或密度。直方圖通常以矩形條形圖的形式呈現，其中橫軸表示數據的值範圍，縱軸表示頻率或密度，如圖8-2。

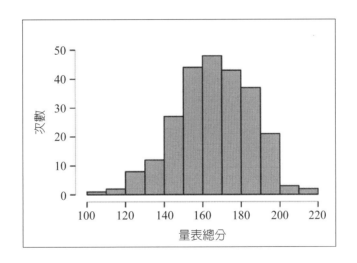

圖8-2　數值型變數「量表總分」的直方圖

　　圖8-2的直方圖中，以視覺化的方式呈現出數值型變數「量表總分」的數據分布情況（中間數值頻率高，兩側頻率低）、集中趨勢（平均數大約160左右）、變異程度（圖形的總寬度）和異常值（最左側或最右側的數據）。它提供了一種直觀的方式來概括和呈現連續型數據的特徵，進而支持數據分析和洞察的獲取。

　　此外，也可以為直方圖加上密度函數的曲線（簡稱密度），如圖8-3。密度函數是一個統計學概念，它用於描述連續型隨機變數的機率分布。因此，密度函數也被稱為機率密度函數（probability density function，簡稱PDF）。密度函數將變數可能的取值與其對應的機率相關聯。也就是說，對於連續型隨機變數，密度函數描述了變數各取值區間內的機率密度（即曲線下面積），而不是某個取值之具體機率值。這是因為在數值型變數中，單個數值的機率為零。因此，密度函數用於表示在某個值附近的一個小區間內所觀察到的機率。所以，若要觀察機率大小，就得量測取值範圍內，密度曲線下的面積。但從密度曲線，研究者可以更容易的理解數值型變數的機率分布特徵。它提供了對變數的機率密度、分布形狀和估計機率的資訊，並支持比較不同分布、檢測異常值和模型擬合等分析。

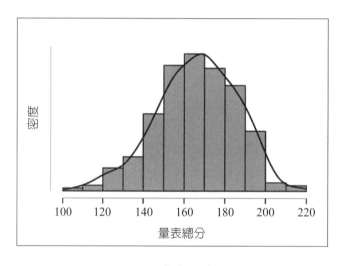

圖8-3　附密度的直方圖

　　如圖8-3之附密度的直方圖，在統計分析上，最常被使用的場合是協助研究者直觀的研判數值型變數是否具有常態性。如圖8-3中，量表總分的密度特徵和標準常態分配的密度特徵相當吻合，例如：對稱、單峰、鐘形曲線、中心位置頻率高、左右兩側頻率低等常態分配特徵。因此，可直觀研判量表總分應具有常態性。

（二）區間圖

區間圖又名間隔圖，它可以顯示出數值型變數之平均數的95%信賴區間，如圖8-4。

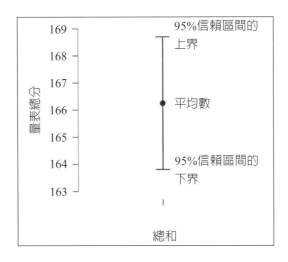

圖8-4　數值型變數「量表總分」的區間圖

由於區間圖內可標示出變數的平均數以及95%信賴區間，因此區間圖常用於視覺化兩個變數間的差異性比較。

（三）分位圖（Q-Q圖）

Q-Q圖是一種用於檢查一組數據是否符合某個理論分配的統計圖形。它通常用於檢查數據是否服從常態分配，但也可以用於檢驗其他的理論分配。

Q-Q圖的基本原理是比較樣本數據的分位數（quantiles）與理論分配的分位數之間的對應關係。在Q-Q圖上，樣本數據的分位數顯示在縱軸上，而對應的理論分配的分位數則顯示在橫軸上。如果數據完全符合理論分配，則在Q-Q圖上的樣本點應該會沿著一條對角線（45度角）均勻分布，如圖8-5。

圖8-5中，對角線代表標準常態分配，可發現除少數幾個樣本點較偏離對角線（圈起來的樣本點）外，其餘各樣本點皆落於對角線上或對角線兩旁散布。因此，可推斷「量表總分」應具有常態性。

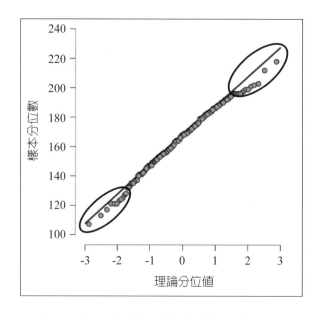

圖8-5　數值型變數「量表總分」的Q-Q圖

（四）點圖

　　點圖亦可用於展示數值型變數的分布情況、個體之間的差異或相似性。它透過在水平軸上以點的形式表示每個個體的數值，從而創建一個可視化的數值型分布圖，如圖8-6所示。

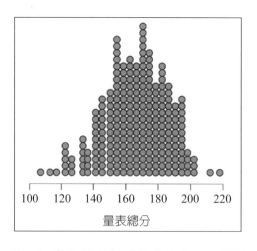

圖8-6　數值型變數「量表總分」的點圖

　　點圖提供了一種簡潔而直觀的方式來展示數值型變數的分布情況。其功能類似直方圖，透過觀察點的分布，我們可以了解數值的集中趨勢、變異程度和極值情況。

（五）莖葉圖

　　莖葉圖可用於顯示數值型變數的分布和觀測值。它提供了一種直觀的方式來同時展示數據的散布情況和數值的頻率。莖葉圖中會將每個數值分解為莖和葉的組合。莖代表數值的主要部分，通常是數值的十位或百位數。葉代表數值的次要部分，通常是個位或小數位。透過觀察莖和葉的分布，我們可以了解數據的集中趨勢、變異程度和極值情況。其次，莖葉圖可同時顯示數值的頻率。每個莖上的葉的數量，表示該莖對應的數值出現的頻率。這使得我們能夠直觀地了解數值的分布密度，如圖8-7所示。

Stem		Leaf
10	|	7
11	|	37
12	|	11134578
13	|	2235556777
14	|	001111223345566677777779999
15	|	0001111223333344445555566666667778888899999
16	|	000011112333344444444455556677778888888999999999
17	|	0000111111222233333344445555556666778999999
18	|	0000111222223333344445566666777888899
19	|	0000122223344566666667899
20	|	123
21	|	28

圖8-7　數值型變數「量表總分」的莖葉圖

　　在圖8-7中，以莖為12為例，因為繪圖時設定「圖表長度」（scale）為1，因此「葉」的部分即代表著「個位數」；而「莖」即是代表著「十位數」。因此在「莖12」這條莖上，其數值範圍為「120至129」。在「莖12」上，共有8個樣本點（葉），其中三個121、其餘分別是123、124、125、127、128各一個。總之，莖葉圖是一種簡單而有用的統計圖形，適合用於小數據集或數值的初步分析。它提供了一種清晰和直觀的方式，來展示數值的分布情況和頻率。

（六）密度圖

密度圖也是一種用於可視覺化連續型變數分布狀況的統計圖形。它透過在橫軸上表示數值範圍，縱軸上表示該範圍內的數值密度，以展示數值的相對分布情況。透過觀察密度圖，我們可以了解數值的集中趨勢、峰值位置、變異程度以及潛在的多個峰值，如圖8-8所示。

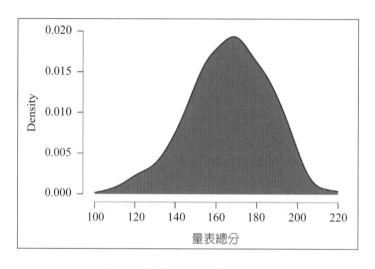

圖8-8　數值型變數「量表總分」的密度圖

基本上，圖8-8的密度圖和圖8-3中附於直方圖內的密度圖是一模一樣的。只是圖8-8的密度圖將曲線下的面積加以塗色而已。總之，密度圖是一種常見且有用的統計圖形，它透過平滑曲線的方式展示連續型變數的分布情況。它提供了一種直觀和連續的方式來觀察數值的相對密度和分布特徵，常用於探索性數據分析和統計推論。

（七）箱形圖

箱形圖也稱為盒鬚圖或盒式圖，是一種能呈現變數分布和顯示描述性統計資訊的視覺化統計圖形。它提供了對數據的集中趨勢、離群值和變異程度等方面的直觀理解。有關箱形圖內各種描述性統計量的表示方式，在先前的第3-8節中已詳細介紹過，請讀者自行溫故知新，在此不再贅述。箱形圖的外觀，如圖8-9。

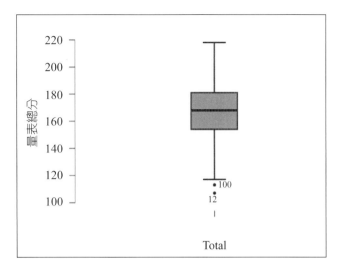

圖8-9　數值型變數「量表總分」的箱形圖

　　箱形圖除用於視覺化變數的分布與特徵外，也可利用來偵測偏離值。觀察圖8-9的「量表總分」的箱形圖，可發現共有2個偏離值（以「●」標示），其個案編號分別為編號第12號與第100號樣本點。對於這些偏離值（編號為第12號與第100號的個案），建議研究者可以考慮從資料檔中予以刪除，以避免日後分析時，易產生偏誤。

（八）小提琴圖

　　小提琴圖是一種結合箱形圖和密度圖的統計圖形，可視覺化連續型變數的分布和比較不同組別之間的差異，如圖8-10所示。

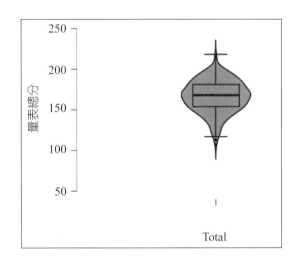

圖8-10　數值型變數「量表總分」的小提琴圖

小提琴圖提供了一種豐富的方式，來展示連續型變數的分布特徵。它結合了箱形圖和密度圖的優勢，能夠同時顯示數據的集中趨勢、變異程度、分布形狀以及離群值的存在。這使得小提琴圖，成為探索性數據分析、比較不同組別或類別之間的變數分布等場景下的有用工具。

8-3-2 單一類別型變數的統計圖

當研究者所關注的變數只有一個，但它是屬於類別型變數（測量尺度屬名義或次序）時，在JASP中可繪製的統計圖形，大致有長條圖（bar chart）、圓餅圖（pie chart）與柏拉圖（Pareto chart）等這三種而已。這些圖形的外觀、功能或使用時機在本書的後續章節內容中，將會一一介紹。至於這些統計圖形的繪製方法、過程，則將以影音教材的方式進行詳細的說明，請讀者掃描圖8-11的QR Code即可觀賞影音教材，並學習上述三種圖形的繪製方法了。

圖8-11　繪製單一類別型變數的統計圖（ch8-2.mp4）

（一）長條圖

長條圖是一種常見的統計圖形，可用於顯示不同類別或群組之間的數值比較。它以矩形的長度表示次數或頻率的大小，可以用於比較數據的大小、趨勢和分布，如圖8-12所示。

長條圖是一種直觀且易於理解的統計圖形，適用於比較不同類別之間的次數或頻率。從圖8-12的長條圖中，應很容易就可看出，受訪的遊客中大部分並不喜歡參與「文化」旅遊活動，且將「文化」旅遊活動勾選為最喜好者也偏低。

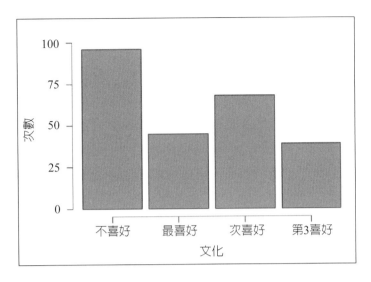

圖8-12　類別型變數「文化」的長條圖

（二）圓餅圖

圓餅圖也是一種常見的統計圖形，可用於展示不同類別在整體中的比例關係。它以圓形的形式將整體分為不同的扇區，每個扇區的角度大小表示對應部分的相對比例，如圖8-13所示。

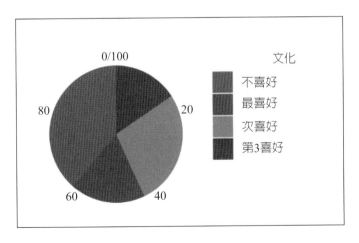

圖8-13　類別型變數「文化」的圓餅圖

圓餅圖提供了一種直觀且易於理解的方式，來呈現數據的分類比較和整體關係。然而，在使用圓餅圖時需要注意合理的使用方式，避免數量過多或存在極小的部

分，以確保圖形的清晰度和易讀性。

（三）柏拉圖

柏拉圖是Pareto chart的音譯加意譯，但精確的翻譯應稱爲「帕累托圖」。柏拉圖它結合了長條圖和折線圖的特點，常運用於識別引起問題的主要關鍵因素或根源。柏拉圖會按照因素的重要性將它們以長條圖的形式排列，從左到右按降序排序。這使得我們能夠快速識別最重要的幾個因素，這些因素可能是導致問題的主要原因。此外，折線圖則顯示了因素的累積百分比。這使我們能夠了解每個因素對整體影響的相對大小。透過觀察折線圖和長條圖，可以確定需要優先處理的因素，因爲它們對整體影響最大。

柏拉圖基於80/20原則，即約有80%的結果是由20%的因素所引起的。柏拉圖可以幫助我們確定那些導致結果的關鍵因素，以便在改進和問題解決過程中優先處理這些因素。也就是說，柏拉圖告訴我們，當面對問題時，應該要專注於重要少數（20%, Vital Few）的項目，而暫時忽視瑣碎多數（80%, Trivial many）的項目，如圖8-14所示。

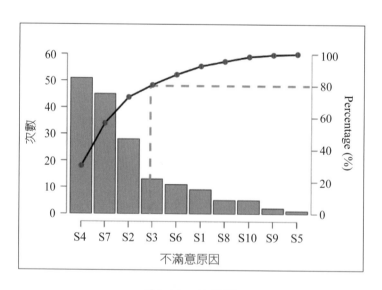

圖8-14　柏拉圖

圖8-14的內涵爲某電信業者，調查了170位消費者，訪問其對電信業服務品質感到不滿意的因素。這些不滿意的因素大致上可歸類爲十類，分別爲S1、S2……至S10。這十類的不滿意的因素經柏拉圖分析後，如圖8-14。由圖8-14可知，「S4、

「S7、S2、S3」為四個重要少數因素（20%, Vital Few），因為它們是引起服務品質不佳的主因（佔了80%以上），因此，建議電信業者應致力於這四個關鍵因素的積極改善，以便提升整體的服務品質。

8-3-3 兩數值型變數間的統計圖

當研究者所關注的變數有兩個，且這兩個變數都是屬於數值型變數（測量尺度屬連續）時，在JASP中若要繪製這兩變數間的聯合統計圖形時，大致有相關圖（correlation plots）與散布圖（scatter plots）等兩種圖形而已。這兩圖形的外觀、功能或使用時機在本書的後續章節內容中，將會一一介紹。至於這些統計圖形的繪製方法、過程，則將以影音教材的方式進行詳細的說明，請讀者掃描圖8-15的QR Code即可觀賞影音教材，並學習上述兩種圖形的繪製方法了。

圖8-15　繪製兩變數間的聯合統計圖形（ch8-3.mp4）

（一）相關圖

相關圖是一種統計圖形，可將兩連續變數間的相關性以視覺化的方式呈現，如圖8-16所示。

圖8-16中，橫軸為「旅遊動機」（tm），縱軸則為「重遊意願」（ri），這兩變數都是屬於連續的數值型變數。且相關圖也會把橫、縱軸變數的分配圖描述於座標軸旁，供研究者參考。相關圖中的各樣本點分別描述出了每個受訪者對「旅遊動機」與「重遊意願」的看法，共有248個樣本點。這248個樣本點的分布，其實也勾勒出了兩變數間的相關性，整體而言，其間的相關性可以使用一條左下右上的直線表示，且明顯的，這條直線的斜率為正，代表兩變數呈現正相關的關係。也就是說，受訪者的「旅遊動機」越強時，則其對旅遊目的地的「重遊意願」也將會越高。

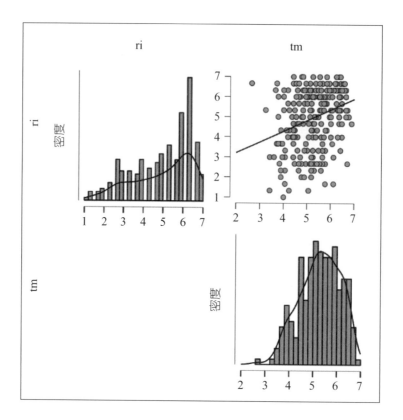

圖8-16　描述兩連續變數間之相關性的相關圖

（二）散布圖

　　散布圖可將兩個連續型數值變數間的關係，以視覺化的方式來呈現。它透過將每個樣本點繪製在二維座標系上，以顯示變數之間的分布、趨勢和相關性，如圖8-17所示。

　　圖8-17的散布圖和圖8-16的相關圖相當類似。不過就圖形的繪製過程而言，散布圖較為彈性，例如：在繪製散布圖的過程中，縱、橫軸旁的密度圖或直方圖是可選的，另外，圖中的迴歸線也是可選的，且也可設定迴歸線上各樣本點的95%信賴區間。圖8-17的散布圖再次說明了，受訪者的「旅遊動機」與「重遊意願」呈現正向的相關性。

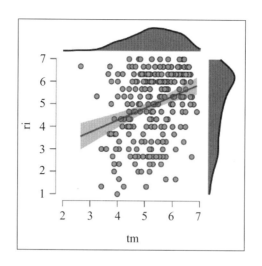

圖8-17　描述兩連續變數間之相關性的散布圖

8-3-4　一個數值型變數與一個類別型變數間的統計圖

　　當研究者所關注的變數有兩個，且這兩個變數中，一個屬於數值型變數、另一個屬於類別型變數，在JASP中若要為這兩個變數繪製聯合統計圖形時，就只有分類型態的密度圖才符合需求。分類型態的密度圖之外觀、功能或使用時機，在後續章節內容中，將會有所介紹。至於這種統計圖形的繪製方法、過程，則將以影音教材的方式進行詳細的說明，請讀者掃描圖8-18的QR Code即可觀賞影音教材，並學習分類型態之密度圖的繪製方法了。

圖8-18　繪製分類型態的密度圖（ch8-4.mp4）

　　一般而言，只要是數值變數都可以繪製密度圖，但若在這個基礎上，再加入類別變數的分類，則所聯合形成的統計圖形，將是個依類別變數之各水準，所分類出來的「分類型態的密度圖」，如圖8-19所示。

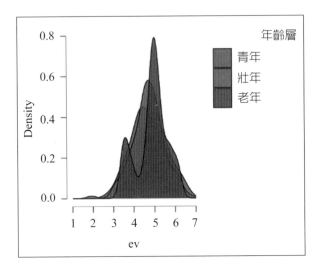

圖8-19　分類型態的密度圖

　　在圖8-19中，橫軸是數值型變數「體驗價值」（ev），縱軸是密度，而類別變數是「年齡層」，它有三個水準，分別是青年、壯年與老年。「體驗價值」與「年齡層」的聯合統計圖形，就是種「分類型態的密度圖」。明顯的，從「分類型態的密度圖」中可觀察出，各分類水準下的「體驗價值」之密度圖。這種「分類型態的密度圖」可用來以視覺化的方式，而對各水準下的「體驗價值」進行比較。

　　顯見，分類型態的密度圖提供了一種有效的方式來展示分類變數之各水準下的數值變數密度圖。藉由每個類別之平滑曲線（密度圖），可以幫助研究者理解各類別的分布趨勢和相對密度。分類型態的密度圖對於多類別比較和可視覺化的分類變數的分布特徵非常有用。

▋8-3-5　一個數值型變數與兩個類別型變數間的統計圖

　　當研究者所關注的變數有三個，且這三個變數中，一個屬於數值型變數、另兩個屬於類別型變數，在JASP中若要為這三個變數繪製聯合統計圖形時，就只有熱圖（heatmaps）才能符合需求。熱圖之外觀、功能或使用時機，在後續章節內容中，將

會有所介紹。至於這種統計圖形的繪製方法、過程，則將以影音教材的方式進行詳細的說明，請讀者掃描圖8-20的QR Code即可觀賞影音教材，並學習熱圖的繪製方法了。

圖8-20　繪製熱圖（ch8-5.mp4）

　　熱圖是一種可將數據予以視覺化的統計圖形。它使用顏色來展示數值的大小，以幫助研究者能快速識別和比較數據的模式、趨勢和相對大小，如圖8-21所示。

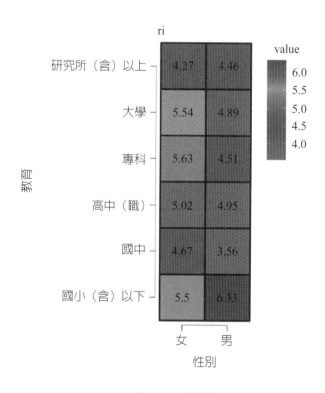

圖8-21　熱圖

　　圖8-21的熱圖是由一個數值型變數「重遊意願」（ri）與兩個類別型變數「性別」、「教育程度」所聯合繪製出來的，目的是想了解性別與教育程度交互組合下的遊客，其「重遊意願」的認知狀況。熱圖會使用顏色來編碼數值。通常，較小的數值使用淺色或綠色表示，較大的數值則使用深色或黑色表示。顏色的深淺和對比度提供了一種視覺印象，使我們能夠快速辨認數據的大小和差異。由圖8-21右邊的「value」可知，在圖中，顏色越偏綠，數值越低；顏色越偏灰，數值越高；而顏色偏粉紅時，數值大約屬中間值。明顯的，男性、學歷為國小程度的受訪者，其對旅遊目的地的「重遊意願」最高；而以男性、學歷為國中程度的受訪者，其對旅遊目的地的「重遊意願」最低。

習 題

練習8-1

　　參考附錄二中，論文〈遊客體驗、旅遊意象與重遊意願關係之研究〉的原始問卷，並開啟hw8-1.jasp與hw8-1.docx，試完成表8-3，並敘述分析結果。

表8-3　遊客基本資料分析表（樣本數：　　　）

顧客基本資料		樣本數	比例%	顧客基本資料		樣本數	比例%
性別	女			教育程度	國小（含）以下		
	男				國中		
婚姻	未婚				高中（職）		
	已婚				專科		
年齡	20歲以下				大學		
	21～30歲				研究所（含）以上		
	31～40歲			平均月收入	15,000元以下		
	41～50歲				15,001～30,000元		
	51～60歲				30,001～45,000元		
	61歲以上				45,001～60,000元		
職業	軍公教				60,001～75,000元		
	服務業				75,001～90,000元		
	製造業				90,001～120,000元		
	買賣業				120,001元以上		
	自由業						
	家庭主婦						
	學生						
	其他						

資料來源：本研究整理。

練習8-2

參考附錄二中，論文〈遊客體驗、旅遊意象與重遊意願關係之研究〉的原始問卷，並開啟hw8-2.jasp與hw8-2.docx，試對遊客體驗、旅遊意象與重遊意願等構面進行現況分析，並完成表8-4、表8-5與表8-6，且針對現況分析結果，提出您的看法。

表8-4　遊客體驗現況分析表

題號	構面	問項	平均數	標準差	構面排序	總排序	構面平均
1	感官體驗	1. 秀麗的山水風景，非常吸引我。					
2		2. 豐富的歷史文物，非常吸引我。					
3		3. 我覺得這次旅遊，非常富有趣味。					
4		4. 我覺得這次旅遊，行程豐富精彩。					
5	情感體驗	5. 看到美麗的景緻，令我心情放鬆。					
6		6. 看到豐富的文物，能激發我思古之情。					
7		7. 看到美麗的景緻，讓我感到歡樂愉快。					
8		8. 當地的景色，令我感動。					
9		9. 當地歷史文物，令我感動。					
10	思考體驗	10.透過這次旅遊，頗發人省思，令我有所思考。					
11		11.透過這次旅遊，引發我的好奇心。					
12		12.透過這次旅遊，引發我去做一些聯想或靈感的啟發。					
13		13.透過這次旅遊，能激發我創意思考。					
14	行動體驗	14.看到美景，我很想分享觀賞的心得。					
15		15.看到歷史文物，我很想分享觀賞的心得。					
16		16.看到美景，我很想拍照、錄影留念。					
17		17.看到歷史建物，我很想拍照、錄影留念。					
18	關聯體驗	18.我會想購買與當地相關的紀念品。					
19		19.透過這次旅遊，讓我產生環境維護的認同感。					
20		20.會因美麗的景緻，而聯想到西拉雅國家風景區。					
21		21.透過這次旅遊，西拉雅會成為我平常談論的話題。					

表8-5　旅遊意象現況分析表

題號	構面	問項	平均數	標準差	構面排序	總排序	構面平均
1	產品	1. 自然風景優美。					
2		2. 平埔族文化保存良好。					
3		3. 知名度高。					
4	品質	4. 開車環湖賞景令人愉悅。					
5		5. 整體氣氛令人心情放鬆。					
6		6. 通往本風景區交通便利。					
7		7. 遊憩安全設施良好。					
8		8. 地方公共服務設施完善。					
9	服務	9. 整體旅遊環境乾淨。					
10		10.旅遊資訊充足。					
11		11.相關服務人員能提供遊客迅速且即時的服務。					
12		12.區內相關服務人員的服務態度良好。					
13		13.旅遊活動的各項安排均能提供遊客便利。					
14	價格	14.個人平均旅遊花費價格合理。					
15		15.收費合理。					

表8-6　重遊意願現況分析表

題號	構面	問項	平均數	標準差	排序	構面平均
1	重遊意願	1. 到西拉雅風景區旅遊，對我來說是最好的選擇。				
2		2. 我將會是西拉雅風景區的忠實遊客。				
3		3. 當我有旅遊需求時，我會優先選擇西拉雅風景區。				
4		4. 我願意繼續到西拉雅風景區旅遊。				
5		5. 我會向親朋好友推薦到西拉雅風景區。				

第 9 章
統計方法的選擇

　　在本書的前面章節中，我們循序漸進的從資料的輸入、刪除冗題、確認構面的因素結構到信度、效度的評估，最終確認了將用以進行統計分析的正式資料。接下來，面對眾多的統計方法，如何從中選擇出合適的統計方法，並運用於自己的專題或論文中，是我們未來所需面對的課題。基本上選擇統計方法時，我們必須問自己四個問題，只要能釐清這四個問題，那麼應當能順利的找到合適的統計方法。這四個問題是：

1. 變數的種類
2. 資料的型態
3. 研究的目的
4. 樣本的組數

◆◆ 9-1 變數的種類與型態 ◆◆

　　一般而言，在統計學中，變數主要可分為兩種：

1. 自變數（independent variable, IV）：又稱獨立變數，通常指研究者可以自由操控的變數，其存在的主要目的就是要去了解或推測某些現象發生的原因。

2. 依變數（dependent variable, DV）：又稱結果變數，意指會受到自變數影響的變數，也就是研究者想要去測量或想要去預測的結果。

　　而變數的型態就相當多元了，以大架構來看，可先將變數分為「類別變數」（categorical variable）及「連續變數」（continuous variable），其中類別變數可再細分為名義尺度變數（nominal scale）和次序尺度變數（ordinal scale）；連續變數則亦可細分為區間尺度變數（interval scale）和比例尺度變數（ratio scale），而在JASP中則會將區間和比例尺度變數合稱為連續變數。由此可知，變數的型態主要可分為四種型態：

1. 名義：利用名稱或數值來分辨人、事、物之類別的變數。例如：性別、血型、教育程度、種族。

2. 次序：利用數值或名稱來加以排序或賦予等第的變數。例如：考試的名次、偏好項目。

3. 區間：可賦予名稱並加以排序，還可以計算差異之大小量（差異有意義）的變數。例如：溫度。

4. 比例：除可賦予名稱、排序，並計算差異之大小量外，甚至其比率（倍數）也具有實質意義的變數。例如：薪資。

　　研究中，如果只有一種變數，而且通常這些變數都是由研究者所測量出來的，那麼統計方法的選用上會比較簡單（應屬依變數），我們只要考慮這個變數是類別變數或連續變數就可以了。如果是類別變數時，那麼可選用的方法不多，大致上就是進行次數分析、比例分析、卡方檢定而已。而如果是連續變數時，那麼就較無限制性，可進行描述性統計或更進階的統計分析。

　　但是，通常研究中則會有依變數、自變數同時存在的情形，那這種情況下，統計方法的選用會比較複雜。首先來看依變數是類別變數的情形，其選擇統計方法的決策樹，大致如圖9-1。

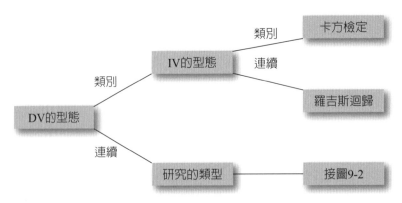

圖9-1　當依變數是類別變數時，統計方法選用的決策樹

　　由圖9-1可知，當依變數是類別變數，而自變數也是類別變數時，我們就可採用卡方（Chi square）家族系列的檢定，比如：交叉表分析、適合度檢定、獨立性檢定與同質性檢定等。而當自變數是連續變數時，那麼則只能採用羅吉斯迴歸（Logistic regression）了。

　　此外，當依變數是連續變數時，那麼狀況就更複雜了，要考慮的情形變多了，比如我們的研究類型是進行群組間的比較，還是了解變數間的相關性、影響力呢？甚至我們所操控的自變數之水準數或樣本的群組數都必須納入考量。

◆ 9-2　研究的類型 ◆

　　研究的類型當然也會影響到我們對統計方法的選擇，研究的類型大致上可分為兩種，一種是「比較」、另一種是「關係」。如果是屬「關係」類型的話，那麼這種關係是「相關關係」（一般研究架構圖中會以雙向箭頭表示）或「因果關係」（以單向箭頭表示），也需要明辨清楚。至於研究類型屬「比較」的話，則我們所操控的自變數之水準數或樣本的群組數是重要的決定因子，這種情形留待下一小節再來說明。研究類型屬「關係」類型時，其選擇統計方法的決策樹，大致如圖9-2。

　　由圖9-2顯見，當我們想研究兩變數（不須分自變數或依變數）之間的相關性時，可以使用Pearson相關或Spearman相關，到底該使用哪一種相關可以依據下列的三個準則來判斷：

1. 兩變數都具常態性？（可用直方圖、Q-Q圖判斷或進行Kolmogorov-Smirnov常態檢定）

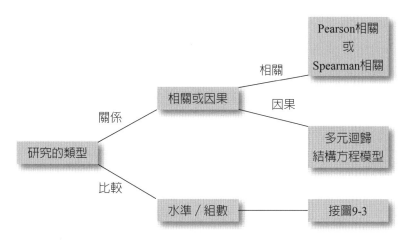

圖9-2　當研究類型屬「關係」類型時，統計方法選用的決策樹

2. 兩變數具有線性關係？（可用散布圖判斷）

3. 兩變數都是連續變數？

　　如果違反了第1點、第3點準則，那麼應使用Spearman相關。否則，全部滿足的話，則應使用Pearson相關。

　　其次，若我們想研究兩變數（須分自變數或依變數）之間的因果關係（自變數對依變數的影響力）時，那麼我們必須去注意變數是觀察變數（observed variables）或者是潛在變數（latent variables）。

　　觀察變數：可以直接透過量測工具，所測量出來的數據。通常指一般我們所蒐集
　　　　　　　的實驗性資料、標準測量工具所量測出來的資料或問卷中各題項之填
　　　　　　　答結果等數據資料，例如：溫度、體重、身高等資料。

　　潛在變數：不可直接測量，但可透過其他工具（如，問卷）間接測量後，再以統
　　　　　　　計方法所估計出來的數據。例如：滿意度、忠誠度等概念性資料。

　　如果，變數中含有潛在變數的話，那麼要求取變數間的因果關係時，最佳的統計方法就是結構方程模型（structural equation modeling, SEM）了；但若結構方程模型不熟的話，那麼就只好使用多元迴歸分析（multiple regression analysis）。

9-3　自變數的水準數或樣本的組數

　　當研究類型屬「比較」型態時，那麼我們所操控的自變數之水準數或樣本的群組數則是重要的決定因子。然而，不管幾組，有個觀念更重要，那就是組和組之間的關

係本質是屬獨立或相依的。

　　獨立：各組內的受訪者成員都不相同。

　　相依：或稱重複測量（repeated measure），即各組內的受訪者成員全都相同。

　　釐清組和組之間的關係本質後，選用統計方法的決策樹，大致如圖9-3。

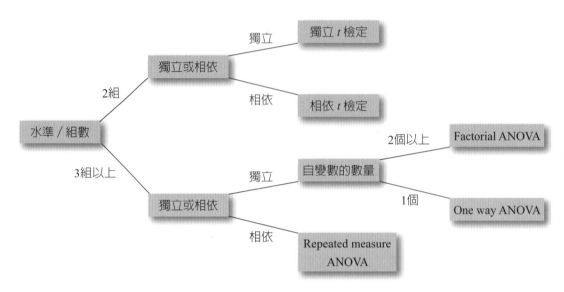

圖9-3　依組數與組間性質，選用統計方法的決策樹

　　圖9-3中，同時包含了兩個決策因子，第一個因子是自變數的水準數或樣本的組數，第二個因子是組間的特質。由圖9-3可知，若只有兩組別或自變數只有兩個水準時，比較兩組或兩水準間的差異時，須先釐清組間的特質。若兩組或兩水準間，樣本的本質是獨立時，那麼就只能選用獨立樣本 t 檢定（independent sample t test）。若相依時，則選用成對樣本 t 檢定（paired sample t test）。

　　其次，若組別或自變數的水準數在三個以上，且樣本之組間特質屬獨立時，這時還須判別自變數到底有幾個？只有一個時，就採用單因子變異數分析（One way ANOVA）；多個自變數時，則採用多因子變異數分析（Factorial ANOVA），如二因子完全獨立變異數分析

　　最後，我們再來看看，三組以上且樣本之組間特質屬相依的情形，在這種狀況下，別無它法，只能選擇重複量數變異數分析（Repeated measure ANOVA），如二因子混合設計變異數分析、二因子完全相依變異數分析。

　　研究中，對於統計方法的選用，只要讀者能將圖9-1、圖9-2與圖9-3串聯起來，相信必能在自己的專題或論文中，找到合適的統計方法，以能充分的實證專題或論文中所蘊含的實質內涵。

第 **10** 章
交叉表與卡方檢定

　　一般而言，只要透過次數分配表便能夠初步的掌握變數的資料分配狀況。然而，在實際的分析中，研究者不僅要了解變數的分配特徵，而且還很有可能要去分析多個變數、在不同取值之情況下的分配狀況，藉此盼能掌握多個變數的聯合分配特徵，進而可分析變數之間的相互影響關係。

　　例如：要探討消費者對某公司品牌形象的認知時，透過次數分配，基本上即能夠了解消費者的基本情況，以及他們對所調查之問題的整體性看法。但如果研究者想進一步了解不同特徵的消費者（如年齡層、職業別、教育程度等）對品牌形象認知之差異，並希望分析消費者特徵與品牌形象認知之間是否具有一定的關聯性時，由於這些問題都將涉及兩個或兩個以上的變數。因此，次數分配就顯得力不從心了。對此，研究者通常就會利用交叉分組下的次數分配表來完成，這種交叉分組下的次數分配表一般即稱為是交叉表（crosstabs），又稱之為列聯表（contingency table）。交叉表的表格常運用在計算各種列、行交叉組合之情境下的發生次數，甚至在統計學上我們也可用卡方檢定，針對交叉表的列、行變數來進行檢定。

　　一般而言，交叉表常具有兩大基本任務：

　　第一：根據所蒐集到的樣本資料，產生二維或多維交叉表，以便能直觀的探索變數之間的交互作用。

　　第二：利用交叉表，檢定列、行變數間是否存在某種特定的關聯性。

　　因此，本章中將包含下列內容：

1. 交叉表簡介
2. 卡方檢定簡介
3. 卡方適合度檢定
4. 卡方獨立性檢定
5. 無反應偏差－卡方同質性檢定

◆ 10-1 認識交叉表 ◆

　　交叉表的第一個任務是想要在多個變數（通常為類別變數）之交叉分組下，進行次數分配之分析任務。也就是說，交叉表是由兩個或兩個以上的變數交叉分組後所形成的次數分配表。例如：表10-1就是一個交叉表。這張交叉表涉及兩個變數的二維交互組合，反映了問卷不同回收期和不同教育程度之交叉分組下，受訪者的次數分配。

表10-1　回收期×教育程度的交叉表

			教育程度						行總和
			國小	國中	高中（職）	專科	大學	研究所	
回收期	前期	個數	4	6	57	60	85	11	223
		期望個數	4.0	5.3	53.4	64.8	86.8	8.7	223.0
		回收期內的%	1.8%	2.7%	25.6%	26.9%	38.1%	4.9%	100.0%
		教育內的%	66.7%	75.0%	71.3%	61.9%	65.4%	84.6%	66.8%
		總和的%	1.2%	1.8%	17.1%	18.0%	25.4%	3.3%	66.8%
	後期	個數	2	2	23	37	45	2	111
		期望個數	2.0	2.7	26.6	32.2	43.2	4.3	111.0
		回收期內的%	1.8%	1.8%	20.7%	33.3%	40.5%	1.8%	100.0%
		教育內的%	33.3%	25.0%	28.8%	38.1%	34.6%	15.4%	33.2%
		總和的%	.6%	.6%	6.9%	11.1%	13.5%	.6%	33.2%
列總和		個數	6	8	80	97	130	13	334
		期望個數	6.0	8.0	80.0	97.0	130.0	13.0	334.0
		回收期內的%	1.8%	2.4%	24.0%	29.0%	38.9%	3.9%	100.0%
		教育內的%	100.0%	100.0%	100.0%	100.0%	100.0%	100.0%	100.0%
		總和的%	1.8%	2.4%	24.0%	29.0%	38.9%	3.9%	100.0%

　　表10-1的交叉表中，橫列的「回收期」稱為「列變數」（row variable），它有兩個水準值，分別為「前期」、「後期」。直行的「教育程度」則稱為「行變數」（又稱欄變數）（column variable），它有六個水準值，分別為「國小」、「國中」、「高中（職）」、「專科」、「大學」與「研究所」。列標題和行標題（淺灰網底部分）則分別是兩個變數的水準值（或分組值），表格中間（深灰網底部分）則是各種

列、行水準值交叉組合下的樣本個數和各種百分比。

此外，列或行的末端都有「總和」的標題（行總和、列總和）。例如：由「列總和」之第一子列「個數」可知，受訪者中國小、國中、高中（職）、專科、大學與研究所以上的人數分別為6、8、80、97、130、13，且總共有334名受訪者。這些數字都是由各直行（教育程度的六個水準）中之前、後期（兩列）個數所加總起來的結果，故稱之為「列總和」。此外，「列總和」中，國小、國中、高中（職）、專科、大學與研究所所構成的人數分配，則稱之為交叉表的「行邊際分配」。同理，由「行總和」可知，問卷回收前期、後期的人數分別為223、111，這些數字則是由各子列（前、後期）中，各種教育程度水準（6行）的個數所加總起來的結果，因此稱之為「行總和」。而前、後期之人數所構成的分配，想當然就稱為是交叉表的「列邊際分配」。

六個小學學歷的受訪者中，前、後期的人數情況分別是4、2，這些次數所構成的分配稱為交叉表的條件分配，即在行變數取值（國小）條件下的列變數的分配（前、後期的次數）。此外，由於次數並不利於交叉分組下分配的比較，因此，交叉表中也引進了百分比的概念。例如：表中第5列「前期」－「回收期內的%」中的1.8%（4/223）、2.7%（6/223）、25.6%（57/223）、26.9%（60/223）、38.1%（85/223）與4.9%（11/223）。這是代表前期回收的個案（223人）中，各學歷之個案數所佔的比例，由於是屬於橫列的資料，因此稱為「列百分比」（row percentage）。當然每一列中，列百分比的總和鐵定為100%；而在第六列的「前期」－「教育內的%」中，其數據資料則須以直行來觀察。例如：「國小」直行中的66.7%（4/6）、33.3%（2/6），則分別是直行的小學學歷（6人）中於各問卷回收期（前期4人、後期2人）所佔的比例，由於是屬於直行的資料，因此稱為「行百分比」（column percentage）。

10-2 交叉表列、行變數之關係分析

交叉表的第二個任務是對交叉表中的列變數和行變數之間的關係進行檢定。對交叉表進行檢定，可以驗證列變數和行變數之間是否具有關聯性、其關係緊密程度⋯⋯等更深層次的資訊。例如：製作好表10-1所示的交叉表後，就可以針對問卷回收期和教育程度之間的關係做進一步的分析。例如：可分析問卷回收期與受訪者之教育程度間的關聯性⋯⋯等。這樣的分析方式，也常常使用在探討問卷抽樣過程中是否產生了

無反應偏差（non-response bias）等問題。為理解列、行變數間關係的涵義，以及應如何分析列、行變數間的關係，我們先來觀察表10-2和表10-3。

表10-2　年齡層與月薪的交叉表（一）

		月薪		
		低	中	高
年齡層	老	0	0	1
	中	0	1	0
	青	1	0	0

表10-3　年齡層與月薪的交叉表（二）

		月薪		
		低	中	高
年齡層	老	1	0	0
	中	0	1	0
	青	0	0	1

　　表10-2和表10-3是在兩種極端情況下的年齡層和月薪的交叉表。直接觀察可以發現，表10-2中，所有的觀察個數都出現在正向對角線上，這意味著年齡層越低、月薪就越低，年齡層越高、月薪就越高，顯見年齡層和月薪呈正相關之關係。而表10-3中，所有觀察個數都出現在負向的對角線上，意味著年齡層越低、月薪就越高，年齡層越高、月薪就越低，因此年齡層和月薪呈現負相關之關係。可見，在這麼特殊的交叉表中，列、行變數之間的關係是較易觀察出來的。

　　但是，在絕大多數的情況下，觀察個數是分散在交叉表的各個儲存格中的，此時就不太容易直接觀察列、行變數之間的關係和它們關係的強弱程度。為此，就需要借助檢定方法和可用以衡量變數間相關程度的統計量來進行分析了。在此種情況下，最常被採用的方法就是卡方檢定（Chi-square test, χ^2）了。

◆ 10-3　假設檢定的基本概念 ◆

　　一般而言，統計學可區分爲敘述統計（descriptive statistics）與推論統計（inferential statistics）等兩大部分，如圖10-1。敘述統計又稱爲描述統計，它是種能對資料從蒐集、整理、到展示其內涵資訊的統計分析方法。至於推論統計，則可依據其推論的目的大致上可區分爲「估計」與「假設檢定」等兩大主題，這都是在統計分析過程中非常重要的理論與應用。

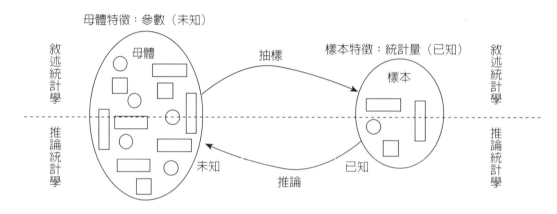

圖10-1　敘述統計學與推論統計學

資料來源：本圖修改自方世榮（2005）。

　　在進行統計調查的過程中，我們欲分析的母體往往相當龐大，以至於無法以普查的方式取得母體參數（即母體的特徵，諸如：母體平均數、母體標準差）。因此，研究者需透過抽樣的方法，從母體中取得少量的研究樣本，進而透過這些樣本資料，而計算出樣本統計量（即樣本的特徵，諸如：樣本平均數、樣本標準差），進而應用樣本統計量來推估母體參數。而此一過程就完整的描述出推論統計的基本概念了。

◼ 10-3-1　理論基礎

　　推論統計中的「假設檢定」（hypothesis testing），是指研究者先對母體參數做出一適當的「暫時性假設」，然後根據隨機抽樣的樣本，利用樣本統計量之抽樣分配，決定是否支持該假設的過程。例如：消費者懷疑某品牌的茶飲料，其平均容量不足500cc。爲檢驗消費者的懷疑是否眞實，於是研究者以該品牌茶飲料平均容量大於或等於500cc作爲暫時性假設（其實，這是個我們內心裡很想推翻的假設）。建立假

設後，於是研究者從市場上蒐集數瓶該品牌茶飲料以建立研究所需的樣本資料。如果樣本資料所顯示的證據越充分，那麼推翻該暫時性假設的可能性就越高。在資料蒐集後，研究者必須根據樣本統計量的抽樣分配，而訂定一個能「推翻暫時性假設的標準範圍」。如果樣本資料之檢定統計量落在該「推翻暫時性假設的標準範圍」內時，則研究者可以推翻原先建立之暫時性假設，否則就必須接受該暫時性假設。假設檢定的主要精神就在於：除非有足夠的證據可以推翻暫時性假設，否則就必須接受暫時性假設為真的事實。

　　上述的暫時性假設，在統計學中一般稱為虛無假設（null hypothesis），通常以H_0表示。之所以稱為「虛無」，是因為它其實是研究者心裡面很想去推翻的統計假設。以上述例子為例，可建立虛無假設H_0為「茶飲料的平均容量大於或等於500cc」；而虛無假設的反面敘述則稱為對立假設（alternative hypothesis），通常以H_1表示。以上述例子為例，可建立對立假設H_1為「茶飲料平均容量小於500cc」。

　　雖然，在統計學的學習過程中，我們所關注的大都是虛無假設的拒絕或接受。然而在專題、博／碩士論文或期刊論文等學術性研究中，關於假設檢定的敘述與分析結果，一般會去強調某種現象或所關注議題「顯著」的重要性。因此，在假設的描述上，學術性論文皆不會使用「虛無假設」，而是使用「對立假設」方式，來為研究議題建立假設。例如：若在學術論文中，要為上述的例子建立假設時，我們會寫「假設一：茶飲料平均容量小於500cc」。但是，無論假設怎麼描述，只是寫法不同而已，檢定的概念、方法、程序都一樣，這點希望讀者能理解。

10-3-2　檢定程序

　　那麼研究者要如何利用樣本資料來決定拒絕或者接受虛無假設呢？這是一個科學性的程序、一種系統化的邏輯過程。因此，不僅要求決策過程嚴謹，且犯錯的機率（風險）越低越好。進行抽樣的過程後，透過樣本統計量估計母體參數時難免會有誤差，但這誤差不能太誇張，其有一定的容許範圍，這就是研究的嚴謹性。這個誤差的容許範圍取決於樣本大小與研究者所設定的顯著水準（level of significance）。其次，決策的風險（造成決策錯誤的機率）當然也不能太高。

　　進行假設檢定的過程中，造成決策錯誤的機率指的是下列兩種可能：一是當虛無假設H_0為真，卻拒絕H_0，這種錯誤一般稱為「型I誤差」（type I error）。二是當虛無假設H_0為偽，但卻接受H_0，這種錯誤稱為「型II誤差」（type II error）。而容許產生「型I誤差」之最大機率α值即稱為顯著水準，它的意義是：如果事實上虛無假設H_0是

真的，但研究者卻不當的拒絕H_0時，所願意冒的最大風險。一般而言，研究者會將α值設得很小，常見的顯著水準有0.01、0.05以及0.1。但以0.05的顯著水準，在學術界中最常被使用。

製作決策前，若能先控制好決策錯誤的風險，那麼決策品質當不至於太差。假設檢定的概念也是如此。因此，進行假設檢定前，研究者會先設定顯著水準α值，然後再根據此一風險控制量決定一個拒絕虛無假設的範圍，這個範圍稱為拒絕域（rejection region），拒絕域的端點稱為臨界值（critical value）。當然臨界值的大小，會完全取決於顯著水準α值的大小。研究者依據事前設定好的顯著水準而決定好拒絕域後，再依所選取的樣本，計算樣本的檢定統計量（如：t 值、F值、χ^2值……等），並判斷該檢定統計量是否落在拒絕域中。如果落在拒絕域，則拒絕虛無假設H_0，否則只好接受H_0。

10-4　卡方檢定的原理

當資料變數的型態為類別資料（名義尺度）時，我們常利用卡方檢定（Chi-square test）來進行檢定。為什麼呢？因為卡方檢定的本質就在於能檢測類別資料的特徵。這些類別特徵，如每類別所佔的「比例」或「相對次數」；也就是說，卡方檢定能在資料的各類別中，檢定某事件發生的比例是否相同。例如：不同學校間，學生之性別比例是否有顯著差異、抽菸行為與支氣管炎之關聯性、教育程度與起薪之關聯性等。此外，由於類別資料通常會以交叉表形式來呈現其資料的分布狀況，因此，有關交叉表資料的檢定，通常也可使用卡方檢定。

對交叉表進行檢定時，由於交叉表中的列變數、行變數，通常都是屬於名義尺度資料。因此，常會使用卡方來進行檢定。一般而言，進行卡方檢定時，須依循以下四大步驟：

步驟一：建立虛無假設（H_0）

由於研究目的不同，卡方檢定可用來進行以下三種型態的檢定。但隨著檢定型態的不同，建立虛無假設的方式也會有所差異。

1. 適合度檢定（goodness-of-fit test）

適合度檢定又稱為配適度檢定，其目的在於檢驗，某個變數的實際觀察次數之分配狀況是否與某個理論分配或母體分配相符合。若檢定統計量（卡方值）未達顯著

時，表示該變數的分布與某個理論分配或母體分配相同。反之，則與某個理論分配或母體分配有所差異，在這種情形下，就比較不適合由樣本資料對母體進行推論。因此，在適合度檢定中，其虛無假設為：觀察資料的次數分配與理論分配相符。例如：H_0：樣本資料服從常態分配。

2. 獨立性檢定（independence test）

獨立性檢定的目的在於檢驗，「同一個樣本中的某兩個類別變數」的實際觀察值，是否具有特殊的關聯性。如果檢定統計量（卡方值）未達顯著，表示兩個變數相互獨立；反之，如果檢定統計量（卡方值）達到顯著，表示兩個變數將不獨立，而是具有關聯性。因此，在獨立性檢定中，其虛無假設為：兩個變數獨立。若資料是以交叉表的方式呈現時，那麼進行卡方檢定時的虛無假設則為「列變數與行變數獨立（即無關聯性之意）」。例如：H_0：抽菸與患肺病間並無關聯性。

3. 同質性檢定（homogeneity test）

同質性檢定的目的在於檢驗，兩個不同樣本中，在同一變數的分布情況是否一致。例如：公、私立大學學生的性別分布是否一致；問卷回收過程，前、後期的受訪者之答題狀況是否一致……等。如果檢定統計量（卡方值）未達顯著，就代表著兩個樣本是同質的（具一致性的）；反之，如果檢定統計量（卡方值）達到顯著，則表示兩個樣本的本質具有顯著差異。因此，在同質性檢定中，其虛無假設為：兩個樣本在同一變數的分布狀況是一致的。例如：H_0：問卷回收前、後期的樣本中，性別變數的分布狀況一致。

步驟二：選擇和計算檢定統計量

交叉表中，卡方檢定的檢定統計量是Pearson卡方統計量，其數學定義為：

$$\chi^2 = \sum_{i=1}^{c} \sum_{j=1}^{r} \frac{(f_{ij}^0 - f_{ij}^e)^2}{f_{ij}^e} \tag{式10-1}$$

式10-1中，r為交叉表的列數，c為交叉表的行數（欄數）；f_{ij}^0為第i行第j列儲存格的觀察次數，f_{ij}^e為第i行第j列儲存格的期望個數（expected count）。為能徹底理解卡方統計量的含義，讀者首先應先了解「期望個數」的含義。在表10-1中，各儲存格中的第二子列資料就是期望個數。例如：問卷回收前期中，具有國小學歷的受訪者之期望個數為「4」。期望個數的計算方法是：

$$f_e = \frac{RT}{n} \times \frac{CT}{n} \times n = \frac{RT \times CT}{n}$$

（式10-2）

其中，RT是所指定之儲存格所在列的觀察個數合計（即行總和），CT是指定之儲存格所在行的觀察個數合計（即列總和），n是總觀察個數。例如：問卷回收前期中，具有國小學歷的受訪者之期望個數「4」的計算公式是「223×6/334 = 4」。要了解期望個數的意義與算法，也可以用以下的方式來思考：首先，看直行的總和部分（表的最後一列，即列總和），由於總共有334個受訪者，這334個受訪者的學歷分配是1.8%、2.4%、24.0%、29.0%、38.9%、3.9%，如果遵從這種學歷的整體比例關係，問卷回收前期223位受訪者的學歷分配也應為1.8%、2.4%、24.0%、29.0%、38.9%、3.9%，於是問卷回收的前期中各學歷的期望個數就應該分別為：223×1.8%、223×2.4%、223×24.0%、223×29.0%、223×38.9%、223×3.9%，這些值計算出來後，就是所謂的期望個數。同理，也可看橫列的總和部分（表的最後一行，即行總和），總共334個受訪者的問卷回收前、後期分配是：66.8%、33.2%。如果遵從這種問卷回收前、後期的整體比例關係，國小學歷6人的前、後期分配也應為66.8%、33.2%。於是期望個數就應該分別為：6×66.8%、6×33.2%。這樣也能求算出各儲存格的期望個數。

由上述分析應可理解，期望個數的分配與總體分配一致。也就是說，期望個數的分配反映的是列、行變數互不相干情況下的分配；也就是說，反映了列、行變數間的相互獨立關係。

由Pearson卡方統計量的數學定義（式10-1）不難看出，卡方值的大小取決於兩個因素：第一，交叉表的儲存格數量；第二，觀察個數與期望個數的總差值。在交叉表格式已確定的情況下（即儲存格數量已確定），卡方統計值的大小就僅取決於觀察個數與期望個數的總差值。當總差值越大時，卡方值也就越大，實際分配與期望分配的差距就越大，列、行變數之間的關係就會越相關；反之，當總差值越小時，卡方值也就越小，實際分配與期望分配越接近，列、行變數之間的關係就會越獨立。那麼，在統計上，卡方統計值究竟要大到什麼程度才足夠大，才能斷定列、行變數不獨立呢？這就需要依據一個理論分配。由於該檢定中的Pearson卡方統計量近似服從卡方分配，因此可依據卡方理論分配找到某自由度和顯著水準下的卡方值，即卡方臨界值。根據此卡方臨界值，就可輔助製作拒絕或接受虛無假設的決策。

步驟三：確定顯著水準（significant level）和臨界值

顯著水準α是指虛無假設為真，卻將其拒絕的機率。通常設為0.05或0.01。在卡方檢定中，由於卡方統計量服從一個（行數 – 1）×（列數 – 1）個自由度的卡方分配，因此，在列、行數目和顯著水準α都已確定的情形下，卡方臨界值（查表）即可確定出來。

步驟四：結論和決策

卡方檢定將比較樣本資料之「觀察次數」與「當虛無假設為真」的條件下之「期望次數」的接近程度，然後依據此接近程度，計算出卡方統計量來判定接受或拒絕虛無假設。當「觀察次數」與「期望次數」之差異越大（卡方值越大），檢定統計量χ^2值落在拒絕域的機率越高，越有可能拒絕虛無假設，如圖10-2所示。

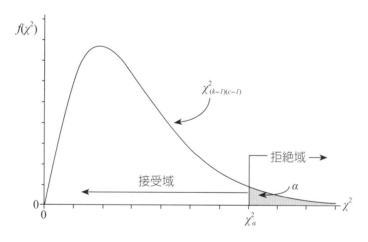

圖10-2　卡方檢定的拒絕域與接受域

由圖10-2不難發現，卡方分配並不對稱、且屬右偏（圖形尾巴往右邊延伸）的分配，其值永遠為正。圖10-2中，橫軸代表卡方值，由左往右值越大。而灰色陰影的面積則代表機率值，從機率觀點這個圖應該是「由右往左」看，當機率值（灰色面積）由最右端往左累積到橫座標等於χ^2_a處時，機率值（灰色面積）正好等於α值（也就是我們設定的顯著水準），這時候的χ^2_a，就稱為臨界值。臨界值（χ^2_a）的左邊就稱為接受域，而右邊則稱為拒絕域。因此，製作「虛無假設為列、行變數獨立」的統計推論決策時，就會有以下兩種方式：

1. 根據卡方統計量值

根據卡方統計量的值（即卡方值，圖10-2的橫軸座標）和臨界值（χ_a^2）之比較結果進行決策。臨界值是接受域與拒絕域的臨界點，臨界值右方的機率值正好等於α值。在卡方檢定中，如果卡方統計量大於臨界值，那麼它在橫座標的落點，就會在臨界值（χ_a^2）的右邊，也就是落入拒絕域了。此時就會認為卡方值已經足夠大了，實際分配與期望分配之間的差距顯著，因此可以拒絕虛無假設，進而斷定交叉表的列、行變數間不獨立，存在相關關係；反之，如果卡方值不大於臨界值（落在接受域），則認為卡方值不足夠大，實際分配與期望分配之間的差異不顯著，不能拒絕虛無假設，也就是說不能拒絕交叉表的列、行變數相互獨立之假設。

2. 根據卡方值的機率p值

根據卡方統計量所對應的機率p值（又稱為顯著性）和顯著水準α比較後的結果進行決策。在圖10-2中，機率p值怎麼看呢？機率p值將會由圖形的最右端而往左累積機率值。所以，在卡方檢定中，如果卡方值的機率p值小於等於α時，那麼機率p值（由右往左累積）仍不超出圖10-2中灰色陰影的範圍（即α的範圍），因此，仍落在拒絕區。所以就須拒絕虛無假設，依此就可斷定交叉表的列、行變數間不獨立，存在關聯性；反之，如果卡方值的機率p值大於α，則機率p值（由右往左累積）會超出灰色面積的範圍，而落入接受區。因此，就沒有理由拒絕虛無假設，而須接受交叉表的列、行變數相互獨立的假設。

這兩種決策方式本質上是完全一致的。在上述卡方檢定的四個步驟中，除研究者要擬定虛無假設與自行設定顯著水準和進行決策外，其餘的各步驟都是JASP自動完成的。JASP將自動計算卡方值以及大於等於該卡方值的機率p值（即圖10-2中該卡方值右方的灰色面積）。因此，在應用中，研究者只要確立虛無假設後，於JASP中執行卡方檢定，即可從JASP輸出報表中，找出並研判機率p值到底是大於α或小於等於α，而製作接受或拒絕虛無假設的決策了。

10-5　卡方檢定範例

為了探討抽菸與患慢性支氣管炎間的關聯性，調查了339人，並將調查結果彙整成表10-4，試檢定抽菸與患慢性支氣管炎間是否真有關聯性。（資料檔：ex10-1-1.jasp與ex10-1-2jasp）

表10-4　抽菸和慢性支氣管炎調查表

	未患慢性支氣管炎	患慢性支氣管炎
不抽菸	121	13
抽菸	162	43

依題意，本範例將檢定「抽菸」與「患慢性支氣管炎」這兩個變數的關聯性，且由於這兩變數都是屬於類別變數（二分變數），因此適合使用卡方檢定中的獨立性檢定來進行檢驗。檢定時的虛無假設如下：

H_0：抽菸與患慢性支氣管炎並無關聯性（即，抽菸與患慢性支氣管炎間相互獨立）。

在個案狀況之調查過程中，紀錄調查資料的方式大致上會以圖10-3之右圖的方式（列舉格式）來進行。而對於調查結果，往往就會以圖10-3之左圖的交叉表格式來呈現。

交叉表格式

	吸菸	患病	計數
1	0	0	121
2	0	1	13
3	1	0	162
4	1	1	43
5			
6			
7			

列舉格式

	吸菸	患病
1	0	0
2	1	0
3	1	1
4	0	1
5	1	0
6	1	0
7	0	0
8	1	0
9	1	0
10	0	0
11	0	0
12	0	0
13	0	0
14	1	1
15	1	1
16	1	1

圖10-3　列舉格式與交叉表格式

圖10-3右圖的「列舉格式」，是一般我們蒐集問卷資料回來後，最直接的輸入方式。若以本範例而言，研究者總共要輸入339筆記錄（因爲有339個個案）！但我們於輸入過程中，可以發現，實際的變數值只有四類（0-0、0-1、1-0、1-1），這樣的輸入方式不是很累嗎？但說實在的，我們也必須根據問卷填答結果做這樣的輸入。然

而為了方便起見，我們也可以採用交叉表的格式來記錄此等資料集，即如圖10-3的左圖格式，這樣只需要四筆記錄就可以了（但會多一個「計數」欄位）。但是世間事總是「有一好、沒兩好」。這樣的交叉表格式也有不盡人意之處，因為從表中無法得知實際的個案之填答結果。

「交叉表格式」往往是用於沒有原始資料集，而需要重新輸入資料的分析時。而在問卷資料的原始資料集中，由於管理和跟蹤記錄的要求，一般仍是會以一個受訪者、一筆記錄的方式來輸入資料（列舉格式）。JASP對這兩種輸入格式均可識別，但對交叉表格式的資料，於分析時尚須多一道步驟，即設定「計數」變數，如此才可順利進行分析。

在本範例中，作者分別提供了列舉格式的資料檔（ex10-1-1.jasp）和交叉表格式的資料檔（ex10-1-2.jasp）。若要使用交叉表格式的資料檔進行檢定時，則檢定前須先設定「計數」變數以告訴JASP，檔案中的計數變數是哪一個。而若使用列舉格式的資料檔，則可直接執行檢定。

操作步驟

依據表10-4之交叉表的內容，要製作資料檔時，須設定三個變數，分別為列變數（抽菸）、行變數（患病）與計數變數（count）。在列變數中，其值為「0」時，代表「不抽菸」；其值為「1」時，代表「有抽菸」。而在行變數中，其值為「0」時，代表「未患病」；其值為「1」時，代表「有患病」。只要讀者依此原則，就可正確的輸入交叉表資料。

詳細的操作過程，請讀者自行參閱教學影音檔「ex10-1.mp4」。

▶ 報表解說

依題意，本範例屬卡方檢定中的獨立性檢定，其虛無假設為：

H_0：抽菸與患慢性支氣管炎並無關聯性（即，抽菸與患慢性支氣管炎間相互獨立）。

執行「列聯表」功能後，輸出報表如下：

表10-5　抽菸×患病交叉表

		患病		
		未患病	患病	Total
未抽菸	Count	121.000	13.000	134.000
	Expected count	111.864	22.136	134.000
抽菸	Count	162.000	43.000	205.000
	Expected count	171.136	33.864	205.000
Total	Count	283.000	56.000	339.000
	Expected count	283.000	56.000	339.000

　　從表10-5的抽菸×患病的交叉表中可以看出，抽菸人口中患病者有43人，比期望值33.9大；而不抽菸人口中患病者只有13人，比期望值22.1小很多。

表10-6　Chi-squared tests表（卡方檢定表）

	Value	df	p
X^2	7.469	1	0.006
N	339		

　　從表10-6的「卡方檢定表」中可以看出，卡方值為7.469，顯著性為0.006<0.05，故不可接受虛無假設。因此，可認為抽菸與患慢性支氣管炎間是具有顯著關聯性的。

　　此外，從教學影音檔中也可發現，不管利用列舉格式的資料檔（ex10-1-1.jasp）或交叉表格式的資料檔（ex10-1-2.jasp），其檢定結果是一模一樣的。

10-6　卡方適合度檢定

　　在此，將以第4章中所介紹過的複選題為例，來說明如何進行卡方適合度檢定。雖然複選題經常出現在許多問卷中或資料蒐集上，但是，由於複選題的填答結果，於資料輸入時，通常都是以名義尺度的「0」或「1」來呈現特定的選項是否被勾選。這將會限制這些複選題可使用的統計分析方法。一般而言，以名義尺度編碼的複選題所能做的統計分析，就只有次數分配與交叉分析表等描述性統計而已，並無法進行其他任何的統計檢定。然而，若我們能根據這些由「複選題分析」所製作出來的次數分配

或交叉分析表，再次建檔成交叉表格式的JASP檔後，就可以針對列變數、行變數進行交叉表的卡方檢定了。

範例10-2

參考附錄一中，論文〈旅遊動機、體驗價值與重遊意願關係之研究〉的原始問卷。原始問卷中，第四部分基本資料的第7題「欲參與本行程，您認為可以使用哪種交通工具？」為複選題。經範例4-2為該複選題製作次數分配表（如表10-7）後，試根據該次數分配表製作新檔，並探討遊客於交通工具的選用決策中，於各種交通工具的勾選比例上是否有所差異？（新檔案名稱請命名為ex10-2.jasp）

表10-7　選用之交通工具的次數分配表（複選題的次數分配表）

		反應值		觀察值百分比
		個數	百分比	
交通工具	自行開車	154	22.3%	62.1%
	遊覽車	136	19.7%	54.8%
	機車	178	25.7%	71.8%
	公共路網	224	32.4%	90.3%
總數		692		

論文〈旅遊動機、體驗價值與重遊意願關係之研究〉的原始問卷中，第四部分基本資料的第7題「欲參與本行程，您認為可以使用哪種交通工具？」為複選題，該複選題共包含四種交通工具選項，分別為「自行開車」、「遊覽車」、「機車」與「公共路網」。於範例4-2中，我們曾為該複選題進行次數分配表分析，所完成的次數分配表，如表10-7。

由於，該複選題在表10-7的次數分配表中，四個選項變數是以「交通工具」這個變數來代表，然而在製作該次數分配表的原始資料檔（ex4-1.jasp）中，並無這個變數存在。因此，無法直接利用該原始資料檔進行檢定。所以，在本範例中，進行檢定前，須先行根據表10-7，為該次數分配表建立新檔案。所建立的新檔案（請命名為ex10-2.jasp）中，將包含兩個變數，分別為類別變數「交通工具」與計數變數「count」，且在「交通工具」這個變數中會有四個水準值，即「自行開車」、「遊覽車」、「機車」與「公共路網」。完成這個新檔案後，才可在JASP中執行「次數／

多項式檢定」功能，就可進行卡方檢定了。

依題意，我們將探討「遊客於交通工具的選用決策中，在各交通工具的勾選比例上是否有所差異？」試想，如果「交通工具的選用決策」沒有差異的話，那麼這四種「交通工具」選項被勾選的次數比例應該會是「1：1：1：1」，這個比例就是所謂的理論次數。所以，我們就是要去觀察，目前所蒐集到的248個遊客中，他們所勾選的各種「交通工具」選項的比例是否為「1：1：1：1」。因此，本範例屬卡方檢定中的適合度檢定。檢定時的虛無假設如下：

H_0：遊客於交通工具的選用決策中，在各交通工具的勾選比例上並無差異。

或

H_0：遊客於四種「交通工具」選項的勾選比例皆相等（即1：1：1：1）。

操作 步驟

由於次數分配表中，所涉及的變數只有一個（即交通工具），因此不能使用「次數／列聯表」功能來執行卡方檢定，而必須使用「次數／多項式檢定」功能，來進行卡方檢定。

多項式檢定（multinomial test）是一種統計檢定方法，用於比較多個類別或群體的觀察頻率是否與預期頻率相等。這種檢定通常用於多個類別或群體之間的差異性比較。在進行多項式檢定時，我們首先指定一組預期的頻率（次數、比例），這些頻率描述了在每個類別或群體中我們期望觀察到的比例。然後，我們蒐集實際的觀察數據，這些數據是每個類別或群體中可觀察到的頻率。多項式檢定的目標是確定觀察到的頻率與預期頻率之間，是否存在統計上的差異。如果檢定結果顯示差異是統計上顯著的，則我們就可以推斷不同的類別或群體之間存在著顯著的差異。多項式檢定也是使用卡方統計量來進行檢定的。

詳細的操作過程，請讀者自行參閱教學影音檔「ex10-2.mp4」。

▶ 報表解說

執行「次數／多項式檢定」功能後，JASP會再次的根據樣本資料，而製作各交通工具被選用的次數分配表，如表10-8。表10-8的「Expected: Multinomial」欄位就是所謂的期望觀察次數。我們將利用卡方檢定來比較實際的觀察次數（Observed欄位）和期望的觀察次數間，有無顯著差異。

表10-8　各交通工具被選用的次數分配

交通工具	Observed	Expected: Multinomial
自行開車	154	173.000
遊覽車	136	173.000
機車	178	173.000
公共路網	224	173.000

而經執行卡方檢定之程序後，卡方檢定之結果，如表10-9。

表10-9　Multinomial Test（卡方檢定表）

	χ^2	df	p
Multinomial	25.179	3	<.001

　　表10-9顯示，卡方值為25.179，自由度為3，顯著性小於0.001。由此可知，檢定結果應該不能接受虛無假設，表示遊客於交通工具的選用決策，在各種交通工具的勾選比例上是具有顯著差異的。且從表10-8的次數分配表可知，遊客最常選用的交通工具為公共路網，其次為機車，接著為自行開車，遊覽車則為最少。

10-7　卡方獨立性檢定

▶ 範例10-3

參考附錄一中，論文〈旅遊動機、體驗價值與重遊意願關係之研究〉的原始問卷。原始問卷中，第四部分基本資料的第7題「欲參與本行程，您認為可以使用哪種交通工具？」為複選題。經範例4-3為該複選題製作「交通工具×性別」的交叉表（如表10-10）後，試根據該交叉表製作新檔，並探討遊客對交通工具的選用決策是否與性別有關？（新檔案名稱請命名為ex10-3.jasp）

表10-10　「交通工具×性別」的交叉表

			性別		
			女	男	總數
交通工具	自行開車	個數	58	96	154
		交通工具中的%	37.662%	62.338%	
		性別中的%	66.667%	59.627%	
		總數的%	23.387%	38.710%	62.097%
	遊覽車	個數	43	93	136
		交通工具中的%	31.618%	68.382%	
		性別中的%	49.425%	57.764%	
		總數的%	17.339%	37.500%	54.839%
	機車	個數	64	114	178
		交通工具中的%	35.955%	64.045%	
		性別中的%	73.563%	70.807%	
		總數的%	25.806%	45.968%	71.774%
	公共路網	個數	82	142	224
		交通工具中的%	36.607%	63.393%	
		性別中的%	94.253%	88.199%	
		總數的%	33.065%	57.258%	90.323%
總數		個數	87	161	248
		總數的%	35.1%	64.9%	

依題意，本範例將檢定「交通工具的選用決策」與「性別」這兩個變數的關聯性，且由於這兩變數都是屬於類別變數，因此適合使用卡方檢定中的獨立性檢定。檢定時的虛無假設如下：

H_0：遊客之交通工具選用決策與其性別無關（即，交通工具選用決策與性別相互獨立）。

操作 步驟

由於本範例涉及兩個變數，其中「交通工具」這個變數是由四個選項變數所構成的變數。由於製作「交通工具×性別」之交叉表的原始資料檔（ex4-1.jasp）中，並無「交通工具」這個變數存在。因此，無法直接利用該原始資料檔進行卡方檢定。所

以，在本範例中，進行卡方檢定前，須先行根據表10-10，爲該交叉表建立新檔案。所建立的新檔案（請命名爲ex10-3.jasp）中，將包含三個變數，分別爲列變數（交通工具）、行變數（性別）與計數變數「count」。須注意的是，「交通工具」這個變數中會有四個水準值，即「自行開車」、「遊覽車」、「機車」與「公共路網」。完成這個新檔案後，才可在JASP中執行「次數／列聯表」功能，如此就可進行卡方檢定了。

詳細的操作過程，請讀者自行參閱教學影音檔「ex10-3.mp4」。

▶ 報表解說

開啟「ex10-3.jasp」，然後執行「次數／列聯表」功能後，JASP會再次的根據樣本資料，而製作「交通工具×性別」的交叉表，如表10-11。該表中列出了實際的觀察次數（Count列）和期望的觀察次數（Expected count列），利用卡方檢定就可比較實際的觀察次數和期望的觀察次數間，有無顯著差異。

表10-11 「交通工具×性別」交叉表

交通工具		性別 女	性別 男	Total
自行開車	Count	58.000	96.000	154.000
	Expected count	54.968	99.032	154.000
遊覽車	Count	43.000	93.000	136.000
	Expected count	48.543	87.457	136.000
機車	Count	64.000	114.000	178.000
	Expected count	63.535	114.465	178.000
公共路網	Count	82.000	142.000	224.000
	Expected count	79.954	144.046	224.000
Total	Count	247.000	445.000	692.000
	Expected count	247.000	445.000	692.000

從表10-11的「交通工具×性別」交叉表中可以看出，男、女性皆以使用「公共路網」爲交通工具的比例最高，且皆以「遊覽車」最低。然而，男性中選用「公共路網」爲交通工具的個數達142人，但比期望值的144.046小；女性中選用「公共路網」爲交通工具的個數達82人，比期望值79.954大。故從數字上較難斷定交通工具之選用

決策與性別的關係。若能經科學性的驗證，相信即能有效的釐清其間關係。

　　接著，觀察卡方檢定表（如表10-12），從表10-12中可看出，卡方值為1.331，顯著值為0.722 > 0.05，故須接受虛無假設，即認為遊客之交通工具選用決策與其性別無關，故交通工具選用決策與性別相互獨立。也就是說，遊客的性別並不會影響其對交通工具的選用決策。

表10-12　卡方檢定表

	Value	df	p
X^2	1.331	3	0.722
N	692		

10-8　無反應偏差—卡方同質性檢定的應用

　　研究人員進行抽樣調查時，常無法完全避免無反應偏差（non-response bias）的現象產生，尤其是採用郵寄問卷調查時，因為缺乏調查人員與受訪者面對面互動，更增加了無反應偏差產生的機會。所謂無反應偏差是指因抽樣設計或實際執行調查時，遭遇到某些問題，這些問題如：問卷無法於預定期間內回應（回收），或雖有回應但答覆欠完整與樣本結構太過於集中在某一個群體或階層……等，這些問題將導致研究人員無法從所抽樣回來的樣本中獲得所需足夠的資訊，或調查問卷中缺少某些類型的代表樣本，而影響樣本結構的代表性與完整性，因而所產生之偏誤。這種偏誤是非抽樣誤差的一個主要來源，乃抽樣調查中最常發生的一種誤差。

▶ 範例10-4

參考附錄一中，論文〈旅遊動機、體驗價值與重遊意願關係之研究〉的原始問卷，並開啟ex10-4.jasp。由於問卷經一次寄發與一次跟催後，才完成調查，共計回收有效問卷248份。為維持論文之嚴謹性，試檢驗該問卷之樣本資料是否存在無反應偏差的問題。

　　本範例中，問卷經一次寄發與一次跟催後（亦即經歷兩次回收作業），共計回收有效問卷248份。由於，問卷無法於預定期間內全部回收，經分兩次回收才完成，為確認兩次回收之樣本結構有無明顯差異，以確保回收樣本的資料分析結果能推論到母

體，此時，即須檢驗樣本資料是否存在無反應偏差的問題了。

　　由於Armstrong and Overton（1977）曾認為「晚回應者」的特性，基本上會非常近似於「未回應者」。因此第一次回收樣本與第二次回收樣本間，可能存在著某些差異性。由於本範例問卷經一次寄發與一次跟催後，才回收完成。在此情形下，Armstrong and Overton（1977）建議應檢驗無反應偏差是否存在的問題，檢驗時可利用卡方檢定，以檢驗兩次回收樣本在基本資料之各題項的選項間，其回應結果之比例是否具有顯著差異。

　　在本範例中，對無反應偏差的處理方式是將樣本以回收時間的先、後來分批，將正常預定回收時間內的回應者列為第一批樣本（前期樣本）；而將原本無回應，但經催收後已回應者列為第二批樣本（後期樣本）。檢驗無反應偏差時，將遵循Armstrong and Overton（1977）的建議，利用卡方檢定來檢驗兩次回收的樣本資料，在基本資料題項（性別、婚姻狀況、年齡、職業、教育程度與平均月收入）之各選項的回應上，於比例上是否具有一致性（或稱同質性）。如果檢驗結果顯示這些題項的回應狀況具有一致性的話，那麼即可推論：無反應偏差的問題不存在，經兩次回收而得的樣本具有代表性與完整性，應不至於會影響後續的研究結果。

　　很明顯的，在此我們將進行卡方檢定中的同質性檢定，以檢驗問卷回收過程中，前、後期的受訪者對於基本資料各題項的回應狀況是否一致。檢定時的虛無假設如下：

H_0：前、後期的受訪者對於基本資料（共6項）之各題項的回應狀況（比例）具有一致性。

(操)(作) 步驟

　　在範例10-2和範例10-3的卡方檢定中，我們都是先針對原始資料製作次數表或交叉表，然後指定計數變數後，最後再進行卡方檢定。這是因為範例10-2和範例10-3中，我們所檢定的變數屬複選題，因而計次上比較複雜，須先用複選題分析的方式製作出次數表或交叉表，然後再進行卡方檢定。此外，進行卡方檢定時，若資料的格式屬次數表或交叉表的話，那麼都須先設定「計數變數」（又稱為計次變數）後，才能進行檢定。但是，若原始資料的格式不屬次數表或交叉表，而屬於「列舉格式」時，那麼就可針對原始資料直接作卡方檢定，而不用再設定「計數變數」。

ex10-4.jasp中，由於其資料格式屬列舉格式，因此不用再設定「計數變數」，可直接執行「次數／列聯表」，以進行卡方同質性檢定。

詳細的操作過程，請讀者自行參閱教學影音檔「ex10-4.mp4」。

▶ **報表解說**

執行「次數／列聯表」功能後，將會於報表中顯示出「回收期」變數對「性別」、「婚姻狀況」、「年齡」、「職業」、「教育程度」與「平均月收入」等變數的卡方檢定結果（共六個表），可將這些檢定結果彙整於一個表中，如表10-13所示。

表10-13　無反應偏差－卡方同質性檢定

衡量項目	卡方值	自由度	顯著性
性別	1.501	1	0.221
婚姻	0.803	1	0.370
年齡	2.707	5	0.745
職業	2.522	7	0.925
教育程度	4.731	5	0.450
平均月收入	3.815	7	0.801

由表10-13的檢定結果可知，所有卡方檢定的顯著性（機率p值）皆大於0.05。因此，將不能拒絕虛無假設，故可認為問卷回收前、後期，受訪者於各基本資料的回應上並無顯著差異（即具同質性、一致性）。因此，本研究中經兩次回收作業才獲得的樣本資料，其無反應偏差現象並不顯著。故推論所有回收樣本應具有代表性與完整性，將不至於會影響後續的研究結果。

習 題

練習10-1

參考附錄二中，論文〈遊客體驗、旅遊意象與重遊意願關係之研究〉的原始問卷，並開啟hw10-1.jasp，由於問卷經前、後期才回收完成，請完成表10-14，並檢驗該問卷資料是否具有無反應偏差。

表10-14 無反應偏差—卡方同質性檢定

衡量項目	Pearson卡方值	自由度	p值
性別			
婚姻狀況			
年齡			
職業			
教育程度			
月收入			

練習10-2

參考附錄二中，論文〈遊客體驗、旅遊意象與重遊意願關係之研究〉的原始問卷，第四部分基本資料的第7題「請問您認為西拉雅風景區有哪些特色？（可複選）」為複選題，請開啟hw10-2.jasp，試探討遊客對西拉雅風景區的特色認知是否有所不同？

練習10-3

參考附錄二中，論文〈遊客體驗、旅遊意象與重遊意願關係之研究〉的原始問卷，第四部分基本資料的第7題「請問您認為西拉雅風景區有哪些特色？（可複選）」為複選題，請開啟hw10-3.jasp，試探討遊客對西拉雅風景區的特色認知是否與性別有關？

第11章
平均數的差異性比較——t 檢定

在統計學中，母體的統計特徵一般稱為參數（亦稱母數，parameter。例如：母體平均數、母體標準差），而樣本的統計特徵則稱之為統計量（statistic，例如：樣本平均數、樣本標準差）。一般而言，母體參數通常為未知數（因母體太大，無法探究其確實數據），而樣本統計量只要經抽樣完成，通常就可以求算出其值。

　　一般而言，統計學大致可劃分為敘述統計學與推論統計學等兩個領域。敘述統計學強調於將資料彙整且表達成方便讀取資訊的統計方法，如本書第3章到第8章的課程內容。而推論統計學的核心價值則在於：藉由以低成本方式取得的樣本資料之已知統計量，來推論未知的母體參數。也就是說，推論統計學是根據樣本資料之特徵（統計量）而推論母體特徵（參數）的方法。更精準的論述為：推論統計學能在對樣本資料進行描述性統計分析的基礎上，以機率的方式對統計母體的未知特徵進行推論，如圖11-1所示。

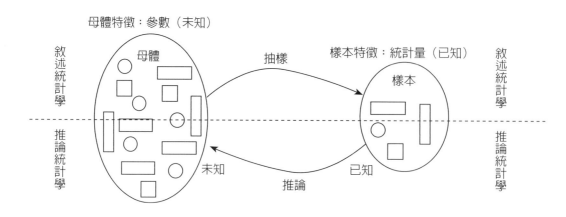

圖11-1　敘述統計學與推論統計學

資料來源：本圖修改自方世榮（2005）。

　　推論統計學的相關理論在統計分析的運用上佔有舉足輕重的地位。在本章中，將著重於參數檢定的實務應用，尤其是兩群體平均數之差異性檢定的部分。本章將包含下列的內容：

1. 參數檢定的基本概念
2. 單一樣本 t 檢定
3. 獨立樣本 t 檢定
4. 成對（相依）樣本 t 檢定

◆ 11-1　推論統計與參數檢定 ◆

　　研究者為何需要透過對樣本資料的描述，然後去推論母體特徵呢？其原因不外有二：

　　第一個原因為：無法全部蒐集到所有的母體資料。

　　例如：水質或空氣品質的檢測問題。當研究者想要評估高雄地區的空氣品質，或者想要檢定南化水庫水中某成分的含量等。對於此類問題的研究，研究者根本無法對所有的研究對象（空氣或水庫水）做實驗，因而只能採取抽樣技術，從母體中隨機抽取一部分樣本進行檢測，進而推論母體特徵。

　　第二個原因為：在某些特殊情況下，雖然母體資料能夠蒐集得到，但其過程將會耗費大量的人力、物力和財力。

　　例如：研究全國大學生每天上網的平均時間或小家庭每年旅遊的平均花費等。對這類問題的研究，雖然只要研究者願意，理論上是可以獲得全部的母體資料。但大規模的調查與資料蒐集工作，必然需要投入大量的成本。因此，在實際研究中，為節省開銷往往會採用抽樣技術，對小部分的研究對象進行調查以獲取樣本資料，並藉此推論母體的特徵。

　　當研究者運用抽樣技術獲取樣本資料後，在利用樣本統計量對母體參數進行推論的過程中，須先釐清母體的分配型態到底是已知或未知。在已知或未知的情況下，各有不同的處理方式，其處理方式大致如下：

1. 當母體分配為已知的情況下（通常為假設已知）

　　由於母體分配為已知（例如：為常態分配），此時，根據樣本資料對母體的推論，其目的將著重在估計參數的信賴區間，或對其進行某種統計檢定。例如：檢定常態母體的平均數是否與某個值存在顯著性的差異、兩個母體的平均數是否有顯著性差異……等。諸如此類的統計推論問題，通常可採用參數檢定的方法。它不僅能夠對母體參數進行推論，而且也能對兩個或多個母體參數來進行差異性比較。這類問題的統計推論方法，一般皆屬於母數統計（parametric statistics，即參數統計）的範疇。

2. 當母體分配未知的情況下

　　在現實生活的大多數情況下，研究者事前其實很難對母體的分配做出較為準確的判斷，或者根本無法保證樣本資料是來自某種特定的母體，或者由於資料類型

的限制，使其不符合所假定之分配的要求等。儘管如此，研究者仍然希望探索出資料中所隱含的特質，此時通常所採用的統計推論方法，一般則都是屬於無母數統計（nonparametric statistics）的檢定方法。

◆ 11-2　參數之假設檢定簡介 ◆

　　在推論統計學的領域中，研究者通常會採用估計（點估計和區間估計）和假設檢定等這兩類方式對母體參數進行推論。這兩類方式在JASP的相關功能中皆有提供。然由於其基本原理類似，在此僅對假設檢定的基本概念做初步的介紹。

　　進行參數之假設檢定時，其基本概念是：研究者必須先對母體參數值提出假設，然後再利用抽樣回來的樣本所提供的相關資訊，去驗證先前所提出的假設是否成立。如果樣本資料不能夠充分證明和支持假設的成立時，則在一定的機率條件下，應該「推翻」（拒絕）該假設；相反的，如果樣本資料足以充分證明和支持假設成立的可能性，那麼就「不能推翻」假設成立的合理性和真實性。上述假設檢定之推論過程所依據的基本觀念，即是所謂的「小機率原理」。所謂「小機率原理」意指發生機率很小的隨機事件，在某一次特定的實驗中是幾乎不可能發生的。但如果發生了，那肯定是先前的某些假設有誤，所以應該推翻該假設。統計學中，一般認為某事件發生的機率如果小於0.05時，那就算是小機率事件了。

　　例如：若研究者想對每位墾丁遊客的平均花費額，進行檢定。首先研究者會提出一個暫時性的假設，這個假設一般通稱為虛無假設（null hypothesis），通常也是研究者心裡面很想把它推翻掉的假設。倘若此假設為「墾丁遊客的平均花費額是5,000元」。此時，研究者將充分利用樣本資料以驗證該假設是否成立。如果樣本資料中，遊客平均花費額為5,900元，這顯然與5,000元間存在著不小的差距，此時能否立即拒絕先前的假設呢？答案是不能的。因為在抽樣過程中也有可能存在著誤差。即樣本（5,900元）與假設（5,000元）之間的差距，有可能是因為系統誤差或抽樣誤差所造成的，而不是真正平均花費額的差距。抽樣誤差的存在，將造成某批樣本（遊客）的平均花費額為3,900元，而另一批樣本（遊客）的平均花費額為4,800元，或是5,100元，或是其他值，都有可能。因此，此時就有必要去確認，樣本資料所提供的資訊與假設之間的差距，究竟是哪種原因所造成的。

　　依據小機率原理，首先計算在「假設如果成立」的條件下，觀察樣本值或更極端值發生的機率。也就是說，如果遊客的平均花費額確實為5,000元，那麼5,900元（或

更極端值）發生的機率有多大呢？如果5,900元（或更極端值）發生的機率極小（例如：小於0.05），那麼依據小機率原理，在一次性的實驗中幾乎是不會發生的。但事實卻是，這件原本不應發生的事件（5,900元或更極端值）卻恰恰在這一次抽樣中發生了。由於該樣本的存在是種事實，對此我們只好推翻假設，而認為5,000元的假設是不成立的。

由上述的說明不難理解，進行假設檢定的過程中，研究者需要解決兩大問題，第一，如何計算在假設「為真」的條件下，樣本值或更極端值發生的機率？第二，如何定義小機率事件（即顯著水準該設定為多少）？對於這兩大議題，現今的推論統計學理論都已經能成功地解決了。

11-3　參數之假設檢定的基本步驟

一般而言，參數之假設檢定的進行過程，可分成以下五大基本步驟：

（一）提出虛無假設（H_0）

即根據研究目的，對欲推論的母體參數提出一個基本假設。此基本假設，一般即稱之為虛無假設，通常也代表著，這個假設其實是研究者內心裡面很想把它推翻掉的假設，所以才稱之為「虛無」。

（二）確認檢定統計量之理論分配

在假設檢定中，樣本值發生的機率並不是直接由樣本資料得到的，而是透過計算檢定統計量之觀測值，在某個理論分配下的發生機率而間接得到的。這些檢定統計量所該服從或近似服從的理論分配中，常見的有 t 分配、F分配或χ^2分配。例如：若理論分配為 t 分配時，那麼就將會在「虛無假設為真」的前提條件下，根據所蒐集的樣本資料，再套入 t 檢定統計量的公式，去求算出 t 檢定統計量的實際值，這個 t 檢定統計量值就是所謂的 t 值。最後再根據這個 t 值和自由度去查 t 分配表，就可算出該 t 值的機率了。根據這個機率值，再配合研究者所能承擔的風險（或稱顯著水準），研究者就可據以判斷該拒絕或接受虛無假設了。

對於不同的假設檢定問題以及不同的母體條件，會有不同的理論分配、檢定方法和策略，但這是統計學家所該研究的課題。平凡的我們，在實際應用中只需要依據實際狀況與問題，遵循理論套用即可。例如：檢定兩個近似常態之母體的平均數差異

時，就會套用 t 分配來進行檢定決策；而檢定三個（或以上）近似常態之母體的平均數差異時，則須選用F分配輔助檢定決策之製作。上述中，我們可以直接確認理論分配的原因，就在於過往的統計學家已將上述檢定問題的理論分配釐清了，所以後知的我們，只要會套用這些理論概念，正確的選定「檢定統計量之理論分配」就可以了。

（三）計算檢定統計量之觀測值的發生機率

確認檢定統計量之理論分配後，在認為虛無假設成立的條件下（H_0為真），利用樣本資料便可計算出檢定統計量之觀測值，並得知在該理論分配下，此檢定統計量值的發生機率，而此機率值一般即稱之為機率p值，又稱為顯著性（significance）。也就是說，該機率p值間接地表現出檢定統計量在虛無假設成立的條件下所發生的機率。針對此機率p值，研究者即可依據一定的標準（例如：研究者所設定的顯著水準）來判定其發生的機率是否為小機率，是否是一個小機率事件。

（四）設定顯著水準α（significant level）

所謂顯著水準α，是指當虛無假設為真，但卻被拒絕時，所發生的機率。當然上述情況，是一個錯誤的決策，統計學上稱這類型的決策錯誤為第一型誤差（型I誤差，Type I Error）。而發生這種錯誤決策的機率，則稱之為型I誤差機率。型I誤差機率值，其實我們也可把它想像成，研究者為控制錯誤決策之產生，所能承擔的最大風險。只要錯誤拒絕時所冒的風險，小於研究者所設定型I誤差機率值（又稱顯著水準）時，那麼就勇敢的拒絕虛無假設吧！因此，顯著水準就是代表著一個門檻值，也就是錯誤拒絕虛無假設時，所能承擔的最大風險。

一般顯著水準α值會定為0.05或0.01等。而這就意味著，當虛無假設為真，同時也正確地接受虛無假設的可能性（機率）為95%或99%。事實上，雖然小機率原理告訴我們，小機率事件在一次性的實驗中是幾乎不會發生的，但這並不意味著小機率事件就一定不會發生。由於抽樣的隨機性，在一次實驗中觀察到小機率事件的可能性是存在的，如果遵循小機率原理而拒絕了原本正確的虛無假設，該錯誤發生的機率便是α。因此，顯著水準α類似一個門檻值，當機率p值小於顯著水準α時，這就是一個小機率事件，且此小機率事件是不該發生的，但卻在這次的抽樣中發生了，因此我們就會認為這種現象，應該是虛無假設錯誤所致吧！所以，決策上就會推翻先前所設定的虛無假設。

（五）作出統計決策

　　得到檢定統計量的機率p值後，接著，研究者就須判定「應該要拒絕」虛無假設，還是「不應拒絕」虛無假設。如果檢定統計量的機率p值小於顯著水準α，則認為如果此時拒絕虛無假設，那麼犯錯的可能性會小於顯著水準α，也就是說其機率低於我們原先所設定的控制水準（我們所能承擔的風險），所以不太可能會犯錯，因此可以拒絕虛無假設；反之，如果檢定統計量的機率p值大於顯著水準α，則認為，如果此時拒絕虛無假設，那麼犯錯的可能性大於顯著水準α，其機率高於我們原先所設定的控制水準，所以很有可能犯錯誤，因此就不應拒絕虛無假設。

　　從另一個角度來看，得到檢定統計量的機率p值後，就是要判定，這個事件是否為小機率事件。由於顯著水準α是在「虛無假設成立」時，檢定統計量的值落在某個極端區域內的機率值。因此如果設定α等於0.05，那麼就是認為，如果虛無假設是成立的，則檢定統計量的值落到某極端區域內的機率是0.05，它就是我們所設定的所謂小機率事件的標準。因此，只要機率p值小於0.05，就屬於小機率事件，則當斷然的「拒絕」虛無假設。

　　當檢定統計量的機率p值小於顯著水準α時，它的意義就是如果虛無假設是成立的，則檢定統計量的觀測值（或更極端值）發生的機率是一個比標準小機率事件更小機率的事件。因此，我們就會認為，由於小機率原理它本是不可能發生的，但它卻發生了，所以它的發生應該是因為「虛無假設為假」所導致的，故應拒絕虛無假設；反之，當檢定統計量的機率p值大於α時，它的意義就是如果虛無假設是成立的，檢定統計量的觀測值（或更極端值）發生的機率較標準小機率事件來說，並不是一個小機率的事件，它的發生是極有可能的，所以我們沒有充足的理由說明虛無假設是不成立的，因此不應該拒絕虛無假設。

　　上述的五大步驟確實容易令人頭昏腦脹、邏輯錯亂。但總而言之，透過上述五大步驟便可完成假設檢定之所有過程。雖是如此，讀者也不用太過於擔心，因為統計軟體的運用可以輔助解決大部分的問題。在運用JASP進行假設檢定時，首先應清楚定義第一個步驟中的虛無假設即可，接著第二個步驟和第三個步驟是JASP自動完成的，第四、五個步驟所須作出的決策，則須研究者依JASP所跑出的報表，進行人工判定，即先設定好顯著水準α，然後與檢定統計量的機率p值（顯著性）相比較，就可作出到底是拒絕（機率p值小於等於顯著水準α）或接受（機率p值大於顯著水準α）虛無假設的決策了。

11-4　兩個群體之平均數比較──*t* 檢定

在推論統計學的分析過程中，常須透過樣本統計量來推論母體參數。也就是說，從樣本的觀察值或實驗結果的特徵來對母體的特徵進行估計和推論。由所抽取出來的樣本資料來對母體作出估計和推論時，抽取樣本的過程必須是隨機的，即每一個個體被抽到的機率都是相同的。但這樣往往會由於抽到一些數值較大或較小的個體，致使樣本統計量與母體參數之間會產生較大的偏誤，那麼便產生一個問題了，即平均數不相等的兩個樣本，它們是來自相同的母體嗎？

怎樣判斷「兩個樣本」是否來自相同的母體呢？常用的方法是 *t* 檢定。*t* 檢定是比較「兩群體」平均數之差異最常用的方法。例如：*t* 檢定可用於比較接受新教學法與舊教學法之學生的成績差異。理論上，即使樣本量很小時，也可以進行 *t* 檢定（例如：樣本量只有10個）。只要每群體中，變數呈近似常態分配，兩群體之變異數沒有明顯差異就可以了。也就是說，利用 *t* 分配檢定兩群體平均數差異時，有兩個前提必須先予以確認，其一為母體的分配是否近似常態分配；另一為兩群體樣本的變異數是否相等（又稱同質）。針對上述兩前提，實務上可以透過觀察資料的分配或進行常態性檢定，以確認資料是否具有常態性；而檢定變異數的同質性則可使用F檢定來進行，或者也可以使用更有效率的Levene's檢定。如果不滿足這兩個條件的話，那麼也可以使用無母數檢定來代替 *t* 檢定，以進行兩群體間平均數的比較。

運用 *t* 檢定以評估兩群體平均數差異時，會因樣本來源或樣本取得的方式，而有不同型式的 *t* 檢定方法。這些方法大致上可分為三種，分別為「單一樣本 *t* 檢定」、「獨立樣本 *t* 檢定」與「成對（相依）樣本 *t* 檢定」。在本章後續節次中，將依序介紹這三種不同型式的 *t* 檢定方法。

11-5　單一樣本 *t* 檢定（one sample *t*-test）

單一樣本 *t* 檢定的目的在於：利用抽取自某母體的樣本資料，以推論該母體的平均數是否與指定的檢定值（已知常數）之間存在顯著差異。這是一種對母體平均數的假設檢定。例如：研究某地區高中生數學平均分數與去年分數（已知常數值）的差異。

而在已知母體平均數的情形下，進行樣本平均數與母體平均數（已知）之間的差

異性檢定，也屬於單一樣本的 *t* 檢定的運用範疇。例如：研究某地區高中學生數學平均分數與全國高中學生數學平均分數（已知常數值）的差異，類似這樣的問題就須依靠「進行樣本平均數與母體平均數之間的差異性檢定」來完成了。也就是，進行單一樣本 *t* 檢定就可解決此類問題。

在JASP的「單一樣本 *t* 檢定」中，除對每個檢定變數提供包括觀察值個數、平均數、標準差和平均數的標準誤等描述性統計量外，它還提供了每個資料值與假設檢定值之間的差異平均數、進行該差異值為「0」的 *t* 檢定和該差異值的信賴區間估計，並且可由使用者自行指定檢定過程的顯著水準。

單一樣本 *t* 檢定的前提假設為樣本所屬的母體應能服從或近似服從常態分配。而在上述兩個例子中，那些已知的「全國高中生」或「去年高中生」的數學成績，一般都可以認為是服從常態分配的，因此可利用單一樣本 *t* 檢定以進行母體平均數的推論。

11-5-1　常態性與檢定方法的選用

然而，前述中有關常態性的議題，在使用JASP執行「單一樣本 *t* 檢定」時，會被突顯出來。有使用過SPSS經驗的讀者應該都能理解，在SPSS執行「單一樣本 *t* 檢定」的過程中，並不會再去考量樣本是否具有常態性，縱使樣本並不具常態性，最後分析的結果仍是會以 *t* 值來表明檢定結果。但在JASP中執行「單一樣本 *t* 檢定」的過程中，它提供了使用者能即時檢核樣本是否具常態性的機會，甚至還提醒使用者檢視目前之樣本其母體標準差是否為已知狀態。因而，在單一樣本的差異性檢定中，JASP提供了三種檢定方式，即 *t* 檢定、Wilcoxon signed-rank檢定與z檢定。因此，在JASP中執行「單一樣本 *t* 檢定」時，其實只能說是在執行單一樣本的差異性檢定而已，確切該使用哪一種檢定方法，仍須視樣本資料的實際狀況而決定。

當樣本資料具常態性且其母體標準差是已知時，則可選用z檢定來進行單一樣本的差異性檢定。但認真地說，這種檢定在現實生活中幾乎從不會被使用到，因為永遠沒有人可以知道母體標準差的真實值。因此，在絕大部分的情形下，母體標準差都是未知的。此時，若樣本資料具常態性，那麼 *t* 檢定就可名正言順的登場了。但若樣本資料不具常態性時，那麼就須採用無母數（nonparametric）的統計方法了，而對於無母數的單一樣本差異性檢定，在JASP中就只能選用Wilcoxon signed-rank檢定這個方法了。

明顯的，選擇適當的單一樣本差異性之檢定方法的關鍵，在於樣本資料是否具

有常態性。對於資料常態性的判定，一般可以使用檢定或圖形等兩種方式。使用檢定方法時，過往文獻建議，當樣本數小於等於50時，那麼應該使用Shapiro-Wilk檢定（Shapiro & Wilk, 1965）；而若樣本數大於50時，則應該採用Kolmogorov-Smirnov檢定（Razali & Wah, 2011）。雖是如此，在JASP的「單一樣本 t 檢定」功能中卻只提供Shapiro-Wilk檢定。雖然Shapiro-Wilk檢定的檢定力高於Kolmogorov-Smirnov檢定（Razali & Wah, 2011），但對於樣本數較大時，Shapiro-Wilk檢定的使用也有其侷限性。

當然，使用Shapiro-Wilk檢定與Kolmogorov-Smirnov檢定來檢定資料的常態性是合理且嚴謹的作法。但是，實務上卻也常發現樣本資料根本無法通過這兩種常態性檢定。此時，選用Wilcoxon signed-rank檢定這種無須理會資料常態性假設的統計方法，也是毫無爭議的。然而，在大樣本的情形下，直接假定資料呈常態分布，通常也是相當合理的，因為中央極限定理確實傾向於確保許多現實世界的資料是呈現常態分布的。因此，當樣本資料無法通過常態性檢定時，使用「常態分位圖」（normal Q-Q plot，常態Q-Q圖），或許也能為大樣本資料提供符合常態性的佐證。利用常態Q-Q圖直觀判別資料常態性的方法，請讀者自行回顧第3章第9節的內容。

11-5-2　t 統計值正負的意義

進行 t 檢定後，若 t 統計值（簡稱 t 值）顯著，代表著兩個平均數間確實是存在差異的。這時，研究者感興趣的是，到底哪一個平均數比較大。這個問題可從 t 值的正負符號來加以判斷。t 統計量的公式如下：

$$t = \frac{\text{平均數}1 - \text{平均數}2}{\text{標準誤}} \qquad\qquad (\text{式}11\text{-}1)$$

明顯的，如果「平均數1」大於「平均數2」，則 t 值將為正數；而如果「平均數2」大於「平均數1」，則 t 統計量將為負數。同樣地，在JASP的報表所呈現的信賴區間也是「平均數1」減去「平均數2」，這個差異值的信賴區間。

然而，兩個平均數中，到底哪一個是「平均數1」？而哪一個是「平均數2」呢？其實，跳出原有的思考模式，或許比較容易判斷。我的經驗是，每當我得到一個顯著的 t 檢定結果時，並且我想找出哪個平均數比較大時，我通常不會透過 t 值的正負號來找出答案。因為，最簡單的方法就是查看實際的「分組平均數表」或「描述統計圖」，而這些資料，JASP的報表中就有提供！

11-5-3　效果量

　　研究者於研究的過程中，常從機率理論的觀點，來檢驗因子效果相對於隨機效果（抽樣誤差）的統計意義，以解答研究問題。也就是說，使用機率理論來進行檢定，以說明因子變數的統計顯著性（statistical significance）。然而，統計顯著性僅表示在統計學上存在一些差異，但它並不能提供該差異的大小或實際意義。也就是說，縱使因子效果具有顯著的統計意義。但是我們仍不免會質疑，在真實的世界中，這些因子效果在實務上是否仍具意義與價值。而上述的這些質疑，其實就是屬於所謂的實務顯著性（practical significance）所關注的議題了。例如：t檢定的顯著性常會受到樣本數量的影響，樣本數量越大，顯著性就會越小。也就是說，樣本數量較少時，「性別」這個因子並不會造成某觀測變數的顯著差異，但是當樣本數量較大時，「性別」這個因子就產生顯著差異了，因此，這個例子中，樣本數量才是造成顯著或不顯著的主因，而不是「性別」。所以統計顯著性雖然重要，但實務顯著性更能反映出觀測變數在實務上的顯著意涵。

　　一般而言，雖然假設檢定的結果，可以看出一個自變數（因子）的效果是否達到統計上的顯著（具統計顯著性），但卻無法顯示實際的影響效果大小。但是，當假設檢定達到顯著後，我們可以進一步的求取「效果量」（effect），以輔助評估檢定的實務顯著性。「效果量」即代表著實務顯著性，「效果量」可以用來解釋統計學上的顯著差異，在真實世界中這差異是否真的足夠大？簡單地說，「效果量」是種對自變數之實質影響力大小的一種客觀、標準化的評估指標。在進行假設檢定的過程中，研究者會去計算出檢定統計量和獲得該特定檢定統計量的機率p值（顯著性），然後再評估該拒絕或保留虛無假設（也就是，去檢驗研究結果是顯著或不顯著）。對於顯著的研究結果，通常可進一步的針對自變數而計算其效果量，以了解其實質影響效果的大小。

　　因此，效果量提供了一個量化的指標，用於衡量實驗結果或觀察結果中的效果或關係的大小。它使研究人員能夠更清楚地理解不同處理或條件之間的差異程度，而不僅僅關注統計顯著性。透過效果量，研究人員可以獲得更具實質意義的結果解釋，並評估其在現實生活中的重要性。Cohen（1988）曾提出一個簡單的評估效果量的方法。例如：對用來比較平均數差異的t檢定而言，他發現效果量的大小和平均數之間的差距有很大的關聯性。也就是說，若有兩個群體平均數的差值越大時，其效果量也越大。以此概念為基礎，定義效果量最自然的方法就是將平均數間的差異除以標準差

〔類似標準化分數（z score）的概念〕。如式11-2。

$$d = \frac{\text{平均數}1 - \text{平均數}2}{\text{標準差}}$$

（式11-2）

例如：檢定今年某地區高中生數學平均分數與去年平均分數的差異時。假設d = 0.5，這就代表著今年的數學平均分數比去年的平均分數高出了約0.5個標準差，根據Cohen（1988）對效果量的評價（如表11-1），這是一個中等效果量。也就是在實務上，成績的差異是具有中等程度的實務顯著性的。

Cohen（1988）曾提供一個評估效果量大小的標準，如表11-1。

表11-1 效果量之判斷準則

Cohen's d	效果量
0.2	小效果量
0.5	中效果量
0.8	大效果量

11-5-4 單一樣本 *t* 檢定的範例

▶ 範例11-1

開啟範例ex11-1.jasp，該檔案為附錄一之範例論文〈旅遊動機、體驗價值與重遊意願關係之研究〉之原始問卷的資料檔，試檢定遊客之體驗價值是高？還是低？（所有遊客之體驗價值的平均得分大於4，則可認為遊客具有較高的體驗價值。）

由附錄一可知，範例問卷應屬李克特七點量表。該研究的受訪者（遊客）共有248人。此外，在論文〈旅遊動機、體驗價值與重遊意願關係之研究〉的原始問卷中，衡量「體驗價值」的問項共13題（ev1_1～ev4_4）。因此，每位受訪者之「體驗價值」得分，即是ev1_1～ev4_4等這13題問項的平均得分之意（取平均旨在使得分值能落於1～7）。故檢定前，須先針對這13題問項，進行橫向平均以求算出每位受訪者之「體驗價值」得分（變數ev）。

由於原始問卷屬李克特七點量表，得分為「4」時，代表體驗價值「普通」，故若變數「ev」值大於「4」時，即代表受訪者感受到較高的體驗價值。由此，不難理

解本範例只須針對變數「ev」進行「單一樣本 *t* 檢定」，以檢定變數「ev」是否大於固定常數4即可。故其虛無假設可設定爲：

H$_0$：ev=4

或

H$_0$：受訪者感受到的體驗價值「普通」。

雖然，我們眞正的目的是想證明「ev > 4」，但在此，我們仍假設「ev = 4」。雖然一般統計學書中，有所謂的單尾（左尾或右尾）檢定，但在JASP中，爲了概念一致，我們所建立的假設將全部統一爲雙尾檢定。因此建立虛無假設時，其實質意涵中，一定要有「相等」的味道。例如：虛無假設的敘述中應包含相等、沒有不同、並無不同、沒有差異、沒有顯著、不顯著……等這些語句。當然，在「相等」的假設下，我們期盼此虛無假設將被拒絕。但當眞的被拒絕後，我們也只能認定「ev ≠ 4」。因此，尚須借助「單一樣本 *t* 檢定」報表中的「描述統計圖」，來輔助判斷到底變數「ev」值是大於4，還是小於4。

操 作 步驟

由於原始問卷中有關「體驗價值」的問項共有13題，因此，欲求「體驗價值」之得分時，須先針對這13題問項，進行橫向平均以求算出每位受訪者之「體驗價值」得分，這個得分已計算完成並已儲存在檔案ex11-1.jasp中了。詳細的檢定操作過程與解說，請讀者自行參閱教學影音檔「ex11-1.mp4」。

▶ 報表解說

（一）前提條件——常態性的討論

本範例經執行單一樣本 *t* 檢定後，首先使用Shapiro-Wilk法檢定「ev」變數的常態性，如表11-2。觀察表11-2，Shapiro W值的p值小於0.001，達顯著。因此，拒絕「ev具常態性」的虛無假設，而須認爲「ev不具常態性」。

表11-2 Test of Normality（Shapiro-Wilk）表

	W	p值
ev	0.973	<.001

由於本範例樣本數達248個，依過往文獻顯示，當樣本數大於50時，Razali and Wah（2011）建議可使用Kolmogorov-Smirnov法來檢定資料的常態性。另外，對於大樣本資料，也可使用常態Q-Q圖來直觀的觀察資料的常態性。經使用「Distributions」模組進行Kolmogorov-Smirnov法檢定與繪製常態Q-Q圖後，結果如表11-3與圖11-2。

表11-3　Fit Statistics表

Test	Statistic	p
Kolmogorov-Smirnov	0.071	0.163
Shapiro-Wilk	0.973	<.001

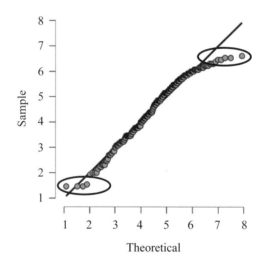

圖11-2　常態Q-Q圖

由表11-3，不難觀察出Kolmogorov-Smirnov法檢定的顯著性為0.163，大於0.05，因此接受「ev具常態性」的虛無假設。此結果與Shapiro-Wilk法之檢定結果恰好相反。其次，再從圖11-2的常態Q-Q圖來輔助觀察常態性。一般而言，如果資料呈常態分配的話，那麼常態Q-Q圖中的資料點應大部分會和代表標準常態分配的對角線重合或於對角線附近上、下分布。由圖11-2可見，雖然ev變數之資料分布狀況較為隨機，但資料基本上大都還是在對角線附近上、下分布的，只是有幾個資料較為偏離而已（在圖11-2中被圈起來的部分）。但整體而言，資料並未出現明顯違反常態分配的

情況。綜合Shapiro-Wilk法、Kolmogorov-Smirnov法與常態Q-Q圖，建議可將ev變數之資料，視為具常態性。而可使用 t 統計量進行單一樣本的差異性檢定。若讀者仍對ev變數之常態性有疑慮的話，那麼使用不具任何限制的無母數檢定方法（例如：Wilcoxon signed-rank檢定）也無妨。

（二）單一樣本 t 檢定之結果

針對 t 檢定的前提條件（即常態性）進行討論之後，即可進行單一樣本的差異性檢定了，檢定結果如表11-4。

表11-4　One Sample T-Test表

	考驗	統計	自由度	p值	Location Difference	95% CI for Location Difference		效果量	SE效果量
						Lower	Upper		
ev	Student	6.635	247	<.001	0.502	0.353	0.651	0.421	0.066
	Wilcoxon	21601.500		<.001	0.538	0.385	0.731	0.457	0.074

觀察表11-4的One Sample T-Test表，表11-4中同時列出了 t 檢定（Student t test）和無母數的Wilcoxon signed-rank法之檢定結果。從 t 檢定來看，t 值（統計欄）為6.635，p值（顯著性）小於0.001，故不接受虛無假設（顯著性小於0.05），即可認為變數「ev」的平均數和「4」之間具有顯著差異，也就是說，ev≠4。此外，Wilcoxon signed-rank法之統計量值為21601.500，p值（顯著性）亦小於0.001，故顯著，其檢定結果與 t 檢定相同。

（三）事後比較

在已證明「ev≠4」的情形下，研究者更感興趣的可能是「事後比較」。在「事後比較」中，研究者主要將探討「ev平均數是大於4或小於4」的問題。過去在SPSS的單一樣本 t 檢定的報表中，可透過「t 值的正負符號」或「差異的95%信賴區間」來進行「事後比較」。但在JASP中，因為無法判定 t 值的計算過程中是「平均數1」減「平均數2」或「平均數2」減「平均數1」，故無法使用上述的兩個方法來進行「事後比較」。因此欲進行「事後比較」時，最簡單的方法就是查看「描述統計圖」了，如圖11-3。

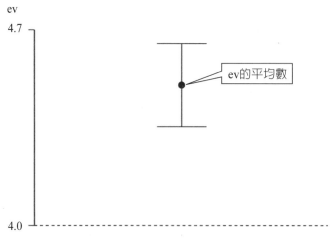

圖11-3　描述統計圖

　　觀察圖11-3的「描述統計圖」，明顯的ev平均數大於常數4，因此，即可推知「ri > 4」，故可認為受訪者（遊客）已感受到較高的體驗價值了。另外，從表11-4得知，這個檢定的效果量為0.421，亦即體驗價值大約比4，高出了約0.421個標準差，故除了統計上體驗價值與4具有差異性外，在考量樣本數的影響後，兩者實際上是具有中等程度的差異性存在的，且依據Cohen（1988）的分類，大致上屬中等效果量。

▶結論

　　經進行單一樣本 t 檢定後，由表11-4的One Sample T-Test表可知，t 值為6.635，p值（顯著性）小於0.001，故不接受虛無假設（顯著性小於0.05），因此可認為ev≠4。再經由圖11-3的「描述統計圖」可發現，ev平均數大於常數4。因此，可認為受訪者（遊客）已感受到較高的體驗價值了。此外，檢定的效果量為0.421，顯示考量樣本數的影響後，「體驗價值與4」實際上是具有中等程度的差異性存在的，且依據Cohen（1988）的分類，大致上屬中等效果量。

11-6 獨立樣本 t 檢定（independent sample t-test）

獨立樣本 t 檢定的目的在於：檢定抽樣自某兩個母體的獨立樣本，經計算兩獨立樣本的平均數後，推論原本的兩個母體之平均數是否存在顯著差異。例如：利用對遊客的抽樣調查資料，推論北部民眾和南部民眾於墾丁旅遊之平均消費額是否具有顯著差異。再例如：利用銀行從業人員的基本資料，分析本國銀行與外資銀行之從業人員中，其平均年薪是否存在顯著差異。由於這些推論過程中，都涉及了兩個獨立群體（即從一母體中抽取的樣本和從另一母體中所抽取的另一組樣本，兩群體之間沒有任何關聯性存在、不會互相干擾），且兩個獨立群體的個案數量也不一定要相等。在這種情況下，根據檢定原理，須採用 t 統計量。因此，這種針對兩獨立群體的平均數差異性檢定，一般即稱之為獨立樣本 t 檢定。但是，在實務執行檢定的過程中，仍宜考量其前提假設（常態性）與兩獨立群體之變異數同質性問題。

11-6-1 有關前提假設與變異數同質性的討論

獨立樣本 t 檢定的前提假設條件是：樣本數據應服從或近似服從常態分配，且兩樣本必須相互獨立。在前述的兩個例子中，遊客的平均消費額和銀行從業人員的平均年薪都可認為是近似服從常態分配。另外，在遊客的平均消費額中，北部民眾和南部民眾的抽樣過程是相互獨立、互不影響的，故可認為是兩獨立群體。同理，本國銀行從業人員的樣本與外資銀行從業人員的樣本也是獨立的。因此，這些問題都可滿足獨立樣本 t 檢定的前提假設條件。

此外，若違反「常態性」假設（例如：以常態QQ圖判斷、Shapiro-Wilk法或Kolmogorov-Smirnov法檢定）時，那可就麻煩了。此時，或許可使用資料轉換的方式，來使樣本資料能具常態性，例如：資料轉log、開根號或其他方式。這種轉換方式主要有兩種缺點，第一是轉換之後的資料也不見得就肯定會符合常態性；第二是轉換之後，資料的「單位」已經不是原本的性質了（譬如：體重轉完log後，單位已經不知道變成什麼了）。此時，其實最佳的處理方式就是直接以無母數統計的Mann-Whitney U檢定來取代獨立樣本 t 檢定，我們都知道獨立樣本 t 檢定是用「平均數」作計算，但無母數統計一律是使用「排序」作計算，也就是說Mann-Whitney U檢定是在檢定兩獨立群體的「平均排序」是否有顯著差異，既然已經把原始資料轉成排序了，那當然就不再需要「常態性」和「變異數同質性」的假設了，更自由自在！

最後，除了常態性與獨立性這兩個前提假設外，進行獨立樣本 t 檢定時，尚須考量兩獨立群體之變異數同質性問題。若兩獨立群體的變異數是相等的情況下（即變異數同質），則檢定時，可採用自由度為兩樣本數相加再減二的 t 檢定；而若為異質變異數（變異數不相等）時，則自由度將需要進行修正，這種修正後的自由度又稱為Welch自由度，因此，在這種情況下所進行的檢定有時就被稱為是Welch檢定。明顯的，Welch檢定不需要假定變異數相同。

▣ 11-6-2 獨立樣本 t 檢定的範例

▶ 範例11-2　開啟範例ex11-2.jasp，該資料檔中包含四個變數，分別為：編號、性別（1為男性、2為女性）、年齡與血紅蛋白含量。試檢定男、女性血液中之血紅蛋白含量的平均數，是否具有顯著差異？

由於本範例將檢定男、女性血液中之血紅蛋白含量的平均數是否具有顯著差異。因此，很明顯的，以性別為分組變數，且將所有樣本分成男、女兩組，且兩樣本是獨立的。在這種情形下，獨立樣本 t 檢定正符合本研究的需求。進行檢定前，須先設定虛無假設。虛無假設建立時，有個技巧讀者一定要理解，那就是，虛無假設的實質意涵一定要有「相等」的味道。例如：虛無假設的敘述中應包含相等、沒有不同、並無不同、沒有差異、沒有顯著、不顯著……等這些語句。

然而在專題、博／碩士論文或期刊論文等學術性論文中，關於假設檢定的敘述與分析結果，一般都會去強調某種現象或所關注議題之「顯著」的重要性。因此，在假設的描述上，學術性論文皆不會使用「虛無假設」，而是使用「對立假設」。但是，不管假設是以「虛無假設」或以「對立假設」的方式來敘述，這些檢定過程都是一樣的。故本範例中，將同時示範使用「虛無假設」與「對立假設」的方式來進行檢定，本範例的假設如下：

依題意先定義虛無假設：

H_0：男、女性血液中之血紅蛋白含量的平均數並無顯著差異。

或 H_0：$\mu_{男} = \mu_{女}$；μ 表血液中之血紅蛋白含量的平均數。

而對立假設則為：

H_1：男、女性血液中之血紅蛋白含量的平均數具有顯著差異。

操作 步驟

詳細操作過程，請讀者自行參閱教學影音檔「ex11-2.mp4」。

▶ 報表解說

（一）前提假設與變異數同質性

由於以性別爲分組變數，且將樣本分成男、女性兩組，明顯的，這兩組樣本應屬獨立樣本。其次，觀察表11-5的Test of Normality（Shapiro-Wilk）表，可發現男性組、女性組的Shapiro-Wilk W值分別爲0.960、0.912，且其顯著性（p值）分別爲0.510、0.081，皆大於0.05，故顯示男、女性的樣本資料皆具有常態性。

表11-5　Test of Normality（Shapiro-Wilk）表

		W	p值
血紅蛋白含量	男性	0.960	0.510
	女性	0.912	0.081

最後，以Levene法進行兩組樣本的變異數同質性檢定，該檢定的虛無假設如下：

H_0：男、女性血液中之血紅蛋白含量的變異數並無顯著差異。

檢定結果如表11-6，由表11-6的Test of Equality of Variances（Levene's）表得知，顯著性（p值）爲0.431，大於0.05。因此，接受「男、女性血液中之血紅蛋白含量的變異數並無顯著差異」的虛無假設，故可以認爲「男、女性血液中之血紅蛋白含量的變異數」是相等的。在此情形下，檢定的自由度應不予修正，而可直接採用 t 統計量來進行檢定。

表11-6　Test of Equality of Variances（Levene's）表

	F	df_1	df_2	p值
血紅蛋白含量	0.634	1	38	0.431

（二）檢定結果

經執行獨立樣本 t 檢定後，其輸出結果見表11-7和表11-8。表11-7 Group Descriptives表，它是群組描述性統計量表，又稱分組描述性統計量表。該表中所列出的描述性統計量包括：樣本數、平均數、標準差、標準誤與Coefficient of variation（變異係數）。從平均數來觀察，男、女性血液中，血紅蛋白含量之平均數的差距達到2.234（12.894 – 10.660），然此差距是否顯著仍有待科學性檢定才能確認其差距的真實性。若檢定結果是不顯著的話，那研究者還是得認為男、女性血液中之血紅蛋白含量的平均數是相等的。至於這差距到底是怎麼形成的呢？或許，就很有可能是抽樣誤差或系統性誤差所造成的。

表11-7　Group Descriptives表

	組別	樣本數	平均數	標準差	標準誤	Coefficient of variation
血紅蛋白含量	男性	21	12.894	2.053	0.448	0.159
	女性	19	10.660	1.620	0.372	0.152

接下來，觀察檢定結果，如表11-8。表11-8是獨立樣本 t 檢定的結果，第二列（Student列）列出了當兩群體變異數相等時，進行 t 檢定後的結果。也就是說，當Levene變異數同質性檢定的結果是不顯著時，代表可以認為兩群體變異數相等時，就須以Student列的數據資料來進行檢定。在本範例中，表11-6顯示兩群體的變異數是相等的，因此，未來進行檢定時，只須看Student列（即 t 檢定）的資料即可。

而Welch列則列出了當兩群體變異數不相等時，進行兩群組差異性檢定時所須應用的數據，因表11-6已表明本範例中兩群體的變異數是相等的，故Welch列的檢定數據將不予採用。

表11-8　Independent Samples T-Test表

	考驗	統計	自由度	p值	平均數差異	SE Difference	95% CI for平均數差異 Lower	Upper	Cohen's d	SE Cohen's d
血紅蛋白含量	Student	3.792	38.000	<.001	2.234	0.589	1.042	3.427	1.201	0.367
	Welch	3.838	37.344	<.001	2.234	0.582	1.055	3.413	1.208	0.367

觀察Student列（t 檢定）的檢定結果可發現，t 檢定值為3.792、自由度為38，顯著性（p值）小於0.001，故達顯著（p值只要小於0.05，即達顯著）。所以，拒絕「男、女性血液中之血紅蛋白含量的平均數並無顯著差異」的虛無假設，而應認為「男、女性血液中之血紅蛋白含量的平均數是具有顯著差異的」。也就是說，男、女性血液中之血紅蛋白含量的平均數是不相等的。

（三）事後比較

由於檢定的結果為「顯著」（具有顯著差異的簡稱），因此需要進行事後比較，以比較分組平均數的大小。比較時，可參考表11-7的Group Descriptives表或圖11-4描述統計圖。由圖11-4不難看出「男性血液中之血紅蛋白含量平均數」大於「女性血液中之血紅蛋白含量平均數」。

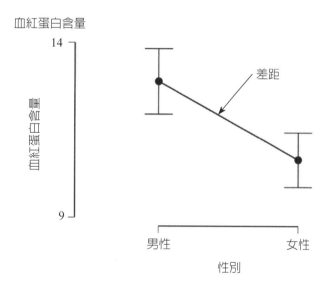

圖11-4　描述統計圖

另外，對於事後比較的結果或許也可以從 t 值的正負符號來研判。由於分組變數是性別，在性別的編碼上，男性是「1」、女性是「2」。檢定時，t 值是由「第一群的平均數」（前）減「第二群的平均數」（後）再除標準誤而求得。而在JASP中，所謂的「第一群」通常是分組變數代碼較小（前）的群，而「第二群」則是分組變數代碼較大（後）的群。以本範例而言，在性別的編碼上，男性是「1」、女性是「2」，故第一群就是指男性，而第二群就是女性。因此就差異而言，就是「男性

減女性」，在這種情形下，*t* 值若爲正，那就代表著「男性減女性」爲正，因此可推論「男性大於女性」；而若 *t* 值爲負，則「男性減女性」爲負，因此，可推論「男性小於女性」。在本範例中，*t* 值爲3.792，屬正，且男性是「1」（前）、女性是「2」（後），故可從 *t* 值的正負號，迅速推知：「男性血液中之血紅蛋白含量平均數」大於「女性血液中之血紅蛋白含量平均數」。

此外，表11-8 Independent Samples T-Test表中，亦顯示出了檢定的效果量，其值爲1.201，代表男性血液中之血紅蛋白含量平均數高出女性約1.201個共同標準差。故除了統計上男、女性的血紅蛋白含量具有差異性外，實務上兩者確實是具有相當大程度的差異性存在，且依據Cohen（1988）的分類，此效果量大致上屬大效果量。

▶ 結論

經上述三個階段的分析後，綜合結論可以描述如下：

經進行獨立樣本 *t* 檢定後，由Levene變異數同質性檢定的結果可知，男、女性血液中之血紅蛋白含量的變異數是沒有顯著差異的。再由 *t* 檢定表來看，*t* 值爲3.792、顯著性小於0.001，故應拒絕虛無假設，意即男、女性血液中之血紅蛋白含量的平均數是具有顯著差異的。另經事後檢定後，亦可發現「男性血液中之血紅蛋白含量平均數」大於「女性血液中之血紅蛋白含量平均數」。此外，檢定的效果量爲1.201，屬大效果量，故除了統計上男、女性的血紅蛋白含量具有顯著差異性外，實務上兩者確實也是具有相當大程度的差異性存在。

然而在專題、博／碩士論文或期刊論文等學術性論文中，關於假設檢定的敘述與分析結果，一般會與本節的敘述會有所差異。例如：在虛無假設的描述上，學術性論文皆會強調某種現象或所關注議題之「顯著」的重要性，因此描述假設時，不會使用「虛無假設」，而是使用「對立假設」。以範例11-2而言，學術性論文中會假設成：

H_1：男、女性血液中之血紅蛋白含量的平均數「具有」顯著差異。

而結論的部分，則敘述如下：

經進行獨立樣本 *t* 檢定後，由Levene變異數同質性檢定的結果可知，男、女性血液中之血紅蛋白含量的變異數是沒有顯著差異的。再由 *t* 檢定表來看，*t* 值爲3.792、顯著性小於0.001，故「假設獲得支持」，意即男、女性血液中之血紅蛋白含量的平均數是具有顯著差異的。另經事後檢定後，亦可發現「男性血液中之血紅蛋白含量平均數」大於「女性血液中之血紅蛋白含量平均數」。此外，檢定的效果量爲1.201，

屬大效果量，故除了統計上男、女性的血紅蛋白含量具有顯著差異性外，實務上兩者確實也是具有相當大程度的差異性存在。

 ▶ 範例11-3　開啟ex11-3.jasp，該檔案為附錄一之範例論文〈旅遊動機、體驗價值與重遊意願關係之研究〉之原始問卷的資料檔，試檢定40歲以下的個案（含40歲）與40歲以上的個案，對於「重遊意願」之整體性認知是否具有顯著差異？

　　練習本範例前，希望讀者能先參閱附錄一，論文〈旅遊動機、體驗價值與重遊意願關係之研究〉的原始問卷，問卷中有關「重遊意願」的問項共3題。因此，讀者須先針對這3題問項，進行橫向平均以求算出每位受訪者對「重遊意願」的整體性認知（得分）。計算「重遊意願」之整體性認知的工作，已計算完成，並已儲存在ex11-3.jasp中。

　　其次，原始分組變數「年齡」問項的內容如下：

3. 年齡：□ 20歲以下　　　□ 21～30歲　　　□ 31～40歲
　　　　　□ 41～50歲　　　□ 51～60歲　　　□ 61歲以上

　　依題意，須將所有個案依年齡分組，而分組條件是以40歲為切割點。因此，研究者必須針對「年齡」變數以40歲為分割點重新分組，且重新分組後必須以一個新變數（例如：age_group）來儲存這些新分組資料。這些重新分組的操作，我們將可在JASP或Excel中進行。

(操)(作)步驟

　　步驟1：開啟「ex11-3.jasp」，並針對「年齡」變數重新分組。
　　步驟2：進行檢定前，依題意先定義虛無假設。
　　　　　　H_0：40歲以下的受訪者和40歲以上的受訪者對「重遊意願」的整體性認知並無不同。
　　步驟3：由JASP讀入分組完成的檔案，進行「獨立樣本 t 檢定」。
　　詳細操作過程，讀者亦可自行參閱教學影音檔「ex11-3.mp4」。

▶ **報表解說**

（一）前提假設與變異數同質性

　　由於以「age_group」為新分組變數，且將樣本分成40歲以下、40歲以上兩組，明顯的，這兩組樣本應屬獨立樣本。其次，觀察表11-9的Test of Normality（Shapiro-Wilk）表，可發現40歲以下組、40歲以上組的Shapiro-Wilk W值分別為0.974、0.962，且其顯著性（p值）則分別為0.002、0.020，都小於0.05，皆顯著，故顯示兩組樣本資料偏離常態性的情形較為嚴重。在這種情形下，雖樣本資料屬大樣本，若直接假定資料呈常態分布，似乎較不合理，故建議以無母數的統計方法（例如：Mann-Whitney法）來進行檢定。但讀者若直接以 t 檢定來進行，似並無不可，畢竟在SPSS中就是直接採用 t 檢定的方式來進行檢定的。

表11-9　Test of Normality（Shapiro-Wilk）表

		W	p值
ri	40歲以下	0.974	0.002
	40歲以上	0.962	0.020

　　接著，以Levene法進行兩組樣本的變異數同質性檢定，檢定結果如表11-10，由表11-10的Test of Equality of Variances（Levene's）表得知，顯著性（p值）為0.515，大於0.05。因此，可以認為「兩分組之重遊意願的變異數」是相等的。在此情形下，檢定的自由度應不用透過Welch法來進行修正，而可直接採用 t 統計量或直接使用Mann-Whitney法（本範例較建議用此法）來進行檢定。

表11-10　Test of Equality of Variances（Levene's）表

	F	df_1	df_2	p值
ri	0.425	1	246	0.515

（二）檢定結果

　　經執行獨立樣本 t 檢定後，其輸出結果見表11-11和表11-12。表11-11是分組統計量表，列出的統計量包括分組樣本數、平均數、標準差、標準誤與變異係數。從平均

數觀察，40歲（含）以下與40歲以上兩組樣本有關重遊意願的認知差距只有-0.229，然此差距是否顯著仍有待檢驗。另外由分組的情況可知，在本檢定中40歲（含）以下的樣本屬第一組，而40歲以上的樣本則屬第二組。這個前、後關係（第一組減第二組）要特別注意，未來若須進行事後檢定時，才不至於誤判大小關係。

表11-11　Group Descriptives表

	組別	樣本數	平均數	標準差	標準誤	Coefficient of variation
ri	40歲以下	170	4.327	1.508	0.116	0.345
	40歲以上	78	4.556	1.428	0.162	0.313

接下來，觀察檢定結果，如表11-12。表11-12是獨立樣本 t 檢定的結果，第二列（Student列）列出了當兩群體變異數相等時，進行 t 檢定後的結果。在本範例中，表11-10顯示兩群體的變異數是相等的，因此，未來若想直接使用 t 統計量進行檢定時，那麼只須看Student列的資料即可。

而由於兩群體的變異數是相等的，因此不需使用Welch法修正自由度，故表11-12就不列出Welch法的檢定結果了。但因應樣本資料偏離常態性，故本範例也進行了Mann-Whitney檢定（本範例較建議）。

表11-12　Independent Samples T-Test表

	考驗	統計	自由度	p值	Location Parameter	SE Difference	效果量	SE效果量
ri	Student	-1.124	246	0.262	-0.228	0.203	-0.154	0.137
	Mann-Whitney	6060.500		0.277	-0.333		-0.086	0.079

觀察表11-12中，Mann-Whitney法的檢定結果，其p值為0.277，大於0.05，故不顯著。所以不能拒絕虛無假設，而可認為40歲（含）以下與40歲以上等兩組樣本，有關「重遊意願」的整體認知之平均數是相等的。也就是說，40歲（含）以下與40歲以上兩組樣本有關「重遊意願」的整體性認知是沒有顯著差異的。

另外，就 t 檢定來看，t 值為-1.124，其機率p值為0.262，亦大於0.05，故亦不顯著。其檢定結果和Mann-Whitney法是一致的。相同的資料檔，在SPSS中會直接假設資料符合常態性（因為大樣本），而可直接執行「獨立樣本 t 檢定」，其所跑出的結

果，其實就和表11-12中Student列（也就是 *t* 檢定）的數據一模一樣。所以，若讀者在JASP中，不考慮常態性因素，而直接採用Student列的數據進行檢定似也無妨。因為，至少SPSS也是這樣做的。

（三）事後比較

由於Mann-Whitney法的檢定結果不顯著，代表40歲（含）以下與40歲以上兩組樣本有關「重遊意願」的整體性認知是相等的。因此，也就沒有比較兩組大小的必要了。

▶ 結論

經上述分析後，範例11-3的綜合結論可以描述如下：

經進行獨立樣本 *t* 檢定後，檢定結果如表11-12。觀察表11-12，由於樣本資料較偏離常態性，故本範例採用Mann-Whitney檢定法進行檢定。Mann-Whitney檢定的p值為0.277，大於0.05，故不顯著。所以接受虛無假設，而可認為40歲（含）以下與40歲以上兩組樣本，有關「重遊意願」的整體認知之平均數是沒有顯著差異的。

▶ 範例11-4 開啟ex11-4.jasp，該檔案為附錄一之範例論文〈旅遊動機、體驗價值與重遊意願關係之研究〉之原始問卷的資料檔，試檢定低分組（量表總分小於等於第25百分位數的個案）與高分組（量表總分大於等於第75百分位數的個案）之個案，對「體驗價值」的整體認知（得分）是否具有顯著差異？

附錄一，論文〈旅遊動機、體驗價值與重遊意願關係之研究〉的原始問卷中，扣除掉「第四部分：基本資料」的題項後，剩餘題項為可用以衡量「旅遊動機」（17題）、「體驗價值」（13題）與「重遊意願」（3題）等三個構面的題項，共33題。現針對每個個案所填答的這33個題項的得分進行加總，加總後的結果將存入變數「量表總分」中。不難理解，此「量表總分」即代表個案對「旅遊動機」、「體驗價值」與「重遊意願」的整體性評估。故本範例的首要工作，即先算出變數「量表總分」。這個加總過程，將使用JASP的「計算變數」功能來完成。

依題意，我們需要根據變數「量表總分」的第25百分位數與第75百分位數，將所有個案依題目所設定的規則，分成「低分組」與「高分組」（分組變數名稱為group）。這個分組過程，亦將使用JASP的「計算變數」功能來完成。

　　此外，問卷中有關「體驗價值」的問項共13題（ev1_1～ev4_4）。因此，須先針對這13題問項，進行橫向平均以求算出每位受訪者對「體驗價值」的整體性認知。為減少本範例之複雜度，每位受訪者對「體驗價值」的整體性認知，已計算完成，並已儲存在「ex11-4.jasp」檔案中，其變數名稱為「ev」。

　　由於本範例將檢定低、高分組之受訪者，對「體驗價值」的整體性認知是否具有顯著差異。因此，很明顯的，將以變數「group」為分組變數，而將所有受訪者依「量表總分」分成低、高分兩組，且此兩組樣本是獨立的，不會互相影響。在這種情形下，獨立樣本 *t* 檢定正符合本範例的檢定需求。進行獨立樣本 *t* 檢定前，依題意先設定虛無假設：

　　H_0：低、高分組之受訪者，對「體驗價值」之整體性認知的平均數並無顯著差異。

操作步驟

　　步驟1：先求出量表總分。
　　步驟2：進行分組，並設定分組變數名稱為「group」。
　　步驟3：進行「獨立樣本 *t* 檢定」。
　　詳細操作過程，讀者亦可自行參閱教學影音檔「ex11-4.mp4」。

▶ 報表解說

（一）前提假設與變異數同質性

　　本範例中「group」為分組變數，且將樣本分成低分組與高分組，明顯的，這兩組樣本應屬獨立樣本。其次，觀察表11-13的Test of Normality（Shapiro-Wilk）表，可發現低分組、高分組的Shapiro-Wilk W值分別為0.972、0.960，且其顯著性（p值）則分別為0.166、0.038，低分組不顯著（具常態性），而高分組顯著（偏離常態）。在這種情形下，或許可以透過對資料值進行平方或取log來轉換資料集，但是這些轉換工作將會導致對結果的解釋變得更加困難。因此，比較適當的方法是考量樣本資料偏離常態性的嚴重程度。雖然，一般檢定時，常會將顯著水準設定為0.05，以進行 *t* 檢定或其他檢定，但對於較大的樣本資料，或不考慮轉換資料或刪除異常值時，除非嚴重的偏離常態性（例如：Shapiro-Wilk常態檢定的p值小於0.001），否則我們也可以稍為放寬接受區，而將顯著水準設定為0.01。這樣，我們就不用太擔心目前這個p =

0.038了。它偏離常態的情形並不嚴重，只要將顯著水準設定為0.01，那麼p = 0.038就會變成接受「樣本資料具常態性」的假設了。經放寬Shapiro-Wilk常態檢定的接受區後，可認為無論是低分組或高分組的樣本資料，偏離常態的情形並不嚴重，已近似具有常態性了。

表11-13　Test of Normality（Shapiro-Wilk）表

		W	p值
ev	低分組	0.972	0.166
	高分組	0.960	0.038

在此，讀者或許會發現，我們每次檢定都仔細的檢定常態性這個前提假設，這樣的作法是比較嚴謹的。但是讀者若覺得麻煩的話，也可以不考慮這麼多，而類似SPSS的操作，直接假設樣本資料符合常態分配，並直接進行「獨立樣本 t 檢定」。

接著，以Levene法進行兩組樣本的變異數同質性檢定，檢定結果如表11-14，由表11-14的Test of Equality of Variances（Levene's）表得知，顯著性（p值）為0.012，小於0.05。因此，可以認為「兩分組之體驗價值的變異數」是不相等的。在此情形下，檢定的自由度應透過Welch法來進行修正並檢定。

表11-14　Test of Equality of Variances（Levene's）表

	F	df_1	df_2	p值
ev	6.523	1	123	0.012

（二）檢定結果

經執行獨立樣本 t 檢定後，檢定結果如表11-15。由於樣本資料近似具有常態性，故就不進行Mann-Whitney檢定了。表11-15中，第二列（Student列）列出了當兩群體變異數相等時，進行 t 檢定後的結果。在本範例中，兩群體的變異數是不相等的，因此，需使用Welch法修正自由度，故Student列可忽略不看。檢定時，應使用Welch檢定。由Welch檢定的結果可知，t 值為-17.511，在自由度已修正為110.600的情形下，其p值小於0.001，故顯著（p值小於0.05，即可顯著）。所以應拒絕虛無假設，而可認為低分組與高分組對「體驗價值」的整體認知是具有顯著差異的。

表11-15　Independent Samples T-Test表

	考驗	統計	自由度	p值	平均數差異	SE Difference	95% CI for平均數差異		Cohen's d	SE Cohen's d
							Lower	Upper		
ev	Student	-17.557	123.000	<.001	-2.350	0.134	-2.615	-2.085	-3.141	0.334
	Welch	-17.511	110.600	<.001	-2.350	0.134	-2.616	-2.084	-3.137	0.334

表11-16　SPSS的獨立樣本 t 檢定表

		變異數相等的Levene檢定		平均數相等的 t 檢定						
		F檢定	顯著性	t	自由度	顯著性（雙尾）	平均差異	標準誤差異	差異的95%信賴區間	
									下界	上界
ev	假設變異數相等	6.724	.011	-17.557	123.000	.000	-2.350	.134	-2.615	-2.085
	不假設變異數相等			-17.511	110.600	.000	-2.350	.134	-2.616	-2.084

　　表11-16是相同的資料檔，由SPSS所執行之「獨立樣本 t 檢定」的結果，SPSS進行「獨立樣本 t 檢定」時，會直接假設樣本資料皆具有常態性。讀者可比較一下，其實若在JASP中，也不考慮常態性的話，直接進行「獨立樣本 t 檢定」的結果和SPSS幾乎是完全一模一樣的，只差在SPSS沒能力算出Cohen效果量而已。

（三）事後比較

　　由於檢定的結果為低分組、高分組的「體驗價值」具有顯著差異，因此需要進行事後比較，以比較分組平均數的大小。比較時可參考圖11-5描述統計圖。由圖11-5不難看出高分組的「體驗價值」大於低分組。

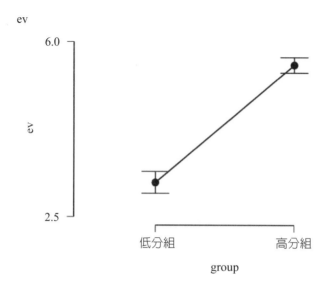

圖11-5　描述統計圖

　　另外，對於事後比較的結果或許也可以從 t 值的正負符號來研判。由於分組變數是「group」，在「group」的編碼上，低分組是「1」（前）、高分組是「2」（後）。在本範例中，Welch檢定的 t 值爲-17.511，屬負（前－後）。因此，可研判低分組的「體驗價值」小於高分組（後比較大，相減後才會屬負）。

　　此外，表11-15 Independent Samples T-Test表中，亦顯示出了檢定的效果量，其值爲-3.137，代表高分組的「體驗價值」高出低分組約3.137個共同標準差。因此，除了統計上低分組、高分組具有顯著的差異性外，實務上兩者確實是具有相當大程度的差異性存在，且依據Cohen（1988）的分類，此效果量大致上應屬大效果量。

▶ **結論**

　　經上述分析後，綜合結論可以描述如下：

　　經進行獨立樣本 t 檢定後，檢定結果如表11-14與表11-15。觀察表11-14，由Levene變異數同質性檢定的結果可知，低、高分組之受訪者對「體驗價值」之整體性認知的變異數具有顯著差異。再由表11-15的Welch檢定的 t 值來看，t 值爲-17.511、顯著性小於0.001，故低、高分組之受訪者對「體驗價值」之整體性認知是具有顯著差異的。另經事後檢定後，亦可發現高分組的「體驗價值」大於低分組。且此檢定除了具統計顯著性外，也具實務顯著性，效果量大致上屬大效果量。

範例11-5

請開啟ex11-5.jasp，該檔案為論文〈旅遊動機、體驗價值與重遊意願關係之研究〉之原始問卷的資料檔，試利用獨立樣本 *t* 檢定與單因子變異數分析，完成表11-17（空白表格檔案為「ex11-5.docx」），以探討各社經變數對各主構面認知的差異狀況。

表11-17　各社經變數對各主構面認知的差異性分析表——t/F值

構面	性別	婚姻	年齡	職業	教育	月收入
旅遊動機	-0.244	-1.815				
事後檢定						
推動機	-0.117	-2.079				
事後檢定		未婚＜已婚				
拉動機	-0.342	-0.806				
事後檢定						
體驗價值	-1.454	-0.351				
事後檢定						
投資報酬率	-0.907	0.243				
事後檢定						
服務優越性	-0.692	0.038				
事後檢定						
美感	-0.929	-0.514				
事後檢定						
趣味性	-1.670	-0.669				
事後檢定						
重遊意願	-0.662	0.329				
事後檢定						

* $p \leqq 0.05$

　　依題意，我們將先建立虛無假設，然後才能針對各社經變數之各水準間，進行旅遊動機、體驗價值與重遊意願等認知的差異性檢定。然而在專題、博／碩士論文或期刊論文等學術性論文中，關於假設檢定的敘述與分析結果，一般會去強調某種現象或所關注議題之「顯著」的重要性。因此，在假設的描述上，學術性論文大都不會使用「虛無假設」，而是使用「對立假設」。故本範例中，亦將使用對立假設的敘述方式

來進行檢定，本範例的假設如下：

H$_1$： 遊客對旅遊動機、體驗價值與重遊意願等主構面（包含子構面）的認知，會因性別而產生顯著差異。

H$_2$： 遊客對旅遊動機、體驗價值與重遊意願等主構面（包含子構面）的認知，會因婚姻狀況而產生顯著差異。

H$_3$： 遊客對旅遊動機、體驗價值與重遊意願等主構面（包含子構面）的認知，會因年齡而產生顯著差異。

H$_4$： 遊客對旅遊動機、體驗價值與重遊意願等主構面（包含子構面）的認知，會因職業而產生顯著差異。

H$_5$： 遊客對旅遊動機、體驗價值與重遊意願等主構面（包含子構面）的認知，會因教育程度而產生顯著差異。

H$_6$： 遊客對旅遊動機、體驗價值與重遊意願等主構面（包含子構面）的認知，會因月收入而產生顯著差異。

表11-17在一般的碩士論文或期刊論文中很常見，表中沒有灰色網底的儲存格須填入 t 值或F值，若顯著的話，則需要在 t 值或F值後，打上「*」號。而具灰色網底的儲存格則須填入事後比較的結果，當然若不顯著，就不需要填了。

本範例應算簡單，只是檢定的次數較多罷了！特別再提示一點，由於原始問卷中，性別與婚姻狀況屬二分變數（水準數為2），這種二分變數只會將所有樣本依其水準值而分成兩群，例如：「性別」變數，可以將所有樣本分成獨立的兩群體，即男性一群，而女性也一群。在這種兩分群且又獨立的情形下，故應使用獨立樣本 t 檢定來檢定群組間的差異性；而年齡、職業、教育與月收入等變數，都是屬於多分組變數（水準數大於等於3），故將來應使用單因子變異數分析，進行差異性檢定。因此，在本小節中，將只針對性別與婚姻進行檢定，至於變異數分析的部分，則留待下一章再來予以檢定。

其次，範例論文中，「旅遊動機」構面，包含「推動機」與「拉動機」等兩個子構面，「體驗價值」構面，則包含「投資報酬率」、「服務優越性」、「美感」與「趣味性」等四個子構面；而「重遊意願」構面則為單一構面。在進行檢定之前需先求算出這些主構面與子構面的得分，然後再依序進行檢定，並在表11-17的性別與婚姻等欄位內填入 t 值與事後比較的結果。

操作 步驟

詳細操作過程，請讀者自行參閱教學影音檔「ex11-5.mp4」。

▶ 報表解說與結論

由於，樣本資料達248筆有效樣本，在這種大樣本的情形下，直接假定資料呈常態分布，通常也是相當合理的，因為中央極限定理確實傾向於確保許多現實世界的資料是呈現常態分布的。故在本範例中，將直接認定，各變數之樣本資料皆已具常態性。

經進行獨立樣本 t 檢定後，彙整各項資料至表11-17。觀察表11-17的「性別」欄，性別對各構面／子構面的差異性檢定中，可發現所有 t 值之絕對值全部都小於1.96（在0.05的顯著水準下，t 值絕對值要大於1.96才會顯著），故全部的構面／子構面皆不顯著。由此可研判，遊客對所有構面／子構面的認知並不會因性別而有所差異，故H₁未獲得支持。

而在婚姻狀況方面，由表11-17可發現，「推動機」的 t 值為-2.079，絕對值大於1.96，故達顯著。而在婚姻狀況的編碼上，未婚是「1」、已婚是「2」，且 t 值為負，故「未婚」減「已婚」屬負，因此可推知「未婚」者的「推動機」小於「已婚」者的「推動機」。另外，由於其他主構面與子構面，其 t 值絕對值全部都小於1.96，顯著性亦皆大於0.05，故對於這些主構面與子構面，婚姻所引起的差異狀況並不顯著。雖然，上述的分析中，有些構面／子構面的認知會因遊客的婚姻而產生顯著的差異性，而有些構面／子構面其差異性並不顯著。但整體而言，我們仍會認為「H₂獲得支持」。即，遊客對旅遊動機、體驗價值與重遊意願等主構面（包含子構面）的認知，會因婚姻狀況而產生顯著差異。但更精確地講，應該只有「推動機」會因遊客的「婚姻狀況」不同而產生顯著差異。

11-7 成對（相依）樣本 t 檢定

成對（相依）樣本 t 檢定（paired samples t-test）的主要目的在於，檢定兩群成對（相依）樣本的平均數是否存在顯著差異。成對樣本 t 檢定與獨立樣本 t 檢定的主要差異在於，兩群樣本必須成對的或相依的。因此，於獨立樣本 t 檢定的實驗設計中，對於一種測量或實驗，組成成員不同的兩群體，將分別予以施測，而得到兩群獨

立的樣本資料。而在成對樣本 t 檢定的實驗設計中，則是同一個組成成員的群體，在不同的狀態下，每個成員（受測者）都進行了兩次施測。例如：針對同一批受測者，課程介入前施測一次，課程介入後再施測一次，這樣就得到兩群樣本資料了，但因為是對同一批受測者施測，故兩群樣本資料會有所關聯，即相依。因此，明顯的，成對（相依）樣本的意義在於由兩群樣本所獲得的資料間具有關聯性或會互相影響。在這樣的概念下，這兩組樣本可以是對同一組受測者在「前」、「後」兩個時間點下，某屬性的兩種狀態；也可以是對某事件兩個不同側面或方向的描述。也就是說，成對（相依）樣本最大的特徵就是對「同一批受訪者」進行了重複測量，終而得到兩群相依的樣本資料。

例如：研究者想研究某種減肥藥是否具有顯著的減肥效果時，那麼則需要對特定肥胖人群的吃藥前與吃藥後的體重進行分析。如果我們資料蒐集時是採用獨立抽樣方式的話，由於這種抽樣方式並沒有將肥胖者本身或其環境等其他影響因素排除掉，所以分析的結果很有可能是不準確的。因此，通常要採用成對的抽樣方式，即首先從肥胖人群中隨機抽取部分志願者（實際受測者），並記錄下他們吃藥前的體重。吃藥一段時間以後，重新測量同一群肥胖志願者（同一群受測者）吃藥後的體重。這樣獲得的兩組樣本就是成對（相依）樣本。再例如：研究者想分析兩種不同促銷型態對商品銷售額是否產生顯著影響，這時即需要分別蒐集任意幾種商品在不同促銷型態下銷售額的資料。為保證研究結果的準確性，也應採用成對的抽樣方式，也就是說需要針對同一批商品，並分別記錄它們在兩種不同促銷型態下的銷售額。

由上述兩個例子，可發現成對樣本通常具有兩個主要特徵：第一，兩組樣本的構造（受訪者、樣本數）相同；第二，兩組樣本觀察值的先後順序相互對應，不能隨意更改。例如：在上述的減肥藥研究中，吃藥前與吃藥後的樣本是成對抽取的。也就是說，蒐集到的兩組資料都是針對同一批肥胖人群的。因此，吃藥前、後兩群樣本的樣本數也會相同。而且每對個案資料也都是唯一對應一個肥胖者，不能隨意改變其先後次序。

成對樣本 t 檢定就是利用兩組成對樣本的資料，對母體平均數有無顯著差異作出推論。另外，其前提假設和獨立樣本 t 檢定相同，即樣本數據應服從或近似服從常態分配。但若樣本資料不能具有常態性時，那麼也可選擇使用無母數的統計方法，例如：Wilcoxon signed-rank法來進行檢定。

▶ 範例11-6

某單位欲研究，飼料中「微量元素」的含量與肝中「維生素A」含量的關係。於是將小白鼠按性別、體重⋯⋯等指標的相似度配為8對，同一對中的兩隻小白鼠其各生理指標之相似度極高。每對中，兩隻小白鼠分別餵給「正常飼料」（飼料中含微量元素）和「缺微量飼料」（缺少微量元素的飼料）。一段期間後，測定其肝中維生素A含量（gmol/L），如表11-18。現在研究人員想探究：飼料中「微量元素」含量對小白鼠肝中「維生素A」含量有無顯著影響。（資料檔案為ex11-6.jasp）

表11-18　小白鼠肝中維生素A含量表

小白鼠配對編號	小白鼠肝中維生素A含量（gmol/L）	
	正常飼料組	缺微量飼料組
1	37.2	25.7
2	20.9	25.1
3	31.4	18.8
4	41.4	33.5
5	39.8	34.0
6	39.3	28.3
7	36.1	26.2
8	31.9	18.3

　　本範例中，其實也隱約的說明了小白鼠在研究中的重要性與貢獻。試想，某些實驗為了取得兩組樣本，必須針對同一組受測者進行重複測量時，兩次的測量過程中一定需要時間間隔，否則容易產生學習、記憶效果，導致最後的分析結果產生偏誤。因此研究的時程就會拉長，這對研究人員來說，是種「不可承受之重」啊！而若能在相同的物理環境下，培養出各項生理指標都非常相似之小白鼠的話，那麼就可將指標相近的兩隻小白鼠看成是同一個受測者。據此，兩隻小白鼠可同時進行各自的實驗，然後取得兩群成對的實驗資料。顯見，這實驗過程中並沒有時間間隔，故可有效縮短研究時程。另外，由於兩隻小白鼠生理狀況近似，幾可看成是對同一個受測者進行重複測量，因此所取得的樣本即屬成對（相依）樣本。故本範例的實驗設計，就是依循相依樣本的概念下而進行的。

　　成對樣本 t 檢定於分析前，其資料的輸入方式和獨立樣本 t 檢定相異甚多。基本上，進行獨立樣本 t 檢定時，資料檔至少須包含兩個變數，即檢定變數與分組變數。然而在成對樣本 t 檢定時，資料檔雖然也至少必須包含兩個變數，然這兩變數為「實驗前」與「實驗後」，或「狀態前」與「狀態後」，或「層次A」與「層次B」……等。以本例而言，此兩變數即為「正常飼料組」與「缺微量飼料組」。由於屬實驗性的資料，通常樣本數據會比較少。因此，建議讀者務必學會自行建檔的技巧。但若讀者為節省時間的話，也可直接開啟資料檔「ex11-6.jasp」。當然進行檢定前，也須先設定虛無假設，本範例的虛無假設為：

　　H_0：小白鼠肝中維生素A含量不會因飼料不同而產生顯著差異。

操作步驟

　　詳細操作過程，請讀者自行參閱教學影音檔「ex11-6.mp4」。

▶ 報表解說

（一）前提假設——常態性

　　在成對樣本 t 檢定中，並不需要去檢定變異數同質性。因為我們檢定的是成對的組別，甚至是同一個母體內的兩組資料。因此，這些不同組別的樣本資料間的任何變異都來自相同的母體，而不是他們與生俱來、各自預先存在的變異，故我們不需要像獨立樣本 t 檢定那樣，使用Levene檢定檢查變異數的同質性。

　　但我們仍將檢定常態性假設，常態性檢定結果如表11-19。

表11-19　Test of Normality（Shapiro-Wilk）表

			W	p值
正常飼料組	-	缺微量飼料組	0.809	0.036

　　由11-19可發現，我們可能遇上麻煩了。Shapiro-Wilk常態檢定的p值為0.036，故需拒絕常態性的假設，這表明了樣本資料是偏離常態的。但是樣本資料偏離常態性的情況，還不算嚴重。所以除非嚴重的偏離常態性（例如：Shapiro-Wilk常態檢定的p值小於0.001），否則我們也可以稍為放寬接受區，而將顯著水準設定為0.01。這樣，p

值為0.036就會變成不顯著,而接受「樣本資料具常態性」的假設了。

(二)檢定結果

表11-20說明了成對樣本的描述性統計量,從表中可以看出,變數「正常飼料組」的平均數、標準差、標準誤與變異係數分別為34.750、6.649、2.351與0.191,而變數「缺微量飼料組」的平均數、標準差、標準誤與變異係數則分別為26.238、5.821、2.058與0.222。兩種不同的飼料,所造成的肝中維生素A含量的平均數差距達8.512。差距頗大,但是否顯著,仍須待進一步檢驗而加以確認。

表11-20　Descriptives表

	樣本數	平均數	標準差	標準誤	Coefficient of variation
正常飼料組	8	34.750	6.649	2.351	0.191
缺微量飼料組	8	26.238	5.821	2.058	0.222

表11-21的「Paired Samples T-Test」表,是成對樣本 *t* 檢定最重要的輸出報表,它說明了「正常飼料組」、「缺微量飼料組」兩兩成對相減之差值的「平均數」、「標準誤」分別為8.512、2.022,而「差異的95%信賴區間」的下、上限分別為3.731、13.294。成對樣本 *t* 檢定之結果表明了 *t* 值為4.210,自由度為7,顯著性(p值)為0.004,小於0.05。因此,拒絕H_0,表示「正常飼料組」與「缺微量飼料組」所造成的小白鼠肝中維生素A含量的差異,是具有高度顯著的統計意義的。即飼料中,有無含「微量元素」,確實會對小白鼠肝中的「維生素A含量」產生顯著性的差異。

表11-21　Paired Samples T-Test表

Measure 1	Measure 2	考驗	統計	z	自由度	p值	Location Parameter	SE Difference	95% CI for Location Parameter Lower	95% CI for Location Parameter Upper	效果量
正常飼料組	缺微量飼料組	Student	4.210		7	0.004	8.512	2.022	3.731	13.294	1.488
		Wilcoxon	35.000	2.380		0.016	9.700		2.850	12.550	0.944

（三）事後比較

由於檢定的結果顯著，因此必須進行事後比較。從表11-21中的 t 值可看出，由於「正常飼料組－缺微量飼料組」的 t 值屬正。因此，可推論當餵食「正常飼料」時，小白鼠肝中的「維生素A含量」將比餵食「缺微量飼料」時高。

此外，表11-21的Paired Samples T-Test表中，亦顯示出了檢定的效果量，其值為1.488，代表餵食小白鼠「正常飼料」時，其肝中的「維生素A含量」高出餵食「缺微量飼料」約1.488個共同標準差。因此，除了統計上兩種飼料對肝中「維生素A含量」具有顯著的差異性外，實務上兩種飼料對小白鼠肝中的「維生素A含量」，確實是具有相當大程度的差異性存在，且依據Cohen（1988）的分類，此效果量應屬大效果量。

▶ 結論

經上述分析後，綜合結論可以描述如下：

經進行成對樣本 t 檢定後，檢定結果如表11-21。觀察表11-21，「正常飼料組－缺微量飼料組」的檢定 t 值為4.210、顯著性為0.004（< 0.05），故達顯著，因此可拒絕虛無假設，意即小白鼠肝中維生素A含量會因飼料不同而產生顯著差異。另經事後比較後，亦可發現「正常飼料組－缺微量飼料組」的 t 值屬正，因此可判定：當餵食「正常飼料」時，小白鼠肝中的「維生素A含量」將比餵食「缺微量飼料」時高。且此檢定除了具統計顯著性外，也具實務顯著性，效果量大致上屬大效果量。

▶ 範例11-7

研究者欲了解婦女服用避孕藥後對SBP（systolic blood pressure，收縮壓）的值是否會有所影響。假設今有15位婦女進入此研究，此15位婦女從未服用過避孕藥，研究者在給服藥之前，先測得每位婦女的SBP值，給服藥兩週後，再測得婦女的SBP值，以茲比較，所得資料如表11-22。試檢定服用避孕藥對SBP值是否有顯著的影響？（資料檔案為ex11-7.jasp）

表11-22　婦女給服藥前後的SBP值

婦女代號（i）	服藥前的SBP值	服藥後的SBP值
1	115	128
2	112	115
3	107	106
4	119	128
5	115	122
6	138	145
7	126	132
8	105	109
9	10	102
10	115	117
11	105	118
12	102	115
13	111	106
14	113	124
15	115	119

　　本範例中，同一群婦女在不同的狀態下，每個婦女都進行了兩次施測，因而得到兩群樣本資料。但因為是對同一群受測者重複測量，故兩群樣本資料會有所關聯，即相依。再由表11-22的資料排列型態觀之，本範例即屬典型的成對樣本，檢定時宜採用成對樣本 t 檢定。

　　由於屬實驗性的資料，通常樣本數據會比較少。因此，建議讀者務必學會自行建檔的技巧。為成對樣本資料建檔時，須為兩次施測所獲得的資料各建一個變數名稱，以本範例而言，可將兩變數的名稱設定為「服藥前」與「服藥後」。在Excel中建立好變數名稱後，再依表11-22輸入資料，就可建檔完成。但若讀者為節省時間的話，也可直接開啟資料檔「ex11-7.jasp」。當然進行檢定前，也須先設定虛無假設，本範例的虛無假設為：

H_0：婦女服用避孕藥對SBP值並無顯著的影響。

(操)(作) 步驟

詳細操作過程，請讀者自行參閱教學影音檔「ex11-7.mp4」。

▶ 報表解說

（一）前提假設──常態性

在成對樣本 t 檢定中，由於並不需要去檢定變異數同質性，所以將直接檢定常態性假設。常態性檢定結果，如表11-23。

表11-23　Test of Normality（Shapiro-Wilk）表

		W	p值
服藥前	- 服藥後	0.506	<.001

由11-23可發現，Shapiro-Wilk常態檢定的p值小於0.001，代表樣本資料嚴重的偏離常態。且樣本資料又是小樣本，因此未來進行成對樣本的差異性檢定時，應使用Wilcoxon signed-rank法較適合。

（二）檢定結果

表11-24說明了成對樣本的描述性統計量，從表中可以看出，變數「服藥前」的SBP平均數、標準差、標準誤與變異係數分別為107.200、28.335、7.316與0.264，而變數「服藥後」的SBP平均數、標準差、標準誤與變異係數則分別為119.067、11.354、2.932與0.095。「服藥前」、「服藥後」的SBP平均數之差距達11.867。差距頗大，但是否顯著，仍須待進一步檢驗而加以確認。

表11-24　Descriptives表

	樣本數	平均數	標準差	標準誤	Coefficient of variation
服藥前	15	107.200	28.335	7.316	0.264
服藥後	15	119.067	11.354	2.932	0.095

表11-25的「Paired Samples T-Test」表，是成對樣本 t 檢定最重要的輸出報表。由於樣本資料偏離常態，故將使用無母數統計的Wilcoxon signed-rank法來進行檢定。

從表11-25的「Wilcoxon」列得知，「Wilcoxon」檢定的p值為0.003，小於0.05，故達顯著，因此，拒絕H_0，代表「服藥前」、「服藥後」的SBP值是具有顯著差異的。值得注意的是，若直接假設樣本資料具常態性，而採用 t 統計量（Student列）來進行檢定時（SPSS的檢定方式），其結果卻與「Wilcoxon」檢定相反。

表11-25　Paired Samples T-Test表

Measure 1	Measure 2	考驗	統計	z	自由度	p值	Location Parameter	SE Difference	95% CI for Location Parameter		效果量
									Lower	Upper	
服藥前	- 服藥後	Student	-2.017		14	0.063	-11.867	5.882	-24.482	0.749	-0.521
		Wilcoxon	7.000	-3.010		0.003	-7.000		-11.000	-3.500	-0.883

（三）事後比較

由於檢定的結果顯著，因此必須進行事後比較。從「描述統計圖」（圖11-6）可看出，「服藥後」的SBP值比「服藥前」高。

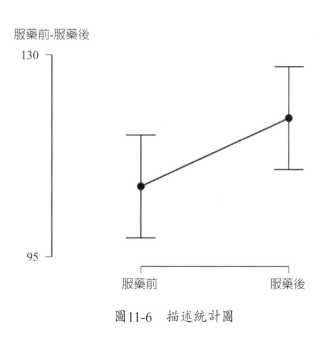

圖11-6　描述統計圖

此外，表11-25的Paired Samples T-Test表中，亦顯示出了檢定的效果量，其值為-0.883，代表「服藥後」的SBP值高出「服藥前」約0.883個共同標準差。因此，除了統計上服藥前、後具有顯著的差異性外，實務上「服藥前」的SBP值和「服藥後」的SBP值，確實是具有相當大程度的差異性存在，且依據Cohen（1988）的分類，此效果量應屬大效果量。

▶ **結論**

經上述分析後，綜合結論可以描述如下：

經進行成對樣本 *t* 檢定後，檢定結果如表11-25。觀察表11-25，「Wilcoxon」檢定的p值為0.003，小於0.05，故達顯著，因此，拒絕H_0，代表「服藥前」、「服藥後」的SBP值是具有顯著差異的。另經事後比較後，亦可發現「服藥後」的SBP值比「服藥前」高。且此檢定除了具統計顯著性外，也具實務顯著性，效果量大致上屬大效果量。

▶ 範例11-8

開啟ex11-8.jasp，該檔案為論文〈旅遊動機、體驗價值與重遊意願關係之研究〉之原始問卷的資料檔，試檢驗遊客對「推動機」與「拉動機」的認知，是否具有顯著差異。

一般而言，大部分的學術性論文大都是屬於橫斷面的研究。例如：研究者針對某一些隨機遊客進行問卷調查，以嘗試了解遊客對景點之推動機與拉動機的認知。由於推動機、拉動機都可代表遊客的旅遊動機（即同一個測量的兩種處理方式），且都是針對同一批受訪者，因此，在這樣的抽樣過程中，對於旅遊動機的測量而言，所獲得的推動機資料與拉動機資料應是屬於相依樣本資料。所以，如果研究者想要探討同一批遊客對於推動機、拉動機的認知是否具有顯著差異時，那麼就須使用成對樣本 *t* 檢定了。

論文〈旅遊動機、體驗價值與重遊意願關係之研究〉的原始問卷中，衡量「推動機」的題項有10題、衡量「拉動機」的題項有7題。因此須先針對「推動機」的10題問項與「拉動機」的7題問項分別進行橫向平均，以求算出每位遊客的「推動機」與「拉動機」認知（得分）。為減少本範例之複雜度，每位遊客的「推動機」與「拉動機」的認知，已計算完成，並已儲存在「ex11-8.jasp」檔案中了，其變數名稱分別為「tm1」與「tm2」。

進行檢定前，須先設定虛無假設，本範例的虛無假設為：

H_0：遊客對「推動機」與「拉動機」的認知並無顯著差異。

(操)(作) 步驟

詳細操作過程，請讀者自行參閱教學影音檔「ex11-8.mp4」。

▶ 報表解說

（一）前提假設——常態性

在成對樣本 *t* 檢定中，由於並不需要去檢定變異數同質性，所以將直接檢定常態性假設。常態性檢定結果，如表11-26。

表11-26　Test of Normality（Shapiro-Wilk）表

			W	p值
tm1	-	tm2	0.996	0.758

由11-26可發現，Shapiro-Wilk常態檢定的p值為0.758，大於0.05，故代表樣本資料具有常態性。故未來進行成對樣本的差異性檢定時，可使用 *t* 檢定。

（二）檢定結果

表11-27的「Paired Samples T-Test」表，即是成對樣本 *t* 檢定表。從Student列可看出，*t* 值為-0.056，p值為0.956，大於0.05，故不顯著。因此，須接受「遊客對『推動機』與『拉動機』的認知並無顯著差異」的虛無假設，故可認為遊客對「推動機」與「拉動機」的認知是相等的。

表11-27　Paired Samples T-Test表

Measure 1	Measure 2	考驗	統計	z	自由度	p值	Location Parameter	SE Difference	95% CI for Location Parameter Lower	Upper	效果量
tm1	-	tm2	Student	-0.056		247	0.956	-0.005	0.097	-0.196	0.186	-0.004
			Wilcoxon	15608.000	0.150		0.881	0.014		-0.179	0.200	0.011

（三）事後比較

由於 t 檢定結果不顯著，即代表遊客對「推動機」與「拉動機」的認知是沒有顯著差異的。因此，也就沒有必要去比較「推動機」與「拉動機」的認知大小了。

▶ 結論

經上述分析後，綜合結論可以描述如下：

經進行成對樣本 t 檢定後，檢定結果如表11-27。觀察表11-27，t 值為-0.056，p 值為0.956，大於0.05，故不顯著。因此，須接受「遊客對『推動機』與『拉動機』的認知並無顯著差異」的虛無假設，故可認為遊客對「推動機」與「拉動機」的認知是相等的。

習 題

**練習11-1**

已知2022年高雄市籍12歲男孩平均身高為142.3，2023年測量120名12歲高雄市籍男孩之身高資料，如hw11-1.jasp，試問高雄市籍的12歲男孩的平均身高，是否顯著的長高了？

練習11-2

請開啟hw11-2.jasp，這是一個有關於銀行男、女雇員之現有工資的資料表，試檢定男、女雇員現有工資是否具有顯著差異？

練習11-3

有29名13歲男性的身高、體重、肺活量資料（hw11-3.jasp），試分析身高大於等於155cm與身高小於155cm的兩組男性的體重與肺活量平均數是否有顯著性差異。

練習11-4

10例矽肺病患者經克矽平治療前、後的血紅蛋白量（g/dl）如表11-28，試問該治療過程對血紅蛋白量有無作用？（hw11-4.jasp）

表11-28　矽肺病患者經克矽平治療前、後的血紅蛋白量

| 治療前 | 11.3 | 15.0 | 15.0 | 13.5 | 12.8 | 10.0 | 11.0 | 12.0 | 13.0 | 12.3 |
| 治療後 | 14.0 | 13.8 | 14.0 | 13.5 | 13.5 | 12.0 | 14.7 | 11.4 | 13.8 | 12.0 |

練習11-5

參考附錄二中，論文〈遊客體驗、旅遊意象與重遊意願關係之研究〉之原始問卷，並開啟hw11-5.jasp，試檢定下列項目，並於表11-29與表11-30的空格中填入 t 值（填入白色網底的細格中，並註明顯著否）與事後比較結果（填入灰色網底的細格中）。

(1) 對遊客體驗構面之子構面（感官體驗、情感體驗、思考體驗、行動體驗與關聯體驗）的看法，是否因性別或婚姻狀況而產生差異？

(2) 對旅遊意象構面之子構面（產品、品質、服務與價格）的看法，是否因性別或婚姻狀況而產生差異？

表11-29　性別、婚姻對遊客體驗之差異性分析表——t 值

構面	性別	婚姻
感官體驗		
事後比較		
情感體驗		
事後比較		
思考體驗		
事後比較		
行動體驗		
事後比較		
關聯體驗		
事後比較		

* p≦0.05, ** p≦0.01, *** p≦0.001

表11-30　性別、婚姻對旅遊意象之差異性分析表——t 值

構面	性別	婚姻
產品		
事後比較		
品質		
事後比較		
服務		
事後比較		
價格		
事後比較		

* p≦0.05, ** p≦0.01, *** p≦0.001

練習11-6

參考附錄二中，論文〈遊客體驗、旅遊意象與重遊意願關係之研究〉的原始問卷，並開啟「hw11-6.jasp」，請依照每位受訪者的量表總分（共41題），進行分組。分組的原則如下：

量表總分小於第25百分位者：改稱為低分組，其數值代碼為1。

量表總分大於第75百分位者：改稱為高分組，其數值代碼為2。

試檢定高、低分組的受訪者對於「遊客體驗」、「旅遊意象」與「重遊意願」等構面的看法是否具有顯著差異？請於表11-31的空格中填入 t 值（註明顯著否）與事後比較結果。

表11-31　高、低分組的受訪者對各構面之差異性分析表——t 值

	遊客體驗（21題）		旅遊意象（15題）		重遊意願（5題）	
	t 值	事後比較	t 值	事後比較	t 值	事後比較
低分組 vs. 高分組						

* p≦0.05, ** p≦0.01, *** p≦0.001

練習11-7

開啟hw11-7.jasp，該檔案為附錄二中，論文〈遊客體驗、旅遊意象與重遊意願關係之研究〉的原始問卷之資料檔，試檢驗消費者對「遊客體驗」與「旅遊意象」的整體性認知，是否具有顯著差異。

第 12 章
單因子變異數分析

　　變異數分析（analysis of variance, ANOVA）是一套透過實驗獲取資料並進行統計分析的方法。研究者透過對實驗的精心設計，使得能在有限的物質條件（時間、金錢、人力等）下，終而獲得實驗後的資料。當然，在這過程中研究者無非就是想從這些實驗資料中，以盡可能少的成本，而從中獲取最大的有用資訊。而本章中所將介紹的變異數分析，就是種能從這些實驗資料中，以盡可能少的成本，而有效的提取決策資訊的統計分析方法。

　　在論文研究或科學實驗中，常常要探討在不同的環境條件或處理方法下，對研究結果的影響。其結論通常都是藉由比較不同環境條件下，樣本資料的平均數差異而得到的。對於平均數之差異性檢定的方法選用上，若樣本資料有兩群體時，一般我們會使用 t 檢定；但是，若我們要檢定多個（3個以上）群體平均數間的差異是否具有統計意義時，那就得使用變異數分析了。本章中將包含下列內容：

1. 變異數分析簡介
2. 變異數分析的基本原理
3. 單因子變異數分析的基本概念
4. 單因子變異數分析的基本步驟
5. 效果量指標
6. 單因子相依樣本變異數分析

◆ 12-1 變異數分析簡介 ◆

📑 12-1-1 從 t 檢定到變異數分析

在統計分析中，需要比較兩個群體的平均數是否具有顯著差異時，我們通常會應用 t 檢定。例如：欲比較男性和女性的平均年薪有無差異時。t 檢定的虛無假設通常為：兩個群體的平均數之間無顯著差異。於是，我們會從母體中，抽出隨機樣本，然後計算隨機樣本的平均數以作為對母體的估計，接著再考慮抽樣誤差的條件下來進行比較，以決定接受或拒絕「無顯著差異」之虛無假設。

但如果在研究中，同時具有多個群體時（3個以上），那麼如果還是運用 t 檢定的話，則需要兩兩加以比較，如此將顯得十分繁瑣，而且其誤差也會隨著每次的比較而逐次擴大。例如：若某個實驗有四群獨立的樣本數據。那麼，如果要使用 t 檢定來進行差異性檢定時，由於每次只能比較兩群，所以必須作六次（C_2^4）的平均數差異性檢定。若每次檢定的顯著水準 α 為0.05，則決策正確的機率為0.95。因此，六次檢定全部正確的機率為0.735（0.95^6）。反過來說，則整個實驗的錯誤率將達0.265（1 － 0.735）。由此不難發現，誤差會擴大到約有5倍（0.265/0.05）之多。但在相同的情形下，若使用變異數分析的話，則只要進行一次檢定就可以了。因此，在這種多群組之平均數比較的情形下，我們往往會選擇運用解析能力更為強大、誤差更小的變異數分析技術來取而代之。

變異數分析將提出問題的方式進行了改變，其建立假設的概念為：多個群體的平均數中，至少會有一個與其他群體的平均數間存在著顯著差異。因此，其虛無假設和對立假設，分別為：

H_0：$\mu_1 = \mu_2 = \cdots = \mu_k$（所有群體的平均數，全部相等）

H_1：μ_1、μ_2、$\cdots\mu_k$ 不全相等（即至少會有一個群體的平均數與其他群體的平均數間是不相等的）

假設中，μ 代表群體平均數，其下標 k 表示分群數。

▋12-1-2　變異數分析簡介

　　通常，一件事務會被認為是很複雜的話，其內在往往有許多的因素會互相排斥，而又互相依存。例如：某農作物的產量會受到選種、施肥、水利等條件的影響；橡膠的配方中，不同的促進劑、不同分量的氧化鋅和不同的硫化時間，都會影響橡膠製品的品質。針對這些特定議題，研究者會透過反覆的實驗或觀察，從而得到一筆資料之後，總是希望能以這筆資料為基礎，來好好的分析一下：哪些因素對該特定議題有顯著影響？有顯著影響的因素中，何者效果最好？影響因素間有沒有交互作用？甚至想從這些分析中，找出特定議題的主要矛盾處。變異數分析就是一種能提供解決上述議題的一個有效率的統計分析方法。

　　1923年，費雪（Fisher, R. A.）在一篇文章中，首先提出了「變異數分析」的概念。所以，一般而言，學者們通常都會認為：費雪是這一方法的創始人。之後，變異數分析成了一種非常有用的統計分析方法，應用相當廣泛。例如：最早只應用在生物學和農業實驗上，其後乃推廣又使用在眾多領域的科學性研究中。

　　然而，嚴格來講，「變異數分析」所分析的並不是變異數，而是在研究、拆解資料間的「變異」來源。它是在可比較的群組中，把總變異按各特定的變異來源進行分解的一種技巧。由於，通常我們會使用「離差平方和」的概念來衡量變異。因此，「變異數分析」方法就是從總離差平方和中，拆解出數個可追溯到特定來源之離差平方和，然後再加以解析的方法。這是一個很重要的基本觀念。

　　例如：在農作物種植、成長的過程中，人們往往會積極追求低投入、高產出的生產目標。為了達成此一目標，研究人員需要對影響農作物產量的各種因素進行定量或定性的研究，並在此基礎上尋找最佳的種植組合方案。基於此，研究人員首先應廣泛分析影響農作物產量的各種因素，如品種、施肥量、地區特性……等因素。不同的影響因素對不同的農作物之影響效果顯然是不相同的。因此，對某種特定的農產品來說，有些影響因素的作用是明顯的，而另一些則不顯著。故如何從眾多的影響因素中，找到重要的且具關鍵性的影響因素是非常重要的課題。在進一步掌握了關鍵影響因素（例如：品種、施肥量等因素）後，還需要對不同等級的品種、不同水準的施肥量等進行對比分析，以探究到底是哪些品種的產量高、施肥量究竟要多少最合適、哪些品種與哪種施肥量搭配起來的效果最佳等。在這些分析研究的基礎上，研究者就可以計算出各個組合種植方案的成本和收益，並選擇最合適的種植方案。此外，在農作物種植、成長過程中，亦能對各種關鍵影響因素加以精準控制，進而最終獲得最佳的生產效果。

　　為能充分了解變異數分析的基本概念，建議讀者，最好能先了解於進行變異數分析時，所涉及的一些相關名詞：

1. 觀測變數（依變數）：在上述例子中的農作物產量等研究目的所要測量的目標值或具有「結果」性質的變數，在變異數分析中，一般就稱爲是「觀測變數」（或稱依變數、觀測值、反應值，一般爲連續型變數）。

2. 控制變數（自變數）：品種、施肥量等，可以由研究者所操控，且會影響「觀測變數」的因素，則稱之爲「控制變數」（或稱自變數、因子、因素，一般爲類別變數）。

3. 水準：控制變數的各種不同類別、水準、層次或取值等，則稱之爲控制變數的不同「水準」（level）。例如：甲品種、乙品種都是屬於「品種」這個因子的兩個水準；10公斤、20公斤、30公斤的化學肥料，則是屬於「施肥量」這個因子的三個水準。

4. 處理：各種因子水準的組合則稱爲「處理」（treatments）。例如：選擇甲品種並以10公斤的施肥量，進行生產。在此「甲品種、10公斤施肥量」涉及兩個因子之水準值的交叉組合，這就是一種處理。

　　變異數分析正是從拆解「觀測變數」（依變數）的變異著手，以研究諸多「控制變數」（因子）中，哪些「控制變數」是對「觀測變數」有顯著影響的。且這些對「觀測變數」有顯著影響的各個「控制變數」，其不同「水準」以及各「水準」的交互搭配（處理）又是如何影響「觀測變數」的科學檢定方法。

12-2　變異數分析的基本原理

　　ANOVA認爲，導致觀測變數值（依變數值）產生變化的原因（變異來源）有兩類：第一類是控制變數之不同水準所產生的影響；第二類是隨機因素所產生的影響。在此，所謂隨機因素是指那些人爲很難控制的因素，主要是指實驗過程中所產生的抽樣誤差。因此，ANOVA的基本原理中，即認爲：如果控制變數的不同水準對觀測變數值產生了顯著的影響。那麼，就可認爲隨機因素的影響力，相較於控制變數之影響力而言，是小到可以忽略的。因此，觀測變數值的顯著變動主要就是因控制變數之各種不同水準所引起的。反之，如果控制變數的不同水準沒有對觀測變數產生顯著的影響，那麼，觀測變數值的變動就不顯著。因此，若觀測變數值雖有變動但不顯著時，則可以歸因於該種變動主要是因隨機因素所導致的。

　　換句話說，如果觀測變數值在某控制變數的各個水準中出現了明顯的變化，則

認為該控制變數是影響觀測變數的主要因子。反之，如果觀測變數值在某控制變數的各個水準中沒有出現明顯的變化，則認為該控制變數沒有對觀測變數產生重要的影響力，其觀測變數值的變化則可歸因於是抽樣誤差所造成的。一般而言，在ANOVA中，總變異之變異來源，大致上亦可歸因於兩個方向，一為組間變異；另一為組內變異。以前述內容而言，對於抽樣因素所造成的變異，一般即稱之為隨機變異或組內變異；而不同水準間，所造成的變異則稱為是組間變異。

組內變異：因為抽樣過程所造成的變異（抽樣誤差），或可稱之為隨機變異。該變異通常會以離差平方和來表示其大小，記作$SS_{組內}$。

組間變異：因為控制變數的不同水準所造成的變異，或可稱之為檢驗變異。該變異通常也會以離差平方和來表示其大小，記作$SS_{組間}$。

這些變異，都可以使用變數在各水準下的平均數與總平均數間的離差平方和（sum of squares of deviations，簡稱SS）來加以衡量。將$SS_{組內}$、$SS_{組間}$除以各自的自由度後，就可以得到其均方和（sum of mean squares，簡稱MS），即組間均方和$MS_{組間}$與組內均方和$MS_{組內}$。

ANOVA的基本原理是：比較組間均方和（$MS_{組間}$）與組內均方和（$MS_{組內}$）的大小（即$MS_{組間}/MS_{組內}$的比值）。如果控制變數的不同水準間沒有任何作用的話，那麼$MS_{組間}$和$MS_{組內}$會相等（即$MS_{組間}/MS_{組內} = 1$）；但若考慮到存在抽樣誤差時，則$MS_{組間}/MS_{組內}$則會幾乎等於1。此外，如果控制變數的不同水準間確實有顯著作用的話，則$MS_{組間}$會遠遠大於$MS_{組內}$（即$MS_{組間} > MS_{組內}$，即$MS_{組間}/MS_{組內} > 1$）。此外，根據統計理論，$MS_{組間}/MS_{組內}$的比值可構成F分配，於是就可用F統計量值與代表顯著與否的臨界值做比較，並據以推斷各控制變數對觀測變數的影響力是否顯著。所以，ANOVA也有人簡稱之為「F檢定」。

12-3　單因子變異數分析的基本概念

單因子變異數分析（one way ANOVA）是種只存在一個控制變數（因子）的變異數分析。單因子變異數分析將檢定在「單一」控制變數的「各種」不同水準影響下，某觀測變數的平均數是否產生顯著性的變化。如果「各種」不同水準間的觀測值具有顯著變化，則表示這個控制變數對觀測變數是有顯著影響力的，也就是說，控制變數的不同水準會影響到觀測變數的取值。

例如：某廠商所生產的各種球鞋中，其所使用的腳底板之材質，大致上可分為

五種類型。現欲比較這五種腳底板型號，其耐磨情況。變數「Model」代表該廠商之球鞋的腳底板型號（控制變數），變數「Wcnt」為樣品的磨損量（觀測變數）。顯見，該廠商之球鞋的腳底板型號共有五個水準。測試耐磨程度時，每種實驗測試了四個樣品。我們希望知道這五種腳底板之磨損量間，是否具有顯著差異。如果沒有顯著差異的話，那麼我們在選購該廠商之球鞋時，就不必特別去考慮哪一種腳底板型號更耐磨，而只需考慮價格等因素就可以了。但如果結果是有顯著差異時，則當然應考慮使用耐磨性較好的球鞋型號。在此，控制變數就是腳底板型號（Model），而觀測變數則為磨損量（Wcnt）。當各種腳底板型號的磨損量有顯著差異時，就表示控制變數的取值（水準）對觀測變數值有顯著的影響。所以，變異數分析的結論是控制變數（腳底板型號）對觀測變數（磨損量）具有顯著的影響力。在這個例子中，因為控制變數只有一個，所以這種變異數分析就稱為是單因子變異數分析。

需要注意的是，傳統的單因子變異數分析只判斷控制變數的各水準間有無顯著差異，而不管某兩個水準之間是否有差異。比如說，我們的五個腳底板型號中，即使有四個是沒有顯著差異的，而只有一個腳底板型號明顯的比這四個都好，作結論時，也必須說成：球鞋鞋底的耐磨性會因腳底板型號而產生顯著的差異。再例如，研究者欲分析不同施肥量是否導致農作物產量產生顯著的變化；調查學歷對年收入的影響；促銷型態是否會影響銷售額等。明顯的，這些問題都只是探討一個控制變數（施肥量、學歷、促銷型態）對觀測變數（產量、年收入、銷售額）的影響。因此，只要這個控制變數的水準數在「大於等於3」的情形下，則都是屬於單因子變異數分析的相關問題。

在單因子變異數分析中，會把觀測變數的變異分解為由控制變數之各水準所能夠解釋的部分（組間變異）和剩餘之不能解釋的部分（組內變異，即誤差）。然後比較這兩部分，當「能被解釋的部分」明顯大於「不能解釋的部分」時，則就可認為控制變數的影響效果是顯著的。

進行單因子變異數分析時，也有一些前提假設，這些前提假設諸如：

1. 各水準下的觀測變數間是彼此獨立的。
2. 觀測變數應服從或近似於常態分配。
3. 由控制變數各水準所分成的各分組間，其變異數必須相等。

唯有在這些前提假設都滿足時，才可以進行本節中所論及的單因子變異數分析。

一般而言，進行單因子變異數分析時，研究者須先具備以下的概念：

一、確認觀測變數和控制變數

進行單因子變異數分析時，首先研究者必須清楚的確認出「觀測變數」（依變數，連續變數）和「控制變數」（自變數，類別變數）。例如：上述各問題中的控制變數分別為施肥量、學歷、促銷型態；而觀測變數則分別為農作物產量、年收入、銷售額。

二、分解觀測變數的變異

進行單因子變異數分析時的第二個基本概念是：分解觀測變數的變異。變異數分析的基本概念為，觀測變數的值，之所以會產生變動，主要有兩個原因，一為控制變數的變化，另一為隨機因素的影響。基於此，如12-2節所述，可將觀測變數之變異（總離差平方和）分解為組間變異（組間離差平方和）與組內變異（即誤差，組內離差平方和）等兩個部分，一般數學的表達方式如下：

$$SST = SSA + SSE \qquad\qquad （式12-1）$$

其中，SST 為觀測變數的總離差平方和（總變異）；SSA 為組間離差平方和，這是由控制變數之不同水準所造成的離差（各水準之觀測變數值和總平均數間的差異）；SSE 為組內離差平方和，是由抽樣誤差引起的離差（隨機誤差）。觀測變數的總離差平方和（SST）的數學定義為：

$$SST = \sum_{i=1}^{k} \sum_{j=1}^{n_i} (x_{ij} - \bar{x})^2 \qquad\qquad （式12-2）$$

式12-2中，k 為控制變數的水準數；x_{ij} 為控制變數的第 i 個水準下之第 j 個觀察值；n_i 為控制變數的第 i 個水準下之觀測變數值的個數，$\bar{x}$ 為觀測變數值的總平均數。而組間離差平方和（SSA）的數學定義為：

$$SSA = \sum_{i=1}^{k} n_i (\bar{x}_i - \bar{x})^2 \qquad\qquad （式12-3）$$

式12-3中，$\bar{x}_i$ 為控制變數第 i 水準下所產生之觀測變數的樣本平均數。明顯可以看出，組間離差平方和的意義為各水準組下，觀測變數的平均數與觀測變數總平均數之離差的平方和，這代表了控制變數的不同水準對觀測變數的影響。最後，組內離差平方和（SSE）的數學定義為：

$$SSE = \sum_{i=1}^{k} \sum_{j=1}^{n_i} (x_{ij} - \bar{x}_i)^2 \qquad\qquad (式12-4)$$

式12-4說明了，所謂組內離差平方和的意義，即代表著每個觀察值資料與其所屬之水準平均數的離差平方和，而這也代表了抽樣誤差之變異。

三、比較組間離差平方和、組內離差平方和分別佔總離差平方和之比例

單因子變異數分析的最後一個基本概念是比較「組間離差平方和」、「組內離差平方和」分別佔「總離差平方和」之比例，進而推論控制變數是否確實導致觀測變數產生顯著的變化。在觀測變數的總離差平方和中，如果組間離差平方和所佔的比例較大，則可推論觀測變數的變動主要是由控制變數所引起的。也就是說，觀測變數的變化主要可以由控制變數來解釋，且控制變數給觀測變數帶來了顯著的影響；反之，如果組間離差平方和所佔的比例較小時，則說明觀測變數的變化主要不是由控制變數所引起的，因此不可以由控制變數來解釋觀測變數的變化。也就是說，控制變數沒有給觀測變數帶來顯著的影響。因此，觀測變數值的變動可能是由隨機抽樣因素所引起的。在此，也可藉由「組間離差平方和」／「組內離差平方和」的比值來觀察控制變數的影響力是否顯著。若該比值遠大於1，那麼就代表控制變數的影響力是顯著的。其實，就統計原理來說，若再考量各自的自由度後，該比值所代表的意義，其實就是檢定統計量F值（如第12-2節中的說明）。

◆ 12-4　單因子變異數分析的基本步驟 ◆

單因子變異數分析問題也屬於推論統計中的假設檢定問題，其基本步驟與先前的卡方檢定或 t 檢定之過程完全一致，只是使用的檢定統計量（F統計量）不同罷了。

步驟1：設定虛無假設

單因子變異數分析的虛無假設H_0為：在控制變數的各種不同水準下，觀測變數之平均數沒有顯著差異，記為：

H_0：$\mu_1 = \mu_2 = \cdots = \mu_k$

H_1：μ_1、μ_2、$\cdots\mu_k$不全相等 　　　　　　　　　　　　　（式12-5）

式12-5中，μ代表平均數，其下標k表示控制變數的水準數。

此虛無假設即意味著：控制變數之各種不同水準並沒有對觀測變數產生顯著的影響，即不同水準下的觀測變數平均數，全部都相等。

步驟2：選擇檢定統計量

變異數分析所使用的檢定統計量是F統計量，其數學定義為：

$$F = \frac{SSA/(k-1)}{SSE/(n-k)} = \frac{MSA}{MSE}$$

（式12-6）

其中，n為總樣本數，k為控制變數之水準數，$k-1$和$n-k$分別為SSA和SSE的自由度；MSA是組間均方和，MSE是組內均方和。不使用離差平方和，而特別使用均方和的目的，就在於想要去消除水準數和樣本數對分析所帶來的影響。由此定義可明顯的看出，F統計量其實就是在分解觀測變數之變異的概念下，衡量組間離差平方和與組內離差平方和所佔的相對比例。且F統計量為服從$(k-1, n-k)$個自由度的F分配。

步驟3：計算檢定統計量的值和機率p值

此步驟的目的在於：計算檢定統計量的值和其所相對應的顯著性（機率p值）。執行單因子變異數分析時，JASP會自動將相關資料代入F統計量中，以計算出F統計量的值和其所相對應的顯著性。讀者應該可以很容易的理解，如果控制變數對觀測變數造成了顯著影響，那麼觀測變數的總離差中，控制變數影響所佔的比例相對於隨機因素必然較大，所以F值會顯著的大於1（顯著性小於α，α為顯著水準之意）；反之，如果控制變數沒有對觀測變數造成顯著影響的話，則觀測變數的離差應可歸因於隨機因素所造成的，故F值會接近於1（顯著性大於α）。

步驟4：制定顯著水準α，並作出決策

根據研究者所制定的顯著水準α（一般定為0.05），然後與檢定統計量的顯著性作比較。如果顯著性（機率p值）小於顯著水準α，則「應拒絕」虛無假設，所以將認為在控制變數的各個不同水準下，觀測變數的平均數會存在顯著差異。意即，控制變數的不同水準確實會對觀測變數產生了顯著影響；反之，如果顯著性（機率p值）大於顯著水準α時，則「不應拒絕」虛無假設，而應認為在控制變數之各個不同水準下，觀測變數的平均數並無顯著差異。意即，控制變數的不同水準對觀測變數沒有產生顯著的影響。

12-5　單因子變異數分析範例一

範例12-1　某燈泡廠使用了四種不同材質的燈絲，而生產了四批燈泡。現於每批燈泡中，隨機的抽取了若干個，以測其使用壽命（單位：小時），所得資料列於表12-1中。現在想知道，對於這四種燈絲所生產的燈泡，其使用壽命有無顯著差異。（資料檔案為ex12-1.jasp）

表12-1　燈泡使用壽命

燈絲＼燈泡	1	2	3	4	5	6	7	8
甲	1,600	1,610	1,650	1,680	1,700	1,700	1,780	
乙	1,500	1,540	1,400	1,600	1,550			
丙	1,640	1,550	1,600	1,620	1,640	1,600	1,740	1,800
丁	1,510	1,520	1,530	1,570	1,640	1,680		

　　在本範例中，實驗的總樣本數有26個。明顯的，會影響燈泡之使用壽命的因素只有一個，即燈絲的材質（有四種水準）。而欲比較平均使用壽命的燈泡有四種（超過3），故未來分析時可使用單因子變異數分析。在此情形下，可設燈泡的使用壽命為觀測變數（依變數），而燈絲的材質為控制變數（因子），四種材質即為4個水準。

　　進行檢定的目的在於，如果這四種材質的燈絲，其所製成的燈泡之使用壽命沒有顯著差異的話，則燈泡廠未來可以從中挑選一種既經濟又取用方便的燈絲來生產燈泡即可；但如果這四種材質的燈絲，其所製成的燈泡之使用壽命存在顯著差異時，則希望能從中挑選出使用壽命較長的燈絲，以提高燈泡品質。

　　此檢定的虛無假設為：四種不同材質的燈絲，其所製成的燈泡之使用壽命沒有顯著差異。

　　記為：

H_0：燈絲材質不會影響燈泡的平均使用壽命。

或

H_0：$\mu_{甲} = \mu_{乙} = \mu_{丙} = \mu_{丁}$；$\mu$代表燈泡使用壽命的平均數。

操作 步驟

　　本題須先由研究者自行建立資料檔。為單因子變異數分析建立資料檔時，基本上須至少包含兩個欄位，一為控制變數（自變數，在本例為燈絲材質）、另一為觀測變數（依變數，在本例為燈泡的使用壽命）。控制變數的值即為其各水準的代表值（例如：1為甲燈絲、2為乙燈絲、3為丙燈絲、4為丁燈絲），故控制變數亦常被當作是分組變數（類別變數）；而觀測變數的值即為實驗過程所獲得的觀察值（燈泡的使用壽命）。

　　詳細操作過程與報表解說，請讀者自行參閱教學影音檔「ex12-1.mp4」。

▶ 報表解說

　　執行「變異數分析」功能後，基本上讀者只要針對較重要的一個圖形、三個表格來進行解釋即可。這一個圖形是常態Q-Q圖，而三個報表則分別為「（Levene）變異數同質性檢定」表、「變異數分析表」與「事後檢定表」（又稱為Post Hoc Comparisons表）。

（一）殘差常態性與變異數同質性檢定

　　單因子變異數分析的前提假設有二，分別為殘差常態性與變異數同質性檢定。首先進行常態性假設的檢驗，在JASP的變異數分析設定過程中並無提供常態性的檢定工具，只能利用常態Q-Q圖觀察殘差的常態性，如圖12-1。由圖12-1的常態Q-Q圖可發現，樣本點幾乎全都落在對角線上或附近，因此，可認為殘差是具常態性的。

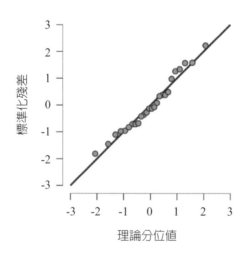

圖12-1　常態Q-Q圖

其次，檢驗各群組間的變異數同質性，變異數同質性檢定的虛無假設為：各燈絲材質的燈泡之使用壽命的變異數相等，記為：

$H_0：\sigma_{甲}^2 = \sigma_{乙}^2 = \sigma_{丙}^2 = \sigma_{丁}^2；\sigma^2$ 代表燈泡使用壽命的變異數。

表12-2為變異數同質性檢定之結果，由表12-2可知，Levene檢定的F值為0.149，其顯著性（p值）為0.929大於0.05，不顯著。因此，不能拒絕「各群組變異數同質」的虛無假設，即應認為各燈絲材質的燈泡之平均使用壽命的變異數是相等的。

表12-2　（Levene）變異數同質民性檢定表

F	自由度1	自由度2	p值
0.149	3.000	22.000	0.929

但是，如果變異數同質性被違反了呢？也就是說，當Levene檢定的顯著性是顯著時，那麼可以使用「同質性修正」（homogeneity corrections）來校正它。校正時可以改用Brown-Forsythe檢定或Welch檢定，並且於未來需要進行事後檢定時，選用Games-Howell法來比較各群組平均數的大小。至於Brown-Forsythe 檢定或Welch檢定間如何做出選擇呢？基本上，在大多數情況下都可以放心的使用Welch檢定，只有在特殊的情形下才會使用Brown-Forsythe檢定，例如：樣本量小於6的時候。

最後，當單因子變異數分析的觀測變數（依變數）屬於順序尺度（ordinal scale）的資料型態，或者樣本資料嚴重的違反常態性與變異數同質性兩者之一的話，那麼檢定時，應該使用屬無母數的Kruskal-Wallis法來進行檢定。但大部分的情形是當假設被違反時，有不少研究者仍會堅持使用Welch檢定。

（二）檢定結果

由於四種燈泡之使用壽命的變異數具有同質性，因此不用進行同質性校正，直接由表12-3的變異數分析表來進行檢定即可。

表12-3　變異數分析表

個案	離均差平方和	自由度	離均差平方平均值	F	p值	η^2	ω^2
燈絲	90299.533	3	30099.844	5.685	0.005	0.437	0.351
Residuals	116488.929	22	5294.951				

表12-3中各欄位的說明如下：

第一欄「個案」：指出了變異來源，包含組間變異（即燈絲）、組內變異（即 Residuals，殘差）。

第二欄「離均差平方和」：即離差平方和，代表型III離差平方和（type III sum of squares of deviations）。因此，組間離差平方和為90299.533，組內離差平方和為116488.929。

第三欄「自由度」：代表各變異來源的自由度（degree of freedom, df），組間自由度為3（即，水準數 – 1）、組內自由度為22（總樣本數 – 水準數 – 1）。

第四欄「離均差平方平均值」：簡稱均方和（sum of mean squares，簡稱MS），即離差平方和除以自由度。因此，組間均方和是30099.844，組內均方和是5294.951。

第五欄「F」：代表F統計量，這是F統計量的值，其計算公式為「組間均方和」除以「組內均方和」，用來檢定控制變數對觀測變數影響程度之顯著性。如果不顯著，則表示控制變數對觀測變數的變化沒有解釋能力。在本範例中F值為5.685。

第六欄「p值」：代表顯著性，這是F統計量的機率p值，即當F值為5.685，自由度為(3, 22)時的機率值，經查F統計量表，該機率值為0.005，此機率值亦稱為p值或顯著性。

第七欄「η^2」：效果量指標之一，可用來評估因子效果的實務顯著性。待後續章節再予以說明。

第八欄「ω^2」：亦為效果量指標之一，亦可用來評估因子效果的實務顯著性。待後續章節再予以說明。

由表12-3的變異數分析表可知，由於顯著性0.005小於0.05，所以拒絕虛無假設。因此，可認為四種燈絲所生產的燈泡，其平均使用壽命是具有顯著差異的。也就是說，燈泡的平均使用壽命確實會受到燈絲材質的影響。

（三）事後檢定

由於各燈絲材質的燈泡之平均使用壽命的變異數相等，因此，進行事後檢定時，只須使用「標準」的事後檢定方法，並使用「Scheffe法」來校正顯著性（有五種校正顯著性的方法可選，JASP預設為Tukey法，但在SPSS中，Scheffe法較常

用）。事後比較之檢定結果，如表12-4。

表12-4　Post Hoc Comparisons表

		平均數差異	標準誤	t	Scheffe p值
甲	乙	156.286	42.608	3.668	0.013
	丙	25.536	37.660	0.678	0.926
	丁	99.286	40.483	2.452	0.143
乙	丙	-130.750	41.483	-3.152	0.039
	丁	-57.000	44.062	-1.294	0.648
丙	丁	73.750	39.298	1.877	0.342

　　觀察表12-4的Post Hoc Comparisons表，可發現四種燈泡將輪流兩兩比較其使用壽命並檢定，因此共進行了6次比較並檢定。研究者須逐次觀察，才能比較出四種燈泡之使用壽命的大小關係。首先，不顯著的部分可認為沒有差異（即相等），因此可跳過不理。讀者只須看表12-4第二欄的「平均數差異」與具顯著差異（p值小於0.05）的部分即可，具顯著差異的比較狀況可彙整如下：

　　「甲－乙＝156.286」，屬正且顯著，因此可推論「甲＞乙」；
　　「乙－丙＝－130.750」，屬負且顯著，因此可推論「乙＜丙」。

　　由上述兩條不等式可歸納出，「甲＞乙」且「丙＞乙」，又因甲與丙之差異不顯著，因此可認為「甲＝丙」，故最後的總結為「甲＝丙＞乙」，或記為「甲、丙＞乙」。而丁則因資訊不足，地位模糊，將不予比較。

▶ **結論**

　　經單因子變異數分析後，由表12-3可知，F值為5.685、顯著性0.005小於0.05，所以須拒絕虛無假設。也就是說，由四種燈絲所生產的燈泡，其平均使用壽命具有顯著差異。因此，燈泡的平均使用壽命會受到燈絲材質的影響。在這種有顯著差異的情形下，進行事後比較後可發現，使用甲與丙燈絲所生產的燈泡，其平均使用壽命顯著的大於乙燈絲所生產的燈泡。因此，建議生產廠商可考慮使用甲或丙燈絲生產燈泡（注意！甲燈絲、丙燈絲沒有顯著差異喔！），以提高燈泡的平均使用壽命。至於選用甲或丙燈絲何者為佳，則須再視其取用成本、取用方便性或供貨穩定性等其他因素來進

行決策。

12-6　變異數分析中的效果量指標

在變異數分析的過程中，我們使用F統計量，從機率理論的觀點來進行檢定，以說明因子變數的統計顯著性（statistical significance）。也就是說，使用機率理論來檢驗因子效果相對於隨機效果（抽樣誤差）的統計意義。然而，在這嚴謹的分析過程中，縱使因子效果具有顯著的統計意義。但是我們仍不免會質疑，在眞實的世界中，這些因子效果在實務上是否仍具有意義與價值。而這就屬於所謂實務顯著性（practical significance）或稱臨床顯著性（clinical significance）所關注的問題了。

舉個例子：醫學研究上，某研究者想比較兩種療法的效果，於是開始進行抽樣設計，經整理回收的樣本資料後，得到：

A法：$\mu_A = 0.55$

B法：$\mu_B = 0.51$

同時，在樣本夠大、顯著水準爲0.05的情況下，經檢定發現這兩種療法確實「具有顯著差異」。雖然這是一個令人滿意的檢定結果，但是這個顯著差異，即使研究者未加以說明，在一般情況下，我們大概也不會認爲「這個顯著差異」確實是具有實質意義的。因爲A法只比B法高出4個百分點（0.04）而已。但是，上述問題如果是0.01對0.05的效果比較（雖然也是差距4個百分點，但後者是前者的5倍），或許這就是一個值得重視的差距了。從這樣的觀點來看的話，0.55 vs. 0.51，可能就沒什麼意義了！而這現象就說明了：「雖然這兩種療法的效果差異已達統計顯著性，但或許在現實情境下，並不具有實務上的顯著性。」

在變異數分析中，我們常用一些效果量指標來評估因子效果的實務顯著性，這些效果量指標，較常見的有η^2（eta squared）與ω^2（omega squared）。在JASP的「變異數分析」功能中，都有提供這些效果量指標的相關資訊。

（一）η^2指標

η^2是一種效果量指標，特別常用於變異數分析中。其計算方式是透過計算不同群組之間的變異數來評估效果的大小。它代表著自變數能解釋依變數之變異的比例。η^2的取值範圍介於0到1之間。當η^2的值爲0時，表示自變數對於依變數的解釋能力爲

零,即兩者之間沒有相關性。而當η^2的值為1時,表示自變數能夠完全解釋依變數的變異,即兩者之間存在著強大的相關性。

在η^2的解釋與運用上,Cohen(1988)提出了如表12-5的判斷準則。在JASP執行「變異數分析」功能後,在變異數分析報表中即可直接顯示出η^2值。若$0.01 \leq \eta^2 < 0.059$,則表示因子(自)變數與依變數間的效果量低。因此,因子效果的實務意義也就較低。而若$\eta^2 \geq 0.138$,則表示因子(自)變數與依變數間的效果量高。因此,因子效果的實務意義也就較高。

表12-5　效果量判斷準則

η^2值	效果量
$0.01 \leq \eta^2 < 0.059$	小效果量
$0.059 \leq \eta^2 < 0.138$	中效果量
$0.138 \leq \eta^2$	高效果量

(二)ω^2指標

ω^2也是一種效果量指標,它主要應用於變異數分析和卡方檢定等統計方法中,它也衡量了自變數可以解釋依變數之變異的比例。亦即,ω^2反映了自變數對於依變數的影響程度。ω^2的取值範圍亦介於0到1之間。ω^2與η^2的主要差異在於,ω^2考慮了樣本數量的影響,並對η^2的偏差進行了校正。因此,ω^2通常被認為比η^2更準確。ω^2與η^2的關係就如同迴歸分析中調整過的R^2(Adjusted R-Squared)與決定係數R^2(R-Squared)的關係。只不過ω^2與η^2直接提供了自變數對於依變數解釋程度的比例,較為直觀。而調整過的R^2與R^2則提供了模型解釋依變數變異的比例,包括自變數和其他模型組成部分的解釋。

在JASP執行「變異數分析」功能後,在變異數分析報表中亦可直接顯示出ω^2值,根據Cohen(1988)對「ω^2」值的判斷準則(與η^2相同,如表12-5),即可評估因子變數(自變數)影響依變數的效果量。

▶ 範例12-2

承範例12-1,某燈泡廠使用了四種不同的材質來製成燈絲,進而生產了四批燈泡。現於每批燈泡中,隨機的抽取了若干個燈泡,以測其使用壽命(單位:小時),資料列於表12-1中。現在想知道,對於這四種燈絲所生產的燈泡,其使用壽命有無顯著差異,並探討此檢定結果的實務顯著性。

在範例12-1中，我們曾使用「單因子變異數分析」功能來進行檢定。檢定結果說明了「燈絲材質確實會顯著影響燈泡的平均使用壽命」。但是，這樣的檢定結果，只能說明「燈絲材質」效果的統計顯著性，卻無法說明其實務顯著性。

因此，在本範例中，我們將對表12-3中的ω^2、η^2值進行評估，以期可以了解「燈絲材質」之影響效果（亦可稱之為效應）的實務顯著性。

接下來，我們參考表12-3，以探討有關實務顯著性的問題：

1. η^2值

由表12-3的第七欄得知因子（燈絲）的η^2為0.437，表示控制變數（燈絲材質）解釋了觀測變數（使用壽命）43.7%的變異量。依據Cohen（1988）的判斷標準（如表12-5）得知，控制變數（燈絲材質）與觀測變數（使用壽命）的效果量相當高，這就意味著燈絲材質之影響效果非常具有實務性的顯著意義。

2. ω^2值

再由表12-3的第八欄可以得知ω^2值為0.351，表示控制變數（燈絲材質）對觀測變數（使用壽命）之變異的解釋能力達35.1%，依據Cohen（1988）的判斷標準，ω^2值大於0.138即屬高效果量。因此，研判控制變數（燈絲材質）與觀測變數（使用壽命）的效果量相當高。此結論與淨η^2相同。

▶ **結論**

經單因子變異數分析後，由於F值為5.685、顯著值0.005小於0.05，所以拒絕虛無假設。也就是說，由四種燈絲所生產的燈泡，其平均使用壽命是具有顯著差異的。因此，燈泡的平均使用壽命會受到燈絲材質的影響。在這種有顯著差異的情形下，進行事後比較後可發現，使用甲與丙燈絲所生產的燈泡，其平均使用壽命顯著的大於乙燈絲所生產的燈泡。因此，建議生產廠商可考慮使用甲或丙燈絲生產燈泡，以提高燈泡的平均使用壽命。

此外，由η^2值（0.437）與ω^2值（0.351）可發現，燈絲材質解釋燈泡使用壽命之變異的能力相當高。因此，燈絲材質對燈泡使用壽命所產生的效應，除具有統計顯著性外，亦具有實務上的顯著性。

12-7　單因子變異數分析範例二

▶ 範例12-3

開啟ex12-3.jasp，該檔案為附錄一論文〈旅遊動機、體驗價值與重遊意願關係之研究〉之原始問卷的資料檔，請依照每位受訪者的量表總分，進行重新分組。新分組名稱為「group」，其分組的原則如下：

量表總分小於等於第25百分位者：改稱為低分組，其數值代碼為1。

量表總分介於第25與第75百分位之間者：改稱為中分組，其數值代碼為2。

量表總分大於等於第75百分位者：改稱為高分組，其數值代碼為3。

試檢定低分組、中分組與高分組之個案，對「旅遊動機」的整體認知（得分）是否具有顯著差異？

　　附錄一，論文〈旅遊動機、體驗價值與重遊意願關係之研究〉的原始問卷中，扣除掉「第四部分：基本資料」的題項後，剩餘題項為可用以衡量「旅遊動機」（17題）、「體驗價值」（13題）與「重遊意願」（3題）等三個構面的題項，共33題。現針對每個個案所填答的這33個題項的得分進行加總，加總後的結果將存入變數「量表總分」中。不難理解，此「量表總分」即代表個案對「旅遊動機」、「體驗價值」與「重遊意願」的整體性評估。故本範例的首要工作，即先算出變數「量表總分」。這個加總過程，將使用JASP的「計算變數」功能來完成。

　　依題意，我們需要根據變數「量表總分」的第25百分位數與第75百分位數，將所有個案依題目所設定的規則，分成「低分組」、「中分組」與「高分組」（分組變數名稱為group）。這個分組過程，亦將使用JASP的「計算變數」功能來完成。

　　此外，問卷中有關「旅遊動機」的問項共17題（tm1_1～tm2_7）。因此，須先針對這17題問項，進行橫向平均以求算出每位受訪者對「旅遊動機」的整體性認知。為減少本範例之複雜度，每位受訪者對「旅遊動機」的整體性認知，已計算完成，並已儲存在「ex12-3.jasp」檔案中，其變數名稱為「tm」。

　　由於本範例將檢定低、中、高分組之受訪者，對「旅遊動機」的整體性認知是否具有顯著差異。因此，很明顯的，將以變數「group」為分組變數，而將所有受訪者依「量表總分」分成低、中、高等三組，且此三組樣本是獨立的，不會互相影響。在這種情形下，單因子變異數分析正符合本範例的檢定需求。進行單因子變異數分析前，依題意先設定虛無假設：

H_0：低、中、高分組之受訪者，對「旅遊動機」之整體性認知的平均數並無顯著差異。

操作 步驟

步驟1：先求出量表總分。

步驟2：進行分組，並設定分組變數名稱為「group」。

步驟3：執行「變異數分析」功能。

詳細操作過程，讀者亦可自行參閱教學影音檔「ex12-3.mp4」。

▶ 報表解說

在JASP中，執行「變異數分析」功能後，基本上讀者只要針對較重要的一個圖形、三個表格來進行解釋即可。這一個圖形是常態Q-Q圖，而三個報表則分別為「（Levene）變異數同質性檢定」表、「變異數分析表」與「事後檢定表」。

（一）殘差常態性與變異數同質性檢定

單因子變異數分析的前提假設有二，分別為殘差常態性與變異數同質性檢定。首先進行常態性假設的檢驗，在此，JASP並無提供常態性的檢定工具，只能利用常態Q-Q圖觀察殘差的常態性，如圖12-2。由圖12-2的常態Q-Q圖可發現，樣本點幾乎全都落在對角線上或附近，因此，可認為殘差是具常態性的。

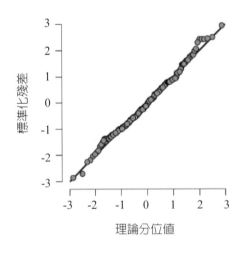

圖12-2　常態Q-Q圖

其次，檢驗各群組間的變異數同質性，變異數同質性檢定的虛無假設為：各分組之受訪者的「旅遊動機」認知之變異數相等，記為：

$H_0 : \sigma_{低}^2 = \sigma_{中}^2 = \sigma_{高}^2$；$\sigma^2$ 代表「旅遊動機」認知的變異數。

表12-6為變異數同質性檢定之結果，由表12-6可知，Levene檢定的F值為13.650，其顯著性（p值）小於0.001，達顯著。因此，拒絕「各群組變異數同質」的虛無假設，即應認為各分組之受訪者的「旅遊動機」認知之變異數是「不相等的」。

表12-6 （Levene）變異數同質性檢定表

F	自由度1	自由度2	p值
13.650	2.000	245.000	<.001

當Levene檢定的顯著性是顯著時（各群組變異數不相等），此時必須進行「同質性修正」（homogeneity corrections）來校正自由度。校正時可以改用Brown-Forsythe檢定或Welch檢定，並且於未來若需要進行事後檢定時，則必須選用Games-Howell法來比較各群組平均數的大小。至於Brown-Forsythe檢定或Welch檢定間如何做出選擇呢？基本上，在大多數情況下都可以放心的使用Welch檢定，只有在特殊的情形下才會使用Brown-Forsythe檢定，例如：樣本量小於6的時候。

（二）檢定結果

由於各分組之受訪者的「旅遊動機」認知之變異數不具有同質性，因此須進行同質性校正，在此將採用Welch檢定來進行自由度校正，如表12-7。

表12-7 變異數分析表

同質性校正	個案	離均差平方和	自由度	離均差平方平均值	F	p值	η^2	ω^2
None	group	235.265	2.000	117.632	187.023	<.001	0.604	0.600
	Residuals	154.098	245.000	0.629				
Welch	group	235.265	2.000	117.632	326.983	<.001	0.604	0.600
	Residuals	154.098	149.149	1.033				

　　表12-7中，特意的列出不須同質性校正的檢定結果（None列的數據），以便讓讀者能跟校正同質性的Welch檢定結果進行比較。由於，本範例中，各分組之受訪者的「旅遊動機」認知之變異數不具有同質性，故檢定時必須採用Welch法來進行檢定，檢定結果如表12-7中的第4列與第5列。明顯的，檢定F值為326.983，在自由度已修正為（2, 149.149）的情形下，機率p值（顯著性）小於0.001，故顯著。所以拒絕虛無假設，而可認為低、中、高分組之受訪者，對「旅遊動機」之整體性認知是具有顯著差異的。

（三）事後檢定

　　由於各分組之受訪者的「旅遊動機」認知之變異數不具有同質性。因此，進行事後檢定時，須使用「Games-Howell法」來進行平均數比較大小的工作，至於校正顯著性的方法，採用預設的「Tukey法」就可以了。事後比較之檢定結果，如表12-8。

表12-8　Post Hoc Comparisons表

比較	平均數差異	SE	t	df	Tukey p值
低分組-中分組	-1.246	0.122	-10.242	160.291	<.001
低分組-高分組	-2.737	0.109	-25.138	113.836	<.001
中分組-高分組	-1.491	0.107	-13.880	182.982	<.001

　　觀察表12-8的Post Hoc Comparisons表，可發現三個分組將輪流兩兩比較其「旅遊動機」認知並檢定，因此共進行了3次比較並檢定。研究者須逐次觀察，才能比較出三個分組之「旅遊動機」認知的大小關係。首先，不顯著的部分可認為沒有差異（即相等），可跳過不理。讀者只須看表12-8的第二欄「平均數差異」具顯著差異（p值小於0.05）的部分即可（但本範例全顯著），具顯著差異的比較狀況可彙整如下：

「低分組 – 中分組 = –1.246」，屬負且顯著，因此可推論「低分組<中分組」；
「低分組 – 高分組 = –2.737」，屬負且顯著，因此可推論「低分組<高分組」；
「中分組 – 高分組 = –1.491」，屬負且顯著，因此可推論「中分組<高分組」。

　　由上述三條不等式可歸納出，「高分組 > 中分組 > 低分組」。也就是高分組的受訪者「旅遊動機」認知最強烈、中分組次之，而以低分組的受訪者「旅遊動機」認知最低。

▶ **結論**

經單因子變異數分析後，由表12-7可知，F值爲326.983、顯著性小於0.001，所以須拒絕虛無假設。也就是說，低、中、高分組之受訪者，對「旅遊動機」之整體性認知是具有顯著差異的。在這種有顯著差異的情形下，進行事後比較後可發現，高分組之受訪者的「旅遊動機」最強烈、中分組次之，而以低分組之受訪者的「旅遊動機」最低。

12-8　單因子變異數分析範例三

▶ 範例12-4 　請開啟ex12-4.jasp，該檔案爲論文〈旅遊動機、體驗價值與重遊意願關係之研究〉之原始問卷的資料檔，試利用獨立樣本 t 檢定與單因子變異數分析，完成表12-9（空白表格的檔案名稱爲「ex12-4.docx」），以探討各社經變數對各主構面認知的差異狀況。

表12-9　各社經變數對各主構面認知的差異性分析表—t/F值

構面	性別	婚姻	年齡	職業	教育	月收入
旅遊動機	-0.244	-1.815	1.396	0.893	7.611*	0.795
事後檢定					2, 3, 4, 5<6	
推動機	-0.117	-2.079	1.365	0.546	2.660*	0.684
事後檢定		未婚<已婚			3, 4, 5<6	
拉動機	-0.342	-0.806	1.208	1.179	3.032*	0.666
事後檢定					3, 4<6	
體驗價值	-1.454	-0.351	0.551	0.480	2.800*	0.473
事後檢定					3, 4<6	
投資報酬率	-0.907	0.243	1.088	0.819	1.158	0.736
事後檢定						
服務優越性	-0.692	0.038	1.024	0.937	1.877	0.483
事後檢定						
美感	-0.929	-0.514	0.194	0.509	2.087	0.497
事後檢定						
趣味性	-1.670	-0.669	0.530	0.454	2.664*	1.005
事後檢定					3, 4<6	
重遊意願	-0.662	0.329	0.588	0.402	2.888*	0.661
事後檢定					2, 3, 4, 5<6	

* $p \leq 0.05$

依題意，我們將建立假設為（論文中，須寫對立假設）：

H$_1$：遊客對旅遊動機、體驗價值與重遊意願等主構面（包含子構面）的認知，會因性別而產生顯著差異。

H$_2$：遊客對旅遊動機、體驗價值與重遊意願等主構面（包含子構面）的認知，會因婚姻狀況而產生顯著差異。

H$_3$：遊客對旅遊動機、體驗價值與重遊意願等主構面（包含子構面）的認知，會因年齡而產生顯著差異。

H$_4$：遊客對旅遊動機、體驗價值與重遊意願等主構面（包含子構面）的認知，會因職業而產生顯著差異。

H$_5$：遊客對旅遊動機、體驗價值與重遊意願等主構面（包含子構面）的認知，會因教育程度而產生顯著差異。

H$_6$：遊客對旅遊動機、體驗價值與重遊意願等主構面（包含子構面）的認知，會因月收入而產生顯著差異。

　　在前一章的範例11-5中，我們已經使用獨立樣本 t 檢定，完成了性別與婚姻狀況的差異性檢定。但由於年齡、職業、教育、月收入等變數都具有三個以上的水準，因此進行差異性檢定時，將使用單因子變異數分析。當然這個過程是相當繁雜的，讀者必須有耐心的去完成它。

操作 步驟

　　詳細操作過程，請讀者自行參閱教學影音檔「ex12-4.mp4」。

▶ 報表解說

　　經進行獨立樣本 t 檢定與變異數分析後，檢定結果彙整如表12-9。有關性別與婚姻狀況的差異性檢定，已於前一章的範例11-5完成。故在本範例中，將只關注年齡、職業、教育、月收入等變數的差異性檢定。這些變數都具有三個以上的水準。因此進行差異性檢定時，將使用單因子變異數分析來進行檢定。

　　觀察表12-9，可發現，在年齡、職業、月收入等變數的差異性檢定方面，所有的F值都偏小，而且顯著性皆大於0.05。故H$_3$、H$_4$與H$_6$皆不獲得支持。代表各主／子構面的認知，不會因年齡、職業、月收入等變數而產生差異。然而，在旅遊動機、推動機、拉動機、體驗價值、趣味性與重遊意願等構面，卻會因教育程度而產生顯著性差

異。且經事後檢定後,各平均數的大小關係,亦如表12-9中的事後檢定列。由於受限於表的寬度,因此比較結果將以選項之代號來表示,例如:教育程度的選項內容如下:

5. 教育程度:☐ 國小(含)以下　☐ 國中　☐ 高中(職)
☐ 專科　☐ 大學　☐ 研究所(含)以上

表12-9中,以旅遊動機會因教育程度而產生顯著性差異為例,其事後檢定結果為「2, 3, 4, 5 < 6」,代表教育程度為國中(2)、高中(職)(3)、專科(4)與大學(5)的遊客,其「旅遊動機」的認知低於教育程度為研究所(含)以上(6)的遊客。

12-9　單因子相依樣本變異數分析

在第11章中講解 t 檢定時,曾將所涉及的樣本分為獨立樣本與相依樣本而分開討論。而在本章中所探討的變異數分析,也應是如此。在第12-1節至第12-8節所介紹的單因子變異數分析,都是屬於獨立樣本,在本小節中,我們將介紹單因子相依樣本的變異數分析。

相依樣本的變異數分析又稱為重複量數變異數分析(repeated measurements ANOVA)。重複測量實驗大致上可分為兩類,一類是指針對同一批受試者就同一觀測變數,在不同時間點上進行多次的測量(呂秀英,2003);另一類則為受試者全程的參與了某一因子(factor)內每一個水準(level)的實驗。對於前者,由於這些在不同時間點上的觀測資料都是取自於同一批受試者,彼此間自然就缺乏獨立性。因此,如何分析我們所關注的變數在時間過程中的變化,以及這些變化與其他影響因素之間的相關性是分析的重點。而對於後者,由於每一水準下所獲得的資料皆來自同一批受試者,因此這些資料間應該也是相依的。所以,上述的兩種實驗性質都可歸類為重複測量實驗。由於重複測量實驗後所得到的樣本資料,已違反了一般變異數分析中,對於個案資料的獨立性要求。所以,需要一些新的統計檢定方法,才能解決這種個案資料非獨立的問題,因此重複量數變異數分析技術乃孕育而生,且被廣泛運用。

一般而言，大部分的專題、博／碩士論文或期刊論文中，其重複測量的形式大都是屬於上述中的後者。例如：研究者想了解消費者對某種飲料的喜愛程度，該飲料中依糖分比例不同，而分為四種類型（無糖、微糖、半糖、全糖），即飲料之含糖量具有四個水準。於是研究者透過一批受測者（50人）進行試喝實驗。實驗過程中，受測者每試喝完一種飲料後，隨即填寫喜愛程度量表（七點量表，得分越高，喜愛程度越高），然後漱口、休息10分鐘，再試喝另一種飲料。依此程序，直至每位受測者皆試喝完四種飲料為止。明顯的，在這個實驗設計過程中，每位受試者都試喝了四種含糖量不同的飲料，然後評估對各種含糖量之飲料的喜愛程度。這樣所得到的樣本資料，已違反了一般變異數分析中，對於個案資料的獨立性要求，所以是屬於相依樣本資料。因此，未來研究者如果想要探討消費者對四種含糖飲料的喜愛程度是否具有顯著差異時，那麼就須使用單因子相依樣本變異數分析（重複量數變異數分析）了。

雖然，對於重複測量的問題也可以使用其他的統計方法來檢測各水準間的差異性。但是，若能使用重複量數變異數分析，將具有所需的受試者人數較少、且由於殘差的變異數降低，使得F檢定值較大，所以統計檢定力會較大等優點。但其過程中，仍須注意重複量數變異數分析不適合有練習效應（practice effect）或持續效應（carryover effect）的情況。運用重複量數變異數分析時，下列這些概念宜多加注意：

（一）資料的排列方式

進行重複量數變異數分析前，須先進行資料檔的建立工作。為便於分析，建立資料檔時，資料必須依照特定的格式排列。若同一受訪者重複參與了某因子內每一水準的測量時，那麼此因子便稱為受試者內因子（within factor），受試者內因子（又稱為相依因子），屬自變數，通常是研究者可操控的因子，例如：飲料的糖分、售價、容量……等。而若因子內每一水準下的受試者皆不同的話，則這種因子就稱為是受試者間因子（between factor）。受訪者間因子（又稱為獨立因子），也是屬於自變數，但通常是研究者不可操控的因子，例如：受試者的性別、年齡。

若A為受試者內因子（相依因子），有四個水準。若有n個受試者，同一受試者會在A1、A2、A3與A4等四個水準上重複測量Y（依變數），則資料的建檔方式，將如表12-10。即每一個因子水準須設定一個變數名稱，並佔用一個欄位，中間的儲存格（cell）則為每位受測者，在各水準的處理下，Y的觀測值。

表12-10　資料建檔方式

受試者	A1	A2	A3	A4
1				
2				
3				
.				
.				
.				
n				

（二）受試者內因子的變異數須符合球形假設

　　在探討重複測量問題時，若欲探討所蒐集到的某因子各水準下之平均數是否有顯著差異時，適當的統計分析方法除了採單因子重複測量變異數分析外，也可採用多變量方法。重複量數變異數分析的前提假設為「受試者內因子之不同水準間，其觀測值之差異的變異數必須相等」，此前提假設一般亦稱為球形假設（assumption of sphericity）。例如：受試者內因子A有四個水準，而其觀測值分別為A1、A2、A3、A4的話，那麼球形假設是指A1-A2、A1-A3、A1-A4、A2-A3、A2-A4、A3-A4等六個差異的變異數皆相等之意。

　　在重複量數變異數分析中，欲檢定資料是否符合球形假設時，可採用Mauchly球形檢定法。如果符合球形檢定，則F檢定值就不需要作校正。如果不符合，則F檢定值需先進行校正動作後，再進行檢定。當球形假設不符合時，主要將以epsilon參數值（Greenhouse-Geisser及Huynh-Feldt值）來校正F檢定值。一般建議採用Huynh-Feldt值來校正F檢定值，效果最好。此外，由於多變量方法並不要求資料符合球形假設，因此，若使用重複量數變異數分析，但資料卻不符球形假設時，我們的因應策略除了採用上述的F校正值外，也可以逕行採用多變量方法來替代。

（三）F檢定值的計算

　　進行單因子相依樣本（重複量數）變異數分析時，對於F檢定值的計算方式與單因子變異數分析時，所採用的演算法很類似。首先，將變異總平方和（sum of square of total, SST）拆解為組間平方和（sum of square of between, SSB）及組內平方和

（sum of square of within, SSW）。然後將組間及組內平方和分別除以其各自所對應的自由度，便可得到組間及組內的均方和（mean square, MS）。但要注意的是執行重複量數變異數分析時，將使用受試者內因子的殘差均方和（mean square of error, MSE）來當作F檢定值的分母，以檢測受試者內因子或受試者間的效用。檢定時，單因子相依樣本變異數分析的虛無假設，可設定為：

H_0：相依因子之各水準下的觀測值平均數，並無顯著差異。

或者

H_0：$\mu_{A1} = \mu_{A2} = \mu_{A3} = \cdots\cdots = \mu_{Ak}$，在此$\mu_{Ak}$代表A因子的第$k$個水準的平均數。

當F檢定值達統計顯著時，還可以接著採用各式的多重比較方法，以比較各水準下，觀測值平均數的大小。

▶ 範例12-5

研究者想了解消費者對某種飲料的喜愛程度，該飲料中依糖分比例不同，而分為四種類型（無糖、微糖、半糖、全糖）。於是研究者透過一批受測者（11人）進行試喝實驗。實驗過程中，受測者每試喝完一種飲料後，隨即填寫喜愛程度量表（七點量表，得分越高，喜愛程度越高），然後漱口、休息10分鐘，再試喝另一種飲料。依此程序，直至每位受測者皆試喝完四種飲料為止。實驗完畢後，研究者共獲得四筆消費者對各類含糖飲料之喜愛程度的資料（如表12-11），其資料檔如ex12-5.jasp。試檢定消費者對四種含糖飲料的喜愛程度，是否具有顯著差異？

表12-11　受試者對含糖飲料之喜愛程度

受試者	無糖	微糖	半糖	全糖
1	4	4	3	4
2	5	6	4	5
3	5	4	5	4
4	4	3	4	4
5	5	4	4	4
6	4	4	3	4
7	3	4	3	4
8	5	4	4	4
9	4	4	4	4
10	5	4	2	2
11	5	4	4	4

由題意顯見，依變數為消費者對含糖飲料的「喜愛程度」，自變數只有一個，即「糖分比例」（有四個水準）。由於所有受測者皆參與了四種不同「糖分比例」之飲料的試喝，因此，「糖分比例」應屬相依因子，且自變數只有一個，故本範例檢定時，檢定方法應屬單因子相依樣本變異數分析。

研判出問題的型態後，接下來，即可開始進入分析的程序，首先進行假設的設定，在此將設定假設（對立）如下：

H_1：消費者對四種含糖飲料的喜愛程度，具有顯著差異。

操作 步驟

範例12-5中，只有一個自變數「糖分比例」（包含四個水準），且其為受試者內因子（相依因子），因此，本範例屬單因子相依樣本的變異數分析，在執行單因子相依樣本變異數分析時，須使用「重複量數變異數分析」功能。

此外，讀者更須注意的是：進行單因子相依樣本變異數分析前，該如何來為資料進行建檔與輸入的工作。原則上，建檔時，必須為相依因子的各水準，分別建立一個欄位（變數），然後再依序輸入每位受測者於各水準下，經實驗後所得的觀測值。雖然，在本範例中，為節省讀者建立資料檔的時間，已提前建立好資料檔。但仍建議讀者嘗試自行建檔看看。

詳細操作過程，請讀者自行參閱教學影音檔「ex12-5.mp4」。

▶ 報表解說

（一）球形檢定與變異數同質性檢定

變異數分析的前提假設常須檢驗球形檢定（相依變數）與變異數同質性檢定（獨立變數），只要諸多自變數中有相依變數存在，那麼就需要進行球形檢定；而當有獨立變數存在時，那麼就需要進行變異數同質性檢定了。本範例中，自變數（因子）只有一個，即糖分比例。因為糖分比例是相依因子，故須進行球形檢定。而因為沒有獨立因子存在，所以變異數同質性檢定可以忽略不做。

球形檢定的虛無假設是：受試者內因子之不同水準間，其觀測值差異的變異數並無顯著差異，或者也可直接描述成「樣本資料未違反變異數分析之球形假設」。Mauchly球形檢定表，如表12-12所示。球形檢定將檢定四個水準中，兩兩成對相減而

得到之差異值的變異數是否相等。

在表12-12的右邊會出現三個epsilon（ε）值（Greenhouse-Geisser、Huynh-Feldt與下界），epsilon值（ε值）是種模型遠離（違反）球形假設之程度的指標。如果它等於1就代表是完美的球形；如果小於1代表可能違反了球形假設，值越小越嚴重。一般而言，可使用0.75作爲判斷是否違反球形假設的門檻值。epsilon值若大於0.75，則可視爲不違反球形假設。

當然我們所分析的資料是否違反球形假設，仍然需要進行顯著性檢定才會比較嚴謹，而檢定時，就須看表12-12前半段的Mauchly's W值及趨近卡方值所對應的顯著性來判斷。當Mauchly's W的趨近卡方值之顯著性大於0.05（不顯著）時，即表示資料符合球形假設。雖然有「epsilon值」與「Mauchly's W的趨近卡方值」兩種判斷方式，但是，由於卡方值很容易受到樣本數的影響，樣本數若很大時，卡方值亦隨之增大（卡方值與樣本數成正比），故球形假設的檢定結果很容易失眞。因此，也有學者建議只要看epsilon值就可以了（郭易之，2011）。

表12-12　球形檢定表

	Mauchly's W	趨近X^2	自由度	p值	Greenhouse-Geisser ε	Huynh-Feldt ε	下界ε
糖分比例	0.272	11.362	5	0.046	0.718	0.922	0.333

由表12-12的Mauchly球形檢定結果不難發現，Mauchly's W值爲0.272，其趨近卡方值爲11.362，在自由度爲5時，顯著性（p值）爲0.046小於0.05，達顯著，故表示應拒絕虛無假設，即認爲樣本資料已違反變異數分析之球形假設了。故未來進行差異性檢定時，需要去對原始F統計量值作修正。修正時，將參考epsilon值，從表12-12的後半段可發現，三個epsilon值只有Huynh-Feldt大於0.75，故將來F統計量值進行球形校正時，將採用Huynh-Feldt校正法。

（二）檢定結果

執行「重複量數變異數分析」後，所產生的報表相當長。以下，將分段予以討論：

1. 受試者內效果檢定表

執行「重複量數變異數分析」後，檢定報表將細分成兩個部分，分別爲「受試者內效果」檢定（tests of within-subjects effects，表12-13）與「受試者間效果」檢定

（tests of between-subjects effects，表12-14）。首先，檢視表12-13的「受試者內效果」檢定表。

表12-13　受試者內效果檢定表

個案	Sphericity Correction	離均差平方和	自由度	離均差平方平均值	F	p值	η^2	ω^2
糖分比例	None	3.886[a]	3.000[a]	1.295[a]	3.420[a]	0.030[a]	0.255	0.106
	Huynh-Feldt校正	3.886	2.765	1.406	3.420	0.034	0.255	0.106
Residuals	無	11.364	30.000	0.379				
	Huynh-Feldt校正	11.364	27.649	0.411				

註：[a] 表Mauchly的球形檢驗擲出資料違反球形假設（p < .05）。

單因子重複量數變異數分析中，總變異量將被拆解成「受試者間變異量」（屬獨立因子的變異）與「受試者內變異量」（屬相依因子的變異）兩大部分，而「受試者內變異量」又會被拆解成「受試者內水準間變異量」（組間變異）與「受試者內殘差變異量」（組內變異）。在此，由於本範例之因子屬於相依因子，因此檢定時，將以分析「受試者內效果」爲主。因此F統計量值的算法，應該是受試者內因子之水準間的變異量（受試者內離均差平方平均值，簡稱組內均方和）除以受試者內殘差的變異量（殘差離均差平方平均值，簡稱殘差均方和）。

表12-13中，原本檢定時應該要檢視變異來源（糖分比例、殘差）爲「None」與「無」列的數據（代表符合球形假設，不須修正F統計量值的情形），但是因爲本範例中，樣本資料不具球形，因此，對於檢定數據必須予以校正。校正時，由於已設定採用Huynh-Feldt校正法，所以在表12-13受試者內效果檢定表中，即可看到Huynh-Feldt校正後的檢定數據，未來進行檢定時，必須以「Huynh-Feldt校正」列的數據爲主要的檢定數據。此外，JASP也很貼心，當樣本資料不具球形時，也會在檢定表下方加上「違反球形假設」的注解，以提醒使用者需要校正檢定數據。

由表12-13可看出，由Huynh-Feldt校正後，F統計量值等於3.420，且顯著性爲0.034小於0.05，故顯著。因此，假設H_1成立。也就是說，消費者確實會因飲料的「糖分比例」不同，而對各飲料的喜愛程度產生了顯著性的差異。即，消費者對四種含糖飲料的喜愛程度，確實具有顯著差異。

2. 實務顯著性

在上述的變異數分析中，我們使用了F統計量，然後再從機率理論的觀點來進行檢定，而確認了因子（自變數）的統計顯著性（statistical significance）。然而，在這嚴謹的分析過程中，縱使因子效果具有顯著的統計意義，但是我們仍不免會質疑，在真實的世界中，這些因子效果在實務上是否仍具意義與價值。而這就屬於所謂實務顯著性（practical significance）的問題了。對於實務顯著性，文獻上常使用η^2（eta squared）、ω^2（omega squared）等指標加以評估。

➤ **η^2指標**

由表12-13的第八欄「η^2」中，得知自變數「糖分比例」的η^2為0.255（大於0.138），表示「糖分比例」解釋了依變數（喜愛程度）25.5%的變異量。依據Cohen（1988）的判斷標準（如表12-5）得知，「糖分比例」對「喜愛程度」的效果量相當高，意味著「糖分比例」對「喜愛程度」的解釋效果非常具有實務性的顯著意義。

➤ **ω^2指標**

由表12-13的第九欄「ω^2」中得知，自變數「糖分比例」的ω^2為0.106（介於0.059和0.138之間），表示「糖分比例」解釋了依變數（喜愛程度）10.6%的變異量。依據Cohen（1988）的判斷標準（如表12-5）得知，「糖分比例」與「喜愛程度」具中等效果量，意味著「糖分比例」對「喜愛程度」的解釋效果具有中等程度的實務顯著性。

3. 受試者間效果檢定表

受試者間效果檢定表，如表12-14所示。這是對獨立因子之效果的檢定報表。即樣本中，受訪者間的差異，其檢定數據只包含殘差之型III離均差平方和 = 9.727、自由度 = 10、均方和 = 0.973。由於此部分是受訪者間的差異所造成，在單因子重複量數變異數分析中並不是重點，因此在此僅了解其基本意義就夠了，但這些資料將來製作彙整表時會使用到。

表12-14　受試者間效果檢定表

個案	離均差平方和	自由度	離均差平方平均值	F	p值
Residuals	9.727	10	0.973		

（三）事後比較檢定

在「消費者對四種含糖飲料的喜愛程度，確實具有顯著差異」的情形下，我們可以再繼續進行事後比較檢定，以確認消費者對這四種糖分比例不同之飲料的喜愛程度高低。要進行事後比較檢定須使用到如表12-15的「Post Hoc Comparisons」表。

表12-15　Post Hoc Comparisons表

		平均數差異	標準誤	t	holm p值
無糖	微糖	0.364	0.262	1.386	0.528
	半糖	0.818	0.262	3.118	0.024*
	全糖	0.545	0.262	2.078	0.232
微糖	半糖	0.455	0.262	1.732	0.374
	全糖	0.182	0.262	0.693	0.614
半糖	全糖	-0.273	0.262	-1.039	0.614

註：*表$p<0.05$，達顯著。

表12-15中「平均數差異」欄位，即代表著事後比較（即對各飲料之喜愛程度來比較大小）之結果。該表之「平均數差異」欄位內的值，即代表著兩兩飲料之喜愛程度的平均差異值，該差異值若達顯著，則會在後方的「p值」右上方加上星號（*），代表兩飲料確實存在顯著差異。所以，表12-15中，「平均數差異」欄位後方的「p值」，如果沒有星號（*）的話，代表兩飲料的差異不顯著，即喜愛程度相等之意。因此，對於這些沒有星號（*）的平均差異值，可跳過不理。表12-15中，「平均數差異」欄位內的值，具顯著差異的狀況，彙整如下：

「無糖 – 半糖＝0.818」，平均差異值屬正且顯著，因此可推論「無糖＞半糖」。

故綜合上述的比較結果可知，消費者對飲料之喜愛程度，可確認的為「無糖＞半糖」。也就是說，消費者對無糖飲料的喜愛程度比半糖飲料高。然而，對於微糖飲料、全糖飲料的喜愛程度之差異性比較，則無較具體的比較資訊。因此，將不納入比較。

➤ **分析結果之總結的撰寫**

經由上述分析後，可以彙整各項檢定資料，製作成如表12-16的變異數分析摘要表，以方便研究者對分析內容做總結。

表12-16 變異數分析摘要表

變異來源	離差平方和 （SS）	自由度 （DF）	均方和 （MS）	F值／p值	η^2	ω^2	事後比較
受試者間							
水準間（受訪者間）	—	—	—				
殘差	9.727	10	0.973	3.420* p = 0.034	0.255	0.106	無糖 ＞ 半糖
受試者內							
水準間（糖分水準間）	3.886	2.765	1.406				
殘差	11.364	27.649	0.411				
全體	24.977						

註：*代表p<0.05，達顯著。

　　從表12-16的變異數分析摘要表得知，F值為3.420，顯著性為0.034小於0.05，故達顯著。因此假設H_1獲得支持，即「消費者對四種含糖飲料的喜愛程度，確實具有顯著差異。」再從事後比較亦可發現，消費者對無糖飲料的喜愛程度比半糖飲料高。

　　另外，檢定過程除具有統計之顯著性外，η^2值（0.255）、ω^2（0.106）皆屬中上程度之效果量，已超越一般學術界對效果量所要求之水準，意味著飲料之「糖分比例」對喜愛程度的解釋效果也具有實務性的顯著意義，且檢定過程中確實也能偵測到「糖分比例」因子對飲料之喜愛程度所產生的顯著效果。

習 題

 **練習12-1**

試對資料檔hw12-1.jasp，用獨立樣本 *t* 檢定做分析。並再使用one-way ANOVA方法進行分析，請讀者將這兩種輸出的結果做一比較，並指出它們的異同點、優缺點？

練習12-2

表12-17為某職業病防治院對31名石棉礦工中的石棉肺患者、可疑患者和非患者進行了用力肺活量（L）測定的資料，請問三組石棉礦工的用力肺活量有無顯著差異？若有顯著差異，請進行事後檢定，並評論結果？（請自行建檔，然後另存新檔為「hw12-2.jasp」）

表12-17　三組石棉礦工的用力肺活量

石棉肺患者	1.8	1.4	1.5	2.1	1.9	1.7	1.8	1.9	1.8	1.8	2.0
可疑患者	2.3	2.1	2.1	2.1	2.6	2.5	2.3	2.4	2.4		
非患者	2.9	3.2	2.7	2.8	2.7	3.0	3.4	3.0	3.4	3.3	3.5

練習12-3

參考附錄二中，論文〈遊客體驗、旅遊意象與重遊意願關係之研究〉的原始問卷，並開啟「hw12-3. jasp」，由於研究的需要，須將「年齡」欄位依下列規則，重新編碼成新變數「年齡層」。試檢定各「年齡層」的受訪者對於遊客體驗、旅遊意象與重遊意願等構面的看法是否具有顯著差異？請於表12-18的空格中填入F值（須以「*」號註明顯著與否）與事後比較結果。

30歲以下：改稱為青年，其數值代碼為1。

31～50歲：改稱為壯年，其數值代碼為2。

51歲以上：改稱為老年，其數值代碼為3。

表12-18　「年齡層」對各構面之差異性分析表──F值

遊客體驗（21題）		旅遊意象（15題）		重遊意願（5題）	
F值	事後比較	F值	事後比較	F值	事後比較

* p≦0.05, ** p≦0.01, *** p≦0.001

練習12-4

　　參考附錄二中，論文〈遊客體驗、旅遊意象與重遊意願關係之研究〉之原始問卷，並開啟hw12-4.jasp，試檢定下列項目，並於表12-19與表12-20的空格中填入 t 值或F值（註明顯著與否）與事後比較結果。

(1) 對遊客體驗構面之子構面（感官體驗、情感體驗、思考體驗、行動體驗與關聯體驗）的看法，是否因人口統計變數而產生差異？

(2) 對旅遊意象構面之子構面（產品、品質、服務與價格）的看法，是否因人口統計變數而產生差異？

表12-19　人口統計變數對遊客體驗之差異性分析表──t/F值

構面	性別	婚姻	年齡	職業	教育	月收入
感官體驗						
事後檢定						
情感體驗						
事後檢定						
思考體驗						
事後檢定						
行動體驗						
事後檢定						
關聯體驗						
事後檢定						

* p≦0.05, ** p≦0.01, *** p≦0.001

表12-20　人口統計變數對旅遊意象之差異性分析表──t/F值

構面	性別	婚姻	年齡	職業	教育	月收入
產品						
事後檢定						
品質						
事後檢定						
服務						
事後檢定						
價格						
事後檢定						

* $p \leqq 0.05$, ** $p \leqq 0.01$, *** $p \leqq 0.001$

 練習12-5

　　參考附錄二中,論文〈遊客體驗、旅遊意象與重遊意願關係之研究〉之原始問卷,並開啟hw12-5.jasp,試檢定30位遊客對遊客體驗之五個子構面(感官體驗、情感體驗、思考體驗、行動體驗與關聯體驗)的認知是否具有顯著差異?

 練習12-6

　　參考附錄二中,論文〈遊客體驗、旅遊意象與重遊意願關係之研究〉之原始問卷,並開啟hw12-6.jasp,試檢定30位遊客對旅遊意象之四個子構面(產品、品質、服務與價格)的認知是否具有顯著差異?

第 **13** 章
二因子變異數分析

　　在現實世界中，單個變數就能夠完全解釋某一現象的例子極少。例如：探討如何才能增加番茄的產量時，我們可能就需要考慮到植物的基因構造、土壤條件、陽光、溫度、溼度、施肥量等多種因素的作用。這些作用是複雜的，有時是因各獨立因素所引起，有時卻是因各因素之間的交互作用所引起的。但無論如何，這些作用都將引起番茄產量的變化。在這種需要考慮多個因素的作用中，所涉及的平均數差異檢定，就稱為多因子變異數分析。以上例而言，植物的基因構造、土壤條件、陽光、溫度、溼度、施肥量等因素常稱之為自變數（控制變數），而番茄的產量就稱為是依變數（觀測變數）。

　　在多因子變異數分析中，當所關注的議題只包含兩個自變數時，稱為二因子變異數分析（two-way ANOVA），包含三個自變數時，則稱為三因子變異數分析（three-way ANOVA）。不難想像，當因子數量越多，平均數之變異來源就越複雜，解析時也就越困難。因此，在一般專題、碩博士論文、期刊論文等學術研究中，三因子以上的變異數分析，因為複雜，分析困難度頗高。因此，研究者進行實驗設計時，就會盡量避開三因子以上的設計邏輯，而常採用二因子變異數分析。因此，本章中所講述的主要內容如下：

1. 二因子變異數分析的基本概念、類型與原理
2. 二因子變異數分析的檢定流程
3. 二因子完全獨立變異數分析
4. 二因子混合設計變異數分析
5. 二因子完全相依變異數分析

13-1　二因子變異數分析的基本概念

　　在認識二因子變異數分析之前，首先來看個例子，假設在臺灣常見的異國料理中，有印度、泰國和越南料理等三種。找來5位受試者，每位受試者均須先後品嚐這三種料理各一次，並評定分數，如表13-1。分數越高，表示料理被喜愛的程度越高。在這個例子中，如果我們想探討三種料理被喜愛的程度是否有顯著差異時，就得先研判該使用哪種統計方法。首先，依題意，由於是比較三種料理的喜愛程度平均值的差異性，所以應該是使用變異數分析。此時，異國料理會被視為一個因子，且其有三個水準，分別為印度、泰國和越南料理；而喜愛程度即是依變數。另外，由於每位受試者均須先後品嚐這三種料理各一次，所以異國料理因子屬於相依因子。而且，也由於不區分受試者，所以每個細格中，都有五個觀測值（喜愛程度的得分）。亦即，每種處理都具有「多次測量」的概念。故一般而言，要確認「三種料理被喜愛的程度是否有顯著差異」時，我們會使用「單因子相依樣本變異數分析」來進行檢定。

表13-1　異國料理的喜愛程度評定

異國料理		
印度	泰國	越南
80	75	65
75	65	80
65	85	85
60	75	70
85	65	75

　　然而，相同的例子，也許有讀者會認為該問題應該有兩個因子，即受試者和異國料理。受試者因子有五個水準（五個不同的受試者）。而異國料理因子應有三個水準（印度、泰國和越南料理），且每個評審均須先後品嚐三種料理各一次並評定喜愛程度。在這種情形下，每個細格內的資料點（喜愛程度的得分）應該都只有一個，如表13-2所示。

表13-2　二因子考量的交叉表

因子		異國料理		
		印度	泰國	越南
評審	A	80	75	65
	B	75	65	80
	C	65	85	85
	D	60	75	70
	E	85	65	75

　　在表13-2中，若考慮有兩個因子時，明顯的「多次測量」的概念似乎是不見了，這是因為原本的五個受試者在二因子的概念下，已經被視為「受試者」因子的五個水準了。故在灰色網底的每個細格（處理）中，都將只有一筆觀測資料。從二因子變異數分析的角度來看，「受試者」是獨立因子，而「異國料理」是相依因子，但每一種處理（受試者之水準和異國料理之水準的交叉組合，也就是細格）中，只有一個觀測資料。因此，表13-2並不存在「多次測量」的概念。明顯的，這樣的「二因子」概念似乎是太小題大作了。因為於問題的本質上，既然不考慮「受試者」的差異性，又沒有多次測量的話，那麼其實就可以更簡單化。那就是將「受試者」因子去掉，而只考慮一個因子，即「異國料理」因子。在這種情形下，就會變成，於「異國料理」因子的各水準中，進行了5次測量。所以，問題又回到所謂的「單因子相依樣本變異數分析」的領域了。也就是與表13-1的概念一致了。「單因子相依樣本變異數分析」已在第12-9節中，有所介紹。故這種型態的變異數分析，在本章中，將不再多加贅述。

　　從這個例子中，讀者應可理解單因子的各水準中所具有的多次測量特質，若把該多次測量的主體（受試者）視為因子（即考慮其各水準的差異性時），就會變成二因子的概念了，但是「多次測量」的概念卻也因此而「消失」了（因為每個受試者對每個料理只評定喜愛程度一次）。若反向思考，或許不是「消失」，而是二因子的設計，於本質上就蘊含著各種能處理「多次測量」的概念。而所「消失」的，只是對觀測值的重複取值罷了（同一細格中應有多個觀測值）！因此，表13-2若要真正的變成二因子變異數分析，實驗設計上就必須更改為，每位受試者在每種異國料理的水準上，至少要品嚐2次以上，並分別予以評定喜愛程度。這樣多增加一個因子的設計才有實質的意義，否則就沒必要去考慮受試者間的差異性，而維持單因子就好。

此外，在進行二因子變異數分析的過程中，依實驗的方式可分為無重複測量與重複測量兩種。這裡所謂的重複測量並不是指「每個處理細格中都具有複數個觀測值」之意，而是指同一組（組內包含2人以上）受試者（subjects）重複經歷、參與了某一因子（factor）內所有水準（level）的實驗處理。也因為「同一組受試者」的存在，那麼就自然而然的代表著「每個細格（處理）中都具有複數個觀測值」了。若某因子被設計成無重複測量，那麼該因子就屬於獨立因子。反之，若某因子被設計成重複測量，則該因子就屬相依因子。在此情形下，重複測量實驗所得到的數據已違反了一般變異數分析的樣本資料之獨立性要求，所以需要運用一些新的統計檢定方法，例如：利用重複測量變異數分析來解決問題。

想當然，二因子變異數分析的問題是相當複雜的，但若能於分析前釐清問題的類型，再運用適當的分析方法，那麼當可迎刃而解，不用太過於擔心。根據前述，「重複測量」的意涵，二因子變異數分析的設計上，大致上，可分為以下三種類型：

一、二因子完全獨立變異數分析：細格中從受試者取得的觀測值為複數個，且各細格中的受試者皆不同（兩因子皆獨立）。

二、二因子完全相依變異數分析：細格中從受試者取得的觀測值為複數個，且每一細格中的受試者皆相同（兩因子皆相依）。

三、二因子混合設計變異數分析：細格中從受試者取得的觀測值為複數個，且同一組受試者只在某因子的每一水準中接受實驗處理（相依），而另一因子則在各水準中，受試者皆不同（獨立）。

13-2　二因子變異數分析的類型

在此我們將使用一個簡單的例子，來解說二因子變異數分析的基本類型。屏科連鎖咖啡店欲測試新研發產品（麝香貓咖啡）之價格的市場接受度（以杯數計）。於是，在各分店中進行為期一天的實驗，每杯麝香貓咖啡以30、40和50元等三種價格水準（因子1）與200和500毫升等兩種容量水準（因子2）的方式，取得每種處理皆為3次的重複性實驗資料，而得到實驗數據的雙向表（double entry table），如表13-3。表13-3是個2列×3行的交叉表，「容量」因子置於列（row），而「售價」這個因子則置於行（column）。各種處理下進行3次實驗後，所得的「市場接受度」評分則記錄於表中每一細格內（灰色網底部分），2×3所以共有六個細格，也就是有六種處理。表13-3中每個細格雖有三個觀測值，但在此，並未明確說明這些觀測值的取

得方式或來源，這些觀測值的取得方式或來源將是決定二因子變異數分析之類型的關鍵因素。

表13-3　2×3二因子變異數分析範例

因子		售價（B）			合計
		30元（b1）	40元（b2）	50元（b3）	行平均數
容量（A）	200毫升（a1）	80 95 85	75 80 82	70 60 68	77.22（A1）
		86.67（a1b1）	79（a1b2）	66（a1b3）	
	500毫升（a2）	80 85 80	85 90 85	85 80 70	82.22（A2）
		81.67（a2b1）	86.67（a2b2）	78.33（a2b3）	
合計	列平均數	84.17（B1）	82.83（B2）	72.17（B3）	79.72

13-2-1　二因子完全獨立變異數分析

　　若屏科連鎖咖啡店有18家分店，將隨機平均分配到六個不同的處理細格（組別）中，這些處理分別為容量200毫升賣30、40、50元的三種處理與容量500毫升賣30、40、50元的三種處理。此外，每種處理中所包含的分店也是隨機抽樣而得，每種處理包含3家分店。因此，在每個細格中最終都將會得到三個觀測值（來自於3家分店的市場接受度），如表13-3。在這種實驗設計下，明顯的，每個細格內都有複數個觀測值（三個），且各細格中的受試者（分店）皆不同。因此，每一橫列的受試者不同、每一直行的受試者也不同。所以，「容量（A）」（橫列）是獨立因子、「售價（B）」（直行）也是獨立因子。因此，若要探討各細格（即各種處理）的接受度平均值是否有顯著差異時，這就是一個典型的「二因子完全獨立變異數分析」。

　　二因子完全獨立變異數分析於建立資料檔時，須將兩個獨立因子（容量、售價，屬自變數）、依變數（市場接受度）各建一個欄位，所以共須建立三個欄位（即，建立三個變數）。其中自變數（容量、售價）的水準值則須於匯入資料檔案後，於JASP中進行設定。此外，於輸入資料時，則可參照表13-3之每個細格中的數據，由左至右、由上而下，依序輸入資料。建檔完成後，資料檔的外觀，如圖13-1所示。

▼	🍀 容量	🍀 售價	📏 市場接受度	
1	200毫升	30元	80	a1b1細格
2	200毫升	30元	95	
3	200毫升	30元	85	
4	200毫升	40元	75	a1b2細格
5	200毫升	40元	80	
6	200毫升	40元	82	
7	200毫升	50元	70	a1b3細格
8	200毫升	50元	60	
9	200毫升	50元	68	
10	500毫升	30元	80	a2b1細格
11	500毫升	30元	85	
12	500毫升	30元	80	
13	500毫升	40元	85	a2b2細格
14	500毫升	40元	90	
15	500毫升	40元	85	
16	500毫升	50元	85	a2b3細格
17	500毫升	50元	80	
18	500毫升	50元	70	

圖13-1　二因子完全獨立變異數分析的資料格式

13-2-2　二因子完全相依變異數分析

　　若從屏科連鎖咖啡店中僅「隨機選出3家分店」，然後這3家分店，於同一天的不同時段中，分別販售六種不同銷售情境（容量、售價各水準的交叉組合，即處理之意）的麝香貓咖啡，這些銷售情境共有六種，即容量200毫升賣30、40、50元的三種與容量500毫升賣30、40、50元的三種。因此，每一細格中會有複數個（三個）觀測值（來自於3家分店的市場接受度，即杯數），如表13-3。在這種實驗設計下，明顯的，每個細格內也都會有複數個（三個）觀測值，而且各細格中的受試者（分店）皆相同，因此，每一橫列的受試者相同、每一直行的受試者也相同。所以，「容量（A）」（橫列）是相依因子、「售價（B）」（直行）也是相依因子。因此，若要探討各細格的接受度平均值是否有顯著差異時，這就是一個典型的「二因子完全相依變異數分析」。

　　二因子完全相依變異數分析於建立資料檔時，會比較複雜。須將每一種處理（銷售情境）各建一個欄位，處理共六種，分別為200毫升30元（a1b1）、200毫升40元（a1b2）、200毫升50元（a1b3）、500毫升30元（a2b1）、500毫升40元（a2b2）與500毫升50元（a2b3），故共須建六個欄位。至於，市場接受度的輸入方式，則可參照表13-3細格中的資料，直接輸入於其所對應之處理的欄位下即可，資料檔格式與外觀，如圖13-2。

▼	a1b1	a1b2	a1b3	a2b1	a2b2	a2b3
1	80	75	70	80	85	85
2	95	80	60	85	90	80
3	85	82	68	80	85	70

各細格內的觀測值

圖13-2　二因子完全相依變異數分析的資料格式

13-2-3　二因子混合設計變異數分析

　　若從屏科連鎖咖啡店中「隨機選出6家分店」，然後又隨機分配成「兩組」，每組3家分店。第一組的分店將只販售容量200毫升的麝香貓咖啡，且於同一天的不同時段中，麝香貓咖啡分別以售價30、40、50元的方式販售，並蒐集顧客的接受度（杯數）。而第二組的分店將只販售容量500毫升的麝香貓咖啡，且於同一天的不同時段中，分別以售價30、40、50元的方式販售，並蒐集顧客的接受度（杯數）。所得的觀測值（杯數），如表13-3。在這種實驗設計下，明顯的，每個細格內也都會有複數個（三個）觀測值。然而，因為同一組的分店皆販售了三種不同的價格，因此「售價」因子是相依的，而「容量」因子則是獨立的（不同組販售不同的容量）。這種一個因子為相依設計，另一個為獨立設計的二因子變異數分析，就稱為「二因子混合設計變異數分析」。

　　於建立資料檔時，獨立因子與相依因子的欄位設定的方式並不相同，獨立因子可設定成一個欄位即可；而相依因子則每一水準即須設定成一個欄位。輸入觀測值時，市場接受度則可參照表13-3細格中的觀測值，而直接輸入於其所對應的相依因子之各水準名稱的欄位下，資料檔格式與外觀，如圖13-3。

♣ 容量	賣30元	賣40元	賣50元	
1	200毫升	80	75	70
2	200毫升	95	80	60
3	200毫升	85	82	68
4	500毫升	80	85	85
5	500毫升	85	90	80
6	500毫升	80	85	70

容量200毫升（對應第1~3列）
容量500毫升（對應第4~6列）

圖13-3　二因子混合設計變異數分析的資料格式

13-3　二因子變異數分析的效果類型

變異數分析的主要目的，在探討哪些因素具有造成依變數之觀測值顯著變動的效果（effect）。在二因子變異數分析中最主要的效果有兩種，一為主要效果（main effect），另一為交互作用效果（interaction effect）。所謂主要效果是指因子（自變數）本身的變化對觀測值（依變數）所造成的影響，該現象會反應在因子各水準之平均數差異上。而交互作用效果則意指兩因子（自變數）的互動關係對觀測值（依變數）所造成的影響，該現象會反應在某因子對觀測值（依變數）的影響效果，但這個影響效果卻也會受到另一因子的水準值所干擾。

以表13-3的數據資料為例，表中除了灰色網底的十八個觀測值數據外，還包含三類的平均數，分別為容量（A）因子的200毫升與500毫升的「行平均數」（A1、A2）、售價（B）因子的30元、40元、50元的「列平均數」（B1、B2、B3）與容量及售價交互作用下的a1b1、a1b2、a1b3、a2b1、a2b2、a2b3等六個「細格平均數」。行平均數（A1與A2）的差異，即為容量（A）因子的主要效果；列平均數（B1、B2、B3）的差異，則為售價（B）因子的主要效果。而細格之平均數差異，則稱為交互作用效果。

在二因子變異數分析中，若交互作用的效果不顯著，那麼討論行、列因子個別的主要效果才有意義。而若交互作用存在，那麼討論行、列因子的主要效果之意義就不高，反而須進一步討論的是：單純主要效果（simple main effect），這樣才能更深入的了解交互作用的效果狀況。所謂單純主要效果是指：在二因子實驗設計中，A因子在B因子的某一水準下之效果（或是B因子在A因子的某一水準下之效果）。例如：

就200毫升而言，討論30元、40元、50元的平均數（即a1b1、a1b2、a1b3）之差異情形，或是就40元而言，討論200毫升與500毫升的平均數（a1b2、a2b2）之差異情形等，都是「單純主要效果」的檢定內容。而如果是「主要效果」，那就不用管另一因子的存在了，而只須看整體的行平均數A1與A2，或是整體的列平均數B1、B2、B3之差異情形就可以了。

13-4　二因子變異數分析的基本原理

由第13-3節的介紹，不難理解，在二因子變異數分析中的所有檢定工作，主要是由兩部分所構成的，即各因子的主要效果檢定與交互作用效果檢定，若交互作用效果檢定顯著，則須更深入的進行單純主要效果檢定（含事後比較）。

以表13-3的二因子變異數分析為例，主要檢定項目有：「容量」因子的主要效果檢定、「售價」因子的主要效果檢定與「容量×售價」的交互作用效果檢定。

（一）「容量」因子的主要效果檢定

「容量」因子的主要效果檢定中，所檢定的內容是：不同容量的麝香貓咖啡，其市場接受度是否有顯著的差異？因此，將檢驗「容量」因子的行平均數間（A1與A2）的差異是否達到顯著？其虛無假設如下：

H_0：不同容量的麝香貓咖啡，其市場接受度沒有顯著的差異。

（二）「售價」因子的主要效果檢定

「售價」因子的主要效果檢定中，所檢定的內容是：不同價格的麝香貓咖啡，其市場接受度是否有顯著的差異？因此，將檢驗「售價」因子的列平均數間（B1、B2、B3）的差異是否達到顯著？其虛無假設如下：

H_0：不同價格的麝香貓咖啡，其市場接受度沒有顯著的差異。

（三）「容量×售價」的交互作用效果檢定

交互作用效果的檢定中，所檢定的內容是：在各種不同「容量」的水準下，不同售價的麝香貓咖啡，其市場接受度是否有顯著的差異？或者是，在各種不同「售

價」的水準下，不同容量的麝香貓咖啡，其市場接受度是否有顯著的差異？因此，交互作用項的效果就是要去檢驗表13-3中灰色網底之各細格平均數間（即a1b1、a1b2、a1b3、a2b1、a2b2、a2b3）的差異是否達到顯著？其虛無假設如下：

H_0：不同售價與容量組合處理下，其市場接受度沒有顯著的差異。

由上述不難理解，在一個具有A因子（p個水準）與B因子（q個水準）的p×q二因子變異數分析中，其總變異（SS_{Total}）應可拆解成四大區塊：A因子的變異、B因子的變異、AB交互作用項的變異與殘差變異。A因子變異的內涵為A因子各水準在觀測值（依變數）之平均數的變異情形，可透過A因子組間離差平方和（SS_A）計算出來；B因子變異則是B因子各水準在觀測值（依變數）之平均數的變異情形，亦可透過計算B因子的組間離差平方和（SS_B）而得。而細格間離差平方和（SS_{AB}）則可用以反應交互作用項的效果強度。上述的三項離差平方和（SS）都和二因子對各細格平均數的作用有關，故都可視為「組間」離差平方和。最後，各細格內（組內）的變異情形也需加以描述，基本上這些變異是隨機誤差所造成的結果，各細格內之隨機誤差的離差平方和可加總而得出組內離差平方和（SS_W），故組內離差平方和（SS_W）即為誤差項的變異。故上述各項變異的關係可描述如下：

$$SS_{Total} = SS_A + SS_B + SS_{AB} + SS_W \qquad (式13-1)$$

各變異所相應的自由度，亦有類似加總的關係：

$$df_{Total} = df_A + df_B + df_{AB} + df_W \qquad (式13-2)$$
$$(N-1) = (p-1) + (q-1) + (p-1)(q-1) + pq(n-1) \qquad (式13-3)$$

n為細格中觀測值個數，以表13-3而言，n = 3。
N為總觀測值個數（總樣本數），以表13-3而言，N = 18。

SS_A、SS_B、SS_{AB}等三個與自變數效果有關的組間離差平方和除以其各自相對應的自由度後，可得到三個組間均方和（MS_A、MS_B、MS_{AB}），這些組間均方和再除以殘差項的均方和（MS_W），就可得到F統計量並據以進行F檢定。上述這些有關於二因子變異數分析之變異量的拆解，可使用表13-4的「二因子變異數分析摘要表」來予以彙整。這個表也是利用JASP執行二因子變異數分析後，分析時所需要彙整的報表。根據表13-4的「二因子變異數分析摘要表」就可據以檢定各項虛無假設之成立與否了。然讀者需要注意的是，表13-4只是一個基礎表格，將來實際運用時，可拆解的

「變異來源」會因二因子變異數分析的類型而有所變化（如圖13-8、圖13-12、圖13-14）。這些變化狀況相當複雜，但若能依圖13-4的方式來拆解「變異來源」，那麼將更容易掌握二因子變異數分析的精髓。圖13-4的詳細說明，待後續章節中再予以說明。

表13-4　二因子變異數分析摘要表

變異來源		SS	df	MS	F
組間					
	A	SS_A	p-1	$MS_A = SS_A / (p-1)$	MS_A / MS_W
	B	SS_B	q-1	$MS_B = SS_B / (q-1)$	MS_B / MS_W
	AB	SS_{AB}	(p-1)(q-1)	$MS_{AB} = SS_{AB} / (p-1)(q-1)$	MS_{AB} / MS_W
組內					
	誤差	SS_W	pq(n-1)或N-pq	$MS_W = SS_W / pq(n-1)$	
全體		SS_{Total}	N-1		

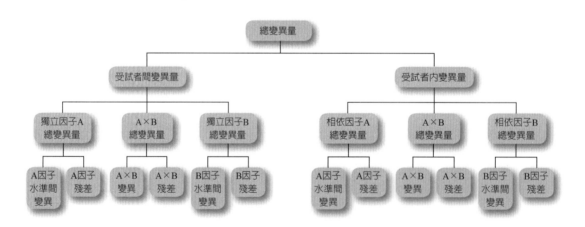

圖13-4　二因子變異數分析的變異拆解

13-5　二因子變異數分析的檢定流程

在二因子變異數分析中，最重要的分析就是「交互作用」效果的分析了。一旦交互作用效果顯著，就不須對行、列因子的主要效果進行解析。因為顯著的交互作用效果就代表著行因子的主要效果或列因子的主要效果，會因另一因子的不同水準而有所不同。所以在此情境下，單獨的再去個別討論行、列因子的主要效果，實在是沒有意義。但是既然交互作用效果顯著了，就代表各細格平均數間的差異顯著，那麼就須更進一步的進行「單純主要效果」檢定，以確認細格平均數間之差異狀況。

以表13-3的二因子變異數分析為例，列因子（A因子）、行因子（B因子）之單純主要效果檢定的內容為：

（一）A因子（容量）的單純主要效果檢定

1. 限定B因子為b1水準（售價30元）時：比較不同容量之麝香貓咖啡的市場接受度。

　虛無假設：當售價為30元時，不同容量之麝香貓咖啡的市場接受度平均值並無顯著
　　　　　　差異。

　　H_0：$\mu_{a1b1} = \mu_{a2b1}$

2. 限定B因子為b2水準（售價40元）時：比較不同容量之麝香貓咖啡的市場接受度。

　虛無假設：當售價為40元時，不同容量之麝香貓咖啡的市場接受度平均值並無顯著
　　　　　　差異。

　　H_0：$\mu_{a1b2} = \mu_{a2b2}$

3. 限定B因子為b3水準（售價50元）時：比較不同容量之麝香貓咖啡的市場接受度。

　虛無假設：當售價為50元時，不同容量之麝香貓咖啡的市場接受度平均值並無顯著
　　　　　　差異。

　　H_0：$\mu_{a1b3} = \mu_{a2b3}$

（二）B因子（售價）的單純主要效果檢定

1. 限定A因子為a1水準（容量200毫升）時：比較不同售價之麝香貓咖啡的市場接受度。

虛無假設：當容量為200毫升時，不同售價之麝香貓咖啡的市場接受度平均值並無
顯著差異。

$H_0 : \mu_{a1b1} = \mu_{a1b2} = \mu_{a1b3}$

2. 限定A因子為a2水準（容量500毫升）時：比較不同售價之麝香貓咖啡的市場接受
度。

虛無假設：當容量為500毫升時，不同售價之麝香貓咖啡的市場接受度平均值並無
顯著差異。

$H_0 : \mu_{a2b1} = \mu_{a2b2} = \mu_{a2b3}$

整合第13-4與13-5小節的說明，進行二因子變異數分析時，各種假設檢定之流
程，可參考圖13-5。

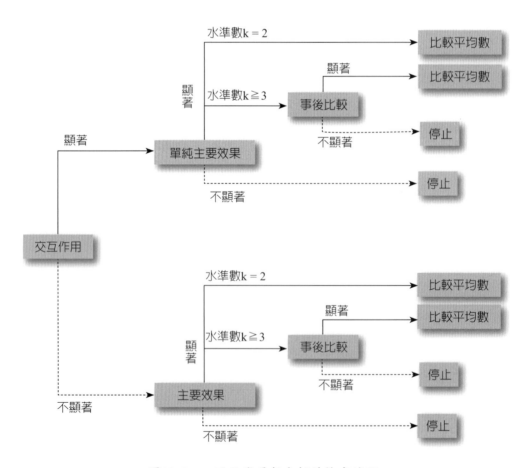

圖13-5　二因子變異數分析的檢定流程

　　圖13-5說明了，在二因子變異數分析中，最重要的檢定工作為「交互作用」效果的檢定。如果「交互作用」效果顯著時，為了能探索各因子之各水準的交互作用對觀測值（依變數）的影響效果是否顯著與比較影響效果的大小時，則必須再進行「單純主要效果檢定」。在此情形下，若單純主要效果為顯著的話，則須進而進行事後比較，以比較各因子之各水準的交互作用之影響效果大小。當然於進行單純主要效果並比較人小的過程中，檢定方法的選擇將依據因子的特質與水準數而決定。例如：若屬獨立因子，且水準數大於等於3時，則須在固定另一因子之各水準下，使用單因子變異數分析來進行效果的檢定與比較大小，否則若水準數等於2時，那就使用獨立樣本 t 檢定就可以了；而若屬相依因子，且水準數大於等於3時，則亦須在固定另一因子之各水準下，使用單因子相依樣本變異數分析，否則若水準數等於2時，那麼就須使用成對樣本 t 檢定。

　　而當「交互作用」效果不顯著時，則須探索各個因子的主要效果是否顯著。如果顯著，則須再進行因子各水準間的影響效果比較（即事後比較）。檢定因子主要效果與進行事後比較時，檢定方法的選擇也將依據因子的特質與水準數而決定。例如：若屬獨立因子，且水準數大於等於3時，則須使用單因子變異數分析來進行效果的檢定與比較大小，否則若水準數等於2時，那就使用獨立樣本 t 檢定就可以了；而若屬相依因子，且水準數大於等於3時，則須使用單因子相依樣本變異數分析，否則若水準數等於2時，那麼就須使用成對樣本 t 檢定。

13-6　二因子完全獨立變異數分析（交互作用顯著）的範例

▶ 範例13-1

為提升國中生的團隊凝聚力，某校長引進一套體驗教育課程。為了了解體驗教育課程的效果，乃從國一、國二與國三學生中各抽取18名學生，每個年級的18名學生中，參與及不參與體驗教育課程的學生各9名，於課程結束後，所有樣本（54名學生）均須填寫「團隊凝聚力」量表。量表得分越高，表示學生的團隊凝聚力越強。所得數據如表13-5。試問：「體驗教育課程」與「學生年級」的交互作用是否對學生的「團隊凝聚力」有顯著的影響效果？

表13-5　「團隊凝聚力」的數據

因子		學生年級（B）								
		國一			國二			國三		
體驗教育課程（A）	不參與	22	31	35	35	37	51	46	53	51
		26	31	29	42	44	33	44	51	55
		33	24	29	42	40	46	46	57	48
	參與	33	40	48	40	53	42	46	42	44
		40	46	37	48	46	44	51	53	53
		40	35	35	44	48	51	48	55	44

　　首先，判斷本範例之變異數分析的類型。由題意與表13-5顯見，依變數為「團隊凝聚力」，自變數有兩個，分別為「體驗教育課程（A）」（有兩個水準）與「學生年級（B）」（有三個水準）。由於各年級的學生被分成兩組（各9人），分別不參與及參與體驗教育課程的實驗，故表13-5之細格中，每個細格將有九個觀測值，且各細格中的受試者皆不同。因此，「體驗教育課程（A）」與「學生年級（B）」本質上應皆屬獨立因子，故本範例的檢定類型，應屬2×3（2列3行）的二因子完全獨立變異數分析。

　　實驗性資料的資料量通常較少，所以自行動手輸入的話，負荷應該也不重。二因子完全獨立變異數分析於建立資料檔時，須將兩個獨立因子（體驗教育課程、學生年級）、依變數（團隊凝聚力）各建一個欄位，所以共須三個欄位（三個變數），然後再參照表13-5之細格中的數據，由左至右、由上而下，依序輸入資料，輸入完成後，資料檔格式與外觀，如圖13-6。輸入完成的檔案，請存檔為「ex13-1.jasp」。當然，建檔及資料輸入工作，皆須在Excel軟體或SPSS軟體中進行，完成建檔並轉成CSV格式檔之後，再匯入到JASP中即可。

▼	🔒體驗教育課程	👥學生年級	📏團隊凝聚力
1	不參與	國一	22
2	不參與	國一	26
3	不參與	國一	33
4	不參與	國一	31
5	不參與	國一	31
6	不參與	國一	24
7	不參與	國一	35
8	不參與	國一	29
9	不參與	國一	29
10	不參與	國二	35
11	不參與	國二	42
12	不參與	國二	42
13	不參與	國二	37
14	不參與	國二	44
15	不參與	國二	40
16	不參與	國二	51
17	不參與	國二	33
18	不參與	國二	46
19	不參與	國三	46
20	不參與	國三	44
21	不參與	國三	46
22	不參與	國三	53
23	不參與	國三	51
24	不參與	國三	57
25	不參與	國三	51
26	不參與	國三	55
27	不參與	國三	48

▼	🔒體驗教育課程	👥學生年級	📏團隊凝聚力
28	參與	國一	33
29	參與	國一	40
30	參與	國一	40
31	參與	國一	40
32	參與	國一	46
33	參與	國一	35
34	參與	國一	48
35	參與	國一	37
36	參與	國一	35
37	參與	國二	40
38	參與	國二	48
39	參與	國二	44
40	參與	國二	53
41	參與	國二	46
42	參與	國二	48
43	參與	國二	42
44	參與	國二	44
45	參與	國二	51
46	參與	國二	46
47	參與	國二	51
48	參與	國二	48
49	參與	國二	42
50	參與	國二	53
51	參與	國三	55
52	參與	國三	44
53	參與	國三	53
54	參與	國三	44

圖13-6　二因子完全獨立變異數分析的資料格式

　　建檔完成後，就可開始進行二因子完全獨立變異數分析了。首先，讀者必先具備的認知是必須依照圖13-5的流程圖來完成整個分析過程。因此，完整的二因子變異數分析過程將分為兩個階段，第一階段為整體檢定，第二階段為主要效果檢定之事後比較或單純主要效果檢定。在第一階段的整體檢定中，將進行二因子變異數分析，主要在檢定交互作用效果與兩個獨立因子（體驗教育課程、學生年級）之主要效果是否顯著。如果交互作用效果顯著，則須再進行第二階段的單純主要效果檢定（本節範例13-1的主要內容）；而如果交互作用效果不顯著（下一小節範例13-2將介紹），則必

須先依據兩個獨立因子（體驗教育課程、學生年級）之主要效果的檢定結果，再判斷是否須進行第二階段的事後比較。在此將系統性的分階段說明完整的檢定過程。

13-6-1　整體檢定

首先，我們先來進行第一階段的整體檢定，檢定前須先設定假設。在整體檢定的過程中，將設定交互作用項的效果、兩個因子各自的主要效果等三個假設（在此將使用對立假設），分別描述如下：

H_{AB}：在體驗教育課程與學生年級的交互作用下，學生的團隊凝聚力會具有顯著的差異。

H_A：體驗教育課程的介入，會顯著影響學生的團隊凝聚力。

H_B：不同年級的學生，其團隊凝聚力會具有顯著的差異。

操作 步驟

具備上述的認知後，就可開始在JASP中設定、執行二因子完全獨立變異數分析了。詳細操作過程，請讀者可自行參閱教學影音檔「ex13-1.mp4」。

▶ 報表解說

雖然是二因子完全獨立變異數分析，但是在JASP中，如同單因子變異數分析，只要執行「變異數分析」功能就可以了。執行後，在整體檢定階段中，首先檢測前提假設（殘差常態性與變異數同質性），然後再根據「變異數分析表」來檢定H_{AB}、H_A與H_B等三個假設是否可獲得支持，就可以完成檢定程序了。

（一）殘差常態性與變異數同質性檢定

和單因子變異數分析相同，二因子完全獨立變異數分析的前提假設有二，分別為殘差常態性與變異數同質性檢定。首先進行常態性假設的檢驗，在此，JASP並無提供常態性的檢定工具，只能利用常態Q-Q圖觀察殘差的常態性，如圖13-7。由圖13-7的常態Q-Q圖可發現，除少數幾個樣本點較偏離對角線外，其他樣本點幾乎全都落在對角線上或附近，因此，可認為殘差是具常態性的。

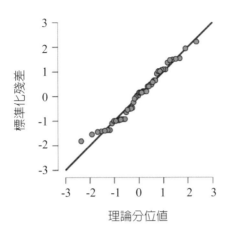

圖13-7　常態Q-Q圖

　　其次，檢驗變異數同質性，表13-6為變異數同質性檢定之結果，由表13-6可知，Levene檢定的F值為0.231，其顯著性（p值）為0.947大於0.05，不顯著。因此，不能拒絕「變異數具有同質性」的假設。

表13-6　（Levene）變異數同質性檢定表

F	自由度1	自由度2	p值
0.231	5.000	48.000	0.947

（二）檢定結果

　　由於變異數具有同質性，因此不用進行同質性校正，可以直接由表13-7的變異數分析表來進行檢定。

表13-7　變異數分析表

個案	離均差平方和	自由度	離均差平方平均值	F	p值	η_p^2
體驗教育課程	289.352	1	289.352	12.903	<.001	0.212
學生年級	2116.926	2	1058.463	47.198	<.001	0.663
體驗教育課程*學生年級	331.593	2	165.796	7.393	0.002	0.235
Residuals	1076.444	48	22.426			

由表13-7的變異數分析表可發現，兩個主要效果（體驗教育課程與學生年級）的顯著性皆小於0.001，故均達顯著。而交互作用項（體驗教育課程×學生年級）的顯著性為0.002，小於顯著水準0.05，亦達顯著。由於交互作用效果顯著，故兩獨立因子的主要效果並無分析價值。因而第二階段將進行「單純主要效果檢定」，以確認在何種情境組合下，才能有效的提高學生的團隊凝聚力。

（三）總變異的拆解

執行二因子完全獨立變異數分析之整體檢定的主要目的，在於檢驗第13-6-1節中的三項假設。本範例經變異數分析後，所產生的報表相當長。所幸JASP的功能強大，可以直接輸出APA格式的檢定表（如表13-7）。表13-7中「個案」欄位所代表的意義，其實就是二因子完全獨立變異數分析中的各種變異來源。至於總變異如何拆解出各種變異來源，可參考圖13-8。

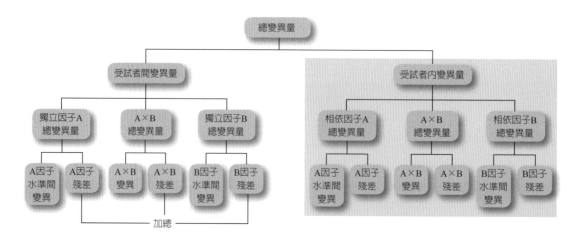

圖13-8　二因子完全獨立變異數分析的變異拆解

由於本範例屬二因子完全獨立變異數分析，故因子中並不存在相依因子（即受試者內因子）。所以圖13-8右半邊（灰色網底）有關受試者內之變異來源，可以忽略不看。而由圖13-8左半邊的受試者間變異來源，可發現總共有六個變異來源。但因為各因子是完全獨立的狀況，所以可對三個殘差來源進行加總。故整合後，變異來源總共有四個，即A因子水準間的變異（體驗教育課程的主要效果）、B因子水準間的變異（學生年級的主要效果）、A×B的變異（體驗教育課程×學生年級所構成之交互作用項的效果）與殘差（residuals）。由此，就可確立表13-7中的四種變異來源了。

（四）整體檢定之總結

最後。整體檢定之總結如下：

由表13-7得知，交互作用項效果達顯著（F值7.393、顯著性0.002，小於0.05）。因此，H_{AB}獲得支持。即認為「在體驗教育課程與學生年級的交互作用下，學生的團隊凝聚力會具有顯著的差異。」此外，交互作用項的淨η^2（η_p^2）為0.235，表示排除「體驗教育課程」、「學生年級」對團隊凝聚力之個別影響後，交互作用項「體驗教育課程×學生年級」可以解釋團隊凝聚力23.5%的變異量。雖然，「體驗教育課程」、「學生年級」等兩個主要效果（F值分別為12.903、47.198）亦達顯著，但由於交互作用效果顯著，故兩獨立因子的主要效果並無分析價值。因而後續將進行第二階段的「單純主要效果檢定」，以確認在何種情境組合下，才能有效的提高學生的團隊凝聚力。

13-6-2 單純主要效果的檢定

由於「體驗教育課程」與「學生年級」之交互作用項的效果顯著，表示學生參不參與體驗教育課程會因其年級的不同而有不同的團隊凝聚力，或不同年級的學生會因參不參與體驗教育課程而有不同的團隊凝聚力。為明確的釐清到底是在何種情境組合下，才能有效的提高學生的團隊凝聚力，故後續將進行單純主要效果檢定。在此，所謂某因子的單純主要效果檢定就是在檢定「控制另一因子的各個水準之下，觀察該某因子之各水準的觀測值平均數間，是否具有顯著的差異」的意思。因此，單純主要效果檢定的假設（對立）如下：

（一）體驗教育課程（A）因子的單純主要效果檢定

這個檢定將先固定另一因子「學生年級」的各個水準後，再來針對「不參與」及「參與」體驗教育課程等兩種水準情況下的團隊凝聚力，進行差異性比較，故假設（對立）如下：

1. 限定「學生年級」為「國一」時，比較學生不參與、參與體驗教育課程後的團隊凝聚力。

   H_{A1}：國一學生不參與、參與體驗教育課程，其團隊凝聚力的平均值會產生顯著差異。

2. 限定「學生年級」為「國二」時，比較學生不參與、參與體驗教育課程後的團隊凝聚力。

H$_{A2}$：國二學生不參與、參與體驗教育課程，其團隊凝聚力的平均值會產生顯著差異。

3. 限定「學生年級」為「國三」時，比較學生不參與、參與體驗教育課程後的團隊凝聚力。

H$_{A3}$：國三學生不參與、參與體驗教育課程，其團隊凝聚力的平均值會產生顯著差異。

（二）學生年級因子（B）的單純主要效果檢定

這個檢定將先固定另一因子「體驗教育課程」的各個水準後，再來針對各年級學生的團隊凝聚力，進行差異性比較，故假設（對立）如下：

1. 限定「不參與」體驗教育課程時，比較不同年級之學生的團隊凝聚力。

H$_{B1}$：當不參與體驗教育課程時，不同年級學生的團隊凝聚力平均值會產生顯著差異。

2. 限定「參與」體驗教育課程時，比較不同年級學生的團隊凝聚力。

H$_{B2}$：當參與體驗教育課程時，不同年級學生的團隊凝聚力平均值會產生顯著差異。

釐清上述之假設的意義後，只要依檢定內容所需，就可進行各種情況下的單純主要效果檢定了。

操作步驟

基本上，單純主要效果檢定的操作過程，都已經包含在執行「變異數分析」的過程中了，不必額外進行其他操作。單純主要效果檢定在JASP中，將會被翻譯成「簡單主要效果」，請讀者稍加注意。詳細操作步驟，讀者可參閱教學影音檔「ex13-1.mp4」。

▶ **報表解說**

（一）檢定結果

1. 體驗教育課程（A）因子的單純主要效果檢定

　　進行「體驗教育課程」的單純主要效果（即簡單主要效果）檢定之基本概念是：必須先控制「學生年級」的各水準，然後再來比較「不參與」及「參與」體驗教育課程的學生間，其團隊凝聚力平均值有無顯著差異？也就是檢驗H_{A1}、H_{A2}、H_{A3}。因此，在JASP中設定單純主要效果（在JASP中翻譯為簡單主要效果）時，應將「體驗教育課程」設定為「簡單效果因子」，而「學生年級」設定為「調節因子1」。體驗教育課程（A）因子的單純主要效果檢定表，如表13-8的「體驗教育課程的簡單主要效果」檢定表。

表13-8　「體驗教育課程的簡單主要效果」檢定表

學生年級水準	離均差平方和	自由度	離均差平方平均值	F	p值
國一（b1）	490.889	1	490.889	21.889	<.001
國二（b2）	117.556	1	117.556	5.242	0.026
國三（b3）	12.500	1	12.500	0.557	0.459

　　表13-8的「體驗教育課程的簡單主要效果」檢定表，最主要的功能就是在檢驗假設H_{A1}、H_{A2}、H_{A3}。但在此讀者需注意的是，由於將連續進行5次的單純主要效果檢定（H_{A1}、H_{A2}、H_{A3}、H_{B1}、H_{B2}），為避免型 I 錯誤率（α值）膨脹，因此顯著水準應採用族系錯誤率（原始顯著水準／檢定次數）以避免誤差擴大，故修正後的顯著水準應為0.01（0.05/5）。由表13-8的數據可發現，就國一而言，「不參與」及「參與」體驗教育課程，學生的團隊凝聚力具有顯著的差異（F = 21.889，顯著性小於0.001，故H_{A1}獲得支持）。而對國二、國三的學生而言，「不參與」及「參與」體驗教育課程的學生間，其團隊凝聚力並無顯著差異（採用族系錯誤率時，顯著性分別為0.026與0.459，皆大於0.01，皆不顯著，故H_{A2}、H_{A3}未獲得支持）。由於只有H_{A1}顯著，未來有必要進行事後檢定，以了解國一學生不參與、參與體驗教育課程後之團隊凝聚力變化情形。

2. 學生年級（B）因子的單純主要效果檢定

　　進行「學生年級」的單純主要效果檢定之基本概念是：必須先控制「體驗教育

課程」的各水準，然後再來比較各年級學生間的團隊凝聚力平均值有無顯著差異？也就是檢驗H_{B1}、H_{B2}。因此，在JASP中設定單純主要效果時，應將「學生年級」設定為「簡單效果因子」，而「體驗教育課程」設定為「調節因子1」。「學生年級」（B）因子的單純主要效果檢定表，如表13-9的「學生年級的簡單主要效果」檢定表。

表13-9　「學生年級的簡單主要效果」檢定表

體驗教育課程水準	離均差平方和	自由度	離均差平方平均值	F	p值
不參與（a1）	2042.296	2	1021.148	45.534	<.001
參與（a2）	406.222	2	203.111	9.057	<.001

表13-9的「學生年級的簡單主要效果」檢定表，最主要的功能就是在檢驗虛無假設：H_{B1}、H_{B2}。由表13-9的數據可發現，在不參與體驗教育課程的情況下，檢定之F = 45.534，顯著性小於0.001，故H_{B1}獲得支持，故可得結論：在不參與體驗教育課程的情況下，不同年級的學生其團隊凝聚力具有顯著的差異。而在參與體驗教育課程的情況下，不同年級的學生其團隊凝聚力亦具有顯著的差異（F = 9.057，顯著性亦小於0.001，故H_{B2}亦獲得支持）。因此，未來有必要再進行事後檢定，以了解在「不參與」及「參與」體驗教育課程的情況下，各年級學生之團隊凝聚力的大小關係。

（二）單純主要效果的事後比較

在JASP中，進行單純主要效果的事後比較會比較複雜，原因在於JASP並不會依照個別因子的單純主要效果，而分門別類進行事後比較。也就是說，JASP只會製作一個綜合性的事後比較表，供使用者依檢定目的，而自行取用欲比較的「差異檢定式」。例如：以本範例而言，是個2×3的二因子完全獨立變異數分析，故共有六個細格（a1b1、a1b2、a1b3、a2b1、a2b2、a2b3），而所謂的單純主要效果，其實就是這六個細格之平均數的兩兩比較的檢定過程。因此，JASP會在事後比較表中，直接列出這15個（C_2^6）「差異檢定式」。而並不會依目前所探討的是哪一個因子的單純主要效果，而只列出該因子相關的「差異檢定式」。本範例之單純主要效果的事後比較表，如表13-10。表13-10中，共列出了15個「差異檢定式」，而且各「差異檢定式」中，對於各細格平均數的描述是先描述列因子的水準，再描述行因子的水準，如「不參與國一」（細格代號a1b1）。因此，欲進行事後比較時，使用者可依檢定目標自行取用表13-10中的「差異檢定式」。

表13-10　Post Hoc Comparisons表

		平均數差異	標準誤	t	Tukey p值
不參與國一	參與國一	-10.444	2.232	-4.679	<.001
	不參與國二	-12.222	2.232	-5.475	<.001
	參與國二	-17.333	2.232	-7.764	<.001
	不參與國三	-21.222	2.232	-9.507	<.001
	參與國三	-19.556	2.232	-8.760	<.001
參與國一	不參與國二	-1.778	2.232	-0.796	0.967
	參與國二	-6.889	2.232	-3.086	0.037
	不參與國三	-10.778	2.232	-4.828	<.001
	參與國三	-9.111	2.232	-4.081	0.002
不參與國二	參與國二	-5.111	2.232	-2.290	0.218
	不參與國三	-9.000	2.232	-4.032	0.003
	參與國三	-7.333	2.232	-3.285	0.022
參與國二	不參與國三	-3.889	2.232	-1.742	0.512
	參與國三	-2.222	2.232	-0.995	0.917
不參與國三	參與國三	1.667	2.232	0.747	0.975

　　先前的單純主要效果檢定中，體驗教育課程的單純主要效果中，H_{A1}顯著，故需要進行事後比較檢定；而學生年級的單純主要效果中，H_{B1}、H_{B2}顯著，故亦需要進行事後比較檢定。茲將事後比較檢定之結果詳述如下：

1. H_{A1}的事後比較檢定

　　H_{A1}的檢定內容為：國一學生不參與、參與體驗教育課程，其團隊凝聚力的平均值會產生顯著差異。

　　所以明顯的，是限定學生屬國一，而比較不參與、參與體驗教育課程之團隊凝聚力的差異。因此，就是在比較「不參與國一」（a1b1）與「參與國一」（a2b1）之間的差異，所以只要從「Post Hoc Comparisons表」中，挑出第一條「差異檢定式」來進行檢定即可。如表13-11。

　　由表13-11的「差異檢定式」中，參考「不參與國一」—「參與國一」列，顯見國一學生，「不參與」、「參與」體驗教育課程之團隊凝聚力的差異顯著（p值小於0.001），且 t 值為-4.679，屬負，故可推知，「不參與」體驗教育課程之團隊凝聚力較「參與」時低。記為：不參與 < 參與。

表13-11　Post Hoc Comparisons表

		平均數差異	標準誤	t	Tukey p值
不參與國一	參與國一	-10.444	2.232	-4.679	<.001
	不參與國二	-12.222	2.232	-5.475	<.001
	參與國二	-17.333	2.232	-7.764	<.001
	不參與國三	-21.222	2.232	-9.507	<.001
	參與國三	-19.556	2.232	-8.760	<.001
參與國一	不參與國二	-1.778	2.232	-0.796	0.967
	參與國二	-6.889	2.232	-3.086	0.037
	不參與國三	-10.778	2.232	-4.828	<.001
	參與國三	-9.111	2.232	-4.081	0.002
不參與國二	參與國二	-5.111	2.232	-2.290	0.218
	不參與國三	-9.000	2.232	-4.032	0.003
	參與國三	-7.333	2.232	-3.285	0.022
參與國二	不參與國三	-3.889	2.232	-1.742	0.512
	參與國三	-2.222	2.232	-0.995	0.917
不參與國三	參與國三	1.667	2.232	0.747	0.975

2. H_{B1}的事後比較檢定

H_{B1}的檢定內容為：當不參與體驗教育課程時，不同年級學生的團隊凝聚力平均值會產生顯著差異。

所以明顯的，是限定「不參與」體驗教育課程的情況下，在比較各年級學生之團隊凝聚力的差異。因此，就是在比較「不參與國一」（a1b1）、「不參與國二」（a1b2）與「不參與國三」（a1b3）之間的差異，所以只要從「Post Hoc Comparisons表」中，挑出如表13-12的「差異檢定式」來進行檢定即可。

由表13-12的「差異檢定式」，顯見「不參與」體驗教育課程時：

➤ 國一、國二的差異顯著（p值小於0.001），且 t 值為-5.475，屬負，故可推知，國一＜國二。

➤ 國一、國三的差異顯著（p值小於0.001），且 t 值為-9.507，屬負，故可推知，國一＜國三。

➤ 國二、國三的差異顯著（p值 = 0.003），且 t 值為-4.032，屬負，故可推知，國二＜國三。

表13-12　Post Hoc Comparisons表

		平均數差異	標準誤	t	Tukey p值
不參與國一	參與國一	-10.444	2.232	-4.679	<.001
	不參與國二	-12.222	2.232	-5.475	<.001
	參與國二	-17.333	2.232	-7.764	<.001
	不參與國三	-21.222	2.232	-9.507	<.001
	參與國三	-19.556	2.232	-8.760	<.001
參與國一	不參與國二	-1.778	2.232	-0.796	0.967
	參與國二	-6.889	2.232	-3.086	0.037
	不參與國三	-10.778	2.232	-4.828	<.001
	參與國三	-9.111	2.232	-4.081	0.002
不參與國二	參與國二	-5.111	2.232	-2.290	0.218
	不參與國三	-9.000	2.232	-4.032	0.003
	參與國三	-7.333	2.232	-3.285	0.022
參與國二	不參與國三	-3.889	2.232	-1.742	0.512
	參與國三	-2.222	2.232	-0.995	0.917
不參與國三	參與國三	1.667	2.232	0.747	0.975

　　綜合上述3次比較的結果，可推知，在不參與體驗教育課程時，國三學生的團隊凝聚力最大，國二次之，國一最小。記為：國一＜國二＜國三。

3. H$_{B2}$的事後比較檢定

　　H$_{B2}$的檢定內容為：當參與體驗教育課程時，不同年級學生的團隊凝聚力平均值會產生顯著差異。

　　所以明顯的，是限定「參與」體驗教育課程的情況下，再比較各年級學生之團隊凝聚力的差異。因此，就是在比較「參與國一」（a2b1）、「參與國二」（a2b2）與「參與國三」（a2b3）之間的差異，所以只要從「Post Hoc Comparisons表」中，挑出如表13-13的「差異檢定式」來進行檢定即可。

　　由表13-13的「差異檢定式」，顯見「參與」體驗教育課程時：

➤ 國一、國二的差異顯著（p值 = 0.037），且 t 值為-3.086，屬負，故可推知，國一＜國二。

表13-13　Post Hoc Comparisons表

		平均數差異	標準誤	t	Tukey p值
不參與國一	參與國一	-10.444	2.232	-4.679	<.001
	不參與國二	-12.222	2.232	-5.475	<.001
	參與國二	-17.333	2.232	-7.764	<.001
	不參與國三	-21.222	2.232	-9.507	<.001
	參與國三	-19.556	2.232	-8.760	<.001
參與國一	不參與國二	-1.778	2.232	-0.796	0.967
	參與國二	-6.889	2.232	-3.086	0.037
	不參與國三	-10.778	2.232	-4.828	<.001
	參與國三	-9.111	2.232	-4.081	0.002
不參與國二	參與國二	-5.111	2.232	-2.290	0.218
	不參與國三	-9.000	2.232	-4.032	0.003
	參與國三	-7.333	2.232	-3.285	0.022
參與國二	不參與國三	-3.889	2.232	-1.742	0.512
	參與國三	-2.222	2.232	-0.995	0.917
不參與國三	參與國三	1.667	2.232	0.747	0.975

> 國一、國三的差異顯著（p值 = 0.002），且 t 值為-4.081，屬負，故可推知，國一 < 國三。

> 國二、國三的差異不顯著（p值 = 0.917），故可推知，國二 = 國三。

　　綜合上述3次比較的結果，可推知，在參與體驗教育課程時，國二、國三學生的團隊凝聚力大於國一。記為：「國一 < 國二 = 國三」或「國一 < 國二、國三」。

（三）單純主要效果報表彙整

　　由於單純主要效果檢定的過程，包含體驗教育課程單純主要效果、學生年級單純主要效果與事後比較檢定，且這些檢定結果分散於各個報表中。為便於解析，建議可把表13-8、表13-9與事後比較檢定之結果彙整成如表13-14的單純主要效果檢定摘要表（表13-14的空白表格，已儲存在「完全獨立_單純主要效果檢定摘要表.docx」中）。

表13-14　單純主要效果檢定摘要表（完全獨立）

變異來源		型III SS	自由度	均方和（MS）	F值	顯著性	事後比較
體驗教育課程（A列）							
	國一	490.889	1	490.889	21.889	0.000*	不參與＜參與
	國二	117.556	1	117.556	5.242	0.026	
	國三	12.500	1	12.500	0.557	0.459	
學生年級（B行）							
	不參與	2042.296	2	1021.148	45.534	0.000*	國一＜國二＜國三
	參與	406.222	2	203.111	9.057	0.000*	國一＜國二、國三

註：顯著水準：0.01，*代表顯著。

（四）單純主要效果檢定的總結

　　為方便進行單純主要效果之五個虛無假設的檢定，在此將單純主要效果檢定與事後檢定的結果，彙整成表13-14。由表13-14顯見：

1. 就國一學生而言，「不參與」及「參與」體驗教育課程的學生間，其團隊凝聚力具有顯著的差異，且參與後的團隊凝聚力較高。

2. 在不參與體驗教育課程的情況下，不同年級的學生其團隊凝聚力具有顯著的差異，且學生的團隊凝聚力以國三最大、國二次之、國一則最小。

3. 而在參與體驗教育課程的情況下，不同年級的學生其團隊凝聚力亦具有顯著的差異，且團隊凝聚力以國一最小、國二與國三則無差異。顯見，對國二、國三學生而言，「體驗教育課程」的介入，確實能有效提升學生的團隊凝聚力。

　　綜合而言，就國一學生而言，「不參與」及「參與」體驗教育課程的學生間，其團隊凝聚力具有顯著的差異，且參與後的團隊凝聚力較高。此外，在不參與體驗教育課程的情況下，不同年級的學生其團隊凝聚力具有顯著的差異，且學生的團隊凝聚力以國三最大、國二次之、國一則最小。而在參與體驗教育課程的情況下，不同年級的學生其團隊凝聚力亦具有顯著的差異，且團隊凝聚力以國一最小、國二與國三則無差異。綜合上述結論，顯見，對國二學生而言，參與體驗教育課程後，其團隊凝聚力確實能有效提升，甚至與國三學生並駕齊驅了。

13-6-3　二因子完全獨立變異數分析之總結

經二因子變異數分析後，由表13-7得知，交互作用效果（F值7.393、顯著性為0.002），達顯著。故可認為「不同體驗教育課程與學生年級的交互處理下，學生的團隊凝聚力具有顯著的差異。」此外，交互作用項的淨η^2（η_p^2）為0.235，表示排除「體驗教育課程」與「學生年級」對團隊凝聚力的個別影響後，交互作用項「體驗教育課程×學生年級」可以解釋團隊凝聚力的變異量達23.5%。依據Cohen（1988）的判斷標準，以該交互作用項來解釋團隊凝聚力的變化，已具有相當高的實務顯著性。

其次，由表13-14的「體驗教育課程」之單純主要效果中顯見，就國一學生而言，「不參與」及「參與」體驗教育課程的學生間，其團隊凝聚力具有顯著的差異，且以參與後的團隊凝聚力較高。此結果似與該校校長擬以導入體驗教育課程而提升團隊凝聚力的想法吻合。但研究中也發現，對國二與國三學生而言，體驗教育課程的介入，效果似乎不大。或許對國二與國三學生而言，同班同學的相處至少有一年以上的時間了，在這樣的情況下，班上同學的團隊凝聚力本應已具備相當的水準，也因此導致新課程的介入，但卻無法再顯著的提升團隊凝聚力。

再由表13-14的「學生年級」之單純主要效果中得知，不同年級的學生，在不參與體驗教育課程的情況下，其團隊凝聚力具有顯著的差異，且學生的團隊凝聚力以國三最大、國二次之、國一則最小。這結果也驗證了，先前本研究的推測，即越高年級的學生，其班上的團隊凝聚力，本來就會具有較高的水準。而不同年級的學生，在參與體驗教育課程的情況下，其團隊凝聚力亦具有顯著的差異，且團隊凝聚力以國一最小、國二與國三則無差異。這結果或許是暗示著，對於提升團隊凝聚力而言，於時間流當中，同班同學間的生活點滴所凝聚成的情感，比以課程的介入方式來提升團隊凝聚力更有效吧！

13-7　二因子完全獨立變異數分析（交互作用不顯著）的範例

如果研究中都已經運用到二因子變異數分析了，而檢定結果交互作用卻不顯著，感覺上應該還蠻心酸的。但無論如何，本書是教導統計分析方法的工具書，所以縱使交互作用不顯著，也須教導讀者後續該如何處理會比較妥善。

原則上，處理方法會根據圖13-5來進行。也就是說，當交互作用不顯著時，那麼

我們就必須針對各因子來進行主要效果檢定。所謂主要效果檢定就是各因子根據本身獨立與否的特質與水準數來進行適當的檢定，例如：是獨立因子的話，水準數在3（含）以上，那就進行單因子變異數分析，否則就進行獨立樣本 t 檢定。而如果是相依因子的話，水準數在3（含）以上，就進行單因子相依樣本變異數分析，否則就進行成對樣本 t 檢定。

▶ 範例13-2

屏科連鎖咖啡店欲測試新產品麝香貓咖啡的市場接受度，乃規畫每杯麝香貓咖啡以200、350和500毫升的容量水準與30、40、50和60元等四種價格水準（共有12種銷售條件，即12種處理），進行銷售實驗。於是隨機性的指派其36家分店試賣1個月，36家分店將分成12個組別（每組3家分店），每個組別將隨機性的被分配到不同的「處理」中，然後蒐集各家分店的銷售杯數（如表13-15），以評估此麝香貓咖啡在市場上的接受程度。試問：「容量」與「售價」是否對「市場接受度」有顯著的交互作用？（資料檔案為ex13-2.jasp）

表13-15 「市場接受度」（銷售杯數）的數據

因子		售價（B）			
		30元	40元	50元	60元
容量（A）	200毫升	1194	1136	1048	768
		1282	1200	1202	674
		1302	1088	957	528
	350毫升	1328	1202	1122	848
		1398	1224	1171	778
		1320	1200	1208	726
	500毫升	1456	1304	1258	904
		1437	1411	1206	1003
		1400	1226	1258	920

　　首先，判斷本範例之變異數分析的類型。由題意與表13-15顯見，依變數為「市場接受度」（銷售杯數），自變數有兩個，分別為「容量」（有三個水準）與「售價」（有四個水準）。由於36家分店被分成12組（各組3家分店），各組將被隨機

分配至12種處理中（三個容量水準與四個售價水準之組合處理），故表13-15之細格中，每個細格將有3個觀測值（3家分店的銷售杯數），且各細格中的受試者皆不同。因此，本範例應屬3×4二因子完全獨立變異數分析。

實驗性資料的資料量通常較少，所以自行動手輸入的話，負荷應該也不重。二因子完全獨立變異數分析於建立資料檔時，須將兩個獨立因子（容量、售價）、依變數（市場接受度）各建立一個欄位（變數），所以共須建立三個變數，然後再參照表13-15之細格中的數據，依序輸入資料，輸入時「由左至右、再由上而下」或「由上而下、再由左至右」都可以，只要各細格資料的輸入方向一致就好，輸入完成後，資料檔格式與外觀，如圖13-9。輸入完成的檔案，請存檔為「ex13-2.jasp」。

	容量	售價	市場接受度		容量	售價	市場接受度
1	200毫升	30元	1194	19	350毫升	50元	1122
2	200毫升	30元	1282	20	350毫升	50元	1171
3	200毫升	30元	1302	21	350毫升	50元	1208
4	200毫升	40元	1136	22	350毫升	60元	848
5	200毫升	40元	1200	23	350毫升	60元	778
6	200毫升	40元	1088	24	350毫升	60元	726
7	200毫升	50元	1048	25	500毫升	30元	1456
8	200毫升	50元	1202	26	500毫升	30元	1437
9	200毫升	50元	957	27	500毫升	30元	1400
10	200毫升	60元	768	28	500毫升	40元	1304
11	200毫升	60元	674	29	500毫升	40元	1411
12	200毫升	60元	528	30	500毫升	40元	1226
13	350毫升	30元	1328	31	500毫升	50元	1258
14	350毫升	30元	1398	32	500毫升	50元	1206
15	350毫升	30元	1320	33	500毫升	50元	1258
16	350毫升	40元	1202	34	500毫升	60元	904
17	350毫升	40元	1224	35	500毫升	60元	1003
18	350毫升	40元	1200	36	500毫升	60元	920

圖13-9　二因子完全獨立變異數分析的資料格式

建檔完成後，就可開始進行二因子完全獨立變異數分析了。首先，讀者必先具備的認知是必須依照第13-5節中圖13-5的流程圖來完成整個分析過程。因此，完整的二因子變異數分析過程將分為兩個階段，第一階段為整體檢定，第二階段為主要效果檢

定之事後比較或單純主要效果檢定。第一階段的整體檢定中，將進行變異數分析，主要在檢定交互作用效果與兩個主要效果是否顯著。如果交互作用效果顯著，則須再進行第二階段的單純主要效果檢定；而如果交互作用效果不顯著，則必須依據兩個主要效果的檢定結果（顯著否），再來判斷是否進行第二階段的事後比較。

13-7-1　整體檢定

首先，我們先來進行第一階段的整體檢定，檢定前須先設定假設。在整體檢定的過程中，將設定交互作用項的效果、兩個因子的主要效果等三個假設（使用對立假設），分別描述如下：

H_{AB}：容量與售價的交互作用下，麝香貓咖啡的市場接受度具有顯著的差異。

H_A：不同容量的麝香貓咖啡，其市場接受度具有顯著的差異。

H_B：不同售價的麝香貓咖啡，其市場接受度具有顯著的差異。

操作 步驟

具備上述的認知後，就可開始在JASP中設定、執行二因子完全獨立變異數分析了。進行二因子完全獨立變異數分析之整體檢定的詳細操作過程，請讀者可自行參閱教學影音檔「ex13-2.mp4」。

▶ 報表解說

在JASP中，執行「變異數分析」功能，就可以進行二因子完全獨立變異數分析，執行後，在整體檢定階段中，首先須檢測前提假設（殘差常態性與變異數同質性），然後再根據「變異數分析表」來檢定H_{AB}、H_A與H_B等三個假設是否可獲得支持。

（一）殘差常態性與變異數同質性檢定

二因子完全獨立變異數分析的前提假設有二，分別為殘差常態性與變異數同質性檢定。首先進行常態性假設的檢驗，在此，JASP並無提供常態性的檢定工具，只能利用常態Q-Q圖觀察殘差的常態性，如圖13-10。由圖13-10的常態Q-Q圖可發現，幾乎所有樣本點都落在對角線上或附近，因此，可認為殘差是具常態性的。

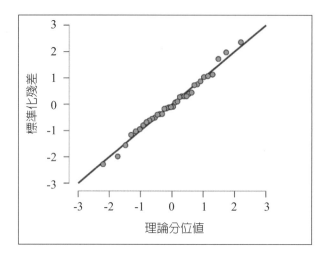

圖13-10　常態Q-Q圖

其次，檢驗變異數同質性，表13-16為變異數同質性檢定之結果，由表13-16可知，Levene檢定的F值為1.653，其顯著性（p值）為0.146大於0.05，不顯著。因此，不能拒絕「變異數具有同質性」的假設。

表13-16　（Levene）變異數同質性檢定表

F	自由度1	自由度2	p值
1.653	11.000	24.000	0.146

（二）檢定結果

由於變異數具有同質性，因此不用進行同質性校正，可以直接由表13-17的變異數分析表來進行整體檢定。

表13-17　變異數分析表

個案	離均差平方和	自由度	離均差平方平均值	F	p值	η_p^2
容量	240974.889	2	120487.444	25.272	<.001	0.678
售價	$1.518\times10^{+6}$	3	505884.398	106.108	<.001	0.930
容量*售價	15900.222	6	2650.037	0.556	0.761	0.122
Residuals	114423.333	24	4767.639			

由表13-17的變異數分析表可發現，兩個主要效果（容量與售價）的顯著性皆小於0.001，故均達顯著。而交互作用項（容量×售價）的顯著性為0.761，大於顯著水準0.05，故交互作用項的效果不顯著。

（三）整體檢定之總結

最後，整體檢定之總結如下：

由表13-17得知，交互作用項效果不顯著（F值0.556、顯著性0.761，大於0.05）。因此，H_{AB}未獲得支持（不成立）。即認為「容量×售價之交互作用項的效果不顯著」，故將來可不必再進行單純主要效果檢定。此外，容量、售價之主要效果的F值分別為25.272、106.108，顯著性皆小於0.001，故皆顯著。因此，H_A、H_B皆獲得支持，代表容量、售價都會顯著影響麝香貓咖啡的市場接受度。再由表13-17的最後一欄可發現，容量、售價的淨η^2（η_p^2）分別為0.678、0.930，皆具很高的效果量。代表容量、售價都確實能解釋市場接受度的變異。再者，由於交互作用項的效果不顯著，且兩個主要效果顯著，因此後續將不必進行單純主要效果檢定，而只須再針對主要效果顯著的獨立因子進行事後比較就可以了。

13-7-2 主要效果的事後比較

由於交互作用項的效果不顯著，故將直接針對顯著的主要效果進行事後比較。本範例中，主要效果有兩個即「容量」（H_A）與「售價」（H_B），且都顯著，故必須再針對這兩個主要效果，分別進行事後比較。

操作步驟

基本上，主要效果檢定的操作過程，皆已經包含在執行「變異數分析」的過程中了，不必額外進行其他操作。詳細操作步驟，讀者可參閱教學影音檔「ex13-2.mp4」。

▶ 報表解說

（一）檢定結果

1. 容量（A）因子的事後比較檢定

「容量」因子的事後比較檢定結果如表13-18，觀察表13-18的差異檢定式，整理如下：

表13-18　Post Hoc Comparisons──容量

		平均數差異	標準誤	t	Tukey p值
200毫升	350毫升	-95.500	28.189	-3.388	0.007
	500毫升	-200.333	28.189	-7.107	<.001
350毫升	500毫升	-104.833	28.189	-3.719	0.003

➤ 「200毫升 350毫升」之差異的檢定 t 值爲-3.388，屬負，且顯著，可推知「200毫升」的麝香貓咖啡，其市場接受度低於「350毫升」。

➤ 「200毫升 500毫升」之差異的檢定 t 值爲-7.107，屬負，且顯著，可推知「200毫升」的麝香貓咖啡，其市場接受度亦低於「500毫升」。

➤ 「350毫升 500毫升」之差異的檢定 t 值爲-3.719，屬負，且顯著，可推知「350毫升」的麝香貓咖啡，其市場接受度低於「500毫升」。

　　由上述三個差異檢定式之比較結果，可得知，「500毫升」的麝香貓咖啡，其市場接受度最高、「350毫升」次之、「200毫升」最低，其結果可記爲「200毫升<350毫升<500毫升」或「1<2<3」。

2. 售價（B）因子的事後比較檢定

　　「售價」因子的事後比較檢定結果如表13-19，觀察表13-19的差異檢定式，整理如下：

表13-19　Post Hoc Comparisons──售價

		平均數差異	標準誤	t	Tukey p值
30元	40元	125.111	32.550	3.844	0.004
	50元	187.444	32.550	5.759	<.001
	60元	552.000	32.550	16.959	<.001
40元	50元	62.333	32.550	1.915	0.248
	60元	426.889	32.550	13.115	<.001
50元	60元	364.556	32.550	11.200	<.001

➤ 「30元 40元」之差異的檢定 t 值爲3.844，屬正，且顯著，可推知「30元」的麝香貓咖啡，其市場接受度高於「40元」。

➤ 「30元 50元」之差異的檢定 t 值爲5.759，屬正，且顯著，可推知「30元」的麝香

貓咖啡，其市場接受度亦高於「50元」。

➤ 「30元 60元」之差異的檢定 *t* 值為16.959，屬正，且顯著，可推知「30元」的麝香貓咖啡，其市場接受度高於「60元」。

➤ 「40元 50元」之差異的檢定 *t* 值為1.915，不顯著，可推知「40元」的麝香貓咖啡，其市場接受度等於「50元」。

➤ 「40元 60元」之差異的檢定 *t* 值為13.115，屬正，且顯著，可推知「40元」的麝香貓咖啡，其市場接受度高於「60元」。

➤ 「50元 60元」之差異的檢定 *t* 值為11.200，屬正，且顯著，可推知「50元」的麝香貓咖啡，其市場接受度高於「60元」。

由上述六個差異檢定式之比較結果，可得知，「30元」的麝香貓咖啡，其市場接受度最高，「40元」、「50元」次之、「60元」最低。其結果可記為「30元 > 40元 = 50元 > 60元」或「1 > 2 = 3 > 4」。

（二）主要效果報表彙整

為便於解析，建議可把表13-18、表13-19之事後比較檢定結果，彙整入表13-17中，而成如表13-20的二因子變異數分析摘要表（完全獨立）（表13-20的空白表格，已儲存在「完全獨立_單純主要效果檢定摘要表.docx」中）。

表13-20　二因子變異數分析摘要表（完全獨立）

變異來源	型III SS	自由度	均方和（MS）	F值	顯著性	事後比較	淨η^2
容量（A列）	240974.889	2	120487.444	25.272	<0.001*	200毫升 < 350毫升 < 500毫升	0.678
售價（B行）	1517653.194	3	505884.398	106.108	<0.001*	30元 > 40元 = 50元 > 60元	0.930
容量×售價（A×B）	15900.222	6	2650.037	0.556	0.761		0.122
誤差	114423.333	24	4767.639				
總數	1888951.639	35					

▌13-7-3　二因子完全獨立變異數分析之總結

　　為方便進行整體檢定之三項假設（H_{AB}、H_A、H_B）的檢定，將本範例經二因子完全獨立變異數分析後所產生的結果，整理成表13-20。由表13-20得知，交互作用效果（F值0.556、顯著性0.761）不顯著。因此，假設H_{AB}未獲支持，即認為「不同容量與售價的交互作用下，麝香貓咖啡的市場接受度不具有顯著的差異。」亦即交互作用項的影響效果可忽略。

　　然而，「容量」與「售價」等兩個主要效果（F值分別為25.272、106.108）皆顯著，代表麝香貓咖啡的市場接受度會受「容量」或「售價」顯著的影響，且「容量」或「售價」因子的淨η^2（η_p^2）分別為0.678與0.930，皆具很高的效果量，表示「容量」或「售價」因子對市場接受度的解釋能力佳。

　　最後，由事後檢定的結果得知，就容量而言，以「500毫升」的麝香貓咖啡之市場接受度最高，而以「200毫升」的市場接受度最低。而就售價而言，以「30元」的麝香貓咖啡之市場接受度最高，而以「60元」的市場接受度最低。

◆ 13-8　二因子混合設計變異數分析的範例 ◆

　　在二因子變異數分析中，如果同一批受試者只在某一因子的每一水準中接受實驗處理（相依），而在另一因子的各水準中，受試者皆不同（獨立），這種一個為獨立因子，而另一個為相依因子的二因子變異數分析，就稱為二因子混合設計變異數分析（Two-way mixed design ANOVA）。二因子混合設計變異數分析也是屬於重複量數的一種統計方法。其中，相依因子又稱為受試者內因子（within-subject factor），而獨立因子則稱為受試者間因子（between-subject factor）。

　　基本上，進行二因子混合設計變異數分析時，也必須遵照圖13-5的流程圖循序漸進。因此，完整的二因子混合設計變異數分析過程，也將分成兩個階段來進行，第一階段為整體檢定，第二階段為主要效果檢定之事後比較或單純主要效果檢定。在第一階段的整體檢定中，主要在檢定兩因子的交互作用效果與兩個個別因子的主要效果是否顯著。如果交互作用效果顯著的話，則須再進行第二階段的單純主要效果檢定；而如果交互作用效果不顯著，那麼就必須針對兩個主要效果的檢定結果，判斷是否進行後續第二階段的主要效果檢定之事後比較。

▶ 範例13-3
過往文獻顯示，參與體驗教育課程，有助於團隊凝聚力的提升。因而某國中校長乃將體驗教育課程推廣至學校各年級學生。且課程結束後，各年級學生將就「溝通活動」、「問題解決活動」與「低空設施活動」等三種體驗教育課程之活動型態的喜愛程度填寫問卷，喜愛程度得分從1至10分，分數越高表示學生對該活動型態的喜愛程度越高。最後，校長將於各年級隨機抽出8名學生，並彙整學生對活動型態之喜愛程度資料，所得數據如表13-21。試問：學生對體驗教育課程之活動型態的喜愛程度，是否會因學生年級而有所差異？（資料檔案為ex13-3.jasp）

表13-21 「喜愛程度」的數據

因子		活動型態（B）					
		溝通活動		問題解決活動		低空設施活動	
學生年級（A）	國一	8	7	4	3	2	3
		10	8	3	4	8	5
		9	10	5	2	3	6
		10	9	5	3	4	4
	國二	7	4	10	9	7	10
		6	9	9	10	8	9
		8	5	8	9	7	9
		8	8	8	8	8	7
	國三	8	9	6	6	5	5
		9	5	7	6	8	8
		7	9	6	6	5	7
		7	7	5	5	4	4

　　首先，判斷本範例之變異數分析的類型。由題意與表13-21顯見，依變數為「喜愛程度」，自變數有兩個，分別為「學生年級」（有三個水準）與活動型態（有三個水準）。由於各年級學生皆接受過三種活動型態的訓練，且各年級學生被隨機抽出8名，以檢視其對各活動型態的喜愛程度。顯見，表13-21之細格中，每個細格（實驗處理）將有八個觀測值，且同一年級的細格中，各細格之受試者皆相同。因此，「活動型態」則屬相依因子；但同一活動的細格中，各細格之受試者皆不相同（年級不同），故「學生年級」應屬獨立因子。因此，本範例應屬3×3二因子混合設計變異數

分析。此外，在表13-21中，一般習慣上，會將獨立因子放在「列」，而相依因子放在「行」。

　　為二因子混合設計變異數分析的相關數據建立資料檔時，須特別注意的是，相依因子與獨立因子其欄位設定的方式並不同，獨立因子設定成一個變數即可，而相依因子則其每一水準就須設定成一個變數。輸入各細格中的觀測值時，輸入順序各細格必須一致，通常由左至右、由上而下（或由上而下、由左至右亦可），依序輸入資料，輸入完成後，資料檔格式與外觀，如圖13-11。輸入完成的檔案，請存檔為「ex13-3.jasp」。

	學生年級	溝通活動	問題解決活動	低空設施活動
1	國一	8	4	2
2	國一	10	3	8
3	國一	9	5	3
4	國一	10	5	4
5	國一	7	3	3
6	國一	8	4	5
7	國一	10	2	6
8	國一	9	3	4
9	國二	7	10	7
10	國二	6	9	8
11	國二	8	8	7
12	國二	8	8	8

	學生年級	溝通活動	問題解決活動	低空設施活動
13	國二	4	9	10
14	國二	9	10	9
15	國二	5	9	9
16	國二	8	8	7
17	國三	8	6	5
18	國三	9	7	8
19	國三	7	6	5
20	國三	7	5	4
21	國三	9	6	5
22	國三	5	6	8
23	國三	9	6	7
24	國三	7	5	4

圖13-11　二因子混合設計變異數分析的資料格式

13-8-1　整體檢定

　　建檔完成後，就可開始進行二因子混合設計變異數分析了。首先，我們先來進行第一階段的整體檢定，檢定前須先設定假設。在整體檢定的過程中，將設定交互作用項的效果、兩個因子的主要效果等三個假設（使用對立假設），分別描述如下：

H_{AB}：學生年級與活動型態的交互作用下，學生對活動的喜愛程度具有顯著的差異。

H_A：對於不同年級的學生，其對活動的喜愛程度具有顯著的差異。

H_B：對於不同的活動型態，學生的喜愛程度具有顯著的差異。

(操)(作) 步驟

　　具備上述的認知後，就可開始在JASP中設定、執行二因子混合設計變異數分析了。詳細操作過程，請讀者可自行參閱教學影音檔「ex13-3.mp4」。

▶ 報表解說

　　在JASP中，執行「重複量數變異數分析」功能就可以進行「二因子混合設計變異數分析」。執行後，在整體檢定階段中，首先檢測前提假設（殘差常態性、變異數同質性檢定與球形檢定），然後再根據「變異數分析表」來檢定H_{AB}、H_A與H_B等三個假設是否可獲得支持。殘差常態性之檢定部分，限於篇幅，在此將予以省略，但影音教學檔案（ex13-3.mp4）中，將會實質的進行殘差常態性之檢定。故在此，只將進行獨立因子的變異數同質性檢定與相依因子的球形檢定。

（一）變異數同質性檢定與球形檢定

　　二因子混合設計變異數分析的同質性檢定，可依因子的類型而分為兩類，分別為針對獨立因子的變異數同質性檢定與針對相依因子的球形檢定。依序說明如下：

1. 變異數同質性檢定（針對獨立因子，即學生年級）

　　進行變異數分析的前提條件之一為各細格（觀測值）之變異數必須相等。其檢定的虛無假設為「獨立因子之各水準下的觀測值（依變數），其變異數皆相等（即，變異數具同質性）」。表13-22即為變異數同質性檢定之結果，其所代表的意義是「不同年級的學生，在三種活動型態之喜愛程度」的Levene's同質性變異數檢定結果。由表13-22中可發現，不同年級的學生，在三種活動型態之喜愛程度的Levene檢定之F值分別為0.950、1.777、1.209，顯著性分別為0.403、0.194、0.319，皆大於0.05，未顯著，顯示各細格觀測值之變異數是相等的，故並未違反變異數同質性之要求。

表13-22　（Levene）變異數同質性檢定表

	F	df1	df2	p
溝通活動	0.950	2	21	0.403
問題解決活動	1.777	2	21	0.194
低空設施活動	1.209	2	21	0.319

2. 球形檢定（針對相依因子，即活動型態）

除獨立因子之變異數同質性的要求外，另一前提假設為同一受試者內因子之不同水準間，其觀測值差異的變異數必須相等，此前提假設即是所謂的「球形假設」。在具有相依因子的變異數分析中，欲檢定資料是否符合球形假設時，可採用Mauchly球形檢定法。如果未違反球形假設，則F檢定值就不需要作校正。如果違反球形假設，則F檢定值需先進行校正動作。上述違反球形假設的情形下，主要將以epsilon參數值（Greenhouse-Geisser值或Huynh-Feldt值）來校正F檢定值。一般建議採用Huynh-Feldt值來校正F檢定值，效果最好。

球形檢定的虛無假設是：同一受試者內因子（相依因子）之不同水準間，其「依變數觀測值之差異」的變異數沒有顯著差異（有關球形假設的更具體說明，讀者可參考第12-9節的詳細說明）。活動型態的Mauchly球形檢定表，如表13-23所示。在表13-23的右邊會出現三個epsilon值（Greenhouse-Geisser ε、Huynh-Feldt ε與下界ε），epsilon值（ε）是違反球形假設程度的指標。如果它等於1就代表是完美的球形；如果小於1，就代表可能違反球形假設了，且epsilon值越小越嚴重。一般而言，可使用0.75作為判斷是否違反球形假設的門檻值。epsilon值若大於0.75，則可視為不違反球形假設。

表13-23　球形檢定表

	Mauchly's W	趨近X^2	自由度	p值	Greenhouse-Geisser ε	Huynh-Feldt ε	下界ε
活動型態	0.908	1.936	2	0.380	0.916	0.999	0.500

當然我們判斷資料是否違反球形假設時，以顯著性檢驗的方式來加以檢定將會比較嚴謹。而檢定時，就須看表13-23前面的Mauchly's W值及其趨近卡方值所對應的顯著性來判斷。當Mauchly's W的趨近卡方值之顯著性大於0.05時（即不顯著時），即表示資料未違反（即符合）球形假設。雖然有epsilon值與Mauchly's W的趨近卡方值等兩種判斷方式，但是由於卡方值很容易受到樣本數的影響（卡方值和樣本數成正比），樣本數若很大時，趨近卡方值就會異常膨脹，導致球形假設的檢定結果失真。因此，也有學者建議只要看epsilon值就可以了（郭易之，2011）。

由表13-23的Mauchly球形檢定結果不難發現，Greenhouse-Geisser值、Huynh-Feldt值分別為0.916、0.999，皆大於0.75，且Mauchly's W值為0.908，其趨近卡方值為1.936，在自由度為2時，顯著性為0.380大於0.05，未顯著。此檢定結果表示依變數觀測值（三種活動型態之喜愛程度），並未違反變異數分析之球形假設。因此，無論

從epsilon值或Mauchly's W值的檢定結果，皆可確認，活動型態（相依因子）並無違反球形假設。因此，未來並不需要對F統計量值作修正，而可直接採用「符合球形假設」下的F統計量值與其他的檢定數據。

（二）檢定結果

由於獨立因子之變異數具有同質性且相依因子亦未違反球形假設，因此不用進行同質性校正，可以直接由表13-24的「受試者內效果」與表13-25的「受試者間效果」來進行檢定。

1. 受試者內效果

在具有相依因子的變異數分析中，總變異量將被拆解成受試者間變異量（獨立因子）與受試者內變異量（相依因子）等兩大部分，表13-24就是受試者內效果檢定的結果，受試者內效果有兩種變異來源，一為「活動型態」之主要效果，另一則為交互作用項「活動型態*學生年級」之效果。由表13-24之第二列顯見，由於相依因子「活動型態」之F值為13.098，且顯著性小於0.001，故顯著。因此，相依因子「活動型態」的主要效果顯著，亦即學生對體驗教育課程之活動型態的喜愛程度是具有顯著差異的（H_B獲得支持）。此外，由表13-24之第三列可發現，交互作用項「活動型態*學生年級」之F值為16.857，且顯著性小於0.001，故顯示交互作用效果亦顯著（H_{AB}亦獲得支持）。

表13-24　受試者內效果

個案	離均差平方和	自由度	離均差平方平均值	F	p值	η_p^2
活動型態	45.583	2	22.792	13.098	<.001	0.384
活動型態*學生年級	117.333	4	29.333	16.857	<.001	0.616
Residuals	73.083	42	1.740			

註：η_p^2即為淨η^2。

2. 受試者間效果

受試者間效果就是獨立因子的主要效果，故表13-25主要就是針對「學生年級」之主要效果進行檢定。受試者間效果之檢定結果，如表13-25。由表13-25的檢定結果可發現，獨立因子「學生年級」的主要效果之顯著性小於0.001，已達顯著，故H_A亦獲得支持。

論文統計分析實務：JASP的運用

表13-25　受試者間效果

個案	離均差平方和	自由度	離均差平方平均值	F	p值	η_p^2
學生年級	67.583	2	33.792	17.558	<.001	0.626
Residuals	40.417	21	1.925			

（三）總變異的拆解與報表彙整

執行二因子混合設計變異數分析之整體檢定的主要目的，在於檢驗第13-8-1節中的三項假設。本範例經變異數分析後，所產生的報表相當長。所幸JASP的功能強大，可以直接輸出APA格式的檢定表（如表13-24與表13-25）。但由於進行整體檢定時，若在同一個表中就能同時檢視「受試者內效果」與「受試者間效果」，那麼整體檢定之進行將更具效率。故在此，將整合表13-24與表13-25而彙整成如表13-26的「二因子混合設計變異數分析摘要表」（表13-26的空白表格，已儲存在「混合設計_變異數分析摘要表.docx」中）。當然，若讀者覺得麻煩，也可直接以表13-24與表13-25來進行總結。

在表13-26的「二因子混合設計變異數分析摘要表」中，灰色網底的部分將依各種變異來源，依序填入表13-24與表13-25所顯示的數據。根據表13-26就可檢定先前所設定的三個假設（H_{AB}、H_A與H_B）。要順利且正確的製作表13-26，最重要的概念是要能正確的拆解各種變異來源（表13-26的第一個欄位）。拆解各種變異來源時，可參考圖13-12。但在表13-24與表13-25中，JASP其實也已經列出各種變異來源了。

表13-26　二因子混合設計變異數分析摘要表

變異來源	型III SS	自由度	均方和（MS）	F值	顯著性	事後比較	淨η^2
受試者內							
活動型態	45.583	2.000	22.792	13.098	<0.001*		0.384
學生年級×活動型態	117.333	4.000	29.333	16.857	<0.001*		0.616
殘差	73.083	42.000	1.740				
受試者間							
學生年級	67.583	2.000	33.792	17.558	<0.001*		0.626
殘差	40.417	21.000	1.925				
全體	344.000	71.000					

註：顯著水準0.05，*即代表顯著之意。

374

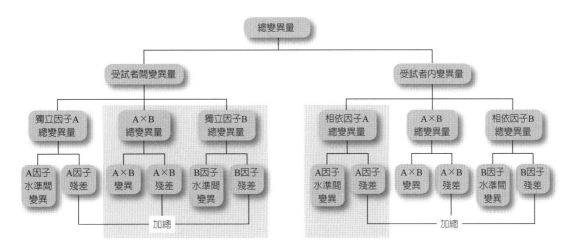

圖13-12　二因子混合設計變異數分析的變異拆解

由於本範例屬二因子混合設計變異數分析，故將具有一個獨立因子（受試者間因子）與一個相依因子（受試者內因子）。所以圖13-12中具灰色網底的變異來源可以忽略不看。此外，由於交互作用項屬相依因子的一種，故交互作用項（A×B）的殘差必須和相依因子（B）的殘差合併。因此，在二因子混合設計變異數分析中，變異來源總共有五個，分別是受試者間的「A因子水準間的變異（學生年級的主要效果）」、「受試者間的殘差（A因子的殘差）」與受試者內的「B因子水準間的變異（活動型態的主要效果）」、「交互作用項（A×B）的主要效果」、「受試者內的殘差（A×B殘差和B因子殘差之加總）」。由此，就可確立表13-26中的各種變異來源了。

（四）整體檢定之總結

最後，整體檢定之總結如下：

由表13-26得知，交互作用效果（F值16.857、顯著性小於0.001）達顯著。因此，假設H_{AB}獲得支持，即認為「不同學生年級與活動型態的交互作用下，學生對活動的喜愛程度具有顯著的差異。」此外，交互作用項的淨η^2（η_p^2）為0.616，表示排除「學生年級」、「活動型態」對喜愛程度之個別影響後，交互作用項「學生年級×活動型態」可以解釋喜愛程度61.6%的變異量，顯見交互作用項除具有統計顯著性外，亦具有相當高的實務顯著性。雖然，「學生年級」與「活動型態」等兩個主要效果（F值分別為17.558、13.098）亦達顯著，但由於交互作用效果顯著，故主要效果並無分析價值。因而後續將進行單純主要效果檢定，以確認在何種情況下，才能有效的提高學生對各類活動型態的喜愛程度。

▎13-8-2　單純主要效果檢定

由於「學生年級」與「活動型態」之交互作用項的效果顯著，表示參與不同活動型態的學生，會因其年級而有不同的喜愛程度，或不同年級的學生會因體驗教育活動型態的不同，而有不同的喜愛程度。為明確的釐清到底在何種情境下，才能有效提高喜愛程度，故後續將進行單純主要效果檢定。首先將設定單純主要效果檢定的假設（對立假設），以確立檢定方向與內容。

（一）獨立因子（學生年級）的單純主要效果檢定

1. 限定「活動型態」為「溝通活動」時：比較不同年級之學生的喜愛程度。

 H_{A1}：當學生參與溝通活動時，不同年級之學生的喜愛程度平均值具顯著差異。

2. 限定「活動型態」為「問題解決活動」時：比較不同年級之學生的喜愛程度。

 H_{A2}：當學生參與問題解決活動時，不同年級之學生的喜愛程度平均值具顯著差異。

3. 限定「活動型態」為「低空設施活動」時：比較不同年級之學生的喜愛程度。

 H_{A3}：當學生參與低空設施活動時，不同年級之學生的喜愛程度平均值具顯著差異。

（二）相依因子（活動型態）的單純主要效果檢定

1. 限定學生為「國一」時：比較學生對三種活動型態的喜愛程度。

 H_{B1}：國一學生對各種活動型態之喜愛程度的平均值具顯著差異。

2. 限定學生為「國二」時：比較學生對三種活動型態的喜愛程度。

 H_{B2}：國二學生對各種活動型態之喜愛程度的平均值具顯著差異。

3. 限定學生為「國三」時：比較學生對三種活動型態的喜愛程度。

 H_{B3}：國三學生對各種活動型態之喜愛程度的平均值具顯著差異。

釐清上述之假設的意義後，只要依檢定內容所需，就可進行各種情況下的單純主

要效果檢定了。

操作 步驟

　　基本上，單純主要效果檢定的操作過程，皆已經包含在執行「重複量數變異數分析」的過程中了，不必額外進行其他操作。詳細操作步驟，讀者可參閱教學影音檔「ex13-3.mp4」。

▶ 報表解說

（一）檢定結果

1. 獨立因子〔學生年級（A）〕的單純主要效果檢定

　　進行「學生年級」的單純主要效果（即簡單主要效果）檢定之基本概念是：必須先固定另一因子「活動型態」於某一水準下，然後再來比較各年級學生間對該活動型態的喜愛程度之平均值有無顯著差異？也就是檢驗H_{A1}、H_{A2}、H_{A3}。因此，設定單純主要效果（在JASP翻譯爲簡單主要效果）時，應將「學生年級」設定爲「簡單效果因子」，而「活動型態」設定爲「調節因子1」。「學生年級（A）」因子的單純主要效果檢定表，如表13-27。

表13-27　「學生年級的簡單主要效果」檢定表

活動型態水準	離均差平方和	自由度	離均差平方平均值	F	p值
溝通活動	16.333	2	8.167	3.931	0.035
問題解決活動	111.000	2	55.500	74.592	<.001
低空設施活動	57.583	2	28.792	11.145	<.001

　　表13-27的「學生年級的簡單主要效果」檢定表，最主要的功能就是在檢驗假設H_{A1}、H_{A2}、H_{A3}。由表13-27顯見，H_{A1}、H_{A2}、H_{A3}等三個假設的顯著性分別爲0.035、小於0.001、小於0.001，在顯著水準爲0.05時皆顯著。然若研究者想控制型I誤差的膨脹狀況，而採用族系錯誤率時，因共有連續六個單純主要效果檢定（H_{A1}、H_{A2}、H_{A3}、H_{B1}、H_{B2}、H_{B3}），故顯著水準應變更爲0.05/6 = 0.0083。此時，則只有H_{A2}、H_{A3}的顯著性小於 < 0.0083，達顯著；而H_{A1}則變爲不顯著（顯著性 > 0.0083）。由於H_{A2}、H_{A3}顯著，未來有必要進行事後檢定，以了解在「問題解決活動」、「低空設施活動」下，學生之喜愛程度的高低狀況。

2. 相依因子〔活動型態（B）〕的單純主要效果檢定

進行「活動型態」的單純主要效果檢定之基本概念是：必須先固定另一因子「學生年級」於某一水準下，然後再來比較各活動型態間的喜愛程度之平均值有無顯著差異？也就是檢驗H_{B1}、H_{B2}與H_{B3}。因此，在JASP中，設定單純主要效果時，應將「活動型態」設定為「簡單效果因子」，而「學生年級」設定為「調節因子1」。「活動型態」（B）因子的單純主要效果檢定表，如表13-28。

表13-28 「活動型態的簡單主要效果」檢定表

學生年級水準	離均差平方和	自由度	離均差平方平均值	F	p值
國一	129.000	2	64.500	37.067	<.001
國二	16.333	2	8.167	4.693	0.014
國三	17.583	2	8.792	5.052	0.011

表13-28的「活動型態的簡單主要效果」檢定表，最主要的功能就是在檢驗假設H_{B1}、H_{B2}、H_{B3}。由表13-28顯見，H_{B1}、H_{B2}、H_{B3}等三個假設的顯著性分別為小於0.001、0.014、0.011，在顯著水準為0.05時皆顯著。然若研究者想控制型I誤差的膨脹狀況，而採用族系錯誤率時，因共有連續六個單純主要效果檢定（H_{A1}、H_{A2}、H_{A3}、H_{B1}、H_{B2}、H_{B3}），故顯著水準應變更為0.05/6=0.0083。此時，則只有H_{B1}的顯著性小於 < 0.0083，達顯著；而H_{B2}、H_{B3}則變更為不顯著（顯著性 > 0.0083）。由於H_{B1}顯著，未來有必要進行事後檢定，以了解國一學生對三種活動型態之喜愛程度的高低狀況。

（二）單純主要效果的事後比較

本範例之單純主要效果的事後比較表，如表13-29。這是一個綜合性的事後比較表，共有36個（C_2^9）「差異檢定式」，各「差異檢定式」對於各細格平均數的描述是先描述列因子的水準，再描述行因子的水準，如「國一，溝通活動」。因此，欲進行事後比較時，使用者可依檢定目標而自行取用表13-29中的「差異檢定式」。

先前的單純主要效果檢定中，學生年級的單純主要效果中，H_{A2}、H_{A3}顯著，故需要進行事後比較檢定；而活動型態的單純主要效果中，H_{B1}顯著，故亦需要進行事後比較檢定。茲將事後比較檢定之結果詳述如下：

表13-29　Post Hoc Comparisons表

		平均數差異	標準誤	t	holm p值
圖一，溝通活動	國二，溝通活動	2.000	0.671	2.980	0.074
	國三，溝通活動	1.250	0.671	1.863	0.780
	國一，問題解決活動	5.250	0.660	7.960	<.001
	國二，問題解決活動	-3.331×10^{-16}	0.671	-4.963×10^{-16}	1.000
	國三，問題解決活動	3.000	0.671	4.470	<.001
	國一，低空設施活動	4.500	0.660	6.823	<.001
	國二，低空設施活動	0.750	0.671	1.118	1.000
	國三，低空設施活動	3.125	0.671	4.656	<.001
圖二，溝通活動	國三，溝通活動	-0.750	0.671	-1.118	1.000
	國一，問題解決活動	3.250	0.671	4.843	<.001
	國二，問題解決活動	-2.000	0.660	-3.032	0.074
	國三，問題解決活動	1.000	0.671	1.490	1.000
	國一，低空設施活動	2.500	0.671	3.725	0.010
	國二，低空設施活動	-1.250	0.660	-1.895	0.780
	國三，低空設施活動	1.125	0.671	1.676	0.888
圖三，溝通活動	國一，問題解決活動	4.000	0.671	5.960	<.001
	國二，問題解決活動	-1.250	0.671	-1.863	0.780
	國三，問題解決活動	1.750	0.660	2.653	0.168
	國一，低空設施活動	3.250	0.671	4.843	<.001
	國二，低空設施活動	-0.500	0.671	-0.745	1.000
	國三，低空設施活動	1.875	0.660	2.843	0.110
國一，問題解決活動	國二，問題解決活動	-5.250	0.671	-7.823	<.001
	國三，問題解決活動	-2.250	0.671	-3.353	0.029
	國一，低空設施活動	-0.750	0.660	-1.137	1.000
	國二，低空設施活動	-4.500	0.671	-6.705	<.001
	國三，低空設施活動	-2.125	0.671	-3.166	0.045
國二，問題解決活動	國三，問題解決活動	3.000	0.671	4.470	<.001
	國一，低空設施活動	4.500	0.671	6.705	<.001
	國二，低空設施活動	0.750	0.660	1.137	1.000
	國三，低空設施活動	3.125	0.671	4.656	<.001

表13-29　Post Hoc Comparisons表（續）

		平均數差異	標準誤	t	holm p值
國三，問題解決活動	國一，低空設施活動	1.500	0.671	2.235	0.406
	國二，低空設施活動	-2.250	0.671	-3.353	0.029
	國三，低空設施活動	0.125	0.660	0.190	1.000
國一，低空設施活動	國二，低空設施活動	-3.750	0.671	-5.588	<.001
	國三，低空設施活動	-1.375	0.671	-2.049	0.581
國二，低空設施活動	國三，低空設施活動	2.375	0.671	3.539	0.017

1. H_{A2}的事後比較檢定

H_{A2}的檢定內容為：當學生參與問題解決活動時，不同年級之學生的喜愛程度平均值具顯著差異。

所以明顯的，是固定活動型態屬「問題解決活動」時，而比較國一、國二、國三學生之喜愛程度的差異。因此，就是在比較「國一，問題解決活動」、「國二，問題解決活動」與「國三，問題解決活動」之間的差異，所以只要從「Post Hoc Comparisons表」中，挑出以下這三條「差異檢定式」來進行檢定即可，如表13-30。

由表13-30的「差異檢定式」，顯見活動型態固定為「問題解決活動」時：

➤ 「國一—國二」的差異顯著（p值小於0.001），且 t 值為-7.823，屬負，故可推知，國一＜國二。

➤ 「國一—國三」的差異顯著（p值＝0.029），且 t 值為-3.353，屬負，故可推知，國一＜國三。

➤ 「國二—國三」的差異顯著（p值小於0.001），且 t 值為4.470，屬正，故可推知，國二＞國三。

綜合上述3次比較的結果，可推知，在活動型態固定為「問題解決活動」時，國二學生對「問題解決活動」的喜愛程度最大，國三次之，國一最小。記為：國一＜國三＜國二。

表13-30　Post Hoc Comparisons表（本表爲表13-29的縮減重製）

		平均數差異	標準誤	t	holm p值
	｛前面的數據省略｝				
國一，問題解決活動	國二，問題解決活動	-5.250	0.671	-7.823	<.001
	國三，問題解決活動	-2.250	0.671	-3.353	0.029
	國一，低空設施活動	-0.750	0.660	-1.137	1.000
	國二，低空設施活動	-4.500	0.671	-6.705	<.001
	國三，低空設施活動	-2.125	0.671	-3.166	0.045
國二，問題解決活動	國三，問題解決活動	3.000	0.671	4.470	<.001
	國一，低空設施活動	4.500	0.671	6.705	<.001
	國二，低空設施活動	0.750	0.660	1.137	1.000
	國三，低空設施活動	3.125	0.671	4.656	<.001
國三，問題解決活動	國一，低空設施活動	1.500	0.671	2.235	0.406
	國二，低空設施活動	-2.250	0.671	-3.353	0.029
	國三，低空設施活動	0.125	0.660	0.190	1.000
國一，低空設施活動	國二，低空設施活動	-3.750	0.671	-5.588	<.001
	國三，低空設施活動	-1.375	0.671	-2.049	0.581
國二，低空設施活動	國三，低空設施活動	2.375	0.671	3.539	0.017

2. H_{A3}的事後比較檢定

H_{A3}的檢定內容爲：當學生參與低空設施活動時，不同年級之學生的喜愛程度平均值具顯著差異。

所以明顯的，是固定活動型態屬「低空設施活動」時，而比較國一、國二、國三學生之喜愛程度的差異。因此，就是在比較「國一，低空設施活動」、「國二，低空設施活動」與「國三，低空設施活動」之間的差異，所以只要從「Post Hoc Comparisons表」中，挑出以下這三條「差異檢定式」來進行檢定即可，如表13-31。

表13-31　Post Hoc Comparisons表（本表爲表13-29的縮減重製）

		平均數差異	標準誤	t	holm p值
	{前面的數據省略}				
國三，問題解決活動	國一，低空設施活動	1.500	0.671	2.235	0.406
	國二，低空設施活動	-2.250	0.671	-3.353	0.029
	國三，低空設施活動	0.125	0.660	0.190	1.000
國一，低空設施活動	國二，低空設施活動	-3.750	0.671	-5.588	<.001
	國三，低空設施活動	-1.375	0.671	-2.049	0.581
國二，低空設施活動	國三，低空設施活動	2.375	0.671	3.539	0.017

由表13-31的「差異檢定式」，顯見活動型態固定爲「低空設施活動」時：

➤ 「國一－國二」的差異顯著（p值小於0.001），且 t 值爲-5.588，屬負，故可推知，國一＜國二。

➤ 「國一－國三」的差異不顯著（p值＝0.581），故可推知，國一＝國三。

➤ 「國二－國三」的差異顯著（p值＝0.017），且 t 值爲3.539，屬正，故可推知，國二＞國三。

綜合上述3次比較的結果，可推知，在活動型態固定爲「低空設施活動」時，國二學生對「低空設施活動」的喜愛程度最大，國一、國三次之。記爲：國一＝國三＜國二或國一、國三＜國二。

3. H_{B1} 的事後比較檢定

H_{B1} 的檢定內容爲：國一學生對各種活動型態之喜愛程度的平均值具顯著差異。

所以明顯的，是限定「國一」學生的情況下，再比較其對三種活動之喜愛程度的差異。因此，就是在比較「國一，溝通活動」、「國一，問題解決活動」與「國一，低空設施活動」之間的差異，所以只要從表13-32「Post Hoc Comparisons表」中，挑出以下這三條「差異檢定式」來進行檢定即可。

由表13-32的「差異檢定式」，顯見限定「國一」學生的情況下：

➤ 「溝通活動－問題解決活動」的差異顯著（p值小於0.001），且 t 值爲7.960，屬正，故可推知，溝通活動＞問題解決活動。

➤ 「溝通活動－低空設施活動」的差異顯著（p值小於0.001），且 t 值爲6.823，屬正，故可推知，溝通活動＞低空設施活動。

➤ 「問題解決活動—低空設施活動」的差異不顯著（p值＝1.000），故可推知，問題解決活動＝低空設施活動。

表13-32　Post Hoc Comparisons表（本表為表13-29的縮減重製）

		平均數差異	標準誤	t	holm p值
圖一，溝通活動	國二，溝通活動	2.000	0.671	2.980	0.074
	國三，溝通活動	1.250	0.671	1.863	0.780
	國一，問題解決活動	5.250	0.660	7.960	<.001
	國二，問題解決活動	-3.331×10^{-16}	0.671	-4.963×10^{-16}	1.000
	國三，問題解決活動	3.000	0.671	4.470	<.001
	國一，低空設施活動	4.500	0.660	6.823	<.001
	國二，低空設施活動	0.750	0.671	1.118	1.000
	國三，低空設施活動	3.125	0.671	4.656	<.001
圖二，溝通活動	國三，溝通活動	-0.750	0.671	-1.118	1.000
	國一，問題解決活動	3.250	0.671	4.843	<.001
	國二，問題解決活動	-2.000	0.660	-3.032	0.074
	國三，問題解決活動	1.000	0.671	1.490	1.000
	國一，低空設施活動	2.500	0.671	3.725	0.010
	國二，低空設施活動	-1.250	0.660	-1.895	0.780
	國三，低空設施活動	1.125	0.671	1.676	0.888
圖三，溝通活動	國一，問題解決活動	4.000	0.671	5.960	<.001
	國二，問題解決活動	-1.250	0.671	-1.863	0.780
	國三，問題解決活動	1.750	0.660	2.653	0.168
	國一，低空設施活動	3.250	0.671	4.843	<.001
	國二，低空設施活動	-0.500	0.671	-0.745	1.000
	國三，低空設施活動	1.875	0.660	2.843	0.110
國一，問題解決活動	國二，問題解決活動	-5.250	0.671	-7.823	<.001
	國三，問題解決活動	-2.250	0.671	-3.353	0.029
	國一，低空設施活動	-0.750	0.660	-1.137	1.000
	國二，低空設施活動	-4.500	0.671	-6.705	<.001
	國三，低空設施活動	-2.125	0.671	-3.166	0.045

{後面的數據省略}

綜合上述3次比較的結果，可推知，在限定「國一」學生的情況下，學生對「溝通活動」的喜愛程度最大，問題解決活動、低空設施活動次之。記為：溝通活動 ＞問題解決活動 ＝ 低空設施活動或溝通活動 ＞ 問題解決活動、低空設施活動。

（三）單純主要效果檢定之報表彙整

由於單純主要效果檢定的過程包含「學生年級」單純主要效果、「活動型態」單純主要效果與事後比較檢定，且這些檢定結果分散於各個報表中。為便於解析，建議可把表13-27、表13-28與事後比較檢定之結果彙整成表13-33的單純主要效果檢定摘要表（表13-33的空白表格，已儲存在「混合設計_單純主要效果檢定摘要表.docx」中）。

表13-33　單純主要效果檢定摘要表（混合設計）

變異來源	型III SS	自由度	均方和（MS）	F值	顯著性	事後比較
學生年級（受試者間）						
溝通活動	16.333	2	8.167	3.931	0.035	
問題解決活動	111.000	2	55.500	74.592	<0.001*	國二＞國三＞國一
低空設施活動	57.583	2	28.792	11.145	<0.001*	國二＞國一＝國三
誤差（殘差）	113.500	63	1.802			
活動型態（受試者內）						
國一	129.000	2	64.500	37.067	<0.001*	溝通＞問題＝低空
國二	16.333	2	8.167	4.693	0.014	
國三	17.583	2	8.792	5.502	0.011	

註：顯著水準：0.0083（0.05/6），*表顯著之意。

（四）單純主要效果檢定的總結

為方便進行單純主要效果檢定的六項假設（H_{A1}、H_{A2}、H_{A3}、H_{B1}、H_{B2}、H_{B3}）的檢定，將本範例經執行單純主要效果檢定分析後的結果，整理成表13-33。

首先觀察獨立因子「學生年級」的單純主要效果檢定，由表13-33的第3至5列，可發現H_{A1}、H_{A2}、H_{A3}等三個假設的顯著性分別為0.035、<0.001、<0.001，在顯著水準為0.0083時，H_{A1}不顯著（顯著性 ＞ 0.0083），H_{A2}、H_{A3}則顯著（顯著性 ＜ 0.0083）。接著，再觀察相依因子「活動型態」的單純主要效果檢定，由表13-33之

第8至10列的相依因子「活動型態」的單純主要效果檢定，可發現H_{B1}、H_{B2}、H_{B3}等三個假設的顯著性分別為<0.001、0.014、0.011，在顯著水準為0.0083時，只有H_{B1}的顯著性<0.001，達顯著；而H_{B2}、H_{B3}則不顯著（顯著性 > 0.0083）。

接著觀察事後比較檢定的結果：

1. 對於「問題解決活動」而言，國二學生的喜愛程度最高、國三學生次之、國一學生最低。

2. 對於「低空設施活動」而言，國二學生的喜愛程度最高，而對國一學生與國三學生則無顯著差異。

3. 就「國一」而言，可發現國一學生對「溝通活動」的喜愛程度最高，而對「問題解決活動」與「低空設施活動」而言，則無顯著差異。

13-8-3　二因子混合設計變異數分析之總結

經過冗長的分析過程後，二因子混合設計變異數分析的結果，彙整在表13-26中。由表13-26的「二因子混合設計變異數分析摘要表」可知，交互作用效果（F值16.857、顯著性 < 0.001）達顯著，故可認為「不同學生年級與體驗教育活動型態的交互作用下，學生的喜愛程度具有顯著的差異。」此外，交互作用項的淨η^2（η_p^2）為0.616，表示排除「學生年級」與「活動型態」對喜愛程度個別的影響後，交互作用項「學生年級×活動型態」可以解釋喜愛程度61.6%的變異量，具有相當高的實務顯著性。

再由表13-33的「單純主要效果檢定摘要表」，得到以下結論：

1. 當學生參與問題解決活動時，不同年級之學生的喜愛程度具有顯著差異，且對於問題解決活動而言，國二學生的喜愛程度最高、國三學生次之、國一學生最低。

2. 當學生參與低空設施活動時，不同年級之學生的喜愛程度具有顯著差異，且對於低空設施活動而言，國二學生的喜愛程度最高，而對國一學生與國三學生則無差異。

3. 國一學生對各種活動型態之喜愛程度具有顯著差異，且國一學生對「溝通活動」的喜愛程度最高，而對「問題解決活動」與「低空設施活動」則無差異。

13-9　二因子完全相依變異數分析的範例

範例13-4

過往文獻顯示，參與體驗教育課程，有助於團隊凝聚力的提升，因而某國中校長乃欲將體驗教育課程推廣至全校學生。推廣前，校長想探究不同上課情境（室內、戶外）與體驗教育活動型態（溝通活動、問題解決活動、低空設施活動）組合的六種課程中，哪種課程最為學生所喜愛。於是在某班的課程中，加入了這六種體驗教育課程，學期結束後，學生針對這六種體驗教育課程的喜愛程度填寫問卷，喜愛程度得分從1至10分，分數越高表示學生對該課程的喜愛程度越高。最後，校長將於該班隨機抽出20名學生，並彙整學生對課程之喜愛程度資料，所得數據如表13-34。試問：學生對體驗教育活動型態的喜愛程度是否會因上課情境而有所差異？（資料檔案為ex13-4.jasp）

表13-34　課程「喜愛程度」的數據

因子		活動型態（B）											
		溝通活動（b1）				問題解決活動（b2）				低空設施活動（b3）			
上課情境（A）	室內（a1）	3	5	6	6	9	8	9	6	2	5	8	5
		4	6	4	7	8	9	8	7	2	8	9	6
		7	4	7	6	9	8	7	8	8	2	1	7
		4	5	5	5	9	9	9	5	4	4	9	8
		2	6	5	4	9	7	8	7	8	7	7	4
	戶外（a2）	6	6	8	4	7	3	2	6	3	3	4	6
		5	5	5	5	4	4	4	2	4	6	6	5
		6	7	7	6	3	8	6	8	3	6	4	7
		6	6	6	5	2	4	7	1	7	3	1	4
		6	5	5	4	6	9	7	6	3	4	5	4

　　首先，判斷本範例之變異數分析的類型。本範例共有兩個因子，分別為上課情境（A）與體驗教育之活動型態（B）。上課情境有室內（a1）、戶外（a2）等兩個水準；而體驗教育之活動型態則有溝通活動（b1）、問題解決活動（b2）、低空設施活動（b3）等三個水準。這兩個因子共可組合成六種課程，如：室內溝通活動（a1b1）、室內問題解決活動（a1b2）、室內低空設施活動（a1b3）、戶外溝通活動（a2b1）、戶外問題解決活動（a2b2）、戶外低空設施活動（a2b3）。由題意顯見，

隨機抽出的20名學生皆參與了這六種課程。也就是說，由上課情境（A）與活動型態（B）所交互組成而產生之細格（處理）內的觀測值，皆來自同一組受試者，故上課情境（A）與活動型態（B）皆屬相依因子，這種設計方式就是所謂的二因子完全相依變異數分析。表13-34中的數據即是一個2×3二因子完全相依變異數分析的範例。

　　二因子完全相依變異數分析建檔時，必須為兩相依因子所構成的每一種處理（即每一個細格），各建立一個欄位（變數）。基於此，從表13-34中可看出，兩相依因子共可構成六種處理，這六種處理分別為室內溝通活動（a1b1）、室內問題解決活動（a1b2）、室內低空設施活動（a1b3）、戶外溝通活動（a2b1）、戶外問題解決活動（a2b2）、戶外低空設施活動（a2b3）。因此建檔時，總共須設立六個變數以代表每一種處裡。至於依變數（喜愛程度），則直接輸入於六個變數的資料值中即可。輸入各細格（處理）中的觀測值時，輸入順序各細格必須一致，通常由左至右、由上而下（或由上而下、由左至右亦可），依序輸入資料，輸入完成後，資料檔格式與外觀，如圖13-13。完成資料檔的建立過程後，請存檔為「ex13-4.jasp」。

	a1b1	a1b2	a1b3	a2b1	a2b2	a2b3
1	3	9	2	6	7	3
2	4	8	2	5	4	4
3	7	9	8	6	3	3
4	4	9	4	6	2	7
5	2	9	8	6	6	3
6	5	8	5	6	3	3
7	6	9	8	5	4	6
8	4	8	2	7	8	6
9	5	9	4	6	4	3
10	6	7	7	5	9	4
11	6	9	8	8	2	4
12	4	8	9	5	4	6
13	7	7	1	7	6	4
14	5	9	6	6	7	1
15	5	8	7	5	7	5
16	6	6	5	4	6	5
17	7	7	6	5	2	5
18	6	8	7	6	8	7
19	5	5	8	5	1	4
20	4	7	4	4	6	4

圖13-13　二因子完全相依變異數分析的資料格式

13-9-1　整體檢定

建檔完成後，就可開始進行二因子完全相依變異數分析了。首先，我們先來進行第一階段的整體檢定，檢定前須先設定假設。在整體檢定的過程中，將設定交互作用項的效果、兩個因子的主要效果等三個假設（使用對立假設），分別描述如下：

H_{AB}：上課情境與活動型態的交互作用下，學生對課程的喜愛程度具有顯著的差異。

H_A：在不同的上課情境中，學生對課程的喜愛程度具有顯著的差異。

H_B：在不同的活動型態下，學生對課程的喜愛程度具有顯著的差異。

操作步驟

具備上述的認知後，就可開始在JASP中設定、執行二因子完全相依變異數分析了。詳細操作過程，請讀者可自行參閱教學影音檔「ex13-4.mp4」。

▶ 報表解說

在JASP中，執行「重複量數變異數分析」功能就可以進行「二因子完全相依變異數分析」。執行後，在整體檢定階段中，首先檢測前提假設（殘差常態性、變異數同質性檢定與球形檢定），然後再根據「變異數分析表」來檢定H_{AB}、H_A與H_B等三個假設是否可獲得支持。殘差常態性之檢定部分，限於篇幅，在此將予以省略，但影音教學檔案（ex13-4.mp4）中，將會實質的進行殘差常態性之檢定。故在此，將只進行獨立因子的變異數同質性檢定與相依因子的球形檢定。

（一）變異數同質性檢定與球形檢定

由於二因子完全相依變異數分析中，並無獨立因子，因此變異數同質性檢定可省略，而只須針對相依因子進行球形檢定即可。球形檢定的結果，如表13-35。由於有兩個相依因子與一個交互作用項（亦屬於相依），故表13-35中原本應該檢驗三個項目，即「上課情境」、「活動型態」與「上課情境×活動型態」。然因為「上課情境」只有兩個水準（自由度0），無法算出其顯著性，故其epsilon值（ε值）應為1，屬完美球形，因此「上課情境」因子就不須予以檢定了。故表13-35中只剩兩個檢驗因子，即「活動型態」與「上課情境×活動型態」。

由表13-35的Mauchly球形檢定結果不難發現，「活動型態」的Greenhouse-Geisser ε值、Huynh-Feldt ε值分別為0.894、0.980，皆大於0.75，且其Mauchly's W值為0.881，其趨近卡方值為2.277，在自由度為2時，顯著性為0.320大於0.05，未顯著。而交互作用項（上課情境×活動型態）的Greenhouse-Geisser ε值、Huynh-Feldt ε值分別為0.984、1.000，皆大於0.75，且其Mauchly's W值為0.984，其趨近卡方值為0.298，在自由度為2時，顯著性為0.862大於0.05，亦未顯著。這些檢定結果表示相依因子並未違反變異數分析之球形假設，因此，未來並不需要對F統計量值作修正，而可直接採用「符合球形假設」下的F統計量值與其他檢定數據。

表13-35　球形檢定表

	Mauchly's W	趨近X²	自由度	p值	Greenhouse-Geisser ε	Huynh-Feldt ε	下界ε
活動型態	0.881	2.277	2	0.320	0.894	0.980	0.500
上課情境 *活動型態	0.984	0.298	2	0.862	0.984	1.000	0.500

（二）檢定結果

由於所有的相依因子未違反球形假設，因此不用進行同質性校正，可以直接由表13-36的「受試者內效果」來進行檢定。

1. 受試者內效果

在具有相依因子的變異數分析中，總變異量將被拆解成受試者間變異量（獨立因子）與受試者內變異量（相依因子）兩大部分，表13-36就是受試者內效果檢定的結果。表13-36的受試者內效果表中有六種變異來源，分別為「上課情境」、「活動型態」、交互作用項「上課情境*活動型態」與三個各相依因子之殘差。由表13-36之第2列可見，由於「上課情境」因子之F值為其均方和（即，離均差平方平均值45.633）除以其殘差均方和（即，離均差平方平均值3.633）的結果，所以等於12.560，且顯著性為0.002小於0.05，故顯著，因此H_A獲得支持，表示「上課情境」因子的主要效果顯著；亦即在不同的上課情境中，學生對課程的喜愛程度是具有顯著差異的。

此外，由表13-36之第4列可發現，「活動型態」因子之F值為其均方和（21.733）除以其殘差均方和（3.339）的結果，所以等於6.510，且顯著性為0.004小

於0.05，故亦顯著，因此H_B亦獲得支持，表示「活動型態」因子的主要效果顯著；亦即在不同的活動型態中，學生對課程的喜愛程度是具有顯著差異的。

最後，由表13-36之第6列可見，交互作用項「上課情境*活動型態」之F值為其均方和（32.433）除以其殘差均方和（2.933）的結果，所以等於11.057，且顯著性小於0.001，故亦顯著，因此H_{AB}也獲得支持，表示交互作用項「上課情境*活動型態」的主要效果顯著；亦即不同的上課情境與活動型態的交互作用下，學生對課程的喜愛程度是具有顯著差異的。

表13-36　受試者內效果

個案	離均差平方和	自由度	離均差平方平均值	F	p值	η_p^2
上課情境	45.633	1	45.633	12.560	0.002	0.398
Residuals	69.033	19	3.633			
活動型態	43.467	2	21.733	6.510	0.004	0.255
Residuals	126.867	38	3.339			
上課情境*活動型態	64.867	2	32.433	11.057	<.001	0.368
Residuals	111.467	38	2.933			

註：η_p^2即為淨η^2。

2. 受試者間效果

受試者間效果表，如表13-37所示，這是對獨立因子之效果的檢定報表。在本範例中，嚴格來說，只有參與實驗的受試者可視為獨立因子。因此，受試者間效果檢定主要在檢驗受訪者間的差異。但這在二因子完全相依的變異數分析中並不是重點，因此在此僅了解其基本意義就夠了，而表13-37中的資料將來製作彙整表時仍會使用到。

表13-37　受試者間效果

個案	離均差平方和	自由度	離均差平方平均值	F	p值
Residuals	49.033	19	2.581		

（三）總變異的拆解與報表彙整

執行二因子完全相依變異數分析之整體檢定的主要目的，在於檢驗第13-9-1節中的三項假設。本範例經變異數分析後，所產生的報表相當長。所幸JASP的功能強大，可以直接輸出APA格式的檢定表（如表13-36與表13-37）。但由於進行整體檢定時，若在同一個表中就能同時檢視「受試者內效果」與「受試者間效果」，那麼整體檢定之進行將更具效率。故在此，將整合表13-36與表13-37而彙整成表13-38的「二因子完全相依變異數分析摘要表」（表13-38的空白表格，已儲存在「完全相依_變異數分析摘要表.docx」中）。當然，若讀者覺得麻煩，也可直接以表13-36與表13-37來進行總結。

在表13-38的「二因子完全相依變異數分析摘要表」中，灰色網底的部分將依各種變異來源，依序填入表13-36與表13-37所顯示的數據，然後再根據表13-38就可檢定先前所設定的三個假設（H_{AB}、H_A與H_B）了。要順利且正確的製作表13-38，最重要的概念是要能正確的拆解各種變異來源（表13-38的第一個欄位）。拆解各種變異來源時，可參考圖13-14。但表13-36與表13-37中，JASP其實已列出各種變異來源了。

表13-38　二因子完全相依變異數分析摘要表

變異來源	型III SS	自由度	均方和（MS）	F值	顯著性	事後比較	淨η^2
受試者間							
殘差	49.033	19	2.581				
受試者內							
上課情境（A）	45.633	1	45.633	12.560	0.002*		0.398
活動型態（B）	43.467	2	21.733	6.510	0.004*		0.255
上課情境×活動型態（A×B）	64.867	2	32.433	11.057	<0.001*		0.368
殘差（A）	69.033	19	3.633				
殘差（B）	126.867	38	3.339				
殘差（A×B）	111.467	38	2.933				
全體	510.367	119	4.289				

註：顯著水準0.05，*代表顯著之意。

由於本範例屬二因子完全相依變異數分析，故並不存在獨立因子（受試者間因子），而應只具有兩個相依因子（受試者內因子）及其交互作用項。所以，圖13-14

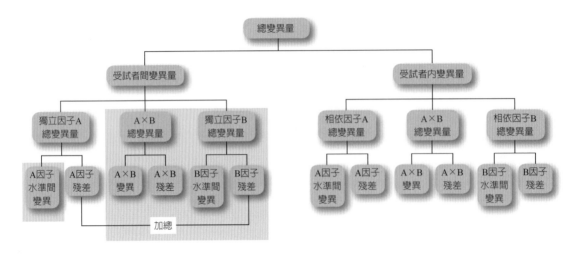

圖13-14　二因子完全相依變異數分析的變異拆解

中具灰色網底的變異來源可以忽略不看。因此，在二因子完全相依變異數分析中，變異來源總共有七個，分別是受試者間的「殘差」、「受試者內的A因子水準間的變異（上課情境的主要效果）」、受試者內的「B因子水準間的變異（活動型態的主要效果）」、受試者內的「交互作用項（A×B）的主要效果」、「受試者內的A因子殘差」、「受試者內的B因子殘差」與「受試者內的A×B殘差」。由此，就可確立表13-38中的各種變異來源了。

（四）整體檢定之總結

最後，整體檢定之總結如下：

為方便進行整體檢定中的三項假設之檢定工作，我們須將表13-36與表13-37彙整成如表13-38的格式。由表13-38得知，交互作用項效果（F值11.057、顯著性小於0.001）達顯著。因此，假設H_{AB}成立，即認為「上課情境與活動型態的交互作用下，學生的喜愛程度具有顯著的差異。」此外，交互作用項的淨η^2（η_p^2）為0.368，表示排除「上課情境」與「活動型態」對喜愛程度之個別的影響後，交互作用項「上課情境×活動型態」可以解釋喜愛程度36.8%的變異量，依據Cohen（1988）的判斷標準，以該交互作用項來解釋喜愛程度的變化，已具有相當高的實務顯著性。雖然，「上課情境」與「活動型態」等兩個主要效果（F值分別為12.560、6.510）亦達顯著，但由於交互作用效果顯著，故主要效果並無分析價值。因而後續將進行單純主要效果檢定，以確認在何種情況下，才能有效提高學生對各種課程的喜愛程度。

13-9-2 單純主要效果檢定

由於「上課情境」與「活動型態」之交互作用項的效果顯著，表示參與不同活動型態的學生，會因不同的上課情境而有不同的喜愛程度，或不同上課情境的學生會因體驗教育活動型態的不同而有不同的喜愛程度。為明確的釐清到底在何種情境下，才能有效提高學生對各種課程的喜愛程度，故後續將進行單純主要效果檢定。首先，設定單純主要效果檢定的假設（對立假設）。

（一）上課情境的單純主要效果檢定

1. 限定「活動型態」為「溝通活動」時：比較不同上課情境下，學生的喜愛程度。

    H_{A1}：參與溝通活動時，在不同上課情境下，學生的喜愛程度平均值具顯著差異。

2. 限定「活動型態」為「問題解決活動」時：比較不同年級之學生的喜愛程度。

    H_{A2}：參與問題解決活動時，在不同上課情境下，學生的喜愛程度平均值具顯著差異。

3. 限定「活動型態」為「低空設施活動」時：比較不同年級之學生的喜愛程度。

    H_{A3}：參與低空設施活動時，在不同上課情境下，學生的喜愛程度平均值具顯著差異。

（二）活動型態的單純主要效果檢定

1. 限定上課情境為「室內」時：比較學生對三種活動型態的喜愛程度。

    H_{B1}：室內上課時，學生對三種活動型態課程之喜愛程度的平均值具顯著差異。

2. 限定上課情境為「戶外」時：比較學生對三種活動型態的喜愛程度。

    H_{B2}：戶外上課時，學生對三種活動型態課程之喜愛程度的平均值具顯著差異。

釐清上述的假設之意義後，只要依檢定內容所需，就可進行各種情況下的單純主要效果檢定了。

操作 步驟

　　基本上，單純主要效果檢定的操作過程，皆已經包含在執行「重複量數變異數分析」的過程中了，不必額外進行其他操作。詳細操作步驟，讀者可參閱教學影音檔「ex13-4.mp4」。

▶ 報表解說

（一）檢定結果

1. 上課情境（A）的單純主要效果檢定

　　進行「上課情境（A）」的單純主要效果檢定時，必須先固定另一因子「活動型態（B）」於某一水準下，然後再來比較學生對兩種上課情境之喜愛程度的平均值有無顯著差異？也就是，檢驗H_{A1}、H_{A2}、H_{A3}。因此，設定單純主要效果時，應將「上課情境」設定為「簡單效果因子」，而「活動型態」設定為「調節因子1」。「上課情境（A）」因子的單純主要效果檢定表，如表13-39的「上課情境的簡單主要效果」檢定表。

表13-39　「上課情境的簡單主要效果」檢定表

活動型態水準	離均差平方和	自由度	離均差平方平均值	F	p值
溝通活動	3.600	1	3.600	0.991	0.332
問題解決活動	90.000	1	90.000	24.771	<.001
低空設施活動	16.900	1	16.900	4.651	0.044

　　由表13-39顯見，H_{A1}（固定「溝通活動」）、H_{A2}（固定「問題解決活動」）、H_{A3}（固定「低空設施活動」）等三個假設的顯著性分別為0.332、<0.001、0.044，在顯著水準為0.05時，除H_{A1}不顯著外，H_{A2}、H_{A3}皆顯著。然若研究者為控制型I錯誤膨脹率，而採用族系錯誤率時，因共有連續五個單純主要效果檢定（H_{A1}、H_{A2}、H_{A3}、H_{B1}、H_{B2}），故顯著水準應變更為0.05/5 = 0.01，此時，就只剩H_{A2}的顯著性小於 < 0.01，達顯著；而H_{A1}、H_{A3}則變更為不顯著（顯著性 > 0.01）。由於H_{A2}顯著，未來有必要進行事後檢定，以了解在參與「問題解決活動」時，學生較喜歡在室內或室外上課。

2. 活動型態（B）的單純主要效果檢定

　　進行「活動型態」的單純主要效果檢定之基本概念是：必須先固定另一因子「上課情境」於某一水準下，然後再來比較各活動型態間的喜愛程度之平均值有無顯著差異？也就是檢驗H_{B1}與H_{B2}。因此，在JASP中，設定單純主要效果時，應將「活動型態」設定為「簡單效果因子」，而「上課情境」設定為「調節因子1」。「活動型態」（B）因子的單純主要效果檢定表，如表13-40的「活動型態的簡單主要效果」檢定表。

表13-40　「活動型態的簡單主要效果」檢定表

上課情境水準	離均差平方和	自由度	離均差平方平均值	F	p值
室內	92.633	2	46.317	13.873	<.001
戶外	15.700	2	7.850	2.351	0.109

　　由表13-40顯見，H_{B1}（固定「室內」）、H_{B2}（固定「戶外」）等兩個假設的顯著性分別為<0.001、0.109，在顯著水準為0.05時，H_{B1}顯著、H_{B2}不顯著。然若研究者為控制型I錯誤膨脹率，而採用族系錯誤率時，因共有連續五個單純主要效果檢定（H_{A1}、H_{A2}、H_{A3}、H_{B1}、H_{B2}），故顯著水準應變更為0.05/5 = 0.01。此時，依然只有H_{B1}的顯著性皆小於<0.01，達顯著。由於H_{B1}顯著，未來有必要進行事後檢定，以了解在室內上課時，學生到底比較喜愛哪種活動型態之課程。

（二）單純主要效果的事後比較

　　本範例之單純主要效果的事後比較表，如表13-41。這是一個綜合性的事後比較表，共有15個（C_2^6）「差異檢定式」，各「差異檢定式」對於各細格平均數的描述是先描述列因子的水準，再描述行因子的水準，如「室內，溝通活動」。因此，欲進行事後比較時，使用者可依檢定目標而自行取用表13-41中的「差異檢定式」。

　　先前的單純主要效果檢定中，上課情境的單純主要效果中，H_{A2}顯著，故需要進行事後比較檢定；而活動型態的單純主要效果中，H_{B1}顯著，故亦需要進行事後比較檢定。茲將事後比較檢定之結果詳述如下：

表13-41　Post Hoc Comparisons表

		平均數差異	標準誤	t	holm p值
室內，溝通活動	戶外，溝通活動	-0.600	0.563	-1.066	1.000
	室內，問題解決活動	-2.900	0.560	-5.179	<.001
	戶外，問題解決活動	0.100	0.580	0.172	1.000
	室內，低空設施活動	-0.650	0.560	-1.161	1.000
	戶外，低空設施活動	0.650	0.580	1.120	1.000
戶外，溝通活動	室內，問題解決活動	-2.300	0.580	-3.962	0.002
	戶外，問題解決活動	0.700	0.560	1.250	1.000
	室內，低空設施活動	-0.050	0.580	-0.086	1.000
	戶外，低空設施活動	1.250	0.560	2.232	0.257
室內，問題解決活動	戶外，問題解決活動	3.000	0.563	5.331	<.001
	室內，低空設施活動	2.250	0.560	4.018	0.002
	戶外，低空設施活動	3.550	0.580	6.116	<.001
戶外，問題解決活動	室內，低空設施活動	-0.750	0.580	-1.292	1.000
	戶外，低空設施活動	0.550	0.560	0.982	1.000
室內，低空設施活動	戶外，低空設施活動	1.300	0.563	2.310	0.246

1. H_{A2}事後比較檢定

　　H_{A2}的檢定內容為：參與問題解決活動時，在不同上課情境下，學生的喜愛程度平均值具顯著差異。

　　所以明顯的，是固定活動型態屬「問題解決活動」時，而比較「室內」、「戶外」學生之喜愛程度的差異。因此，就是在比較「室內，問題解決活動」與「戶外，問題解決活動」之間的差異，所以只要從「Post Hoc Comparisons表」中，挑出這一條「差異檢定式」來進行檢定即可。如表13-42。

　　由表13-42的「差異檢定式」，顯見活動型態固定為「問題解決活動」時：

➤ 室內、戶外的差異顯著（p值小於0.001），且 t 值為5.331，屬正，故可推知，室內>戶外。

　　綜合上述比較的結果，可推知，在活動型態固定為「問題解決活動」時，學生對「室內」上課的喜愛程度較「戶外」高。記為：室內>戶外。

表13-42　Post Hoc Comparisons表（本表與表13-41相同）

		平均數差異	標準誤	t	holm p值
室內，溝通活動	戶外，溝通活動	-0.600	0.563	-1.066	1.000
	室內，問題解決活動	-2.900	0.560	-5.179	<.001
	戶外，問題解決活動	0.100	0.580	0.172	1.000
	室內，低空設施活動	-0.650	0.560	-1.161	1.000
	戶外，低空設施活動	0.650	0.580	1.120	1.000
戶外，溝通活動	室內，問題解決活動	-2.300	0.580	-3.962	0.002
	戶外，問題解決活動	0.700	0.560	1.250	1.000
	室內，低空設施活動	-0.050	0.580	-0.086	1.000
	戶外，低空設施活動	1.250	0.560	2.232	0.257
室內，問題解決活動	戶外，問題解決活動	3.000	0.563	5.331	<.001
	室內，低空設施活動	2.250	0.560	4.018	0.002
	戶外，低空設施活動	3.550	0.580	6.116	<.001
戶外，問題解決活動	室內，低空設施活動	-0.750	0.580	-1.292	1.000
	戶外，低空設施活動	0.550	0.560	0.982	1.000
室內，低空設施活動	戶外，低空設施活動	1.300	0.563	2.310	0.246

2. H_{B1}事後比較檢定

H_{B1}的檢定內容為：室內上課時，學生對三種活動型態課程之喜愛程度的平均值具顯著差異。

所以明顯的，是限定「室內」上課的情況下，再比較學生對三種活動之喜愛程度的差異。因此，就是在比較「室內，溝通活動」、「室內，問題解決活動」與「室內，低空設施活動」之間的差異，所以只要從表13-43「Post Hoc Comparisons表」中，挑出以下這三條「差異檢定式」來進行檢定即可。

由表13-43的「差異檢定式」，顯見限定「室內」上課的情況下：

➤ 「溝通活動－問題解決活動」的差異顯著（p值小於0.001），且 t 值為-5.179，屬負，故可推知，溝通活動＜問題解決活動。

➤ 「溝通活動－低空設施活動」的差異不顯著（p值 = 1.000），故可推知，溝通活動＝低空設施活動。

➤ 「問題解決活動－低空設施活動」的差異顯著（p值為0.002），且 t 值為4.018，屬

8

正，故可推知，問題解決活動 > 低空設施活動。

綜合上述3次比較的結果，可推知，在限定「室內」上課的情況下，學生對「問題解決活動」的喜愛程度最大，溝通活動、低空設施活動次之，但兩者無差異。記為：問題解決活動 > 溝通活動 = 低空設施活動或問題解決活動 > 溝通活動、低空設施活動。

表13-43　Post Hoc Comparisons表（本表與表13-41相同）

		平均數差異	標準誤	t	holm p值
室內，溝通活動	戶外，溝通活動	-0.600	0.563	-1.066	1.000
	室內，問題解決活動	-2.900	0.560	-5.179	<.001
	戶外，問題解決活動	0.100	0.580	0.172	1.000
	室內，低空設施活動	-0.650	0.560	-1.161	1.000
	戶外，低空設施活動	0.650	0.580	1.120	1.000
戶外，溝通活動	室內，問題解決活動	-2.300	0.580	-3.962	0.002
	戶外，問題解決活動	0.700	0.560	1.250	1.000
	室內，低空設施活動	-0.050	0.580	-0.086	1.000
	戶外，低空設施活動	1.250	0.560	2.232	0.257
室內，問題解決活動	戶外，問題解決活動	3.000	0.563	5.331	<.001
	室內，低空設施活動	2.250	0.560	4.018	0.002
	戶外，低空設施活動	3.550	0.580	6.116	<.001
戶外，問題解決活動	室內，低空設施活動	-0.750	0.580	-1.292	1.000
	戶外，低空設施活動	0.550	0.560	0.982	1.000
室內，低空設施活動	戶外，低空設施活動	1.300	0.563	2.310	0.246

（三）單純主要效果報表彙整

由於單純主要效果檢定的過程，包含「上課情境」單純主要效果、「活動型態」單純主要效果與事後比較檢定，且這些檢定結果分散於各個報表中。為便於解析，建議可把表13-39、表13-40與事後比較檢定之結果彙整成表13-44的單純主要效果檢定摘要表（表13-44的空白表格，已儲存在「完全相依_單純主要效果檢定摘要表.docx」中）。

表13-44　單純主要效果檢定摘要表（完全相依）

變異來源	型III SS	自由度	均方和（MS）	F值	顯著性	事後比較
上課情境（A）						
溝通活動	3.600	1	3.600	0.991	0.332	
問題解決活動	90.000	1	90.000	24.771	＜0.001*	室內＞戶外
低空設施活動	16.900	1	16.900	4.651	0.044	
活動型態（B）						
室內	92.633	2	46.317	13.873	＜0.001*	問題解決活動＞溝通活動＝低空設施活動
戶外	15.700	2	7.850	2.351	0.109	

註：顯著水準：0.01，*代表顯著之意。

（四）單純主要效果檢定的總結

　　為方便進行單純主要效果檢定的五項假設（H_{A1}、H_{A2}、H_{A3}、H_{B1}、H_{B2}）的檢定，將本範例經執行單純主要效果檢定分析後的結果，整理成表13-44。

　　首先觀察「上課情境」的單純主要效果檢定，由表13-44的第3至5列，可發現H_{A1}、H_{A2}、H_{A3}等三個假設的顯著性分別為0.332、＜0.001、0.044，在顯著水準為0.01時，H_{A1}、H_{A3}不顯著（顯著性 > 0.01），只有H_{A2}顯著（顯著性 < 0.01）。接著，再觀察「活動型態」的單純主要效果檢定，由表13-44之第7至8列，可發現H_{B1}、H_{B2}等兩個假設的顯著性分別為＜0.001、0.109，在顯著水準為0.01時，只有H_{B1}的顯著性 < 0.01，達顯著；而H_{B2}則不顯著（顯著性 > 0.01）。

　　接著觀察事後比較檢定的結果：

1. 在活動型態固定為「問題解決活動」時，學生對「室內」上課的喜愛程度較「戶外」高。亦即，學生對「室內問題解決活動」的喜愛程度較「戶外問題解決活動」高。

2. 在「室內」上課的情況下，學生對「問題解決活動」的喜愛程度最大，溝通活動、低空設施活動次之，但兩者無差異。亦即，學生對「室內問題解決活動」的喜愛程度最高，而對「室內溝通活動」與「室內低空設施活動」的喜愛程度則無顯著差異。

◎13-9-3　二因子完全相依變異數分析之總結

　　經過冗長的分析過程後，二因子完全相依變異數分析的結果，彙整成表13-38。由表13-38的「二因子完全相依變異數分析摘要表」可知，交互作用效果（F值11.057、顯著性 < 0.001）達顯著，故可認爲「不同上課情境與活動型態的交互作用下，學生對活動的喜愛程度具有顯著的差異。」此外，交互作用項的淨η^2（η_p^2）爲0.368，表示排除「上課情境」與「活動型態」對喜愛程度個別的影響後，交互作用項「上課情境×活動型態」可以解釋喜愛程度36.8%的變異量，顯見交互作用項「上課情境×活動型態」具有相當高的實務顯著性。雖然，「上課情境」與「活動型態」等兩個主要效果（F值分別爲12.560、6.510）亦達顯著，但由於交互作用效果顯著，故主要效果並無分析價值。因而後續將進行單純主要效果檢定，以確認在何種情況下，才能促使喜愛程度提高或降低。

　　最後，再由單純主要效果檢定的結果（表13-44）得到以下結論：

1. 學生對「室內問題解決活動」與「戶外問題解決活動」之喜愛程度具有顯著差異，且學生對「室內問題解決活動」的喜愛程度較「戶外問題解決活動」高。
2. 學生對「室內溝通活動」、「室內問題解決活動」、「室內低空設施活動」之喜愛程度具有顯著性差異，且學生對「室內問題解決活動」的喜愛程度最高，而對「室內溝通活動」與「室內低空設施活動」的喜愛程度則無顯著差異。
3. 綜合上述結論，在所有的六種課程中，學生對「室內問題解決活動」的喜愛程度最高。

習 題

練習13-1

　　為加強國中生的團隊凝聚力，某校長引進一套體驗教育課程。為了了解體驗教育課程的效果，乃從國一、國二與國三學生中，各年級抽取男生9名、女生9名，每個年級18名學生在參與體驗教育課程後，均須填寫「團隊凝聚力」量表。得分越高，表示學生的團隊凝聚力越強。所得數據如表13-45。試問：參與體驗教育課程後，各年級學生的團隊凝聚力是否會因性別而有所差異？（資料檔案為hw13-1.jasp）

表13-45　團隊凝聚力的數據

因子		學生年級（B）								
		國一			國二			國三		
性別（A）	男生	26	37	42	42	45	61	55	64	61
		31	37	35	50	53	41	53	61	66
		40	30	35	52	48	55	55	68	58
	女生	40	48	58	48	64	50	56	55	53
		48	55	44	58	55	53	61	64	65
		50	44	42	53	58	61	58	66	53

練習13-2

　　研究者欲評估兩種性格（具與不具反社會人格），在喝酒與不喝酒時的暴力傾向。實驗中，具、不具反社會人格特徵者各有8位，然後測量評估其在喝酒及不喝酒時之暴力傾向分數，資料如表13-46，試問：喝酒及不喝酒時之暴力傾向是否會因性格而有所差異？（資料檔案為hw13-2.jasp）

表13-46 暴力傾向分數的數據

因子		喝酒（B）			
		不喝（b1）		喝（b2）	
性格 （A）	不具 （a1）	0.73	0.99	0.7	0.99
		0.82	1.04	0.74	1.03
		0.88	1.07	0.8	1.12
		0.97	1.31	0.91	1.21
	具 （a2）	0.68	1.27	0.91	1.36
		1.14	1.28	1.02	1.62
		1.18	1.38	1.29	1.75
		1.24	1.77	1.36	1.85

練習13-3

研究者為探索某種口香糖，咀嚼後口腔酸鹼值（pH）的變化，於是請8位受試者進行實驗。口香糖可分為兩種口味，即S型（標準型）與B型（含碳酸氫鈉Sodium bicarbonate）。每位受試者先食用糖果20分鐘後開始咀嚼口香糖10分鐘。其後，實驗過程中測量咀嚼口香糖前（第20分鐘時，尚未開始咀嚼口香糖）、中（第30分鐘時，即咀嚼口香糖第10分鐘時）、後（第40分鐘時，即咀嚼停止後的第10分鐘時）口腔的酸鹼值，資料如表13-47，試問：咀嚼口香糖前、中、後期的口腔酸鹼值是否會因口香糖之口味而有所差異？（資料檔案為hw13-3.jasp）

表13-47 口腔酸鹼值的數據

因子		咀嚼階段（B）					
		前（b1）		中（b2）		後（b3）	
口香糖 類型 （A）	S型 （a1）	3.9	3.9	3.7	4.3	3.5	4.8
		3.6	4.1	4.0	4.5	4.0	4.5
		3.4	4.2	4.5	4.9	4.8	5.1
		3.9	4.3	4.4	5.1	5.0	5.2
	B型 （a2）	3.3	3.9	4.5	5.3	4.3	4.9
		3.5	3.7	4.9	5.4	4.4	5.1
		3.6	4.2	5.1	5.3	4.8	5.0
		3.6	4.0	6.1	6.1	4.8	5.5

第 **14** 章
迴歸分析

　　變數之間的關係大致上可以分為兩類：一類是確定性的，另一類是不確定性的。確定性的關係是指某一個或某幾個現象的變動「必然」會引起另一個變數之變動。在這種情形下，變數之間的關係是可以使用數學函數或公式明確的表達出來的，例如：y = f(x)。這也就說明了，當已知x的數值時，就可以計算出確切的y值來。而在自然科學領域中，許多變數間的關係都是屬於這一類型。例如：自由落體的高度公式：$h = 1/2gt^2$（h表高度，g表重力加速度，t表時間）。圓的周長與半徑的關係：周長 = $2\pi r$（r表半徑，π為圓周率）。在經濟市場中，某種產品的銷售額 = 銷售數量 × 單價……等等。

　　另一類則是不確定性的關係，即兩個或多個變數之間，雖然存在著某種關係，但這種關係具有不確定性，或者說其函數關係並不明確。造成不確定性的原因，除了各變數間存在主要的關係外，可能還會受到其他許多次要因素的影響。因而使變數之間會遵循著某些特定的函數關係而上下波動，導致造成不確定性現象。例如：施肥量與產量的關係、身高與體重的關係，就是屬於這一類型。在統計學中，把這種具不確定性的關係稱為迴歸關係或相關關係。因此，在迴歸與相關分析中所關注的議題，主要就是這一類的不確定性關係。先前在第7章中已介紹過相關分析，在本章則將進一步的介紹迴歸分析（regression analysis），包含下列的主要內容：

1. 簡單迴歸模型的基本概念
2. 多元迴歸模型的基本概念
3. 殘差分析
4. 共線性問題的診斷
5. 如何在JASP中建立迴歸模型
6. 自變數含類別變數的迴歸分析

14-1　迴歸模型和相關模型的差異

　　迴歸分析和相關分析,雖然都是研究兩個或兩個以上變數之間的關係,但兩者既有差異又有相關。其差異點主要是聚焦於模型中變數的特質,以及研究的目的有所不同。在模型之變數特質方面,如果把研究變數及其關係的型態作進一步的分析,就會發現兩種分析模型中,變數特質具有明顯的差異。前述的關係型態,大致可分為兩類的關係型態。

　　第一類的關係型態:以農作物的施肥量和產量之間的關係為例。施肥量是一個可以控制的變數,而農作物的產量則具有不確定性。在探索兩者之間的關係時,可以把施肥量控制在某一個數值水準上,而去觀察農作物的產量。但是可以發現,這些農作物的產量卻是具有不確定性,它會圍繞著某個數值而變動,並也可能服從一定的機率分配。在這樣的兩個變數中,顯見一個變數是屬非隨機變數(施肥量),可由研究者自由控制;而另一個則是隨機變數(農作物的產量)。

　　第二類的關係型態:則以某大學的學生身高和體重之間的關係為例。這兩個變數基本上都是不能控制的。例如:在觀察學生的身高時,由於身高各不相同,會形成一個分配;再觀察學生的體重時,其體重也各不相同,並形成另一個分配。因此,兩個變數(身高、體重)均為隨機變數。

　　於是,統計學中就把第一類的關係研究稱為迴歸分析,而把第二類的關係研究稱為相關分析。

　　而從分析的目的來看,迴歸模型是嘗試著「想描述一個依變數(y)對一個自變數(x)的倚賴情形」。在此,x可以利用各種實驗設計的方法來自由操控。也就是說,我們會利用迴歸模型,以嘗試支持「x的改變會導致y的改變」之假設,並可用某一x值而來預估將產生的y值(迴歸模型具預測功能),也就是說,可以把一個變數表示成另一個變數的函數之意。或者也可將x當作是控制項,而來解釋y的某些變異等(迴歸模型具解釋功能)。

　　相對的,相關模型則是探討「兩個變數間的相互倚賴之程度」,即它們共同一起變異的程度。所以並不會把一個變數表示成另一個變數的函數,因此也就沒有所謂的自變數和依變數之分。雖然也有可能一個變數是另一個變數的前因,但相關模型並不會去假設有這種關係的存在。一般而言,這兩個變數是同時受到某一共同原因的影響(但未必一定是如此)。因此,當想測定成對變數間之互相關聯程度時,則適合採用

相關模型（呂秀英，2000）。

　　簡單的講，迴歸模型可用來分析一個或一個以上之自變數與依變數（僅能有一個）間的線性關係，以了解當自變數為某一水準或數值時，依變數所將反應出的數值或水準。而相關模型所關注的，則是分析兩兩變數間之關係的方向與緊密程度大小的統計方法。

14-2　簡單與多元迴歸模型

　　簡單線性迴歸模型（simple linear regression model）是指「兩個」變數之間的關係，可以透過某些參數的應用，而直接用直線關係式表達出來的模型，其模型數學式如下：

$$Y_i = a + b \times X_i + \varepsilon_i \qquad\qquad （式14-1）$$

　　Y_i表示變數Y在母體中的某一個實際的觀察值，它是隨機的，一般稱之為依變數（dependent variable, DV）；X_i則表示在研究母體中相對應的另一個變數X的實際觀察數值，它不是隨機的，一般稱之為自變數（independent variable, IV）；a與b是參數（通常為未知數），分別稱為是迴歸常數和迴歸係數；ε_i為殘差項，是一個隨機變數，其平均值為0，變異數為σ^2（任意值）。

　　簡單線性迴歸模型主要是研究兩個變數之間的關係。然而實際的客觀現象可能會比較複雜，社會經濟現象尤是如此，它們往往是多種因素綜合作用的結果。例如：某種商品的銷售量可能受人口、收入水準、消費習慣、產品品質、價格、廣告宣傳等多種因素的影響。某種化工產品的品質可能受原材料品質、配方比例、生產時的溫度、溼度以及壓力等因素所影響。一般來說，在進行迴歸分析時，如果能盡可能的全面性考量到各種因素的影響，那麼預測或解釋的效果將會更好一些。故而我們有時也會遇到要研究兩個以上之自變數的迴歸問題，這種迴歸問題一般即稱為多元迴歸模型（multiple regression model，亦稱複迴歸模型）。

　　多元迴歸模型的一般型式為：

$$Y_i = a + b_1 \times x_{1i} + b_2 \times x_{2i} + \cdots + b_k x_{ki} + \varepsilon_i \qquad\qquad （式14-2）$$

　　Y_i表示變數Y在母體中的某一個實際觀察值，它是隨機的，一般稱之為依變數；x_{ki}則表示相對應的另一個變數X的實際觀察值，它不是隨機的，一般稱之為自變數；a

與b_k是參數,分別稱為迴歸常數和偏迴歸係數(partial regression coefficient);ε_i為殘差項,是一個隨機變數,其平均值為0,變異數為σ^2。

14-3 迴歸模型的前提假設

在迴歸模型中,為了能根據樣本資料X來預測或解釋Y,以做出可靠、準確的估計。因此,迴歸模型建模時,必須滿足以下的前提假設:

1. X_i是一個自變數、是一個可以事前就能確定的變數,亦即它是個可由研究者自由操控的變數。因而,它是一個非隨機變數。而且它也沒有誤差,儘管在實際觀測中,也可能產生觀測誤差,但假設這種誤差是可以忽略不計的。X將作為解釋變數(explanatory variable)以解釋依變數Y變動的原因,而依變數Y也可稱之為結果變數(outcome variable)。

2. 依變數和自變數之間的關係是線性的。

3. 當確定某一個X時,相對應的變數Y就有許多個Y_i與之對應。Y_i是一個隨機變數,這些Y_i構成一個當X取值為X_i之條件下的條件機率分配,並假設此條件機率分配將服從常態分配。

4. 對於每一個i,殘差項ε_i的分配屬常態分配,其平均值為0,變異數為(σ^2),σ^2可為任意數(殘差常態性)。

5. 所有的殘差項ε_i,變異數(σ^2)都是相等的(殘差變異恆等性)。

6. 每個ε_i之間必須是相互獨立的(殘差獨立性)。

總而言之,線性關係、殘差常態性、殘差變異恆等性、殘差獨立性等特質,是迴歸模型的四個前提條件。

14-4 JASP中建立迴歸模型的方法

要分析一些資料間的關係時,通常一開始,研究者並不清楚這些資料之間將呈現何種關係,因此需要選擇分析方法來加以探索,以解釋資料之間的內在關係。因此,通常研究者在採用迴歸分析之前,會大致觀察一下,資料之間是否存在著一致的變動性。如果各變數間呈線性關係,那麼就可以採用迴歸方法。否則,應採用其他的分析方法以探索變數間的內在關係。

在JASP中，建立迴歸模型的方法有四種，分別為：納入、向後、向前與逐步。分別說明如下：

➤ 納入法（Enter，又稱強迫進入法）

這是JASP的預設建模方法，表示強迫讓所有已選取的自變數，一次全都能夠進入到迴歸模型中，而不考慮個別自變數是否真的對依變數有實質影響力。這種分析方法的目，在於解釋所有自變數對依變數的整體解釋能力，故稱為「解釋型迴歸分析」。這種分析方法，不論自變數對依變數的影響力到底有沒有達到顯著性，都會出現於迴歸模型中（吳明隆，2009）。

➤ 向後法（Backward elimination procedure）

這也是一種建模時，自變數的選擇方法。它首先會讓所有的自變數都進入到迴歸模型之中，然後逐一來剔除它們。剔除自變數的判斷標準是由研究者自由設定的條件（例如：可將F統計量的機率p值設定為門檻）。在剔除過程，滿足所設定之機率p值或F值的自變數中，和依變數間有最小偏相關係數的自變數，將首先會被剔除。在剔除了第一個自變數之後，迴歸模型所剩下的自變數中，滿足設定條件且具有最小偏相關係數的自變數就成為了下一個被剔除的目標。剔除過程將進行到迴歸模型中，再也沒有滿足上述剔除條件的自變數時為止。

➤ 向前法（Forward selection procedure）

這種變數選擇方法恰好與向後法相反，它逐一的讓自變數進入到迴歸模型中。自變數進入迴歸模型的判斷標準，也是以所設定的機率p值或F值為門檻。首先在所有的自變數中，讓和依變數之間具有相關係數絕對值最大的自變數進入到迴歸模型中。當然，這個自變數應滿足進入標準（即所設定的機率p值或F值）。然後，使用同樣的方法，逐一的讓其他自變數進入迴歸模型，直到沒有滿足進入標準的自變數時為止。

➤ 逐步法（Stepwise，又稱逐步迴歸分析法）

逐步法的目的在使整體迴歸模型之F統計量的顯著性（機率p值）能盡可能的小（即F統計量值盡可能的大），以便能找出最具線性關係的變數。因此在建模過程中，JASP會考察目前不在迴歸模型內的自變數，若某自變數單獨和依變數所建構的迴歸模型之F統計量的顯著性小於0.05（此值可由研究者自由設定）的話，那麼這個自變數就可加入到迴歸模型中。而若某自變數加入迴歸模型後，卻使整體迴歸模型

之F統計量的顯著性大於0.1（此值亦可由研究者自由設定）的話，則須將該自變數刪除。按照這樣的方法操作，直到迴歸模型中沒有變數可以被刪除且迴歸模型之外也沒有變數可以新增進來為止。顯見，逐步法的最大優勢，即是能在眾多的自變數中，找出最能夠預測或解釋依變數的自變數。逐步法是一般學術研究中，最常使用的迴歸建模方法。

◆ 14-5　多元迴歸模型的建模步驟 ◆

多元迴歸模型的建模過程，大致上可分為五個步驟，前兩個步驟主要在建立迴歸模型，也就是在求得式14-2中的各項參數值（常數和偏迴歸係數），以建立出迴歸線（迴歸方程式）。而找出並確定了多元迴歸模型（迴歸方程式）之後，便需要去評價看看所建立的迴歸模型有沒有符合其前提假設？迴歸模型的解釋能力如何？迴歸模型是否真的能有效的反映變數之間的關係？而這些工作則將在步驟三至步驟五中完成，因此步驟三至步驟五也常被稱為是評價模型階段，主要是在評估所建之模型的品質。

步驟1. 變異數分析（檢定變數間是否確實存在線性關係）

多元迴歸模型的變異數分析，將使用F統計量來對迴歸模型中所有自變數的迴歸係數，同時進行顯著性檢定，其虛無假設為「所有的偏迴歸係數等於0」。若檢定的結果是顯著的話，那麼就代表著偏迴歸係數不全為0。因此，即代表至少有一個自變數的迴歸係數顯著的不等於0，所以自變數與依變數間確實存在著線性關係（即，自變數與依變數間真的可以建立出迴歸線的意思），也就是代表迴歸方程式確實存在之意。

步驟2. 偏迴歸係數的顯著性檢定（逐一檢定各自變數是否已被納入在迴歸模型中）

多元迴歸模型中的迴歸係數，一般稱為偏迴歸係數。因為該係數主要在反應所對應的自變數，在固定其他的自變數之情形下，於模型中的解釋能力（R^2）變化。偏迴歸係數的顯著性檢定，是為了查明到底是哪些自變數對依變數的影響力是重要的。因為每增加一個自變數就會增加許多計算工作量，而且自變數之間也可能會存在共線性問題而影響整個迴歸模型的預測效果，也就是說自變數不是越多越好之意。在偏迴歸

係數的檢定中，會個別假設每一個自變數的迴歸係數等於0。當迴歸檢定的結果顯示某個自變數的係數不顯著時，那麼也就表示該自變數在迴歸模型中的影響力不大，應從迴歸模型中剔除，從而須重新建立一個較為簡單（自變數比較少）的迴歸模型。偏迴歸係數檢定，將使用的統計量為 t 統計量。

步驟3. R^2判定係數（coefficient of determination）（評估迴歸模型的解釋或預測能力）

在迴歸分析中，判定係數R^2的意義為迴歸模型可以解釋的變異佔總變異的比例。換句話說，是指總離差平方和中，有多大的比例是可以用迴歸模型來解釋的。因而，它是反映迴歸模型預測或解釋能力（或稱擬合程度）的一個指標。它的數值大小也反映了樣本資料和迴歸模型的關係緊密程度。如果各資料點越接近迴歸直線，R^2就趨近於1，代表預測或解釋能力（擬合程度）很好。否則，如果R^2遠離1的話，就說明了預測或解釋能力（擬合程度）是令人不滿意的。

步驟4. 殘差分析（residual analysis）

殘差分析所探討的議題是迴歸模型中的殘差項，是否符合三項性質 —— 常態性、變異恆等性與獨立性，以評估目前所建立出來的迴歸模型是否恰當。當確定所採用之模型為恰當後，則所有的估計、檢定及預測行為始能稱為有效。檢定殘差的常態性對於模型具有非常重要的意義，因為線性模型的基礎就是建立在殘差是常態分配的假設了。如果透過檢定發現殘差為非常態，那麼迴歸分析工作就沒有必要再進行下去了。只有殘差是常態分配時或接近常態分配時，才可以進行下一步的分析工作。變異恆等性若成立，則殘差變異數就不會隨著自變數之值的改變而改變，也就是說殘差會隨機散布且沒有特別的形態或趨勢。而獨立性若成立的話，則不同兩個樣本之殘差值間，就不會存在正相關或負相關。殘差的三個性質是迴歸建模的前提假設，研究者所建立的迴歸模型必須符合這些前提假設，才能稱得上是良好模型。

步驟5. 共線性診斷（collinearity diagnostics）

在多元迴歸模型中，多個自變數間也可能會存在共線性（collinearity）問題。共線性，就是指在自變數中，有兩個或兩個以上的自變數存在完全線性或幾乎完全線性的相關。共線性問題若從資料的分布圖來看，資料的線性圖形將呈現平行的狀態。

由於迴歸建模時，通常是使用最小平方法來估計各自變數的偏迴歸係數，然而使用最小平方法的一個基本條件是「自變數間不是完全線性相關」。如果自變數之間具有完全線性相關的現象，那麼其偏迴歸係數就不屬唯一解了，從而就不可能使用最小平方法來達成估計偏迴歸係數的任務了。解決多元迴歸模型中的共線性問題，可以嘗試使用剔除相關程度較高之自變數的策略來達成。在JASP之中，解決共線性問題時，主要就是採用剔除變數的方法，其詳細步驟為：首先採用技術指標確定引起共線性問題的變數，然後剔除和此變數相關程度較高的其他變數，可以使用的技術指標有允差值（tolerance）、變異數膨脹係數（variance inflation factor, VIF）與條件指標（condition index, CI）。

14-6　殘差分析

殘差（residuals）是迴歸方程式之預測值與實際樣本的觀察值之差。對於每一個樣本，只要研究者願意，都可以輕易的計算出其相對應的殘差值。

14-6-1　殘差簡介

在實務應用中，常見的殘差有兩種型態，即標準化殘差和Student化殘差。與原始的殘差值比較，標準化殘差或Student化殘差更有利於進行殘差分析。

（一）標準化殘差（standardized residuals）

原始的殘差值有大、有小，但僅就一個樣本的殘差值而言，我們實在很難去判斷這個殘差值是算很大、還是算很小，因為我們根本並不知道其他樣本的殘差值狀況。而假如我們知道了所有樣本的殘差之平均值和變異數（可以直接從樣本殘差計算而得），那麼就可以利用這兩個統計量，對原始的殘差值進行標準化的動作了。和一般統計量進行標準化的過程一樣（樣本觀察值減去平均數後，再除以標準差），用同樣的方法也就可以得到標準化殘差值了。當然，這個標準化殘差值的平均值是0，而標準差是1。

標準常態分配的平均值是0，標準差是1。如果標準化殘差服從標準常態分配，那麼就會有95%的樣本之標準化殘差會落在正負兩個標準差的區間之內。所以，任何超出這個區間的標準化殘差值都是不正常的。如果大多數樣本的標準化殘差都在這個

區間之外的話，那就說明了這個迴歸模型並沒有很好的擬合現有的樣本資料，並且極有可能嚴重的違反迴歸分析的基本假設了。

（二）Student化殘差（studentized residuals）

Student化殘差是對標準化殘差的一種改進。透過迴歸方程式，我們可以輕易的得到一個依變數的預測值。也就是說，這個依變數的預測值會依賴於自變數的取值。此外，根據最小平方法得到的迴歸方程式，在進行預測時，可能會遇到以下這樣的問題：如果自變數的值很接近其本身的平均值，那麼透過這個值所得到的依變數的預測值就會有相對較小的誤差，而用那些遠離平均值的自變數所得到的依變數預測值就會有較大的誤差。

前述的標準化殘差就是對每個樣本的原始殘差值進行了標準化動作。在這個過程中，所有的原始殘差值會先與原始殘差值的平均數相減，然後再除以原始殘差值的標準差。但問題是，這樣的作法，似乎忽略了自變數的值與預測值的誤差之間的內在相關性。Student化殘差就是針對這個問題來進行改進的。

Student化殘差在對原始殘差值進行轉換的過程中，會將每個原始殘差值與其平均值相減後，再除以一個根據樣本大小與自變數取值所算出來的標準誤（即，標準差除以樣本數的平方根），這樣就考慮到了自變數的作用。改進後得到的Student化殘差不再服從標準常態分配，而是服從於 t 分配，而 t 分配需要考慮到自由度的問題，自由度的值是樣本數與迴歸方程式中所有自變數的個數之差再減1。例如：樣本數為25，迴歸方程式中有兩個自變數，那麼，它的Student化殘差將服從於自由度為 $25 - 2 - 1 = 22$ 的 t 分配。

既然Student化殘差服從於 t 分配，那麼在得到了每個樣本的Student化殘差的數值以後，對其取平均值，然後透過查單尾 t 分配表，就可以得到這個Student化殘差的機率p值（顯著性）。如果這個機率p值小於0.05，那麼就可用95%的可信度，來斷言這個殘差值是不正常的。也就是說，如果大多數樣本的Student化殘差所對應的 t 分配之機率p值都小於0.05的話，那麼，這個迴歸模型就是不好的。

14-6-2　利用殘差圖，評價迴歸模型

殘差圖有許多種型態，最常用的為，以迴歸方程式的自變數為橫座標，而以殘差 ε_i 為縱座標，將每一個自變數所對應的殘差 ε_i 都畫在直角座標平面上所形成的圖形。

如果迴歸直線對原始資料的擬合程度相當良好時，那麼殘差的絕對值應該會很小，因此，所描繪的點應會在$\varepsilon_i = 0$的直線上、下隨機散布。故實務上，在殘差圖中，如果各點呈隨機狀態，並絕大部分落在$\pm 2\sigma$範圍內（因為依據鐘形分配的經驗法則，約有68%的點落在$\pm\sigma$之中，95%的點落在$\pm 2\sigma$之中），則代表模型對於資料的擬合效果較好，如圖14-1(a)所示。如果大部分的點落在$\pm 2\sigma$範圍之外，則說明了模型對於資料的擬合效果不好，如圖14-1(b)所示。

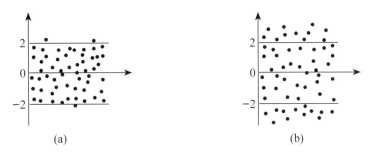

圖14-1　利用殘差散布圖研判擬合效果

此外，就殘差點的「散布型態」來看，如果殘差圖上的點，散布在「0線」上、下兩側且並沒有表現出一定的規律性（如圖14-2(f)），那麼迴歸模型，從殘差的角度來考量的話，將是令人滿意的。如果殘差圖上的點散布，出現了漸增或漸減的系統性變動趨勢（代表殘差間會互相干擾），則說明了多元迴歸模型的某些前提假設已經被違反了（例如：違反殘差獨立性）。如圖14-2(a)至圖14-2(e)所示。

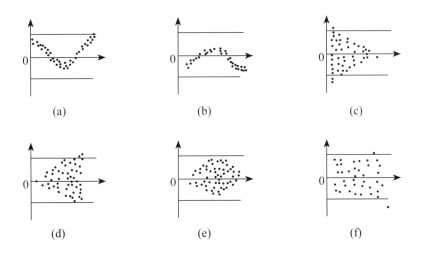

圖14-2　各種殘差散布圖之型態

類似圖14-2(a)至圖14-2(e)這樣的圖形，通常需要對資料的依變數或自變數進行轉換，以使所建立的迴歸模型，其殘差的散布圖能呈現如圖14-2(f)的樣貌。也就是說，殘差散布圖中，如果散布點能呈現隨機分配，且沒有一定的趨勢或型態，則可認為殘差間自我相關存在的可能性不大。因此，殘差獨立性假設會成立，如圖14-2(f)所示。

14-6-3 為何要進行殘差分析

迴歸模型的基本假設都是針對迴歸模型之母體殘差項而設定的。一般而言，研究者很難得到母體殘差項的真實值，而是用樣本迴歸模型的殘差項（ε）來近似的估計母體殘差項（E），這等價於把ε看作是對E進行一次抽樣的結果。這種對ε進行的分析就叫做殘差分析（residual analysis）。因此，如果能對ε的一些情況進行假設檢定，就能對E的情況進行推論。講的白話一點，就是透過分析ε的性質，來推論它是不是在母體水準上也能很好的滿足了迴歸模型的基本假設。

殘差分析所欲探討的是迴歸模型中的殘差項，是否能符合殘差的三項性質——常態性、變異恆等性與獨立性，以確認所建立之模型能符合迴歸分析的前提假設。確認殘差皆符合三項性質後，所有在迴歸模型中所進行的估計、檢定及預測始能稱為有效，也因而迴歸模型的品質才能獲得確保。

殘差分析中，檢定殘差的常態性對於模型具有非常重要的意義，因為迴歸模型的基礎是建立在殘差是常態分配的假設之上進行的。如果透過檢定發現殘差為「非常態」，那麼迴歸建模工作就沒有必要再進行下去了。只有殘差是常態分配時或接近常態分配時，才可以進行更進階的迴歸建模工作。而殘差恆等性若成立，則殘差變異就不會隨著x的改變而改變，故殘差圖會呈帶狀分配。而殘差獨立性若成立，則連續的兩個樣本之殘差值就不應存在正相關或負相關。

14-6-4 檢查殘差的常態性

迴歸模型的基本假設中曾提到，如果迴歸分析的基本假設成立，那麼原始殘差和標準化殘差都應該服從於常態分配。而且，根據中央極限定理，如果自由度超過30時，Student化殘差的抽樣分配也應服從於常態分配（當自由度小於30時，Student化殘差服從於 t 分配）。因此，可以透過圖形化的方法觀察，或用統計方法來檢定殘差的常態性，從而判斷一條迴歸方程式是否符合「殘差項具常態性」這一個基本假設。

（一）利用直方圖來觀察殘差的常態性

　　一般來說，可以透過繪製殘差的直方圖，來直觀的判斷殘差之分配是否爲常態分配。圖14-3就是標準化殘差的直方圖。原始殘差和標準化殘差的直方圖在形狀上應該是完全一樣的，因爲後者只不過對前者進行了簡單的標準化動作而已。所以製作殘差直方圖時，選用標準化殘差值來繪製直方圖就可以了。

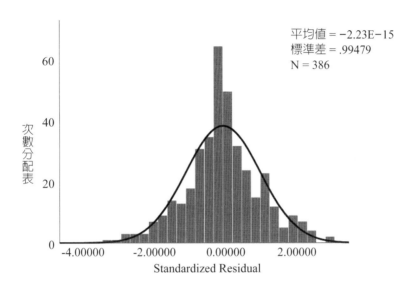

圖14-3　標準化殘差的直方圖

　　從圖14-3中可以看到，這個標準化殘差的分配圖與標準的常態分配曲線非常相似，這說明了殘差具有不錯的常態性。由於用以產生圖14-3的資料之樣本數夠大，所以圖形是個很不錯看的單峰圖形，並且此單峰正巧位於圖形的正中位置。但是如果樣本數不夠大時，標準化殘差直方圖看起來就會比較不像標準常態曲線，因而也就很難直觀的利用這種直方圖來評價殘差的常態性了。

（二）利用常態Q-Q圖來觀察殘差的常態性

　　除了直方圖之外，還有一種圖形也可以用來判斷殘差的常態性，那就是常態Q-Q圖，它在樣本數較小時，比一般的直方圖更容易判斷。使用標準化殘差，也可以繪製出如圖14-4的常態Q-Q圖。

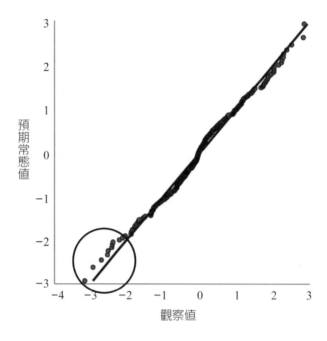

圖14-4　標準化殘差的常態Q-Q圖

　　圖14-4的常態Q-Q圖中，對角線即代表著標準常態分配。顯見，標準化殘差基本上大都落在代表「標準常態分配」之對角線的上、下方或附近，因此可判定標準化殘差具有常態性。

（三）利用科學性技術來檢定殘差的常態性

　　圖形雖然可直觀的協助研究者判斷殘差的常態性，但是絕對無法取代以精確的數學計算和推理為基礎的假設檢定。在JASP中，也可以進行殘差的常態性檢定，例如：當樣本數小於等於50時，可使用Shapiro-Wilk檢定（Shapiro & Wilk, 1965）；而若樣本數大於50時，則可採用Kolmogorov-Smirnov檢定（Razali & Wah, 2011）。雖是如此，但在JASP中的各種分析功能中，常只提供Shapiro-Wilk檢定。主要原因在於Shapiro-Wilk檢定的檢定力高於Kolmogorov-Smirnov檢定（Razali & Wah, 2011）。雖是如此，對於樣本數較大時，Shapiro-Wilk檢定的使用也是有其侷限性的。這些檢定的虛無假設是：殘差具有常態性。如果檢定結果中的顯著性（p值）小於0.05，那麼就可以拒絕虛無假設，而有理由認為殘差的分配並不是常態的。

14-6-5　檢定殘差的恆等性

　　所謂殘差恆等性就是殘差的等變異性。線性迴歸模型的前提假設之一為：若進行多次的重複抽樣，雖在自變數的不同取值下，各依變數仍然都必須具有相同的變異數，這就是所謂的殘差變異恆等性，簡稱殘差恆等性。它的另一種說明方式為：迴歸模型的殘差項具有恆定的變異數，且不受自變數取值的影響。透過繪製如圖14-5的標準化殘差與標準化殘差預測值之散布圖，就可以直觀的判斷殘差恆等性是否成立。

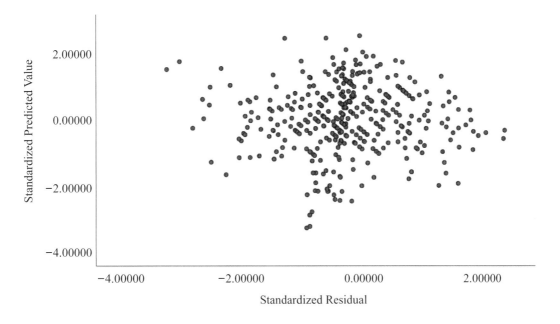

圖14-5　標準化殘差與標準化殘差預測值之散布圖

　　從圖14-5中，並沒有發現殘差分布在圖形上所構成的明顯型態（pattern）或趨勢。這就說明了殘差的變異數是一個恆定的數值，不受自變數取值的影響。相反的，如果從這個圖中觀察到殘差分布有某種明顯的型態或趨勢，那麼殘差的恆等性假設很可能就被違反了。

14-6-6　檢定殘差的獨立性

　　根據線性迴歸分析的基本假設，任意兩個殘差項之間是相互獨立的。這一點在一般的抽樣調查中，往往很容易可以得到滿足。

（一）用圖形來觀察殘差的獨立性

在一個時間序列中，下一期的殘差數值與上一期或上幾期的殘差數值若是相關，就會嚴重違反迴歸模型的獨立性假設。依此原則，一般資料仍可以透過圖形的方式來直觀的檢驗殘差是否違反獨立性。因此，可以利用殘差資料的序號為橫軸、標準化（或Student）殘差為縱軸，來繪製殘差序列散布圖，並觀察圖形的型態，並藉以判斷連續幾期的殘差資料間是否具有相關性；若有相關性，則殘差序列散布圖就會呈現特定的型態或趨勢，如圖14-6。

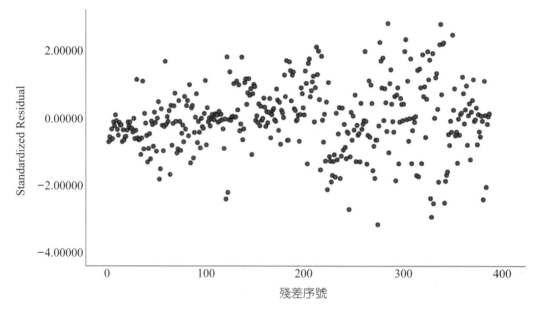

圖14-6　殘差序列散布圖

從圖14-6中可以觀察到，隨著殘差序號的增進，標準化殘差隨機的散布在圖形中，沒有明顯的趨勢或型態。這說明了標準化殘差確實具有獨立性，即下一期的殘差值和上一期的殘差值之間，並不具有相關性。

（二）利用技術指標來判斷殘差的獨立性

除了用圖形來直觀的判斷獨立性的存在外，還可以使用更精確的技術指標來判斷殘差的獨立性，這個技術指標就是Durbin-Watson指標值。Durbin-Watson指標值的目的是為了協助判定「迴歸模型中的殘差項是否獨立」。Durbin-Watson指標值可縮寫

爲D-W值，其取値範圍爲區間(0, 4)，詳細的意義爲：

➤ D-W值在2的附近（可認爲是1.5～2.5）時，則表示殘差之間是相互獨立的。

➤ D-W值遠小於2，則表示殘差之間是正相關的，因此違反殘差獨立性的前提假設。

➤ D-W值遠大於2，則表示殘差之間是負相關的，故亦違反殘差獨立性的前提假設。

14-7　共線性問題和異常值問題

在線性迴歸分析中尚有兩個問題是使用者必須要注意的，它們就是共線性問題和異常值問題。

14-7-1　共線性診斷（collinearity diagnostics）

在多元迴歸模型中常會存在著共線性問題。多元共線性，就是指在自變數中，有兩個或兩個以上的自變數存在完全線性或幾乎完全線性相關的關係。因爲使用最小平方法估計迴歸係數的基本要求是「自變數不是完全線性相關」。如果自變數之間是完全線性相關，那麼其迴歸係數就不屬於唯一解了，從而也就不可能求得每個迴歸係數的數値了。但是也不可能要求自變數之間完全不相關，即相關係數爲0。若自變數之間的相關係數爲0，那麼這些變數就稱爲是正交變數，也就無法建立迴歸模型了。

事實上，以上的兩種情況都是很少遇到的。在大多數的情況下，自變數之間會存在一定程度的相關性，即相關係數在0和1之間。尤其在研究社會經濟現象的領域中，有一些變數有共同變動的趨勢是常見的。例如：在經濟狀況景氣時，收入、消費、儲蓄等可能同時增長，這時這些變數將存在較高的相關係數，故迴歸建模時，會在一定程度上削弱參數估計値的準確性和穩定性。這是在進行多元迴歸模型中應該注意的問題。

解決多元迴歸模型中的共線性問題時，可利用剔除那些「相關性較強」的變數爲方向。在JASP之中解決共線性問題時，主要是採用剔除相關性較強的變數爲方法，其方法如下：

首先採用技術指標確定引起共線性問題的變數，然後從這些相關性較強的變數中逐一剔除到只保留一個自變數。例如：一個迴歸模型中，原本有五個自變數，經共線性診斷後，發現其中有四個自變數具有共線性問題，那麼就剔除其中相關性較強的三個變數而只保留一個。因此，最後的迴歸模型將只剩兩個自變數。可以使用的共線性

診斷之技術指標有：

1. 允差值

自變數之間的共線性問題可以反映在數值指標上的，即是相關係數。若自變數間相關係數值為1或接近於1，則自變數間就很有可能會存在共線性問題。允差值（tolerance）的定義為1減去相關係數的平方。故而，當允差值越接近於0時，則代表變數之間具有高度相關性的可能性就越大，共線性問題存在的可能性就越高。允差值離0越遠，則變數之間越不可能有相關性，則共線性問題較不易產生。一般學術上認為，當允差值大於0.2時，則自變數間就不具共線性問題。

2. 變異數膨脹係數

變異數膨脹係數（variance inflation factor, VIF）為允差值的倒數。故它的值越大，則變數之間有共線性問題的可能性就越大。它的值越小，則共線性問題較不易產生。一般學術上認為，當VIF值小於5時，則自變數間就不具共線性問題。

3. 條件指數（conditional index, CI）

條件指數越高表示共線性越嚴重。若小於30，表示共線性問題緩和；30～100表示中度共線問題；大於100表示共線問題嚴重。

綜合上述，一般而言，當變異數膨脹係數 < 5、允差值 > 0.2及條件指數 < 30時，則可宣稱迴歸模型的共線性不嚴重。

▌14-7-2　異常值問題

異常值是指具有很大的標準化殘差之自變數觀察值。但若一個自變數觀察值具有很大的標準化殘差時，一般來說，可能觀察有誤，因此應考慮在迴歸分析中剔除掉這些具有很大的標準化殘差之自變數觀察值。當然，並不一定是具有很大之標準化殘差的自變數觀察值，都屬於品質不良的觀察值。例如：圖14-4的標準化殘差之常態Q-Q圖中，被圈起來的那些標準化殘差值，很有可能都是異常值，可嘗試刪除看看，以增進標準化殘差的常態性。

14-8　迴歸建模範例一

本節所使用的範例是一個迴歸建模的經典範例，它在迴歸分析的相關書籍中曾被廣泛的引用，眾多統計專家也常使用這個實例講解迴歸建模的步驟與評價。希望藉由這個範例，讓讀者對JASP的迴歸分析能有些基本認識。

▶ 範例14-1

某種水泥在凝固時，所放出的熱量Y（單位為：卡／克）與水泥中的下列四種化學成分所佔的比例有關：

$x1$：氧化鋁

$x2$：氧化矽

$x3$：鋁鐵結晶

$x4$：矽鈣結晶

現在測得了十三組資料，如表14-1所示。試利用表14-1的資料，建立迴歸模型（資料檔為：ex14-1.jasp）。

表14-1　測得的資料

i	x_{i1}	x_{i2}	x_{i3}	x_{i4}	y_i
1	7	26	6	60	78.5
2	1	29	15	52	74.3
3	11	56	8	20	104.3
4	11	31	8	47	87.06
5	7	52	6	33	95.9
6	11	55	9	22	109.2
7	3	71	17	6	102.7
8	1	31	22	44	72.6
9	2	54	18	22	93.1
10	21	47	4	22	115.9
11	1	40	23	34	83.8
12	11	66	9	12	113.3
13	10	68	8	12	109.4

14-8-1　觀察自變數和依變數之間是否具有線性關係

　　透過描繪自變數和依變數間的散布圖，可以先期直觀的觀察自變數和依變數之間是否真的具有線性關係，x1、x2、x3、x4（即，四個自變數）與y（即，依變數）的散布圖，如圖14-7所示。

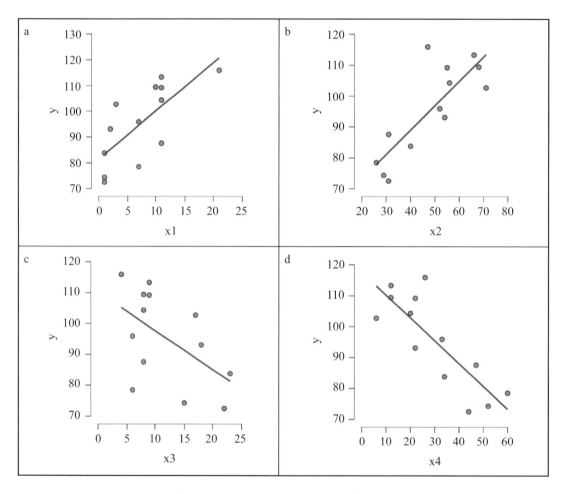

圖14-7　各自變數與依變數的散布圖

　　從圖14-7a中可以看出，水泥凝固時的散熱量（y）與第一種化學成分（x1）有明顯的正向線性關係。即，當化學成分x1的含量增加時，水泥凝固時所散發的熱量y亦增加；而當化學成分x1的含量減少時，水泥凝固時的散熱量y也相對應減少。若再繼續逐個分析y與x2、x3、x4之散布狀況的話（圖14-7b、圖14-7c與圖14-7d），最後應該會發現，透過散布圖可以直觀的察覺化學成分x1、x2與水泥凝固時的散熱量y是呈

現正相關的，而x3、x4則與水泥凝固時的散熱量y則是呈現負相關的。

14-8-2　建立迴歸模型

在第14-8-1節中，透過散布圖，大致上可以理解化學成分x1、x2與水泥凝固時的散熱量y是呈正相關的，而x3、x4與水泥凝固時的散熱量y則是呈負相關關係。若想將這些關係，使用數學方程式來明確表達出來的話，那麼就須建立迴歸模型了。

(操)(作) 步驟

在進行迴歸建模時，除了須設定自變數、依變數外，最重要的是，還要去設定建模的方法。參考過往文獻可發現，在一般的情況下，學者們大都會採用「逐步法」來建立迴歸模型。因此，在本範例中，亦將採用「逐步法」。建模的詳細操作步驟，讀者可參閱教學影音檔「ex14-1.mp4」。

▶ 報表解說

執行迴歸分析後，若無錯誤訊息出現，JASP應當會輸出許多報表。進行迴歸分析後所產生的報表，我們將遵循第14-5節所介紹過的五大步驟來進行分析。

步驟1.變異數分析：檢驗自變數與依變數間是否具有線性關係

變異數分析的假設是所有投入之自變數的偏迴歸係數全為0（即自變數與依變數間，不具線性關係）。因此，當變異數分析表的F值顯著時，則表示偏迴歸係數不全為0。其意義就代表著依變數與所有或某幾個自變數間，確實是可以建立線性迴歸模型的。也就是說，依變數與所有或某幾個自變數間確實具有線性關係（可以建立出迴歸方程式之意）。至於到底是哪幾個自變數可以真正的進入到線性迴歸模型，還須利用後續的 t 檢定來個別的檢定每個自變數的偏迴歸係數後，才能確定。

首先檢視變異數分析（ANOVA）表，如表14-2。由表14-2可發現，迴歸分析後，共可得到三個模型，其中第一個模型只有截距項，且不包含任何自變數，因此在表14-2的ANOVA表並不進行檢定。其餘的兩個模型其顯著性皆小於0.001，因此都是顯著的，代表模型二、模型三的線性關係確實都是存在的。這三個模型的自變數會逐次增加，其中，第三個模型的自變數會最多，解釋能力最好。因此，第三個模型才是最終我們所要建立的迴歸模型。據此，往後所有的分析工作，我們就只針對模型三就可以了。

表14-2　ANOVA表

模型		Sum of Squares	自由度	離均差平方平均值	F	p值
2	Regression	1831.896	1	1831.896	22.799	<.001
	Residual	883.867	11	80.352		
	Total	2715.763	12			
3	Regression	2641.001	2	1320.500	176.627	<.001
	Residual	74.762	10	7.476		
	Total	2715.763	12			

步驟2. 偏迴歸係數的顯著性檢定：檢定模型中，各自變數的偏迴歸 係數是否顯著不為0

接著檢視偏迴歸係數表，如表14-3。

表14-3　Coefficients（偏迴歸係數）表

模型		Unstandardized	標準誤	Standardized	t	p值	Collinearity Statistics	
							Tolerance	VIF
1	(Intercept)	95.423	4.172		22.870	<.001		
2	(Intercept)	117.568	5.262		22.342	<.001		
	x4	-0.738	0.155	-0.821	-4.775	<.001	1.000	1.000
3	(Intercept)	103.097	2.124		48.540	<.001		
	x4	-0.614	0.049	-0.683	-12.621	<.001	0.940	1.064
	x1	1.440	0.138	0.563	10.403	<.001	0.940	1.064

表14-3中，詳細的顯示了各種偏迴歸係數的統計情況。

➤ 第1個欄位為「模型」：在此欄位中列出了迴歸模型的編號與已進入該模型的自變 數名稱。

➤ 第2個欄位為「Unstandardized」（非標準化偏迴歸係數）：此欄位中將顯示出自變 數之偏迴歸係數的估計值。在多元迴歸模型中，表14-2的ANOVA表，只能說明y與 x1、x4這兩個自變數間是否具有顯著的線性關係存在。當檢定結果為顯著時，表 示y與x1、x4間確實具有線性關係，但並不意味著兩個自變數x1、x4中，每一個自

變數對依變數y的影響力（即偏迴歸係數）都是顯著的。因此有必要再對各個自變數的迴歸係數一一再做檢定，以確認其值是否為0。若自變數的偏迴歸係數為顯著不為0時，則代表該自變數對依變數的影響力是顯著的。

此外，讀者也須了解，增加一個自變數後，將會增加許多的計算工作量，而且自變數之間也可能會存在共線性關係，因此自變數不是越多越好。而為了去掉次要的、可有可無的變數，因而需要導入偏迴歸係數的檢定。偏迴歸係數檢定的虛無假設為：

H_0：偏迴歸係數為0。

需要注意的是，表14-2的ANOVA表之顯著性與表14-3之偏迴歸係數表的顯著性之間並不完全一致。變異數分析的假設是「所有的偏迴歸係數全為0」（即不存在線性關係），所以，當變異數分析表顯著時，表示偏迴歸係數不全為0，其意義就代表著依變數y與某些自變數間（如x1、x4）確實是可以建立線性迴歸模型的。至於到底是哪幾個自變數可以真正的拿來建立線性迴歸模型，或哪個自變數的影響力較大（偏迴歸係數絕對值較大），則還須利用 t 檢定來個別的檢定每個自變數的偏迴歸係數是否顯著不為0後，才能確定。

因此，ANOVA表顯著，並不意味著所有的偏迴歸係數都是顯著的，有時是部分不顯著，有時甚至所有的偏迴歸係數都不顯著。當某個偏迴歸係數在檢定（t 檢定）時被認為是不顯著時，其相對應的自變數就會被認為在迴歸模型中將不起作用，應從迴歸模型中剔除，以建立起較為簡單（較少自變數）的線性迴歸模型。

➤ 第3個欄位是偏迴歸係數的「標準誤」。

➤ 第4個欄位為「Standardized」（標準化偏迴歸係數）：在此欄位下將顯示標準化的偏迴歸係數值，它能夠更真實的反映出哪個自變數較具有影響力。也就是說，要比較各自變數對依變數的影響力大小時，應使用標準化的偏迴歸係數值。

➤ 第5個欄位為「t」：在此欄位中，列出了假設「偏迴歸係數為0」時的 t 統計量值。

➤ 第6個欄位為「p值」（顯著性）：在此欄位中，列出了假設「偏迴歸係數為0」時的檢定顯著性。當顯著性小於0.05時，則表示該自變數對依變數的影響力是顯著的（即偏迴歸係數顯著不為0），應納入迴歸模型中。

➤ 第7個欄位為「Collinearity Statistics」（共線性統計量）：在此欄位中，列出了允差值與VIF值，允差值與VIF值互為倒數。一般學術上認為，當VIF值小於5時，則自變數間就不具共線性問題。

由表14-3可發現，模型三中包含了兩個自變數（x4與x1），且x4、x1之偏迴歸係數的顯著性皆小於0.001，故皆顯著。即，所有自變數（x4、x1）之偏迴歸係數都是顯著不為0的，這說明了x4、x1等兩個變數對散熱量y都是具有顯著影響力的。然而卻也可發現x2、x3的影響力不足，無法進入到迴歸模型中。以模型三而言，x4的影響力最大（標準化係數-0.683）；而x1的影響力次之（標準化係數0.563）。而所建立兩組迴歸模型，描述如下：

第一組迴歸模型，模型二：y = 117.568 − 0.738×x4

表示水泥凝固時的散熱量與第四種化學成分是呈負線性相關的（偏迴歸係數值為-0.738，且顯著）。即當第四種化學成分的含量越高，則水泥的散熱量越小。在這個迴歸模型中，常數項為0的假設檢定之顯著性為0.000，而自變數x4之「偏迴歸係數為0」的假設檢定之顯著性小於0.001，都是顯著的，因此可認定常數項、自變數x4之迴歸係數都不為0，代表這條迴歸模型是合理且有意義的。且迴歸模型大約能解釋67.5%的總變異（表14-4中模型二的R^2），代表模型二的擬合能力佳。

第二組迴歸模型，模型三：y = 103.097 + 1.440 × x1 − 0.614 × x4

表示水泥凝固時的散熱量與第一種化學成分是呈正線性相關的，而與第四種化學成分是呈負線性相關的。這個迴歸模型中，「常數項為0」的假設檢定之顯著性小於0.001，而「x1的偏迴歸係數為0」的假設檢定之顯著性亦小於0.001，「x4的偏迴歸係數為0」的假設檢定之顯著性也小於0.001。由此可見，所有檢定都是顯著的，因此可認定常數項、自變數x1、x4之迴歸係數都不為0，故模型三也是合理且有意義的。再從表14-4代表解釋能力之R^2觀之，其調整後R^2為0.967，相當具有解釋能力且擬合能力頗高，故模型三將成為迴歸建模的最終結果。

從上述分析中可以看出，當進入迴歸模型的自變數增加時，導致影響依變數變動的因素也增加了，因此，原本就已經在迴歸模型中的自變數的影響將會變小。例如：在模型二中，自變數x4的標準化迴歸係數之絕對值比迴歸模型三時的標準化迴歸係數大（絕對值）。這表示依變數變動的原因可歸因於更多的因素，而這將更符合實際現象。偏迴歸係數的標準誤也隨著進入模型的自變數的增加而變小。例如：在迴歸模型二中的偏迴歸係數的標準誤比迴歸模型三中的偏迴歸係數的標準誤要大，這也表示迴歸模型已越來越接近真實的情況了。

步驟3. 迴歸模型的判定係數R^2：評估迴歸模型對y的預測能力或解釋
　　　　能力

　　表14-4是Model Summary（模型摘要）表，首先我們將介紹「模型摘要表」的結構，「模型摘要表」共有11個欄位。

表14-4　Model Summary（模型摘要）表

模型	R	R^2	Adjusted R^2	RMSE	R^2 Change	F Change	df1	df2	p值	Durbin-Watson Auto-correlation	統計	p值
1	0.000	0.000	0.000	15.044	0.000		0	12		-0.057	1.936	0.905
2	0.821	0.675	0.645	8.964	0.675	22.799	1	11	<.001	-0.194	2.357	0.551
3	0.986	0.972	0.967	2.734	0.298	108.224	1	10	<.001	0.071	1.788	0.693

➢ 第1個欄位為「模型」：在此欄位中，列出了所建立之迴歸模型的編號。共建立了三個迴歸模型，第一個迴歸模型只包含截距；第二個迴歸模型只包含一個自變數x4；第三個迴歸模型則包含了兩個自變數x4、x1（由表14-13）。

➢ 第2個欄位為「R」：表示迴歸模型之判定係數的平方根，意義上相當於相關係數。

➢ 第3個欄位為「R^2」：R^2表示迴歸模型的判定係數，其值代表自變數對依變數的預測或解釋能力。R^2值越接近1，即表示自變數的預測或解釋能力越佳，迴歸模型擬合能力越好。一般而言，判定係數大於0.75，表示模型擬合度很好，可解釋程度較高；而判定係數大於0.5就算不錯的預測或解釋能力了。但在特殊領域的研究中，或許判定係數大於0.25，也就可接受了，畢竟在這種情形下，自變量與依變量的相關性，也已達0.5以上了。

➢ 第4個欄位為「Adjusted R^2」（調整後R^2）：在多元迴歸模型中，判定係數R^2有個最大的問題。即隨著自變數的增多，R^2會越來越大，甚至呈現高估的現象。為解決這個問題，乃需要對R^2進行調整。採用的方法是用樣本數和自變數的個數去調整R^2。也就是，經由自由度來調整R^2，以避免R^2的膨脹。因此，「調整後R^2」又稱為「修正自由度後的判定係數」。至於其調整公式，頗為複雜，讀者並不用去理解，JASP會自動幫我們算出來。讀者只要知道，當自變數多的時候，要判斷模型的預測或解釋能力時，應選用「調整後R^2」就可以了。

- 第5個欄位為「RMSE」（Root Mean Squared Error，均方根誤差）：RMSE可於迴歸預測模型中，衡量預測值和實際值之間的平均差異，藉此估計預測模型之預測準確度。此即預測值的標準誤，其值為標準差除以樣本數的平方根。

- 第6個欄位為「R^2 Change」（R^2改變量）：R^2改變量是藉由新增或刪除自變數而產生的。如果與變數相關的R^2改變量很大，就表示該變數是依變數的良好預測變數。

- 第7個欄位為「F Change」（F值改變量）：F Change統計量通常用於比較兩個迴歸模型之間的整體擬合程度的差異。如果F Change統計量的值顯著，則可以認為在添加額外的自變數後，模型的整體擬合程度有顯著的改善。也就是說，於迴歸模型中新增自變數是有意義的。

- 第8、9個欄位為「df1、df2」：代表F統計量的兩個自由度。

- 第10個欄位為「p值」：即模型的顯著性。

- 第11個欄位為「Durbin-Watson」：顯示Durbin-Watson指標值，可用於輔助殘差獨立性的判斷。

　　隨著進入模型之自變數個數的增加，相關係數（R）及判定係數（R^2）也會相對應的增加，這表示迴歸擬合效果是越來越好了。從表14-4中還可看到，預測值的標準誤（RMSE）也越來越小了，這也正表示著迴歸模型，隨著自變數個數的增加，越來越符合實際的觀測情況了。迴歸模型「2」中的判定係數為0.675，迴歸模型「3」的判定係數為0.972，皆相當高，代表迴歸模型「2」與迴歸模型「3」的解釋能力頗佳，都是屬不錯的迴歸模型。此外，從模型「2」變化到模型「3」的過程中，R^2改變量為0.298，相當大。且F值改變量也顯著（顯著性小於0.001），代表自變數x1進入到模型，對模型的整體擬合程度有顯著的改善。最後，Durbin-Watson指標值接近2，也代表著殘差是具有獨立性的。

步驟4. 殘差的常態性檢定、恆等性檢定、獨立性檢定

　　前三個步驟中，我們已經完成迴歸建模的工作了。接下來，將評鑑所建模型的品質。評鑑時，主要有兩個方向，分別是殘差分析與共線性診斷。進行殘差分析的主要目的為檢驗所建模型是否有違反迴歸建模的前提假設，即檢驗殘差項是否具有常態性、恆等性與獨立性等三項特質。而共線性診斷的目的則在於，檢驗自變數間的相關性是否太大，而影響模型的預測或解釋能力。首先，在第4步驟中，我們先來進行殘差分析，以檢驗殘差三特性。

➤ 殘差常態性檢定

　　由圖14-8的常態Q-Q圖顯見，幾乎所有的殘差樣本點都落在代表標準常態分配之對角直線上或附近，因此可研判殘差具有常態性。

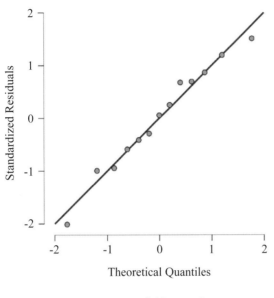

圖14-8　　常態Q-Q圖

➤ 殘差恆等性檢定

　　欲進行殘差的恆等性檢定時，須觀察標準化殘差（ZRESID）對標準化預測值（ZPRED）的散布圖，如圖14-9。

　　觀察圖14-9，標準化殘差值的大致分布介於(-2, 2)之間，且殘差大致上呈隨機散布，並沒有特別的形態或趨勢，因此可認為殘差具有恆等性。

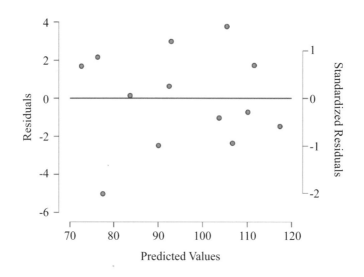

圖14-9　標準化殘差對標準化預測值之散布圖

> **殘差獨立性檢定**

　　欲進行殘差的獨立性檢定時，可觀察表14-4模型摘要表中的Durbin-Watson指標值，當：

> D-W值在2的附近（可認為是1.5～2.5）時，則表示殘差之間是獨立的。

> D-W值遠小於2，則表示殘差之間是正相關的，因此違反殘差獨立性的前提假設。

> D-W值遠大於2，則表示殘差之間是負相關的，故亦違反殘差獨立性的前提假設。

　　由表14-4的最後一欄（模型三），可發現Durbin-Watson指標值為1.788，相當接近2，且其顯著性為0.693，不顯著（虛無假設為：殘差具有獨立性），因此可認為殘差具有獨立性。

　　由以上的殘差分析過程中，可明顯發現殘差分析的結果相當好，殘差具有常態性、恆等性與獨立性，皆符合迴歸模型的基本前提假設。

步驟5. 共線性診斷

　　欲進行共線性診斷時，可觀察允差值（表14-3中）、VIF（表14-3中）與條件指標（表14-5中）等三個值。表14-3顯示，模型三中各自變數（x4、x1）的允差值皆為0.940，故皆大於0.2，且VIF皆為1.064，皆小於5。此外，表14-5的「共線性診斷」表中也顯示，模型三的條件指標介於1.000～5.633間，也都小於30。因此，可研判所建立的迴歸模型（模型三）中，各自變數的共線性問題並不存在。

表14-5　Collinearity Diagnostics（共線性診斷）表

模型	Dimension	Eigenvalue	Condition Index	(Intercept)	x4	x1
2	1	1.881	1.000	0.059	0.059	
	2	0.119	3.982	0.941	0.941	
3	1	2.545	1.000	0.019	0.027	0.041
	2	0.375	2.607	0.005	0.214	0.552
	3	0.080	5.633	0.977	0.759	0.408

（表頭 Variance Proportions 跨 (Intercept)、x4、x1）

14-8-3　迴歸建模之總結

　　迴歸模型之建模過程中，所產生的報表相當長。但只要根據第14-5節的五大步驟，循序漸進的，當可以順利、完整的解析迴歸建模成果。然而，在學術論文的表現上，若能將五大步驟所解析的報表彙整於一個報表中的話，那將有助於結論的撰寫。這個彙整表，如表14-6所示。彙整數據的過程並不複雜，請讀者自行嘗試看看。另外，表14-6的空白表格也已放置於範例資料夾中，檔名為「迴歸分析總表.docx」，亦請讀者自行開啟、修改後再使用。

表14-6　迴歸分析總表

自變數 \ 統計量	迴歸係數 非標準化	標準化	t值	VIF	殘差常態性	殘差值分布	D-W值
常數	103.097		48.540		符合	介於(-2, 2)分布無趨勢	1.788
氧化鋁（x1）	1.440*	0.563*	10.403	1.064			
矽鈣結晶（x4）	-0.614*	-0.683*	-12.621	1.064			
R^2	0.972						
調整後R^2	0.967						
F（顯著性）	176.627（<0.001）						

依變數：散熱量（y）

註：*代表在顯著水準為0.05時，顯著之意。

綜合整理上述的分析，獲致以下結論：

由表14-6的F值顯著，得知自變數與依變數之間具有顯著的線性關係。在此情形下，迴歸分析建立了最佳模型，其調整後的R^2為0.967。所建模型中包含兩個自變數分別為x1與x4，x1與x4的非標準化偏迴歸係數值分別為1.440與-0.614，且皆顯著，故建立迴歸模型為：

$$y（散熱量）= 103.097 + 1.440 \times x1（氧化鋁）- 0.614 \times x4（矽鈣結晶）$$

此模型的解釋能力達0.967（調整後的R^2），已達一般學術論文所要求的水準值，因此迴歸模型擬合效果良好。此外，x4（矽鈣結晶）的標準化偏迴歸係數之絕對值為0.683較x1（氧化鋁的比例）高，故相較於「氧化鋁」，「矽鈣結晶」對水泥凝固時所放出的熱量具有更重要的影響力，且該影響力的特質是大幅降低（因偏迴歸係數為負）水泥凝固時所放出的熱量。

最後，在此殘差分析中，也可發現殘差具有常態性、恆等性與獨立性。此外，所有自變數的VIF皆小於5，因此可判斷共線性問題並不存在。由此觀之，在此所建立的迴歸模型除解釋能力高外，其擬合品質亦值得信賴。

在範例一的迴歸建模過程中，我們依照第14-5節所介紹的建模步驟來完成迴歸分析的工作。最主要的原因在於，本書想讓讀者能藉由範例一這個經典範例的指引，而了解、認識迴歸分析的過程中由JASP所跑出的報表。理解這些報表中的各種數據之意涵，必能為往後的迴歸分析任務，打下扎實的基礎。

◆ 14-9　迴歸建模範例二 ◆

▶ 範例14-2

參考附錄八中，論文〈品牌形象、知覺價值對品牌忠誠度關係之研究〉的正式問卷，「ex14-2.jasp」為該論文的正式資料檔，試建立迴歸模型以檢驗「品牌形象」的三個子構面與「知覺價值」的三個子構面對「品牌忠誠度」的影響力，迴歸模型如圖14-10所示。

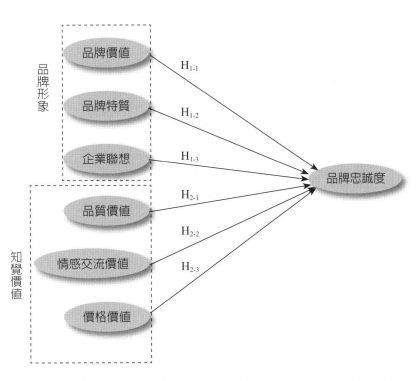

圖14-10 「品牌形象」與「知覺價值」之各子構面對「品牌忠誠度」的迴歸模型

論文〈品牌形象、知覺價值對品牌忠誠度關係之研究〉中，共有三個主構面：

> **第1個為「品牌形象」主構面（bi）**

該主構面中包含三個子構面，分別為：品牌價值（bi1），包含3個題項（bi1_1～bi1_3）、品牌特質（bi2），包含3個題項（bi2_1～bi2_3）與企業聯想（bi3），亦包含3個題項（bi3_1～bi3_3）。

> **第2個為「知覺價值」主構面**

該主構面也包含了三個子構面，分別為：品質價值（pv1），包含3個題項（pv1_1～pv1_3）、情感交流價值（pv2），包含4個題項（pv2_1～pv2_4）與價格價值（pv3），亦包含4個題項（pv3_1～pv3_4）。

> **第3個為「品牌忠誠度」主構面（ly）**

該主構面為單一構面，沒有子構面，共包含5個題項（ly1～ly5）。

依題意，我們將建立假設爲（論文中，須寫對立假設）：

H_1：品牌形象會顯著影響品牌忠誠度。

H_{1-1}：品牌價值會顯著影響品牌忠誠度。

H_{1-2}：品牌特質會顯著影響品牌忠誠度。

H_{1-3}：企業聯想會顯著影響品牌忠誠度。

H_2：知覺價值會顯著影響品牌忠誠度。

H_{2-1}：品質價值會顯著影響品牌忠誠度。

H_{2-2}：情感交流價值會顯著影響品牌忠誠度。

H_{2-3}：價格價值會顯著影響品牌忠誠度。

操作 步驟

在進行操作之前，讀者應理解的是，這個範例中的所有變數都是屬於不可直接測量的潛在變數（帶有測量誤差），這與迴歸分析的基本假設（自變數須爲沒有誤差的觀察變數）是有所違背的。所以原則上，以迴歸建模的方式是有爭議的。但在社會科學的研究領域中，這也是沒有辦法避免的事。因此，建議讀者，爲減少爭議與質疑，像這種探討潛在變數間關係的問題，還是以結構方程模型來探討較爲適宜。或者，爲減少爭議，也可先對各潛在變數的信度、建構效度先行驗證，若各構面的信度、收斂效度及區別效度均可達一般學術研究可接受之水準值的話，那麼以單一衡量指標取代多重衡量指標應是可行的。也就是說，我們就可使用各構面所屬的衡量題項得分之平均值作爲該構面的得分，然後再以這些構面的得分來進行迴歸建模。這個求取各構面得分的意義，就是在將潛在變數轉化爲觀察變數，如此才能運用迴歸分析來建立預測模型。數據轉換與迴歸建模的詳細操作步驟，讀者可自行參閱教學影音檔「ex14-2.mp4」。

14-9-1 報表解說

在本範例中，我們將要來檢驗「品牌形象」與「知覺價值」的各個子構面中，到底哪一些子構面對「品牌忠誠度」會有顯著的影響力。進行迴歸分析後所產生的報表，我們將遵循第14-5節所介紹過的五大步驟來進行分析。

步驟1. 變異數分析：檢驗自變數與依變數間是否具有線性關係

首先檢視ANOVA表，如表14-7。由表14-7可發現，迴歸分析後共可得到五個模型，其中第一個模型只有截距項，且不包含任何自變數，因此在表14-7的ANOVA表並不進行檢定。其餘的四個模型其顯著性皆小於0.001，因此都是顯著的，代表各模型的線性關係確實都是存在的。這五個模型的自變數逐次增加，其中，第五個模型自變數最多（包含bi1、pv2、pv3、bi2）（由表14-8得知）。因此，第五個模型才是最終我們所建立的迴歸模型。此後，所有的分析工作，我們就只針對模型五就可以了。

表14-7　ANOVA表

模型		Sum of Squares	自由度	離均差平方平均值	F	p值
2	Regression	107.554	1	107.554	57.475	<.001
	Residual	591.332	316	1.871		
	Total	698.887	317			
3	Regression	174.351	2	87.175	52.351	<.001
	Residual	524.536	315	1.665		
	Total	698.887	317			
4	Regression	201.960	3	67.320	42.538	<.001
	Residual	496.927	314	1.583		
	Total	698.887	317			
5	Regression	209.005	4	52.251	33.385	<.001
	Residual	489.882	313	1.565		
	Total	698.887	317			

步驟2. 偏迴歸係數的顯著性檢定：檢定模型中，各自變數的偏迴歸係數是否顯著不為0

接著檢視偏迴歸係數表，如表14-8。由表14-8可發現，模型五中包含了四個自變數（包含bi1、pv2、pv3、bi2），且所有自變數之偏迴歸係數都是顯著不為0的，這說明了品牌價值（bi1）、情感交流價值（pv2）、價格價值（pv3）與品牌特質（bi2）等四個自變數對品牌忠誠度（ly）都是具有顯著影響力的（H_{1-1}、H_{2-2}、

H$_{2-3}$、H$_{1-2}$獲得支持）。以模型五而言，品牌價值（bi1）的影響力最大（標準化係數0.258），品牌特質（bi2）的影響力最小（標準化係數0.113）。

表14-8　Coefficients（偏迴歸係數）表

模型		Unstandardized	標準誤	Standardized	t	p值	Collinearity Statistics	
							Tolerance	VIF
1	(Intercept)	4.433	0.083		53.244	<.001		
2	(Intercept)	2.410	0.278		8.678	<.001		
	bi1	0.469	0.062	0.392	7.581	<.001	1.000	1.000
3	(Intercept)	1.322	0.313		4.222	<.001		
	bi1	0.388	0.060	0.325	6.495	<.001	0.954	1.048
	pv2	0.310	0.049	0.316	6.334	<.001	0.954	1.048
4	(Intercept)	0.855	0.325		2.629	0.009		
	bi1	0.355	0.059	0.297	6.047	<.001	0.937	1.067
	pv2	0.219	0.052	0.224	4.180	<.001	0.790	1.266
	pv3	0.221	0.053	0.223	4.177	<.001	0.791	1.264
5	(Intercept)	0.674	0.334		2.016	0.045		
	bi1	0.308	0.062	0.258	4.936	<.001	0.820	1.220
	pv2	0.206	0.052	0.211	3.933	<.001	0.780	1.282
	pv3	0.206	0.053	0.208	3.883	<.001	0.777	1.286
	bi2	0.121	0.057	0.113	2.122	0.035	0.796	1.256

步驟3.迴歸模型的判定係數R^2：評估迴歸模型對品牌忠誠度的預測或解釋能力

觀察表14-9的模型摘要表，可發現，模型五的判定係數R^2最大，達0.299（調整後R^2為0.290），是所有模型中，擬合效果最好、解釋能力最強的模型。因此，將以品牌價值（bi1）、品牌特質（bi2）、情感交流價值（pv2）與價格價值（pv3）等四個自變數來建立迴歸模型，以預測品牌忠誠度（ly）。

表14-9　Model Summary（模型摘要）表

模型	R	R^2	Adjusted R^2	RMSE	R^2 Change	F Change	df1	df2	p值	Durbin-Watson Auto-correlation	統計	p值
1	0.000	0.000	0.000	1.485	0.000		0	317		0.310	1.368	<.001
2	0.392	0.154	0.151	1.368	0.154	57.475	1	316	<.001	0.199	1.596	<.001
3	0.499	0.249	0.245	1.290	0.096	40.113	1	315	<.001	0.144	1.709	0.008
4	0.538	0.289	0.282	1.258	0.040	17.446	1	314	<.001	0.117	1.763	0.030
5	0.547	(0.299)	(0.290)	1.251	0.010	4.501	1	313	0.035	0.103	1.791	0.052

步驟4. 殘差的常態性檢定、恆等性檢定、獨立性檢定

　　前三個步驟中，我們已經完成迴歸建模的工作了。接下來，將評鑑所建模型的品質。評鑑時，主要有兩個方向，分別是殘差分析與共線性診斷。進行殘差分析的主要目的為檢驗所建模型是否有違反迴歸建模的前提假設，即檢驗殘差項是否具有常態性、恆等性與獨立性等三項特質。而共線性診斷的目的，則在於檢驗自變數間的相關性是否太大，而影響模型的預測或解釋能力。首先，在第4步驟中，我們先來進行殘差分析，以檢驗殘差三特性。

➤ 殘差常態性檢定

　　由圖14-11的常態Q-Q圖顯見，除了少數殘差樣本點（圈起來的部分）較偏離外，其餘殘差樣本點幾乎都能落在代表標準常態分配之對角直線上或附近，因此可研判殘差具有常態性。

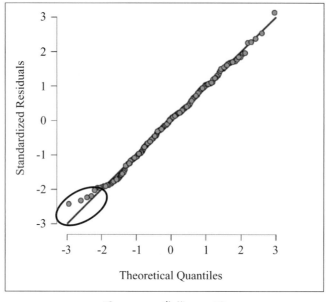

圖14-11　常態Q-Q圖

➤ 殘差恆等性檢定

　　欲進行殘差的恆等性檢定時，須觀察標準化殘差（ZRESID）對標準化預測值（ZPRED）的散布圖，如圖14-12。

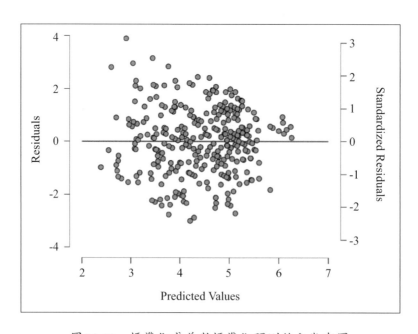

圖14-12　標準化殘差對標準化預測值之散布圖

觀察圖14-12，標準化殘差值的大致分布介於(-2, 2)之間，且殘差大致上呈隨機散布，並沒有特別的形態或趨勢，因此可認為殘差具有恆等性。

> **殘差獨立性檢定**

欲進行殘差的獨立性檢定時，可觀察表14-9模型摘要表中的Durbin-Watson指標值，當：

> D-W值在2的附近（可認為是1.5～2.5）時，則表示殘差之間是獨立的。

> D-W值遠小於2，則表示殘差之間是正相關的，因此違反殘差獨立性的前提假設。

> D-W值遠大於2，則表示殘差之間是負相關的，故亦違反殘差獨立性的前提假設。

由表14-9模型五的最後一欄，可發現Durbin-Watson指標值為1.791，相當接近2，且其顯著性為0.052，不顯著（虛無假設為：殘差具有獨立性），因此可認為殘差具有獨立性。

由以上的殘差分析過程中，可明顯發現殘差分析的結果相當好，殘差具有常態性、恆等性與獨立性，皆符合迴歸模型的基本前提假設。

步驟5. 共線性診斷

欲進行共線性診斷時，可觀察允差值（表14-8中）、VIF（表14-8中）與條件指標（Condition Index，表14-10中）等三個值。表14-8顯示，模型五中各自變數的允差值介於0.777～0.820之間，故皆大於0.2，且VIF介於1.220～1.286間，皆小於5。此外，表14-10的「共線性診斷」表中，模型五的條件指標介於1.000～11.874間，也都小於30。因此，可研判所建立的迴歸模型（模型五）中，各自變數的共線性問題並不存在。

表14-10　Collinearity Diagnostics（共線性診斷）表

模型	Dimension	Eigenvalue	Condition Index	Variance Proportions				
				(Intercept)	bi1	pv2	pv3	bi2
5	1	4.773	1.000	0.002	0.003	0.003	0.003	0.003
	2	0.087	7.410	0.002	0.137	0.246	0.204	0.244
	3	0.054	9.435	0.036	0.326	0.146	0.313	0.489
	4	0.053	9.497	0.023	0.133	0.552	0.402	0.259
	5	0.034	11.874	0.937	0.401	0.053	0.078	0.005

14-9-2 迴歸模型之總結

迴歸建模過程的相關數據，將彙整成表14-11，以利結論的撰寫。另外，表14-11的空白表格也已放置於範例資料夾中，檔名爲「迴歸分析總表.docx」，亦請讀者自行開啟、修改後再使用。

表14-11　迴歸分析總表

依變數 統計量 自變數	品牌忠誠度（ly）						
	迴歸係數		t值	VIF	殘差 常態性	殘差值分布	D-W值
	非標準化	標準化					
常數	0.674*		2.016		符合	介於(-2, 2) 分布無趨勢	1.791
品牌價值（bi1）	0.308*	0.258*	4.936	1.220			
品牌特質（bi2）	0.121*	0.113*	2.122	1.256			
情感交流價值 （pv2）	0.206*	0.211*	3.933	1.282			
價格價值（pv3）	0.206*	0.208*	3.883	1.286			
R^2	0.299						
調整後R^2	0.290						
F（顯著性）	33.385*(<0.001)						

註：*代表在顯著水準0.05時，顯著之意。

本範例之迴歸模型（圖14-10）經迴歸分析後，彙整相關數據如表14-11。由表14-11，顯見：

1. 模型之變異數分析結果，F值爲33.385，且顯著，代表所建模型的線性關係確實存在。

2. 模型中將包含了四個自變數（bi1、bi2、pv2、pv3），且這四個自變數之偏迴歸係數都是顯著的，這說明了品牌價值（bi1）、品牌特質（bi2）、情感交流價值（pv2）與價格價值（pv3）等四個自變數對品牌忠誠度（ly）都是具有顯著影響力的（H_{1-1}、H_{1-2}、H_{2-2}、H_{2-3}獲得支持）。其中，品牌價值（bi1）的影響力最大（標準化迴歸係數0.258）、品牌特質（bi2）的影響力最小（標準化迴歸係數0.113）。

3. 模型的判定係數R^2達0.299（調整後R^2爲0.290），表示模型能解釋依變數之變異的29%。一般而言，R^2應該超過0.5或0.7才能被視爲相對較好的模型擬合程度。但在

行銷領域中，R^2大於0.25已經足夠滿足研究目的了。因此，代表所建模型擬合效果、解釋能力皆已符合一般學術要求。

4. 殘差分析結果亦顯示，殘差具有常態性、恆等性（殘差值介於-2～2之間，且無趨勢）與獨立性（Durbin-Watson指標值為1.791，接近2）。顯見，所建模型並未違反迴歸分析之前提假設。

5. 各自變數的VIF值全都小於5，代表模型的各自變數間並無共線性問題，故所建模型的品質佳。

6. 最後參考表14-11中的非標準化偏迴歸係數值，可將迴歸模型建立為：

品牌忠誠度（ly）＝0.674＋0.308×品牌價值（bi1）＋0.121×品牌特質（bi2）＋
0.206×情感交流價值（pv2）＋0.206×價格價值（pv3）

此外，也可建立標準化的迴歸模型：

品牌忠誠度（ly）＝0.258×品牌價值（bi1）＋0.113×品牌特質（bi2）＋0.211×情感
交流價值（pv2）＋0.208×價格價值（pv3）

最後，由殘差分析與共線性診斷檢視所建的迴歸模型是否符合迴歸分析的前提假設，經殘差分析後得知，迴歸模型的殘差皆具有常態性、恆等性與獨立性。此外，共線性診斷後亦可發現並無自變數共線性問題之情形存在，故可推論所建之迴歸模型擬合能力好、品質頗佳。

由上述的結論建議個案公司管理者，在提升消費者忠誠度的過程中，應致力於「品牌價值」、「情感交流價值」、「價格價值」與「品牌特質」的強化與連結，以便能更有效率的提升消費者對個案公司的忠誠度。

14-10　自變數含類別變數的迴歸分析

先前我們所介紹的迴歸分析中，其自變數都是屬於連續型的變數。當然，有些時候我們也會遇到需要將類別變數（categorical variable，又稱分類變數）放入自變數中的場合。當自變數中含類別變數時，進行迴歸分析的作法上，將迴異於連續型變數，本節中將針對這種自變數含類別變數的迴歸模型進行分析。

▌14-10-1　將類別變數轉化為虛擬變數

建立自變數含類別變數的迴歸模型時，與連續型變數最大的差異在於，我們不能把類別變數直接丟入到迴歸模型當中，而必須要先予以轉化為虛擬變數（dummy variable）後，才能放入迴歸模型中。虛擬變數的特徵是：其取值不是0，就是1。因此，所謂將「類別變數轉化為虛擬變數」的意義，就是根據類別變數的取值（或稱水準值），而將它轉換為只取值為0或1的代碼變數，當然只用一個虛擬變數（其值為0或1）時，在大部分的情形下，實在很難將類別變數的所有取值都表示出來，所以通常需要好幾個虛擬變數才能完全涵蓋類別變數的所有取值。那到底需要多少個虛擬變數才夠呢？當然這要看類別變數的取值狀態（有幾個水準），例如：

1. 類別變數只有兩種類別（或稱取值、水準）時

在這種情形下，就不用轉化為虛擬變數了，直接可以放入迴歸模型。因為類別變數只有兩種類別時，那麼該類別變數的取值，原本就可以用0或1來代表，其取值狀況與虛擬變數完全一樣，故可直接用來當成是迴歸模型的自變數，不用轉換。例如：性別，0代表女性、1代表男性，故不用轉化為虛擬變數，可直接放入迴歸模型中當自變數。

2. 類別變數有3種以上的類別（或稱取值、水準）時

例如：表14-12a，當有3種類別（代碼：0、1、2）時，需要有2個虛擬變數才能完全表示出類別變數的3種類別。當有4種類別（代碼：0、1、2、3）時，則需要有3個虛擬變數才能完全表示出類別變數的4種類別，如表14-12b。依序類推如表14-12c、表14-12d。所以應不難理解，當類別變數具有k種以上（k>=3）的類別時，而欲當作自變數以進行迴歸分析時，則應轉化為k-1個虛擬變數。

此外，建議讀者要特別注意類別變數之類別（分組）的編碼問題，通常代碼被編為「0」的這個類別，將來若有需要做類別間比較時，會被視為基底（被比較的對象）。例如：變數「轉換成本類型」是個類別變數，它有三個類別，分別為「低」、「一般」、「高」。這時若能將「一般」編碼為「0」、「低」編碼為「1」、「高」編碼為「2」，則將來若把「轉換成本類型」視為干擾變數時，由於需要進行類別間的比較，這時就能以「一般」（其值為0）為比較基礎，這樣於轉換成虛擬變數或解析分析結果時，會比較方便，也比較容易理解分析結果的內涵。

表14-12　類別變數值與虛擬變數

a

類別變數值	虛擬變數	
	d1	d2
0	0	0
1	1	0
2	0	1

b

類別變數值	虛擬變數		
	d1	d2	d3
0	0	0	0
1	1	0	0
2	0	1	0
3	0	0	1

c

類別變數值	虛擬變數			
	d1	d2	d3	d4
0	0	0	0	0
1	1	0	0	0
2	0	1	0	0
3	0	0	1	0
4	0	0	0	1

d

類別變數值	虛擬變數				
	d1	d2	d3	d4	d5
0	0	0	0	0	0
1	1	0	0	0	0
2	0	1	0	0	0
3	0	0	1	0	0
4	0	0	0	1	0
5	0	0	0	0	1

14-10-2　自變數含類別變數之迴歸分析範例

▶ 範例14-3

參考附錄三，論文〈景觀咖啡廳意象、知覺價值與忠誠度：轉換成本的干擾效果〉之原始問卷，該問卷的原始資料檔為「ex14-3.jasp」，試以「景觀咖啡廳意象」的六個子構面以及「sc_g」（轉換成本類型，屬類別變數）為自變數，「忠誠度」為依變數，建立迴歸模型。

　　論文〈景觀咖啡廳意象、知覺價值與忠誠度：轉換成本的干擾效果〉的原始問卷中，「景觀咖啡廳意象」主構面（im）包括「商品」（im1，4題，im1_1～im1_4）、「服務」（im2，4題，im2_1～im2_4）、「便利」（im3，3題，im3_1～im3_3）、「商店環境」（im4，4題，im4_1～im4_4）、「促銷」（im5，3題，im5_1～im5_3）與「附加服務」（im6，3題，im6_1～im6_3）等6個子構面，共

21個題項：「知覺價值」構面（pv）包括4個題項（pv1～pv4），「忠誠度」構面（ly）包含5個題項（ly1～ly5），而「轉換成本」構面（sc）則包含3個題項（sc1～sc3）。另外，原始資料檔「ex14-3.jasp」中，已包含一個類別變數「轉換成本類型」，其變數名稱為「sc_g」，它是一個依「轉換成本」構面（sc）的得分轉換而成的類別變數。變數「轉換成本類型」（sc_g）共有3個類別（水準），分別為「一般轉換成本」（0）、「低轉換成本」（1）與「高轉換成本」（2）。

依題意，我們將建立假設為（論文中，須寫對立假設）：

H_1：「商品」子構面會顯著影響忠誠度。
H_2：「服務」子構面會顯著影響忠誠度。
H_3：「便利」子構面會顯著影響忠誠度。
H_4：「商店環境」子構面會顯著影響忠誠度。
H_5：「促銷」子構面會顯著影響忠誠度。
H_6：「附加服務」子構面會顯著影響忠誠度。
H_7：「轉換成本類型」會顯著影響忠誠度。

操作 步驟

在此，我們將依題意建立多元迴歸模型，如圖14-13所示。由於迴歸模型的自變數中包含了一個具有3個水準的類別變數「轉換成本類型」。因此，建立迴歸模型前必須先將「轉換成本類型」這個類別變數轉換為虛擬變數。「轉換成本類型」有3個取值，故轉換成2個虛擬變數即可，如表14-13。

類別變數轉換成虛擬變數以及建立多元迴歸模型的過程，請讀者自行參閱教學影音檔「ex14-3.mp4」。

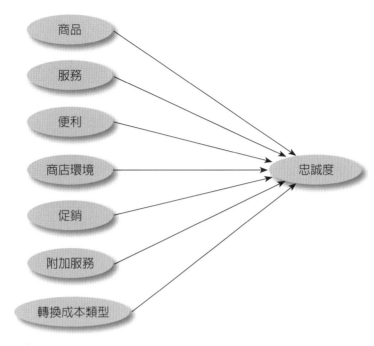

圖14-13　範例14-3的多元迴歸模型圖

表14-13　將變數「轉換成本類型」轉換成虛擬變數

轉換成本類型	虛擬變數	
	d1	d2
一般轉換成本：0	0	0
低轉換成本：1	1	0
高轉換成本：2	0	1

14-10-3　報表解說

　　在圖14-13的多元迴歸模型圖中，我們將要來檢驗「景觀咖啡廳意象」的6個子構面與「轉換成本類型」等7個自變數中，到底有哪一些自變數對「忠誠度」會有顯著的影響力。進行迴歸分析後所產生的報表，我們將遵循第14-5節中所介紹過的五大步驟來進行分析。

步驟1. 變異數分析：檢驗自變數與依變數間是否具有線性關係

　　首先檢視ANOVA表，如表14-14。由表14-14可發現，迴歸分析後，共可得到

五個模型，其中第一個模型只有截距項，且不包含任何自變數，因此在表14-14的
ANOVA表並不進行檢定。其餘四個模型的顯著性皆小於0.001，因此都顯著，代表各
模型的線性關係確實都是存在的。這五個模型的自變數逐次增加，其中，第五個模型
自變數最多。因此，第五個模型才是最終我們所建立的迴歸模型。這個模型中，共包
含了im4、im5、im6與sc_g_d1（代表低轉換成本）等四個自變數（由表14-15得知）。

表14-14　ANOVA表

模型		Sum of Squares	自由度	離均差平方平均值	F	p值
2	Regression	89.725	1	89.725	59.882	<.001
	Residual	545.402	364	1.498		
	Total	635.127	365			
3	Regression	146.086	2	73.043	54.217	<.001
	Residual	489.042	363	1.347		
	Total	635.127	365			
4	Regression	161.573	3	53.858	41.171	<.001
	Residual	473.554	362	1.308		
	Total	635.127	365			
5	Regression	167.000	4	41.750	32.196	<.001
	Residual	468.127	361	1.297		
	Total	635.127	365			

步驟2. 偏迴歸係數的顯著性檢定：檢定各模型中，各自變數的偏迴歸係數是否顯著

接著檢視「偏迴歸係數表」，如表14-15。由表14-15可發現，模型五中包含
了四個自變數，且所有自變數之偏迴歸係數都是顯著的，這說明了「商店環境」
（im4）、「促銷」（im5）、「附加服務」（im6）與sc_g_d1（低轉換成本）等四
個自變數對「忠誠度」（ly）都是具有顯著影響力的。這些自變數對忠誠度的正向影
響力中，以「附加服務」（im6）最大（標準化迴歸係數0.185）；而「商店環境」
（im4）最小（標準化迴歸係數0.126）。且sc_g_d1（低轉換成本）對「忠誠度」
（ly）則具有相當大的負向影響力（標準化迴歸係數-0.289）。

表14-15　Coefficients（偏迴歸係數）表

模型		Unstandardized	標準誤	Standardized	t	p值	Collinearity Statistics	
							Tolerance	VIF
5	(Intercept)	2.812	0.239		11.767	<.001		
	im6	0.166	0.053	0.185	3.151	0.002	0.595	1.681
	sc_g_d1	-0.989	0.157	-0.289	-6.281	<.001	0.966	1.035
	im5	0.118	0.052	0.135	2.281	0.023	0.579	1.726
	im4	0.120	0.059	0.126	2.046	0.042	0.534	1.873

步驟3. 迴歸模型的解釋能力R^2：評估迴歸模型對忠誠度的預測能力

觀察表14-16的「模型摘要表」，可發現，模型五的判定係數R^2最大，達0.263（調整後R^2為0.255）。因此，以「商店環境」（im4）、「促銷」（im5）、「附加服務」（im6）與sc_g_d1（低轉換成本）等四個變數來建立迴歸模型，以預測「忠誠度」（ly）時，其擬合效果最好、解釋能力最強。

表14-16　Model Summary（模型摘要）表

模型	R	R^2	Adjusted R^2	RMSE	R^2 Change	F Change	df1	df2	p值	Durbin-Watson		
										Auto-correlation	統計	p值
1	0.000	0.000	0.000	1.319	0.000		0	365		0.113	1.769	0.026
2	0.376	0.141	0.139	1.224	0.141	59.882	1	364	<.001	0.057	1.878	0.237
3	0.480	0.230	0.226	1.161	0.089	41.835	1	363	<.001	0.069	1.853	0.154
4	0.504	0.254	0.248	1.144	0.024	11.839	1	362	<.001	0.083	1.827	0.093
5	0.513	0.263	0.255	1.139	0.009	4.185	1	361	0.042	0.083	1.826	0.090

步驟4. 殘差的常態檢定、恆等性檢定、獨立性檢定

前三個步驟中，我們已經完成迴歸建模的工作了。接下來，將評鑑所建模型的品質。評鑑時，主要有兩個方向，分別是殘差分析與共線性診斷。進行殘差分析的主要目的為檢驗所建模型是否有違反迴歸建模的前提假設，即檢驗殘差項是否具有常態性、恆等性與獨立性等三項特質。而共線性診斷的目的則在於，檢驗自變數間的相關

性是否太大，而影響模型的預測或解釋能力。首先，在第4步驟中，我們先來進行殘差分析，以檢驗殘差三特性。

> 殘差常態性檢定

由圖14-14的常態Q-Q圖來看，偏離的殘差樣本點（圈起來的部分）稍多，故殘差較偏離常態性。會導致殘差非常態性的現象，很有可能是因虛擬變數所引起的。然而，從殘差的常態Q-Q圖來看，大約有75%的殘差樣本點都已落在常態對角線上或附近，已近似常態分配了，因此亦可認定殘差符合常態性（有點勉強……，但都做到最後階段了，只好以最低標準來研判，希望口試委員們大人大量）。

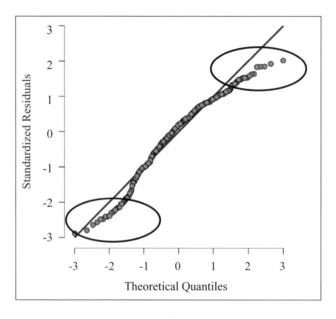

圖14-14　常態Q-Q圖

> 殘差恆等性檢定

欲進行殘差的恆等性檢定時，須觀察標準化殘差（ZRESID）對標準化預測值（ZPRED）的散布圖，如圖14-15。

觀察圖14-15，標準化殘差值的大致分布介於(-2, 2)之間，且殘差大致上呈隨機散布，並沒有特別的形態或趨勢，因此可認為殘差具有恆等性。

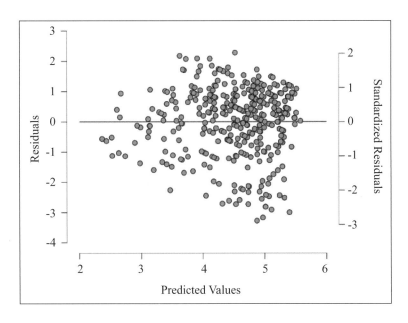

圖14-15　標準化殘差對標準化預測值之散布圖

> **殘差獨立性檢定**

　　欲進行殘差的獨立性檢定時，可觀察表14-16模型摘要表中的Durbin-Watson指標值，當：

> D-W值在2的附近（可認為是1.5～2.5）時，則表示殘差之間是獨立的。
> D-W值遠小於2，則表示殘差之間是正相關的，因此違反殘差獨立性的前提假設。
> D-W值遠大於2，則表示殘差之間是負相關的，故亦違反殘差獨立性的前提假設。

　　由表14-16模型五的最後一欄，可發現Durbin-Watson指標值為1.826，相當接近2，且其顯著性為0.090，不顯著（虛無假設為：殘差具有獨立性），因此可認為殘差具有獨立性。

　　由以上的殘差分析過程中，可明顯發現殘差分析的結果已可滿足學術要求，殘差具有常態性、恆等性與獨立性，皆符合迴歸模型的基本前提假設。

步驟5. 共線性診斷

　　欲進行共線性診斷時，可觀察允差值（表14-15中）、VIF（表14-15中）與條件指標（表14-17中）等三個值。表14-15中，模型五之各自變數的允差值介於0.534～0.966之間，故皆大於0.2，且VIF介於1.035～1.873間，皆小於5。此外，表14-17的

「共線性診斷」表中，模型五的條件指標介於1.000～10.974間，也都小於30。因此，可研判所建立的迴歸模型（模型五）中，各自變數的共線性問題並不存在。

表14-17　Collinearity Diagnostics（共線性診斷）表

模型	Dimension	Eigenvalue	Condition Index	Variance Proportions				
				(Intercept)	im6	sc_g_dl	im5	im4
5	1	4.062	1.000	0.004	0.003	0.011	0.003	0.003
	2	0.813	2.235	0.000	0.001	0.913	0.001	0.001
	3	0.050	9.051	0.757	0.000	0.042	0.432	0.017
	4	0.042	9.881	0.193	0.835	0.023	0.309	0.000
	5	0.034	10.974	0.046	0.160	0.011	0.255	0.979

14-10-4　分析結果的撰寫

範例14-3的迴歸模型（圖14-13）經迴歸分析後，彙整相關數據如表14-18。

表14-18　迴歸分析總表

依變數 統計量 自變數	忠誠度（ly）						
	迴歸係數		t值	VIF	殘差 常態性	殘差值分布	D-W值
	非標準化	標準化					
常數	2.812*		11.767		近似常態 分配	介於（-2, 2） 分布無趨勢	1.826
商店環境（im4）	0.120*	0.126*	2.046	1.873			
促銷（im5）	0.118*	0.135*	2.281	1.726			
附加服務（im6）	0.166*	0.185*	3.151	1.681			
sc_g_dl	-0.989*	-0.289*	-6.281	1.035			
R^2	0.263						
調整後R^2	0.255						
F（顯著性）	32.196*（<0.000）						

註：*代表在顯著水準為0.05時，顯著之意。

由表14-18，顯見：

1. 模型之變異數分析結果，F值為32.196，且顯著，代表所建模型的線性關係確實存在。

2. 模型中將包含了四個自變數，分別為商店環境」（im4）、促銷（im5）、附加服務（im6）與sc_g_d1（低轉換成本）。且這四個自變數對「忠誠度」（ly）都是具有顯著影響力的（H₄、H₅、H₆、H₇成立）。這些自變數中，以附加服務（im6）的正向影響力最大（標準化迴歸係數0.185），商店環境（im4）的正向影響力最小（標準化迴歸係數0.126），且sc_g_d1（低轉換成本）對忠誠度（ly）具有相當大的負向影響力。

3. 模型的判定係數R^2達0.263（調整後R^2為0.255），小於0.5，代表所建模型擬合效果尚可、解釋能力亦尚可。

4. 殘差分析結果亦顯示，殘差具有近似常態性、恆等性（殘差值介於-2～2之間，且無趨勢）與獨立性（Durbin-Watson指標值為1.826，接近2）。顯見，所建模型大致上並未違反迴歸分析之前提假設。

5. 各自變數的VIF值全都小於5，代表模型的各自變數間並無共線性問題，故所建模型的品質佳。

6. 最後參考表14-18中的非標準化偏迴歸係數值，將迴歸模型建立為：

$$忠誠度（ly）= 2.812 + 0.120 \times 商店環境（im4）+ 0.118 \times 促銷（im5）+ 0.166 \times 附加服務（im6）- 0.989 \times sc\_g\_d1$$

上式中，當sc_g_d1等於0時，也就是「一般轉換成本」或「高轉換成本」時，迴歸模型變為：

$$忠誠度（ly）= 2.812 + 0.120 \times 商店環境（im4）+ 0.118 \times 促銷（im5）+ 0.166 \times 附加服務（im6）$$

而當sc_g_d1等於1時，也就是「低轉換成本」時，迴歸模型變為：

$$忠誠度（ly）= 1.823 + 0.120 \times 商店環境（im4）+ 0.118 \times 促銷（im5）+ 0.166 \times 附加服務（im6）$$

可見，當餐廳的本質較屬「一般轉換成本」或「高轉換成本」時，消費者對餐廳的忠誠度（2.812）較「低轉換成本」時（1.823）高，這個結論就管理理論而言，相

當合理。此外，也可建立標準化的迴歸模型：

$$忠誠度（ly）= 0.126×商店環境（im4）+ 0.135×促銷（im5）+$$
$$0.185×附加服務（im6）- 0.289×sc\_g\_d1$$

由上述的結論，建議景觀咖啡廳業者，在形塑「餐廳意象」的過程中，宜加強「商店環境」、「促銷」與「附加服務」等面向的投入，以便能以最有效率的方式提升消費者忠誠度。其次，尚須評估景觀咖啡廳於消費者心目中之轉換成本的狀態，若餐廳屬於「低轉換成本狀態」時，更應積極調配資源於「商店環境」、「促銷」與「附加服務」等面向從事改善作爲，以維繫消費者的忠誠度。

習 題

 **練習14-1**

29例兒童的血液中血紅蛋白（y）與鈣（x1）、鎂（x2）、鐵（x3）、錳（x4）、銅（x5）的含量資料，已輸入至hw14-1.jasp中。

(1) 試使用逐步迴歸方法篩選對血紅蛋白有顯著作用的元素。

(2) 試探討是否存在共線性問題？

(3) 試探討迴歸模型的擬合度是否良好？

 **練習14-2**

合金鋼的強度Y與鋼材中碳的含量X有密切關係，為了冶煉出符合要求強度的鋼，常常透過控制鋼材中碳的含量來達到目的，表14-19是10組不同碳含量X（%）所對應的鋼強度的資料（hw14-2.jasp）。

表14-19 不同碳含量X（%）所對應的鋼強度的資料

X	0.03	0.04	0.05	0.07	0.09	0.10	0.12	0.15	0.17	0.20
Y	40.5	39.5	41.0	41.5	43.0	42.0	45.0	47.5	53.0	56.0

(1) 試探討Y和X的關係。

(2) 試探討迴歸模型的擬合度是否良好？

練習14-3

試使用hw14-3.jasp：

(1) 建立一個使用起薪、工作經驗、受教育年數等自變數的迴歸模型來預測目前工資？

(2) 該迴歸模型是否滿足迴歸建模的前提假設條件？

(3) 是否具有共線性問題？

(4) 該迴歸模型的擬合度如何？

練習14-4

參考附錄一中「旅遊動機、體驗價值與重遊意願關係之研究」之原始問卷，並開啟hw14-4.jasp，試問旅遊動機的兩個子構面是否可有效預測遊客的重遊意願？其預測力如何？請建立最佳預測模型。

練習14-5

參考附錄一中「旅遊動機、體驗價值與重遊意願關係之研究」之原始問卷，並開啟hw14-5.jasp，試問體驗價值的四個子構面是否可有效預測遊客的重遊意願？其預測力如何？請建立最佳預測模型。

練習14-6

參考附錄一中「旅遊動機、體驗價值與重遊意願關係之研究」之原始問卷，並開啟hw14-6.jasp，試問旅遊動機的兩個子構面與體驗價值的四個子構面是否可有效預測遊客的重遊意願？其預測力如何？請建立最佳預測模型。

第 **15** 章
中介、干擾效果的檢驗

　　在學術論文中，中介、干擾效果的檢驗是個重要的議題。過往檢驗中介、干擾效果時，最常使用的統計分析方法，大概就屬階層迴歸分析（hierarchical regression）了。但階層迴歸分析的過程相當繁雜，不易操作。故後續有諸多學者陸續開發出一些可運用於SPSS中的程式模組，大大的減少了檢驗中介、干擾效果的困難度。例如：由著名的統計學者Hayes（2018）所開發出來的PROCESS模組（The PROCESS macro for SPSS v3.5.3）。PROCESS模組可用來檢驗簡單中介模型、多重中介模型與各種干擾模型，功能相當強大。然而，JASP的中介、干擾分析功能更是驚人，只透過簡單的操作，就可以進行和PROCESS模組相同的運算外，甚至也可進行結構方程模型分析。因此，在本書中，除將介紹傳統的階層迴歸分析來檢定干擾效果外，也會加強介紹JASP的中介、干擾分析功能。本章的主要內容，包含：

1.中介效果檢定
2.多重中介效果檢定
3.以階層迴歸分析檢驗干擾效果
4.數值型干擾效果檢定
5.類別型干擾效果檢定
6.調節式中介效果檢定

15-1 中介效果的基本概念

　　若自變數對依變數有顯著的影響效果，而此效果是透過第三變數的途徑而達到影響時，則此第三變數即稱為是中介變數（mediator variables），如圖15-1。通常中介變數可以用來解釋自變數是經由什麼途徑而影響了依變數。而其間的影響程度大小，即稱為中介效果（mediating effect）。

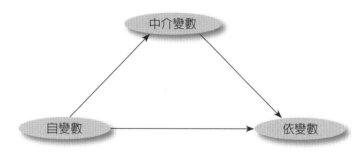

圖15-1　中介效果示意圖

　　依此概念，Baron and Kenny（1986）提出了一個經典的中介效果檢驗方式（又稱為Baron and Kenny中介四條件）。利用Baron and Kenny的中介四條件來檢測中介效果的方式，首先為，自變數對依變數要具有顯著影響效果（迴歸係數α）（先決條件），如圖15-2(a)；其次，若檢視自變數和中介變數的關係時，自變數對中介變數的影響效果也要顯著，如圖15-2(b)；最後，同時探討自變數、中介變數對依變數的影響效果時，除中介變數對依變數的影響效果要顯著外，且自變數對依變數的影響效果（迴歸係數β）會減弱（$\beta < \alpha$）或變為不顯著，如圖15-2(c)。在此情況下，若自變數對依變數之影響程度變為0（即，β不顯著），則稱該中介變數具有完全中介效果（full mediation）；而若自變數對依變數之影響效果只是減弱而已（$\beta < \alpha$），但仍顯著，則稱該中介變數具有部分中介效果（partial mediation）。

(a)

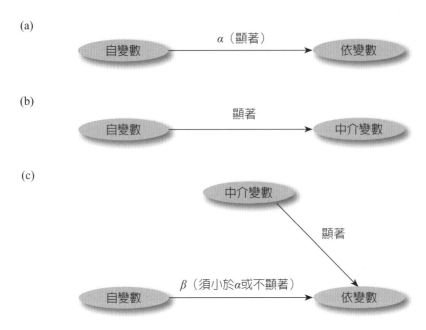

(b)

(c)

圖15-2　Baron and Kenny（1986）之中介四條件示意圖

15-2　檢驗中介效果的範例

範例15-1　參考附錄八，論文〈品牌形象、知覺價值對品牌忠誠度關係之研究〉的正式問卷，「ex15-1.jasp」為該論文的正式資料檔，試檢驗「知覺價值」在「品牌形象」與「品牌忠誠度」的關係間，是否扮演著中介角色，其中介模型如圖15-3所示。

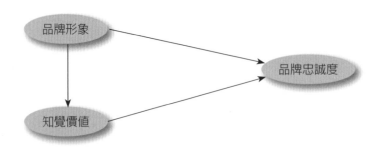

圖15-3　知覺價值於「品牌形象→品牌忠誠度」之關係間的中介模型

依題意，我們將建立假設爲（論文中，須寫對立假設）：

H_1：品牌形象會透過知覺價值的中介效果，而顯著影響品牌忠誠度。

或

H_1：知覺價值會在品牌形象與品牌忠誠度的關係間，扮演著中介角色。

操作 步驟

過往不少文獻在檢驗中介效果時，常根據Baron and Kenny的中介四條件，再配合SPSS的階層迴歸分析功能而達成任務。但這個過程相當繁雜，故不建議使用。在本書中，我們將使用JASP的結構方程模型功能，來進行簡單中介模型、多重中介模型與各種干擾模型的檢驗。詳細操作過程，請讀者自行參考教學影音檔「ex15-1.mp4」。

15-2-1 報表彙整與解說

於JASP中，進行中介效果檢定的方法有兩種，第一種是使用「結構方程模型」模組中的「中介分析」功能。在「中介分析」功能中，只需透過拖、拉、點、選等操作就能順利的完成中介效果的檢定，簡直是無法想像的簡單。而第二種方法則是使用「結構方程模型」模組中的「結構方程模型」功能，但使用此功能時，各種分析的執行須由使用者自行撰寫Lavaan語法碼，門檻較高。Lavaan（latent variable analysis，意爲潛在變數分析）是一個在統計學和結構方程模型（Structural Equation Modeling, SEM）中使用的R語言套件。Lavaan提供了一個方便且靈活的框架，用於定義和估計各種統計模型，包括潛在變數模型、路徑分析、因素分析、迴歸模型等。

但是，在解說報表前，請讀者一定要注意的是，經過作者測試，使用Lavaan語法碼進行中介效果檢定時，跑出的結果會和在SPSS中利用PROCESS模組的結果完全一致。但在JASP的「中介分析」功能中，若要得到和Lavaan語法碼或PROCESS模組跑出的數據完全相同的話，則要在執行「中介分析」功能前，設定計算的方式爲「仿照EQS」，否則所得到的數據會和Lavaan語法碼或PROCESS模組的結果有些微的差距。

EQS是一種結構方程模型的執行軟體，用於統計分析和建模。它是結構方程模型領域中使用廣泛的軟體之一。EQS軟體提供了一個使用者友好的介面，使研究人員能

夠指定和估計結構方程模型，並進行模型適配度檢驗、參數估計、標準誤估計等統計分析。它支援多種統計方法和估計技術，如最小平方法（least squares method）、最大概似估計法（maximum likelihood estimation）等。EQS軟體在社會科學、心理學、教育學等領域中廣泛應用，尤其在測量模型評估、因果關係分析、模型比較等研究中具有重要作用。

　　執行「結構方程模型」模組中的「中介分析」功能後，所得到的報表相當多，以下將逐一說明。

1. 路徑圖

　　經「中介分析」後，JASP可為中介模型繪製出路徑圖，如圖15-4。

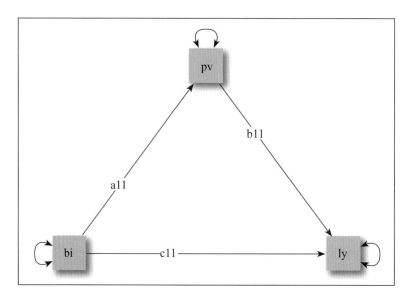

圖15-4　路徑圖

　　圖15-4的路徑圖與圖15-3的中介模型圖最大差異在於，橢圓形與長方形。圖15-3的中介模型中，各變數皆以橢圓形呈現，代表這些變數都是屬於不可直接測量的潛在變數。這種由潛在變數所架構而成的模型，最正確的分析方法應該是選用結構方程模型分析（可執行軟體有Amos、Lisrel、EQS……等）。但是，學習結構方程模型分析的門檻較高，導致不少研究者會另尋它法。而最常被採用的替代方案就是將潛在變數轉換為觀察變數，然後利用傳統的迴歸分析、階層迴歸分析、PROCESS模組、觀察變數的路徑分析等方法來進行分析。

　　這樣的替代方案並非不可，大學生專題、碩士論文或較低等級的期刊論文中也頗爲常見，只是稍有爭議而已。遇到難「剃頭」的口試委員或審核委員要過關卻是難啊！原因就在於爲什麼可以將「潛在變數轉換爲觀察變數呢？」爲減少這個爭議，如果能先對各潛在變數的信度、建構效度先行驗證，使各構面的信度、收斂效度及區別效度均可達一般學術研究可接受之水準值的話，那麼將「潛在變數轉換爲觀察變數」應是可行的。因爲，當一個構面具有高信度、良好的收斂效度和區別效度時，這意味著它的各個指標在測量該構面時都提供了相似的資訊，並且能夠區分出其他構面。在這種情況下，使用各構面所屬的衡量題項得分之平均值作爲該構面的得分，然後再以這些構面的得分來進行迴歸建模、PROCESS模組分析或觀察變數的路徑分析就會比較合理。而這個求取各構面得分的意義，就是在將「潛在變數轉化爲觀察變數」。

　　讀者應有的認知是「潛在變數轉換爲觀察變數」這個方法，只是個替代方案而已。本書的第15（含）章之前，所使用的各種統計方法中，所涉及到的變數幾乎都是由潛在變數轉換而來的觀察變數。無非就是想讓不熟悉結構方程模型分析的讀者，能熟悉各種傳統的統計分析技術。但是，若讀者學習了JASP之後，應很容易就可發現，對JASP來說，結構方程模型分析根本就是「小菜一碟」，不再有學習門檻。

　　由於本範例中，原本是潛在變數的各主構面都已經被轉換成觀察變數了，因此圖15-4的路徑圖，就是JASP之觀察變數的路徑分析所產生的結果。當然同樣的範例，在下一章中，就將進行潛在變數的路徑分析（結構方程模型分析），以讓讀者能針對其結果進行比較。

2. 彙整報表

　　執行「中介分析」功能後，產生的主要報表有「路徑係數」表（表15-1）、「直接效果」表（表15-2）、「間接效果」表（表15-3）、「總效果」表（表15-4）。將這些報表彙整成如表15-5的中介效果摘要表，就可進行中介效果分析了。表15-5的空白表格已存放在「ex15-1.docx」中，請讀者自行修改並運用。

　　表15-1至表15-4中，目前所看到的「估計」欄位的值，都是屬於「標準化估計值」。若想取得「非標準化估計值」的數據，只要在JASP之「中介分析」的設定面板中，不勾選「標準化估計值」之選項即可。爲節省篇幅，具「非標準化估計值」的表格，在此就不再呈現，但教學影音檔中會有所說明。

表15-1　路徑係數表（標準化估計）

	估計	標準誤	z值	p值	95%信賴區間 Lower	95%信賴區間 Upper
pv→ly	0.364	0.051	7.190	<.001	0.265	0.463
bi→ly	0.294	0.051	5.815	<.001	0.195	0.393
bi→pv	0.367	0.052	7.023	<.001	0.265	0.469

表15-2　直接效果表（標準化估計）

	估計	標準誤	z值	p值	95%信賴區間 Lower	95%信賴區間 Upper
bi→ly	0.294	0.051	5.815	<.001	0.195	0.393

表15-3　間接效果表（標準化估計）

	估計	標準誤	z值	p值	95%信賴區間 Lower	95%信賴區間 Upper
bi→pv→ly	0.134	0.027	5.024	<.001	0.081	0.186

表15-4　總效果表（標準化估計）

	估計	標準誤	z值	p值	95%信賴區間 Lower	95%信賴區間 Upper
bi→ly	0.428	0.051	8.426	<.001	0.328	0.527

表15-5　中介效果摘要表

	迴歸係數 非標準化	迴歸係數 標準化	z值	95%信賴區間 下界	95%信賴區間 上界
Indirect effect					
品牌形象→知覺價值→品牌忠誠度	0.188	0.134*	5.024	0.081	0.186
Direct effect					
知覺價值→品牌忠誠度	0.464	0.364*	7.190	0.265	0.463
品牌形象→品牌忠誠度	0.415	0.294*	5.815	0.195	0.393
品牌形象→知覺價值	0.406	0.367*	7.023	0.265	0.469
Total effect					
品牌形象→品牌忠誠度	0.603	0.428*	8.426	0.328	0.527

註：*代表在顯著水準0.05時，顯著之意。

▶ 報表解說

由於中介效果要有意義的話，其先決條件爲自變數（品牌形象）須對依變數（品牌忠誠度）具有直接且顯著的影響力。因此，先觀察表15-5。由表15-5的第6列可發現，「品牌形象」對「品牌忠誠度」的標準化直接效果值（direct effect）爲0.294，且其95%信賴區間介於0.195至0.393間，顯見，95%信賴區間不包含0，即代表直接效果值顯著。因此，品牌形象對品牌忠誠度確實具有顯著的直接影響力。在此，讀者應可發現，對於顯著性的檢定，是使用信賴區間而不是p值。最主要的原因是，由於間接效果之統計檢定的機率p值是有偏誤的，因此學者建議應改採「信賴區間是否包含0」的方式來判定間接效果的顯著性（胡昌亞等，2022）。即，信賴區間包含0時，就不顯著；而信賴區間不包含0時，則顯著。

再由表15-5的第3列可發現，「品牌形象」對「品牌忠誠度」的標準化間接效果值（indirect effect）爲0.134，且其95%信賴區間介於0.081至0.186間，明顯的，95%信賴區間並不包含0，因此，間接效果顯著。也就是「知覺價值」的中介效果確實是存在的。因此可推論「知覺價值」在「品牌形象」對「品牌忠誠度」的關係間將扮演著中介角色，故H₁獲得支持。

由於總效果（total effect）等於直接效果（0.294）加上間接效果（0.134），因此「品牌形象」對「品牌忠誠度」的總效果爲0.428，且其95%信賴區間介於0.328至0.527間，明顯的，95%信賴區間並不包含0，故亦顯著，如表15-5的第9列。

另外，表15-5的第5列到第7列中，亦分別列出「知覺價值→品牌忠誠度」、「品牌形象→品牌忠誠度」與「品牌形象→知覺價值」的標準化路徑係數。這意味著，若要檢驗品牌形象、知覺價值與品牌忠誠度三者之間的因果關係時，其實只要執行「中介分析」功能，所有變數間的迴歸係數（影響力），都可求算出來，而可不需使用迴歸分析。只是運用「中介分析」功能時，並無法進行殘差分析與共線性診斷而已。因此，這些分析工具的取捨，需有賴研究者依本身的研究目的與需求來決斷。

15-2-2　分析結果的撰寫

由表15-5，可發現「品牌形象」對「品牌忠誠度」的標準化間接效果值爲0.134，且其95%信賴區間介於0.081至0.186間，明顯的，95%信賴區間並不包含0，因此，間接效果顯著，也就是「知覺價值」的中介效果確實是存在的。此外，「品牌形象」對「品牌忠誠度」的直接效果值爲0.294，且顯著。因此，可推論「知覺價

值」在「品牌形象」對「品牌忠誠度」的關係間，將扮演著中介角色。且由於「知覺價值」中介後，「品牌形象→品牌忠誠度」的直接效果仍顯著，故「知覺價值」的中介類型應屬部分中介效果。

由上述的結論，建議個案公司管理者，在提升消費者忠誠度的過程中，宜加強「品牌形象」的形塑，以便能更直接、有效率的提升消費者對個案公司的忠誠度。其次，由於「知覺價值」的中介效果確實存在，因此業主除應積極形塑個案公司於消費者心目中的印象外，亦可藉由改善個案公司於消費者心目中的價值感而增強消費者對個案公司的忠誠度。

15-2-3 模型的語法

執行「中介分析」後，JASP除可為中介模型繪製出路徑圖外，也會輸出Lavaan語法碼供使用者參考，如圖15-5。該語法碼之文字檔，已儲存在範例資料夾中，其檔名為：ex15-1_語法碼.txt。這些Lavaan語法碼可使用在JASP的「結構方程模型」模組中，以便進行路徑分析。Lavaan語法碼的基本語法（運算子的意義），如表15-6。理解這些基本語法是在JASP中學習結構方程模型的第一步，至為重要。

表15-6　Lavaan的基本語法

運算子	運算子範例
#	代表注解、說明文字，將不會被執行。
~	描述著變數間的因果關係。「~」左側為因，右側為果。 例如：「ly~a*bi+b*pv」代表bi、pv（因）會同時影響ly（果）。a、b則為路徑係數，且須用*和變數分隔。變數可為潛在或觀察變數。
=~	用於設定潛在構面（左側）與其測量題項或子構面間（右側）的關係。 例如：「bi1=~bi1_1+ bi1_2+ bi1_3」，代表潛在構面bi1由bi1_1、bi1_2、bi1_3等三個題項所測量。
~~	描述著左側變數與右側變數間的共變（即相關）。 例如：「bi~~pv」，因為bi、pv皆為自變數，故本語法描述著bi與pv的相關性，若bi、pv同為依變數，則描述著bi與pv之殘差的相關性。
a*、b*等英文字母	a、b等英文字母代表參數標籤，通常放在變數前，並以*和變數分隔，其值就代表著路徑（迴歸）係數之意。 例如：「ly~a*bi」，a即代表bi影響ly時的迴歸係數，即bi對ly的影響力之意。
:=	可用以定義新變數，新變數名稱須放在「:=」的左側，右側即是該新變數的值。例如：「bi_pv_ly:=a11*b11」（如圖15-4），代表著定義一個新變數「bi_pv_ly」，其值為a11、b11兩參數的乘積。其實，此乘積的意義就是中介效果值。

```
# -------------------------------------------
# Mediation model generated by JASP
# -------------------------------------------

# dependent regression
1  ly ~ b11*pv + c11*bi

# mediator regression
2  pv ~ a11*bi

# effect decomposition
# y1 ~ x1
3  ind_x1_m1_y1 := a11*b11
4  ind_x1_y1 := ind_x1_m1_y1
5  tot_x1_y1 := ind_x1_y1 + c11
```

圖15-5　範例15-1的語法碼

　　圖15-5中的各列語法碼之意義，建議讀者必須搭配圖15-4與表15-6一起看，比較容易看得懂，具體說明如下：

➤ 第1列：設定pv、bi會同時影響ly，b11、c11則分別是pv、bi的迴歸（路徑）係數（如圖15-4）。

➤ 第2列：設定bi會影響pv，a11則是bi的迴歸（路徑）係數。

➤ 第3列：定義一個新變數，名為ind_x1_m1_y1，其值為a11*b11。從圖15-4來看，其實「ind_x1_m1_y1」所代表的意義即為pv的中介效果值。

➤ 第4列：定義一個新變數，名為ind_x1_y1，其值等於「ind_x1_m1_y1」。從圖15-4來看，其實「ind_x1_m1_y1」所代表的意義即為pv的中介效果值。

➤ 第5列：定義一個新變數，名為tot_x1_y1，其值為ind_x1_y1+c11。tot_x1_y1的實質意涵即為總效果之意。

　　這些語法，可取代我們在執行「中介分析」前的拖、拉、點、選等設定動作。但是這些語法，則必須在「結構方程模型」功能中才能執行。其執行結果，所得到的檢定資料如路徑係數估計值，直接效果、間接效果、總效果、信賴區間等都會和「中介分析」功能（要設定仿照EQS）一樣，只是表格呈現的方式不同罷了。例如：執行語法後，產生的迴歸係數（路徑係數）表，如表15-7。

　　觀察表15-7（執行Lavaan語法所得結果）和表15-1（執行「中介分析」功能所得結果），除表格名稱不同外（表15-7稱迴歸係數表、表15-1則稱為路徑係數表），它們呈現的數據大致上是相同的。比較特別的是，表15-7迴歸係數表中，可以同時呈現

非標準化的迴歸係數（估計欄位）與標準化的迴歸係數（標準化欄位下的所有子欄位）。這點是執行「中介分析」功能時，所沒有辦法達成的。

表15-7　執行語法碼後，所得到的迴歸係數表

預測變項	結果		估計	標準誤	z值	p值	95%信賴區間		標準化		
							Lower	Upper	所有	潛在變數	內生
pv	ly	b11	0.464	0.064	7.201	<.001	0.337	0.590	0.364	0.464	0.364
bi	ly	c11	0.415	0.071	5.824	<.001	0.275	0.554	0.294	0.415	0.280
	pv	a11	0.406	0.058	7.034	<.001	0.293	0.519	0.367	0.406	0.349

15-3　多重中介效果檢定

中介變數檢驗所要回答的問題是自變數究竟是可以透過哪種機制或途徑而影響依變數。也就是說，中介研究的意義在於幫助我們解釋自變數對依變數關係的作用機制，也可以釐清、整合變數之間的關係（MacKinnon, 2008）。當然，如第15-2節所述，中介變數在自變數對依變數的關係間具有中間傳導的作用，即自變數會透過中介變數的途徑，進而間接影響依變數。在本節之前，本書中所討論的中介效果皆屬簡單的中介模型，也就是只描述了存在一個中介變數的情況。然而，在心理、行為和其他一些社會科學研究領域中，研究情境複雜，往往需要多個中介變數才能更清晰地解釋自變數對依變數的效應（MacKinnon, 2008）。

15-3-1　多重中介效果簡介

近年來，越來越多的中介研究採用多重中介（multiple mediation）模型。不過，卻也不難發現，多數研究是將一個多重中介模型拆解為多個簡單中介（即只含一個中介變數）模型，然後再針對這些拆解後的簡單中介模型，逐個加以分析，並據以產生結論。這樣的作法，可能會對結果的解釋產生偏誤。因為模型中，變數之間的關係是「同時」發生的，若加以拆解，將會忽略掉其他變數的影響，而失去多個變數「同時」互相影響的實際情境。基本上，建立多重中介模型，可以「同時」分析多個中介變數的影響力，當然是個比較好、比較先進的方法。

　　顧名思義，多重中介模型就是種「同時」存在多個中介變數的模型。根據多個中介變數之間是否存在相互影響的情況，多重中介模型又可以分為單步多重中介模型（single step multiple mediator model）和多步多重中介模型（multiple step multiple mediator model）（Hayes, 2009）。單步多重中介模型是指多個中介變數之間不存在相互影響力（如圖15-6），又稱為平行多重中介模型（parallel mediator model）。多步多重中介模型則是指多個中介變數之間存在相互影響力，多個中介變數表現出順序性特徵，形成中介鏈（如圖15-7中的IV→M1→M2→DV路徑或IV→M3→M2→DV路徑），故又稱為鏈式多重中介模型或序列式多重中介模型（serial mediator model）。

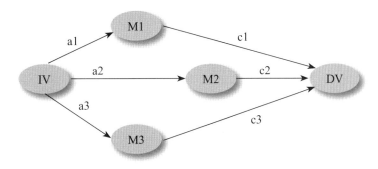

圖15-6　單步多重中介模型

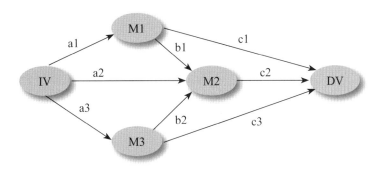

圖15-7　多步多重中介模型

　　圖15-7的模型圖是個含有三個中介變數M1、M2和M3的多重中介模型，此時的多重中介效果可以從三個面向進行分析：(1)特定路徑的中介效果（specific mediation effect），如a1c1、a2c2、a3c3、a1b1c2和a3b2c2；(2)總中介效果（total mediation effect），即「a1c1+a2c2+a3c3+a1b1c2+a3b2c2」；(3)對比中介效果，如「a1c1−a2c2」、「a1c1−a3c3」……等（Hayes, 2009; MacKinnon, 2008; Preacher & Hayes,

2008）。

　　相較於簡單中介模型，多重中介模型具有三大優勢。首先，可以得到總中介效果。其次，可以在控制其他中介變數（如控制M1、M2）的前提下，研究每個中介變數（如M3）的特定中介效果。這種作法可以減少簡單中介模型因為忽略其他中介變數，而導致的參數估計偏差。第三，可以計算對比中介效果，使得研究者能判斷多個中介變數的效果（如a1c1、a2c2、a3c3、a1b1c2和a3b2c2）中，哪一個效果更大，即判斷哪一個中介變數的作用更強、哪個中介變數理論更有意義。因此，研究多重中介模型更能兼具理論與實務意涵（Preacher & Hayes, 2008）。

15-3-2 檢驗平行多重中介效果

▶ 範例15-2　參考附錄八，論文〈品牌形象、知覺價值對品牌忠誠度關係之研究〉的正式問卷，「ex15-2.jasp」為該論文的正式資料檔，試檢驗「知覺價值」的三個子構面，在「品牌形象」與「品牌忠誠度」的關係間，是否扮演著中介角色？其中介模型如圖15-8所示。

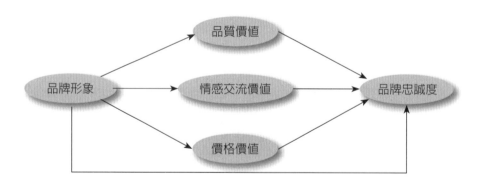

圖15-8　範例論文的平行多重中介模型

依題意，我們將建立假設為（論文中，須寫對立假設）：

H₁：品質價值會在品牌形象與品牌忠誠度的關係間，扮演著中介角色。

H₂：情感交流價值會在品牌形象與品牌忠誠度的關係間，扮演著中介角色。

H₃：價格價值會在品牌形象與品牌忠誠度的關係間，扮演著中介角色。

操 作 步驟

在範例15-1中，我們曾經檢驗「知覺價值」在「品牌形象」與「品牌忠誠度」的關係間，扮演的中介角色。在本範例中，我們將更細部的想要來了解到底「品牌形象」是透過「知覺價值」的哪些子構面而影響「品牌忠誠度」。由於「知覺價值」是個多維構面，它具有三個子構面，因此，我們將建構包含三個中介變數的多重中介模型，而且它是屬於平行多重中介。這樣的研究，當然就是想探究「品牌形象」影響「品牌忠誠度」的真正途徑，其研究成果將能更準確、更有效率的幫助個案公司的經營業者進行精準改善，以提升消費者的忠誠度。

圖15-8的多重中介模型是個單步多重中介模型，又稱為是平行多重中介模型。這種多重中介模型的檢驗，對於傳統的階層迴歸分析而言，就完全無能為力了。所以在本書中，我們亦將使用JASP的「中介分析」功能來輔助進行多重中介效果的檢定。以往在進行這種多重中介效果檢定時，相當複雜，但在JASP中，簡直可稱為「輕而易舉」。詳細的操作過程，讀者可直接參閱教學影音檔「ex15-2.mp4」。

➤ 分析結果的撰寫

利用「中介分析」功能進行平行多重中介效果檢定後，所得到的報表和範例15-1的報表類似。因此，在本書中將不再呈現，但是在教學影音檔「ex15-2.mp4」中，都已進行了相當清楚的說明。教學影音檔「ex15-2.mp4」中，將針對所產生的報表進行完整的解讀與彙整工作，故請讀者務必詳閱教學影音檔。彙整完成的表格，如表15-8。

故由表15-8的「Indirect effect」部分可觀察出，三個間接效果的95%信賴區間，只有「品質價值」（pv1）的中介效果之下、上界區間會包含0（即，不顯著之意）。因此可推論，「知覺價值」的三個子構面中，「品質價值」（pv1）的中介效果並不顯著（H_1未獲支持），「情感交流價值」（pv2）與「價格價值」（pv3）的中介效果則屬顯著（H_2、H_3成立）。顯見，「知覺價值」所扮演的中介角色，主要是「情感交流價值」（pv2）與「價格價值」（pv3）這兩個子構面所建構而成。其標準化間接效果值皆為0.052。

其次，「品牌形象→品牌忠誠度」的標準化直接效果值為0.295，且仍顯著。因此，亦可推論「情感交流價值」與「價格價值」的中介效果類型應為部分中介效果。

最後，由表15-8亦可發現，「品牌形象→品牌忠誠度」的總效果值為0.428，且顯著，可見「品牌形象」對「品牌忠誠度」確實具有舉足輕重的影響力。

表15-8　多重中介效果摘要表

效果	迴歸係數		z值	95% 信賴區間	
	非標準化	標準化		下界	上界
Indirect effect					
品牌形象→品質價值（pv1）→品牌忠誠度	0.040	0.028	1.791	-0.003	0.060
品牌形象→情感交流價值（pv2）→品牌忠誠度	0.073	0.052*	2.837	0.016	0.088
品牌形象→價格價值（pv3）→品牌忠誠度	0.074	0.052*	2.717	0.015	0.090
Direct effect					
品質價值（pv1）→品牌忠誠度	0.108	0.103	1.912	-0.003	0.209
情感交流價值（pv2）→品牌忠誠度	0.183	0.187*	3.400	0.079	0.295
價格價值（pv3）→品牌忠誠度	0.169	0.170*	3.082	0.062	0.279
品牌形象→品牌忠誠度	0.415	0.295*	5.825	0.196	0.394
品牌形象→品質價值（pv1）	0.371	0.276*	5.112	0.170	0.382
品牌形象→情感交流價值（pv2）	0.400	0.278*	5.150	0.172	0.384
品牌形象→價格價值（pv3）	0.437	0.307*	5.751	0.203	0.412
Total effect					
品牌形象→品牌忠誠度	0.603	0.428*	8.426	0.328	0.527

註：*代表在顯著水準0.05時，顯著之意。

　　由上述的結論，建議個案公司經營者，在提升消費者忠誠度的過程中，宜加強「品牌形象」的形塑，尤其更應致力於品牌特質的強化與連結，以便能更直接、有效率的提升消費者對個案公司的忠誠度。其次，由於「知覺價值」的中介效果確實存在，但經由多重中介效果檢定，得知這個中介效果主要是由「情感交流價值」與「價格價值」所建構，因此業主除應積極形塑個案公司於消費者心目中的印象外，亦可藉由提升個案公司產品於消費者心目中的「情感交流價值」與「價格價值」，而增強消費者對個案公司的價值感，進而增加消費者的忠誠度。

➤ 路徑圖與模型語法

　　執行「中介分析」後，JASP會同時輸出路徑圖與Lavaan語法碼供使用者參考。路徑圖與Lavaan語法碼，分別如圖15-9與圖15-10。且該語法碼之文字檔，已儲存在範例資料夾中，其檔名為：ex15-2_語法碼.txt。為讓讀者亦能領略Lavaan語法碼的執行過程，在教學影音檔中，也將示範如何利用Lavaan語法碼來進行多重中介效果檢

定。也請讀者能自行比較看看，使用「中介分析」功能和使用「Lavaan語法碼」來進行多重中介效果檢定後，在報表呈現數據之格式上的差異性。

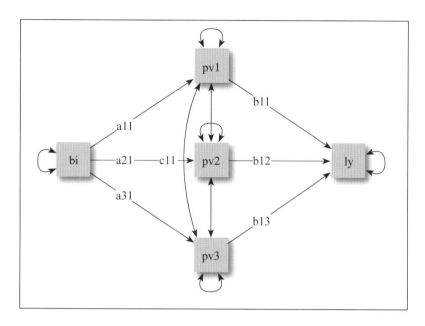

圖15-9　範例15-2的路徑圖

```
# -----------------------------------------
# Mediation model generated by JASP
# -----------------------------------------

# dependent regression
1  ly ~ b11*pv1 + b12*pv2 + b13*pv3 + c11*bi

# mediator regression
2  pv1 ~ a11*bi
3  pv2 ~ a21*bi
4  pv3 ~ a31*bi

# mediator residual covariance
5  pv1 ~~ pv2
6  pv1 ~~ pv3
7  pv2 ~~ pv3

# effect decomposition
# y1 ~ x1
8  ind_x1_m1_y1 := a11*b11
9  ind_x1_m2_y1 := a21*b12
10 ind_x1_m3_y1 := a31*b13
11 ind_x1_y1 := ind_x1_m1_y1 + ind_x1_m2_y1 + ind_x1_m3_y1
12 tot_x1_y1 := ind_x1_y1 + c11
```

圖15-10　範例15-2的語法碼

從圖15-9和原始模型圖（圖15-8）比對後可發現，圖15-9多了「pv1⟷pv2」、「pv1⟷pv3」、「pv2⟷pv3」等三條殘差共變（即語法碼中的第5至7列），這是JASP自動設定的，它不影響分析結果。其次，對代表bi和ly的直接效果（c11）這條線（bi→ly），JASP把它畫成和「bi→pv」與「pv→ly」重合了。

而圖15-10的Lavaan語法碼中：

➤ 第8～10列就是在估計三個中介效果值並檢定。

➤ 第11列將估計總間接效果值並檢定。

➤ 第12列將估計總效果值並檢定。

🔲 15-3-3 檢驗序列多重中介效果

▶ 範例15-3　請開啟學習資料館（Data Library）中「14.SEM」目錄下的「Political Democracy」的資料檔，或直接開啟範例資料夾中的「ex15-3.jasp」，並參考圖15-11的模型圖。試檢驗觀察變數x2與y1是否會在x1與y3的關係間，扮演著中介角色。

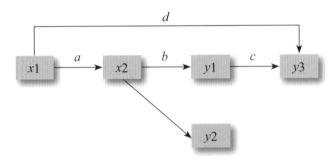

圖15-11　範例15-3的模型圖

依題意，我們將建立假設為（論文中，須寫對立假設）：

H_1：x2與y1會聯合在x1與y3的關係間，扮演著中介角色。

操作步驟

觀察圖15-11，範例模型中觀察變數x1與y3的關係間，中介變數有兩個，即x2與y1。故本範例屬多重中介效果的檢定，且其類型應屬序列多重中介效果。對於這種序

列多重中介效果，並無法使用「中介分析」功能來進行分析與檢定。而必須使用「結構方程模型」功能，並搭配Lavaan語法碼的使用。讀者或許可以參照表15-6的Lavaan基本語法，然後嘗試自行為本範例來編寫語法碼。

在本範例中，執行序列多重中介效果的Lavaan語法碼如圖15-12。該語法碼之文字檔，已儲存在範例資料夾中，其檔名為：ex15-3_語法碼.txt。基本上，要理解這個語法碼並不難，讀者只要參照表15-6，應可輕易的掌握該語法碼中，各列語法之意涵。詳細的Lavaan語法碼操作過程，讀者可直接參閱教學影音檔「ex15-3.mp4」。

```
x2~a*x1
y1~b*x2
y2~x2
y3~c*y1+d*x

# 序列多重中介效果
ind_x1_x2_y1_y3:=a*b*c

# 總效果
tot_x1_y3:=ind_x1_x2_y1_y3+d
```

圖15-12　範例15-3的語法碼

➢ 分析結果的撰寫

於「結構方程模型」功能中，輸入圖15-12的Lavaan語法碼，即可進行序列多重中介效果的檢定，檢定後，只要將「迴歸係數」表、「變數定義」表，彙整成表15-9的多重中介效果摘要表，即可進行結論的撰寫。

故由表15-9的「Indirect effect」部分可觀察出，序列多重中介效果的標準化值為0.181，信賴區間之下、上界分別為0.211、1.368，顯然信賴區間不會包含0，故序列多重中介效果顯著，即H_1獲得支持。

表15-9　多重中介效果摘要表

效果	迴歸係數		z值	95%信賴區間	
	非標準化	標準化		下界	上界
Indirect effect					
x1→x2→y1→y3	0.790*	0.181*	2.676	0.211	1.368
Direct effect					
x2→y1	0.558*	0.321*	2.939	0.186	0.930
x1→x2	1.844*	0.894*	17.327	1.635	2.052
x2→y2	0.645*	0.247*	2.210	0.073	1.217
y1→y3	0.768*	0.629*	6.978	0.552	0.983
x1→y3	0.417	0.095	1.057	-0.356	1.190
Total effect					
x1→y3	1.207*	0.276*	2.590	0.293	2.120

15-4　數值型干擾效果檢定

　　干擾變數（moderating variables）又稱為調節變數或情境變數，它是指會影響自變數與依變數之間，關係的方向或強度的變數，如圖15-13。它可以是質性的（qualitative）（例如：性別、種族……）或是量化的（quantitative）（例如：薪資……）。例如：學生的智商會影響其成績表現，但是其間關係的強度可能會因為學生之「用功程度」的不同而有所改變，在此「用功程度」就是一種干擾變數。干擾變數與自變數一樣對依變數會有直接顯著的影響（一般稱為主要效果）。但干擾變數除主要效果（其單獨對依變數的直接影響力）之外，也要檢視干擾變數與自變數的交互作用對依變數的影響（此即為干擾效果）。以迴歸的角度而言，所謂干擾變數就是它干擾了自變數x與依變數y之間的關係式，包括方向與大小。以相關而言，x與y間的相關性會因干擾變數之取值不同而得到不同的相關性。以ANOVA而言，干擾效果則表示干擾變數與自變數的交互作用顯著。

　　此外，干擾變數的資料型態可以是連續型資料，也可以是類別型資料。這兩種資料型態的干擾效果檢定方法，有很大的差異。在本節中，我們將使用階層迴歸分析，示範如何檢驗連續型的干擾效果。

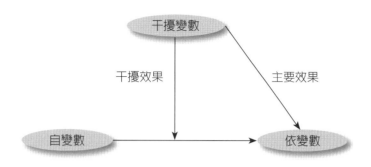

圖15-13　干擾效果示意圖

15-4-1　數值型干擾效果檢定——階層迴歸法

▶ 範例15-4

參考附錄三，論文〈景觀咖啡廳意象、知覺價值與忠誠度：轉換成本的干擾效果〉之原始問卷，該問卷的資料檔為「ex15-4.jasp」，試探討轉換成本是否會干擾景觀咖啡廳意象與忠誠度間的關係？（概念性模型圖，如圖15-14）。

　　論文〈景觀咖啡廳意象、知覺價值與忠誠度：轉換成本的干擾效果〉的模型圖，如圖15-14。模型圖中「景觀咖啡廳意象」構面（im）包括「商品」（im1，4題，im1_1～im1_4）、「服務」（im2，4題，im2_1～im2_4）、「便利」（im3，3題，im3_1～im3_3）、「商店環境」（im4，4題，im4_1～im4_4）、「促銷」（im5，3題，im5_1～im5_3）與「附加服務」（im6，3題，im6_1～im6_3）等六個子構面，共21個題項；「知覺價值」構面（pv）包括4個題項（pv1～pv4）；「忠誠度」構面（ly）包含5個題項（ly1～ly5），而「轉換成本」構面（sc）則包含3個題項（sc1～sc3）。

　　本範例中，針對干擾效果的檢驗，將採用Baron and Kenny（1986）的作法，透過階層迴歸分析，逐次加入控制變數（基本人口統計變數）、預測變數（自變數與干擾變數）及交互作用項（自變數與干擾變數的乘積）而建立階層迴歸模型，從而了解自變數、干擾變數與交互作用項對依變數之影響力的變化情形，以探討「轉換成本」是否會干擾「景觀咖啡廳意象」與「忠誠度」間之關係。

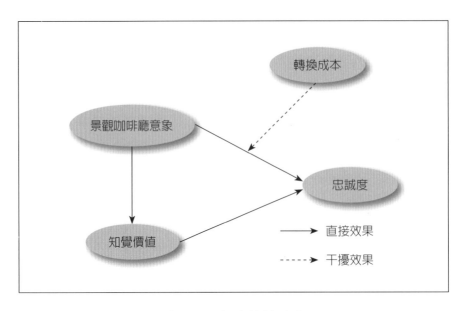

圖15-14　概念性模型圖

依題意，我們將建立假設爲（論文中，須寫對立假設）：

H₁：轉換成本會干擾景觀咖啡廳意象與忠誠度間的關係。

或

H₁：轉換成本會在景觀咖啡廳意象與忠誠度的關係間，扮演著干擾角色。

　　運用階層迴歸分析以檢驗干擾效果時，實務上，會先將受訪者的基本特性控制住，然後將各自變數（景觀咖啡廳意象）與干擾變數（轉換成本）之主要效果項（main effect）放入階層迴歸模型中，最後再加入代表干擾效果的交互作用項（interaction effect，景觀咖啡廳意象×轉換成本），並觀察交互作用項對依變數（忠誠度）的迴歸係數值，若迴歸係數值達顯著水準，則代表干擾效果確實存在（Kleinbanum, Kupper and Muller, 1998）。

　　此外，爲避免多元共線性的問題，雖可不用對依變數進行平減（mean centering），但必須將自變數（景觀咖啡廳意象）與干擾變數（轉換成本）先進行平減後，再製作交互作用項（Aiken and West, 1991）。倘若交互作用項對忠誠度具有顯著的預測效果，即表示干擾效果存在。

操作 步驟

（一）資料預處理與區組設定

　　進行階層迴歸分析前，須先對各區組（本範例中，共分三區組）與依變數的資料進行規劃與預處理，以利分析之完成與目的之達成。

1. 依變數

　　依題意，本範例之依變數即為忠誠度，忠誠度包含5個題項，因此須先求出每個受訪者於這5個題項的平均得分以當作「忠誠度」構面的得分，此計算工作已於資料檔「ex15-4.jasp」中計算完成，其變數名稱為「ly」。

2. 第一區組：控制變數（模型一）

　　為了避免我們所欲研究的自變數、干擾變數與依變數間的關係，可能受某些其他干擾的影響而遭到扭曲，因此有必要將這些可能干擾的變數控制住，這些可能會干擾研究結果的變數，由於必須予以控制，因此常稱之為控制變數。在本研究的問卷中，除了我們所欲研究的自變數、干擾變數與依變數外，尚有描述樣本特質的「受訪者基本資料」變數。故於階層迴歸分析中，建立區組時，首先要考慮的狀況是，先將「受訪者基本資料」變數的影響力控制下來，「受訪者基本資料」共有性別、婚姻狀況、年齡、職業、教育程度、平均月收入與消費次數等七個題項。

　　然而根據相關分析的結果得知，這些變數中與依變數（忠誠度）關係較為顯著者，只有年齡與平均月收入等兩個變數。因此在本範例中，必須將年齡與平均月收入等兩個變數納入屬控制變數性質的第一區組中，其餘與依變數相關性不高的基本資料變數則不納入建模考量。

3. 第二區組：預測變數（模型二）

　　第二區組中將檢測預測變數（自變數與干擾變數）的主要效果，在本範例中，這些預測變數包含自變數（景觀咖啡廳意象，im）與干擾變數（轉換成本，sc）。景觀咖啡廳意象構面總共有21個題項，因此須先求出每個受訪者於這21個題項的平均得分，以當作景觀咖啡廳意象（im）的得分。而轉換成本構面包含3個題項，因此亦須先求出每個受訪者於這3個題項的平均得分，以當作轉換成本（sc）的得分。這些計算工作相信讀者已都能駕輕就熟。為節省時間，故在資料檔「ex15-4.jasp」中也已計算完成。

4. 第三區組：交互作用項（模型三）

　　由於我們想探討轉換成本於景觀咖啡廳意象與忠誠度間的干擾效果，因此須先取得交互作用項（景觀咖啡廳意象×轉換成本）的值。然為避免多元共線性的問題發生，計算交互作用項時，須分別將自變數（景觀咖啡廳意象）與干擾變數（轉換成本）予以平減後再相乘（Aiken and West, 1991）。因此，須先算出每個受訪者之景觀咖啡廳意象（im）的得分，然後再減掉im的平均數，而製作出平減後的新變數「im_mc」。依相同的平減法，也可製作出轉換成本（sc）平減後的新變數「sc_mc」。接著，再將「im_mc」乘以「sc_mc」後，即可得到交互作用項的值，請將該值儲存為變數「imxsc」（imxsc=im_mc×sc_mc）。這些計算工作皆已於資料檔「ex15-4.jasp」中計算完成。最後，再把變數「imxsc」設為第三區組。

（二）執行「線性迴歸」功能

　　經過資料規劃與預處理後，對各變數所扮演之角色，相信讀者已皆能掌握。接下來，將說明在JASP的「線性迴歸」功能中，如何進行階層迴歸分析。

　　由於JASP中的「線性迴歸」功能，每次只能比對兩個模型（亦即只能設定兩個區組）。在進行各區組之變數的設定時，變數進入模型的方式，必須設定為「納入」。而進行模型比對時，將檢視「R^2改變數」與「F值改變數」。若後面的區組（模型）之「R^2改變數」增加，且「F值改變數」顯著，那麼就可認為後面的區組（模型）比前面的區組（模型）更具解釋能力。因此，後面的區組（模型）中比前面的區組（模型）多出來的變數，就有其統計意義。

　　如前所述，「線性迴歸」功能每次只能比對兩個區組（模型）。在此情況下，由於本範例將設定三個區組（模型），因此，需要執行兩次「線性迴歸」功能。第一次「線性迴歸」將比對「區組一vs.區組二」；而第二次「線性迴歸」就比對「區組二vs.區組三」，最後，將兩次「線性迴歸」所獲得的數據資料彙整成表15-10，就可完成所有工作了。表15-10的空白表格已存放在「ex15-4.docx」中，請讀者自行修改並運用。

　　詳細的操作過程與解說，讀者可自行參閱教學影音檔「ex15-4.mp4」。

表15-10　干擾效果檢定表

依變數 統計量 自變數	忠誠度					
	模型一迴歸係數		模型二迴歸係數		模型三迴歸係數	
	非標準化	標準化	非標準化	標準化	非標準化	標準化
控制變數						
年齡	-0.050	-0.055	-0.022	-0.024	-0.013	-0.014
月收入	-0.197*	-0.203*	-0.185*	-0.191*	-0.186*	-0.192*
預測變數						
景觀咖啡廳意象			0.337*	0.274*	0.347*	0.282*
轉換成本			0.196*	0.232*	0.191*	0.227*
交互作用項						
景觀咖啡廳意象×轉換成本					-0.099*	-0.103*
R^2	0.054		0.171		0.181	
$\triangle R^2$	0.054		0.117		0.010	
$\triangle F$	10.254*（p<0.001）		25.484*（p<0.001）		4.549*（p=0.034）	

* $p<0.05$

▶ **報表解說**

　　階層迴歸的分析結果，經適當整理後，詳列於表15-10。在表15-10中，模型一僅包含基本資料變數，其目的是為控制外在因素之影響力。模型二為放入「景觀咖啡廳意象」與「轉換成本」的迴歸模型。而模型三則是加入交互作用項的迴歸模型。

　　表15-10中R^2為判定係數（coefficient of determination）代表著迴歸模型的解釋能力，而$\triangle R^2$是指模型間R^2的差異，如果$\triangle R^2$為正且$\triangle F$顯著，代表新變數的加入有助於模型解釋能力的提升。

　　在表15-10中，由模型二可發現，「景觀咖啡廳意象」與「轉換成本」的主要效果分別為0.337（非標準化值，以下的迴歸係數皆為非標準化值）、0.196，都會顯著的影響忠誠度。且加入此兩變數後，對整體「忠誠度」的解釋變異量有所提升（$\triangle R^2$ = 0.117為正，且$\triangle F$ = 25.484，顯著），這顯示「景觀咖啡廳意象」與「轉換成本」變數加入模型是有意義的。

　　最後，最重要的是，在模型三中加入「景觀咖啡廳意象」與「轉換成本」的交互

作用項後，對整體「忠誠度」的解釋變異量又更加提升（$\triangle R^2 = 0.010$為正，且$\triangle F = 4.549$，顯著），代表交互作用項的加入模型是具有顯著意義的。且該交互作用項對「忠誠度」的影響力為-0.099亦顯著。此結果也就說明了，「轉換成本」會負向顯著的干擾「景觀咖啡廳意象→忠誠度」的關係。因此，H_1成立。

接著，再依據概念性模型進行簡單斜率分析（simple slope analysis）以了解干擾效果之方向性，並比較高、低轉換成本兩條迴歸線之差異。圖15-15就是本範例的簡單斜率分析圖，這張圖是利用Jeremy Dawson教授所研發的Excel應用程式（2-way_linear_interactions.xlsx）所繪製出來的，其下載處如下：

網址：http://www.jeremydawson.co.uk/slopes.htm。

圖15-15呈現出低、高轉換成本於「景觀咖啡廳意象」對「忠誠度」關係中的簡單斜率分析圖。若簡單斜率分析圖中的直線呈現不平行狀態的話，則代表「干擾效果」確實存在。由圖15-15可明顯看出，兩條直線並不平行，可見「干擾效果」確實存在。而且顯示出了，在不同的轉換成本水準下，「景觀咖啡廳意象」對「忠誠度」關係的影響程度（斜率），明顯的會產生差異，且低轉換成本的斜率大於高轉換成本。此現象代表「干擾效果」為負向的，且低轉換成本時，「景觀咖啡廳意象」對「忠誠度」的影響力較高轉換成本時大。

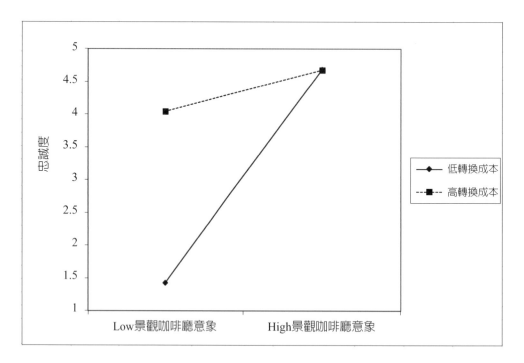

圖15-15　轉換成本於「景觀咖啡廳意象→忠誠度」的簡單斜率分析圖

由上述分析結果說明了，「轉換成本」的不同取值將干擾「景觀咖啡廳意象→忠誠度」的關係。較值得注意的是，「景觀咖啡廳意象」與「轉換成本」之交互作用對「忠誠度」是具有「負向顯著」的影響力，這顯示在低轉換成本下，「景觀咖啡廳意象」對「忠誠度」的影響力高於高轉換成本時。也就是說，當景觀咖啡廳的特質是屬低轉換成本的狀態時，更應重視其帶給消費者所感受到的意象（image），如此才能有效的提升消費者的忠誠度。

一般而言，餐廳的轉換成本普遍較低。再由上述的分析可發現，當消費者所感受到的轉換成本較低的情形下，「景觀咖啡廳意象」對「忠誠度」的正向影響力大於轉換成本較高時。基於此，在一般餐廳普遍具有低轉換成本傾向的業態中，更可突顯出形塑「景觀咖啡廳意象」的重要性。回顧過去學者的研究，大都只強調「意象」對「忠誠度」間的正向影響關係。本研究則以在餐飲管理領域中，從轉換成本之特性的觀點，更進一步的說明了「意象」的關鍵性角色。

15-4-2 數值型干擾效果檢定——Lavaan語法

▶ 範例15-5

參考附錄三，論文〈景觀咖啡廳意象、知覺價值與忠誠度：轉換成本的干擾效果〉之原始問卷，該問卷的資料檔為「ex15-5.jasp」（其數據和ex15-4.jasp完全相同），試探討轉換成本是否會干擾景觀咖啡廳意象與忠誠度間的關係？（概念性模型圖，如圖15-14，統計模型圖，則如圖15-16）。

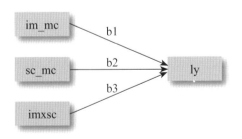

圖15-16　本範例的統計模型圖

依題意，我們將建立假設為（論文中，須寫對立假設）：

H₁：轉換成本會干擾景觀咖啡廳意象與忠誠度間的關係。

或

H₁：轉換成本會在景觀咖啡廳意象與忠誠度的關係間，扮演著干擾角色。

操作步驟

在這個範例中，我們將模擬著名PROCESS模組，而再次的檢驗「轉換成本」這個數值型的變數是否會干擾「景觀咖啡廳意象→忠誠度」的關係。圖15-16的統計模型圖是根據圖15-14的概念性模型圖與PROCESS模組的樣板模型1（干擾模型）而繪製的。圖中各變數的說明如下：

im_mc：im代表景觀咖啡廳意象構面的得分，im_mc是原始變數im，經平減化後產生的新變數，其值等於im – im的平均數。

sc_mc：sc代表轉換成本構面的得分，sc_mc是原始變數sc，經平減化後產生的新變數，其值等於sc – sc的平均數。

imxsc：為交互作用項，其值等於im_mc×sc_mc。

ly：為依變數忠誠度構面的得分，進行分析時，依變數並不用進行平減化。

在本範例中，我們更進階一點，將利用Lavaan語法來輔助我們進行干擾效果檢定。讀者須注意的是，在編寫Lavaan語法碼時，必須根據統計圖來編寫。此外，本範例的目的是想模擬PROCESS模組來進行干擾效果檢定，因此統計圖將直接參考PROCESS模組的樣板模型1（干擾模型）而繪製，如圖15-16。根據圖15-16的統計模型圖，就可寫出模型的Lavaan語法碼，如圖15-17。該語法碼之文字檔，已儲存在範例資料夾中，其檔名為：ex15-5_語法碼.txt。

```
   # 定義迴歸模型，在此已考量年齡、月收入的影響
1  ly~年齡+月收入+b1*im_mc+b2*sc_mc+b3*imxsc

   # 求算高轉換成本時的斜率
2  Slope_H:=b1+b3*1.341

   # 求算低轉換成本時的斜率
3  Slope_L:=b1-b3*1.341
```

圖15-17　本範例的Lavaan語法碼

而圖15-17的Lavaan語法碼中：

➤ 第1列主要為圖15-16的統計模型圖建模，該列說明了，依變數（ly）是由年齡、月收入、im_mc、sc_mc與imxsc等變數所預測。語法中特意的加入控制變數年齡、月收入，主要是想讓本範例的執行結果，能與範例15-4的結果進行比較。此外，在im_mc、sc_mc與imxsc等變數前，分別加上了b1、b2、b3等標籤，b1、b2、b3分別代表相對應之變數的迴歸係數，這是為了後續要計算低、高轉換成本的斜率用的。

➤ 第2列是在求取干擾變數的條件斜率（conditional slope），該斜率其實就是代表「景觀咖啡廳意象→忠誠度」的影響力。而所謂的條件是指會依干擾變數的高分組、低分組等不同情境計算斜率。條件斜率的計算方式為：

條件斜率＝自變數的迴歸係數＋交互作用項的迴歸係數×（mean ± sd）　（式15-1）

式15-1中，mean為干擾變數的平均數，而sd則為干擾變數的標準差。由於干擾變數sc已平減化為sc_mc，故其平均數為0，標準差則執行「描述統計」功能後，查閱報表可得知為1.341。所以，高轉換成本時，條件斜率應為b1 + b3×1.341；而低轉換成本時，條件斜率則為b1 – b3×1.341。

有以上的認知後，在JASP中執行「結構方程模型」功能，並於語法框中貼上圖15-17的Lavaan語法碼，這樣就可以模擬「PROCESS模組的樣板模型1」而進行簡單干擾效果檢定了。詳細的操作過程與解說，讀者可自行參閱教學影音檔「ex15-5.mp4」。

➤ 分析結果的撰寫

利用「結構方程模型」功能進行干擾效果檢定後，所產生之報表的解說工作，雖然在本書中並沒有以文字方式呈現，但是在教學影音檔「ex15-5.mp4」中，都進行了相當清楚的說明。此外，該教學影音檔也針對所產生的報表進行解讀與彙整，甚至能繪製以圖形化方式解析干擾效果之內涵的簡單斜率分析（simple slope analysis）圖。故請讀者務必詳閱教學影音檔「ex15-5.mp4」。

執行「結構方程模型」功能進行干擾效果檢定後，分析所得到的數據將彙整成表15-11。表15-11的空白表格已存放在「ex15-5.docx」中，請讀者自行修改並運用。至於彙整過程，請讀者自行參閱教學影音檔「ex15-5.mp4」。

表15-11　干擾變數檢定表

自變數 / 統計量	忠誠度				
	迴歸係數		z值	95%信賴區間	
	非標準化	標準化		下界	上界
控制變數					
年齡	-0.013	-0.014	-0.272	-0.108	0.082
月收入	-0.186*	-0.192*	-3.672	-0.286	-0.0087
自變數					
景觀咖啡廳意象	0.347*	0.282*	5.839	0.231	0.463
干擾變數					
轉換成本	0.191*	0.227*	4.759	0.113	0.270
交互作用項					
景觀咖啡廳意象×轉換成本	-0.099*	-0.103*	0.032	-0.190	-0.009
R^2	0.181				
$\triangle R^2$	0.010				

* $p<0.05$

　　由表15-11可發現，受訪者基本資料變數，除「月收入」外，其他變數皆不會影響依變數（忠誠度）。「景觀咖啡廳意象」對「忠誠度」的非標準化主要效果為0.347，且顯著。另外，「轉換成本」對「忠誠度」的非標準化主要效果為0.191，亦顯著。

　　表15-11中，R^2為加入交互作用項後的決定係數，代表著迴歸模型的解釋能力，而$\triangle R^2$則是指原始模型加入和未加入交互作用項（景觀咖啡廳意象×轉換成本）時，R^2的改變數，未加入交互作用項的模型，另外需要再執行一次「結構方程模型」功能，並把圖15-17之Lavaan語法碼的第一列改為「ly~年齡 + 月收入 + b1*im_mc + b2*sc_mc」，且刪掉第二列與第三列後，才能求得其R^2。因此，如果$\triangle R^2$為正且顯著（但在此並無對$\triangle R^2$進行檢定），代表交互作用項的加入有助於模型解釋能力的提升。由表15-11可發現，加入「景觀咖啡廳意象」與「轉換成本」的交互作用項後，迴歸模型對「忠誠度」的解釋變異量可提升0.010（$\triangle R^2 = 0.010$）。此外，這個交互作用項的非標準化迴歸係數為-0.099（標準化為-0.103），且顯著，此結果也就說明了，「轉換成本」會負向顯著的干擾「景觀咖啡廳意象→忠誠度」的關係。因此，H_1成立。

　　此外，和使用「階層迴歸法」的表15-10比較，不難發現，使用「Lavaan語法碼」模擬PROCESS模組的方法，其結果（表15-11）幾乎是和表15-10的模型三一模一樣的。顯見，JASP的計算能力與邏輯應和SPSS等軟體相當，但JASP操作過程之簡單，並非SPSS所能比擬的。

　　接著，再依據概念性模型進行簡單斜率分析（simple slope analysis）以了解干擾效果之方向性，並比較高、低轉換成本兩條迴歸線之差異。圖15-18呈現出轉換成本於「景觀咖啡廳意象」對「忠誠度」關係中的簡單斜率分析圖。由圖15-18可明顯看出，在不同的轉換成本水準下，「景觀咖啡廳意象」對「忠誠度」關係的影響程度（斜率），明顯的會產生差異。且低轉換成本的斜率（0.480）大於高轉換成本（0.214），這也說明了餐廳在低轉換成本的特質下，「景觀咖啡廳意象→忠誠度」的影響力是較「高轉換成本」時大的。而這也意味著，在「低轉換成本」的餐廳情境下，積極形塑「景觀咖啡廳意象」的重要性，此結論與範例15-4完全一致。

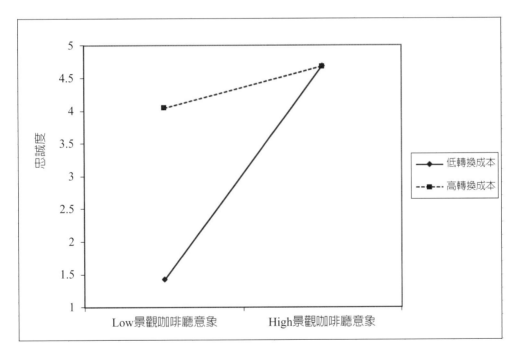

圖15-18　轉換成本於「景觀咖啡廳意象→忠誠度」的簡單斜率分析圖

由上述的分析結果基本上和範例15-4的結果一致，而由SPSS的「PROCESS模組之樣板模型1」的執行結果如表15-12。亦可發現，使用「Lavaan語法碼」（表15-11）和SPSS的「PROCESS模組」的執行結果（表15-12）也幾乎一模一樣，只是「PROCESS模組」（表15-12）沒有進行標準化估計而已。另外，由「PROCESS模組」所繪製出的簡單斜率分析圖也比較詳細，甚至已將斜率於圖中標示出來了，如圖15-19。

表15-12　干擾變數檢定表（PROCESS模組）

自變數 \ 統計量 \ 依變數	忠誠度				
	迴歸係數		t值	95%信賴區間	
	非標準化	標準化		下界	上界
控制變數					
年齡	-0.013		-0.269	-0.109	0.083
月收入	-0.186		-3.642	-0.287	-0.086
自變數					
景觀咖啡廳意象	0.346		5.781	0.228	0.464
干擾變數					
轉換成本	0.192		4.728	0.112	0.271
交互作用項					
景觀咖啡廳意象×轉換成本	-0.099		-2.133	-0.191	-0.008
R^2	0.181				
$\triangle R^2$	0.010				
$\triangle F$	4.549* （p=0.034）				

* p<0.05

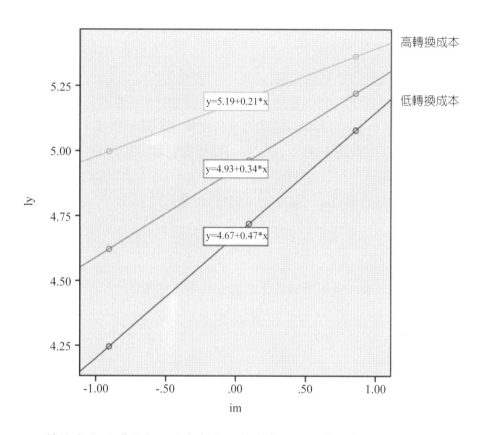

圖15-19　轉換成本於「景觀咖啡廳意象→忠誠度」的簡單斜率分析圖（PROCESS模組）

15-5　類別型干擾效果檢定

　　干擾變數的資料型態可以是連續型資料，也可以是類別型資料。這兩種資料型態的干擾效果檢定方法，有很大的差異。在第15-4節中，我們已先就連續型的干擾效果之檢定進行示範。而在本節中，則將介紹類別型干擾效果的檢定。

15-5-1　類別型干擾效果的檢定──階層迴歸法

▶ 範例15-6

參考附錄三，論文〈景觀咖啡廳意象、知覺價值與忠誠度：轉換成本的干擾效果〉之原始問卷，該問卷的資料檔為「ex15-6.jasp」，該檔案中，已包含一個類別變數，其名稱為「轉換成本類型」，試探討「轉換成本類型」於景觀咖啡廳意象與忠誠度間是否具有干擾效果？（概念性模型圖，如圖15-20）。

本範例的概念性模型圖，如圖15-20所示。範例論文中，景觀咖啡廳意象、知覺價值與忠誠度等主構面的因素結構，先前「範例15-4」中已有所說明，在此不再贅述。

在本範例中，最重要的一個變數是「轉換成本類型」，其變數名稱為「sc_g」。變數「轉換成本類型（sc_g）」有三個類別，分別為「一般轉換成本」（0）、「低轉換成本」（1）與「高轉換成本」（2），且該變數已儲存於原始資料檔「ex15-6.jasp」中。

依題意，我們將建立假設為（論文中，須寫對立假設）：

H_1：轉換成本類型會干擾景觀咖啡廳意象與忠誠度間的關係。

或

H_1：轉換成本類型會在景觀咖啡廳意象與忠誠度的關係間，扮演著干擾角色。

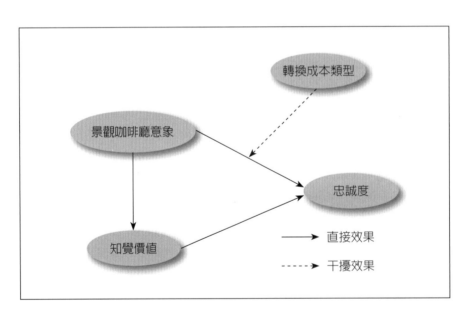

圖15-20　概念性模型圖

(操)(作) 步驟

在這個範例中，我們將檢驗「轉換成本類型（sc_g）」（類別變數）是否會干擾「景觀咖啡廳意象→忠誠度」的關係。在此，我們將再度運用階層迴歸分析來進行類別型干擾效果的檢定。進行干擾效果檢定時，實務上，會先將受訪者的基本特性控

制住，然後依序設定依變數（忠誠度）、自變數（景觀咖啡廳意象）與干擾變數（轉換成本類型），最後再設定交互作用項。其次，與數值型干擾效果檢定之最大差異在於：類別型干擾效果中，干擾變數屬於類別變數，所以干擾變數須先轉換成虛擬變數。在本範例中，干擾變數為「轉換成本類型」（sc_g），它是一個包含三個類別的分類變數，故進行分析前，只要將「轉換成本類型」（sc_g）轉換成兩個虛擬變數（sc_g_d1、sc_g_d2）就可以了，如表15-13。

表15-13　將變數「轉換成本類型」轉換成虛擬變數

轉換成本類型	虛擬變數	
	sc_g_d1	sc_g_d2
一般轉換成本：0	0	0
低轉換成本：1	1	0
高轉換成本：2	0	1

此外，為避免多元共線性的問題（Aiken and West, 1991），也須先將模型中的數值型自變數（景觀咖啡廳意象）利用置中平減法（mean center）予以轉換後，再跟兩個虛擬變數相乘（也可平減），以求得交互作用項。倘若交互作用項對忠誠度（不須平減）具有顯著的影響效果，則表示干擾效果存在。

有關進行類別型干擾效果檢定時，階層迴歸分析的操作、設定，所產生之報表解析或彙整工作，在教學影音檔都有詳細的說明，請讀者自行參閱教學影音檔「ex15-6.mp4」。

> 分析結果的撰寫

利用階層迴歸分析進行干擾效果檢定後，分析結果彙整如表15-14。表15-14的空白表格已存放在「ex15-6.docx」中，請讀者自行修改並運用。至於彙整過程，請讀者自行參閱教學影音檔「ex15-6.mp4」。

由表15-14的模型三可發現，受訪者基本資料變數中，除「月收入」外，其餘的基本資料變數並不會影響依變數（忠誠度）。「景觀咖啡廳意象」對「忠誠度」的主要效果為0.186（非標準化值，以下的迴歸係數皆為非標準化值），且顯著。另外，「轉換成本類型」之「虛擬變數d1」、「虛擬變數d2」對「忠誠度」的主要效果分別為-0.315（顯著）與0.309（顯著）。

表15-14　干擾效果檢定表

依變數 統計量 自變數	忠誠度					
	模型一迴歸係數		模型二迴歸係數		模型三迴歸係數	
	非標準化	標準化	非標準化	標準化	非標準化	標準化
控制變數						
年齡	-0.050	-0.055	-0.017	-0.018	-0.018	-0.020
月收入	-0.197*	-0.203*	-0.177*	-0.182*	-0.161*	-0.166*
預測變數						
景觀咖啡廳意象			0.312*	0.254*	0.186*	0.152*
轉換成本虛擬變數d1			-0.364*	-0.117*	-0.315*	-0.102*
轉換成本虛擬變數d2			0.303*	0.100*	0.309*	0.102*
交互作用項						
景觀咖啡廳意象×虛擬變數d1					0.542*	0.179*
景觀咖啡廳意象×虛擬變數d2					0.252	0.081
R^2	0.054		0.146		0.172	
$\triangle R^2$	0.054		0.092		0.027	
$\triangle F$	10.254*（p<0.001）		12.874*（p<0.001）		5.801*（p=0.003）	

* p<0.05

　　表15-14中，模型三的R^2為原始模型（尚未加入交互作用項時）的決定係數，代表著迴歸模型的解釋能力，而$\triangle R^2$是指原始模型加入了交互作用項（「景觀咖啡廳意象×虛擬變數d1」與「景觀咖啡廳意象×虛擬變數d2」）後，R^2的改變數。如果$\triangle R^2$為正且$\triangle F$顯著，代表交互作用項的加入有助於模型解釋能力的提升。由表15-14可發現，加入交互作用項後，對整體「忠誠度」的解釋變異量可提升0.027（$\triangle R^2$=0.027，為正），且$\triangle F$顯著（F值為5.801）。此外，「景觀咖啡廳意象×虛擬變數d1」與「景觀咖啡廳意象×虛擬變數d2」等兩個交互作用項的影響力分別為0.542（顯著）與0.252（不顯著）。顯然，只有「虛擬變數d1」會顯著干擾「景觀咖啡廳意象→忠誠度」的關係。在此必須注意的是，由表15-13可知，「虛擬變數d1」正代表著「低轉換成本」。

　　接著，再依據干擾模型進行簡單斜率分析（simple slope analysis）以了解干擾效果之方向性，並比較各類型轉換成本間迴歸線之差異性。圖15-21的簡單斜率分析圖，能呈現出在各種「轉換成本類型」之條件下，「景觀咖啡廳意象→忠誠度」的影

響力。由圖15-21可明顯看出，當「轉換成本類型」屬「低轉換成本」時，「景觀咖啡廳意象→忠誠度」的影響力（斜率）較「高轉換成本」時大。

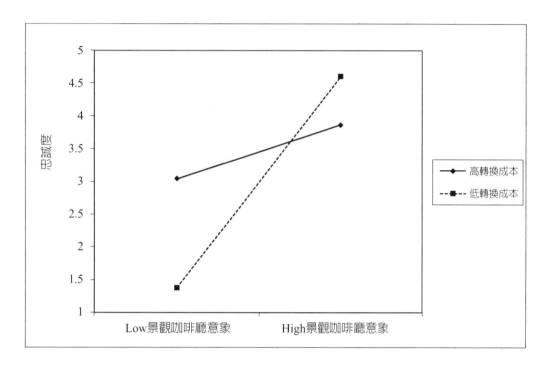

圖15-21　簡單斜率分析圖

　　顯見，在不同類型的轉換成本水準下，「景觀咖啡廳意象」對「忠誠度」關係的影響程度（斜率），明顯會產生差異，且低轉換成本時的斜率大於「高轉換成本」（sc_g _d1=0）。故本研究推論，「轉換成本類型」確實會干擾「景觀咖啡廳意象→忠誠度」的關係。因此，H_1成立。這也說明了，在「低轉換成本」時，「景觀咖啡廳意象→忠誠度」的影響力將大於「高轉換成本」時的影響力。

　　由上述分析可知，當景觀咖啡廳的特質是屬低轉換成本的狀態時，更應重視其帶給消費者所感受到的意象（image），如此才能更有效的提升消費者的忠誠度。基於此，在一般餐廳普遍具有低轉換成本傾向的業態中，更可突顯出「景觀咖啡廳意象」的重要性。回顧過去學者的研究，大都只強調「意象」對「忠誠度」間的正向影響關係。本研究則以在餐飲管理領域中，從轉換成本之特性的觀點，更進一步的說明了「意象」的關鍵性角色。

15-5-2 類別型干擾效果的檢定——Lavaan語法

範例15-7

參考附錄三，論文〈景觀咖啡廳意象、知覺價值與忠誠度：轉換成本的干擾效果〉之原始問卷，該問卷的資料檔為「ex15-7.jasp」，該檔案中，已包含一個類別變數，其名稱為「轉換成本類型」，試探討「轉換成本類型」於景觀咖啡廳意象與忠誠度間是否具有干擾效果？（概念性模型圖，如圖15-20，統計模型圖，則如圖15-22）。

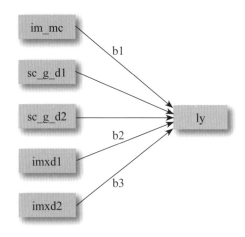

圖15-22　本範例的統計模型圖

　　本範例的統計模型圖，如圖15-22所示。範例論文中，景觀咖啡廳意象、知覺價值與忠誠度等主構面的因素結構，先前「範例15-4」中已有所說明，在此不再贅述。

　　在本範例中，最重要的一個變數是「轉換成本類型」，其變數名稱為「sc_g」。變數「轉換成本類型（sc_g）」有三個類別，分別為「一般轉換成本」（0）、「低轉換成本」（1）與「高轉換成本」（2），且該變數已儲存於原始資料檔「ex15-7.jasp」中。

　　依題意，我們將建立假設為（論文中，須寫對立假設）：

H_1：轉換成本類型會干擾景觀咖啡廳意象與忠誠度間的關係。

或

H_1：轉換成本類型會在景觀咖啡廳意象與忠誠度的關係間，扮演著干擾角色。

操作 步驟

　　在這個範例中，我們將再次的檢驗「轉換成本類型」這個類別型的變數是否會干擾「景觀咖啡廳意象→忠誠度」的關係。圖15-22的統計模型圖，也是根據PROCESS模組的樣板模型1（干擾模型）而繪製的。圖中各變數的說明如下：

　　im_mc：im代表景觀咖啡廳意象構面的得分，im_mc是原始變數im，經平減化後產生的新變數，其值等於im – im的平均數。

　　sc_g_d1、sc_g_d2：代表「轉換成本類型」（sc_g）的兩個虛擬變數。原始「轉換成本類型」（sc_g）是個具有三個水準的類別變數，因此必須先將sc_g轉換成兩個虛擬變數（sc_g_d1與sc_g_d2）。且模型中也須考量sc_g_d1與sc_g_d2對忠誠度的影響力，但建模過程中並不需要對虛擬變數進行平減化工作。

　　imxd1、imxd2：為交互作用項，由於sc_g已轉換成兩個虛擬變數（sc_g_d1與sc_g_d2）。故交互作用項也有兩個，分別為「imxd1」，其值等於「im_mc×sc_g_d1」與「imxd2」，其值等於「im_mc×sc_g_d2」。

　　ly：為依變數忠誠度構面的得分，進行分析時，依變數並不用進行平減化。

　　在本範例中，將利用Lavaan語法來輔助我們進行干擾效果檢定。根據圖15-22的統計模型圖，就可寫出模型的Lavaan語法碼，如圖15-23。該語法碼之文字檔，已儲存在範例資料夾中，其檔名為：ex15-7_語法碼.txt。

```
# 定義迴歸模型，在此已考量年齡、月收入的影響
1  ly~年齡+月收入+b1*im_mc+sc_g_d1_mc+sc_g_d2_mc+b2*imxd1+b3*imxd2

# 求算高轉換成本時的斜率
2  Slope_H := b1 - b2 * 0.158 + b3 * 0.834

# 求算一般轉換成本時的斜率
3  Slope_M := b1- b2 * 0.158 - b3 * 0.166

# 求算低轉換成本時的斜率
4  Slope_L := b1 + b2 * 0.842 - b3 * 0.166
```

圖15-23　本範例的Lavaan語法碼

　　而圖15-23的Lavaan語法碼中：

➤ 第1列主要為圖15-22的統計模型圖建模，該列說明了依變數ly是由年齡、月收入、im_mc、sc_g_d1、sc_g_d2、imxd1與imxd2線性組合而成。語法中也特意的加入了

控制變數年齡、月收入，主要是想讓本範例的執行結果，能與範例15-6的結果進行比較。其次，sc_g已轉換成兩個虛擬變數「sc_g_d1」與「sc_g_d2」。最後交互作用項也已變成兩個，即「imxd1」與「imxd2」。此外，在im_mc、imxd1與imxd2等變數前，分別加上了b1、b2、b3等標籤，b1、b2、b3分別代表相對應之變數的迴歸係數，這是為了後續要計算低、中、高轉換成本的條件斜率用的。

➤ 第2、3、4列是在求取干擾變數的條件斜率，該斜率其實就是代表「景觀咖啡廳意象→忠誠度」的影響力。而所謂的條件是指依類別干擾變數的三個水準情境而計算斜率。條件斜率的計算方式為：

條件斜率＝自變數的迴歸係數＋交互作用項「imxd1」的迴歸係數×「sc_g_d1」＋
交互作用項「imxd2」的迴歸係數×「sc_g_d2」

據此，高轉換成本（sc_g_d1=0、sc_g_d2=1）時，條件斜率為b1+b2×0+b3×1；而低轉換成本（sc_g_d1=1、sc_g_d2=0）時，條件斜率則為b1+b2×1+b3×0；一般轉換成本（sc_g_d1=0、sc_g_d2=0）時，條件斜率則為b1+b2×0+b3×0。

有以上的認知後，在JASP中執行「結構方程模型」功能，並於語法框中貼上圖15-23的Lavaan語法碼，這樣就可以模擬「PROCESS模組的樣板模型1」（干擾模型）而進行類別型干擾效果檢定了。詳細的操作過程與解說，讀者可自行參閱教學影音檔「ex15-7.mp4」。

➤ **分析結果的撰寫**

利用「結構方程模型」功能進行干擾效果檢定後，所產生之報表的解說工作，雖然在本書中並沒有以文字方式呈現，但是在教學影音檔「ex15-7.mp4」中，都進行了相當清楚的說明。此外，該教學影音檔也針對所產生的報表進行解讀與彙整，甚至能繪製以圖形化方式解析干擾效果之內涵的簡單斜率分析（simple slope analysis）圖，故請讀者務必詳閱教學影音檔「ex15-7.mp4」。

執行「結構方程模型」功能進行干擾效果檢定後，分析所得到的數據將彙整成表15-15。表15-15的空白表格已存放在「ex15-7.docx」中，請讀者自行修改並運用。至於彙整過程，請讀者自行參閱教學影音檔「ex15-7.mp4」。

表15-15　干擾變數檢定表（類別變數）

依變數 統計量 自變數	忠誠度				
	迴歸係數		z值	95%信賴區間	
	非標準化	標準化		下界	上界
控制變數					
年齡	-0.018	-0.020	-0.375	-0.113	0.077
月收入	-0.161*	-0.166*	-3.107	-0.262	-0.059
自變數					
景觀咖啡廳意象	0.186*	0.152*	2.591	0.045	0.327
干擾變數					
轉換成本虛擬變數d1	-0.315*	-0.102*	-2.049	-0.616	-0.014
轉換成本虛擬變數d2	0.309*	0.102*	2.088	0.019	0.599
交互作用項					
景觀咖啡廳意象×虛擬變數d1	0.542*	0.179*	3.328	0.223	0.861
景觀咖啡廳意象×虛擬變數d2	0.252	0.081	1.513	-0.074	0.579
R^2	0.172				
$\triangle R^2$	0.026				

* $p<0.05$

　　由表15-15可發現，加入交互作用項後，對整體「忠誠度」的解釋變異量可提升0.026（$\triangle R^2 = 0.026$）。因此，交互作用項加入模型，確實有其意義。此外，「景觀咖啡廳意象×虛擬變數d1」與「景觀咖啡廳意象×虛擬變數d2」等兩個交互作用項的影響力分別為0.542（顯著）與0.252（不顯著）。顯然，只有「虛擬變數d1」會顯著干擾「景觀咖啡廳意象→忠誠度」的關係。在此必須注意的是，由表15-13可知，「虛擬變數d1」正代表著「低轉換成本」之意。

　　接著，再依據干擾模型進行簡單斜率分析（simple slope analysis）以了解干擾效果之方向性，並比較各類型轉換成本間迴歸線之差異性。圖15-24的簡單斜率分析圖，能呈現出在各種「轉換成本類型」之條件下，「景觀咖啡廳意象→忠誠度」的影響力。由圖15-24可明顯看出，當「轉換成本類型」屬「低轉換成本」時，「景觀咖啡廳意象→忠誠度」的影響力（斜率，0.728）較「高轉換成本」（0.439）時大。

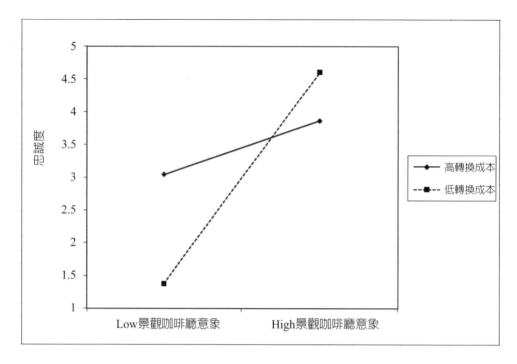

圖15-24　簡單斜率分析圖

　　顯見，在不同類型的轉換成本水準下，「景觀咖啡廳意象」對「忠誠度」關係的影響程度（斜率），明顯會產生差異，且低轉換成本時的斜率大於一般轉換成本與高轉換成本。故本研究推論，「轉換成本類型」確實會干擾「景觀咖啡廳意象→忠誠度」的關係。因此，H_1成立。這也說明了，在「低轉換成本」時，「景觀咖啡廳意象→忠誠度」的影響力將大於「高轉換成本」時的影響力。

　　上述的分析結果（表15-15），基本上和範例15-6使用階層迴歸方法的結果（表15-14的模型三）一致。而在SPSS中，執行「PROCESS模組之樣板模型1」的結果如表15-16。亦可發現，使用「Lavaan語法碼」（表15-15）和「PROCESS模組」的執行結果（表15-16）也幾乎是一模一樣的，只是「PROCESS模組」不能進行標準化估計而已。

表15-16　干擾變數檢定表（類別變數）（PROCESS模組）

自變數 ＼ 統計量 ＼ 依變數	忠誠度				
	迴歸係數		t值	95%信賴區間	
	非標準化	標準化		下界	上界
控制變數					
年齡	-0.018		-0.371	-0.115	0.078
月收入	-0.161		-3.073	-0.264	-0.058
自變數					
景觀咖啡廳意象	0.186		2.562	0.043	0.329
干擾變數					
轉換成本虛擬變數d1	-0.317		-2.037	-0.622	-0.011
轉換成本虛擬變數d2	0.308		2.061	0.014	0.602
交互作用項					
景觀咖啡廳意象×虛擬變數d1	0.542		3.291	0.001	0.218
景觀咖啡廳意象×虛擬變數d2	0.252		1.496	0.135	-0.079
R^2	0.172				
$\triangle R^2$	0.027*				
$\triangle F$	5.801（0.003）				

* $p<0.05$

15-6　調節式中介效果檢定

　　在社會科學領域的研究中，探討變數間的各種複雜關係，往往是個熱門的議題。因而發展出中介變數和調節（干擾）變數之效果檢定的統計技術（張紹勳，2018）。一般而言，中介效果又可稱之為「間接效果」，若中介變數導致自變數對依變數的影響力降低，但仍顯著的話，則稱這種中介效果為「部分中介效果」；而若中介變數導致自變數變成無法顯著影響依變數時，則稱這種中介效果為「完全中介效果」。故藉由中介效果的分析，可更深入探究變數間的影響機制（Frazier, Tix, & Barron, 2004）。此外，調節（干擾）變數則會改變自變數與依變數之關係形式或強度。意即，在調節（干擾）變數的不同取值下，致使自變數對依變數的關係，產生增強、減弱或方向改變的現象。因此，調節效果亦可稱之為干擾效果，其定義分為廣義

與狹義兩種，廣義調節效果是指自變數對依變數的影響會隨調節（干擾）變數之不同取值而改變，即自變數對依變數的效果會因調節（干擾）變數水準不同而改變。而狹義之調節效果則意指調節變數與自變數之交互作用項對依變數具有顯著的影響力（Baron & Kenny, 1986; Frazier et al., 2004）。

綜合上述，中介與調節效果或可作爲研究者思考現象的基礎，但Muller、Judd與Yzerbyt（2005）則進一步指出，如能在架構中同時考慮調節和中介效果，在理論和實證研究上將更具意義。Muller等人並舉實例說明，而解析中介式調節（mediated moderation）與調節式中介（moderated mediation）在分析上的差異。中介式調節爲自變數和調節變數間的交互作用效果，透過中介變數，進而影響依變數；而調節式中介則爲調節變數作用於「自變數→中介變數→依變數」的路徑（Edwards & Lambert, 2007）。Muller（2005）等人、Edwards與Lambert（2007），以及Preacher、Rucker與Hayes（2007）等研究，亦針對中介式調節與調節式中介做概念性解析與實例說明，以提供研究者理論與實務上的運用（陳淑萍、鄭中平，2011）。然而，在同時考慮調節和中介效果的文獻中，或許是因爲中介式調節效果的價值性較低，故較少有文獻論及中介式調節效果；相對的，可發現過往文獻大都聚焦於調節式中介效果的應用研究。

明顯的，調節式中介效果（moderated mediation effect）實爲某種中介效果和調節效果的組合（Baron & Kenny, 1986）。雖然，Muller等人曾對調節式中介效果進行定義。但更白話一點，調節式中介效果意指，雖然自變數會透過中介變數而間接影響依變數，然此中介效果會隨著調節變數之取值而改變，故亦稱爲「條件化間接效果」。分析時，通常會藉由投入自變數、中介變數與調節變數，以及交乘積項至依變數的迴歸方程式中，以建構分析模型，然後再應用特定的統計分析軟體，檢驗調節式中介效果的存在與否（Edward & Lambert, 2007; Muller, Judd, & Yzerbyt, 2005）。

透過Hayes（2013）所提供的PROCESS模組可以進行調節式中介效果檢定，其架構符合PROCESS模組的「模型樣板7」，如圖15-25。但在JASP中，也可以使用「Lavaan語法碼」來檢定PROCESS模組的「模型樣板7」。在圖15-25中，X爲自變數、Y爲依變數、M_i爲中介變數，而W爲調節（干擾）變數，它會調節M_i於「$X \rightarrow Y$」之關係間的中介效果。因此，W在這模型中，就稱爲具有調節式中介效果。

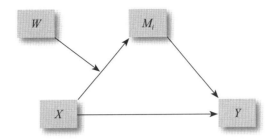

圖15-25　PROCESS模組的「模型樣板7」之調節式中介模型概念圖

15-6-1　檢驗調節式中介效果的範例

範例15-8　參考附錄三，論文〈景觀咖啡廳意象、知覺價值與忠誠度：轉換成本的干擾效果〉之原始問卷，該問卷的資料檔為「ex15-8.jasp」，試探討轉換成本是否會在「景觀咖啡廳意象→知覺價值→忠誠度」的關係間，具有顯著的調節式中介效果？（概念性模型圖，如圖15-26）。

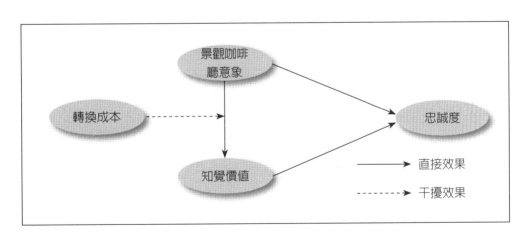

圖15-26　概念性模型圖

依題意，我們將建立假設為（論文中，須寫對立假設）：

H_1：轉換成本會在「景觀咖啡廳意象→知覺價值→忠誠度」的關係間，具有顯著的調節式中介效果。

(操)(作) 步驟

　　在這個範例中，我們將檢驗「轉換成本」這個數值型的變數是否會干擾「景觀咖啡廳意象→知覺價值→忠誠度」的關係。在此，我們將運用「Lavaan語法碼」來輔助進行調節式中介效果的檢定。

　　過往進行調節（干擾）變數檢定時，多將調節（干擾）變數區分為不同程度（如高、中、低）的類別變數，並採用階層迴歸分析或利用Lavaan語法碼，檢驗變數間的直接效果是如何受到調節（干擾）變數之不同取值的影響（彭淑玲，2019；謝為任，2021）。然而，對於調節式中介效果的檢定方式，一般學術論文則大都採用Preacher等人（2007）所提出的條件化間接效果分析法（conditional indirect effect, CIE）。其主要特點為：(1)可同時檢驗中介與調節效果是否存在；(2)分析「自變數→中介變數→依變數」之間接效果是否受到調節變數影響；(3)不須將調節變數轉化成類別變數，而是保有調節變數的連續變數特質，而允許研究者探討某一間接效果強度是如何隨著調節變數的不同取值而改變。因此，CIE方法可提供研究者更多訊息來闡述調節效果的重要性（謝為任，2021）。

　　因此，根據CIE，實務上，在調節式中介效果檢定的過程中，必須設定兩個迴歸模型，一是中介變數模型（mediator variable model），在此模型中會以知覺價值作為依變數，以利檢測調節效果；另一是依變數模型（dependent variable model），在此模型中則會以忠誠度作為依變數，以利檢測調節式中介效果。然為了支持「調節」的假設，中介變數模型中的交互作用項效果應顯著；而為了支持「調節式中介效果」的假設，間接效果應能隨著調節變數之取值不同而有所變化。因此，可將圖15-26概念性模型圖轉化為如圖15-27的統計模型圖。圖15-27中，上半部的模型即為中介變數模型，而下半部的模型就是依變數模型。

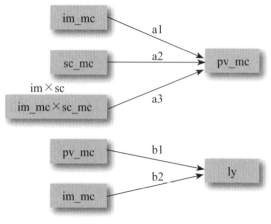

圖15-27　本範例的統計模型圖

　　圖15-27中，除了最後的依變數（忠誠度）外，爲避免多元共線性的問題（Aiken and West, 1991），也須先將數值型的自變數（景觀咖啡廳意象、知覺價值）與干擾變數（轉換成本）利用置中平減法予以轉換。根據圖15-27的統計模型圖，即可編寫Lavaan語法碼，如圖15-28。

```
    # 中介變數模型，以知覺價值(pv)作為依變數
1   pv_mc~年齡+月收入+a1*im_mc+a2*sc_mc+a3*imxsc

    # 依變數模型，以忠誠度作為依變數
2   ly~年齡+月收入+b1*pv_mc+b2*im_mc

    # 計算調節式中介作用指標
3   MoMe_index:=a3*b1

    # Conditional indirect effect

4   CIE_L := (a1+a3*(-1.341))*b1
5   CIE_M := (a1+a3*0)*b1
6   CIE_H := (a1+a3*(1.341))*b1
```

圖15-28　　本範例的Lavaan語法碼

　　而圖15-28的Lavaan語法碼中：

➤ 第1列中將建立中介變數模型，該模型以中介變數（知覺價值pv）爲依變數，而自變數則有年齡、月收入、im_mc、sc_mc與imxsc。中介變數模型的主要目的在於檢定交互作用項（imxsc）的調節效果。特別注意的是，此語法中也加入了年齡、月收入等變數，以控制外在因素之影響力。此外，在im_mc、sc_mc與imxsc等變數前，分別加上了a1、a2、b3等標籤，a1、a2、b3分別代表相對應之變數的迴歸係數，這是爲了後續要計算低、中、高轉換成本的條件斜率用的。

➤ 第2列則主要在建立依變數模型，該模型以忠誠度（ly）爲依變數，而自變數則有年齡、月收入、pv_mc與im_mc。依變數模型的主要目的，則在於檢驗「調節式中介效果」。此外，在pv_mc與im_mc等變數前，分別加上了b1、b2等標籤，b1、b2分別代表pv_mc與im_mc的迴歸係數，這也是爲了後續要計算低、中、高轉換成本的條件斜率用的。

➤ 第3列將計算調節式中介作用指標（index of moderated mediation）。調節式中介作用指標的計算公式爲「交互作用項的迴歸係數×中介變數的迴歸係數」，參照圖15-27的路徑係數標籤，該公式即爲「a3×b1」。

➤ 第4、5、6列則將計算條件式中介效果。而所謂的條件是指會依干擾變數的高、中、低取值等不同情境計算中介效果，條件式中介效果的計算方式為：

低轉換成本時 = (a1 + a3*(mean − sd))*b1

中轉換成本時 = (a1 + a3*(mean))*b1

高轉換成本時 = (a1 + a3*(mean + sd))*b1

參照圖15-27，a1即代表自變數（im_mc）的迴歸係數；a3為交互作用項（imxsc）的迴歸係數；mean為干擾變數（sc_mc）的平均數，因sc_mc為平減化變數，故mean應為0；sd為干擾變數（sc_mc）的標準差，在本範例中，其值為1.341；b1則為中介變數（pv_mc）的迴歸係數。

有以上的認知後，在JASP中執行「結構方程模型」功能，並於語法框中貼上圖15-28的Lavaan語法碼，這樣就可以模擬「PROCESS模組的樣板模型7」（調節式中介模型）而進行調節式中介效果檢定了。詳細的操作過程與解說，讀者可自行參閱教學影音檔「ex15-8.mp4」。

📖 15-6-2　分析結果的撰寫

利用「結構方程模型」功能，執行圖15-28的Lavaan語法碼後，所得到的報表相當多，需要花點時間去理解。所產生之報表的解說工作，雖然在本書中並沒有以文字方式呈現，但是在教學影音檔「ex15-8.mp4」中，都進行了相當清楚的說明。此外，該教學影音檔也針對所產生的報表進行解讀與彙整，故請讀者務必詳閱教學影音檔「ex15-8.mp4」。

執行「結構方程模型」功能後，分析所得數據將彙整成表15-17、表15-18、表15-19、表15-20。表15-17、表15-18、表15-19、表15-20的空白表格已存放在「ex15-8.docx」中，請讀者自行修改並運用。至於彙整過程，請讀者自行參閱教學影音檔「ex15-8.mp4」。

本研究模擬Hayes（2013）所發表之PROCESS模組，進行研究假設H₁的調節式中介效果檢驗。在使用拔靴法（bootstrapping），拔靴樣本5,000個，95%的信賴區間下，並控制年齡、平均月收入的影響後，分析結果如表15-17、表15-18、表15-19、表15-20所示。

此外，讀者或許也會發現，跑出來的數據資料和表15-17的數據略有差異。這是因為進行運算的過程中，採用了bootstrapping的策略，而且進行了5,000次的採樣與計

算所引起的。在這種情形下，我的5,000次和您的5,000次的探樣內容怎麼可能全部都一樣呢？因此計算出來的結果就會有所差異，但這些差異應該都是很微小的。甚至，同一臺電腦、同一個檔案、同樣的設定，不同的時間點所執行出來的結果也會略有差異。但只要差異不大，都算正確。這些現象都是因為bootstrapping策略所引起的，不用太在意它。希望讀者能理解。

表15-17　中介變數模型：以知覺價值作為依變數

依變數 統計量 自變數	知覺價值				
	迴歸係數		z值	95%信賴區間	
	非標準化	標準化		下界	上界
控制變數					
年齡	0.007	0.007	0.122	-0.089	0.104
月收入	-0.046	-0.043	-0.781	-0.156	0.058
自變數					
景觀咖啡廳意象	0.363*	0.268*	5.303	0.230	0.503
干擾變數					
轉換成本	0.147*	0.158*	3.170	0.061	0.233
交互作用項					
景觀咖啡廳意象×轉換成本	-0.122*	-0.115*	-2.296	-0.224	-0.011
R^2	0.104				
$\triangle R^2$	0.013				

* p<0.05

表15-18　依變數模型：以忠誠度作為依變數

依變數 統計量 自變數	忠誠度				
	迴歸係數		z值	95%信賴區間	
	非標準化	標準化		下界	上界
控制變數					
年齡	-0.012	-0.013	-0.267	-0.097	0.079
月收入	-0.176	-0.181	-3.733	-0.297	-0.072
自變數					
景觀咖啡廳意象	0.183*	0.149*	3.241	0.055	0.312
知覺價值	0.397*	0.437*	9.681	0.309	0.485

* p<0.05

表15-19　調節式中介效果指標（Index）

	指標（Index）	SE	Boot LLCI	Boot ULCI
轉換成本	-0.048*	0.022	-0.098	-0.005

* p<0.05

表15-20　轉換成本對「景觀咖啡廳意象→知覺價值→忠誠度」的調節式中介效果檢驗表

轉換成本的條件式間接效果					
轉換成本 =M±SD	Effect		SE Boot	Boot LLCI	Boot ULCI
	非標準化	標準化			
-1.341	0.209*	0.184*	0.046	0.113	0.323
0	0.144*	0.117*	0.031	0.086	0.220
1.341	0.079*	0.050*	0.038	0.009	0.159

* p<0.05

　　由表15-17顯示，轉換成本對「景觀咖啡廳意象→知覺價值」的關係，具有顯著的干擾效果（a3 = -0.122，信賴區間不包含0）。而由表15-18顯示，「知覺價值→忠誠度」的關係間，則呈現正向的顯著關係（b1 = 0.397，信賴區間不包含0）。此外，由表15-19顯示，調節式中介效果指標（index of moderated mediation）係數為-0.048，95%的信賴區間介於-0.098到-0.005之間，不包含0，故顯著。顯見轉換成本確實會對知覺價值的間接效果產生調節（干擾）作用。亦即，轉換成本會調節（干擾）「景觀咖啡廳意象→知覺價值→忠誠度」的路徑關係。

　　基於此，研究者更深入的檢驗調節變數的條件式間接效果，即在調節變數的高、低一個標準差時，檢驗「自變數→中介變數→依變數」的間接效果。也就是說，按平均值減一個標準差、平均值、平均值加一個標準差，區分低、中、高等三種轉換成本水準，分析在不同轉換成本水準下，觀察其中介效果的顯著性變化。

　　由表15-20可知，當轉換成本是較低程度時（-1個標準差），間接效果為0.209，95%的信賴區間介於0.113到0.323之間，不包含0，達顯著。而當轉換成本為平均值時，間接效果為0.144，95%的信賴區間介於0.086到0.220之間，不包含0，亦顯著。最後，當轉換成本是較高程度時（+1個標準差），間接效果為0.079，95%的信賴區間介於0.009到0.159之間，不包含0，故亦顯著。由此可理解，景觀咖啡廳意象透過知覺價值對忠誠度的間接效果，會因轉換成本程度的不同而產生顯著差異。故本研究

假設H₁獲得支持。即轉換成本顯著的調節知覺價值在「景觀咖啡廳意象→忠誠度」關係間的中介效果。當轉換成本的程度越低，知覺價值的條件式間接效果越高。即，當轉換成本越低時，景觀咖啡廳意象透過知覺價值對忠誠度的間接效果，將較轉換成本高時要來的強。

由上述分析結果說明了，「轉換成本」的不同取值將干擾「景觀咖啡廳意象→知覺價值→忠誠度」的關係，且此調節式中介效果是負向顯著的（調節式中介作用指標係數為-0.048）。這顯示在低轉換成本下，「景觀咖啡廳意象」透過「知覺價值」對「忠誠度」的影響力高於高轉換成本時。也就是說，當景觀咖啡廳的特質是屬低轉換成本的狀態時，更應重視其帶給消費者所感受到的意象（image）與知覺價值，如此才能有效的提升消費者的忠誠度。

一般而言，餐廳的轉換成本普遍較低。再由上述的分析可發現，當消費者所感受到的轉換成本較低的情形下，「景觀咖啡廳意象」透過「知覺價值」對「忠誠度」的正向影響力大於轉換成本較高時。基於此，在一般餐廳普遍具有低轉換成本傾向的業態中，更可突顯出「景觀咖啡廳意象」與「知覺價值」的重要性。

習 題

 **練習15-1**

參考附錄一中「旅遊動機、體驗價值與重遊意願關係之研究」的原始問卷，並開啟hw15-1.jasp，試探討體驗價值於旅遊動機與重遊意願間是否具有中介效果？

 **練習15-2**

參考附錄一中「旅遊動機、體驗價值與重遊意願關係之研究」的原始問卷，並開啟hw15-2.jasp，試探討體驗價值的四個子構面於旅遊動機與重遊意願間是否具有多重中介效果？

 **練習15-3**

參考附錄一中「旅遊動機、體驗價值與重遊意願關係之研究」的原始問卷，並開啟hw15-3.jasp，試探討體驗價值是否會干擾旅遊動機與重遊意願間的關係？

 **練習15-4**

參考附錄一中「旅遊動機、體驗價值與重遊意願關係之研究」的原始問卷，並開啟hw15-4.jasp。由於研究的需求，有必要將受訪者的年齡重新分組。因此，須將「年齡」變數依下列規則，重新編碼成新變數「年齡層」，以對受訪者依「年齡層」重新分組。

30歲以下：改稱爲青年，其數值代碼爲1。

31～50歲：改稱爲壯年，其數值代碼爲2。

51歲以上：改稱爲老年，其數值代碼爲3。

試探討「年齡層」是否會干擾體驗價值與重遊意願間的關係？

 **練習15-5**

參考附錄一中「旅遊動機、體驗價值與重遊意願關係之研究」的原始問卷，並開啟hw15-5.jasp。承上題的新變數「年齡層」，試探討「年齡層」是否會在「旅遊動機→體驗價值→重遊意願」的關係間，具有調節式中介效果？

第 16 章

結構方程模型分析

在20世紀70年代，Jöreskog、Kessling等人將路徑分析的概念引入到潛在變數的研究中，並和因素分析方法結合起來，而形成了結構方程模型（structural equation modeling, SEM）。在結構方程模型中，利用驗證性因素分析（confirmatory factor analysis, CFA）技術，將潛在變數（latent variable）與觀察變數（observed variable）結合，而構成測量模型（measurement model）；再借助路徑分析（path analysis）檢驗潛在變數之間的因果關係，而形成結構模型（structural model）。將這兩個模型整合成完整的架構，即形成了結構方程模型。

結構方程模型是一種複雜的因果關係模型，可以處理觀察變數與潛在變數間的測量問題以及潛在變數之間的因果關係。而事實上，一些常用的第一代統計技術，如迴歸分析、主成份分析、因素分析、路徑分析及變異數分析等，都可看成是結構方程模型的特例而已。此外，結構方程模型還擁有其他第一代統計分析技術所無法比擬的優點。也正因為如此，近二十年來，導致結構方程模型在心理學、社會學、管理學以及行為科學等領域中能被廣泛的應用。本章將包含下列的內容：

1.結構方程模型的基本概念與原理
2.運用驗證性因素分析技術評估潛在構面的信、效度
3.運用路徑分析技術檢驗潛在構面間的因果關係
4.檢驗多重中介效果
5.檢驗干擾效果

16-1   結構方程模型的基本概念

　　結構方程模型又稱為共變數結構分析（analysis of covariance structures）或線性結構方程（linear structure equation），它是一種運用假設檢定，對因果關係的內在結構理論進行分析的一種統計方法。它也是近年來發展甚為快速，應用越來越廣泛的一種多變量分析技術。由於其對潛在變數、測量誤差和因果關係具有獨特的處理能力，因此除了在心理學、教育學等領域的應用日趨成熟與完善之外，還不斷的被應用在其他的多種領域中。

　　由於在社會科學領域中，一般研究者所關注之議題的研究中，所涉及的變數大都是屬於不能準確、直接測量的潛在變數（如：滿意度、忠誠度……等）。對於這些潛在變數的處理，傳統的統計方法，如迴歸分析、因素分析與路徑分析等皆無法妥善處理。此時，就須運用到能同時處理潛在變數與觀察變數的結構方程模型了。

　　認識結構方程模型最簡單的方法，莫過於謹記，結構方程模型有「三兩」，即兩種變數、兩種路徑與兩種模型。兩種變數意味著結構方程模型中的變數類型有兩種，即觀察變數（模型圖中會以長方形代表）與潛在變數（以橢圓形或圓形代表）。兩種路徑則代表結構方程模型中將包含兩類路徑，即代表因果關係的路徑（單向箭頭）與代表共變（相關）關係（雙向箭頭）的路徑。而兩種模型則是指測量模型（又稱驗證性因素分析模型）與結構模型（又稱路徑分析模型）。以下將逐一介紹這些結構方程模型的基本概念。

16-1-1   兩種變數

　　結構方程模型中包含了兩類變數：觀察變數與潛在變數，另外誤差變數有些時候也可視為是一種潛在變數，因為它也是不能被直接觀察得到的。此外，亦可根據影響路徑的因果關係，將結構方程模型的變數分為內生變數（endogenous variables）和外生變數（exogenous variables）（榮泰生，2008）。

➤ 觀察變數與潛在變數

　　觀察變數，是指可以直接觀察或測量的變數，又稱為外顯變數（manifest variable）。這些觀察變數通常是指問卷中的每一個題項，一個題項就是一個觀察變數。當然，在一些因素結構較複雜的構面（例如：二階構面）中，觀察變數亦可能是

數個觀察變數的平均值。例如：在圖16-1的測量模型圖中，「遊憩知覺壓力」這個構面是由「遊憩干擾」、「擁擠感」與「不當行為」等三個觀察變數（其實屬子構面，潛在變數）所衡量，然而真實問卷中，「遊憩干擾」、「擁擠感」與「不當行為」子構面又各包含了4個題項（觀察變數）。因此，在結構方程模型的分析過程中，為了簡化模型，我們會將各子構面所屬的4個題項得分的平均值設定給「遊憩干擾」、「擁擠感」與「不當行為」等子構面（這過程通常稱之為：潛在變數轉換為觀察變數），且以這些已觀察變數化的子構面當作是主構面「遊憩知覺壓力」的三個測量指標。故，觀察變數亦可以是數個其他觀察變數的平均值。在結構方程模型的路徑圖中，觀察變數通常以長方形圖表示，如圖16-1中的x_1、x_2、x_3、y_1、y_2與y_3。

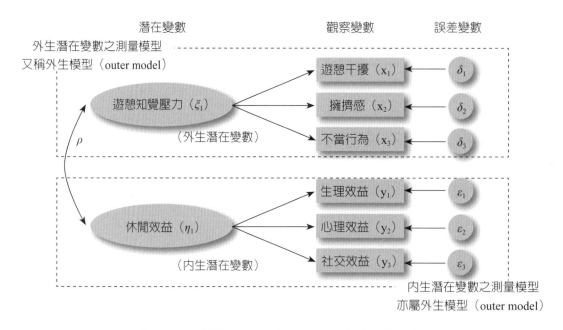

圖16-1　結構方程模型的測量模型圖（虛線部分）

很多社會科學研究中所涉及的變數都不能被準確、直接地測量，這種變數即稱為潛在變數。雖然潛在變數不能直接測得，但是由於它是一種抽象的客觀事實，所以潛在變數是可以被研究的。方法是透過測量與潛在變數相關的觀察變數（問卷題項）作為其指標變數，而對其間接地加以評價。傳統的多元統計方法不能有效處理這種含潛在變數的問題，而結構方程模型則能同時處理潛在變數及其指標（觀察變數加測量誤差）間的關係。在結構方程模型的路徑圖中，潛在變數通常以橢圓形圖表示，如圖16-1中的「遊憩知覺壓力」（ξ_1，唸法：ksi）與「休閒效益」（η_1，唸法：eta）。

　　此外，在結構方程模型中，觀察變數與測量誤差變數合稱為指標變數，利用數個指標變數就可以間接測量潛在變數，當然其過程必然會有誤差項產生。結構方程模型中的誤差項包括三類：潛在自變數的測量誤差（如圖16-1中的δ_1、δ_2、與δ_3，唸法：delta）、潛在依變數的測量誤差（如圖16-1中的ε_1、ε_2與ε_3，唸法：epsilon）和結構模型的結構誤差項（潛在自變數預測潛在依變數時產生的誤差，如圖16-2中的ζ_1，唸法：zeta）。在結構方程模型的路徑圖中，測量誤差或結構誤差通常以圓形表示。

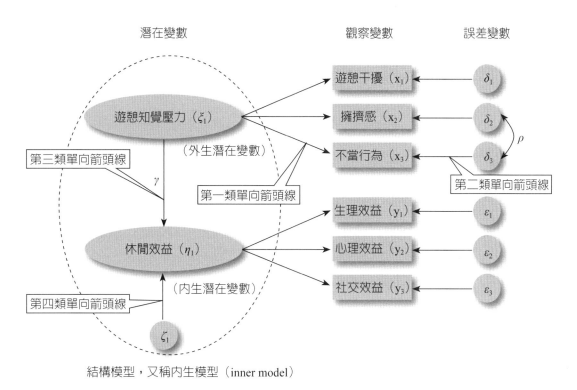

圖16-2　結構方程模型的結構模型圖（虛線部分）

> ➤ 內生變數與外生變數

　　外生變數是指模型中不受任何其他變數影響，但會影響模型中的其他變數之變數，也就是說，在路徑圖中，外生變數會指向任何一個其他變數，但不會被任何變數以單向箭頭指向它（如圖16-2中的遊憩知覺壓力ξ_1）。在一個因果模型中，外生變數的角色就是解釋變數或自變數。

　　而內生變數，是指在模型內會受到任何一個其他變數所影響的變數，也就是說，在路徑圖中，內生變數會受到任何一個其他變數以單向箭頭指向的變數（如圖

16-2中的 η_1）。在一個因果模型中，內生變數會被看作是結果變數或依變數。

通常我們會用x表示外生觀察變數（如圖16-2中的 x_1、x_2 與 x_3）；y表示內生觀察變數（如圖16-2中的 y_1、y_2 與 y_3）。而外生潛在變數和內生潛在變數，則分別用 ξ_1 和 η_1 表示。

由於結構方程模型中的變數有：觀察變數與潛在變數兩種，且可依其在模型中所扮演的角色，又可分為內生、外生。故結構方程模型中的變數，依其角色定位大致可分為四類，分別為：外生觀察變數、外生潛在變數（潛在自變數）、內生觀察變數、內生潛在變數（潛在依變數）。

16-1-2 兩種路徑

結構方程模型包含兩類路徑，即代表因果關係的路徑（單向箭頭線）與共變關係的路徑（雙向箭頭線）。在圖16-2的結構模型圖中，有四類的單向箭頭路徑，它的路徑值一般稱為迴歸加權係數（如圖16-2）。第一類：連接潛在變數與觀察變數間的單向箭頭線，其迴歸加權係數又稱為因素負荷量；第二類：連接觀察變數與測量誤差間的單向箭頭線，其路徑係數永遠要固定為「1」；第三類：連接潛在變數與另一個潛在變數間的單向箭頭線（代表因果關係），其迴歸加權係數又稱為路徑係數或直接效果；第四類：連接潛在依變數與結構誤差間的單向箭頭線，其路徑係數也永遠要固定為「1」。而雙向箭頭則代表著共變關係，共變關係即代表著兩變數間具有相關性之意（如圖16-2中的 δ_2 與 δ_3）。未來執行模型成功後，雙向箭頭線條旁的數值就是兩變數間的相關係數（ ρ ）。

與觀察變數的路徑分析類似，在進行結構方程模型分析前，常須繪製路徑圖，它能直觀地描述變數間的相互關係。應用路徑圖有一些規則，如圖16-2所示：

➤ 長方形：表示觀察變數。如圖16-2中的 x_1、x_2、x_3、y_1、y_2、y_3。

➤ 橢圓形：表示潛在變數。如圖16-2中的 ξ_1 和 η_1。

➤ 圓形：表示測量誤差（以觀察變數測量潛在變數時的誤差）或結構誤差（自變數預測依變數時的誤差）。如圖16-2中的 δ_1、δ_2、δ_3 和 ε_1、ε_2、ε_3，分別表示以觀察變數 x_1、x_2、x_3 和 y_1、y_2、y_3 來間接測量 ξ_1 和 η_1 時的測量誤差；而 ζ_1 則是代表外生潛在變數（ ξ_1）預測內生潛在變數（ η_1）時，所產生的結構誤差。

➤ 長方形 ◀── 橢圓形：代表潛在變數的因素結構，即各觀察變數與潛在變數間的迴歸路徑，其真實意義就是因素負荷量之意。

➤ 橢圓形 ◄──── 橢圓形：代表因果關係，即外生潛在變數 ξ_i 對內生潛在變數 η_i 的直接影響效果。

此外，兩個變數間的雙箭頭（曲線）表示假定這兩個變數間可能沒有直接關係，但這兩個變數可能具有相關關係（共變關係）。

16-1-3　兩種模型

一般而言，結構方程模型可以分為測量模型（measurement model，又稱outer model）和結構模型（structural model，又稱inner model）兩部分。測量模型可用以描述潛在變數與指標變數之間的關係，也稱為驗證性因素分析模型（邱皓政，2004）。如圖16-1虛線的範圍，即表明了「遊憩干擾」、「擁擠感」與「不當行為」等觀察變數與潛在變數「遊憩知覺壓力」之關係的測量模型。結構模型則用以描述潛在變數之間的因果關係，又稱為路徑分析模型。如「遊憩知覺壓力」與「休閒效益」間的關係，如圖16-2虛線範圍。實務上，進行結構方程模型分析時，要先驗證測量模型具有信、效度後，才能驗證結構模型。也就是說，唯有潛在變數的測量是可信的、有效的情形下，驗證潛在變數間的因果關係才有實質意義（邱皓政，2004）。

指標變數中的誤差項含有隨機誤差和系統誤差，隨機誤差是指測量上的不準確性（與傳統測量誤差相當），而系統誤差則反映了潛在變數（即因素）所不包含的特性（與因素分析中的獨立因素相當）。這兩種誤差可以統稱為測量誤差，或簡稱為誤差。

16-2　結構方程模型的基本原理

結構方程模型的基本概念是：研究者首先會根據過去文獻中所提及的理論，然後依據本身所具備的知識與經驗，經過觀念釐清、文獻整理、分析、邏輯推導等理論性的辯證與演繹後，從而建立一個足以描述一組變數之間相互關係的概念性模型（conceptual model，又稱為假設模型、理論模型），且這個概念性模型尚有待檢驗，以驗證自己所提出的理論觀點之適用性（邱皓政，2004）。

結構方程模型中可包含兩種模型，即測量模型與結構模型。在測量模型中，將檢驗潛在變數與指標變數間的測量關係；而在結構模型中則將檢驗各潛在變數間的因果關係（黃芳銘，2002；邱皓政，2004）。這兩種關係的確認，就是結構方程模型分析的主要目標。然此目標是否能達成，實有賴於研究者對所感興趣的議題之文獻支

持與內容釐清。在此過程中，研究者可透過概念性模型的繪製而清楚描述變數間的假設性關係，進而透過樣本資料的蒐集，最後運用統計檢驗技術驗證概念性模型的合理性。

當研究者提出概念性模型後，欲利用結構方程模型進行分析時，首先會對模型中所涉及的潛在變數，先利用觀察變數（題項）進行測量（發放問卷），從而獲得一組觀察變數的實際資料和基於此樣本資料所形成的共變數矩陣，這個共變數矩陣一般就稱之為樣本矩陣（S）。結構方程模型就是要將概念性模型中，各變數之路徑關係所形成的共變數矩陣（又稱再生矩陣，Σ）與實際的樣本矩陣（S）進行配適性檢驗（即檢驗樣本矩陣到底有多接近再生矩陣）。如果概念性模型與實際的樣本資料配適良好，那麼就表示概念性模型是可以接受的，否則就要對概念性模型進行修正；如果修正之後仍然不符合配適指標的要求，那麼就須否定概念性模型，一切得從頭再來。

除了模型的配適度要符合一般學術要求外，另外也需注意模型須符合精簡原則。所謂精簡原則意指當兩個模型（競爭模型）利用相同資料進行配適時，結果各項配適指標所反映的配適程度，在相差不大的情況下，應該取兩個模型中結構較為簡單的模型。例如：某研究者對某班級所有同學的微積分、統計學和理則學等成績進行研究，該研究者最終提出了兩個概念性模型，模型甲與模型乙。在甲模型中，研究者認為微積分、統計學和理則學等成績的綜合能力，可以透過一個名為「邏輯能力」的潛在變數加以描述；而在乙模型中，研究者認為微積分、統計學成績是「數理能力」這個潛在變數的觀察變數、理則學成績則為「邏輯能力」這個潛在變數的觀察變數，且「數理能力」又是「邏輯能力」的影響因素。因此，從模型的結構來看，模型甲要比模型乙簡潔，因為僅僅需要估計三個因素負荷量就可以了；而乙模型不僅需要估計三個因素負荷量，還要估計「數理能力」對「邏輯能力」的路徑係數，明顯的，模型乙較為複雜。

由於研究者對實際問題的認識、觀點不同，很有可能會提出不同的概念性模型。在上述例子中，當兩個模型所採用的原始資料相同時，若模型甲和模型乙的配適程度很接近，那麼模型甲應該是個比較可取的模型。因為採用一個潛在變數（邏輯能力）的簡單模型，已經能夠解釋各個變數之間的關係且符合實際意義和開始的假設，所以從精簡的角度來看，應該採用甲模型。

◆◆ 16-3　結構方程模型的建模過程 ◆◆

　　進行結構方程模型分析時，研究者首先會根據先前的理論、已有的知識與經驗，經過文獻整理、理論推導和假設，而建立一個描述一組變數之間相互關係的概念性模型。如果概念性模型與實際的樣本資料配適良好，那麼就表示概念性模型是可以接受的，否則就要對概念性模型進行修正；如果修正之後仍然不符合配適指標的要求，那麼就須否定概念性模型，一切得從頭再來。結構方程模型的實務應用，具體而言可分為以下七個步驟：

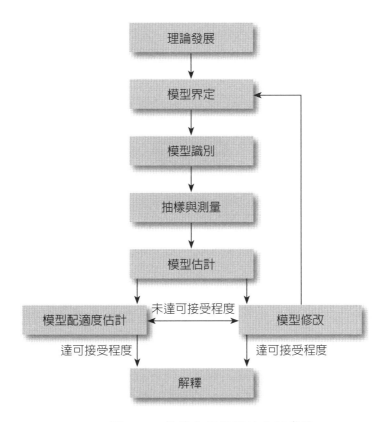

圖16-3　結構方程模型的分析步驟

資料來源：本圖修改自黃芳銘（2002）與邱皓政（2004）。

　　接下來，我們將依據圖16-3，詳細說明結構方程模型的各個分析步驟：

一、理論發展（theoretical development）

理論先驗性是結構方程模型的最重要理念。因此，在結構方程模型中，模型的建立必須具有理論基礎，否則無法正確解釋、推論變數間的關係。所以進行結構方程模型的實際建模工作之前，研究人員應該要對所研究的管理性問題具備很深的理論見解，且對研究的問題中所涉及的各種變數間的相關性應盡量釐清，這些都可算是結構方程模型建立前所須的準備工作，也是最能展現研究者所建構之模型的價值所在。研究者須理解的是，一篇運用結構方程模型的論文之所以會被*SSCI*（*Social Science Citation Index*）期刊所接受，很少是因為其統計分析結果有多漂亮，而是在於其概念性模型建構過程的嚴謹性與理論的堅實性。

二、模型界定（model specification）

模型界定的目標就是希望能用線性聯立方程式表示出概念性模型的數學模式，進而製作用以描述概念性模型中，各變數之路徑關係的共變數矩陣（又稱再生矩陣）。模型界定主要將依據以下各類的假設而達成：

1. 模型可以適當的表達出觀察資料之特徵；
2. 觀察指標與潛在變數間之因素結構；
3. 因果關係及其方向與大小。

根據上述三類假設，實務上模型界定時，主要將設定以下的相關事項：

1. 設定觀察變數（通常是指問卷中的題項）與潛在變數間的關係。
2. 設定各個潛在變數間的關係（即指定哪些構面間有相關性或直接的影響效果）。
3. 根據研究者對所研究問題的掌握程度與經驗，在複雜的模型中，可以去限制因素負荷或因素間的相關係數等參數數值或關係。例如：我們可以設定某兩個潛在變數間的相關係數就直接等於0.38；或某兩個因素負荷必須相等……等。

界定模型可以有不同的方法，但最簡單、最直接的一種方法就是使用路徑圖。路徑圖是建立視覺化統計模型的一種非常常用的手段，因為它將使研究者所界定的模型以最直觀和清晰的方式表達出來。路徑圖有助於研究者確認變數間的關係，且路徑圖可以直接轉化為建模的數學方程式。

透過模型界定，就可以得到結構方程模型中，測量模型（觀察變數與潛在變數之間的關係）與結構模型（潛在變數與潛在變數之間的關係）的數學方程式。在模型界定完成以後，就可以根據這些方程式建構出再生矩陣。當然，再生矩陣中的元素有很

多都是由未知數（統稱為參數）所構成的，這些參數如：待估計的路徑係數、因素負荷量、誤差變異數……等，為了要估計出這些未知參數，我們可以假設「再生矩陣」和「樣本矩陣（實際的樣本資料，已知數）」相等，然後就可以利用根據路徑圖所建立的聯立方程式，估計出結構方程模型中的各個未知參數了。

當然，要求出這些待估計的未知參數，除了模型的界定要有意義且正確之外，解方程式時，也要讓聯立方程式得到一組合理的解，若方程式無法得到一組合理的解（無解或無限多解），那麼就屬模型識別所發生的問題了。

三、模型識別（model identification）

在結構方程模型中，模型的識別是個重要的關鍵點，模型要能夠被識別才能夠順利的估計出各個參數。模型識別的一個必要但非充分的條件是，模型的自由參數個數不能大於觀察資料的「變異數和共變異數」的總個數。

雖然有數種方法可以協助使用者判斷模型是否能識別，然而這些方法都牽涉到相當高深的數學理論。但是，只要所繪製的模型路徑圖能符合下列幾點規則，那麼基本上模型都能被識別。這些規則如下：

規則一：在測量模型中，各潛在變數的指標變數中，要有「一個」指標變數與潛在變數間的迴歸加權係數（因素負荷量）必須設定為1，這個指標變數稱為參照指標。

規則二：在測量模型中，每個觀察變數均須有一個測量誤差項，該測量誤差項與觀察變數間的迴歸加權係數「均須」設定為1。

規則三：在結構模型中，潛在依變數必須設定結構誤差項，且潛在依變數與結構誤差項間的迴歸加權係數，也「必須」設定為1。

規則四：進行驗證性因素分析時，若一階潛在變數（子構面）超過三個時，二階潛在變數（主構面）指向一階潛在變數之路徑中，「其中一條路徑」的迴歸加權係數必須設定為1。

規則五：在驗證性因素分析中，若一階潛在變數恰好只有兩個時，二階潛在變數指向一階潛在變數之兩條路徑，其路徑的迴歸加權係數「都必須」設定為1。

四、抽樣與測量（sampling and measurement）

在界定模型並已確認模型是可識別的之後，研究者就可根據所界定的觀察變數著手進行抽樣並蒐集資料，以作爲模型分析之用。

五、模型估計（model estimating）

當模型界定完畢且資料已備妥後，下一個工作就是要設法求出模型的解，也就是求出模型中各參數的估計值，這個過程也叫模型配適（model fitting）或稱模型估計。這些參數包括測量模型中的因素負荷量、誤差變異數、多元相關平方；結構模型中的路徑係數、潛在自變數的變異數、多元相關平方、相關係數等。

傳統迴歸分析中，使用最小平方法配適迴歸模型，研究者的目標就是能在使殘差平方和最小的情況下，求得參數值。但是結構方程模型的估計過程不同於傳統的迴歸分析技術，在結構方程模型的參數估計中，它並不是去追求預測值與觀察值之間差異的最小化，從而使得殘差平方和最小，而是去追求樣本的共變異數與概念性模型的共變異數間的差異能最小化。因此，很明顯的，結構方程模型是從整體架構的觀點來考量模型之配適程度。

六、模型配適度估計及模型修改

模型配適度估計就是將透過抽樣調查所獲得的實際樣本資料與概念性模型進行配適、估計，然後利用諸多學者所提出的各類配適度指標標準（將在第16-4節中介紹），來評估樣本資料與概念性模型的配適程度。在進行模型配適度估計時，我們要注意的是，研究者必須要先檢驗各個因素負荷量、路徑係數等參數的估計值，在理論上是否合理、有實質意義、是否存在違犯估計的問題，以保證沒有不合理的或不正常的關係存在。如果有不合理的關係，那麼就不能接受此模型，因爲這樣的模型對事實的解釋能力並不強。有了這樣的準備工作後，再來討論、檢驗各類配適指標是否合乎要求才有意義。

有時，我們也會發現，所有的參數估計值都能得到合理的解釋。但是，也可能存在其他的等價模型（equivalent models）。也就是說，有兩個以上的模型，無論從配適指標或參數估計值的合理性來看都是並駕齊驅的，在這種情況下，基於精簡原則，我們會選取構造較爲簡單的模型。所以，在運用結構方程模型建立模型時，研究人員應該使得模型中的參數數量越少越好。因此，建立結構方程模型時，需要經過多方面

的考量。在進行模型的評估及模型修改時，更應該將結構方程模型建立在「有說服力」的理論架構之上。

此外，在實證的過程中，往往會發現概念性模型並不配適，因而研究者常會面臨概念性模型是否需要修正的窘境。雖然導致模型不配適的原因很多，但是大致可歸為兩類，一類是模型界定誤，即模型的假設有誤；而另一類則是資料的分配問題（如非常態性、有遺漏值，以及誤用名目或順序尺度資料）（黃芳銘，2002）。模型界定誤屬結構問題，又可分為兩種，一是外在界定誤，另一為內在界定誤。外在界定誤包含遺漏了一些觀察變數或遺漏了一些潛在變數等；內在界定誤則是資料具有遺漏值或錯誤假定測量模型和結構模型的路徑等（黃芳銘，2002）。

當模型不配適的原因是因為內在界定錯誤所導致時，那麼模型尚可透過不斷的修正而加以改進，至於其他原因所導致的不配適，則無法透過修正作為而改進模型，這時就須根據導致不配適的具體原因，而採取相對應的措施來進行改進。

然而，模型修正在結構方程模型分析中，往往是個爭議性很高的議題。因為在不斷利用既有資料從事修正模型的過程中，總讓人覺得研究者把本質是驗證性的研究變成是資料導向式的探索性研究了。所以，有些學者就呼籲，在模型發展過程中的修正行為必須要有理論基礎或合理的解釋。也就是說修正過程不應該是盲目的追求數據配適，而是應該要有一些基本的要求，例如：以下三點：

1. 結構方程模型的分析結果必須是合理的

結構方程模型的分析結果必須是合理的，這個概念相當重要。修正模型的過程中，研究者往往會盲目的追求高配適指標。但是，隱藏在高配適指標背後的，往往是違犯估計問題。因此，當現存的樣本資料並不否決概念性模型、模型的各項配適指標也都達到一般學術論文的基本要求時，我們更應該去檢查看看，每個所估計出來的參數值是否在合理的取值範圍內（例如：迴歸加權係數不要太接近1）；或每個參數估計值的標準差是否太大；或者各類變異數有沒有產生負值的現象。

2. 結構模型具有實質的意涵、潛在變數間的關係和各類參數估計值都能得到理論支持或合理解釋

研究者在其研究歷程的初期，往往對於某些變數之間的關係沒有充分認識或釐清，導致將來用實際樣本資料進行驗證時，可能會確認或否決研究初期所假定的關係。或者，也很可能會發現樣本資料和概念性模型並不配適，而需要進行模型的修正。但是，研究者應有正確的觀念：如果修正的過程中，沒有考慮到現實意涵或理論

價值，那麼再好的配適結果都是無意義的。所以，我們總是希望修正過程中，對於那些已可確認的關係，於模型修正後，也不能相違背或者產生矛盾的現象。而對於原本否決掉的關係，經修正後，或許能重新獲得重生，但我們也希望這些關係能有合理的解釋或理論支持。

3. 謹守精簡原則

精簡原則意指當兩個模型（競爭模型）利用相同資料進行配適時，結果各項配適指標所反映的配適程度，在相差不大的情況下，那麼應該取兩個模型中結構較爲簡單的模型。

七、解釋

最後，必須對模型的分析結果進行解釋。在結構方程的建模過程中，重心一般都放在潛在變數間的關係上。但各個潛在變數都是透過相對應的觀察變數來測量的，所以首先必須檢查各個潛在變數的測量指標。這也就是說，應當先檢查每一個測量模型（進行驗證性因素分析）。如果測量模型中，各個潛在變數的信度、收斂效度與區別效度都符合要求的話，那麼解釋潛在變數間的因果關係（路徑分析）才有實質意義。

此外，當使用標準化參數值描述潛在變數間的關係時，由於已去除量尺規模的影響，因此可以探討到底是哪一個變數的影響程度較大、直接效果與間接效果的實質影響力之強弱，進而理解變數間的影響途徑。

16-4 模型的評鑑及配適指標

進行結構方程模型分析時，會假設：概念性模型的再生矩陣（由許多未知參數的共變數所構成）等於樣本矩陣（由樣本資料的共變數所構成）。藉此假設即可建立起聯立方程式，進而估計出各未知參數的值。當把這些參數估計值再代回再生矩陣中時，就可比對「再生矩陣到底有多近似於樣本矩陣」了。如果非常近似，則稱概念性模型良好擬合樣本資料。上述評估「再生矩陣到底有多近似於樣本矩陣」的過程，即稱爲模型評鑑。

模型評鑑過程將根據Anderson and Gerbing（1988）及Williams and Hazer（1986）等學者的建議，分成兩個階段：第一階段先進行測量模型評鑑，以了解各構面的信度、收斂效度及區別效度；第二階段再進行評鑑結構模型，以驗證模型中各

潛在變數的因果關係與檢定各項假設，如圖16-4所示。

一般而言，評鑑過程需提供幾個方面的資訊：(1)參數估計的合理性及顯著性檢定；(2)測量模型的評鑑；(3)結構模型的評鑑，如圖16-4所示。

16-4-1　測量模型的評鑑

量表或調查問卷是社會、心理、管理……等科學領域常用的測量工具。在對潛在變數進行路徑（結構）分析前，必須先解決潛在變數的測量問題，當潛在變數能夠充分、有效的被測量後，資料才能正確的估計代表出因果關係強弱與方向的路徑係數。測量模型的驗證性因素分析便是確認，由量表所調查的資料是否能將潛在變數精確地測量出來的一種方法。也就是說，在測量模型分析（即驗證性因素分析）中除檢驗假設性的因素結構與樣本資料的配適程度外，亦將評鑑模型中兩種重要的建構效度指標：收斂效度及區別效度。

因此，評鑑測量模型時，可以將整個評鑑過程分為五個主要階段（圖16-4之下半部左邊）：

階段一：檢驗違犯估計

階段二：檢驗測量模型配適度

階段三：檢驗信度

階段四：檢驗收斂效度

階段五：檢驗區別效度

16-4-2　結構模型的評鑑

經結構模型的路徑分析後，即可根據各項數據，進行結構模型的評鑑。評鑑時，完整的結構模型評鑑過程，可分為三個主要階段（圖16-4之下半部右邊）：

階段一：檢驗違犯估計，檢驗模型的估計過程中是否具有違犯估計的情形發生。

階段二：檢驗結構模型配適度。

階段三：路徑係數與效果之假設檢定，即檢定概念性模型中的假設是否成立與分析各潛在變數間的影響效果。

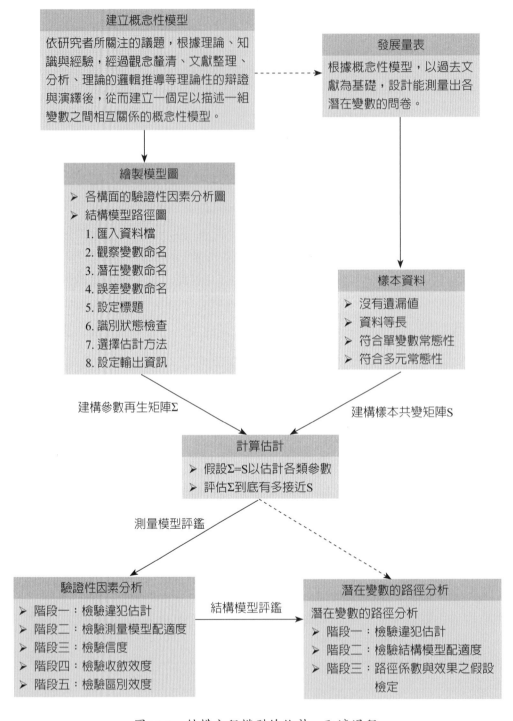

圖16-4　結構方程模型的估計、配適過程

16-4-3　參數估計與假設檢定

　　在概念性模型設定正確的前提下，參數的估計值應該具有合理的取值範圍與正確的符號（代表方向）；反之如果出現與此背離的情形，如變異數為負值、相關係數的絕對值大於1、共變異數或相關矩陣為非正定矩陣等，則代表模型的設定有誤或樣本矩陣缺少足夠的資訊。此外，還應該針對每一個所估計出來的自由參數值（模型中須進行估計的參數）進行是否為零的 t 檢驗。其虛無假設是：$\theta_i=0$（θ_i代表自由參數）。參數的檢定過程中，研究者期望能拒絕虛無假設（即$\theta_i \neq 0$，顯著），因為這代表將該參數設為自由參數是合理的、具有顯著意義的；反之，當結論為不拒絕虛無假設時，則代表將該參數設為自由參數可能是不恰當的。此時，應結合實際理論，並可考慮將該參數值固定為「0」。

16-4-4　模型的評鑑及配適指標

　　傳統的統計分析方法，如變異數分析、多元迴歸、因素分析等，都是從既有的資料中進行探索以發現客觀的規律性，此類統計分析技術都屬於「探索性」分析技術。相對的，「驗證性」分析技術則不同，其基本概念是首先根據先前的理論和已有的知識，經過推論和設定假設後，從而建立概念性模型。再經過抽樣調查後，獲得一組觀察變數的資料和此資料所產生的共變異數矩陣S（樣本矩陣）。當概念性模型成立時，我們可以根據概念性模型中各變數間的關係而建構出一個共變數矩陣，這個共變數矩陣一般又可稱之為再生矩陣Σ，然後研究者會去觀察Σ與S的差異是否足夠小，從而可以檢驗概念性模型對樣本資料之擬合程度。評估擬合程度的指標通稱為配適度指標，分別介紹如下：

（一）卡方值

　　結構方程模型的首要任務就是用樣本資料對所設定的概念性模型之參數進行估計，而參數估計的前提就是使再生矩陣能與樣本矩陣盡可能的接近。當再生矩陣非常接近於樣本矩陣時，則其殘差矩陣中的各元素就會接近於零，此時就可以認為概念性模型與樣本資料之擬合程度佳，配適度高。

　　評鑑概念性模型對樣本資料之擬合效果的指標有很多，其中最常使用的指標是χ^2統計量（卡方統計量），$\chi^2 = (n-1) \times F$。F是模型擬合函數的最小值，n為樣本大小。χ^2檢定的虛無假設是「概念性模型配適樣本資料（即H_0：再生矩陣 = 樣本矩

陣）」。所以，研究者期望能接受虛無假設。但是，對於比較大的χ^2來說，虛無假設會被拒絕的機率相當高，此則代表模型對資料的配適程度不好；而較小的χ^2，則代表模型對資料的配適程度較好（邱皓政，2004；黃芳銘，2002）。

但使用χ^2來評鑑模型配適程度的好壞並不太恰當，其原因是：χ^2對樣本大小的敏感度相當大，χ^2值會和樣本數成正比。也就是說，在樣本數較大時，χ^2也變得比較大，因此χ^2可能容易拒絕掉，實際上能夠配適資料的模型。而在樣本較小時，則不容易拒絕一個對資料配適程度較差的模型。也就是說，樣本數會模糊掉χ^2的檢定能力。那麼應該怎樣做出判斷呢？積極考慮樣本數的影響程度吧！因此，一個粗略的原則是：如果χ^2/df < 3（df代表模型的自由度），那麼就可以認為概念性模型對資料的配適程度良好（邱皓政，2004；黃芳銘，2002）。

由於χ^2在評鑑模型配適效果時，易受樣本數影響而產生誤判，因此，一些研究者也額外的發展了許多其他的配適指標。從比較嚴格的角度來看，這些指標僅屬描述性統計量，但它們從不同的角度為評鑑模型的配適程度提供了一些適當的參考方向。原則上，理想的配適指標應不受樣本數的影響，而且應能懲罰參數過多的模型（複雜的模型），以符合精簡原則。這些指標可以大致可分成三類：絕對配適度指標、增量配適度指標和精簡配適度指標。

（二）絕對配適度指標

絕對配適度指標是種對模型進行配適後，所直接產生的配適度指標，常見的絕對配適度指標有GFI（goodness of fit index，配適度指標）、AGFI（adjusted goodness of fit index，調整後配適度指標），而先前所討論過的「χ^2」、「χ^2/df」亦屬於絕對配適度指標。

1. GFI，配適度指標（goodness of fit index）（Jöreskog and Sörbom, 1989；黃芳銘，2002）

$$GFI = 1 - \frac{F(s, \sum(\hat{\theta}))}{F(s, \sum(0))} \qquad （式16-1）$$

式16-1中，分子的部分代表概念性模型的擬合函數，分母部分所代表的意義則是獨立模型（independence model）的擬合函數。所謂獨立模型是指所有的參數被固定為「0」的模型，即最差的模型。因此，GFI即表示概念性模型與獨立模型相比，在擬合程度上的改善程度。它代表著觀察變數的共變數矩陣S（樣本共變異數矩陣），

有多大的比例是能被Σ（概念性模型的共變數矩陣）所預測的。

2. AGFI，調整後配適度指標（adjusted goodness of fit index）（Jöreskog and Sörbom, 1989；黃芳銘，2002）

$$AGFI = 1 - \frac{(p+q)(p+q+1)/2}{df}(1-GFI)$$ （式16-2）

p是外生變數的個數，q是內生變數的個數。因此，p + q即是所有變數的數目，而(p + q)(p + q + 1)/2則是模型中所有待估參數的總個數，df是自由度。AGFI是依模型中所有估計參數之總數，而調整GFI後所得到的指標，其包含了對過多參數的懲罰，當估計參數相對於待估參數總數越少或自由度越大時，AGFI越接近於GFI。

GFI與AGFI都可用來測量在樣本變異數內，估計變異數（模型）所佔有的加權比例。GFI、AGFI的取值範圍都在0～1之間。它們的值越大越好，一般認為大於0.9時，即可以認為概念性模型與樣本資料的配適度良好。

3. RMR，殘差均方根（root mean square residual）（Jöreskog and Sörbom, 1989；黃芳銘，2002）

$$RMR = \left[2\sum_{i=1}^{p+q}\sum_{j=1}^{i}(s_{ij}-\widehat{\sigma}_{ij})^2/(p+q)(p+q+1) \right]^{\frac{1}{2}}$$ （式16-3）

RMR是對平均擬合殘差的測量，當以樣本相關矩陣當作輸入資料，進行結構方程模型分析時，它的取值範圍在0～1之間；而若以共變異數矩陣，則其最小值為0，但無上限。所以，對它的解釋時應考量變數的測量尺度。標準化RMR（standardized RMR, SRMR）即是種去除了尺度疑慮的指標，它代表所有標準化殘差的平均值，其範圍在0～1之間。該值越小越好，小於0.05或更小，表示模型配適度良好。

4. RMSEA，近似誤差平方（root mean square error of approximation）（Browne and Cudeck, 1993；黃芳銘，2002）

$$RMSEA = \sqrt{\widehat{F}_0/df} \quad \widehat{F}_0 = \max\left[\widehat{F} - df/(n-1), 0\right]$$ （式16-4）

式16-4中，$\widehat{F}_0$是母體差異函數（population discrepancy function）的估計。這個差異是擬合函數最小值F與df/(n - 1)之間的差。當其為正值時取其原值，當其為其他值時則取為「0」。「RMSEA < 0.05」表示模型的配適度非常好，達到「0.08」表示

概念性模型尚可合理配適，在「0.08〜0.10」之間表示中等程度的配適，而「大於0.10」表示配適度不好。RMSEA考慮了母體的近似誤差，在能夠得到參數估計值的情況下，評鑑了選擇最佳參數的模型對母體共變異數矩陣的配適程度，它所測量出的誤差被表示成每個參數的配適程度。所以，RMSEA對模型中自由參數的數目相當敏感，即受模型複雜度的影響較大。雖是如此，RMSEA仍被認為是評鑑模型配適度的最好指標之一。

有一點應該注意的是：χ^2、GFI、AGFI、RMR與RMSEA只是測量了概念性模型對資料的配適，無法對概念性模型配適度較好或較差的情形做出判斷。而且，當整體配適度不好時，也無法具體指出到底是哪一部分錯了。

（三）增量配適度指標

增量配適度指標是比較概念性模型的配適度與獨立模型或飽和模型（saturated model）的配適度之差異程度而計算出來的。獨立模型指假設所有變數之間沒有相關關係，即模型中所有的路徑係數和外生變數之間的共變異數都固定為零，只估計其變異數，因此獨立模型即代表最差模型之意。而飽和模型則是將模型中所有的參數都設為自由參數的模型，這些模型之間具有嵌套關係（嵌套指後一個模型是前一個模型的特例），因此飽和模型即代表最佳模型之意。增量配適度指標將概念性模型和獨立模型相比較，測量其在配適度上的改善程度。常見的增量配適度指標有規範配適指標（normed fit index, NFI）、增量配適指標（incremental fit index, IFI）、非規範配適指標（non-normed fit index, NNFI），以及比較配適指標（comparative fit index, CFI）等。

1. NFI，規範配適指標（normed fit index）（Bentler and Bonett, 1980；黃芳銘，2002）

$$NFI = \frac{\chi_0^2 - \chi_t^2}{\chi_0^2} \qquad \text{（式16-5）}$$

χ_0^2是獨立模型的卡方值，χ_t^2是概念性模型的卡方值。因為獨立模型是比概念性模型更差的模型，所以χ_0^2總是大於χ_t^2。當$\chi_0^2 = \chi_t^2$時，NFI = 0，表示概念性模型配適不好；當$\chi_t^2 = 0$，NFI = 1，表示概念性模型完美配適。所以NFI取值在0〜1之間，一般大於「0.90」表示模型配適很好。NFI對資料偏離常態和樣本大小很敏感，無法控制自由度的影響，當n較小時易低估。因此，許多學者不建議使用。

2. NNFI，非規範配適指標（**non-normed fit index**）（**Bentler and Bonett, 1980**；黃芳銘，**2002**）

$$NNFI = \frac{\dfrac{\chi_0}{df_0} - \dfrac{\chi_t}{df_t}}{\dfrac{\chi_0}{df_0}}$$
（式16-6）

　　NNFI又名為TLI（Tucker-Lewis Index），NNFI校正了自由度對NFI的影響，能懲罰較為複雜的模型，準確地區分不同模型的精簡度，可用於嵌套模型的比較，推薦使用。NNFI的取值變化較大，可能會超出0～1的範圍，大於0.90表示配適度較好。

3. IFI，增量配適指標（**incremental fit index**）（**Bentler and Bonett, 1980**；黃芳銘，**2002**）

$$IFI = \frac{\chi_0^2 - \chi_t^2}{\chi_0^2 - df_t}$$
（式16-7）

　　IFI是對NFI的一種修正，能減小NFI對樣本量的依賴。

4. CFI，比較配適指標（**comparative fit index**）（**Bentler, 1990**；黃芳銘，**2002**）

$$CFI = 1 - \frac{\tau_t}{\tau_0}$$
（式16-8）

　　CFI也是以比較概念性模型與獨立模型的方式，來評鑑概念性模型的配適程度，但它採取了不同的方式。CFI運用了非中心卡方分配（noncentral Chi-square distribution）與非中心參數（noncentral parameters）τ。τ值越大，概念性模型的錯誤越大；$\tau = 0$表示完全配適。CFI即使是對小樣本的模型，於估計其模型配適時也能做得很好。其中，$\tau_0 = \chi_0^2 - df_0$，$\tau_t = \chi_t^2 - df_t$。CFI的取值範圍在0～1之間，「0.90」以上表示配適度很好。

（四）精簡配適度指標

　　一般而言，研究者對概念性模型如果了解的越少（限制越少），那麼則越有機會得到較好的配適指標。在這種情況下，當得到一個較理想的配適模型時，我們就不清楚是因為概念性模型推導正確，還是由於釋放了更多的參數（增加了自由參數）而導致的結果。在實際運用中，在相同的配適度情況下，模型越簡約越好。因此，為了

懲罰釋放過多的參數，精簡配適度指標（parsimony fit indices, PGFI）乃孕育而生。一般而言，如果我們得到了大的配適度指標及大的精簡配適度指標，則代表著概念性模型正確。如果兩者相差較大，則代表模型中自由參數過多。PGFI「大於0.50」，表示模型是可以接受的。精簡配適度指標在比較幾個競爭模型時尤為有用（黃芳銘，2002）。

至此，我們已介紹了很多評鑑模型時的配適度指標，讀者對配適度指標應具備的觀念是：雖然已經認識了許多配適度指標，但沒有一個指標可以作為唯一且確定的標準，來檢驗概念性模型的配適成功與否。同時，為減少評鑑模型之配適度指標的複雜性，也可將各類的配適度指標彙整成如表16-3的格式。

利用表16-3進行模型評鑑時，一般都採用「多數決」，亦即有多數的指標呈現配適狀況良好的話，那麼我們就可以採信模型的配適度佳。但相對上，比較可靠且須關注的重點指標有χ^2、χ^2/df、GFI、NNFI、CFI、AGFI、SRMR及RMSEA等，研究者進行分析時宜關注這些指標值與標準值的差異情形。當然，若模型的χ^2值不顯著，此時只用χ^2值來評估模型配適度，也無妨，因為χ^2值不顯著，即代表已接受了概念性模型配適樣本資料的假設。

此外，模型及配適的評鑑並不完全是統計問題。即使一個模型配適了資料，也不意味著這個模型是正確的或是最好的。因為：(1)模型中所有的估計參數，也應該能夠得到合理的解釋；(2)對於相同測量工具的不同樣本資料，也應能配適同樣的模型。那麼，如何去篩選出一個「最佳」模型呢？我們的原則是：接受精簡模型，即模型中的參數越少越好（邱皓政，2004；黃芳銘，2002）。

◆ 16-5　樣本數與觀察變數之數量的決定 ◆

在結構方程模型的實際建模工作中，樣本數的選取標準很重要。樣本數一般最小應當是多少？每個潛在變數至少要有多少個觀察變數？這是研究者必須要回答的問題。

從國外學者的研究來看，目前還沒有一個統一的樣本數之選取標準，各篇文獻的結論與建議都不盡相同，有的甚至相互矛盾。Boomsma（1982）的研究發現樣本數越大，模型的收斂性、參數估計的精確性都會越好。反之，當樣本數低於100時，所產生的相關矩陣不夠穩定，使得結構方程建模的信度降低。Boomsma（1982）建議

樣本數最少能達100，而最好就是能大於200。Nunnally（1967）則建議「n/p」應該要大於等於10（其中n為樣本大小，p為觀察變數之數量，即問卷之題項數）。不過Velicer和Fava（1987, 1998）透過回顧相關文獻，指出上述「n/p」大於等於10或n越大越好的結論並無可靠依據。

指標數目的選取目前也同樣沒有一個統一的標準。根據Nunnally（1967）的結論，當樣本數受種種限制而不夠大時，應該減少指標的數量。但實際情況並非如此，事實上，增加潛在變數的觀察變數個數，可能會令潛在變數更加穩定，進而增加整個模型的穩定性，這或許能部分抵消樣本數不夠大，所帶來的不利影響。因此，在結構方程建模前的問卷設計中，不妨為每個潛在變數多設計幾個題項，然後根據預試結果再去刪掉一些多餘的指標。當然，在增加、刪除指標時，不僅要以預試結果的統計性質為依據，也應該綜合考量該指標是否有效反映了所對應之潛在變數的內涵和特性（引述自侯杰泰、溫忠麟、成子娟，2002）。

總之，對於一般的結構方程模型，樣本數的取值在100到200之間較為合適，但研究中，我們一般會採Nunnally（1967）的建議，即樣本數為問卷之題項數的10倍以上。而每個潛在變數的指標，一般會取三個以上。

有關樣本所衍生的問題，長久以來一直是研究者心中的痛。我們往往可發現，午夜夢迴時，在研究室一偶，常會聽到淒厲的哀號聲：「為什麼我這麼認真、嚴謹的進行文獻探討、理論推導與問卷設計，但是模型的配適度怎麼這麼差！」由於樣本抽樣的過程具有隨機性，故所蒐集回來的樣本資料往往不盡理想。也或許有些研究者因人力、物力、財力或時間等因素，無法進行大量的抽樣。這時，可以尋求一些代蒐資料的合作機會。例如：若研究議題適合於網路發放問卷的話，那麼就可委託一些網路問卷服務公司來進行樣本資料蒐集工作。這些網路問卷服務公司，例如：「my3q」、「SurveyCake」。

◆ 16-6 驗證性因素分析實作 ◆

在本節中將透過一個範例，帶領讀者實際操作一次驗證性因素分析的過程，驗證性因素分析的執行過程是相當繁雜的，故在此範例中，所有的操作過程將盡量以教學影音檔呈現。

▶ 範例16-1

請參考附錄八，範例論文〈品牌形象、知覺價值對品牌忠誠度關係之研究〉的原始問卷與內容說明，該問卷的資料檔為「brand image.jasp」。據其因素結構（圖16-5）與範例論文之研究目的，研究者經理論推導三個主構面之因果關係後，乃建立四個關係假設，整合這些假設後，進而提出該範例論文的概念性模型圖，如圖16-6。試進行驗證性因素分析並評鑑測量模型，以評估範例模型中各構面的信度、收斂效度與區別效度。

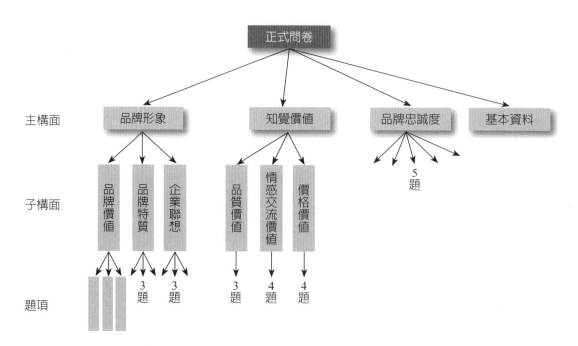

圖16-5　範例論文之正式問卷結構圖

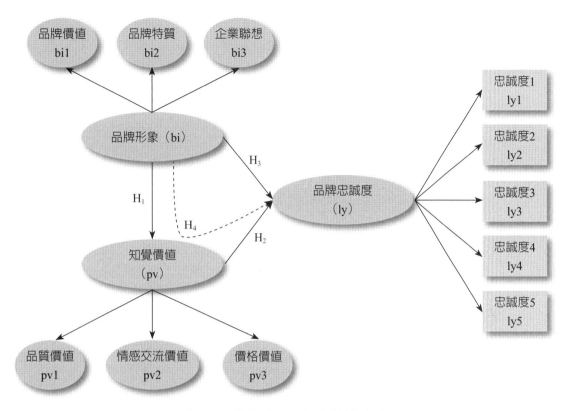

圖16-6　範例論文之概念性模型圖

假設一（H₁）：品牌形象對知覺價值具有直接正向的影響力。
假設二（H₂）：知覺價值對品牌忠誠度具有直接正向的影響力。
假設三（H₃）：品牌形象對品牌忠誠度具有直接正向的影響力。
假設四（H₄）：知覺價值會於品牌形象與品牌忠誠度的關係間，扮演著中介角
　　　　　　　色。

16-6-1　範例說明與操作過程

在這個範例中，我們將根據研究者所提出的概念性模型，進行結構方程模型分析。而在進行結構方程模型分析時，則必須根據Anderson and Gerbing（1988）及Williams and Hazer（1986）等學者的建議，應分為兩個階段來進行，第一階段須先評鑑測量模型，以了解各構面的信度、收斂效度及區別效度；第二階段再評鑑結構模型（即路徑模型），以驗證各構面間之因果關係的假設檢定。故在本小節中，將先進行測量模型的評鑑。

評鑑測量模型時，將使用「驗證性因素分析」技術，來檢驗模型中各構面的信度、收斂效度及區別效度。檢驗時，需要用到許多的統計量或準則，這些統計量或準則可彙整如表16-1。

表16-1　評估信、效度的準則依據

項目	準則	依據
信度	Cronbach's α係數大於0.7	Hee (2014)
收斂效度	標準化因素負荷量大於0.5，且顯著	Hair et al. (1998); Hulland (1999)
	CR值大於0.6	Fornell & Larcker (1981); Bagozzi & Yi (1988)
	AVE值大於0.50	Fornell & Larcker (1981)
區別效度（Fornell-Larcker準則）	每一個構面的AVE平方根應大於該構面與其他構面間的相關係數	Hair et al. (2010)

觀察表16-1，可發現要完整的檢驗信度、收斂效度及區別效度，則必須先取得Cronbach's α係數、各題項的標準化因素負荷量、CR值、AVE值與各構面間的相關係數，這些統計量都可在驗證性因素分析的過程中取得。只是對如圖16-6的概念性模型圖，該如何來進行驗證性因素分析才是重點。為什麼呢？因為圖16-6的概念性模型圖中包含了兩個二階的主構面，這將使驗證性因素分析的執行，變得相當複雜。

由圖16-5的正式問卷結構圖可知，在本範例中將有兩個二階構面（品牌形象、知覺價值）與一個一階構面（品牌忠誠度）。對於這樣的狀況，可算是驗證性因素分析過程中，最複雜的情況了。對於這樣具有多個二階構面的模型，進行驗證性因素分析時，在文獻上可找到三種作法，第一種是全模型法，第二種是一階構面法，第三種是主構面法。對於這三種作法，將分別介紹如下：

➢ 全模型法

所謂全模型法就是依據各主構面的因素結構（不管階層），而直接將所有主構面的因素結構全都繪製在同一個模型圖當中，然後再進行驗證性因素分析。以本範例而言，全模型法的驗證性因素分析圖，如圖16-7所示。

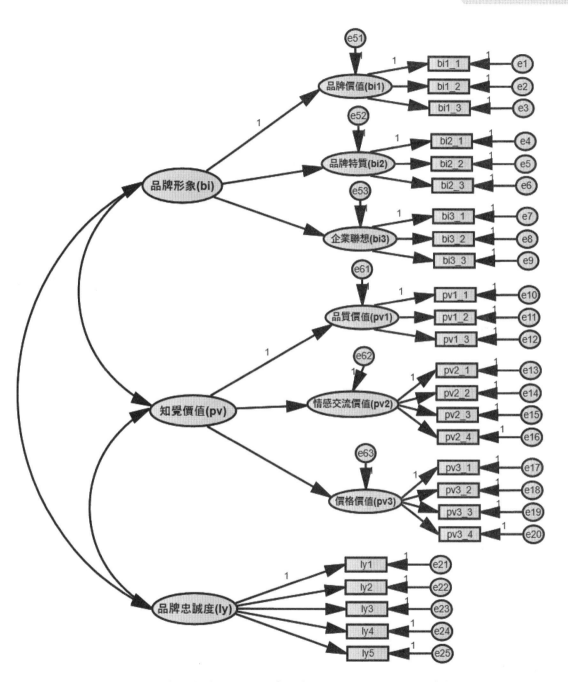

圖16-7　全模型法的驗證性因素分析圖（由Amos軟體所繪製）

　　在圖16-7之全模型法的驗證性因素分析圖中，包含了範例論文中所有主構面的因素結構，且各個主構面間，兩兩須設定共變關係（即設定相關）。由於模型中包含了兩個二階因素結構，模型的複雜度高，故未來執行完驗證性因素分析後，可能發生的狀況有模型配適度不佳，導致所估計出的參數不值得信賴，或者標準化因素負荷量、CR值、AVE值等統計量無法超越信、效度評估時的準則門檻。尤其是二階主構面的AVE值通常會有偏低的現象，而導致二階構面的收斂效度會不符合學術要求。

　　雖然，全模型法的驗證性因素分析具有上述的困難點，但卻是個比較沒爭議的驗證性因素分析方式。因此，在學術研究上，當以此法為第一首選。在JASP中，由於模型圖包含了兩個二階因素結構，因此無法以「因素／驗證性因素分析」功能的拖、拉、點、選方式來進行分析。而必須使用「結構方程模型」搭配Lavaan語法碼的方式來執行驗證性因素分析。

➢ 一階構面法

　　在全模型法的驗證性因素分析過程中，由於模型中大部分的變異會由一階構面所抽取，故通常二階構面的AVE值會偏低，進而將導致二階構面的收斂效度會不符合學術要求。這種現象普遍存在於二階的測量模型中，它應是種自然且可理解的現象。故在不少學術論文中，也經常可以看到，雖然模型中包含二階構面，但在進行驗證性因素分析時，仍會以一階測量模型的方式（即一階構面法），來評估構面的信度、收斂效度與區別效度。以本範例而言，一階構面法的驗證性因素分析圖，如圖16-8所示。

　　明顯的，圖16-8之一階構面法的驗證性因素分析圖中，只包含了範例論文中所有一階構面的因素結構，二階主構面的角色不見了，且各個一階構面間，兩兩須設定共變關係（即設定相關）。這應該是學術研究中，最常見的驗證性因素分析方式。因為使用一階構面法，只要樣本資料不至於太差的話，其模型的配適度應都能符合學術性要求，且對於信、效度的評估，也應都能符合表16-1的準則門檻。

　　此外，在JASP中，執行一階構面法的驗證性因素分析時，只要執行「因素／驗證性因素分析」功能，就能以拖、拉、點、選的方式輕鬆完成分析，完全無困難度可言。

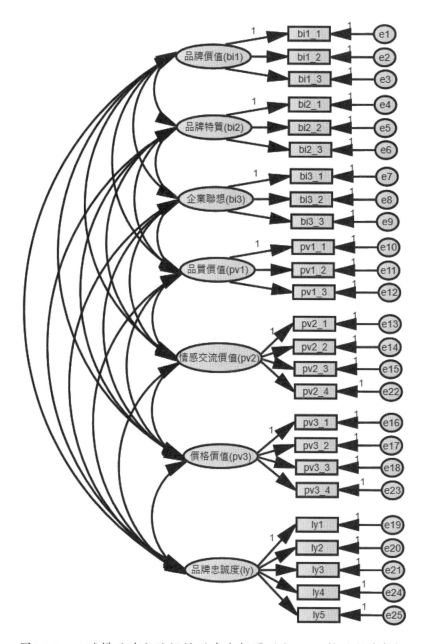

圖16-8　一階構面法之驗證性因素分析圖（由Amos軟體所繪製）

➤ 主構面法

在主構面法中，將針對模型中的各主構面，依據其因素結構，個別的進行驗證性因素分析。以本範例而言，模型中共有三個主構面，因此就必須繪製三個驗證性因素分析圖，並執行驗證性因素分析3次，如圖16-9、圖16-10與圖16-11所示。

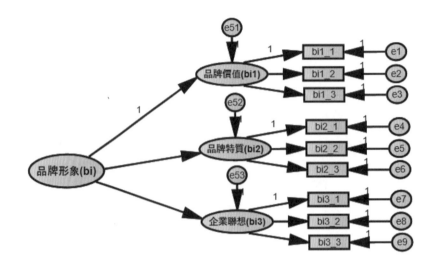

圖16-9　品牌形象主構面之驗證性因素分析圖（由Amos軟體所繪製）

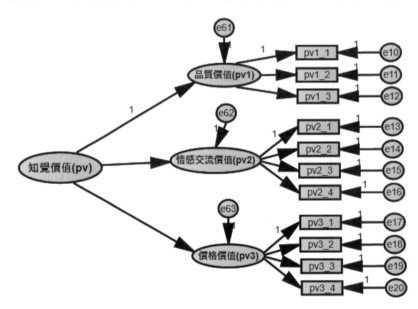

圖16-10　知覺價值主構面之驗證性因素分析圖（由Amos軟體所繪製）

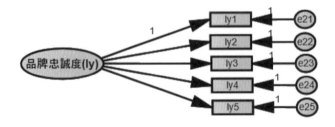

圖16-11　品牌忠誠度主構面之驗證性因素分析圖（由Amos軟體所繪製）

在全模型法、一階構面法萬一都無法通過模型配適度檢驗或不符表16-1的信、效度準則需求時,使用主構面法大概就是脫困的最佳良策了。雖然,主構面法會產生爭議,但也有其合理性。畢竟驗證性因素分析的主要目的在於驗證各主構面的信度、收斂效度及區別效度。而主構面法中針對各個主構面進行驗證性因素分析,不也正好符合檢驗各主構面信、效度的需求嗎?只是這過程中並無法應用統計方法檢驗各主構面間的區別效度罷了。然而,讀者應理解,在結構方程模型的研究中,各主構面的測量已皆有所本,也就是說,各主構面皆有其各自的特徵、意涵,且其題項、使用量表也都是參酌過往學者研究而得,因此,各主構面間也應自然具有區別效度。

此外,在JASP中,執行主構面法中的各個驗證性因素分析時,也是只要執行「因素 / 驗證性因素分析」功能,就能以拖、拉、點、選的方式輕鬆完成所有的驗證性因素分析工作了。

具備上述的認知後,作者建議當面對這種含二階主構面的複雜模型圖,而進行驗證性因素分析時,最好能遵守如圖16-12的流程策略。

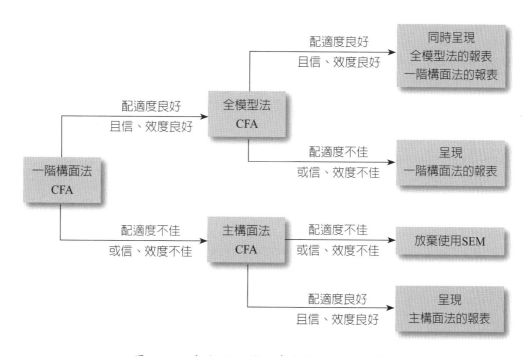

圖16-12　執行驗證性因素分析圖的流程策略

圖16-12之流程策略說明如下：

1. 先以一階構面法執行驗證性因素分析。

2. 若一階構面法的驗證性因素分析結果，配適度良好且信、效度良好，則可再執行全模型法的驗證性因素分析。若全模型法的驗證性因素分析結果，配適度良好且信、效度也良好時，則可將一階構面法的報表和全模型法的報表一起呈現在論文中，否則就呈現一階構面法的報表就好。

3. 若一階構面法的驗證性因素分析結果，配適度不佳或信、效度不佳，則就退而執行主構面法的驗證性因素分析。若主構面法的驗證性因素分析結果，配適度良好且信、效度也良好時，則可呈現主構面法的報表。否則，代表該樣本資料一事無成，放棄使用結構方程模型也無妨。

　　由於範例論文具有兩個二階構面，進行驗證性因素分析時，可參考圖16-12的流程策略。故本範例中將先評估模型中所有一階構面（一階構面法）的信、效度，再評估二階構面（全模型法）的信、效度。因此，必須進行2次的驗證性因素分析。所有一階構面的驗證性因素分析模型（一階構面法），於JASP中，只要使用「因素／驗證性因素分析」功能即可進行驗證性因素分析。至於二階構面（全模型法）的驗證性因素分析，如果模型中只有一個二階構面時，也可使用「因素／驗證性因素分析」功能，但若有兩個以上的二階構面同時存在時，則因「因素／驗證性因素分析」功能無法同時描述兩個以上的二階構面，因此則必須在「結構方程模型」功能中搭配Lavaan語法碼的使用，才能順利的進行驗證性因素分析。

　　其次，必須理解的是，使用「因素／驗證性因素分析」功能時，報表中會顯示出評估信、效度的重要指標CR值與AVE值。但使用「結構方程模型」功能搭配Lavaan語法碼時，研究者必須根據各構面指標的標準化因素負荷量而自行求算CR值與AVE值。但爲方便起見，CR值與AVE值的求算，本書已有提供Excel程式碼輔助運算，該Excel檔案之檔名爲「cr_ave.xlsx」且已放在本章的範例資料夾中，請讀者自行取用。

　　詳細的操作與彙整表格之過程，讀者可直接參閱教學影音檔「ex16-1.mp4」。

16-6-2 評鑑測量模型前的準備工作

執行驗證性因素分析後，當可產生許多報表，為有系統的表達輸出結果，讀者可將這些報表彙整成符合一般論文格式之表格或圖形。總共需要彙整出三種表格，即：測量模型配適度指標檢定表、測量模型的驗證性因素分析表與區別效度檢定表。這三種表格的空白表格，本書已先製作好放在範例資料夾中，其檔名為「評鑑測量模型所須的表格.docx」。請讀者因應不同模型自行修改、取用。

16-6-3 一階構面的測量模型（使用一階構面法）的評鑑

依據Anderson and Gerbing（1988）及Williams and Hazer（1986）等學者的建議，進行完整的結構方程模型分析時，應分為兩個階段：第一階段先評鑑測量模型，以了解各構面的信度、收斂效度及區別效度；第二階段再評鑑結構模型（即路徑模型），以驗證各構面間之因果關係的假設檢定。因此，首要工作將進行測量模型的評鑑，評鑑前須先執行「驗證性因素分析」以輸出評鑑時所需的相關數據或統計量。由於範例模型的主構面間包含兩個二階構面，因此，遵照圖16-12的策略流程圖，在此將以先「一階構面法」、後「全模型法」的方式進行驗證性因素分析。故首先在本階段中，將先執行「一階構面法」的驗證性因素分析，其模型圖如圖16-13。執行後所獲數據將進行測量模型評鑑，評鑑時將分為五個階段來進行：

階段一：檢驗違犯估計

階段二：檢驗模型配適度

階段三：檢驗信度

階段四：檢驗收斂效度

階段五：檢驗區別效度

➢ **階段一：檢驗違犯估計**

所謂違犯估計（offending estimate）是指在測量模型或結構模型中，所估計出來的參數已超出可接受的範圍，亦即模型獲得不適當的解（黃芳銘，2002）。若發生違犯估計的情形，那就表示整個模型的估計是不正確的，因此必須另行處理。一般常發生的違犯估計有以下兩種現象：

1. 有負的殘差變異數存在。

2. 標準化因素負荷量超過或太接近1（大於0.95）。

使用「一階構面法」的測量模型（即驗證性因素分析模型，簡稱一階測量模型）之模型圖，如圖16-13所示。在該模型中共包含七個一階構面，模型中的bi1、 bi2、bi3即為二階構面品牌形象（bi）的三個子構面；而pv1、pv2、pv3則為二階構面知覺價值（pv）的三個子構面。須注意的是，測量模型中各一階構面間的關係，必須以代表「共變性」（即相關性，以雙向箭頭線代表）來描述。如圖16-13中，有七個一階構面，因此須畫出28條（C_2^7）代表共變關係（即相關關係）的雙向箭頭線。

執行完一階構面法的「驗證性因素分析」後，首先觀察殘差變異數，由表16-2的「殘差變異數表」，於「估計」欄位可發現，殘差變異數介於0.262～0.690之間，全屬正。其次，再觀察表16-5的「一階測量模型之驗證性因素分析表」，可發現所有題項的標準化因素負荷量介於0.821～0.938之間，並沒有超過或太接近1的現象；由此可研判，一階測量模型並沒有違犯估計的問題。

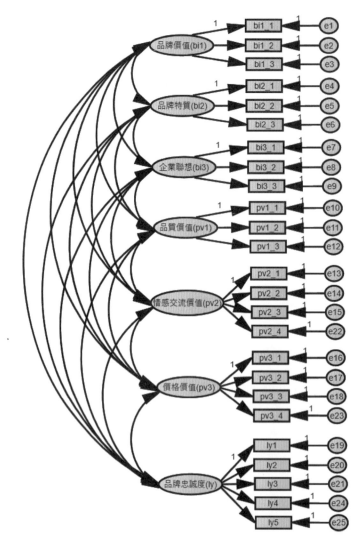

圖16-13　一階測量模型之模型圖（由Amos軟體所繪製）

表16-2 殘差變異數表

指標	估計	標準誤	z值	p值	95%信賴區間		標準化解（all）
					Lower	Upper	
bi1_1	0.588	0.065	9.103	<.001	0.461	0.714	0.326
bi1_2	0.598	0.067	8.924	<.001	0.466	0.729	0.306
bi1_3	0.472	0.064	7.402	<.001	0.347	0.597	0.240
bi2_1	0.262	0.040	6.633	<.001	0.185	0.340	0.121
bi2_2	0.337	0.042	8.019	<.001	0.255	0.419	0.157
bi2_3	0.418	0.045	9.393	<.001	0.331	0.505	0.201
bi3_1	0.365	0.048	7.651	<.001	0.272	0.459	0.149
bi3_2	0.305	0.041	7.461	<.001	0.225	0.385	0.146
bi3_3	0.398	0.043	9.178	<.001	0.313	0.483	0.198
pv1_1	0.499	0.059	8.441	<.001	0.383	0.615	0.214
pv1_2	0.430	0.055	7.774	<.001	0.322	0.539	0.192
pv1_3	0.504	0.061	8.231	<.001	0.384	0.624	0.212
pv2_1	0.413	0.048	8.626	<.001	0.319	0.507	0.150
pv2_2	0.469	0.050	9.358	<.001	0.371	0.568	0.177
pv2_3	0.456	0.049	9.252	<.001	0.360	0.553	0.174
pv2_4	0.605	0.059	10.298	<.001	0.490	0.720	0.231
pv3_1	0.550	0.060	9.112	<.001	0.432	0.669	0.200
pv3_2	0.544	0.058	9.304	<.001	0.429	0.658	0.207
pv3_3	0.493	0.055	8.942	<.001	0.385	0.601	0.193
pv3_4	0.690	0.069	10.039	<.001	0.555	0.825	0.252
ly1	0.472	0.047	10.025	<.001	0.380	0.565	0.179
ly2	0.532	0.051	10.355	<.001	0.431	0.633	0.201
ly3	0.422	0.044	9.651	<.001	0.336	0.508	0.161
ly4	0.458	0.045	10.071	<.001	0.369	0.547	0.181
ly5	0.464	0.046	10.194	<.001	0.375	0.554	0.190

➤ **階段二：檢驗模型配適度**

　　模型配適度代表著模型的外在品質，檢驗模型配適度時須從四個面向著手，即卡方值、絕對配適檢定指標、增量配適檢定指標及精簡配適檢定指標。由於模型的虛無

假設是「模型與資料配適」，因此必須以卡方適合度檢驗來進行檢定。據此，觀察表16-3的「配適度指標檢核表」，一階測量模型之配適度的卡方值為326.800，機率p值小於0.001，故不可接受「模型配適樣本資料」的虛無假設，表示研究者所提的概念性模型和實際資料的配適情形不佳。但由於卡方檢定本身易受樣本數大小的影響，因此Bagozzi and Yi（1988）認為不可只參考卡方值，而應同時考量樣本的大小，故建議使用卡方值與自由度之比值（即Normed Chi-Square）來取代卡方值以檢定模型的配適度。在本範例中，卡方值與自由度之比值為1.287，已小於配適標準值3，因此表示一階測量模型與資料的配適度佳。

再從絕對配適檢定指標、增量配適檢定指標及精簡配適檢定指標等輔助性配適指標來看，各指標皆能符合良好配適度的標準。因此，研判一階測量模型之外在品質應已符合一般學術研究的要求。

表16-3　一階測量模型的配適度指標檢核表

統計檢定量		標準值	範例模型
絕對配適指標	χ^2	越小越好	326.800（df=254, p<0.001）
	χ^2/df	小於3	1.287*
	GFI	大於0.9	0.974*
	SRMR	小於0.08	0.025*
	RMSEA	小於0.08	0.030*
增量配適指標	NFI	大於0.9	0.958*
	NNFI	大於0.9	0.988*
	CFI	大於0.9	0.990*
	RFI	大於0.9	0.950*
	IFI	大於0.9	0.990*
精簡配適指標	PNFI	大於0.5	0.811*
	CN	大於200	285.307*

註：*表示合乎標準值。

> **階段三：檢驗信度**

　　在已證明一階測量模型配適良好後，接下來就可評估一階測量模型的內在品質了。評估內在品質時，將評鑑一階測量模型的信度、收斂效度與區別效度。一般而言，構面的信度、收斂效度與區別效度在學術論文之統計分析部分佔有舉足輕重的地

位。它是一切進階統計分析的基礎。評估時,需要用到許多的統計量或準則,這些統計量或準則彙整如表16-4。

表16-4　評估信、效度的準則依據

項目	準則	依據
信度	Cronbach's α係數大於0.7	Hee (2014)
收斂效度	標準化因素負荷量大於0.5,且顯著	Hair et al. (1998); Hulland (1999)
	CR值大於0.6	Fornell & Larcker (1981); Bagozzi and Yi (1988)
	AVE值大於0.50	Fornell & Larcker (1981)
區別效度 (Fornell-Larcker準則)	每一個構面的AVE平方根應大於該構面與其他構面間的相關係數	Hair et al. (2010)

　　首先評估各一階構面之信度,由表16-5的「驗證性因素分析表」可知,七個一階潛在構面的Cronbach's α係數介於0.879～0.957之間,皆大於0.7,且量表整體之Cronbach's α係數為0.928,亦大於0.7(Hee, 2014),顯見各一階子構面的衡量皆具內部一致性,信度相當高。

➤ **階段四:檢驗收斂效度**
　　收斂效度主要測試以一個變數所發展出的多題問項,最後是否仍會收斂於一個因素(構面)中。評估構面之收斂效度時,必須同時滿足下列的準則:
➤ 題項變數的標準化因素負荷量必須大於0.5,且顯著(Hair et al., 1998; Hulland, 1999)。
➤ 組合信度(CR值)必須大於0.6(Fornell and Larcker, 1981; Bagozzi and Yi, 1988)。
➤ 每個子構面或主構面的平均變異抽取量(AVE值)必須大於0.5(Fornell and Larcker, 1981)。

　　由表16-5的「驗證性因素分析表」可知:
➤ 25個題項變數的標準化因素負荷量介於0.821～0.938之間,故皆大於0.5,且都顯著(Hair et al., 1998; Hulland, 1999)。
➤ 七個一階潛在構面(因素)的組合信度介於0.881～0.957之間,皆大於0.6(Fornell and Larcker, 1981; Bagozzi and Yi, 1988)。

> 七個一階潛在構面（因素）的平均變異抽取量介於0.711～0.841之間，皆大於0.5（Fornell and Larcker, 1981）。

　　經由收斂效度的三項準則檢測後，各統計量值皆能符合收斂效度的準則，因此，可推論七個一階潛在構面應皆已具有收斂效度，故一階測量模型之內在品質佳。

表16-5　一階測量模型之驗證性因素分析表

一階構面	指標	標準化因素負荷量	Cronbach's α	CR值	AVE值
品牌價值（bi1）	bi1_1	0.821*			
	bi1_2	0.833*	0.879	0.881	0.711
	bi1_3	0.872*			
品牌特質（bi2）	bi2_1	0.938*			
	bi2_2	0.918*	0.940	0.941	0.841
	bi2_3	0.894*			
企業聯想（bi3）	bi3_1	0.923*			
	bi3_2	0.924*	0.938	0.939	0.837
	bi3_3	0.895*			
品質價值（pv1）	pv1_1	0.887*			
	pv1_2	0.899*	0.920	0.920	0.794
	pv1_3	0.888*			
情感交流價值（pv2）	pv2_1	0.922*			
	pv2_2	0.907*	0.947	0.947	0.817
	pv2_3	0.909*			
	pv2_4	0.877*			
價格價值（pv3）	pv3_1	0.895*			
	pv3_2	0.891*	0.936	0.937	0.787
	pv3_3	0.898*			
	pv3_4	0.865*			
品牌忠誠度（ly）	ly1	0.906*			
	ly2	0.894*			
	ly3	0.916*	0.957	0.957	0.818
	ly4	0.905*			
	ly5	0.900*			
整體信度			0.928		

註：*表示在α = 0.05時，達統計之顯著水準。

> **階段五：檢驗區別效度**

最後，再來評估一階構面間的區別效度。本研究將依據Fornell-Larcker準則來評估構面間的區別效度。觀察表16-6的區別效度檢定表可發現，七個一階構面之AVE值平方根全部都大於該值下方的相關係數，因此，符合Fornell and Larcker（1981）對區別效度檢驗所訂定的規則，故本研究認為所有的一階構面間皆已具有區別效度。

表16-6　一階測量模型之區別效度檢定表

構面	相關係數						
	A	B	C	D	E	F	G
A. 品牌價值（bi1）	**0.843**						
B. 品牌特質（bi2）	0.402	**0.917**					
C. 企業聯想（bi3）	0.525	0.365	**0.915**				
D. 品質價值（pv1）	0.276	0.193	0.189	**0.891**			
E. 情感交流價值（pv2）	0.214	0.249	0.192	0.405	**0.904**		
F. 價格價值（pv3）	0.211	0.258	0.253	0.400	0.441	0.887	
G. 品牌忠誠度（ly）	0.392	0.323	0.301	0.329	0.386	0.385	**0.904**

註：對角線之值為此一潛在變數之平均變異抽取量（AVE）的平方根，該值應大於非對角線之值。

> **一階測量模型評鑑之總結**

經一階測量模型評鑑後，從模型的配適度、各題項的標準化因素負荷量、信度、收斂效度與區別效度的驗證結果來看，整體而言，使用「一階構面法」的測量模型，其配適度佳，且各構面亦具有信度、收斂效度與區別效度。因此，一階構面模型的內、外在品質頗佳。在這種情況下，根據圖16-12的策略流程，接下來將再評鑑使用「全模型法」之二階構面測量模型。

16-6-4　二階構面的測量模型（使用全模型法）的評鑑

在評鑑使用「一階構面法」之測量模型後，可發現無論是模型的配適度（外在品質）或信、效度（內在品質），都已能符合學術要求了。接下來，將針對「使用全模型法的二階構面測量模型」（簡稱二階測量模型）進行驗證性因素分析。由於範例模型中包含了兩個二階構面，因此進行「全模型法」的驗證性因素分析時，只能使用

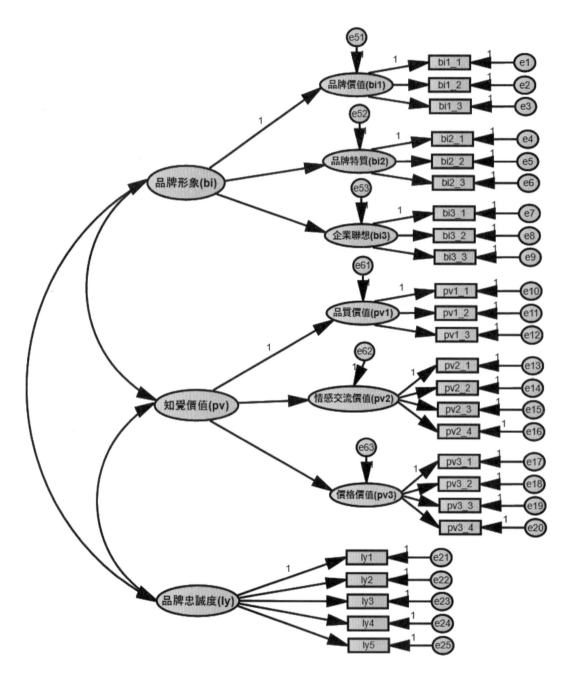

圖16-14　二階測量模型之模型圖（由Amos軟體所繪製）

「結構方程模型」功能搭配Lavaan語法碼來執行。執行「全模型法」之驗證性因素分析的語法碼相當簡單，基本上就是將各一階、二階構面的測量指標，依序分別使用Lavaan語法來描述清楚就可以了。

　　二階測量模型於執行驗證性因素分析後，也須將所得數據彙整成「測量模型配適度指標檢定表」、「測量模型的驗證性因素分析表」與「區別效度檢定表」等三張表格，以利後續之「二階測量模型評鑑」。進行「二階測量模型評鑑」時，其方式也是須經歷如第16-6-3節中所介紹的五個階段。二階測量模型之模型圖，如圖16-14。只要根據圖16-14的「二階測量模型之模型圖」，再參酌表15-6「Lavaan的基本語法」，應該就可輕鬆的編寫出其Lavaan語法碼。二階測量模型之Lavaan語法碼如圖16-15所示。該語法已儲存在範例資料夾中的「ex16-1_全模型法_語法碼.txt」檔案中，基本上，這個Lavaan語法碼應該很容易就可理解，在此就不再多加贅述了。

```
# 描述品牌形象之各一階構面的測量指標
bi1 =~ bi1_1 + bi1_2 + bi1_3
bi2 =~ bi2_1 + bi2_2 + bi2_3
bi3 =~ bi3_1 + bi3_2 + bi3_3

# 描述知覺價值之各一階構面的測量指標
pv1 =~ pv1_1 + pv1_2 + pv1_3
pv2 =~ pv2_1 + pv2_2 + pv2_3 + pv2_4
pv3 =~ pv3_1 + pv3_2 + pv3_3 + pv3_4

# 描述品牌忠誠度的測量指標
ly =~ ly1 + ly2 + ly3 + ly4 + ly5

# 描述品牌形象與知覺價值等二階構面之測量指標
bi =~ bi1 + bi2 + bi3
pv=~ pv1 + pv2 + pv3
```

圖16-15　執行二階測量模型之語法碼

➤ 階段一：檢驗違犯估計

　　執行完「全模型法」之二階的「驗證性因素分析」後，首先觀察殘差變異數，由表16-7「殘差變異數表」的「估計」欄位可發現，殘差變異數介於0.260～0.692之間，且全都屬於正。其次，再觀察表16-8的「二階因素負荷量表」的「所有」欄位（代表標準化因素負荷量），可發現品牌形象（bi）的三個指標（bi1、bi2、bi3）、知覺價值（pv）的三個指標（pv1、pv2、pv3）與品牌忠誠度的五個指標（ly1、ly2、ly3、ly4、ly5）的標準化因素負荷量介於0.569～0.916之間，並沒有超過或太接近1的現象；同時，讀者須注意的是，在二階測量模型中所估計出來的一階標準化因

論文統計分析實務：JASP的運用

素負荷量，和使用「一階構面法」所估計出來的標準化因素負荷量（如表16-5），幾乎是一模一樣的，這也再次說明了，縱使模型中包含了二階構面，但仍使用「一階構面法」進行驗證性因素分析的合理性。由以上兩點說明（殘差變異數與標準化因素負荷量），可研判二階測量模型並沒有違犯估計的問題。

表16-7 殘差變異數表

變數	估計	標準誤	z值	p值	95%信賴區間 Lower	Upper	標準化 所有	潛在變數	內生
bi1_1	0.592	0.064	9.227	<.001	0.466	0.717	0.328	0.592	0.328
bi1_2	0.598	0.068	8.827	<.001	0.465	0.731	0.306	0.598	0.306
bi1_3	0.467	0.064	7.310	<.001	0.342	0.593	0.237	0.467	0.237
bi2_1	0.260	0.040	6.543	<.001	0.182	0.338	0.120	0.260	0.120
bi2_2	0.341	0.042	8.116	<.001	0.259	0.424	0.159	0.341	0.159
bi2_3	0.416	0.045	9.349	<.001	0.329	0.504	0.201	0.416	0.201
bi3_1	0.362	0.048	7.614	<.001	0.269	0.455	0.148	0.362	0.148
bi3_2	0.307	0.040	7.582	<.001	0.227	0.386	0.147	0.307	0.147
bi3_3	0.398	0.043	9.190	<.001	0.314	0.483	0.198	0.398	0.198
pv1_1	0.497	0.059	8.374	<.001	0.381	0.613	0.213	0.497	0.213
pv1_2	0.430	0.055	7.757	<.001	0.321	0.539	0.192	0.430	0.192
pv1_3	0.506	0.061	8.352	<.001	0.387	0.625	0.212	0.506	0.212
pv2_1	0.415	0.048	8.643	<.001	0.321	0.509	0.151	0.415	0.151
pv2_2	0.470	0.050	9.351	<.001	0.371	0.568	0.177	0.470	0.177
pv2_3	0.457	0.049	9.272	<.001	0.360	0.553	0.174	0.457	0.174
pv2_4	0.602	0.058	10.293	<.001	0.487	0.717	0.230	0.602	0.230
pv3_1	0.551	0.060	9.194	<.001	0.433	0.668	0.200	0.551	0.200
pv3_2	0.543	0.058	9.341	<.001	0.429	0.657	0.207	0.543	0.207
pv3_3	0.491	0.054	9.030	<.001	0.385	0.598	0.192	0.491	0.192
pv3_4	0.692	0.068	10.111	<.001	0.558	0.827	0.253	0.692	0.253
ly1	0.473	0.047	10.038	<.001	0.381	0.566	0.179	0.473	0.179
ly2	0.531	0.051	10.381	<.001	0.431	0.632	0.201	0.531	0.201
ly3	0.422	0.044	9.676	<.001	0.337	0.508	0.161	0.422	0.161
ly4	0.457	0.045	10.069	<.001	0.368	0.546	0.181	0.457	0.181
ly5	0.464	0.045	10.215	<.001	0.375	0.553	0.190	0.464	0.190

表16-8　二階因素負荷量表

| 潛在 | 指標 | 估計 | 標準誤 | z值 | p值 | 95%信賴區間 | | 標準化 | | |
						Lower	Upper	所有	潛在變數	內生
bi	bi1	1.000	0.000			1.000	1.000	0.819	0.810	0.810
	bi2	0.882	0.119	7.430	<.001	0.649	1.115	0.569	0.569	0.569
	bi3	1.125	0.138	8.176	<.001	0.855	1.395	0.694	0.694	0.694
bi1	bi1_1	1.000	0.000			1.000	1.000	0.820	1.101	0.820
	bi1_2	1.058	0.064	16.509	<.001	0.933	1.184	0.833	1.165	0.833
	bi1_3	1.114	0.064	17.270	<.001	0.987	1.240	0.873	1.226	0.873
bi2	bi2_1	1.000	0.000			1.000	1.000	0.938	1.383	0.938
	bi2_2	0.971	0.034	28.166	<.001	0.903	1.038	0.917	1.342	0.917
	bi2_3	0.932	0.035	26.421	<.001	0.863	1.001	0.894	1.288	0.894
bi3	bi3_1	1.000	0.000			1.000	1.000	0.923	1.445	0.923
	bi3_2	0.923	0.034	27.452	<.001	0.857	0.989	0.924	1.334	0.924
	bi3_3	0.878	0.034	25.538	<.001	0.811	0.945	0.895	1.269	0.895
ly	ly1	1.000	0.000			1.000	1.000	0.906	1.471	0.906
	ly2	0.988	0.039	25.150	<.001	0.911	1.065	0.894	1.453	0.894
	ly3	1.008	0.038	26.833	<.001	0.934	1.081	0.916	1.483	0.916
	ly4	0.977	0.038	25.969	<.001	0.903	1.051	0.905	1.438	0.905
	ly5	0.956	0.037	25.603	<.001	0.883	1.029	0.900	1.407	0.900
pv	pv1	1.000	0.000			1.000	1.000	0.626	0.626	0.626
	pv2	1.226	0.162	7.548	<.001	0.908	1.545	0.680	0.680	0.680
	pv3	1.212	0.161	7.529	<.001	0.896	1.527	0.692	0.692	0.692
pv1	pv1_1	1.000	0.000			1.000	1.000	0.887	1.354	0.887
	pv1_2	0.995	0.044	22.421	<.001	0.908	1.082	0.899	1.348	0.899
	pv1_3	1.011	0.046	21.973	<.001	0.921	1.102	0.887	1.370	0.887
pv2	pv2_1	1.000	0.000			1.000	1.000	0.922	1.529	0.922
	pv2_2	0.966	0.036	26.932	<.001	0.895	1.036	0.907	1.477	0.907
	pv2_3	0.963	0.036	27.083	<.001	0.894	1.033	0.909	1.473	0.909
	pv2_4	0.928	0.038	24.639	<.001	0.854	1.001	0.877	1.419	0.877
pv3	pv3_1	1.000	0.000			1.000	1.000	0.895	1.486	0.895
	pv3_2	0.972	0.041	23.478	<.001	0.891	1.053	0.891	1.444	0.891
	pv3_3	0.967	0.040	23.939	<.001	0.888	1.046	0.899	1.436	0.899
	pv3_4	0.964	0.044	22.019	<.001	0.878	1.049	0.865	1.432	0.865

➤ 階段二：檢驗模型配適度

觀察表16-9，二階測量模型之配適度的卡方值為340.455，機率p值小於0.001，表示研究者所提的概念性模型和實際資料的配適情形不佳。但Bagozzi and Yi（1988）認為不可只參考卡方值，而應同時考量卡方值與自由度之比值來取代卡方值以檢定模型的配適度。在本範例中，卡方值與自由度之比值為1.280，小於標準值3，表示二階測量模型與資料的配適度佳。此外，二階測量模型的配適度指標和使用「一階構面法」的一階測量模型的配適度指標（表16-3）是非常相近的。也就是說，使用較簡單的「一階構面法」並不會折損模型的配適度。

再從絕對配適檢定指標、增量配適檢定指標及精簡配適檢定指標等來看，各指標皆能符合良好配適度的標準。因此，研判二階測量模型之外在品質應已符合一般學術研究的要求。

表16-9　二階測量模型的配適度指標檢核表

統計檢定量		標準值	範例模型
絕對配適指標	χ^2	越小越好	340.455（df=266, p<0.001）
	χ^2/df	小於3	1.280*
	GFI	大於0.9	0.973*
	SRMR	小於0.08	0.035*
	RMSEA	小於0.08	0.030*
增量配適指標	NFI	大於0.9	0.956*
	NNFI	大於0.9	0.989*
	CFI	大於0.9	0.990*
	RFI	大於0.9	0.950*
	IFI	大於0.9	0.990*
精簡配適指標	PNFI	大於0.5	0.848*
	CN	大於200	285.922*

註：*表示合乎標準值。

➤ 階段三：檢驗信度

首先評估各二階構面之信度，由表16-10可知，二階測量模型中，品牌形象（bi）、知覺價值（pv）與品牌忠誠度（ly）等三個主構面的Cronbach's α係數分別

為0.891、0.910與0.957，皆大於0.7，且量表整體之Cronbach's α係數為0.928，亦大於0.7（Hee, 2014），顯見各二階子構面的衡量皆具內部一致性，信度相當高。必須注意的是，在「結構方程模型」功能中，執行驗證性因素分析後，並不提供Cronbach's α、CR值、AVE值等數據，故Cronbach's α須額外運用「信度分析」功能求取；而CR值與AVE值，則必須利用「cr_ave.xlsx」來求取。

表16-10　二階測量模型之驗證性因素分析表

二階構面	指標	標準化因素負荷量	Cronbach's α	CR值	AVE值
品牌形象（bi）	bi1	0.810	0.891	0.736	0.487
	bi2	0.569*			
	bi3	0.694*			
知覺價值（pv）	pv1	0.626	0.910	0.705	0.444
	pv2	0.680*			
	pv3	0.692*			
品牌忠誠度（ly）	ly1	0.906	0.957	0.957	0.818
	ly2	0.894*			
	ly3	0.916*			
	ly4	0.905*			
	ly5	0.900*			
整體信度			0.928		

註1：*表示在α=0.05時，達統計之顯著水準。
註2：每個主構面之第一個指標的標準化因素負荷量，因其非標準化因素負荷量已被預設固定為1，故無法進行檢定。

> **階段四：檢驗收斂效度**

對於收斂效度的評估，亦將遵照表16-4的準則。由表16-10的驗證性因素分析表可知：

> 二階測量模型中，品牌形象（bi）、知覺價值（pv）與品牌忠誠度（ly）等三個主構面的標準化因素負荷量介於0.569～0.916之間，故皆大於0.5，且都顯著（Hair et al., 1998; Hulland, 1999）。

> 品牌形象（bi）、知覺價值（pv）與品牌忠誠度（ly）等三個主構面的組合信度（CR值）分別為0.736、0.705、0.957，皆大於0.6（Fornell and Larcker, 1981;

Bagozzi and Yi, 1988）。

➢ 品牌形象（bi）、知覺價值（pv）與品牌忠誠度（ly）等三個主構面的平均變異抽取量（AVE值）分別為0.487、0.444、0.818，顯見，兩個二階構面的解釋變異能力（平均變異抽取量）略小於0.5，較「不符合」收斂效度之評估準則。

　　經由收斂效度的三項準則檢測後，除平均變異抽取量較不符合收斂效度之評估準則外，其餘各參數值皆符合收斂效度的準則。因此，就「全模型法」之二階驗證性因素分析的結果，可推論二階測量模型的收斂效度稍差。

➢ **階段五：檢驗區別效度**

　　最後，再來評估構面間的區別效度。本研究將依據Fornell-Larcker準則評估構面間的區別效度。觀察表16-11的區別效度檢定表可發現，三個主構面之AVE值平方根全部都大於該值下方的相關係數，因此，符合Fornell and Larcker（1981）對區別效度檢驗所訂定的規則，故本研究認為所有的二階主構面間皆已具有區別效度。

表16-11　二階測量模型之區別效度檢定表

構面	相關係數		
	A	B	C
A. 品牌形象（bi1）	**0.698**		
B. 知覺價值（pv1）	0.367	**0.666**	
C. 品牌忠誠度（ly）	0.428	0.472	**0.904**

註：對角線之值為此一潛在變數之平均變異抽取量（AVE）的平方根，該值應大於非對角線之值。

　　經「全模型法」的二階測量模型評鑑後，從模型的配適度、標準化因素負荷量、信度、收斂效度與區別效度的驗證結果來看，整體而言，除收斂效度稍差外，其餘信度、區別效度都可達到一般學術論文對構面之信、效度要求。

16-6-5　測量模型評鑑之評論

　　由於模型中，大部分的變異會由一階構面所抽取，故通常二階構面的AVE值會偏低，進而將導致二階構面的收斂效度會不符合學術要求。這種現象普遍存在二階的測量模型中，它應是種自然且可理解的現象。故在不少學術論文中，也經常可以看到，

雖然模型中包含二階構面，但在進行測量模型評鑑時，仍以一階測量模型的方式，來評估構面的信度、收斂效度與區別效度。

感覺上，每次使用「全模型法」來進行二階測量模型評鑑時，都好像是在做「心酸的」！評鑑結果都不會太令人有信心。此外，因為在「全模型法」的二階驗證性因素分析結果中，其配適度指標、一階之測量指標的標準化因素負荷量，其實都幾乎和使用「一階構面法」時一模一樣。且「全模型法」中，二階主構面的AVE值會偏低，導致其收斂效度不佳。在這種情形下，作者建議，當模型中包含二階構面時，為了評估構面的信度、收斂效度與區別效度，只進行一階的測量模型評鑑，應是可被接受的。

其次，對於二階構面能否運用降維（Dimensionality reduction）技術，而將其轉換為一階構面呢？所謂降維技術，其實就是在第15章中談到的「將潛在變數轉換為觀察變數」的方法。如果在已經確認一階構面是具有信度、收斂效度及區別效度的情形下，那麼將「潛在變數轉換為觀察變數」應是可行的。因為，當一個構面具有高信度、良好的收斂效度和區別效度時，這意味著它的各個指標在測量該構面時都提供了相似的資訊，並且能夠區分出其他構面。在這種情況下，使用各構面所屬的衡量題項得分之平均值作為該構面的得分，然後再以這些構面的得分來進行建模就會比較合理。而這個求取各構面得分的意義，就是在將潛在變數轉化為觀察變數。

例如：一階的品牌價值（bi1）子構面，包含3個題項（bi1_1～bi1_3），則可由這3個題項得分進行平均運算後，將所得的值指定給bi1這個變數，這樣就可以將原本屬潛在變數的「品牌價值」轉換為觀察變數bi1了，其餘子構面依相同的方式轉換。最後把bi1、bi2、bi3當成是二階的「品牌形象」的測量指標。這樣過程中，「品牌形象」就不再有子構面了，而只有三個轉換來的指標。由此，「品牌形象」就被降維為一階構面了。實施降維的好處是，執行驗證性因素分析時，就可以使用「因素／驗證性因素分析」功能，而可不使用較複雜的「結構方程模型」功能。

以本範例模型為例，降維後的二階測量模型圖，如圖16-16。經作者以Amos軟體、JASP的「因素／驗證性因素分析」功能與「結構方程模型」功能搭配Lavaan語法碼實測後發現，所得的配適指標、各參數估計值幾乎都一模一樣。而降維後的結果與第16-6-4節中，未降維的二階測量模型（使用全模型法）的結果，也相當一致，差異甚小。因此，作者建議，遇到測量模型中具有二階構面時，適當的運用降維技術，當可減少不少工作負荷，且其結果與未降維之情形，其實差異並不大。

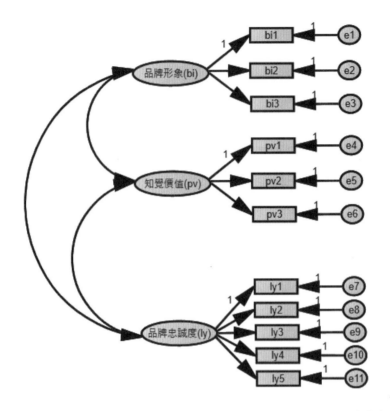

圖16-16　降維後的二階測量模型之模型圖（由Amos軟體所繪製）

16-7　結構模型分析實作

▶範例16-2　請參考附錄八，論文〈品牌形象、知覺價值對品牌忠誠度關係之研究〉的原始問卷與內容說明，該問卷的資料檔為「brand image.jasp」。在第16-6節中已證明概念性模型中各構面具有信度、收斂效度與區別效度後，接下來，試進行結構模型分析（路徑分析）與評鑑，以確認並檢定各構面間的因果關係。

　　對於本範例，在第16-6節中已證明模型中各構面皆具有信度、收斂效度與區別效度後，接下來，將根據Anderson and Gerbing（1988）及Williams and Hazer（1986）等學者的建議，將進行第二階段的結構模型分析（即路徑分析），以驗證各構面間之因果關係的假設檢定。

16-7-1　範例說明與操作過程

　　結構模型分析又稱為潛在變數的路徑分析，簡稱路徑分析。參考圖16-6的概念性模型圖，本範例的結構模型圖，如圖16-17所示。明顯的，結構模型圖中「品牌形象」、「知覺價值」屬二階構面，而「品牌忠誠度」則屬一階構面。這種具二階構面的模型圖，通常執行後，各潛在構面間的因果關係雖然可以進行檢定與驗證，但結構模型的配適度「可能甚差」，導致無法對結構模型分析製作結論。畢竟結構模型配適佳，是合理驗證各潛在構面之因果關係的前提條件，但在這種情形下放棄現有模型也太可惜了。

　　或許，運用第16-6-5節所論及之降維技術仍有一線生機。使用降維技術後的模型圖，如圖16-18所示。圖16-18中，主要就是針對屬二階構面的「品牌形象」、「知覺價值」來進行降維的。例如：以「品牌形象」為例，其作法就是將二階構面「品牌形象」簡化為只有含「品牌價值（bi1）」、「品牌特質（bi2）」與「企業聯想（bi3）」等三個衡量指標的一階構面，且每個衡量指標的值，即為其所包含之題項的平均值，因此除了模型圖的改變外，資料檔也要確保已含有bi1、bi2與bi3等三個變數。如此，模型才能順利的執行。

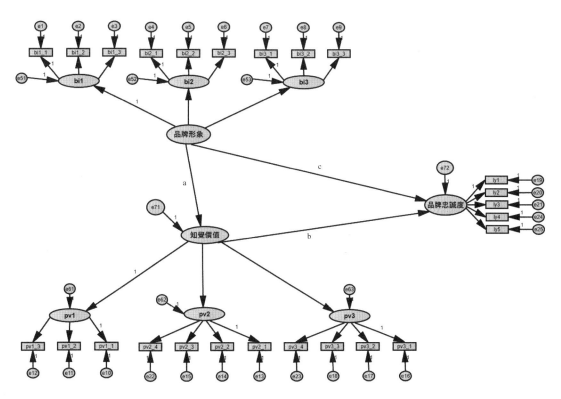

圖16-17　結構模型圖（由Amos軟體所繪製）

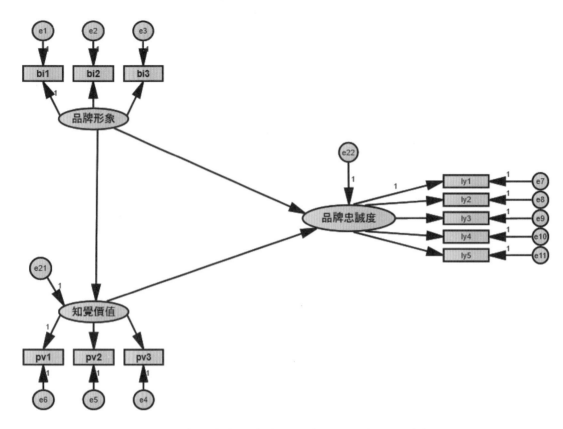

圖16-18　降維後的結構模型圖（由Amos軟體所繪製）

　　具備上述的認知後，在此將先使用「結構方程模型」搭配Lavaan語法碼來執行圖16-17中之結構模型的路徑分析。萬一如果配適度太差的話，則將改用如圖16-18的降維圖來執行路徑分析。Lavaan語法碼如圖16-19。結構模型分析的Lavaan語法碼並不難懂，需要解說的部分，都已經在程式碼中以備註的方式有所說明，讀者若能再參照表15-6之Lavaan基本語法，應可輕易理解圖16-19中的Lavaan語法碼。此外，該語法碼也已儲存在檔案「ex16-2_語法碼.txt」中。

　　詳細的操作與彙整表格之過程，讀者可直接參閱教學影音檔「ex16-2.mp4」。

```
# 描述品牌形象之二階測量模型
bi1=~bi1_1+bi1_2+bi1_3
bi2=~bi2_1+bi2_2+bi2_3
bi3=~bi3_1+bi3_2+bi3_3
bi=~bi1+bi2+bi3

# 描述知覺價值之二階測量模型
pv1=~pv1_1+pv1_2+pv1_3
pv2=~pv2_1+pv2_2+pv2_3+pv2_4
pv3=~pv3_1+pv3_2+pv3_3+pv3_4
pv=~pv1+pv2+pv3

# 描述品牌忠誠度之測量模型
ly=~ly1+ly2+ly3+ly4+ly5

# 描述各主構面間的路徑關係
pv~a*bi
ly ~c*bi+b*pv

# 計算知覺價值的中介效果
medi_bi_pv_ly:=a*b

# 計算品牌形象對品牌忠誠度的總效果
total_bi_ly:=c+a*b
```

圖16-19　執行結構模型之語法碼

16-7-2　評鑑結構模型前的準備工作

　　執行結構模型的路徑分析後，當可產生許多報表，為有系統的表達輸出結果，必須進行彙整報表的工作，這些報表包含「結構模型配適度指標檢核表」、「結構模型配適圖」與「路徑係數與效果摘要表」等二表一圖。這些二表一圖的空白表格已儲存在範例資料夾裡的檔案「評鑑結構模型所須的表格.docx」中。其次，對於各種報表的彙整工作，將會在教學影音檔「ex16-2.mp4」中，有所說明。

16-7-3　結構模型的評鑑

　　經過結構模型的路徑分析後，彙整出上述的二表一圖後，即可依下列三個階段來評鑑結構模型。

　　階段一：檢驗違犯估計，檢驗模型的估計過程中是否具有違犯估計的情形發生。

階段二：結構模型之配適指標評鑑，檢驗模型的各種配適指標。

階段三：路徑係數與效果之假設檢定，檢定概念性模型中的假設是否成立。

➤ 階段一：檢驗違犯估計

模型評鑑之前，需先確立所估計的參數並未違反統計所能接受的範圍。亦即，沒有不適當的解產生。若產生不適當解的現象，就代表已經違犯估計了，而這就表示模型有問題存在，必須先行處理。一般常發生的違犯估計有以下兩種現象：

(1) 有負的誤差變異數存在。

(2) 標準化係數超過或太接近1（大於0.95）。

觀察表16-12殘差變異數表，由「估計」欄位可發現殘差的變異數介於0.260～0.692之間，且全為正。另由表16-13的「所有」欄位亦可發現，所有參數的標準化迴歸加權係數（因素負荷量）介於0.569～0.938之間，並沒有超過或太接近1的現象。由此可研判，模型並不存在違犯估計的問題，故後續的所有參數估計值應是可靠的。

表16-12　殘差變異數表

| 變數 | 估計 | 標準誤 | z值 | p值 | 95%信賴區間 | | 標準化 | | |
					Lower	Upper	所有	潛在變數	內生
bi1_1	0.592	0.064	9.227	<.001	0.466	0.717	0.328	0.592	0.328
bi1_2	0.598	0.068	8.827	<.001	0.465	0.731	0.306	0.598	0.306
bi1_3	0.467	0.064	7.310	<.001	0.342	0.593	0.237	0.467	0.237
bi2_1	0.260	0.040	6.543	<.001	0.182	0.338	0.120	0.260	0.120
bi2_2	0.341	0.042	8.116	<.001	0.259	0.424	0.159	0.341	0.159
bi2_3	0.416	0.045	9.349	<.001	0.329	0.504	0.201	0.416	0.201
bi3_1	0.362	0.048	7.614	<.001	0.269	0.455	0.148	0.362	0.148
bi3_2	0.307	0.040	7.582	<.001	0.227	0.386	0.147	0.307	0.147
bi3_3	0.398	0.043	9.190	<.001	0.314	0.483	0.198	0.398	0.198
pv1_1	0.497	0.059	8.374	<.001	0.381	0.613	0.213	0.497	0.213
pv1_2	0.430	0.055	7.757	<.001	0.321	0.539	0.192	0.430	0.192
pv1_3	0.506	0.061	8.352	<.001	0.387	0.625	0.212	0.506	0.212
pv2_1	0.415	0.048	8.643	<.001	0.321	0.509	0.151	0.415	0.151
pv2_2	0.470	0.050	9.351	<.001	0.371	0.568	0.177	0.470	0.177
pv2_3	0.457	0.049	9.272	<.001	0.360	0.553	0.174	0.457	0.174

表16-12　殘差變異數表（續）

變數	估計	標準誤	z值	p值	95%信賴區間		標準化		
					Lower	Upper	所有	潛在變數	內生
pv2_4	0.602	0.058	10.293	<.001	0.487	0.717	0.230	0.602	0.230
pv3_1	0.551	0.060	9.194	<.001	0.433	0.668	0.200	0.551	0.200
pv3_2	0.543	0.058	9.341	<.001	0.429	0.657	0.207	0.543	0.207
pv3_3	0.491	0.054	9.030	<.001	0.385	0.598	0.192	0.491	0.192
pv3_4	0.692	0.068	10.111	<.001	0.558	0.827	0.253	0.692	0.253
ly1	0.473	0.047	10.038	<.001	0.381	0.566	0.179	0.473	0.179
ly2	0.531	0.051	10.381	<.001	0.431	0.632	0.201	0.531	0.201
ly3	0.422	0.044	9.676	<.001	0.337	0.508	0.161	0.422	0.161
ly4	0.457	0.045	10.069	<.001	0.368	0.546	0.181	0.457	0.181
ly5	0.464	0.045	10.215	<.001	0.375	0.553	0.190	0.464	0.190

表16-13　因素負荷量表

潛在	指標	估計	標準誤	z值	p值	95%信賴區間		標準化		
						Lower	Upper	所有	潛在變數	內生
bi	bi1	1.000	0.000			1.000	1.000	0.819	0.810	0.810
	bi2	0.882	0.119	7.430	<.001	0.649	1.115	0.569	0.569	0.569
	bi3	1.125	0.138	8.176	<.001	0.855	1.395	0.694	0.694	0.694
bi1	bi1_1	1.000	0.000			1.000	1.000	0.820	1.101	0.820
	bi1_2	1.058	0.064	16.509	<.001	0.933	1.184	0.833	1.165	0.833
	bi1_3	1.114	0.064	17.270	<.001	0.987	1.240	0.873	1.226	0.873
bi2	bi2_1	1.000	0.000			1.000	1.000	0.938	1.383	0.938
	bi2_2	0.971	0.034	28.166	<.001	0.903	1.038	0.917	1.342	0.917
	bi2_3	0.932	0.035	26.421	<.001	0.863	1.001	0.894	1.288	0.894
bi3	bi3_1	1.000	0.000			1.000	1.000	0.923	1.445	0.923
	bi3_2	0.923	0.034	27.452	<.001	0.857	0.989	0.924	1.334	0.924
	bi3_3	0.878	0.034	25.538	<.001	0.811	0.945	0.895	1.269	0.895
ly	ly1	1.000	0.000			1.000	1.000	0.906	1.471	0.906
	ly2	0.988	0.039	25.150	<.001	0.911	1.065	0.894	1.453	0.894
	ly3	1.008	0.038	26.833	<.001	0.934	1.081	0.916	1.483	0.916
	ly4	0.977	0.038	25.969	<.001	0.903	1.051	0.905	1.438	0.905

表16-13　因素負荷量表（續）

| 潛在 | 指標 | 估計 | 標準誤 | z值 | p值 | 95%信賴區間 | | 標準化 | | |
						Lower	Upper	所有	潛在變數	內生
	ly5	0.956	0.037	25.603	<.001	0.883	1.029	0.900	1.407	0.900
pv	pv1	1.000	0.000			1.000	1.000	0.626	0.626	0.626
	pv2	1.226	0.162	7.548	<.001	0.908	1.545	0.680	0.680	0.680
	pv3	1.212	0.161	7.529	<.001	0.896	1.527	0.692	0.692	0.692
pv1	pv1_1	1.000	0.000			1.000	1.000	0.887	1.354	0.887
	pv1_2	0.995	0.044	22.421	<.001	0.908	1.082	0.899	1.348	0.899
	pv1_3	1.011	0.046	21.973	<.001	0.921	1.102	0.887	1.370	0.887
pv2	pv2_1	1.000	0.000			1.000	1.000	0.922	1.529	0.922
	pv2_2	0.966	0.036	26.932	<.001	0.895	1.036	0.907	1.477	0.907
	pv2_3	0.963	0.036	27.083	<.001	0.894	1.033	0.909	1.473	0.909
	pv2_4	0.928	0.038	24.639	<.001	0.854	1.001	0.877	1.419	0.877
pv3	pv3_1	1.000	0.000			1.000	1.000	0.895	1.486	0.895
	pv3_2	0.972	0.041	23.478	<.001	0.891	1.053	0.891	1.444	0.891
	pv3_3	0.967	0.040	23.939	<.001	0.888	1.046	0.899	1.436	0.899
	pv3_4	0.964	0.044	22.019	<.001	0.878	1.049	0.865	1.432	0.865

➤ 階段二：結構模型之配適指標評鑑

要驗證模型中的各種因果關係之假設前，必須先評鑑模型的整體配適程度。觀察表16-14，結構模型之配適卡方值為340.455，機率p值小於0.001，表示研究者所提的概念性模型和實際資料的配適情形不佳。但Bagozzi and Yi（1988）認為不可只參考卡方值，而應同時考量樣本的大小，故建議使用卡方值與自由度之比值來取代卡方值以評估模型的配適度。在本範例中，卡方值與自由度之比值為1.280，小於標準值3，表示模型與資料的配適度佳。

再從絕對配適檢定指標、增量配適檢定指標及精簡配適檢定指標等輔助性指標來看，各指標皆能符合良好配適的標準。因此，研判結構模型之配適度應已符合一般學術研究的要求。

此外，眼尖的讀者應可發現，表16-14中的數據與「表16-9的二階測量模型之配適度指標表」完全一模一樣。這是可以預期的，因為「二階測量模型」與「結構模型」之差異，只是將「二階測量模型」中連接各主構面的雙向箭頭線（代表相關性）

置換成單向箭頭線（代表因果關係）而已。換句話說，兩種模型中，各主構面本身的測量模型都一樣，只是因應分析目的之不同，在驗證性因素分析（測量模型）中以「相關性」來描述主構面間的關係；而路徑分析（結構模型）中，則以「因果關係」來描述主構面間的關係。

表16-14　結構模型的配適度指標檢核表

統計檢定量		標準值	範例模型
絕對配適指標	χ^2	越小越好	340.455（df=266, p<0.001）
	χ^2/df	小於3	1.280*
	GFI	大於0.9	0.973*
	SRMR	小於0.08	0.035*
	RMSEA	小於0.08	0.030*
增量配適指標	NFI	大於0.9	0.956*
	NNFI	大於0.9	0.989*
	CFI	大於0.9	0.990*
	RFI	大於0.9	0.950*
	IFI	大於0.9	0.990*
精簡配適指標	PNFI	大於0.5	0.848*
	CN	大於200	285.922*

註1：*表示合乎標準值。

➤ **階段三：路徑係數與效果之檢定**

　　經由路徑分析後，本研究所建構之品牌形象、知覺價值與品牌忠誠度關係之模型路徑圖，如圖16-20所示，圖中實線代表檢定後之顯著路徑（若為灰色表示不顯著），單向箭頭旁的數字為路徑係數，路徑係數若顯著則會在係數旁打上「*」，代表顯著。另依據實證分析結果，各路徑的路徑係數與影響效果詳如表16-15所示。

1. 假設一（H_1）：品牌形象對知覺價值有顯著的正向影響。

　　品牌形象對知覺價值的標準化路徑係數為0.501，信賴區間為[0.299, 0.655]，不包含0，顯示路徑係數估計值顯著，故本研究之假設一（H_1）成立。表示若消費者對個案公司的品牌形象認同度越高，則消費者所感受的知覺價值也越高。且品牌形象對知覺價值的解釋能力（R^2）為0.251，已達一般可接受之水準（大於0.25）。

2. 假設二（H_2）：知覺價值對品牌忠誠度有顯著的正向影響。

　　知覺價值對品牌忠誠度的標準化路徑係數爲0.438，信賴區間爲[0.467, 1.053]，不包含0，顯示路徑係數估計值顯著，故本研究之假設二（H_2）成立，表示消費者對個案公司所感受的知覺價值越高，則品牌忠誠度也越高。

3. 假設三（H_3）：品牌形象對品牌忠誠度有顯著的正向影響。

　　品牌形象對品牌忠誠度的路徑係數爲0.293，信賴區間爲[0.233, 0.734]，不包含0，顯示路徑係數估計值顯著，故本研究之假設三（H_3）成立，表示若消費者對個案公司的品牌形象認同度越高，則消費者對個案公司的品牌忠誠度也越高。此外，綜合H_2、H_3，品牌形象與知覺價值對品牌忠誠度的解釋能力（R^2）爲0.406，已屬中高程度之解釋能力。

4. 假設四（H_4）：知覺價值會於品牌形象與品牌忠誠度的關係間，扮演著中介角色。

　　由表16-15的「Indirect effect」部分可觀察出，「知覺價值」的標準化間接效果值爲0.220，信賴區間爲[0.196, 0.529]，不包含0，顯示間接效果值顯著，故本研究之假設四（H_4）成立。其次，因爲「品牌形象→品牌忠誠度」的直接效果值爲0.293，且仍顯著。因此，亦可推論「知覺價值」的中介效果類型應爲部分中介效果。最後，亦可發現，「品牌形象→品牌忠誠度」的標準化總效果值爲0.513，信賴區間爲[0.604, 1.088]，不包含0，故顯著。顯見「品牌形象」對「品牌忠誠度」確實具有舉足輕重的影響力。

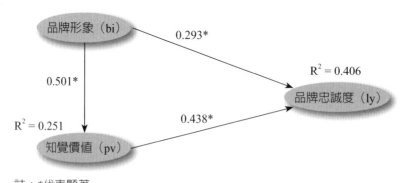

註：*代表顯著。

圖16-20　結構模型配適圖

表16-15　路徑係數與效果摘要表

效果	迴歸係數		R^2	z值	95%信賴區間	
	非標準化	標準化			下界	上界
Indirect effect						
品牌形象→知覺價值→品牌忠誠度（H₄）	0.362*	0.220*		4.274	0.196	0.529
Direct effect						
品牌形象→知覺價值（H₁）	0.477*	0.501*	0.251	5.243	0.299	0.655
知覺價值→品牌忠誠度（H₂）	0.760*	0.438*	0.406	5.086	0.467	1.053
品牌形象→品牌忠誠度（H₃）	0.484*	0.293*		3.785	0.233	0.734
Total effect						
品牌形象→品牌忠誠度	0.846*	0.513*		6.844	0.604	1.088

註：「*」表在95%信賴區間不包含0時顯著。

16-7-4　結構模型評鑑之總結

　　經進行結構模型之路徑分析後，結構模型的配適度良好，且四個假設都成立。且由效果分析中可發現，對於消費者的品牌忠誠度而言，影響最大的因素是知覺價值，其次是品牌形象，且品牌形象會透過知覺價值的中介效果而影響品牌忠誠度。其次，品牌形象對品牌忠誠度的總效果亦相當高。顯見，消費者的品牌忠誠度主要源自對企業組織有良好的正面形象，Biel（1992）認為品牌形象的構成因素之一，即是產品或服務提供者的形象，也就是企業形象，再轉化為品牌權益。其實，品牌形象早已被企業列為發展行銷策略非常重要之成分。不僅是行銷之基礎戰術，亦是長期建立品牌優勢上不可或缺之地位（Aaker and Keller, 1990; Keller, 1993; Keller, 2001）。由於品牌形象在品牌意涵上的重要性，因此能確切提供經理人在企業發展行銷策略之整體評估。以大型企業而言，品牌形象與企業組織的聯想連結，最適合發展企業背書型的品牌延伸策略，以企業作為品牌的背書者（Aaker, 1997），而驅使消費者作出購買產品或服務之決策時，如同感受到有大型企業之良好形象保證。

　　其次，知覺價值的中介角色，亦不容忽視。建議個案公司經營者，在提升消費者忠誠度的過程中，除加強「品牌形象」的形塑外，由於「知覺價值」的中介效果確實存在，因此業主亦可藉由提升個案公司產品於消費者心目中的「知覺價值」，而增強消費者對個案公司的價值感，進而增加消費者的忠誠度。

▋16-7-5　結構模型之建模方法討論

本範例採用二階的方式來為範例模型建模（如圖16-17），但一般而言，這種具二階構面的模型圖其配適度可能很難滿足一般學術論文之要求，導致無法對結構模型分析製作結論。如前所述，在這種情形下或許可以使用降維的方式來進行建模（如圖16-18），以期能使模型配適度提升，且不至於影響各路徑因果關係的檢定。為展示原始模型與降維模型於配適度與路徑因果關係的差異性，在此亦將Amos軟體於這兩種模型的執行結果加入比較。

➤ 模型配適度的比較

在此將比較原始模型與降維模型於JASP與Amos中執行路徑分析後，模型配適度的差異，比較結果如表16-16。觀察表16-16可發現：

1. 就同一種模型而言，JASP與Amos執行後的配適度指標，在「增量配適指標」、「精簡配適指標」方面會一模一樣。而在「絕對配適指標」方面，因兩種軟體計算出的卡方值略有差異，因此除GFI差異較大外，SRMR、RMSEA的差異非常小。
2. 而就原始模型與降維模型而言，不管是JASP或Amos軟體，降維後模型的配適度指標確實都能顯著的提升。

由上述分析，顯見JASP軟體在執行結構模型分析時，的確有其優勢，只須運用簡單的Lavaan語法碼就能獲得研究所須的數據，而不像Amos的執行過程複雜度高，難以學習。其次，對於高階的結構模型分析，若無法獲得良好配適度時，使用降維技術的替代方案應是可行的。

➤ 路徑係數的比較

接下來，將比較原始模型與降維模型於JASP與Amos中執行路徑分析後，各路徑係數的差異，比較結果如表16-17。觀察表6-17可發現：

1. 就同一種模型而言，JASP與Amos執行後的各路徑係數值，會完全一模一樣。
2. 而就原始模型與降維模型而言，不管是JASP或Amos軟體，原始模型與降維模型的各路徑係數值，雖有差異，但相當微小。

由上述分析，顯見不管使用哪一種軟體，執行結構模型分析後，原始模型與降維模型在各路徑係數值的估計方面差異甚小。這也再次說明了，對於高階（二階以上）的結構模型分析，若無法獲得良好配適度時，則建議使用降維技術後的替代方案，確實也是可行的。

表16-16　結構模型的配適度指標比較表

統計檢定量		原始（JASP）	原始（Amos）	降維（JASP）	降維（Amos）
絕對配適指標	χ^2	340.455 (p<0.001)	339.384 (p=0.002)	41.509 (p=0.448)	41.379 (p=0.454)
	df	266	266	41	41
	χ^2/df	1.280	1.276	1.012	1.009
	GFI	0.973	0.922	0.996	0.976
	SRMR	0.035	0.036	0.024	0.026
	RMSEA	0.030	0.030	0.006	0.005
增量配適指標	NFI	0.956	0.956	0.981	0.981
	NNFI	0.989	0.989	1.000	1.000
	CFI	0.990	0.990	1.000	1.000
	RFI	0.950	0.950	0.975	0.975
	IFI	0.990	0.990	1.000	1.000
精簡配適指標	PNFI	0.848	0.848	0.732	0.732
	CN	285.922	285	437.233	437

表16-17　路徑係數與效果比較表

效果	原始（JASP）	原始（Amos）	降維（JASP）	降維（Amos）
Indirect effect				
品牌形象→知覺價值→品牌忠誠度（H₄）	0.220*	0.220*	0.220*	0.220*
Direct effect				
品牌形象→知覺價值（H₁）	0.501*	0.501*	0.508*	0.508*
知覺價值→品牌忠誠度（H₂）	0.438*	0.438*	0.433*	0.433*
品牌形象→品牌忠誠度（H₃）	0.293*	0.293*	0.297*	0.297*
Total effect				
品牌形象→品牌忠誠度	0.721*	0.721*	0.729*	0.729*

註：「*」表在95%信賴區間不包含0時顯著。

16-8　多重中介效果檢定

　　先前在範例15-2曾以「觀察變數的路徑分析方式」檢驗多重中介效果。在本小節中，將以相同的資料檔案（已改名爲brand image.jasp），然後以「潛在變數的路徑分析方式」再次的檢驗多重中介效果。期能使讀者從中觀察兩種路徑分析方式的結果差異。

▶ 範例16-3　參考附錄八，論文〈品牌形象、知覺價值對品牌忠誠度關係之研究〉的正式問卷，「brand image.jasp」爲該論文的正式資料檔，試檢驗「知覺價值」的三個子構面，在「品牌形象」與「品牌忠誠度」的關係間，是否扮演著中介角色？其中介模型如圖16-21所示。

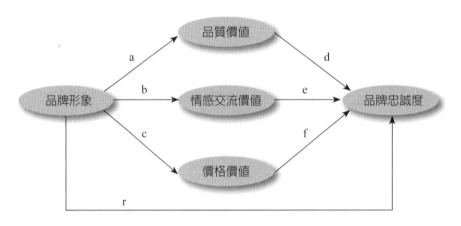

圖16-21　範例論文的平行多重中介模型

依題意，我們將建立假設爲（論文中，須寫對立假設）：

H_1：品質價值（pv1）會在品牌形象與品牌忠誠度的關係間，扮演著中介角色。

H_2：情感交流價值（pv2）會在品牌形象與品牌忠誠度的關係間，扮演著中介角色。

H_3：價格價值（pv3）會在品牌形象與品牌忠誠度的關係間，扮演著中介角色。

操作 步驟

　　在範例16-2中，我們證明了「知覺價值」確實會在「品牌形象」與「品牌忠誠度」的關係間，扮演著中介角色。在本範例中，我們將更細部的想要來了解到底「品牌形象」是透過「知覺價值」的哪些子構面而影響「品牌忠誠度」。由於「知覺價值」是個多維構面，它具有三個子構面，分別爲品質價值（pv1）、情感交流價值（pv2）與價格價值（pv3）。因此，我們將建構包含三個中介變數的多重中介模型，而且它是屬於平行多重中介。這樣的研究，當然就是想探究「品牌形象」影響「品牌忠誠度」的眞正途徑，其研究成果將能更準確、更有效率的幫助個案公司的經營業者進行精準改善，以提升消費者的忠誠度。

　　圖16-21的多重中介模型是個單步多重中介模型，又稱爲是平行多重中介模型。這種多重中介模型的檢驗，在範例15-2曾以「觀察變數的路徑分析方式」檢驗過。但在本小節中，將以「潛在變數的路徑分析方式」再次的檢驗多重中介效果。期能使讀者從中觀察兩種路徑分析方式的結果差異。

　　執行「潛在變數的路徑分析」時，將運用到「結構方程模型」功能，再搭配Lavaan語法碼來執行。多重中介的Lavaan語法碼，將以範例15-2中，由JASP所自動產生的多重中介Lavaan語法碼爲基礎，並參考圖16-21的平行多重中介模型圖，再加入描述各潛在變數之測量模型的語法碼，這樣就可形成「潛在變數的路徑分析」的語法碼（ex16-3_語法碼.txt）了，如圖16-22所示。於JASP中，詳細的操作過程，讀者可直接參閱教學影音檔「ex16-3.mp4」。

```
# 描述品牌形象之二階測量模型
bi1=~bi1_1+bi1_2+bi1_3
bi2=~bi2_1+bi2_2+bi2_3
bi3=~bi3_1+bi3_2+bi3_3
bi=~bi1+bi2+bi3

# 描述知覺價值之各子構面的一階測量模型
pv1=~pv1_1+pv1_2+pv1_3
pv2=~pv2_1+pv2_2+pv2_3+pv2_4
pv3=~pv3_1+pv3_2+pv3_3+pv3_4

# 描述品牌忠誠度之測量模型
ly=~ly1+ly2+ly3+ly4+ly5

# 依變數迴歸(dependent regression)
# 描述品牌形象、知覺價值之各子構面與品牌忠誠度間的路徑關係
ly ~ d*pv1 + e*pv2 +f*pv3 + r*bi

# 中介變數迴歸(mediator regression)
# 描述品牌形象與知覺價值之各子構面間的路徑關係
pv1 ~ a*bi
pv2 ~ b*bi
pv3 ~ c*bi

# 中介變數間須設定殘差共變
pv1 ~~ pv2
pv1 ~~ pv3
pv2 ~~ pv3

# 間接效果
ind_bi_pv1_ly := a*d
ind_bi_pv2_ly := b*e
ind_bi_pv3_ly := c*f

# 總間接效果
ind_tot_bi_ly := ind_bi_pv1_ly + ind_bi_pv2_ly + ind_bi_pv3_ly

# 總效果
tot_bi_ly := ind_tot_bi_ly + r
```

圖16-22　平行多重中介之語法碼

➤ 分析結果的撰寫

　　利用「結構方程模型」功能，再搭配圖16-22中的Lavaan語法碼，進行平行多重中介效果檢定後，所得到的報表在本書中將不再呈現，但是在教學影音檔「ex16-3.mp4」中，將會針對所產生的報表進行完整的解讀與彙整工作，故請讀者務必詳閱教學影音檔。彙整完成的表格，如表16-18。

表16-18 多重中介效果摘要表

效果	迴歸係數		z值	95%信賴區間	
	非標準化	標準化		下界	上界
Indirect effect					
品牌形象→品質價值（pv1）→品牌忠誠度	0.040	0.025	1.170	-0.027	0.108
品牌形象→情感交流價值（pv2）→品牌忠誠度	0.094*	0.058*	2.667	0.025	0.164
品牌形象→價格價值（pv3）→品牌忠誠度	0.092*	0.056*	2.435	0.018	0.166
Direct effect					
品質價值（pv1）→品牌忠誠度	0.078	0.071	1.167	-0.053	0.208
情感交流價值（pv2）→品牌忠誠度	0.177*	0.184*	3.030	0.063	0.292
價格價值（pv3）→品牌忠誠度	0.160*	0.162*	2.606	0.040	0.281
品牌形象→品牌忠誠度	0.612*	0.374*	5.158	0.380	0.845
品牌形象→品質價值（pv1）	0.520*	0.345*	4.788	0.307	0.734
品牌形象→情感交流價值（pv2）	0.533*	0.313*	4.451	0.298	0.768
品牌形象→價格價值（pv3）	0.575*	0.347*	4.858	0.343	0.807
Total effect					
品牌形象→品牌忠誠度	0.839*	0.512*	6.851	0.599	1.079

註：「*」表在95%信賴區間不包含0時顯著。

　　故由表16-18的「Indirect effect」部分可觀察出，三個間接效果的95%信賴區間，只有「品質價值」（pv1）的中介效果之下、上界區間會包含0（即，不顯著之意）。因此可推論，「知覺價值」的三個子構面中，「品質價值」（pv1）的中介效果並不顯著（H₁未獲支持）；而「情感交流價值」（pv2）與「價格價值」（pv3）的中介效果則屬顯著（H₂、H₃成立）。顯見，「知覺價值」所扮演的中介角色，主要是「情感交流價值」（pv2）與「價格價值」（pv3）這兩個子構面所建構而成，其標準化間接效果值分別為0.058與0.056。

　　其次，「品牌形象→品牌忠誠度」的標準化直接效果值為0.374，且仍顯著。因此亦可推論「情感交流價值」與「價格價值」的中介效果類型，應為部分中介效果。

　　接著，由表16-18亦可發現，「品牌形象→品牌忠誠度」的標準化總效果值為0.512，且顯著。可見「品牌形象」對「品牌忠誠度」確實具有舉足輕重的影響力。

　　由上述的結論，建議個案公司經營者，在提升消費者忠誠度的過程中，宜加強「品牌形象」的形塑，以便能更直接、有效率的提升消費者對個案公司的忠誠度。其

次，由於「知覺價值」的中介效果確實存在，但經由多重中介效果檢定，得知這個中介效果主要是由「情感交流價值」與「價格價值」所建構，因此業主除應積極形塑個案公司於消費者心目中的印象外，亦可藉由提升個案公司產品於消費者心目中的「情感交流價值」與「價格價值」，而增強消費者對個案公司的價值感，進而增加消費者的忠誠度。

最後，將比較表16-18（潛在變數之路徑分析結果）與範例15-2的表15-8（觀察變數之路徑分析結果）的差異性。可發現，兩者對於多重中介效果的結論是一致的。即「品質價值」（pv1）的中介效果並不顯著，而「情感交流價值」（pv2）與「價格價值」（pv3）則確實具有顯著的中介效果。但是，對於中介效果值的估計，則有些差異，但這些數據上的差異並不算大。例如：表16-18中，「情感交流價值」的標準化中介效果值為0.058；但表15-8中，「情感交流價值」的標準化中介效果值則只有0.052，相差0.006。其次，對於「品牌形象→品牌忠誠度」之總效果的估計，則是具有比較大的差距。例如：表16-18為0.152，但表15-8中，則只有0.428。以上這些差距，作者認為應該都是合理的。畢竟潛在變數的路徑分析與觀察變數的路徑分析，在數據的取用、操作方面，本質上就有所不同。所以，估計參數的結果有些微差距應也是合理的。不過，兩者之檢定結果與結論皆一致，這也算是可預期的一個結果。

16-9　干擾效果檢定

干擾（或稱調節）的議題，在學術論文中佔有極重要的地位。就作者經驗而言，曾寫過有關干擾議題的學術論文或國科會計畫，從來沒有被拒絕過。此外，作者於2022年有幸榮獲，由美國史丹佛大學團隊，透過Scopus的論文影響力數據而認證的「全球前2%頂尖科學家」，其中有關干擾議題的學術著作就貢獻不少，主要的原因在於這種有關干擾議題的學術著作其引用率特別的高。

在本書中，曾經使用「階層迴歸分析」（範例15-4）、「觀察變數的路徑分析（Lavaan語法）」（範例15-5）等方法檢驗過干擾效果。基本上，這些方法在使用上有其侷限性。最主要的原因在於，上述方法都須經「將潛在變數轉換為觀察變數」，這點是不少論文審核者（reviewer）或口試委員難以接受的。然而，使用結構方程模型的話，其學習門檻又相當高，甚為不易。但是，經作者測試，JASP在結構方程模型的分析運用上，確實有其獨特之道。操作簡單當然是JASP的特色，重點是其分析數據，幾乎與Amos的結果一致，這應可更加深學界使用JASP來完成論文統計分析的

信心。

　　在本小節中，將以和範例15-4、範例15-5相同的資料檔案（已改名為restaurant image.jasp），然後以「潛在變數的路徑分析方式」再次的檢驗「轉換成本」的干擾效果，期能使讀者從中觀察兩種路徑分析方式（潛在變數之路徑分析與觀察變數之路徑分析）的結果差異。

▶ 範例16-4	參考附錄三，論文〈景觀咖啡廳意象、知覺價值與忠誠度：轉換成本的干擾效果〉之原始問卷，該問卷的資料檔為「restaurant image.jasp」，試探討轉換成本是否會干擾景觀咖啡廳意象與忠誠度間的關係？（概念性模型圖，如圖15-14）。

　　在結構方程模型中，對於干擾效果的檢驗常使用多群組結構方程模型（Multiple-Group Analysis, MGA）進行分析。常見的結構方程模型分析軟體（如Lisrel、Amos、EQS），都可以進行多群組結構方程模型分析。其方法是，先將干擾變數分成高、低兩組，然後將各分組之結構方程模型的特定路徑之迴歸係數限制為相等（受限模型），從而得到一個卡方值（χ^2）和相對應的自由度。然後去掉這個限制，重新估計模型（不受限模型），又可得到另一個卡方值和相對應的自由度。「受限模型」的卡方值減去「不受限模型」的卡方值得到一個新的卡方值（$\Delta\chi^2$），其自由度就是兩個模型的自由度之差。據此，如果$\Delta\chi^2$檢驗結果是統計顯著的，則干擾效果顯著。

　　在多群組分析的過程中，常用以反應干擾效果的重要指標——交互作用項的角色似乎完全不被考慮，這導致多群組分析的結果，只能說明干擾現象存在，而無法深究干擾效果的大小與方向。為改善多群組分析的缺憾，在本範例中，將使用潛在交互作用項（latent interactions），並運用兩次平減法（double mean centering）來進行干擾效果的檢定（Lin, Wen, Marsh, & Lin, 2010）。

操作步驟

　　在干擾效果的檢驗過程中，最重要的工作就是製作出交互作用項。簡單講，交互作用項就是自變數與干擾變數的乘積。所以對觀察變數而言，只是單純的兩個數的相乘而已。但是，對潛在變數而言，每個潛在變數都有數個指標，甚至包含子構面，所以製作交互作用項時，會比較複雜。當自變數、干擾變數都屬潛在變數時，所製作出來的交互作用項，就稱為是潛在交互作用項。製作潛在交互作用項時，一般原則如

下：

1. 如果自變數或干擾變數屬二階構面（有子構面）時，則必須進行降維，使自變數或干擾變數全都變成一階構面。例如：景觀咖啡廳意象這個潛在自變數，包含六個子構面，這時就必須先求出各子構面的得分，然後以六個子構面的得分值，來當作景觀咖啡廳意象的六個指標。

2. 潛在交互作用項的指標，就是由自變數的指標和干擾變數的指標兩兩相乘而得。例如：潛在自變數有六個指標、干擾變數有三個指標（題項），則潛在交互作用項將有十八個指標。

3. 各指標兩兩相乘前，必須先進行平減化（第一次平減）。

4. 潛在交互作用項的指標形成後，每個指標必須再進行平減化（第二次平減）。

5. 建構結構方程模型時，潛在交互作用項的各指標間，必須依指標的來源，建立殘差共變。例如：潛在自變數為景觀餐廳意象，它包含六個指標分別為im1、im2、im3、im4、im5與im6。而干擾變數轉換成本則包含三個指標，分別為sc1、sc2與sc3。在這種情形下，潛在交互作用項共有十八個指標，如表16-19。表格中，灰色網底的部分即為潛在交互作用項的各指標名稱，共有十八個指標。當然這些指標名稱也可由使用者自行命名，但謹記系統化、邏輯化原則。每個指標後有「_mc」，代表指標已經歷兩次的平減化。而且每個交互作用項指標都是自變數指標和干擾變數指標相乘的結果。以「m1s1_mc」這個指標為例，它就是由「im1_mc」×「sc1_mc」所獲得的指標，因此明顯的，它的來源有兩個，一個是自變數的指標、另一個是干擾變數的指標。

表16-19　潛在交互作用項的各指標

		轉換成本		
		sc1_mc	sc2_mc	sc3_mc
景觀餐廳意象	im1_mc	m1s1_mc	m1s2_mc	m1s3_mc
	im2_mc	m2s1_mc	m2s2_mc	m2s3_mc
	im3_mc	m3s1_mc	m3s2_mc	m3s3_mc
	im4_mc	m4s1_mc	m4s2_mc	m4s3_mc
	im5_mc	m5s1_mc	m5s2_mc	m5s3_mc
	im6_mc	m6s1_mc	m6s2_mc	m6s3_mc

未來於建構干擾模型時，交互作用項指標間必須建立「殘差共變」。建立的方法是交互作用項指標的兩個來源中，只要任一個來源，有跟其它的交互作用項指標一樣，那麼這兩個交互作用項指標間，就須建立共變。例如：「m1s1_mc」共須建立7個殘差共變，如何判斷呢？請參照表16-19，原則就是以「m1s1_mc」所處的儲存格爲中心，「向右找和向下找」。因此，向右有兩個即「m1s2_mc」與「m1s3_mc」，這兩個指標，因爲自變數的來源和「m1s1_mc」相同，都是來自「im1」。另一方面，向下找，可找到五個，分別爲「m2s1_mc」、「m3s1_mc」、「m4s1_mc」、「m5s1_mc」與「m6s1_mc」，因爲他們都是來自「sc1」，所以總共須建立7個殘差共變，即「m1s1_mc~~m1s2_mc」、「m1s1_mc~~m1s3_mc」、「m1s1_mc~~m2s1_mc」、「m1s1_mc~~m3s1_mc」、「m1s1_mc~~m4s1_mc」、「m1s1_mc~~m5s1_mc」與「m1s1_mc~~m6s1_mc」。依此原則，表16-19的列、行排列方式，由左而右、由上而下，逐一討論，每個交互作用項指標都須依序建立殘差共變，18個交互作用項指標共須建立63個殘差共變。

6. 最後，自變數、干擾變數與潛在交互作用項之間，兩兩須建立「因素共變」關係。

在本範例中，將使用「結構方程模型」功能搭配Lavaan語法來輔助進行干擾效果檢定，其統計模型圖如圖16-23，根據圖16-23就可寫出模型的Lavaan語法碼，如圖16-24。該語法碼之文字檔，已儲存在範例資料夾中，其檔名爲：ex16-4_語法碼.txt。

有以上的認知後，在JASP中執行「結構方程模型」功能，並於語法框中貼上圖16-24的Lavaan語法碼，這樣就可以進行潛在變數的干擾效果檢定了。詳細的操作過程與解說，讀者可自行參閱教學影音檔「ex16-4.mp4」。

➤ 分析結果的撰寫

利用「結構方程模型」功能進行干擾效果檢定後，所產生之報表的解說工作，雖然在本書中並沒有以文字方式呈現，但是在教學影音檔「ex16-4.mp4」中，都進行了相當清楚的說明。此外，該教學影音檔也針對所產生的報表進行解讀與彙整，甚至能繪製以圖形化方式解析干擾效果之內涵的簡單斜率分析（simple slope analysis）圖，故請讀者務必詳閱教學影音檔「ex16-4.mp4」。

執行「結構方程模型」功能進行干擾效果檢定後，首先檢視模型的配適度，如表16-20。

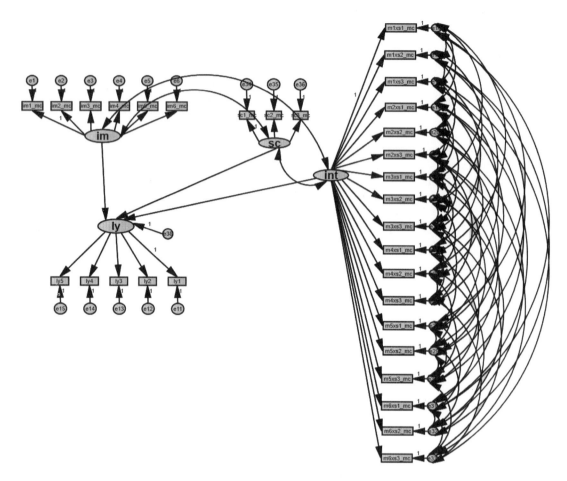

圖16-23　干擾效果的統計模型圖（使用Amos軟體繪製模型圖）

```
# 建立餐廳意象(im)、忠誠度(ly)與轉換成本(sc)的測量模型
im=~im1_mc+im2_mc+im3_mc+im4_mc+im5_mc+im6_mc
ly=~ly1+ly2+ly3+ly4+ly5
sc=~sc1_mc+sc2_mc+sc3_mc

# 建立潛在交互作用項的測量模型
int=~m1xs1_mc+m1xs2_mc+m1xs3_mc+m2xs1_mc+m2xs2_mc+m2xs3_mc
    +m3xs1_mc+m3xs2_mc+m3xs3_mc+m4xs1_mc+m4xs2_mc+m4xs3_mc
    +m5xs1_mc+m5xs2_mc+m5xs3_mc+m6xs1_mc+m6xs2_mc+m6xs3_mc

# 建立餐廳意象(im)、轉換成本(sc)、交互作用項與忠誠度(ly)間的關係
ly~a*im+b*sc+c*int

# 建立因素共變數
im~~sc
im~~int
sc~~int

# 建立殘差共變數
m1xs1_mc~~m1xs2_mc
m1xs1_mc~~m1xs3_mc
m1xs1_mc~~m2xs1_mc
m1xs1_mc~~m3xs1_mc
m1xs1_mc~~m4xs1_mc
m1xs1_mc~~m5xs1_mc
m1xs1_mc~~m6xs1_mc

~
# 以下共建立63個殘差共變數，限於篇幅將省略，詳見ex16-4_語法碼.txt
~

# 計算低、高轉換成本的斜率，1.735為轉換成本的變異數
Slope_L:=a-c*sqrt(1.735)
Slope_H:=a+c*sqrt(1.735)
```

圖16-24　干擾效果之語法碼

表16-20　干擾模型的配適度指標檢核表

統計檢定量		標準值	範例模型
絕對配適指標	χ^2	越小越好	659.474（df=395, p<0.001）
	χ^2/df	小於3	1.670*
	GFI	大於0.9	0.959*
	SRMR	小於0.08	0.048*
	RMSEA	小於0.08	0.043*
增量配適指標	NFI	大於0.9	0.951*
	NNFI	大於0.9	0.975*
	CFI	大於0.9	0.980*
	RFI	大於0.9	0.939*
	IFI	大於0.9	0.980*
精簡配適指標	PNFI	大於0.5	0.758*
	CN	大於200	247.164*

註：*表示合乎標準值。

　　由表16-20得知，干擾模型之配適卡方值為659.474，機率p值小於0.001，顯著，故應拒絕「模型配適樣本資料」的虛無假設，代表研究者所提的概念性干擾模型和實際資料的配適情形不佳。但Bagozzi and Yi（1988）認為不可只參考卡方值，而應同時考量樣本的大小，故建議使用卡方值與自由度之比值來取代卡方值以檢定模型的配適度。在本範例中，卡方值與自由度之比值為1.670，小於標準值3，表示實際上，干擾模型和實際資料的配適狀況是良好的。再從絕對配適檢定指標、增量配適檢定指標及精簡配適檢定指標等來看，各指標皆能符合良好配適度的標準。因此，研判概念性干擾模型之外在品質應已符合一般學術研究的要求。

　　模型配適良好，對各參數所估計出的數據才能採納。在此，將所獲數據彙整成如表16-21的干擾變數檢定表。

表16-21　干擾變數檢定表

依變數 統計量 自變數	忠誠度				
	迴歸係數		z值	95%信賴區間	
	非標準化	標準化		下界	上界
自變數					
景觀咖啡廳意象	0.470*	0.373*	5.295	0.296	0.644
干擾變數					
轉換成本	0.203*	0.252*	4.706	0.119	0.288
交互作用項					
景觀咖啡廳意象×轉換成本	-0.203*	-0.147*	-2.263	-0.379	-0.027
R^2	0.205				

* $p<0.05$

　　由表16-21可發現，「景觀咖啡廳意象」對「忠誠度」的非標準化主要效果為0.470，且信賴區間不包含0，故顯著。另外，「轉換成本」對「忠誠度」的非標準化主要效果為0.203，且信賴區間不包含0，故亦顯著。而「景觀咖啡廳意象」與「轉換成本」的交互作用項的非標準化迴歸係數為-0.203（標準化為-0.147），且信賴區間亦不包含0，故亦顯著。此結果也就說明了，「轉換成本」確實會負向顯著的干擾「景觀咖啡廳的意象→忠誠度」的關係。且其非標準化的干擾效果值為-0.203，而標準化的干擾效果值則為-0.147。

在這種情形下，繼續觀察低、高轉換成本時的斜率（即景觀咖啡廳意象→忠誠度的影響力）變化，如表16-22。由表16-22可發現，低轉換成本時的斜率大於高轉換成本時。這就意味著，低轉換成本時，「景觀咖啡廳意象→忠誠度」的影響力將大於高轉換成本時。

表16-22　低、高轉換成本的斜率

命名	估計	標準誤	z值	p值	95%信賴區間		標準化		
					Lower	Upper	所有	潛在變數	內生
Slope_L	0.737	0.152	4.865	<.001	0.440	1.034	0.567	0.567	0.567
Slope_H	0.202	0.144	1.406	0.160	-0.080	0.484	0.180	0.180	0.180

接著，再製作簡單斜率分析（simple slope analysis）以了解干擾效果之方向性，並比較高、低轉換成本兩條迴歸線之差異。圖16-25呈現出轉換成本於「景觀咖啡廳意象」對「忠誠度」關係中的簡單斜率分析圖。由圖16-25可明顯看出，在不同的轉換成本水準下，「景觀咖啡廳意象」對「忠誠度」關係的影響程度（斜率），明顯的會產生差異。且低轉換成本的斜率（0.737）大於高轉換成本（0.202），這也說明了餐廳在低轉換成本的特質下，「景觀咖啡廳意象→忠誠度」的影響力是較「高轉換成本」時大的。而這也意味著，在「低轉換成本」的餐廳情境下，積極形塑「景觀咖啡廳意象」的重要性，此結論與範例15-4完全一致。

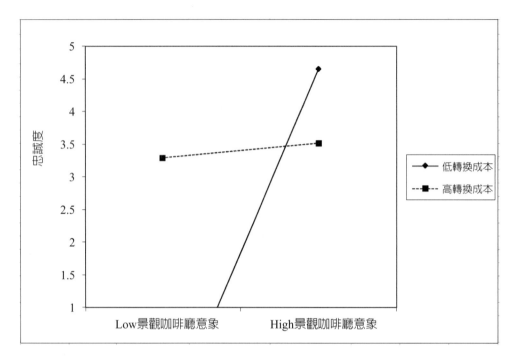

圖16-25　轉換成本於「景觀咖啡廳意象→忠誠度」的簡單斜率分析圖

習 題

 **練習16-1**

　　請參考附錄二，論文〈遊客體驗、旅遊意象與重遊意願關係之研究〉的原始問卷與內容說明，該問卷的資料檔為「tourist experience.jasp」。據其因素結構（表附2-1至表附2-3）與論文之研究目的，研究者經理論推導三個主構面之因果關係後，乃建立四個關係假設，整合這些假設後，進而提出該範例論文的概念性模型圖，如圖附2-1。試進行驗證性因素分析並評鑑測量模型，以評估概念性模型中各構面的信度、收斂效度與區別效度。

 **練習16-2**

　　請參考附錄二，論文〈遊客體驗、旅遊意象與重遊意願關係之研究〉的原始問卷與內容說明，該問卷的資料檔為「tourist experience.jasp」。在練習16-1，已證明模型中各構面具有信度、收斂效度與區別效度後，接下來，試進行結構模型分析與評鑑，以檢定各構面間的因果關係。

附錄一　旅遊動機、體驗價值與重遊意願關係之研究

問卷編號：＿＿＿＿＿＿＿＿

親愛的先生、小姐您好：

　　這是一份學術性的研究問卷，目的在釐清旅遊動機、體驗價值與重遊意願間之關係，您的寶貴意見，將是本研究成功的最大關鍵。問卷採不記名方式，全部資料僅作統計分析之用，絕不對外公開，請安心填寫。懇請您撥冗協助填答問卷，謝謝您的熱心參與。

　　敬祝您　順心如意

大學　　　　研究所
指導教授：　　　　博士
研究生：　　　　敬上

※請針對您的實際體驗，回答下列相關問項，請於□中打「✓」，謝謝！

第一部分：旅遊動機 下列題項中，「此遊程」代表「溼地生態旅遊行程」	極不同意	很不同意	不同意	普通	同意	很同意	極為同意
1. 參與此遊程，可讓我放鬆心情。	□	□	□	□	□	□	□
2. 參與此遊程，可幫助我紓解壓力。	□	□	□	□	□	□	□
3. 參與此遊程，能讓我遠離擁擠的人群。	□	□	□	□	□	□	□
4. 參與此遊程，可增進親子情感。	□	□	□	□	□	□	□
5. 參與此遊程，可幫助我認識新朋友。	□	□	□	□	□	□	□
6. 參與此遊程，可增加我與朋友相聚的時間。	□	□	□	□	□	□	□
7. 我很喜歡參與此遊程。	□	□	□	□	□	□	□
8. 我很喜歡與他人分享此遊程的經驗。	□	□	□	□	□	□	□
9. 參與此遊程，可獲得美好回憶。	□	□	□	□	□	□	□

	極不同意	很不同意	不同意	普通	同意	很同意	極為同意
10.我常回憶過去參與此遊程的經驗。	□	□	□	□	□	□	□
11.我喜歡觀賞溼地多樣化的生態環境。	□	□	□	□	□	□	□
12.我喜歡接近大自然。	□	□	□	□	□	□	□
13.我熱衷學習有關溼地的新知識。	□	□	□	□	□	□	□
14.我熱衷於體驗生態旅遊行程。	□	□	□	□	□	□	□
15.參與此遊程，可滿足我的好奇心。	□	□	□	□	□	□	□
16.我喜歡嘗試不同的新事物。	□	□	□	□	□	□	□
17.我喜歡追求刺激。	□	□	□	□	□	□	□

第二部分：體驗價值 下列題項中，「此遊程」代表「溼地生態旅遊行程」	極不同意	很不同意	不同意	普通	同意	很同意	極為同意
1. 此遊程相當有效率。	□	□	□	□	□	□	□
2. 整體而言，在交通安排上是方便的。	□	□	□	□	□	□	□
3. 整體而言，所提供之服務讓我覺得物超所值。	□	□	□	□	□	□	□
4. 提供良好的解說服務品質。	□	□	□	□	□	□	□
5. 提供的解說服務是專業的。	□	□	□	□	□	□	□
6. 解說人員親切有禮且充滿熱情。	□	□	□	□	□	□	□
7. 溼地的整體環境景觀很優美。	□	□	□	□	□	□	□
8. 溼地生態環境可以滿足我的好奇感。	□	□	□	□	□	□	□
9. 溼地生態環境對我很有吸引力。	□	□	□	□	□	□	□
10.參與此遊程，並無法讓我暫時忘記煩惱。	□	□	□	□	□	□	□
11.參與此遊程，並無法讓我遠離現實生活。	□	□	□	□	□	□	□
12.參與此遊程，並無法讓我感到快樂。	□	□	□	□	□	□	□
13.我不認為參與此遊程是有趣的。	□	□	□	□	□	□	□

第三部分：重遊意願 下列題項中，「本遊程」代表「溼地生態旅遊行程」	極不同意	很不同意	不同意	普通	同意	很同意	極為同意
1. 我未來願意再次重遊。	□	□	□	□	□	□	□
2. 我會向親友推薦本遊程。	□	□	□	□	□	□	□
3. 我會傳遞本行程之正向訊息給其他人。	□	□	□	□	□	□	□

第四部分：基本資料，請於□中打「✓」

1. 性別：　　　　□ 女　　　□ 男

2. 婚姻狀況：　　□ 未婚　□ 已婚

3. 年齡：　　　　□ 20歲以下　　　□ 21～30歲　　　□ 31～40歲　　　□ 41～50歲　　　□ 51～60歲
　　　　　　　　□ 61歲以上

4. 目前職業：　　□ 軍公教　　　　□ 服務業　　　□ 製造業　　　□ 買賣業　　　□ 自由業
　　　　　　　　□ 家庭主婦　　　□ 學生　　　　□ 其他（請註明＿＿＿＿＿＿）

5. 教育程度：　　□ 國小（含）以下　□ 國中　□ 高中（職）　□ 專科　□ 大學
　　　　　　　　□ 研究所（含）以上

6. 平均月收入：　□ 15,000元以下　　□ 15,001～30,000元　　□ 30,001～45,000元
　　　　　　　　□ 45,001～60,000元　□ 60,001～75,000元　　□ 75,001～90,000元
　　　　　　　　□ 90,001～120,000元　□ 120,001元以上

7. 欲參與本行程，您認為可以使用哪種交通工具？
　　□ 自行開車　　□ 遊覽車　　□ 機車　　□ 公共路網（台灣好行、公車、火車……）

8. 請嘗試描述您的旅遊偏好？並在下列選項中，選出三個喜好度較高的選項，且請依喜好度高低，依
　　序標出1、2、3的順序（1為最喜好）：
　　□ 文化旅遊　　□ 自然生態旅遊　　□ 節慶祭典旅遊　　□ 美食旅遊
　　□ 山岳旅遊　　□ 水域活動旅遊　　□ 自行車旅遊

本問卷到此結束，非常感謝您的耐心填答，謝謝！

附錄二　遊客體驗、旅遊意象與重遊意願關係之研究

一、問卷內容

問卷編號：＿＿＿＿＿＿＿＿＿＿

> 親愛的先生、小姐您好：
>
> 　這是一份學術性的研究問卷，目的在了解遊客體驗、旅遊意象對重遊意願的影響程度，您的寶貴意見，將是本研究成功的最大關鍵。問卷採不記名方式，全部資料僅作統計分析之用，絕不對外公開，請安心填寫。懇請您撥幾分鐘協助填答問卷，謝謝您的熱心參與。
>
> 　敬祝您　順心如意
>
> 研究所
>
> 指導教授：　　　　　博士
>
> 研究生：　　　　　敬上

※請針對您的服務經驗，回答下列相關問項，請於□中打「✓」，謝謝！

第一部分：遊客體驗	極不同意	很不同意	不同意	普通	同意	很同意	極為同意
1. 秀麗的山水風景，非常吸引我。	□	□	□	□	□	□	□
2. 豐富的歷史文物，非常吸引我。	□	□	□	□	□	□	□
3. 我覺得這次旅遊，非常富有趣味。	□	□	□	□	□	□	□
4. 我覺得這次旅遊，行程豐富精彩。	□	□	□	□	□	□	□
5. 看到美麗的景緻，令我心情放鬆。	□	□	□	□	□	□	□
6. 看到豐富的文物，能激發我思古之情。	□	□	□	□	□	□	□
7. 看到美麗的景緻，讓我感到歡樂愉快。	□	□	□	□	□	□	□
8. 當地的景色，令我感動。	□	□	□	□	□	□	□

	極不同意	很不同意	不同意	普通	同意	很同意	極為同意
9. 當地歷史文物，令我感動。	☐	☐	☐	☐	☐	☐	☐
10.透過這次旅遊，頗發人省思，令我有所思考。	☐	☐	☐	☐	☐	☐	☐
11.透過這次旅遊，引發我的好奇心。	☐	☐	☐	☐	☐	☐	☐
12.透過這次旅遊，引發我去做一些聯想或靈感的啟發。	☐	☐	☐	☐	☐	☐	☐
13.透過這次旅遊，能激發我創意思考。	☐	☐	☐	☐	☐	☐	☐
14.看到美景，我很想分享觀賞的心得。	☐	☐	☐	☐	☐	☐	☐
15.看到歷史文物，我很想分享觀賞的心得。	☐	☐	☐	☐	☐	☐	☐
16.看到美景，我很想拍照、錄影留念。	☐	☐	☐	☐	☐	☐	☐
17.看到歷史建物，我很想拍照、錄影留念。	☐	☐	☐	☐	☐	☐	☐
18.我會想購買與當地相關的紀念品。	☐	☐	☐	☐	☐	☐	☐
19.透過這次旅遊，讓我產生環境維護的認同感。	☐	☐	☐	☐	☐	☐	☐
20.會因美麗的景緻，而聯想到西拉雅國家風景區。	☐	☐	☐	☐	☐	☐	☐
21.透過這次旅遊，西拉雅會成為我平常談論的話題。	☐	☐	☐	☐	☐	☐	☐

第二部分：旅遊意象	極不同意	很不同意	不同意	普通	同意	很同意	極為同意
1. 自然風景優美。	☐	☐	☐	☐	☐	☐	☐
2. 平埔族文化保存良好。	☐	☐	☐	☐	☐	☐	☐
3. 知名度高。	☐	☐	☐	☐	☐	☐	☐
4. 開車環湖賞景令人愉悅。	☐	☐	☐	☐	☐	☐	☐
5. 整體氣氛令人心情放鬆。	☐	☐	☐	☐	☐	☐	☐
6. 通往本風景區交通便利。	☐	☐	☐	☐	☐	☐	☐
7. 遊憩安全設施良好。	☐	☐	☐	☐	☐	☐	☐
8. 地方公共服務設施完善。	☐	☐	☐	☐	☐	☐	☐
9. 整體旅遊環境乾淨。	☐	☐	☐	☐	☐	☐	☐
10.旅遊資訊充足。	☐	☐	☐	☐	☐	☐	☐
11.相關服務人員能提供遊客迅速且即時的服務。	☐	☐	☐	☐	☐	☐	☐
12.區內相關服務人員的服務態度良好。	☐	☐	☐	☐	☐	☐	☐
13.旅遊活動的各項安排均能提供遊客便利。	☐	☐	☐	☐	☐	☐	☐
14.個人平均旅遊花費價格合理。	☐	☐	☐	☐	☐	☐	☐
15.收費合理。	☐	☐	☐	☐	☐	☐	☐

第三部分：重遊意願	極不同意	很不同意	不同意	普通	同意	很同意	極為同意
1. 到西拉雅風景區旅遊，對我來說是最好的選擇。	☐	☐	☐	☐	☐	☐	☐
2. 我將會是西拉雅風景區的忠實遊客。	☐	☐	☐	☐	☐	☐	☐
3. 當我有旅遊需求時，我會優先選擇西拉雅風景區。	☐	☐	☐	☐	☐	☐	☐
4. 我願意繼續到西拉雅風景區旅遊。	☐	☐	☐	☐	☐	☐	☐
5. 我會向親朋好友推薦到西拉雅風景區。	☐	☐	☐	☐	☐	☐	☐

第四部分：基本資料，請於☐中打「✓」

1. 性別： ☐ 女 ☐ 男

2. 婚姻狀況： ☐ 未婚 ☐ 已婚

3. 年齡： ☐ 20歲以下 ☐ 21～30歲 ☐ 31～40歲 ☐ 41～50歲 ☐ 51～60歲 ☐ 61歲以上

4. 目前職業： ☐ 軍公教 ☐ 服務業 ☐ 製造業 ☐ 買賣業 ☐ 自由業 ☐ 家庭主婦 ☐ 學生 ☐ 其他（請註明＿＿＿＿＿）

5. 教育程度： ☐ 國小（含）以下 ☐ 國中 ☐ 高中（職） ☐ 專科 ☐ 大學 ☐ 研究所（含）以上

6. 平均月收入： ☐ 15,000元以下 ☐ 15,001～30,000元 ☐ 30,001～45,000元 ☐ 45,001～60,000元 ☐ 60,001～75,000元 ☐ 75,001～90,000元 ☐ 90,001～120,000元 ☐ 120,001元以上

7. 請問您認為西拉雅風景區有哪些特色？（可複選） ☐ 平埔族文化 ☐ 風景優美 ☐ 交通便利 ☐ 旅遊資訊充足

8. 請在下列的國家風景區中，指出三個您最常去的風景區？並請依到訪頻率的高低，標示出1、2、3的次序（1為最常去）： ☐ 大鵬灣 ☐ 日月潭 ☐ 西拉雅 ☐ 阿里山 ☐ 北海岸 ☐ 參山 ☐ 嘉南濱海

本問卷到此結束，非常感謝您的耐心填答，謝謝！

二、概念性模型

　　該研究透過相關文獻整理、分析、推論與建立假說，引導出遊客體驗對旅遊意象、重遊意願具有正向顯著影響；旅遊意象對重遊意願具有正向顯著影響等假設。研究中所使用的變數分別為自變數、依變數以及中介變數等三項。自變數為遊客所感受的旅遊體驗，其包含五個子構面，分別為感官體驗、情感體驗、思考體驗、行動體驗與關聯體驗。此外，依變數則為遊客的重遊意願。而處於自變數與依變數之間的中介變數則是遊客所知覺的旅遊意象，其包含四個子構面分別為產品意象、品質意象、服務意象與價格意象等。由此，該研究所建構的遊客重遊意願之概念性模型，其架構將如圖附2-1所示。

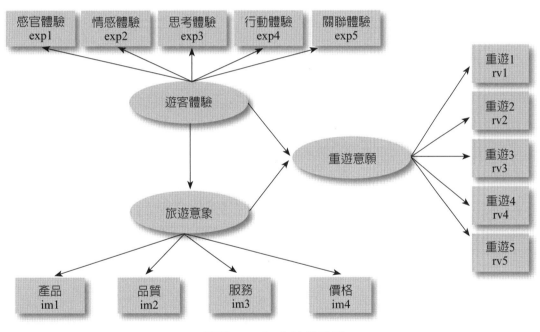

圖附2-1　概念性模型圖

三、研究假設

　　根據圖附2-1所建立之概念性模型圖，該研究將提出下列研究假設，盼能透過市場調查所蒐集的資料，運用驗證性因素分析、結構方程模型，驗證這些假設的成立與否，並釐清遊客體驗、旅遊意象與重遊意願間的關係，這些研究假設分述如下：

假設一：遊客體驗對旅遊意象有正向影響。

假設二：遊客體驗對重遊意願有正向影響。

假設三：旅遊意象對重遊意願有正向影響。

假設四：遊客體驗透過旅遊意象間接的顯著正向影響重遊意願。

四、潛在變數之操作型定義與衡量

為了檢驗上述之研究假說，本研究試圖將概念性架構予以操作化，並建構相對應的問項。根據圖附2-1的概念性模型，本研究之觀察變數包含遊客體驗、旅遊意象與重遊意願等。以下為本研究之研究變數的操作型定義之陳述。

(一) 遊客體驗

Pine and Gilmore（1998）體驗是無法觸摸的，但可以分享與流傳，雖然感受體驗的剎那，時空已成為往事，但是烙印在體驗者心中的感受卻是可以長久流傳的（夏業良、魯煒，2003）。體驗本身是一種內化的感受，很難導出具體的假設，故本研究利用Schmitt（1999）所提出的五項體驗形式：感官體驗、情感體驗、思考體驗、行動體驗及關聯體驗，給予操作型定義，運用定量的方法，衡量遊客體驗之感受程度，表附2-1顯示為遊客體驗構面之操作型定義與衡量題項。

(二) 旅遊意象

本研究所稱之旅遊意象，主要是參考多位學者之研究整理出產品意象、品質意象、服務意象與價格意象等四個構面作為探討旅遊意象的基礎，表附2-2顯示為旅遊意象構面之操作型定義與衡量題項。

(三) 重遊意願

重遊意願意指凡曾到過個案風景區從事體驗活動之遊客，有意願再重遊或推薦他人之機率。主要是根據Jones and Sasser（1995）將遊客重遊意願定義為顧客對特定風景區的依戀或好感。遊客重遊意願之衡量方式，將以任何時點詢問遊客未來是否再度重遊特定風景區的意願，以及重遊行為是指遊客願意再次旅遊某一目的地或同一國家內之其他景點（Kozak, 2001）的概念為依據，定義重遊意願之操作型定義與衡量題項，如表附2-3。

表附2-1　遊客體驗的操作型定義與衡量題項

構面	操作型定義	衡量題項
感官體驗 exp1	遊客於感官上所體驗到的感受。	1. 秀麗的山水風景，非常吸引我（exp1_1）。 2. 豐富的歷史文物，非常吸引我（exp1_2）。 3. 我覺得這次旅遊，非常富有趣味（exp1_3）。 4. 我覺得這次旅遊，行程豐富精彩（exp1_4）。
情感體驗 exp2	遊客於情感連結上所體驗到的感受。	5. 看到美麗的景緻，令我心情放鬆（exp2_1）。 6. 看到豐富的文物，能激發我思古之情（exp2_2）。 7. 看到美麗的景緻，讓我感到歡樂愉快（exp2_3）。 8. 當地的景色，令我感動（exp2_4）。 9. 當地歷史文物，令我感動（exp2_5）。
思考體驗 exp3	旅遊後，所引發的思考、聯想或靈感的啟發。	10.透過這次旅遊，頗發人省思，令我有所思考（exp3_1）。 11.透過這次旅遊，引發我的好奇心（exp3_2）。 12.透過這次旅遊，引發我做一些聯想與靈感啟發（exp3_3）。 13.透過這次旅遊，能激發我創意思考（exp3_4）。
行動體驗 exp4	透過旅遊活動，所引發的具體行動。	14.看到美景，我很想分享觀賞的心得（exp4_1）。 15.看到歷史文物，我很想分享觀賞的心得（exp4_2）。 16.看到美景，我很想拍照、錄影留念（exp4_3）。 17.看到歷史建物，我很想拍照、錄影留念（exp4_4）。
關聯體驗 exp5	透過旅遊活動，所引發的認同感。	18.我會想購買與當地相關的紀念品（exp5_1）。 19.透過這次旅遊，讓我產生環境維護的認同感（exp5_2）。 20.會因美麗的景緻，而聯想到西拉雅國家風景區（exp5_3）。 21.透過這次旅遊，西拉雅會成為我平常談論的話題（exp5_4）。

表附2-2　旅遊意象的操作型定義與衡量題項

構面	操作型定義	衡量題項
產品 im1	遊客對旅遊地點的印象。	1. 自然風景優美（im1_1）。 2. 平埔族文化保存良好（im1_2）。 3. 知名度高（im1_3）。
品質 im2	遊客對旅遊地點之相關設施品質的印象。	4. 開車賞景令人愉悅（im2_1）。 5. 整體氣氛令人心情放鬆（im2_2）。 6. 通往本風景區交通便利（im2_3）。 7. 遊憩安全設施良好（im2_4）。 8. 地方公共服務設施完善（im2_5）。
服務 im3	遊客對旅遊地點之服務品質印象。	9. 整體旅遊環境乾淨（im3_1）。 10.旅遊資訊充足（im3_2）。 11.相關服務人員能提供遊客迅速且即時的服務（im3_3）。 12.區內相關服務人員的服務態度良好（im3_4）。 13.旅遊活動的各項安排均能提供遊客便利（im3_5）。
價格 im4	遊客對旅遊地點之相關花費的印象。	14.個人平均旅遊花費價格合理（im4_1）。 15.收費合理（im4_2）。

表附2-3　重遊意願的操作型定義與衡量題項

構面	操作型定義	衡量題項
重遊意願 rv	遊客對同一旅遊地點的體驗與行為承諾。	1. 到西拉雅風景區旅遊，對我來說是最好的選擇（rv1）。 2. 我將會是西拉雅風景區的忠實遊客（rv2）。 3. 有旅遊需求時，我會優先選擇西拉雅風景區（rv3）。 4. 我願意繼續到西拉雅風景區旅遊（rv4）。 5. 我會向親朋好友推薦到西拉雅風景區（rv5）。

附錄三　景觀咖啡廳意象、知覺價值與忠誠度：轉換成本的干擾效果

一、問卷內容

問卷編號：＿＿＿＿＿＿＿＿

親愛的先生、小姐您好：

　　這是一份學術性的研究問卷，目的在了解景觀咖啡廳意象、知覺價值、忠誠度與轉換成本的關係，您的寶貴意見，將是本研究成功的最大關鍵。問卷採不記名方式，全部資料僅作統計分析之用，絕不對外公開，請安心填寫。懇請您撥冗協助填答問卷，謝謝您的熱心參與。

　　敬祝您　順心如意

研究所

指導教授：　　　　博士

研究生：　　　　敬上

※請針對您的消費經驗，回答下列相關問項，請於□中打「✓」，謝謝！

第一部分：景觀咖啡廳意象	極不同意	很不同意	不同意	普通	同意	很同意	極為同意
1. 餐飲品質好，新鮮度佳。	□	□	□	□	□	□	□
2. 餐飲商品種類多，選擇性高。	□	□	□	□	□	□	□
3. 餐飲價格合理。	□	□	□	□	□	□	□
4. 菜單內容會不定時更換。	□	□	□	□	□	□	□
5. 服務人員親切有禮，服裝整齊。	□	□	□	□	□	□	□
6. 服務人員會主動提供餐點之訊息。	□	□	□	□	□	□	□
7. 服務人員結帳時，快速準確。	□	□	□	□	□	□	□
8. 服務人員出餐快速，等待食物時間短。	□	□	□	□	□	□	□

	極不同意	很不同意	不同意	普通	同意	很同意	極為同意
9. 營業時間滿足需要。	☐	☐	☐	☐	☐	☐	☐
10.周邊交通便利，地點易達。	☐	☐	☐	☐	☐	☐	☐
11.停車空間足夠。	☐	☐	☐	☐	☐	☐	☐
12.店內裝潢高雅舒適，氣氛良好。	☐	☐	☐	☐	☐	☐	☐
13.燈光音樂宜人。	☐	☐	☐	☐	☐	☐	☐
14.店內環境舒適整潔。	☐	☐	☐	☐	☐	☐	☐
15.走道空間寬敞，不會影響鄰座客人的交談。	☐	☐	☐	☐	☐	☐	☐
16.配合節慶主題性有促銷活動。	☐	☐	☐	☐	☐	☐	☐
17.發行貴賓卡成立會員俱樂部。	☐	☐	☐	☐	☐	☐	☐
18.提供商品折價券。	☐	☐	☐	☐	☐	☐	☐
19.店內提供無線上網。	☐	☐	☐	☐	☐	☐	☐
20.可使用信用卡付款。	☐	☐	☐	☐	☐	☐	☐
21.提供書報雜誌閱讀。	☐	☐	☐	☐	☐	☐	☐

第二部分：知覺價值	極不同意	很不同意	不同意	普通	同意	很同意	極為同意
1. 和其他同業相較，本餐廳服務或商品非常吸引我。	☐	☐	☐	☐	☐	☐	☐
2. 和其他同業相較，本餐廳物超所值。	☐	☐	☐	☐	☐	☐	☐
3. 和其他同業相較，本餐廳提供了較多的免費服務。	☐	☐	☐	☐	☐	☐	☐
4. 和其他同業相較，本餐廳提供比我預期更高的價值。	☐	☐	☐	☐	☐	☐	☐

第三部分：忠誠度	極不同意	很不同意	不同意	普通	同意	很同意	極為同意
1. 本餐廳會是我優先的選擇。	☐	☐	☐	☐	☐	☐	☐
2. 我願意再來本餐廳消費。	☐	☐	☐	☐	☐	☐	☐
3. 我認為我是本餐廳的忠實顧客。	☐	☐	☐	☐	☐	☐	☐
4. 我會向本餐廳申請貴賓卡。	☐	☐	☐	☐	☐	☐	☐
5. 我會主動向親朋好友介紹本餐廳。	☐	☐	☐	☐	☐	☐	☐

第四部分：轉換成本	極不同意	很不同意	不同意	普通	同意	很同意	極為同意
1. 我覺得轉換到另一間餐廳是費時費力的。	☐	☐	☐	☐	☐	☐	☐
2. 轉換到另一間餐廳需花費較高的成本。	☐	☐	☐	☐	☐	☐	☐
3. 我覺得要轉換到其他餐廳消費是一件麻煩的事。	☐	☐	☐	☐	☐	☐	☐

第五部分：基本資料，請於□中打「✓」。

1. 性別：　　　　□ 女　　□ 男

2. 婚姻狀況：　　□ 未婚　□ 已婚

3. 年齡：　　　　□ 20歲以下　　□ 21～30歲　　□ 31～40歲　　□ 41～50歲　　□ 51～60歲
　　　　　　　　□ 61歲以上

4. 目前職業：　　□ 軍公教　　　□ 服務業　　　□ 製造業　　　□ 買賣業　　　□ 自由業
　　　　　　　　□ 家庭主婦　　□ 學生　　　　□ 其他（請註明＿＿＿＿＿）

5. 教育程度：　　□ 國小（含）以下　□ 國中　□ 高中（職）　□ 專科　□ 大學
　　　　　　　　□ 研究所（含）以上

6. 平均月收入：　□ 15,000元以下　　□ 15,001～30,000元　　□ 30,001～45,000元
　　　　　　　　□ 45,001～60,000元　□ 60,001～75,000元　　□ 75,001～90,000元
　　　　　　　　□ 90,001～120,000元　□ 120,001元以上

7. 消費次數：　　□ 1次　□ 2次　□ 3次　□ 4次　□ 5次（含）以上

本問卷到此結束，非常感謝您的耐心填答，謝謝！

二、概念性模型

　　本研究透過相關文獻整理、分析、推論與建立假說後，引導出景觀咖啡廳意象對知覺價值及忠誠度皆具有正向直接顯著影響；知覺價值對忠誠度亦具有正向直接顯著影響等假設。自變數為消費者於景觀咖啡廳中所感受到的意象（image），其包含六個子構面，分別為商品、服務、便利、商店環境、促銷及附加服務。此外，依變數則為消費者的忠誠度；而處於自變數與依變數之間的中介變數，則是消費者所認知的知覺價值。最後，本研究亦將檢驗轉換成本的干擾效果。由此，本研究所建構的消費者忠誠度之概念性模型，其架構將如圖附3-1所示。

三、研究假設

　　根據圖附3-1所建立之概念性模型圖，本研究將提出下列研究假設，盼能透過市場調查所蒐集的資料，運用驗證性因素分析、結構方程模型，驗證這些假設的成立與

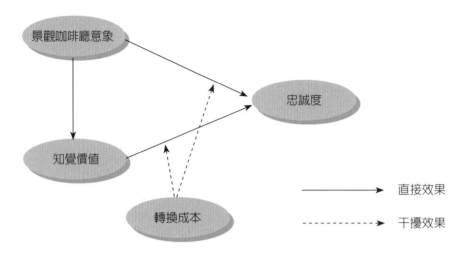

圖附3-1　概念性架構圖

否，以探討景觀咖啡廳意象、知覺價值與忠誠度間的關係，並釐清轉換成本於其間關係的干擾效果，這些研究假設分述如下：

假設一（H1）：景觀咖啡廳意象對知覺價值具有正向直接顯著影響。

假設二（H2）：景觀咖啡廳意象對忠誠度具有正向直接顯著影響。

假設三（H3）：知覺價值對忠誠度具有正向直接顯著影響。

假設四（H4）：轉換成本會干擾景觀咖啡廳意象與消費者忠誠度間的關係。

假設五（H5）：轉換成本會干擾知覺價值與消費者忠誠度間的關係。

四、潛在變數之操作型定義與衡量

為了檢驗上述之研究假說，本研究試圖將概念性模型予以操作化，並建構相對應的問項。根據圖附3-1的概念性模型，本論文之研究變數包含景觀咖啡廳意象、知覺價值、忠誠度與轉換成本等。以下為本研究之研究變數的操作型定義之陳述。

（一）景觀咖啡廳意象

Martineau（1958）認為在消費者決策中，有一種力量在運作，使消費者傾向惠顧與自我意象一致的商店，他將這種力量稱之為商店意象。據此，本研究將景觀咖啡廳意象定義為一種包含功能性特質、心理層面屬性及長期經驗的態度，本質上是複雜而非單獨的特性，它是消費者心中對景觀咖啡廳的整體意象，透過與其他餐廳比較後所產生之知覺的主觀想法，內化為個人知覺的整體意象。衡量上，將參考陳榮芳、葉

惠忠、蔡玉雯、李麗娟（2006）及Kisang、Heesup and Tae-Hee（2008）所使用之商店意象的衡量問項，再依古坑華山景觀咖啡廳現場實察做修改與刪減。因此，將採用商品、服務、便利、商店環境、促銷及附加服務等六個子構面，計二十一個問項，衡量景觀咖啡廳意象。衡量時，將以Likert的七點尺度衡量，分別以「極不同意」、「很不同意」、「不同意」、「普通」、「同意」、「很同意」與「極為同意」區分成七個等級，並給予1、2、3、4、5、6、7的分數，分數越高表示景觀咖啡廳消費者對商店意象的感受同意程度越高。表附3-1將顯示出景觀咖啡廳意象構面之子構面與衡量題項。

（二）知覺價值

Zeithaml（1988）定義知覺價值為消費者對產品或服務衡量其「所獲得的東西」和「所付出的代價」後，對產品效用所做的整體性評估，此即指顧客對產品或服務的知覺評價結果，也就是知覺利益（perceived benefits）與知覺成本（perceived costs）之間的抵換結果。本研究所指之知覺價值為消費者在付出的知覺成本（包含貨幣與非貨幣的成本）與獲得的知覺利益之間的落差，為影響消費者購買意願的因素之一。衡量上，將參考Yang and Peterson（2004）所使用之問項作為衡量依據，再依古坑華山景觀咖啡廳現場實察做修改與刪減，並經過檢測修正問卷，結果共有四題，如表附3-2所示。

（三）忠誠度

Oliver（1997）將顧客忠誠度定義為消費者重複購買某商品或使用某特定服務的高度承諾，先產生於消費者態度層面，進而表現於外在購買行為，即使面臨情境改變或是競爭者的影響，仍不會改變對於該產品或服務未來持續性使用的意願與行為。本研究所指之忠誠度為顧客對某產品或服務維持長久關係之承諾，表現於行為或是態度兩方面，其為企業長久獲利之要素之一。衡量上，將參考簡惠珠（2006）所使用之問項作為衡量依據，再依古坑華山景觀咖啡廳現場實察做修改與刪減，並經過檢測修正問卷，共有五題，如表附3-3所示。

（四）轉換成本

Jones et al.（2002）認為影響轉換意願之因素不應只有消費者對品牌的評價，也應該包含消費者在客觀條件的限制下對轉換至其他業者的成本評估。因此定義轉換成

本為能增加轉換困難度或妨礙消費者轉換行為之相關因素，如有形的貨幣成本及無形的時間、精神成本，這些概念統稱為轉換障礙（switch barriers）。本研究所指之將轉換成本定義為在產品或服務轉換過程中，所需額外花費之有形或無形成本的評估。衡量上，將參考Yang and Peterson（2004）所使用之問項作為衡量依據，再依古坑華山景觀咖啡廳現場實察做修改與刪減，並經過檢測修正問卷，共有三題，如表附3-4所示。

表附3-1　景觀咖啡廳意象構面的衡量題項

構面	衡量題項
商品 im1	1. 餐飲品質好，新鮮度佳（im1_1）。 2. 餐飲商品種類多，選擇性高（im1_2）。 3. 餐飲價格合理（im1_3）。 4. 菜單內容會不定時更換（im1_4）。
服務 im2	5. 餐飲品質好，新鮮度佳（im2_1）。 6. 餐飲商品種類多，選擇性高（im2_2）。 7. 餐飲價格合理（im2_3）。 8. 服務人員出餐快速，等待食物時間短（im2_4）。
便利 im3	9. 營業時間滿足需要（im3_1）。 10.周邊交通便利，地點易達（im3_2）。 11.停車空間足夠（im3_3）。
商店環境 im4	12.店內裝潢高雅舒適，氣氛良好（im4_1）。 13.燈光音樂宜人（im4_2）。 14.店內環境舒適整潔（im4_3）。 15.走道空間寬敞，不會影響鄰座客人的交談（im4_4）。
促銷 im5	16.配合節慶主題性有促銷活動（im5_1）。 17.發行貴賓卡成立會員俱樂部（im5_2）。 18.提供商品折價券（im5_3）。
附加服務 im6	19.店內提供無線上網（im6_1）。 20.可使用信用卡付款（im6_2）。 21.提供書報雜誌閱讀（im6_3）。

表附3-2　知覺價值構面衡量的題項

構面	衡量題項
知覺價值 pv	1. 和其他同業相較，本餐廳服務或商品非常吸引我（pv1）。 2. 和其他同業相較，本餐廳物超所值（pv2）。 3. 和其他同業相較，本餐廳提供了較多的免費服務（pv3）。 4. 和其他同業相較，本餐廳提供比我預期更高的價值（pv4）。

表附3-3　忠誠度構面衡量的題項

構面	衡量題項
忠誠度 ly	1. 本餐廳會是我優先的選擇（ly1）。 2. 我願意再來本餐廳消費（ly2）。 3. 我認為我是本餐廳的忠實顧客（ly3）。 4. 我會向本餐廳申請貴賓卡（ly4）。 5. 我會主動向親朋好友介紹本餐廳（ly5）。

表附3-4　轉換成本構面衡量的題項

構面	衡量題項
轉換成本 sc	1. 我覺得轉換到另一間餐廳是費時費力的（sc1）。 2. 轉換到另一間餐廳需花費較高的成本（sc2）。 3. 我覺得要轉換到其他餐廳消費是一件麻煩的事（sc3）。

附錄四　電信業服務品質問卷（初稿）

第一部分

※請針對您的消費經驗，回答下列相關問項，請於□中打「✓」，謝謝！

	非常不同意	不同意	無意見	同意	非常同意
1. 服務中心附近停車很方便。	□	□	□	□	□
2. 服務中心、通路點之設置具有普及性、便利性。	□	□	□	□	□
3. 專人為顧客導引之服務，令人滿意。	□	□	□	□	□
4. 服務人員之服裝、儀容相當整齊。	□	□	□	□	□
5. 服務人員的禮儀及談吐，令人滿意。	□	□	□	□	□
6. 障礙申告、維修之總修復時間，令人滿意。	□	□	□	□	□
7. 營業處所已設有陳情申訴部門及免費諮詢電話。	□	□	□	□	□
8. 末服務前的等候時間令人不耐煩。	□	□	□	□	□
9. 營業服務的時間能符合用戶需求。	□	□	□	□	□
10.能及時完成異動作業（如費率更改、地址變動）。	□	□	□	□	□
11.備有電子佈告欄提供重要電信訊息（如促銷、新業務訊息）。	□	□	□	□	□
12.完成服務所花費的全部時間相當長。	□	□	□	□	□
13.服務人員會主動協助客戶解決問題。	□	□	□	□	□
14.服務人員的專業知識頗佳。	□	□	□	□	□
15.計費、交易資料之正確性，令人擔憂。	□	□	□	□	□
16.客戶資料之保密程度，頗受質疑。	□	□	□	□	□
17.能準時寄發繳費通知單及收據。	□	□	□	□	□
18.備有報紙、雜誌供客戶打發時間。	□	□	□	□	□
19.備有電信文宣或專業期刊提供客戶新資訊。	□	□	□	□	□
20.話費能維持合理價位。	□	□	□	□	□
21.臨櫃繳費之排隊等候時間相當短。	□	□	□	□	□
22.繳納電信費用相當方便。	□	□	□	□	□
23.能即時的處理客戶抱怨與不滿。	□	□	□	□	□
24.備有舒適空間及足夠座椅供客戶使用。	□	□	□	□	□

	非常不同意	不同意	無意見	同意	非常同意
25.營業場所之布置及內外環境整潔，令人滿意。	☐	☐	☐	☐	☐
26.櫃檯已清楚標示其服務項目。	☐	☐	☐	☐	☐
27.申請業務之手續相當煩雜。	☐	☐	☐	☐	☐
28.能提供即時的服務動態資訊。	☐	☐	☐	☐	☐
29.服務人員對於顧客有關之各項諮詢能立即給予滿意回覆。	☐	☐	☐	☐	☐
30.服務人員不因忙著服務消費者而忽略了其他的消費者。	☐	☐	☐	☐	☐

第二部分

以不記名方式，請問您一些基本資料，供統計分析之用且不公開，請安心作答。（請於適當的☐內打「✓」，以下所有問題皆為單選）

1. 性別：　　(1) ☐ 男　(2) ☐ 女

2. 婚姻：　　(1) ☐ 未婚　(2) ☐ 已婚

3. 年齡：　　(1) ☐ 20歲以下　(2) ☐ 21～30歲　(3) ☐ 31～40歲　(4) ☐ 41～50歲　(5) ☐ 51～60歲

4. 學歷：　　(1) ☐ 國中以下　(2) ☐ 高中　(3) ☐ 專科　(4) ☐ 大學　(5) ☐ 研究所以上

5. 職業：　　(1) ☐ 軍公教　(2) ☐ 農　(3) ☐ 工　(4) ☐ 商　(5) ☐ 自由業　(6) ☐ 學生　(7) ☐ 家管　(8) ☐ 無業／待業　(9) ☐ 其他

6. 您每月平均所得：
   (1) ☐ 10,000元以下　　(2) ☐ 10,001～20,000元　(3) ☐ 20,001～30,000元
   (4) ☐ 30,001～40,000元　(5) ☐ 40,001～50,000元　(6) ☐ 50,001元以上

7. 請問您使用的門號系統為哪一家？
   (1) ☐ 中華電信　(2) ☐ 台灣大哥大　(3) ☐ 遠傳　(4) ☐ 和信　(5) ☐ 泛亞

附錄五　電信業服務品質問卷（正式問卷）

第一部分

※請針對您的消費經驗，回答下列相關問項，請於□中打「✓」，謝謝！

	非常不同意	不同意	無意見	同意	非常同意
1. 專人為顧客導引之服務，令人滿意。	□	□	□	□	□
2. 障礙申告、維修之總修復時間，令人滿意。	□	□	□	□	□
3. 營業處所已設有陳情申訴部門及免費諮詢電話。	□	□	□	□	□
4. 未服務前的等候時間令人不耐煩。	□	□	□	□	□
5. 營業服務的時間能符合用戶需求。	□	□	□	□	□
6. 能及時完成異動作業（如費率更改、地址變動）。	□	□	□	□	□
7. 備有電子佈告欄提供重要電信訊息（如促銷、新業務訊息）。	□	□	□	□	□
8. 完成服務所花費的全部時間相當長。	□	□	□	□	□
9. 服務人員會主動協助客戶解決問題。	□	□	□	□	□
10. 服務人員的專業知識頗佳。	□	□	□	□	□
11. 計費、交易資料之正確性，令人擔憂。	□	□	□	□	□
12. 客戶資料之保密程度，頗受質疑。	□	□	□	□	□
13. 能準時寄發繳費通知單及收據。	□	□	□	□	□
14. 備有報紙、雜誌供客戶打發時間。	□	□	□	□	□
15. 話費能維持合理價位。	□	□	□	□	□
16. 臨櫃繳費之排隊等候時間相當短。	□	□	□	□	□
17. 繳納電信費用相當方便。	□	□	□	□	□
18. 能即時的處理客戶抱怨與不滿。	□	□	□	□	□
19. 備有舒適空間及足夠座椅供客戶使用。	□	□	□	□	□
20. 櫃檯已清楚標示其服務項目。	□	□	□	□	□
21. 申請業務之手續相當繁雜。	□	□	□	□	□

第二部分

以不記名方式，請問您一些個人基本資料，供統計分析之用且不公開，請安心作答。（請於適當的□內打「✓」，以下所有問題皆為單選）

1. 性別：　　　　　(1) □ 男　　　　　(2) □ 女

2. 婚姻：　　　　　(1) □ 未婚　　　　(2) □ 已婚

3. 年齡：　　　　　(1) □ 20歲以下　(2) □ 21～30歲　(3) □ 31～40歲　(4) □ 41～50歲
　　　　　　　　　(5) □ 51～60歲

4. 學歷：　　　　　(1) □ 國中以下　(2) □ 高中　　　(3) □ 專科　　　(4) □ 大學
　　　　　　　　　(5) □ 研究所以上

5. 職業：　　　　　(1) □ 軍公教　　(2) □ 農　　　　(3) □ 工　　　　(4) □ 商
　　　　　　　　　(5) □ 自由業　　(6) □ 學生　　　(7) □ 家管　　　(8) □無業／待業
　　　　　　　　　(9) □ 其他

6. 您每月平均所得：(1) □ 10,000元以下　　　　　(2) □ 10,001～20,000元
　　　　　　　　　(3) □ 20,001～30,000元　　　(4) □ 30,001～40,000元
　　　　　　　　　(5) □ 40,001～50,000元　　　(6) □ 50,001元以上

7. 請問您使用的門號系統為哪一家？
　(1) □ 中華電信　(2) □ 台灣大哥大　(3) □ 遠傳　(4) □ 和信　(5) □ 泛亞

本問卷到此結束，謝謝您的支持與協助！

附錄六　醫院服務品質問卷

問卷編號： _____

親愛的先生、小姐您好：

　　這是一份學術性的研究問卷，目的在了解您對醫院服務品質的感覺及看法，您的寶貴意見，將是本研究成功的最大關鍵。問卷採不記名方式，全部資料僅作統計分析之用，絕不對外公開，請安心填寫。懇請您撥幾分鐘協助填答問卷，謝謝您的熱心參與。

　　敬祝您　順心如意

國立○○○○○○管理研究所

指導教授：　博士

研究生：　敬上

※請針對您的服務經驗，回答下列相關問項，請於□中打「✓」，謝謝！

第一部分：服務品質	極不同意	很不同意	不同意	普通	同意	很同意	極為同意
1. 醫院擁有現代化的設備。	□	□	□	□	□	□	□
2. 醫院的實體設施相當完善。	□	□	□	□	□	□	□
3. 醫院服務人員的穿著整潔、清爽。	□	□	□	□	□	□	□
4. 醫院有完善的業務或服務說明資料。	□	□	□	□	□	□	□
5. 醫院附近停車很方便。	□	□	□	□	□	□	□
6. 候診時，醫院備有舒適空間及足夠座椅。	□	□	□	□	□	□	□
7. 這家醫院對病患詳盡解釋病情。	□	□	□	□	□	□	□
8. 當病患遭遇問題時，醫院會盡力協助解決。	□	□	□	□	□	□	□
9. 這家醫院在病患第一次就診時就能對症下藥。	□	□	□	□	□	□	□
10. 這家醫院能在門診時段內準時為病患服務。	□	□	□	□	□	□	□
11. 這家醫院所提供服務能保持不犯錯的記錄。	□	□	□	□	□	□	□

12.醫院對病患的個人資料能善盡保密之責。	☐	☐	☐	☐	☐	☐	☐
13.醫院會告訴病患執行服務的正確時間。	☐	☐	☐	☐	☐	☐	☐
14.醫院服務人員能夠提供病患立即性的服務。	☐	☐	☐	☐	☐	☐	☐
15.醫院服務人員能以病患為尊。	☐	☐	☐	☐	☐	☐	☐
16.醫院服務人員常保高度的服務病患意願。	☐	☐	☐	☐	☐	☐	☐
17.醫院服務人員不會因為太忙碌而疏於回應顧客。	☐	☐	☐	☐	☐	☐	☐
18.繳費之排隊等候時間相當短。	☐	☐	☐	☐	☐	☐	☐
19.服務人員的行為建立了病患對醫療服務的信心。	☐	☐	☐	☐	☐	☐	☐
20.治療時讓病患覺得很安全。	☐	☐	☐	☐	☐	☐	☐
21.醫院服務人員能保持對病患的禮貌態度。	☐	☐	☐	☐	☐	☐	☐
22.醫院服務人員有足夠的專業知識因應病患的問題。	☐	☐	☐	☐	☐	☐	☐
23.計費資料之正確性，令人滿意。	☐	☐	☐	☐	☐	☐	☐

附錄七　品牌形象、知覺價值對品牌忠誠度關係之研究（問卷初稿）

一、問卷內容

問卷編號：＿＿＿＿＿＿＿＿＿

親愛的先生、小姐您好：

　　這是一份學術性的研究問卷，目的在了解品牌形象、知覺價值對品牌忠誠度的影響程度，您的寶貴意見，將是本研究成功的最大關鍵。問卷採不記名方式，全部資料僅作統計分析之用，絕不對外公開，請安心填寫。懇請您撥幾分鐘協助填答問卷，謝謝您的熱心參與。

　　敬祝您　順心如意

　　　　　　　　　　　　　　　　　　　　　　　　　　　　研究所

　　　　　　　　　　　　　　　　　　　　指導教授：　　　　博士

　　　　　　　　　　　　　　　　　　　　研究生：　　　　　敬上

※請針對您的服務經驗，回答下列相關問項，請於□中打「✓」，謝謝！

第一部分：品牌形象	極不同意	很不同意	不同意	普通	同意	很同意	極為同意
1. 85度C的產品風味很特殊。（bi1_1）	□	□	□	□	□	□	□
2. 85度C的產品很多樣化。（bi1_2）	□	□	□	□	□	□	□
3. 85度C和別的品牌有明顯不同。（bi1_3）	□	□	□	□	□	□	□
4. 85度C很有特色。（bi2_1）	□	□	□	□	□	□	□
5. 85度C很受歡迎。（bi2_2）	□	□	□	□	□	□	□
6. 我對85度C有清楚的印象。（bi2_3）	□	□	□	□	□	□	□
7. 85度C的經營者正派經營。（bi3_1）	□	□	□	□	□	□	□
8. 85度C形象清新。（bi3_2）	□	□	□	□	□	□	□
9. 85度C讓人聯想到品牌值得信任。（bi3_3）	□	□	□	□	□	□	□

第二部分：知覺價值	極不同意	很不同意	不同意	普通	同意	很同意	極為同意
1. 我認為85度C的產品，其品質是可以接受的。（pv1_1）	☐	☐	☐	☐	☐	☐	☐
2. 我不會對85度C之產品的品質，感到懷疑。（pv1_2）	☐	☐	☐	☐	☐	☐	☐
3. 我對85度C之產品的品質，深具信心。（pv1_3）	☐	☐	☐	☐	☐	☐	☐
4. 85度C之產品的品質，常讓我感到物超所值。（pv1_4）	☐	☐	☐	☐	☐	☐	☐
5. 我會想使用85度C的產品。（pv2_1）	☐	☐	☐	☐	☐	☐	☐
6. 我喜歡85度C的產品。（pv2_2）	☐	☐	☐	☐	☐	☐	☐
7. 使用85度C的產品後，會讓我感覺很好。（pv2_3）	☐	☐	☐	☐	☐	☐	☐
8. 我認為85度C的產品價格不甚合理。（pv3_1）	☐	☐	☐	☐	☐	☐	☐
9. 我認為以此價格購買85度C的產品是不值得的。（pv3_2）	☐	☐	☐	☐	☐	☐	☐
10.我認為85度C的產品，CP值很高。（pv3_3）	☐	☐	☐	☐	☐	☐	☐
11.相較於其他價位相近產品，我會選擇購買85度C的產品。（pv3_4）	☐	☐	☐	☐	☐	☐	☐
12.我願意以較高的價格，購買85度C的產品。（pv3_5）	☐	☐	☐	☐	☐	☐	☐
13.我認為85度C的產品，能符合大部分人的需求。（pv4_1）	☐	☐	☐	☐	☐	☐	☐
14.使用85度C的產品後，能讓其他人對我有好印象。（pv4_2）	☐	☐	☐	☐	☐	☐	☐
15.我的好友們，和我一樣，都喜歡購買85度C的產品。（pv4_3）	☐	☐	☐	☐	☐	☐	☐
第三部分：品牌忠誠度	極不同意	很不同意	不同意	普通	同意	很同意	極為同意
1. 購買85度C的產品對我來說是最好的選擇。（ly1）	☐	☐	☐	☐	☐	☐	☐
2. 我是85度C的忠實顧客。（ly2）	☐	☐	☐	☐	☐	☐	☐
3. 當我有需求時，我會優先選擇85度C。（ly3）	☐	☐	☐	☐	☐	☐	☐
4. 我願意繼續購買85度C的產品。（ly4）	☐	☐	☐	☐	☐	☐	☐
5. 我會向親朋好友推薦85度C的產品。（ly5）	☐	☐	☐	☐	☐	☐	☐

第四部分：基本資料，請於□中打「✓」

1. 性別：　　　□ 女　　□ 男

2. 婚姻狀況：　□ 未婚　□ 已婚

3. 年齡：　　　□ 20歲以下　　□ 21～30歲　　□ 31～40歲　　□ 41～50歲　　□ 51～60歲
　　　　　　　□ 61歲以上

4. 目前職業：　□ 軍公教　　　□ 服務業　　　□ 製造業　　　□ 買賣業　　　□ 自由業
　　　　　　　□ 家庭主婦　　□ 學生　　　　□ 其他（請註明＿＿＿＿＿＿）

5. 教育程度：　□ 國小（含）以下　□ 國中　□ 高中（職）　□ 專科　□ 大學
　　　　　　　□ 研究所（含）以上

6. 平均月收入：□ 15,000元以下　　□ 15,001～30,000元　□ 30,001～45,000元
　　　　　　　□ 45,001～60,000元　□ 60,001～75,000元　□ 75,001～90,000元
　　　　　　　□ 90,001～120,000元　□ 120,001元以上

7. 您認為85度C的哪些特色很吸引您？
　　　□ 咖啡　□ 糕點　□ 服務　□ 氣氛

本問卷到此結束，非常感謝您的耐心填答，謝謝！

二、概念性模型

　　本附錄所將介紹的範例模型是一份實際的碩士論文之概念性模型（conceptual model），題名爲「品牌形象、知覺價值對品牌忠誠度關係之研究」。基本上，這是一篇還算簡單，但結構完整的碩士論文，非常適合初學者模擬。一般而言，研究的初學者往往都是從模擬前輩的研究方法（methodology）開始，所該重視的是過程的嚴謹性，而不是其成果。再深入點，學會基本功後，那麼研究者所該重視的即是創意了。

　　該研究透過相關文獻整理、分析、推論與建立假設，引導出品牌形象正向影響知覺價值、品牌忠誠度；知覺價值正向影響品牌忠誠度；品牌形象透過知覺價值間接顯著正向影響品牌忠誠度等假設。研究中所使用的變數分別爲自變數、依變數以及中介變數等三項。自變數爲消費者所認知的品牌形象，其包含三個子構面分別爲品牌價

值、品牌特質與企業聯想。此外，依變數則為消費者對品牌的忠誠度。而處於自變數與依變數之間的中介變數則是消費者所知覺的價值感，其包含四個子構面分別為品質價值、情感價值、價格價值與社會價值等。由此，該研究所建構的消費者品牌忠誠度之概念性模型，其架構將如圖附7-1所示。

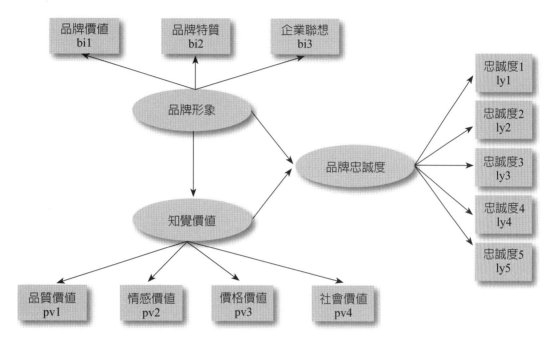

圖附7-1　概念性模型圖

三、研究假設

　　根據圖附7-1所建立之概念性模型圖，該研究將提出下列研究假設，盼能透過市場調查所蒐集的資料，運用驗證性因素分析、結構方程模型，驗證這些假設的成立與否，並釐清品牌形象、知覺價值、品牌忠誠度之間關係，這些研究假設分述如下：

假設一：品牌形象對知覺價值有正向影響。
假設二：品牌形象對品牌忠誠度有正向影響。
假設三：知覺價值對品牌忠誠度有正向影響。
假設四：品牌形象透過知覺價值間接的顯著正向影響品牌忠誠度。

四、潛在變數之操作型定義與衡量

　　爲了檢驗上述之研究假說，本研究試圖將概念性架構予以操作化，並建構相對應的問項。根據圖附7-1的概念性模型，本研究之觀察變數包含品牌知名度、品牌形象與品牌忠誠度等。以下爲本研究之研究變數的操作型定義之陳述，至於原始問卷請讀者自行參閱附錄七。

（一）品牌形象

　　Aaker（1996）曾以消費者對獨特產品類別或品牌聯想來闡釋品牌形象，認爲品牌形象係建構在三種知覺層面上，即品牌對應產品價值、品牌對應個人特質及品牌對應組織（企業）聯想，由於此論點較契合本研究之衡量標的與推論，因此本研究將應用Aaker（1996）所主張的品牌形象之構成三要素，即品牌價值、品牌特質與企業聯想等，作爲衡量品牌形象構面的指標，表附7-1顯示爲品牌形象構面之操作型定義與衡量題項。

表附7-1　品牌形象的操作型定義與衡量題項

構面	操作型定義	衡量題項
品牌價值 bi1	消費者對此一品牌的功能性利益與品質之知覺	1. 85度C的產品風味很特殊。（bi1_1） 2. 85度C的產品很多樣化。（bi1_2） 3. 85度C和別的品牌有明顯不同。（bi1_3）
品牌特質 bi2	消費者對此一品牌的情感連結與自我表現聯想	4. 85度C很有特色。（bi2_1） 5. 85度C很受歡迎。（bi2_2） 6. 我對85度C有清楚的印象。（bi2_3）
企業聯想 bi3	消費者對此一品牌的提供者或製造者的情感連結	7. 85度C的經營者正派經營。（bi3_1） 8. 85度C形象清新。（bi3_2） 9. 85度C讓人聯想到品牌值得信任。（bi3_3）

（二）知覺價值

　　知覺價值是來自於讓顧客期望自產品所獲得的利益高於消費者長期付出的成本。本研究採用Sweeney and Soutar（2001）所提出的四類知覺價值，即品質價值、情感價值、價格價值與社會價值等作爲知覺價值的衡量基準，並以此發展知覺價值構面的評量問項，表附7-2詳列知覺價值構面之操作型定義與衡量題項。

表附7-2　知覺價值的操作型定義與衡量題項

構面	操作型定義	衡量題項
品質價值 pv1	來自對產品的知覺品質或期望效果	1. 我認為85度C的產品，其品質是可以接受的。（pv1_1） 2. 我不會對85度C之產品的品質，感到懷疑。（pv1_2） 3. 我對85度C之產品的品質，深具信心。（pv1_3） 4. 85度C之產品的品質，常讓我感到物超所值。（pv1_4）
情感價值 pv2	來自對於產品的感覺或感動	5. 我會想使用85度C的產品。（pv2_1） 6. 我喜歡85度C的產品。（pv2_2） 7. 使用85度C的產品後，會讓我感覺很好。（pv2_3）
價格價值 pv3	來自長期或短期的投入金錢成本	8. 我認為85度C的產品價格不甚合理。（pv3_1） 9. 我認為以此價格購買85度C的產品是不值得的。（pv3_2） 10. 我認為85度C的產品，CP值很高。（pv3_3） 11. 相較於其他價位相近產品，我會選擇購買85度C的產品。（pv3_4） 12. 我願意以較高的價格，購買85度C的產品。（pv3_5）
社會價值 pv4	來自產品對社會自我認知的影響力	13. 我認為85度C的產品，能符合大部分人的需求。（pv4_1） 14. 使用85度C的產品後，能讓其他人對我有好印象。（pv4_2） 15. 我的好友們，和我一樣，都喜歡購買85度C的產品。（pv4_3）

（三）品牌忠誠度

　　依據文獻分析，在本研究中，品牌忠誠度主要將探討顧客受品牌知名度與品牌形象之影響，對品牌之忠誠行為的產出結果，研究目的偏重於實務運用性質，因此參考Chaudhuri and Holbrook（2001）、Odin, Odin and Valette-Florence（1999）、Yoo and Donthu（2001）之主張，以單構面之題項衡量品牌之忠誠行為，題項內容則包含：品牌忠誠行為、再購意願及衍生行為等。表附7-3顯示品牌忠誠度的操作型定義與衡量題項。

表附7-3　品牌忠誠度的操作型定義與衡量題項

構面	操作型定義	衡量題項
品牌忠誠度 ly	消費者對同一品牌的購買經驗與行為承諾	1. 購買個案公司的產品對我來說是最好的選擇。（ly1） 2. 我是個案公司的忠實顧客。（ly2） 3. 當我有需求時，我會優先選擇個案公司的產品。（ly3） 4. 我願意繼續購買個案公司的產品。（ly4） 5. 我會向親朋好友推薦個案公司的產品。（ly5）

附錄八 品牌形象、知覺價值對品牌忠誠度關係之研究（正式問卷）

一、問卷內容

問卷編號：＿＿＿＿＿＿＿

親愛的先生、小姐您好：

　　這是一份學術性的研究問卷，目的在了解品牌形象、知覺價值對品牌忠誠度的影響程度，您的寶貴意見，將是本研究成功的最大關鍵。問卷採不記名方式，全部資料僅作統計分析之用，絕不對外公開，請安心填寫。懇請您撥幾分鐘協助填答問卷，謝謝您的熱心參與。

　　敬祝您　順心如意

研究所

指導教授：　　　　博士

研究生：　　　　敬上

※請針對您的服務經驗，回答下列相關問項，請於□中打「✓」，謝謝！

第一部分：品牌形象	極不同意	很不同意	不同意	普通	同意	很同意	極為同意
1. 85度C的產品風味很特殊。（bi1_1）	□	□	□	□	□	□	□
2. 85度C的產品很多樣化。（bi1_2）	□	□	□	□	□	□	□
3. 85度C和別的品牌有明顯不同。（bi1_3）	□	□	□	□	□	□	□
4. 85度C很有特色。（bi2_1）	□	□	□	□	□	□	□
5. 85度C很受歡迎。（bi2_2）	□	□	□	□	□	□	□
6. 我對85度C有清楚的印象。（bi2_3）	□	□	□	□	□	□	□
7. 85度C的經營者正派經營。（bi3_1）	□	□	□	□	□	□	□
8. 85度C形象清新。（bi3_2）	□	□	□	□	□	□	□
9. 85度C讓人聯想到品牌值得信任。（bi3_3）	□	□	□	□	□	□	□

第二部分：知覺價值	極不同意	很不同意	不同意	普通	同意	很同意	極為同意
1. 我認為85度C的產品，其品質是可以接受的。（pv1_1）	☐	☐	☐	☐	☐	☐	☐
2. 我不會對85度C之產品的品質，感到懷疑。（pv1_2）	☐	☐	☐	☐	☐	☐	☐
3. 85度C之產品的品質，常讓我感到物超所值。（pv1_3）	☐	☐	☐	☐	☐	☐	☐
4. 我會想使用85度C的產品。（pv2_1）	☐	☐	☐	☐	☐	☐	☐
5. 使用85度C的產品後，會讓我感覺很好。（pv2_2）	☐	☐	☐	☐	☐	☐	☐
6. 使用85度C的產品後，能讓其他人對我有好印象。（pv2_3）	☐	☐	☐	☐	☐	☐	☐
7. 我的好友們，和我一樣，都喜歡購買85度C的產品。（pv2_4）	☐	☐	☐	☐	☐	☐	☐
8. 我認為85度C的產品價格不甚合理。（pv3_1）	☐	☐	☐	☐	☐	☐	☐
9. 我認為以此價格購買85度C的產品是不值得的。（pv3_2）	☐	☐	☐	☐	☐	☐	☐
10. 我認為85度C的產品，CP值很高。（pv3_3）	☐	☐	☐	☐	☐	☐	☐
11. 相較於其他價位相近產品，我會選擇購買85度C的產品。（pv3_4）	☐	☐	☐	☐	☐	☐	☐

第三部分：品牌忠誠度	極不同意	很不同意	不同意	普通	同意	很同意	極為同意
1. 購買85度C的產品對我來說是最好的選擇。（ly1）	☐	☐	☐	☐	☐	☐	☐
2. 我是85度C的忠實顧客。（ly2）	☐	☐	☐	☐	☐	☐	☐
3. 當我有需求時，我會優先選擇85度C。（ly3）	☐	☐	☐	☐	☐	☐	☐
4. 我願意繼續購買85度C的產品。（ly4）	☐	☐	☐	☐	☐	☐	☐
5. 我會向親朋好友推薦85度C的產品。（ly5）	☐	☐	☐	☐	☐	☐	☐

第四部分：基本資料，請於□中打「✓」

1. 性別：　　　□ 女　　□ 男

2. 婚姻狀況：　□ 未婚　□ 已婚

3. 年齡：　　　□ 20歲以下　　□ 21～30歲　　□ 31～40歲　　□ 41～50歲　　□ 51～60歲
　　　　　　　□ 61歲以上

4. 目前職業：　□ 軍公教　　　□ 服務業　　　□ 製造業　　　□ 買賣業　　　□ 自由業
　　　　　　　□ 家庭主婦　　□ 學生　　　　□ 其他（請註明＿＿＿＿＿＿）

5. 教育程度：　□ 國小（含）以下　□ 國中　□ 高中（職）　□ 專科　□ 大學
　　　　　　　□ 研究所（含）以上

6. 平均月收入：□ 15,000元以下　　□ 15,001～30,000元　　□ 30,001～45,000元
　　　　　　　□ 45,001～60,000元　□ 60,001～75,000元　　□ 75,001～90,000元
　　　　　　　□ 90,001～120,000元　□ 120,001元以上

7. 您認為85度C的哪些特色很吸引您？
　　　□ 咖啡　□ 糕點　□ 服務　□ 氣氛

本問卷到此結束，非常感謝您的耐心填答，謝謝！

參考文獻

方世榮（2005）。統計學導論。臺北：華泰。

王俊明（2004）。問卷與量表的編製及分析方法。國立體育學院。http://websrv5.ncpes.edu.tw/ ~physical/ index-0.html。

林淑卿（2007）。太魯閣國家公園遊客體驗價值之研究。碩士論文，國立東華大學企業管理學系碩士在職專班。

李秉宗（2005）。人生的歌。臺北：阿爾發。

吳忠宏、黃文雄、李介祿、李雅鳳（2007）。旅遊動機、滿意度與忠誠度之模式建構與驗證：以宜蘭賞鯨活動為例。觀光研究學報，**13**(4)，347-367。

吳明隆（2007）。結構方程模式：AMOS的操作與應用。臺北：五南。

吳明隆（2009）。SPSS操作與應用：問卷統計分析實務（二版）。臺北：五南。

吳明隆（2008）。SPSS操作與應用──問卷統計分析實務。臺北：五南。

吳統雄（1984）。電話調查：理論與方法。臺北：聯經。

吳統雄（1985）。態度與行為之研究的信度與效度：理論、應用、反省。民意學術專刊，夏季號，29-53。

周浩、龍立榮（2004）。共同方法偏差的統計檢驗與控制方法。心理科學進展，12卷，6期，942-950。

呂秀英（2000）。有關係？沒關係？──談迴歸與相關。農業試驗所技術服務季刊，11卷，1期，5-8。

呂秀英（2003）。重複測量資料分析的統計方法。科學農業，**51**(7, 8)，174-185。

胡昌亞等（2022）。用JASP完成論文分析與寫作。臺北：五南。

邱皓政（2004）。結構方程模式：LISREL的理論、技術與應用。臺北：雙葉。

邱皓政（2006）。量化研究與統計分析：SPSS中文視窗版資料分析範例解析。臺北：五南。

夏業良、魯煒（2003）。體驗經濟時代。臺北：經濟新潮社。

侯杰泰、溫忠麟、成子娟（2002）。結構方程模型及其應用。北京：教育科學出版社。

陳榮方、葉惠忠、蔡玉雯、李麗娟（2006）。顧客忠誠度、生活型態及商店形象之結構關係模式分析──以高雄市連鎖咖啡店為例。高雄應用科技大學學報，**35**，145-160。

陳淑萍、鄭中平（2011）。潛在調節徑路模型的模型設定。教育研究與發展期刊，**7**(4)，1-24。

郭易之（2011）。郭易之部落格。http://kuojsblog.pixnet.net/blog/post/22776984。

黃芳銘（2002）。結構方程模式理論與應用。臺北：五南。

黃映瑀（2005）。體驗行銷、體驗價值、顧客滿意、品牌形象與行為意向關係之研究。碩士論文，大葉大學事業經營研究所。

黃俊英（1999）。企業研究方法。臺北：東華。

黃財尉（2003）。共同因素分析與主成分分析之比較。彰化師大輔導學報，**25**，63-85。

張紹勳（2018）。多層次模型HLM及重複測量：使用SPSS分析。臺北：五南。

彭台光、高月慈、林鉦棽（2006）。管理研究中的共同方法變異：問題本質、影響、測試和補救。管理學報，23卷，1期，77-98。

彭淑玲（2019）。知覺教師回饋、個人成就目標、學業自我效能與無聊之關係：中介效果與條件間接化效果分析。教育心理學報，**51**(1)，83-108。

楊國樞、文崇一、吳聰賢、李亦園（2002）。社會及行為科學研究法。臺北：東華。

楊孝濚（1991）。傳播研究與統計。臺北：台灣商務印書。

榮泰生（2008）。AMOS與研究方法。臺北：五南。

謝爲任（2021）。轉型領導、組織承諾、主管支持對員工組織公民行為影響之研究——分配公平的調節式中介效果。博士論文，國立雲林科技大學技術及職業教育研究所，雲林。

簡惠珠（2006）。顧客價值、價格知覺、顧客滿意度、轉換成本對顧客忠誠度影響之研究——以量販店為例。碩士論文，成功大學高階管理碩士班，臺南。

譚克平（2008）。極端值判斷方法簡介。臺東大學教育學報，**19**(1)，131-150。

Aaker, D. A. (1996). *Building strong brand.* NY: The Free Press.

Aaker, D. A. (1997). Should you take your brand to where the action is? *Harvard Business Review*, *75*(5), 135-144.

Aaker, D. A., & Keller, K. L. (1990). Consumer evaluations of brand extensions. *Journal of Marketing*, *54*(1), 27-42.

Aiken, L. S., & West, S. G. (1991). *Multiple regression: Testing and interpreting interactions.* Newbury Park, CA: Sage.

Anderson, J. C., & Gerbing, D. G. (1988). Structural equation modeling in practice: A review and recommended two-step approach. *Psychological Bulletin*, *103*(May), 411-423.

Armstrong, J. S., & Overton, T. (1977). Estimating nonresponse bias in mail surveys. *Journal of*

Marketing Research, 51, 71-86.

Bagozzi, R. P., & Yi, Y. (1988). On the evaluation for structural equation models. *Journal of the Academy of Marketing Science, 16*, 74-94.

Baron, R. M., & Kenny, D. A. (1986). The moderator-mediator variable distinction in social psychological research: conceptual, strategic, and statistical considerations. *Journal of Personality and Social Psychology, 51*(6), 1173-1182.

Bentler, P. M., & Bonett, D. G. (1980). Significance tests and goodness-of-fit in the analysis of covariance structures. *Psychological Bulletin, 88*, 588-606.

Bentler, P. M. (1990). Comparative fit indexes in structural models. *Psychological Bulletin, 107*, 238-246.

Biel, A. L. (1992). How brand image drives brand equity. *Journal of Advertising Research, 32*(6), 6-12.

Bollen, K. A., & Long, J. S. (1993). *Testing structural equation models*. Newbury Park, CA: Sage.

Boomsma, A. (1982). The robustness of LISREL against small sample sizes in factor analysis models. In K.G. Joreskog & H. Wold (Eds.), *Systems under indirect observation: Causality, structure, prediction* (Part I, pp. 149-173). Amsterdam: North-Holland.

Browne, M. W., & Cudeck, R. (1993). Alternative ways of assessing model fit. In K. A. Bollen & Long, J. S. (Eds), *Testing structural equation models* (pp. 136-162). Newbury Park, CA: Sage.

Chaudhuri, A., & Holbrook, M. B. (2001). The chain of effects from brand trust and brand affect to brand performance: The role of brand loyalty. *Journal of Marketing, 65*(2), 81-93.

Churchill, G. A. (1979). A paradigm for developing better measures of marketing constructs. *Journal of Marketing Research, 16*, 64-73.

Cohen, J. (1988). *Statistical power analysis for the behavioral sciences* (2nd edition). Hillsdale, NJ: Erlbaum.

Dann, G. M. (1977). Tourism motivations: An appraisal. *Annals of Tourism Research, 8*(2), 189-219.

Duane Davis (2004). *Business research for decision making*. Sixth edition, p. 188.

Edwards, J. R., & Lambert, L. S. (2007). Methods for integrating moderation and mediation: A general analytical framework using moderated path analysis. *Psychological Methods, 12*(1), 1-22.

Fabrigar, L. R., Wegener, D. T., MacCallum, R. C., & Stranhan, E. J. (1999). Evaluating the use of exploratory factor analysis in psychological research. *Psychology Methods, 4*(3), 272-299.

Fornell, C., & Larcker, D. F. (1981). Evaluating structural equation models with unobservable and measurement error. *Journal of Marketing Research, 18*, 39-50.

Frazier, P. A., Tix, A. P., & Barron, K. E. (2004). Testing moderator and mediator effects in counseling psychology research. *Journal of Counseling Psychology*, *51*(1), 115-134.

Gorsuch, R. L. (1983). *Factor analysis*. Hillsdale, NJ: Lawrence Erlbaum.

Grandey, A. A. (2000). Emotional regulation in the workplace: A new way to conceptualize emotional labor. *Journal of Occupational Health Psychology*, *5*(1), 95-110.

Greenhaus, J. H., Parasuraman, S., & Wormley, W. M. (1990). Effects of race on organizational experiences, job performance evaluations, and career outcomes. *Academy of Management Journal*, *33*(1), 64-86.

Hair, J. F., Anderson, R. E., Tatham, R. L., & Black, W. C. (1998). *Multivariate data analysis* (5th ed.). Upper Saddle River, New Jersey: Prentice-Hall International.

Hair, J. F., Black, W. C., Babin, B. J., & Anderson, R. E. (2010). *Multivariate data analysis: A global perspective* (7th ed.). Upper Saddle River, NJ: Pearson Prentice Hall.

Hair, F. H., Hult, G. T. M., Ringle, C. M., & Sarstedt, M. (2014). *A primer on partial least squares structural equation modeling* (PLS-SEM). Thousand Oaks: Sage Publications.

Hayes, A. F. (2009). Beyond Baron and Kenny: Statistical mediation analysis in the new millennium. *Communication Monographs*, *76*(4), 408-420.

Hayes, A. F. (2018). Partial, conditional, and moderated moderated mediation: Quantification, inference, and interpretation. *Communication Monographs*, *85*(1), 4-40.

Hayes, A. F. (2013). *Introduction to mediation, moderation, and conditional process analysis: A regression-based approach*. New York: The Guilford Press.

Hee, O. C. (2014). Validity and reliability of the customer-oriented behaviour scale in the health tourism hospitals in Malaysia. *International Journal of Caring Sciences*, *7*(3), 771-775.

Heskett, J. L., Jones, T. O., Loveman, G. W., Sasser, W. E., & Schlesinger, L. A. (1995). Putting the service-profit chain to work. *Harvard Business Review*, *72*(2), 164-175.

Hu, L., & Bentler, P. M. (1999). Cutoff criteria for fit indexes in covariance structure analysis: Conventional criteria versus new alternatives. *Structural Equation Modeling*, *6*(1), 1-55.

Hulland, J. (1999). Use of partial least squares (PLS) in strategic management research: A review of four recent studies. *Strategic Management Journal*, *20*, 195-204.

Jones, M. A., Mothersbaugh D. L., & Beatty S. E. (2002). Why customers stay: Measuring the underlying dimensions of services switching costs and managing their differential strategic outcomes. *Journal of Business Research*, *55*, 441-450.

Jöreskog, K. G., & Sörbom, D. (1989). *LISREL 7: A guide to the program and applications* (2nd ed.). Chicago: SPSS Inc.

Kaiser, H. F. (1958). The varimax criterion for analytic rotation in factor analysis. *Psychometrika*, *23*(3), 187-200.

Keller, K. L. (1993). Conceptualizing, measuring, and managing customer-based brand equity. *Journal of Marketing*, *57*, 1-22.

Keller, K. L. (2001). Building customer-based brand equity. *Marketing Management*, *10*(2), 14-19.

Kerlinger, F. N., & Lee, H. B. (1999). *Foundations of behavioral research*, 4th ed., New York: Macmillan.

Kim, J. O., & Mueller, C.W. (1994). Factor analysis: Statistical method and practical issues. In M. S. Lewis-Beck (Eds.), *Factor analysis and related techniques* (pp. 75-155). Sara Miller McCune, CA: Sage Publications, Inc.

Kisang, R., Heesup, H., & Tae-Hee, K. (2008). The relationships among overall quick-casual restaurant image, perceived value, customer satisfaction, and behavioral intentions. *International Journal of Hospitality Management*, *27* 459-469.

Kleinbanum, D. G., Kupper, L. L., & Muller, K. E. (1998). *Applied regression analysis and other multivariable methods* (2th ed). North Scituate, MA: Duxbury Press.

Kozak, M. (2001). Repeater` behavior at two distinct destinations. *Annals of Tourism Research*, *28*(3), 784-807.

Lin, G. C., Wen, Z., Marsh, H. W., & Lin, H.-S. (2010). Structural equation models of latent interactions: clarification of orthogonalizing and double-mean centering strategies. *Structural Equation Modeling*, *17*, 374-391.

MacCallum, R. C. (1999). *Psychology 820 course packet*. OH: The Ohio State University Press.

MacKinnon, D. P. (2008). *Introduction to statistical mediation analysis*. New York, NY: Lawrence Erlbaum Associates.

Mardia, K. V. (1985). Mardia's test of multinormality. In Kotz, S., & Johnson, N. L. (Eds). *Encyclopedia of statistical sciences*, *5*, 217-221.

Martineau, P. (1958). The personality of the retail store. *Harvard Business Review*, *36*, 47-55.

Mathwich, C., Malhotra, N., & Rigdon, E. (2001). Experiential value: Conceptualization, measurement and application in the catalog and internet shopping environment. *Journal of Retailing*, *77*(1), 39-56.

Muller, D., Judd, C. M., & Yzerbyt, V. Y. (2005). When moderation is mediated and mediation is moderated. *Journal of Personality and Social Psychology*, *89*(6), 852-863.

Nunnally, J. C. (1967). *Psychometric theory*. New York, NY: McGraw-Hill Book Company.

Odin, Y., Odin, N., & Valette-Florence, P. (1999). Conceptual and operational aspects of brand loyalty: An empirical investigate. *Journal of Business Research*, *53*(2), 75-84.

Oliver, R. L. (1997). *Satisfaction: A behavioral perspective on the consumer*. Boston, MA: Irwin, McGrew-Hill.

Parasuraman, A., Zeithaml, V. A., & Berry, L. L. (1988). SERVQUAL: A multiple-item scale for measuring consumer perceptions of service quality. *Journal of Retailing*, *64*(1), 12-40.

Pine, B. J., & Gilmore, J. H. (1998). Welcome to the experience economy. *Harvard Business Review*, *76*(4), 97-105.

Podsakoff, P. M., MacKenzie, S., & Lee, J. Y. (2003). Common method bias in behavioral research: A critical review of the literature and recommended remedies. *Journal of Applied Psychology*, *88*(5), 879-903.

Preacher, K. J., & Hayes, A. F. (2008). Asymptotic and resampling strategies for assessing and comparing indirect effects in multiple mediator models. *Behavior Research Methods*, *40*(3), 879-891.

Preacher, K. J., Rucker, D. D., & Hayes, A. F. (2007). Addressing moderated mediation hypotheses: Theory, methods, and prescriptions. *Multivariate Behavioral Research*, *42*, 185-227.

Razali, N. M., & Wah Y. B. (2011). Power comparisons of Shapiro-Wilk, Kolmogorov-Smirnov, Lilliefors and Anserson-Darling tests. *Journal of Statistical Modeling and Analytics*, *22*, 21-33.

Roscoe, J. T. (1975). *Fundamental research statistics for the behavior sciences* (2nd ed.). NY: Holt, Rinehart and Winston. Lawrence Erlbaum Associates.

Schmitt, B. H. (1999). *Experiential marketing: How to get customer to sense, feel, think, act, and relate to your company and brands*. New York, NY: The Free Press.

Selnes, F. (1993). An examination of the effect of product performance on brand reputation, satisfaction and loyalty. *European Journal of Marketing*, *27*(9), 19-35.

Shapiro, S. S., & Wilk, M. B. (1965). An Analysis of Variance Test for Normality (Complete Samples). *Biometrika*, *52*(3/4), 591-611.

Shiffler, R. E. (1988). Maximum Z score and outliers. *The American Statistician*, *42*(1), 79-80.

Steiger, J. H. (1990). Some additional thoughts on components, factors, and factor indeterminacy.

Multivariate Behavioral Research, 25(1), 41-45.

Steven, J. P. (1990). *Intermediate statistics: A modern approach*. Hillsdale, New Jersey.

Sweeney, J. C., & Soutar, G. (2001). Consumer perceived value: The development of multiple item scale. *Journal of Retailing, 77*(2), 203-222.

Vallerand, R. J., & Houlfort, N. (2003). Passion at work: Toward a new conceptualization. In D. Skarlicki, S. Gilliland, & D. Steiner (Eds), *Social issues in management: Vol. 3. Emerging perspectives of values in organizations* (pp. 175-204). Greewich, CT: Information Age Publishing.

Velicer, V. F., & Fava, J. L. (1998). Effects of variable and subject sampling on factor pattern recovery. *Psychological Methods, 3*, 231-251.

Velicer, W. F., & Fava, J. L. (1987). An evaluation of the effects of variable sampling on component, image, and factor analysis. *Multivariate Behavioral Research*, (22), 193-209.

Williams, L. J., & Hazer, J. T. (1986). Antecedents and consequence of satisfaction and commitment in turnover models: A reanalysis using latent variable structural equation models. *Journal of Applied Psychology, 71*, 219-231.

Yang, Z., & Peterson, R. T. (2004). Customer perceived value, satisfaction, and loyalty: The role of switching costs. *Psychology and Marketing, 21*(10), 799-822.

Yoo, B., & Donthu, N. (2001). Developing and validating a multidimensional consumer-based brand equity scale. *Journal of Business Research, 52*(1), 1-14.

Zeithaml, V. A. (1988). Consumer perceptions of price, quality and value: A means-end model and synthesis of evidence. *Journal of Marketing, 52*(3), 2-22.

1H1P 人工智慧(AI)與貝葉斯(Bayesian)迴歸的整合：應用STaTa分析（附光碟

作　　者：張紹勳、張任坊

定　　價：980元

I S B N：978-957-763-221-0

◆ 國內第一本解說 STaTa ——多達 45 種貝葉斯迴歸分析運用的教科書。
◆ STaTa＋AI＋Bayesian 超強組合，接軌世界趨勢，讓您躋身大數據時代先驅。
◆ 結合「理論、方法、統計」，讓讀者能精準使用 Bayesian 迴歸。
◆ 結內文包含大量圖片示意，配合隨書光碟資料檔，實地演練，學習更有效率。

1HA4 統計分析與R

作　　者：陳正昌、賈俊平

定　　價：650元

I S B N：978-957-763-663-8

正逐步成為量化研究分析主流的 R 語言
◆ 開章扼要提點各種統計方法適用情境，強調基本假定，避免誤用工具。
◆ 內容涵蓋多數的單變量統計方法，以及常用的多變量分析技術。
◆ 可供基礎統計學及進階統計學教學之用。

1HA6 統計學：基於R的應用

作　　者：賈俊平

審　　定：陳正昌

定　　價：580元

I S B N：978-957-11-8796-9

統計學是一門資料分析學科，廣泛應用於生產、生活和科學研究各領域。
◆ 強調統計思維和方法應用，以實際案例引導學習目標。
◆ 使用 R 完成計算和分析，透徹瞭解R語言的功能和特點。
◆ 注重統計方法之間的邏輯，以圖解方式展示各章內容，清楚掌握全貌。

1H2F Python數據分析基礎：包含數據挖掘和機器學習

作　　者：阮敬

定　　價：680元

I S B N：978-957-763-446-7

從統計學出發，最實用的 Python 工具書。
◆ 全書基於 Python3.6.4 編寫，兼容性高，為業界普遍使用之版本。
◆ 以簡明文字闡述替代複雜公式推導，力求降低學習門檻。
◆ 包含 AI 領域熱門的深度學習、神經網路及統計思維的數據分析，洞察市場先機。

五南文化事業機構
WU-NAN CULTURE ENTERPRISE

研究方法
—系列—

1H47　量化研究與統計分析：SPSS與R資料分析範例解析

作　者：邱皓政

定　價：690元

I S B N：978-957-763-340-8

◆ 以 SPSS 最新版本 SPSS 23~25 進行全面編修，增補新功能介紹，充分發揮 SPSS 優勢長項。
◆ 納入免費軟體R的操作介紹與實例分析，搭配統計原理與 SPSS 的操作對應，擴展學習視野與分析能力。
◆ 強化研究上的實務解決方案，充實變異數分析與多元迴歸範例，納入 PROCESS 模組，擴充調節與中介效果實作技術，符合博碩士生與研究人員需求。

1H61　論文統計分析實務：SPSS與SmartPLS的運用

作　者：陳寬裕

定　價：820元

I S B N：978-626-366-629-0

鑑於 SPSS 與 SmartPLS 突出的優越性，作者本著讓更多的讀者熟悉和掌握該軟體的初衷，進而強化分析數據能力而編寫此書。
◆ 「進階統計學」、「應用統計學」、「統計分析」等課程之教材。
◆ 每章節皆附範例、習題，方便授課教師驗收學生學習成果。

1H1K　存活分析及ROC：應用SPSS（附光碟）

作　者：張紹勳、林秀娟

定　價：690元

I S B N：978-957-11-9932-0

存活分析的實驗目標是探討生存機率，不只要研究事件是否發生，更要求出是何時發生。在臨床醫學研究中，是不可或缺的分析工具之一。
◆ 透過統計軟體 SPSS，結合理論、方法與統計引導，從使用者角度編排，讓學習過程更得心應手。
◆ 電子設備的壽命、投資決策的時間、企業存活時間、顧客忠誠度都是研究範圍。

1H0S　SPSS問卷統計分析快速上手祕笈

作　者：吳明隆、張毓仁

定　價：680元

I S B N：978-957-11-9616-9

◆ 本書統計分析程序融入大量新版 SPSS 視窗圖示，有助於研究者快速理解及方便操作，節省許多自我探索而摸不著頭緒的時間。
◆ 內容深入淺出、層次分明，對於從事問卷分析或相關志趣的研究者，能迅速掌握統計分析使用的時機與方法，是最適合初學者的一本研究工具書。

國家圖書館出版品預行編目(CIP)資料

論文統計分析實務：JASP的運用/陳寬裕著.--
初版.--臺北市：五南圖書出版股份有限公
司, 2024.04
面； 公分
ISBN 978-626-393-222-7(平裝)

1.CST: 統計套裝軟體 2.CST: 統計分析

512.4   113004035

1HAS

論文統計分析實務：
JASP的運用

作　　者 ─ 陳寬裕

發 行 人 ─ 楊榮川

總 經 理 ─ 楊士清

總 編 輯 ─ 楊秀麗

副總編輯 ─ 侯家嵐

責任編輯 ─ 吳瑀芳

文字校對 ─ 陳俐君

封面設計 ─ 封怡彤

出 版 者 ─ 五南圖書出版股份有限公司

地　　址：106臺北市大安區和平東路二段339號4樓

電　　話：(02)2705-5066　　傳　　真：(02)2706-6100

網　　址：https://www.wunan.com.tw

電子郵件：wunan@wunan.com.tw

劃撥帳號：01068953

戶　　名：五南圖書出版股份有限公司

法律顧問：林勝安律師

出版日期：2024年4月初版一刷

定　　價：新臺幣780元

經典永恆·名著常在

五十週年的獻禮——經典名著文庫

五南，五十年了，半個世紀，人生旅程的一大半，走過來了。

思索著，邁向百年的未來歷程，能為知識界、文化學術界作些什麼？

在速食文化的生態下，有什麼值得讓人雋永品味的？

歷代經典·當今名著，經過時間的洗禮，千錘百鍊，流傳至今，光芒耀人；

不僅使我們能領悟前人的智慧，同時也增深加廣我們思考的深度與視野。

我們決心投入巨資，有計畫的系統梳選，成立「經典名著文庫」，

希望收入古今中外思想性的、充滿睿智與獨見的經典、名著。

這是一項理想性的、永續性的巨大出版工程。

不在意讀者的眾寡，只考慮它的學術價值，力求完整展現先哲思想的軌跡；

為知識界開啟一片智慧之窗，營造一座百花綻放的世界文明公園，

任君遨遊、取菁吸蜜、嘉惠學子！